赵瑞广博士文存

赵瑞广　著

苏州大学出版社
Soochow University Press

图书在版编目(CIP)数据

赵瑞广博士文存/赵瑞广著.—苏州:苏州大学出版社,2013.11

ISBN 978-7-5672-0626-7

Ⅰ.①赵… Ⅱ.①赵… Ⅲ.①社会科学—文集 Ⅳ.①C53

中国版本图书馆 CIP 数据核字(2013)第 253397 号

书　　名	赵瑞广博士文存
著　　者	赵瑞广
责任编辑	史创新
特约编辑	吴伟昌
出版发行	苏州大学出版社发行
出版社地址	苏州市十梓街 1 号 邮编:215006
出版社网址	http://www.sudapress.com
印 刷 者	无锡童文印刷厂
开　　本	700 毫米×1000 毫米 1/16
印　　张	27.25
字　　数	460 千字
版　　次	2013 年 11 月第 1 版 2013 年 11 月第 1 次印刷
标准书号	ISBN 978-7-5672-0626-7
定　　价	60.00 元

(苏州大学出版社图书凡印装错误可向承印厂调换)

目录

contents

博士篇

庆历之际的文化转型:宋学的历史生成

硕士篇

明清之际士人心态研究

论文篇

序一

束景南

宋代文化(宋学,宋型文化)代表了中国古代文化发展的高峰,但是宋代文化(宋学)是怎样生成兴起的,却历来缺少研究。对于这样一个重大的文化问题,我认为要从文化转型的视角来研究才能解决。中国传统文化的核心是经学文化,冯友兰就曾把从董仲舒到康有为的时代称为“经学时代”,董仲舒是经学时代的开创者,康有为是经学时代的终结者。我曾提出,在这两千多年的经学时代,经学发生过两个文化意义上的转型:如果说西汉武帝建元年间是原始儒学(孔孟儒学)向经学(汉唐经学)转型的时期,这一转型的关键人物是董仲舒;那么北宋仁宗庆历年间就是汉学(汉唐经学)向宋学(宋型文化)转型的时期,而这一转型的关键人物就是范仲淹。对前一西汉儒学向经学的转型,我们已经研究得很多;而对后一北宋汉学向宋学转型的研究,却几乎还是空白。现在,赵瑞广博士的博士论文《庆历之际的文化转型:宋学的历史生成》的出版,可以说终于填补了这一北宋文化转型研究的空白。

我认为赵瑞广博士《庆历之际的文化转型:宋学的历史生成》的最大特色,就是视角独创,思路别开,把宋代文化转型的关键人物聚焦到范仲淹身上,把文化转型的历史时段具体落到庆历之际,坐实了宋代文化转型生成、兴起、发展的真实历程。前人也提出了唐宋的转型,但多是一种宽泛的、大历史时段的含混概括,不得要领。赵瑞广博士把宋代文化转型的发生落实到“庆历之际”(仁宗一朝),把庆历之际的文化转型时段又分为三个时期:天圣—康定年间:宋学酝酿发生期;庆历—皇祐年间:宋学兴起期,疑经变古思潮涌现;至和—嘉祐年间:宋学发展期,道德性命之学流行。我认为这样对宋代文化转型时段的划分是十分精辟而精当的,它一方面清晰具体地展现出了宋代文化转型发生的特定历史时间与空间,另一方面又清晰具体地揭示出了宋代文化转型以复古为革新的类似于西方“文艺复兴”的特点:在经学上,批判汉唐章句训诂的经学,返回到先秦传统的孔孟义理之学;在儒学上,批判汉唐失却人文精神与人文关怀的僵化儒学,返回到原始儒学的心性之学；在文学上，古文运动扫荡六朝以来的浮靡文风，返回到先秦两汉的古文传统，诗歌批判晚唐、西昆诸体，返回到《诗经》与汉魏乐府的现实主义诗歌传统。正是立足于庆历之际文化转型的历史视域，赵瑞广博士对宋代文化转型有了新的认识，把北宋的重文抑武、宋学的生成、经学疑古思潮的兴起、理学的思想渊源、庆历变革、古文运动与诗文革新全都纳入到“庆历之际的文化转型”的文化历史宏大框架中来审视，发人所未发，道人所未道，成为这部著作最闪光的亮点，新见迭出。

在探讨庆历之际文化转型的内因外缘上，赵瑞广博士充分注意到了宋初士风的新变与自由议论之风对宋代文化转型的重大作用。一方面，宋代是平民兴起的社会，宋代社会士庶的尊卑悬隔被打破，宋代社会平民化的发展，促成了由社会平民化而来的思想自由议论之风，作为平民代言人与平民文化负载体的士人“开口揽时政，论议争煌煌”，形成了士人讲论学问、论议古今、臧否时政的风尚；另一方面，宋代社会重文抑武，重文治，重教化，重读书人，重用士人，推动了重道德气节文章的士风的高涨，尤其是庆历之际崇儒尊教，兴建官学、书院，给士人提供了授徒讲学、聚众议论的平台。宋代的文化转型，就是在这样的自由议论的士风中孕育生成的。我以为这一观点是深刻的。

在探讨宋代文化转型的思想渊源上，赵瑞广博士从范仲淹讲起，也是别出心裁。前人讲理学的兴起，上推到“宋初三先生”（孙复、胡瑗、石介）；讲宋学经学的起源、经学疑古思潮的兴起，上推到刘敞（《七经小传》）。赵瑞广博士追本溯源，往上更推到范仲淹，可以说是把握到了宋代文化转型的真正源头。事实上范仲淹在宋代就被奉为“儒宗”，朱熹就认为范仲淹是宋代最早的理学先驱。范仲淹精通《易》学、《春秋》学、《中庸》学，他把《易》学、《春秋》学传授给了宋初三先生，把《中庸》学传授给了张载，周敦颐也是范仲淹的重要“讲友”，范仲淹的《易》学对周敦颐的太极学有重要影响，他的《易义》开了宋学经学义理解经的先河。也正是他的庆历变革，直接推动了庆历之际的文化转型。所以追溯到范仲淹的思想源头，返观宋初文化的发展，庆历之际的文化转型就一目了然了，把宋初的文化转型称为“庆历之际的文化转型”也就名副其实了。

在探讨理学思想的渊源与理学的兴起上，赵瑞广博士有更开阔的视野，与前人不同，他把范仲淹、欧阳修、苏轼、司马光、王安石等人都纳入“理学”的视域与“宋学”的视域，由此清晰展现出了理学的兴起与发展的历程。奇怪的是前人向来不把范仲淹、欧阳修、王安石这些人看成是理学家，甚至认为王安石是“反理学”的思想家。其实理学就是儒学，理学是新形态的儒学(新儒学)，是以心性之学为核心的儒学。宋儒的思想都没有超越儒学，所以他们的思想都属于理学（新儒学)，这本来是不言而喻的。比如，王安石其实是一个地地道道的理学家，他二十多岁所作《淮南杂说》，就是一部地地道道的性理之书，当时蔡卞在《王安石传》说：“宋兴，文物盛矣，然不知道德性命之理。安石奋乎百世之下，追尧、舜、禹三代，通乎昼夜阴阳所不能测而入于神。初著《杂说》数万言，世谓其言与孟轲相上下，于是天下之士始原道德之意，窥性命之端。”可见王安石的《淮南杂说》在当时已被认为是一部开理学心性之学的书。(按：王安石著《淮南杂说》有可能早于周敦颐作《太极图说》)抛开这些人去讲什么理学的兴起、文化的转型，无异于缘木求鱼。

在探讨庆历之际的文化转型时，赵瑞广博士把文学的转型也纳入到了文化转型的视域中，文学的转型构成了庆历之际文化转型的一个重要方面。前人对宋代的文学多是作孤立的研究，把宋代文学排除在整个宋代文化转型的发展之外。所以他们讲的宋代转型是讲思想转型，而不是文化转型。其实宋代的文化转型反映在各个领域，包括文学艺术领域，如西方文艺复兴时代的文化转型，就主要发生在文学艺术领域。宋代的文化转型也同样反映在文学艺术领域。庆历之际的古文运动与诗文革新，本就是一场儒学复兴运动，文以载道思想的兴起，决定了宋文学不同于唐文学的基本特点与风貌。唐文学向宋文学转型，宋型文学的生成与兴起，是同经学、儒学领域里的文化转型同步并行的。

总之，赵瑞广博士的《庆历之际的文化转型：宋学的历史生成》为我们描绘了一幅宏观的宋代文化转型的历史画卷，微观方面的探讨固然还需进一步开拓深入，但他的研究已为我们研究宋学的生成与宋代文化的转型指出了一条可信的研究路径，我想这就是赵瑞广这部著作的学术价值与文化意义所在吧。赵瑞广博士的这部著作完成于2009年。当年他考入浙江大学为博士生，一听我介绍宋代的文化，他就选择了“庆历之际的文化转型”这一高难课题作为自己博士论文的研究课题。赵瑞广博士家境贫寒，生活多艰，学习过于刻苦，不幸英年早逝，令人悲痛。现在出版他的这部著作，就成为我们对他的最好纪念与怀念了。

(作者为浙江大学人文学院博士生导师、教授，浙江省特级专家)

序二

杨绪敏

瑞广博士离我们而去已经一年有余。去年2月的一天，供职于徐州医学院的瑞广的同学曹威电告我，瑞广得了不治之症，我非常惊愕和难过。不久瑞广从无锡来电，毫无忌讳地告诉我自己得了淋巴癌。我答应他4月份待我忙完手头的工作专程去无锡探望他。没想到他竟于3月18日走了，那次的通话成了我们师生间最后一次话诀。我与他最后一次见面是在2009年深秋，当时我陪同徐州岳飞思想研究会的几位老同志去杭州参观考察，那几天瑞广始终陪侍左右。今天想来，当时的情景仍历历在目。真是人生无常啊。

瑞广出生于河南省商丘市柘城县一个贫困的农家。自幼酷爱读书，有着长期写日记的习惯。在读中学期间，学习刻苦努力，各科成绩优秀。他在高中毕业之际曾作诗一首，题为“最后的时光”：

时光从来不自由，背负希翼把身修。
春花最艳冬寒润，夏云多雨秋暑谋。
明媚花色报春养，有情云雨奉夏收。
朝暮不求囊中饱，众生欢喜度春秋。
人生难得八面思，悲喜欢乐脑海中。

表达他珍惜时光，刻苦求学，希冀美好未来，报效国家和父母的心志与愿望。

1987年，他考入商丘师范专科学校攻读英语专业，获英语专科文凭。参加教学工作后，他仍孜孜不倦地学习，于1992年9月被河南省教育学院外语系录取，两年后获得英语专业本科文凭。然后继续他的教学工作，并在工作之余自学中国历史。2003年9月考入徐州师范大学(今江苏师范大学)历史文化学院攻读中国古代史专业硕士学位，由此与我结下师生之缘。在读三年中，瑞广携妻带子在徐州度过了艰苦的亦工亦读的生活。他为人极其朴实，不善言谈，更不善交际，学习刻苦，谦虚谨慎，每日来往于图书馆、教室、打工代课的学校和临时租借的房子。当时一个研究生的生活补贴只有不到200元，靠此养活一家三口显然不行，于是他便凭借扎实的英语功底，在多所学校代课以为稻粱谋。后来他的夫人李秀兰在丰县一民办学校谋得一教职，才总算缓解了家庭的困境。2006年的5月他完成硕士生毕业论文《明清之际士人心态研究》的撰写，并顺利通过答辩，获得历史学硕士学位。瑞广虽然本科学的是英语专业，但是他的史学、文学功底是十分扎实的。他的文笔优美，擅长从宏观角度论述问题。他的硕士学位论文受到了校外评审专家扬州大学博士生导师王永平教授，安徽大学历史系主任、博士生导师张子教授的好评。

为了实现他“穷则独善其身，达则兼善天下”的理想，2007年9月他考入浙江大学人文学院古籍研究所攻读中国古典文献学专业博士学位，师从于著名学者束景南教授。在读博其间，他先后发表《史华慈问题——中国思想史上的那块天花板》(载《读书》2009年第7期)、《一代宗师俞曲园的学术成就及影响》(载《江南水乡文汇》，中国艺术出版社2007年出版，与我合作)等文。2013年《读书》第3期又发表了他的遗作《为什么要重视“史华慈问题”》。2009年度，他获得浙大校园优秀研究生二等奖。天道酬勤，经过三年的努力，2010年6月，他完成了25万字的博士论文《庆历之际的文化转型：宋学的历史生成》的撰写，并顺利通过博士学位论文答辩，取得文学博士学位。至此，他结束了自己的求学生涯。

他毕业后求职于商丘师范学院，院方安排其在图书馆供职，明确说明不能安排其夫人的工作，他很不如意，打电话征求我的意见。我很明确地告诉他，为了今后生活之便，放下身段到南方中学求职。当时，南方的一些中学已经开始招聘博士。我与无锡滨湖区教育局钱江局长联系后，钱江局长明确表示可以作为人才引进，并安排其夫人的工作和孩子的读书事宜。2010年8月，他就职于无锡立人高级中学。无锡的就职，开始逐步改变其家庭生活的窘境，他对自己的事业充满了希望。他曾多次与我通话，表示要珍惜这难得的工作机会，老老实实做人，踏踏实实工作。无奈，癌魔夺去了他年轻的生命，不能不令我及其亲友、同事为之痛惜。

在瑞广去世周年之际，无锡滨湖区教育局钱江局长指示将瑞广博士学位论文和硕士学位论文及其发表的相关文章结集出版，这是对瑞广短暂一生治学的最大褒奖，也是对其逝世周年的最好纪念。钱江局长的尊重教师、重视人才亦可由此窥见一斑。

不久前，无锡滨湖区教科室主任吴伟昌教授接受钱江局长指示，前来徐州委托我为《赵瑞广博士文存》作序，我欣然应允。在匆忙之际草写此文，权充该书序言。该书的出版，相信瑞广在天之灵会感到十分欣慰。

(作者为江苏师范大学历史文化与旅游学院硕士研究生导师、教授)

博 士 篇 BO SHI PIAN

庆历之际的文化转型:宋学的历史生成

2013 年 3 月 12 日，滨湖区教育研究发展中心吴伟昌副主任、胡埭中心小学丁霞玲副书记、赵博士夫人李秀兰老师等一行拜访浙江大学导师束景南(左二)教授。

专家评点

北宋是中国文化史上汉学向宋学转型的重要时期，对这一文化转型学术界比较缺少系统深入的研究。本论文选题具有重要意义。论文提出了庆历之际是宋代文化转型与宋学生成的时期的新说，把宋文化转型与宋学生成的时期更具体化，落实到庆历之际，对这一时期进行了三个时段的划分，追本溯源，从内因外缘各方面对这一文化转型的发生作了较为深入的分析，观点创新，多发人所未发。论文视野宏阔，从经学、儒学、文学三大方面展开对庆历之际文化转型的论述，清晰再现了北宋庆历之际文化转型的发展历程，揭示了宋学生成的特点，多有新见。论文史论结合，资料翔实，条理清晰，论述较透辟，是一篇有创见的较为优秀的博士论文。

浙江大学哲学系主任、教授、博士生导师　董平

2010 年 8 月 29 日

内容提要

北宋庆历之际是中国古代思想文化史上的一个转型时代。它既是宋学的生成期,也是汉唐文化向宋文化的转型期。庆历之际,即宋仁宗一朝,有着良好的政治人文环境。重文的社会背景,仁宗宽容的为政风格,内忧外患的时局激发,士人以天下为己任的主体精神及自由议论之风等因素汇合在一起,使士人的主体意识张扬,他们在政治上革新求变,学术上大胆创新,疑经思潮兴起,思想领域充满活力,终于促成了庆历之际文化转型的发生。

庆历之际的文化转型大致可以分为三个阶段:天圣—康定年间,是宋学的酝酿发生期;庆历—皇祐年间,是宋学的兴起期,疑经变古思潮涌现;至和—嘉祐年间,是宋学的发展期,"道德性命"之学流行,形成众多理学思想体系,文学转型进一步发展。

庆历之际的文化转型主要表现于经学、儒学和文学等领域。经学转型首先表现为对汉儒传注之学的扬弃。宋人跳出汉唐经学的窠臼,突破了汉儒偏于训诂传注的繁言琐碎及狭小格局,以义理说经,关注现实,通经致用,更具人文精神,使儒家学说拓展出更广阔的领域。宋儒们大胆疑经,不盲从传注旧说,从古代经典的源头上探寻微言大义。疑经,新解,层出不穷,使得儒家经典又逐步回归到它关注现实人生的本来面目。

宋学的核心在于理学,庆历之际是理学的生成兴起期。儒学的重心在庆历之际转向心性义理之学,它借鉴佛、道的理论,在道、理、心、性、气等概念的阐释上开拓新义,学说的内在逻辑性更加严密。宋儒以"性与天道"作为其理论的主要内容,以"理"、"道"作为沟通天人的桥梁,在形而上层面的理论建构,诸如心性论、本体论、认识论等方面,都使儒家学说改变了此前与佛道竞争的被动局面,不再拘守于政治及伦理的领域,开始进入身心修养及精微的思辨之域,在寻找社会人生的规范、讲求修身成德的途径等方面都有新的发展。《四书》学的兴起,使经学重心发生转移,理学家借助《四书》构建他们的理学体系,经学与理学合一。

在宋文化转型和宋学的生成过程中,文学的转型也构成了这一转型的重要组成部分。庆历之际的古文运动,其思想背景就是儒学的复兴运动,"文以载道"的口号,反映出古文运动与儒学复兴运动之间的紧密关系。古文运动至此取得了决定性的胜利,文从字顺、明白晓畅的文风取代了重视辞藻、追求华丽的文风;在诗歌领域,也一改宋初的模仿习气,形成宋诗的尚理、重学、追求平淡之风,展现出宋诗的独特风格。

关键词: 思想　文化　转型　庆历之际　宋学　宋文化

绪论

一、缘起

对于宋代文化学术的转型变迁及其影响，史学大师陈寅恪早就给予关注：

吾国近年之学术，如考古历史文艺及思想史等，以世局激荡及外缘熏习之故，咸有显著之变迁。将来所止之境，今固未敢断论。惟可一言蔽之曰，宋代学术之复兴，或新宋学之建立是已。华夏民族之文化，历数千载之演进，造极于赵宋之世。后渐衰微，终必复振。[①]

陈寅恪所说的“新宋学”实际就是从文化类型学上来概括宋代文化，他从“变迁”的角度来认识宋学的生成，已经包含了对宋代思想文化转型的认识。余英时认为宋学转型的主旨在于秩序的重建：“重建秩序是北宋儒学的主线，古文运动、王氏‘新学’和道学都莫能自外。”[②]宋代的文化转型，实际上就是文化秩序的重建，是一个多方位的文化秩序与话语系统的重构。

庆历之际[③]是宋学的生成期，也是汉唐文化向宋文化的转型期。庆历之际的思想文化转型是以复古为革新，在表现形式上具有类似于西方“文艺复兴”的特

①陈寅恪：《金明馆丛稿二编》，三联书店，2001 年，第 277 页。

②余英时：《宋明理学与政治文化》，吉林出版集团有限公司，2008 年，第 48 页。

③庆历之际，作为本文所论述的汉唐文化向宋文化的转型时期，并不仅仅指庆历年间，其范围大致涵盖了北宋仁宗一朝（1022—1063）。庆历年间（1041—1048）在时间段上正属于仁宗一朝的中点，又属于仁宗一朝政治及思想文化的转折点，庆历新政不仅在政治上影响深远，在社会、文化诸方面也都产生了深远影响。庆历年间可以说是仁宗一朝最有代表性的一个年代，故以“庆历之际”作为叙述仁宗年间这一整个时间段的代称。《宋元学案》即有“庆历之际，学统四起”的说法，其着眼点就不仅仅局限于庆历年间。《困学纪闻》亦云：“自庆历后，诸儒发明经旨，非前人所及。”此处庆历之称亦非仅限于庆历年间。

点。因此,可以说庆历之际仿佛是中国古典时代的"文艺复兴"时期:在经学上,批判汉唐章句训诂的经学,返回到先秦传统的孔孟义理之学上来;在儒学上,批判汉唐失却人文精神的思想僵化的儒学,返回到传统孔孟心性儒学上来;在文学上,古文运动承继韩愈开始的复古之风,批判汉魏六朝以来的浮靡文风,返回到先秦两汉的古文传统上来,而诗歌则批判晚唐、西昆诸体,返回到《诗经》与汉魏乐府的现实主义诗歌传统上来。

对宋初的思想文化转型,后来南宋的理学家们把源头追溯到"庆历三先生",即胡瑗、孙复和石介,这一观点经过不断述说,几乎成了定论。其实,在理学的产生过程中,还有两个人居功甚伟,那就是范仲淹和欧阳修,他们被称为一代"道宗"和"文宗",两人都对经学的义理化和儒学经世致用的价值取向起过重要作用。欧阳修的疑经思想,虽在当初应者寥寥,但很快就成为普遍的风气。而且他们在政坛和文坛有着巨大影响,与三先生大部分时间居于师席者不同。可以说正是由于范仲淹、欧阳修的前导示范,再加上胡瑗、孙复、石介等人的羽翼赞助之力,宋初思想文化的转型才能够发生。

范仲淹著有《易义》,以义理解经,已摆脱章句训诂窠臼。欧阳修有《易童子问》、《易或问》等《易》学著作,怀疑"十翼"说,认为《系辞》不是孔子所作,另有《诗本义》对毛、郑的序及传注提出质疑,批评谶纬附会之说。可以说庆历之际,风云际会,群贤毕至,思想上革故鼎新,范、欧二人实为关键。

庆历之际,"庆历三先生"教授生徒,撰写讲义,对当时的思想转型起到了奠定基础、固本疏源的作用。同时还有"闽中四先生"陈襄、郑穆、陈烈、周希孟及"庆历五先生"杨大隐、杜醇、王政、楼郁、王说等人,后来被称为理学大家的周敦颐、邵雍、张载、二程等人,以及大儒李觏、司马光、王安石等,也都先后崭露头角,思想成熟,他们各自发展,从不同的领域壮大了转型的声势,加快了转型的进程。

在文学领域,特别是古文,到庆历之际,经过以欧阳修为首的文学家们的努力,古文运动得以壮大发展,古文最终取代六朝以来骈文的一尊地位。诗歌也以反映现实、抒写民生的朴实诗风取代了注重形式和辞藻的西昆体。

庆历之际的思想文化转型,有着诸多时代背景。宋朝经历太祖、太宗、真宗三朝的统治后,到仁宗时期,政治、经济等诸方面的矛盾逐渐积累起来,冗兵、冗官等方面巨大的财政开支,加上西夏的崛起及原有北方契丹的军事威胁,使得当时的许多士人忧心忡忡,他们在朝廷的右文重儒国策下登上仕途,有着强烈的使命感和责任心，决心要改变积弱局面，变革图强。在以范仲淹为首的变革派的呼吁下，宋仁宗在庆历三年(1043)颁布诏令，实行变革。虽然由于保守派的阻挠，新政未满一年即告失败，但庆历新政影响深远，它如同一根导火索，一下子引燃了社会上各种思想的交锋。怀疑古代经典之风兴起，出现了“庆历之际，学统四起”的局面，各种思潮激荡起伏，中国士大夫“达则兼济天下”的精神传统经过宋初几十年的呵护培养，被庆历新政大力激发出来。比起前期相对守成的文化风气，此时的士人已酝酿着思想的变革与突破。在学术上，他们不满前人谨守训诂传注的传统，提倡通经致用，在经学、儒学、文学、教育、艺术诸方面都求新更化，蔚为文化转型的思想潮流。

新思想的产生，从来就不是孤悬于它所存在的时代，它一定有自己内在和外在的因素。它既依赖于精英阶层的意识层面的创新，也有赖于广大民众的合力所造成的时势；既有内在逻辑的理路，也需要外在环境的推动。宋代文化的生成，也有诸多的内外原因：政治上，鉴于晚唐五代武人的跋扈之乱，采取右文的政策；经济上，沿传唐代两税法之后的田制和税制，国家对土地及商业的控制相对比较宽松；文化制度上，因为科举考试的进一步完善，使得平民子弟也能够跻身于统治阶层；思想领域由于佛教的刺激而使儒家也开始重视理论的构建，从一味排佛转向化佛为我所用；经学上，敢于疑经惑古，打破成说，新意创见迭出；此外，还有科技的发展、印刷术的提高使得书籍更加普及等物质层面的支持；全国普遍建立州学、县学，书院大兴，贵族教育转向平民教育，知识的普及也有力地推动了宋文化的生成。

以史为鉴，可以知兴衰。我们今天同样正处在一个文化的转型期，这种转型的程度，比起宋代有过之而无不及。从近代史上看，清末西学东渐带来的东方文化和西方文化的融合远没有完成，欧风东渐已历百数十年，截至今日，恐怕还处于磨合期，远未达到融和无间的地步。因此，借鉴宋代思想文化转型的经验与教训，于今天仍不无裨益。陈寅恪曾言：

欧阳永叔少学韩昌黎之文，晚撰五代史记，作义儿冯道诸传，贬斥势利，尊崇气节，遂一匡五代之浇漓，返之淳正。故天水一朝之文化，竟为我民族遗留之瑰宝。孰谓空文于治道学术无裨益耶？[①]

文化变迁，事关世运兴衰。失去根基，随波逐流，思想的混乱便带来人事的扰

①陈寅恪：《寒柳堂集》，三联书店，2001年，第182页。

攘动乱。思想文化的转型,看似微妙虚无,实则有关兴衰宏旨。余英时也曾发过类似的感慨:

近代中国政治素质的普遍低落正反映了学术思想衰微的一般状态。在学术思想方面未发生建设性的根本变化之前,政治方面是不会突然出现奇迹的。因此,我愿意郑重地指出,任何对于中国文化重建的新尝试都不能不从价值观念的基本改变开始,那就是说:我们必须把注意力和活动力从政治的领域转移到学术思想的阵地上来。①

从发掘整理中国古代文化遗产的角度来看,研究庆历之际的思想文化转型,也可以更好地了解中国传统文化的发展脉络,帮助我们更好地理解宋学的发生发展轨迹。

本文的创新之处,有如下几点:首先是在理论背景上把唐宋文化的转型放在帝制中国这一大的历史阶段内加以考察,认为宋文化既有与汉唐文化的区别,又有与之相同的社会大背景,即同属于从秦汉直至明清的帝制时期文化这一大的范畴之内,从而找出它们之间的变异;二是在时间上把宋文化的历史生成阶段更加具体化,认为庆历之际是汉唐文化向宋文化转型的具体时段,从内因外缘上对这一转型的条件进行分析,并对这一时期进行了三个时期的划分,又从经学、儒学和文学三个方面论述这一转型;三是认为文学的转型亦是庆历之际文化转型的一个重要组成部分,从文学的思潮、表现形式和内容等方面,来考察时代思潮的变化。

本文将从文化变迁的研究视角,分析庆历之际宋学的生成过程,揭示思想文化上的全面转型,从经学的转型、儒学思想的转型以及文学的转型等方面多视角地对这一思想文化转型历程作历时态的研究,考察宋文化的发生形成,揭示文化转型的原委脉络,找出文化变迁的轨迹。

二、研究成果概述

庆历之际的思想文化转型过程,也即宋学发生兴起的过程,其中包括了政治、经济、社会以及思想、学术等诸方面的内容。关于宋学的研究,清代即有汉宋之争,相关著作蔚为大观。不过大多数的学者都着眼于理学定型时期的理学家们,如周敦颐、张载、二程、程门弟子直至朱熹及其弟子,而庆历之际的思想文化转型,也即宋学的发生时期,相对而言还没有引起足够的关注。下面就分别从经

①余英时:《论士衡史》,上海文艺出版社,1999年,第31页。

学、儒学和文学三个领域介绍已有研究的情况。

(一) 关于庆历之际经学和儒学的研究

1.有关庆历之际宋文化转型的宏观论述

对庆历时期的学术思想，前修时彦已多有提及。清代学者汉学与宋学的争执，即已发现汉唐与宋代两种学术风格的不同，虽然没有从思想文化转型的角度进行明确划分，但个中变化已经多有提及。近代以来，学人在论及宋学的兴起时，也无不归因于庆历诸君子的开创、引导之功。对于庆历之际的思想、学术转型，也从不同的角度有所论述。

钱穆在上世纪三十年代成书的《中国近三百年学术史》中曾提到宋学精神有两端：一曰革新政令，二曰创通经义，而精神之所寄则在书院。他在抗战期间所写的《国史大纲》里盛赞庆历之际的新思想与新精神：

> 他们开始高唱华夷之防，又盛唱拥戴中央。他们重新抬出孔子儒学来矫正现实。他们用明白朴质的古文，来推翻当时的文体。他们因此辟佛老，尊儒学，尊六经。他们在政制上，几乎全体有一种革新的要求。他们更进一步看不起唐代，而大呼三代上古。他们说唐代乱日多，治日少。他们在私生活方面，亦表现出一种严肃的制节谨度，而又带有一种宗教狂的意味，与唐代的士大夫恰恰走上相反的路径，而互相映照。因此他们虽则终于要发挥到政治社会的实现问题上来，而他们的精神，要不失为含有一种哲理的或纯学术的意味。所以唐人在政治上表现的是“事功”，而他们则要把事功消融于学术里，说成一种“义理”。“尊王”与“明道”，遂为他们当时学术之两骨干。①

钱穆在这里大致说出了庆历之际思想转型的轮廓，但他并未对这一转型更作深论。

日本学者内藤湖南在二十世纪初提出唐代是中世的结束，而宋代则是近世的开始的观点，他的唐宋转型论，时至今日仍颇有影响。对于唐宋的社会转型，到底属于什么性质这一问题，至今仍有争论，且内藤湖南的学说，有着明显的西方三段论的影响，于东方社会似显牵强。

上世纪五十年代至七十年代的大陆学界，因政治原因，理学横遭批判，这方面的学术研究也乏善可陈。八十年代以来，关于宋代思想学术的研究逐渐兴起，

①钱穆：《国史大纲》，商务印书馆，1996年，第560–561页。

很多学者从不同的角度对宋代的学术及思想展开研究,并取得累累硕果。

陈植锷的《北宋文化史述论》对北宋的文化发展历程作了深入的研究,以宋学为核心,探讨其时代背景,揭示了宋学的主题及其怀疑、批判与创造诸多基本精神,论证了宋学对佛老思想的吸收以及在文学书画诸层面的具体表现。作者还把北宋的宋学分为准备、草创、繁荣三个阶段。宋初三朝,仍守汉唐矩镬,是准备期;仁、英两朝,疑经思潮形成,开始了儒学复兴的新局面,是草创期;至神宗熙宁时期,以王安石为代表的新学,以张载为代表的关学,以二程为代表的洛学,以二苏为代表的蜀学,构成了北宋宋学的繁荣期。[①]对于宋文化的初起阶段,即庆历时期,书中也有一定的分析。

徐洪兴的《思想的转型——理学发生过程研究》是国内有关唐宋思想转型的一部较早的专著，该书以唐代训诂经学向宋代义理之学特别是理学的转变为主题，探讨了理学的发生发展过程及其所依赖的思想发展的内在逻辑和外部政治环境。书中把北宋理学的发展分为两个阶段,庆历时期为理学的初兴,熙丰时期为理学思潮的高涨期,并分别对范仲淹、欧阳修、胡瑗、孙复、石介作了专论。

漆侠的《宋学的发展和演变》对宋学的发展从历史的角度予以解析,分析了唐中叶以来的经济、文化、思想等领域的变化,把宋朝的宋学历史划分为宋学的形成、发展和演变三个阶段。把宋初直至庆历前后作为宋学的初始阶段,熙宁时期为宋学的发展阶段,南宋为宋学的演变阶段。他认为宋学的形成与范仲淹领导的庆历新政有密切的联系。

张岂之在《中国思想学说史》中谈到,宋初兴文抑武的政策重振了儒家的伦理道德,理学的兴起反映了宋代士大夫重整社会道德规范的愿望。另外还有刘复生的《中国古代思想史·宋辽金元卷》,张立文的《中国学术通史·宋元明卷》,也都简单地论述了宋代的思想学术及宋初学术的复兴，但都未能从庆历之际的思想转型这一角度予以详细论述。

吴国武的《经术与性理——北宋儒学转型考论》也是论述北宋理学兴起的专著,书中通过北宋儒学的发展变化历程探讨了北宋儒学的转型。书中论述了北宋士大夫阶层崛起对北宋政治、制度文化的影响及其对北宋经学新变与理学形成所起的作用，分别从文献学与思想史的角度深入分析了经传文本的选择与性理

①陈植锷:《北宋文化史述论》,中国社会科学出版社,1992年,第183页。

典籍的形成、经解体式的变化与理学文体的出现、经学的子学化与理学形态等问题，以及北宋经学到理学的思想转型与学术互动的基本线索和历史演变。作者的论述从宋初直至北宋末年，既有对庆历之际学术的研究，也论及此后的元祐学术和元祐之后的二程特别是伊川之学的理学发展状况。

美国学者包弼德著有《斯文：唐宋思想的转型》，作者立足于士人价值观的转变，从学术史和文学史的角度来探讨唐宋的转型。作者认为，“斯文”在唐宋士人的价值观中有着重要的意义。唐代关于“斯文”的理解，包含两方面的内容，一是指古代流传下来的经传典籍，二是指古人关于写作、政事和修身的行为规范。初唐时期，士人认为“斯文”本身就是价值观的基础和来源，北宋时期，道学文化兴起后，价值观的基础转向伦理原则。中唐时期，“斯文”作为价值观的基础的信念受到挑战，直至北宋，士人一方面主张要对价值观作独立的探求，另一方面又希望坚持“斯文”在确立价值观方面的权威，以达成统一的价值标准和思考模式。这二者之间的张力，构成了唐宋之际思想演变的内在动因。书中还引入社会史和政治史的分析，提出唐宋转型的社会基础是士人身份的转变，即从唐初的门阀士族至北宋而为文官，再至南宋而为地方精英。在这一转变中，“学”逐渐成为确立士人身份的最主要标志。

龚鹏程在其《江西诗社宗派研究》第二卷《宋诗之背景与宋文化之形成》中就宋文化的形成作了概括，其中第一章“唐宋社会历史分期之检讨”、第二章“社会变迁中之经济形态”，分论商业资本、货币制度、商税征取、都会坊市、一般工业；第三章“社会变迁中之社会结构”，分论人口流动与庄园之发展、知识阶层之兴起、世族结构之分化、会社组织之形成；第四章“文化思想之转变与突破”，分论思想之转变、哲学之突破。书中还就宋诗的特点作了分析，指出宋诗的特征是“知性的反省”。关于宋文化，作者在“自序”里谈到：“大抵宋文化发轫于中唐，复兴于庆历，而具形于元祐。诗歌古文辞之发展亦然。”[①] 对于宋文化之形成，着眼于其大处，多有发明，但于庆历之际与宋文化的关系，尚嫌简略。

日本学者楠本正继著有《宋明儒学研究》，该书第一章论述了宋学渊源，认为宋学兴起源于儒释道三教的互动，儒学的觉醒与复归，还有宋儒的批判精神。葛兆光的《中国思想史》第二卷和《思想史研究课堂讲录》也分别提到宋代的思想文

①龚鹏程：《江西诗社宗派研究·自序》，文史哲出版社，1983 年，第 3 页。

化转型和种种变化,认为宋代理学的兴起,是继国家重建政治权威之后重建思想领域权威的必然之道。

余英时的《朱熹的历史世界:宋代士大夫政治文化的研究》在研究朱熹的历史文化传承方面颇有开拓,对朱熹以前的宋代士大夫政治文化也作了回顾和概括,把整个宋代士大夫的政治文化分为三个发展阶段:第一阶段的高潮出现在仁宗之世,为建立期;熙宁变法时期为第二阶段,为定型期;朱熹的时代为第三阶段,为转型期。仁宗之世被余英时称为"坐而言"的阶段,士大夫在"回归三代"的理想号召下,提出了对文化、政治和社会进行大规模革新的要求。

束景南在为张实龙《董仲舒学说内在理路探析》一书作序时提出:

冯友兰把从董仲舒到康有为的时代称为经学时代,董仲舒是开创经学时代的思想家,康有为是经学时代的终结者。在这两千多年的经学时代,经学发生过两个文化意义的转型:如果说北宋仁宗庆历年间是汉学(汉唐经学)向宋学(义理经学)转型的时期,那么西汉武帝建元年间就是传统儒学(孔孟儒学)向经学(汉唐经学)转型的时期,而关键人物正是董仲舒。①

这是第一次明确提出了庆历之际是汉学向宋学的转型时期。

刘子健在《中国转向内在——两宋之际的文化内向》一书中提出了中国社会在两宋之际发生了转向。书中认为中国的文化在两宋之际,在外部的挫折之下转向了内在,并把这种性格延伸到了后来直至明清的时代。书中还认为11世纪是文化在精英中传播的时代,它开辟新的方向,开启新的、充满希望的道路,乐观而生机勃发。与之相比,在12世纪,精英文化将注意力转向巩固自身地位和在整个社会中扩展其影响,它变得前所未有地容易怀旧和内省,态度温和,语气审慎,有时甚至是悲观。北宋的特征是外向的,而南宋却在本质上趋向于内敛。②

美国人田浩编有《宋代思想史论》,是一部国外学人的论文集,既有域外的宋代思想研究状况的介绍,又有关于某些专人,如司马光、王安石、苏轼、朱熹等人的思想评价,也有从社会学的角度所作的某些社会领域的考察,如关于书院和社仓的分析。域外学人有着全新的思维角度,无疑可以给我们以新的视角和方法论的启迪。

①张实龙:《董仲舒学说内在理路探析·序》,浙江大学出版社,2007年,第1页。

②刘子健著、赵冬梅译:《中国转向内在——两宋之际的文化内向》,江苏人民出版社,2002年,第7页。

2.关于宋代经学和儒学的专门论著

宋代经学和儒学也是人们关注和研究的一个重点，尤其是今天在传统学术逐渐受到重视的背景下，宋代的经学著作及儒学新变，对于探讨中国传统学术的演变发展有重要意义，相关著作和论文也颇为丰富。

潘富恩、徐洪兴主编的《中国理学》，概要地论述了理学的产生、发展直至当代的新儒家，对其中的人物、著作、学派及各家观点均作了扼要介绍，是一部提纲挈领的关于理学的全景式概述的著作。

朱伯崑的《易学哲学史》是关于易学哲学和思想的权威之作，书中对宋代的易学思想也作了详细具体的分析，对北宋理学诸子的易学思想都有精辟的论述。

余敦康的《内圣外王的贯通：北宋易学的现代阐释》和《汉宋易学解读》，是两部关于易学的著作，其中对于易学的发展，尤其是北宋易学的发展有独到的论述。作者在对汉、宋易学发展的脉络梳理中，对各家观点加以介绍评价，其中对于北宋诸家的易学观的分析，时有新意，如《汉宋易学解读》中对张载的理学思想的分析，就认为近人所谓张载的哲学为“气本论”、程朱的哲学为“理本论”的说法并不成立，二者追求的都是天道与性命的贯通，都是一种天人之学。

蔡根祥的《宋代尚书学案》采用学案体的形式来论述宋代《尚书》学的情况，对两宋的诸家《尚书》学著作进行分析，指出其传承与创新。

杨新勋的《宋代疑经研究》和杨世文的《走出汉学：宋代经典辨疑思潮研究》，同是有关宋代疑经思想的专论，对于宋代的疑经思潮及其背景都有所分析，并对诸家疑经的著作及其思想有中肯的评论。

李建军的《宋代<春秋>学与宋型文化》，以唐宋文化转型的大背景下宋代《春秋》学的发展变化为主题，分析了两宋时期《春秋》学的具体成就，对宋代《春秋》学的时代特征进行了系统论述。

周淑萍的《两宋孟学研究》，则是对两宋时期《孟子》的升格及变化发展的综述，并对两宋的非孟思潮作了分析，论述了孟子的人性论、浩然之气及王道观在宋代的走向。

范立舟的《理学的产生及其历史命运 》讲述了宋代理学产生的过程，对隋唐儒学的嬗变与宋代理学的产生作了长时段的考察。书中认为庆历之际是道德形而上学体系的酝酿期，熙丰之际是道德形而上学体系的确立期，并分析了理学在高宗朝的地位以及理学在孝、光、宁宗朝的状况，最后是理学在晚宋时期思想统治地位的确立。

(二) 关于庆历之际文学转型的研究

北宋的文学,到了庆历之际,随着士人心态的变化,文学观念和创作方法也发生了转型,关注现实,关注民生,文与道的关系得到强化,唐代华丽的感性的文风渐渐转向尚理重意的方向,宋诗重议论与学识的特点开始突出。对于宋代文学的研究,无论是从宏观层面还是从微观层面,著作都为数众多,但关于庆历之际的文学转型的研究,尚未见有专著论述。

周裕锴的《宋代诗学通论》是关于宋代诗学的一部比较有创见的著作。书中以“诗道篇”、“诗法篇”、“诗格篇”、“诗思篇”、“诗艺篇”为纲,系统论述了宋代诗歌的思想、创作方法、艺术特点等方面的内容,虽未有太多关于唐宋诗风转型之论,但于宋诗之异于唐诗的特色有着精辟的论述。书中认为,“老成”作为宋诗之风格,不只是辞力深厚的表现,而且是思想深刻、学问厚实、人格坚贞、阅历丰富、心境平和等多种因素的结晶,标志着由唐至宋文化心理的转型,由少年式的浪漫热情转为老年式的深沉静默,是一种对人生和艺术透彻了悟后所达到的境界。但全书从诗歌理论上着眼,在历时性上并未作分别,于庆历之际的诗歌变化亦未作说明。

龚鹏程的《江西诗社宗派研究》认为以“江西诗派”为宋诗代表的特点是“知性的反省”,宋代的文化性格也表现着知性反省的精神。而唐诗相对而言较偏于直觉、表现与意象。全书重点在对江西诗派的论述,于庆历之际无涉。

王水照主编的《宋代文学通论》在绪论部分对“宋型文化”的特点进行了分析,梳理了“宋型文化”这一概念的内涵,对宋型文化作了整体的探讨,注意其产生的社会、经济等背景,指出了宋代文学的“淑世”精神,并从文体、流派、思想等方面作了深入探讨,而对庆历之际的文学转型,尚未能给予充分关注。在《王水照自选集》中,作者对于宋代欧阳修、王安石、曾巩及三苏的散文及宋代诗歌的特点也有专文论及。

李春青的《宋学与宋代文学观念》,从宋学与文学的关系方面,论述了思想学术的变化对文学的影响,特别是理学对文学的影响,重点论述了宋学与宋代诗学的关系,并具体分析了欧阳修在宋代诗学中的地位及蜀学、道学与诗学的关系。

关于庆历时期的思想文化研究,也有许多单篇论文各从某个角度论及,本文将在行文过程中加以提及,不再一一列出。

三、研究思路与方法

(一)研究思路及文章结构

本文采用文化转型的视角，研究庆历之际的文化转型发展。思想文化的转型,自有其外在的环境与内在的理路。庆历之际的文化转型,也同样有它的内在发展逻辑和外在社会环境的影响。本文的研究思路,也主要从这两点着手,从内因外缘上探讨这一文化转型进程。从思想发展的内在理路上看,中国传统的儒家之学,在经历了汉代的第一次转型后,虽然取得了独尊的地位,但也染上了谶纬迷信的神学色彩,强调天人感应,杂以阴阳五行等学说,把儒家思想抬高为国家的意识形态,更加注重其政治教化和伦理等功能,对形而上的思辨和终极关怀的探讨却有所欠缺,经书成了“拾取青紫”的工具,同时也就预示着它的没落。东汉末年,随着帝国的瓦解,儒家教义也面临危机,玄学成了新的时尚,佛教思想也乘机而入,加之战乱频仍,分裂动荡,儒家思想从定于一尊的地位上被抛下圣坛。从外部环境来看,唐代虽然政治上声威广被,振越遐荒,文化上采取开放的姿态,兼收并蓄,社会风气等方面也没有太多忌讳,加上统治阶层多染“胡”风,与有着尚文传统的华夏民族的心理意识不完全相同,尚武之风犹存,崇信佛道,因之也埋下了“安史之乱”的伏笔。中唐以后儒家士子们就开始为儒学不振呼吁呐喊,希望通过儒学的复兴来重现国家的统一,实现民族文化的复兴。直到宋朝建立,崇文抑武,民族及文化自信心开始恢复,给儒学的发展带来契机,最终迎来了庆历之际的文化转型。

庆历之际是中国历史上一个全面的思想文化转型期。本文拟在前人已有研究的基础上,重点考察庆历之际这一时段的经学、儒学及文学返本开新的变化,寻找宋学兴起的动因与线索,揭示庆历年间思想文化转型的轨迹。

本文以庆历之际这一时间段作为研究对象,以思想文化为主线,力求揭示庆历之际文化转型的概貌。前一章总论庆历之前从晚唐直至仁宗之时的社会、政治、经济、文化等方面的背景,为庆历之际的思想文化转型寻找原因和背景;后面几章分别论述经学、儒学、文学等具体学术领域里的转型和变化。

中晚唐五代至宋初的政治、思想、经济等方面的变迁,构成了庆历之际思想转型的历史背景；宋仁宗一朝的文治局面，构成了庆历之际思想转型的现实背景。

庆历新政,庆历学术的繁荣,庆历时期的士风和自由议论之风的兴起,直接催生了庆历之际的思想转型。

思想的转型,首先表现为疑经思潮的出现。唐代大历时期啖助、赵匡等人即有不守传注、舍传求经的先声,只是未成气候。这种思想经过一段蛰伏期后,终于在庆历之际迎来了爆发。人们不满于汉唐的经传训诂,在内忧外患的现实环境里提倡经世致用,要拿经典的思想来纠正现实的弊端,以复古的名义来革新,特别是《易经》的变通思想和《春秋》的"尊王攘夷"观念,最为时人所重。重视义理,别出新意,成了当时解经的时尚。

范仲淹、欧阳修等人,对《易经》的研究都是重在义理。在孙复、石介、胡瑗等人的《春秋》学著作中,尊王攘夷、维护国家统一和严防君臣名分,成了解经的重心。此外还有一大批在朝在野的士人,或为地方官吏,或者隐居授徒,都著书立说,探讨经传义理,异曲同工,不期而至,汇入这一思想转型的洪流之中。

儒家思想开始出现全新的面貌。这一时期的儒生们追寻古义,倡明"道""理",开始了新的理论建构。范仲淹、欧阳修,还有"庆历三先生"及后来的"理学五子"及王安石、司马光等人,他们都在儒学思想上推陈出新,以求解决时代问题,顺应时代发展。与此相应,有着浓厚的思辨义理色彩和"仁政"的人文主义倾向的《孟子》一书在这时不断升格,最终与《论语》、《大学》、《中庸》一起并称《四书》,成了与《五经》同等重要的儒家经典,经书中兴起了《四书》学。

文学思想及文学风格的转型,也在庆历之际完成。韩愈、柳宗元所倡导的"古文运动",经过庆历之际文学家们的努力,终于取代了追求华靡文风的骈体文,诗歌也摆脱偏于辞藻的"西昆体"而转向平淡自然朴实的宋诗风格。

(二)研究方法

在研究方法上,本文融合文学、史学、哲学等多门学科,拟在借鉴各相关领域国内外学人研究成果的基础上,运用翔实的文献资料,进行跨学科的研究,探讨庆历之际思想的转型变化,力求在理清基本事实的基础上,把握文化发展的走向,做到历史与逻辑的统一,考据与义理的结合,以达到立论有据,言之成理。结合文化转型的研究论题,本文将采用以下几种方法:

1.历时性与共时性的结合,宏观概述与个案分析的结合

所谓历时性的研究,着眼于长时段的历史轨迹,从大处远处作宏观性的观照。文化的发展本来就有着长时期的积累及演变,仅从庆历之际的短时段自然难以发现这一文化转型的全貌。不论是汉代儒学的发展演变,抑或唐代社会的盛衰

转折,还是五代的动荡扰攘,都是宋代文化转型生成土壤的有机成分,离开了这些宏观的比照,叙述宋代的转型就会显得孤立无援。

即便是宋代一朝之内,这一文化转型偏偏在庆历之际发生,也有着前面几朝的文治效果的累积酝酿之功。赵匡胤以开国之君所定下的政治格局,宋太宗、宋真宗在重文措施上的进一步完善补充,以及由此带来的社会上对于读书入仕的热情高涨,都为庆历之际的转型做着铺垫和引导。

共时性的研究则重点分析庆历之际的士人内部,从政治家到文学家,从儒家经师到求学的士子,在这一时期的思想发展及其共性与个性。政治家的变革图强,文学家的诗文革新,儒学家的通经致用,都从各自不同的角度推动了这一转型的发展而又体现出相同的时代风气。文化的转型与时代的氛围密切相关,而庆历之际的不同时期之内,也有时代思潮的不同发展阶段,每一个阶段也都有它各自的思想脉络及重心。如何结合具体的个案来把握这种时代的共性及特征,就成为共时性研究的重点所在。

宏观的概述是必须的,它既需要著者有理论上的观察与思考,也需要著者从多角度多学科来作整体的分析与综合。本文既然是从文化演变的角度来观察庆历之际的转型,则不同阶段文化的形态及其时段划分,文化形态背后的宏观历史背景及其划分的理论依据,都要求予以概括和介绍。具体到唐宋转型这一本文的核心问题而言,我们既借鉴了内藤湖南的唐宋转型论,又并不完全认同他把宋代以来的社会划分为等同于西方的近代的观点,而是把宋后的历史仍归属于帝制中国的长时段之内,是秦汉直至清朝这一帝制中国的后期阶段。庆历之际的文化转型,是帝制中国这一长时段范围内前后期的分水岭。在这一理论预设之下,本文展开了对庆历之际文化转型的探讨。具体个案的研究占据了本文的主要篇幅,因为没有个案的研究,所谓的转型只能是空谈。这一转型正是体现于这一时期每个具体士人的思想观点及其著作之中,因此本文既要涉及他们思想的共性,也要分析其观点的差异。正是从当时“学统四起”的每个人的身上,我们才能把握、感知这一文化转型的细微与具体之处。

2.“了解之同情”

陈寅恪曾提出研究古代思想学说时应怀有的“了解之同情”态度:

凡著中国古代哲学史者,其对于古人之学说,应具了解之同情,方可下笔。盖古人著书立说,皆有所为而发。故其所处之环境,所受之背景,非完全明了,则其学说不易评论,而古代哲学家去今数千年,其时代之真相,极难推知。吾人今日可依据之材料,仅为当时所遗存最小之一部;欲借此残余断片以窥测其全部结构,必须备艺术家欣赏古代绘画雕刻之眼光及精神,然后古人立说之用意与对象始可以真了解。所谓真了解者,必神游冥想,与立说之古人,处于同一境界,而对于其持论所以不得不如是之苦心孤诣,表一种之同情,始能批评其学说之是非得失,而无隔阂肤廓之论。①

对待中国的传统文化,这种"了解之同情"尤为必要。当我们能够以一种历史感及敬畏心来看待古人的时代及其思想的时候,我们才能尽可能真实地体验出每个人作品里的字里字外的丰富内涵,才能够尽可能地还原他们的思想风貌及个性。庆历之际的转型,尤其是理学的兴起,在当时社会上所掀起的新奇与热忱,恐怕是今天的人们难以充分想象的。他们对于"孔颜之乐"的真诚探索及对"为己之学"的孜孜以求,也是今天被物质大潮裹挟的人们很难体会和感受的空谷足音。因此在探讨这一文化转型时如何能获得这种"了解之同情"也是我们的一个追求或者说是向往的目标,尽管它要求丰富的学识及开阔的视野,还要有道德之域的修养及体悟,这当然是一种玄义甚高的理想目标,但若坚持这种追求,达到与否姑且不论,有之总胜于无。

3."问题意识"

意大利历史学家克罗齐说过,"一切真历史都是当代史"②,语虽偏激,但直白地道出了从事有关古代历史及思想文化研究的一个重要原因。经验也好,教训也好,有所借鉴总是必要的,更何况今人的诸多生存状况并不一定与古人悬隔天壤,他们的悲欢离合也同样能引起我们的共鸣和同感,他们处理社会成员关系的行为准则与道德尺度也可能同样适用于今人。具体到本文论述的文化转型来说,这一话题涉及的方方面面与今日的中国社会正有诸多相似之处。我们反对影射史学的观点,但历史的智慧是不能丢弃的,更何况在叙述古代社会时,若能与今日的相应情形作一比照,还能更好地增进我们对古人的了解。例如在讲到宋人"以文为诗"的手法时,王水照就指出这一手法不仅影响了宋诗的整体面貌,而且及于"五四"以后的新文学,胡适发轫的新文化运动即受其影响。③这种古今对照

①陈寅恪:《金明馆丛稿二编》,三联书店,2001年,第279页。

②贝奈戴托·克罗齐著、傅任敢译:《历史学的理论和实际》,商务印书馆,1982年,第2页。

③王水照:《王水照自选集》,上海教育出版社,2000年,第74-75页。

的视野在研究方法上无疑是一种颇有助益的途径。

美国著名汉学家史华慈曾说过，文化（指非物质层面的文化）在某种意义上只是围绕着一些“无法确解的问题意识（Problematiques）”所展开的持续的会话或辩论的过程。尽管这些“问题意识”具有超越历史与文化的普世性，可是针对它们所提出的答案却必然会因时、因地、因人而异，因为人们的关注、视角乃至表达方式都必然千差万别，不断变化。[①]还有他的“问题意识”的方法论，林同奇把它概括为“关切、议题、预设相互关联，构成史氏所谓的问题意识”，并解释了“问题意识”包括的几个范畴：关切（Concern）是一种深刻的存在感受，近乎汉语语境里的“忧患意识”；议题（Issue）是为了解决关切而引发的争论中的焦点；预设（Assumption）则是围绕议题的争论焦点参与者各自立论的或隐或显的共同的立论基础或话语平台。这一“问题意识”正可拿来作为本文的一个方法论的参考，不仅本文讨论的正是有关文化的议题，又正有着一种“关切”的忧患意识，还是因为这种“问题意识”对答案要求的“富有成果的歧义性（或模糊性）”（Fruitful Ambiguity），即无法获得确解的问题属性。[②]

这种“问题意识”，正可以为本文的撰述提供一个方法论上的借鉴。但如何达到“答案的内部充满张力”以及“富有成果的歧义性”，达到史氏的那种洞见能力，则是事关撰述者本人素质的题外话题了。

顾炎武有过一个著名的比喻，讲到著述之难：

尝谓今人纂辑之书，正如今人之铸钱：古人采铜于山；今人则买旧钱，名之曰废铜，以充铸而已。所铸之钱既已粗恶，而又将古人传世之宝舂剉碎散，不存于后，岂不两失之乎？承问《日知录》又成几卷，盖期之以废铜；而某自别来一载，早夜诵读，反复寻究，仅得十余条，然庶几采山之铜也。[③]

这“采铜于山”的方法，固然是问学之正途，而虽心向往之，却自愧难能，恐怕仍不免有“收废铜”之嫌。对于这一主题，虽然前贤已有所探讨，可资借鉴，但自知才学所限，尤其是准确理解古籍所要求的古文功底及古典学识的不足，加之现代学术与古典学术之间的断裂已非一日，由此所造成的后学浅陋，欲窥知古人隐衷深义，谈何容易，误读妄解，在所难免。历史的真实已难复原，能找寻到几丝线索

①许纪霖、宋宏：《史华慈论中国》，新星出版社，2006年，第253页。

②同①，第258-259页。

③顾炎武：《顾亭林诗文集·与人书十》，中华书局，1983年，第93页。

和踪迹,窥得全豹之一斑,也要花费多少爬梳整理之功,加之观点不同,理解各异,诠释的基点和角度不同,所得结论也就大相径庭,有时自谓一得之见,囿于固陋,反贻画虎类犬之讥,唐突古人,贻笑来者,也就在所难免。

本文对宋代佛教之演变,如余英时所说的佛教儒学化和沙门士大夫化,未能涉及;对所需要的宋代文献细节求证上不足,文献功底及积累不够,相关的研究成果也没能充分吸收和借鉴;对庆历之际这一时段众多的经师儒生具体的思想发展与变化,尚未能进行详密考证求索,难以突出这一转型的具体轨迹。凡此等等,也只能留待以后再进行补正了。

第一章
庆历之际文化转型的内因外缘

庆历之际的文化转型与宋学的生成,有它自己的历史环境及内因外缘。所谓"内因",是指思想文化自身的内在理路,是从其内在的逻辑而言的;所谓"外缘",则是指思想文化的外部环境,是其赖以存在的历史的、社会的大背景。中国文化经历了春秋战国的诸子争鸣之后,西汉武帝时定儒学于一尊,使之成为官方的意识形态。经学化和神学化的结果,是儒学的僵化与停滞,面对玄学及佛道思想的冲击,儒家思想显得不堪一击。经过晚唐五代的乱局之后,宋代统治者必须改弦更张,为帝国寻找新的治国路径,重文轻武的选择是势所必然。政治的助力,社会的期望,还有士子们的主体自觉精神,使得宋代成为一个中国古代历史上罕见的文治昌明、文化繁荣的朝代。宋学及宋文化,就在这因缘际会中萌蘖发芽,成长壮大。

第一节　中国传统文化变迁背景下的宋型文化

一、相关话题的探讨——宋文化、宋学、经学及理学

文化的概念是一个内涵非常广泛而又常常引起争论的话题。人类的视野愈益宽广,人类对于自然界及自身的认识越多,"人化"的范围越大,"文化"的范围也就越大,关于文化的讨论也就会越加复杂。[①]

①关于文化定义的复杂与多样,至今聚讼纷纭,莫衷一是,限于篇幅,本文不拟在此深入探讨,所取的范围偏重于精神层面的思想文化。而思想之辨,亦方兴未艾,本文所谈者,侧重点在于精英及上层文化。由于中国社会结构之特殊性,精英文化始终占据着中国文化发展的主流及关键地位,不像西方大众文化有着更大的社会活动范围及小传统发展的较大空间。

中国古代最早的“文化”之说,是指政治上的文德教化,偏于思想文化的一面,与“武功”对应。“人文化成”之语较早出现于《易经·贲卦》中的《彖传》:“观乎天文,以察时变;观乎人文,以化成天下。”据唐代孔颖达解释:“观乎人文以化成天下者,言圣人观察人文,则《诗》、《书》、《礼》、《乐》之谓,当法此教而化成天下也。”①也即礼乐教化,一是指传世典籍,如《诗》、《书》、《礼》等;二是指礼仪风俗。

在西汉刘向的《说苑》里,“文化”一词正式出现:“圣人之治天下也,先文德而后武力。凡武之兴,为不服也,文化不改,然后加诛。”②这里的“文化”仍然偏于意识形态的一面。

在西方,文化的概念起初也着重于精神的一面。英国泰勒《原始文化》(1871年)中对之定义为:“文化,或文明,就其广泛的民族学意义来说,是包括全部知识、信仰、艺术、道德、法律、风俗,以及作为社会成员的人所掌握和接受的任何其他的才能和习惯的复合体。”③后来随着时代的发展,人们对文化的理解逐步扩大,从仅着眼于思想精神的层面而扩展至制度、物质等方面。

文化的划分大致有这样几种:两分法划分为物质文化与非物质文化,或者叫作物质文化和精神文化,这是我们在日常生活中经常使用的区分方法,似乎稍显笼统;三分法则分为物质文化、精神文化和制度文化;还有四分法,如物质设备、精神文化、语言以及社会组织(制度),或者物质、制度、风俗习惯以及思想与价值,或者是物质文化、制度文化、行为文化及精神文化。另外,文化还有广义与狭义之分,广义的文化指的是包括物质、精神、制度等诸层面的所有领域,而狭义的文化则仅指其精神的层面,也即思想文化这一领域。

宋文化,或者宋型文化,是从宋代文化的具体朝代文化特征概括提炼而来的,它已经上升为一种文化范型或类型。宋型文化的范围,不止于宋代,它下及明清。龚鹏程曾论及宋文化:“大抵宋文化发轫于中唐,复兴于庆历,而具形于元祐,诗歌古文辞之发展亦然。”又谓:“且夫宋文化虽具形于元祐崇宁,而实下及于明清。”④

①《十三经注疏·周易正义》卷三《贲》卦,中华书局影印本,1980年,第37页。

②刘向撰、向宗鲁校证:《说苑校证》卷十五《指武》,中华书局,1987年,第380页。

③德华·泰勒著、连树声译:《原始文化——神话、哲学、宗教、语言、艺术和习俗发展之研究》,广西师范大学出版社,2005年,第1页。

④龚鹏程:《江西诗社宗派研究·序》,文史哲出版社,1983年,第3-4页。

宋型文化是继汉唐文化以后中国文化重新整合形成的又一文化新形态，它上承六朝隋唐社会变动之流波余澜，因缘际会，浸至新变。傅乐成在其《唐型文化与宋型文化》一文中曾论及宋型文化与唐型文化的不同之处：

大体说来，唐代文化以接受外来文化为主，其文化精神及动态是复杂而进取的。唐代后期的儒学复兴运动，只是始开风气，在当时并没有多大作用。到宋，各派思想主流如佛、道、儒诸家，已趋融合，渐成一统之局，遂有民族本位文化的理学的产生，其文化精神及动态亦转趋单纯与收敛。南宋时，道统的思想既立，民族本位文化益形强固，其排拒外来文化的成见，也日益加深。宋代对外交通，甚为发达，但其各项学术，都不脱中国本位文化的范围；对外来文化的吸收，几达停滞状态。这是中国本位文化建立后的最显著的现象，也是宋型文化与唐型文化最大的不同点。①

傅乐成还指出宋型文化的三大要素，即民族意识、儒家思想和科举制度，都在宋代发展至极致。②宋型文化的提出，在文化类型学的划分上是有着创见的，这一划分，对当今的学界仍有着较大的影响。

关于宋代文化的转向，刘子健有过精辟的见解。其《中国转向内在》一书专门论述宋代的精神特质，他把这种转向划在了两宋之际，即12世纪早期：

11世纪是文化在精英中传播的时代。它开辟新的方向，开启新的、充满希望的道路，乐观而生机勃发。与之相比，在12世纪，精英文化将注意力转向巩固自身地位和在整个社会中扩展其影响。它变得前所未有地容易怀旧和内省，态度温和，语气审慎，有时甚至是悲观。一句话，北宋的特征是外向的，而南宋却在本质上趋向于内敛。③

宋型文化作为一种新形态的文化，它的构成各层面，包括物质、精神和制度诸方面，都有了与此前的文化类型明显相异的特点，大致表现为如下几点：物质层面上，由于技术的进步，生产力的提高，以及南方的进一步开发和交通的便利，还有印刷术的改进和书籍的普遍传布，市井社会的成长等，使得宋代的物质文化有了极大的发展④；精神层面上，迎来了儒学从汉代以来的第二次转轨，借鉴佛道

①康乐、彭明辉：《史学方法与历史解释》，中国大百科全书出版社，2005年，第383-384页。

②同①，第378页。

③刘子健著、赵冬梅译：《中国转向内在——两宋之际的文化内向》，江苏人民出版社，2002年第7页。

④关于宋代科技的进步，在李约瑟的《中国科学技术史》里有着详细的论述，本文从略。

并完成了中国本位文化的建设,特别是宋学及其主要代表理学的兴起,为宋文化提供了核心价值体系;制度层面上,"不立田制"① 、"不抑兼并"的经济政策,宋代右文抑武的国策,以及通过逐渐完善的科举制度保证的能够兼顾中下层社会的文官官僚体系,不杀士大夫及言官的祖训②,还有宋朝特殊的商业政策③,都为它提供了制度上的保障。

本文论述宋文化的转型,重点是从其思想文化的角度,用的是狭义的文化概念,也即从其精神内核这一层面来着眼,而于制度及物质方面则未涉及。

宋学的概念也几经变化。明代唐枢著有《宋学商求》,其中所讲的宋学是用来指称宋代的学术,如理学、文学、史学、教育等;《四库全书总目·经部总叙》首次以类型学的角度提出"汉学"、"宋学"之称:"要其归宿,则不过汉学、宋学两家互为胜负。"④清人的"汉学""宋学"之争,几乎贯穿了整整一个朝代,但在清人书中,宋学的内涵还仅限于经学的领域。现在我们所使用的宋学概念,则已涵盖了几乎宋人的所有学术领域,举凡经史子集都包括在内。不仅如此,除了它自身的学术内涵之外,它还成为一种学术路径的代称,或者说就是方法论的总称。这一点也是它之所以能够成为一种文化类型的核心所在。清人对汉宋的争论,也主要着眼于这一方面。

邓广铭曾概括宋学的特点:"北宋学者大多以'致广大,尽精微'为治学宗旨。致广大,都有治国平天下的抱负;尽精微,都对儒家学说的义理进行探索。这些则是儒教启发和刺激之下而来。" ⑤ "如果把萌兴于唐代后期而大盛于北宋建国以后的那个新儒家学派称之为宋学,我以为是比较合适的。"⑥

本文论述的宋学,虽强调其方法论的一面,也着眼于其内涵的一面,即从它的经学思想转向方面来考察其萌生发展的过程。宋学亦有广义与狭义之分。狭义

①《宋史·食货志》,中华书局,1985 年,第 4163 页。

②尽管关于这一祖训的真实性仍有争议,但揆诸史实,是能够成立的。

③张光直先生曾论及西方文明在世界文明发展史上是一个另类,它以商业文明为根基。宋代也是中国历史上少见的一个比较重视商业的王朝,从一开始就立下商业税则方面的良好规范。这也许是它比较独特的朝代性格的一个渊源。

④《四库全书总目》卷一,中华书局,1965 年,第 1 页。

⑤邓广铭:《谈谈有关宋学研究的几个问题》,《社会科学阵线》1985 年第 2 期。

⑥邓广铭:《邓广铭治史丛稿·略谈宋学》,北京大学出版社,1997 年,第 164 页。

的“宋学”，仅指宋代的经学，与汉代注重章句训诂的经学相对，重视以义理说经；广义的宋学，是指宋代新形态的学术与文化，与汉唐学术与文化对举，它的影响一直延伸到了近代，陈寅恪所指称的“新宋学”，实际上就是就广义的宋学概念而言的。从宋学的广义概念而言，它基本上就等同于宋文化的概念内涵。

经学到了宋代，进一步发展，形成了十三经的经学诠释体系。随着疑经思想的兴起，儒家经典文本的重心渐渐转移，从《五经》转向了《四书》，实现了从谨守师法的汉唐经学向注重义理的宋代经学的转型。理学，或者如西方翻译时所用的“新儒学”(New-Confucianism)，则偏向于指称以《四书》为核心的儒家经典及其诠释体系。理学①之名，也有广义与狭义之分。宋代经学产生了新变，《宋史》就特意立“道学”一目，为程朱理学一派作传，突出他们的“得不传之学于遗经”②，所以“理学”成为程朱一派的专称，到明代又包括了陆、王心学一派，这是狭义的“理学”概念。现代学人则把宋代以来的义理之学都称为“理学”，这是广义的“理学”概念，这样“理学”的内涵就扩大至所有推明义理的宋学流派，“蜀学”、“关学”、“新学”及南宋的陆学、湖湘学、永嘉学派诸派都可包括在内。

余英时曾对宋代理学特点有过精辟的概括：“宋代理学有两项最突出的特点：一是建构了一个形而上的‘理’的世界；二是发展了种种关于精神修养的理论和方法，指点人如何‘成圣成贤’。这两点毫无疑问都属于‘内圣’的领域。但深一层观察，这两条开拓‘内圣’的道路，同是为了通过‘治道’以导向人间秩序的重建。”③

理学可谓是修身致治、明体达用之学，探讨的核心问题是“性与天道”。徐复观以“为己之学”作为判断是否是理学的标志：

为己之学是程氏别异于当时训诂文章之学的大分水岭，也应是治思想史的人辨别理学与非理学的重大标志。为己的结果，二程常称为“自得”或称为“有诸己”。“有诸己”、“自得”，必须通过涵养省察的“工夫”，所以“工夫”的观念，是由程、朱所特别突出的。这不同于以主体去处理、改变客观事物所运用的方法，而是以主体处理、改变自身(生命)状态……他们由此而开出人人平等、人物平等、“与万物同流”的道德有机体的人文世界。这是宋明理学直承孔子为己之学所开出的

①吴国武在其《经术与性理——北宋儒学转型考论》一书中则把对理学的定义归纳了四种，见该书第40–41页(学苑出版社，2009年)。

②《宋史》卷四百二十七，中华书局，1985年，第12717页。

③余英时：《宋明理学与政治文化》，吉林出版集团有限公司，2008年，第5页。

共同世界,我即以此为宋明理学的特征,并证明伊川、元晦们直承孔、孟之语,是有真实内容的。①

方东美曾高度评价宋儒在这方面的贡献:“宋儒立身治学,不循功名利禄之途。他们大部分都是所谓在野的哲学家。但是他们的学说思想一经提出之后,立刻可以产生一种道德上的精神力量,用以转移社会上堕落败坏的风气,发挥极大的澄清天下的效果,五代而后的中国社会,所以能由剥而复,再造生机,宋儒厥功至伟,治史者不可不察焉!”②

另外,文学的新变,在宋代也是非常明显的。在明代即已有了“宗唐”或“宗宋”的文学路径之争,特别是在诗与文的领域。文学的庶民化特色,是宋文化背景下的宋代文学的一大特点。词的兴起,诗的散文化,古文的崛起,长于议论的文学取向,都有其宋型文化大背景的底色。

二、变与不变:宋文化在中国传统文化中的历史定位

从长时段来看,任何一种文化都在不断地发展变化,不存在固定不变的模式。一个社会的变化或稳定,总是有历史的诸多因素在制约,从而呈现出其独特的发展轨迹。中国传统社会存在“超稳定结构”的说法,虽然颇有争议,有人称之为伪命题,认为它已经被人们从根基上予以廓清③,但如果换一个角度看,中国的社会结构,尤其是秦汉以后,虽然也不断变迁,还是有其主体结构的稳定性的。

关于中国的社会结构,美国学者本杰明·史华慈(1916—1999)曾提出过一个引人深思的问题:

在中国历史中,有一思想特质似乎贯穿它的发展,我们或许可以称之为“典范”,但我更愿称之为“深层结构”。我并不是指它是儒家所特有的,而应该说是先秦许多思想家(像墨家、法家、道家等)所共有的特质。为什么我会对此感兴趣呢?因为有一个恼人的问题总是不断出现:为什么中国历史上始终不曾出现过一个与此深层结构相异的替代品?④

①徐复观:《中国思想史论集续编·程朱异同》,上海书店,2004年,第382-384页。

②方东美:《生命理想与文化类型——方东美新儒学论著辑要》,中国广播电视出版社,1992年,第529页。

③批判者认为,中国存在超稳定结构的说法,是从“中国封建社会为何如此漫长”而来,既然现在学界对“封建社会”这一命题已经抛弃,中国存在超稳定结构的说法也就不复存在。

④许纪霖、宋宏:《史华慈论中国》,新星出版社,2006年,第25页。

这个问题,史华慈自己给出的解答是,中国的传统士人习惯于把这个深层结构的替代面想成是“乱”,故不敢去改变它,维护社会秩序的考虑超过了一切,所以不敢质疑或挑战这个深层结构。

“史华慈问题”点出的正是中国古代社会发展的独特路径。我们讨论中国历史的分期,迄今为止,总脱不了简单比附西方的理论。中国文化有自身发展的特点,它的特殊性决定了我们不可能照搬西方的理论来硬套中国的历史,我们应有符合自己历史特点的判断和分析。关于“封建社会”的名不副实,学界中人已有许多卓论。至于内藤湖南首倡的中国史发展的三段论,其实就是比照了西方的史学理论,也即古代—中世纪—近代的划分法。[①]而中国历史是否真有此三段之分,宋代的社会是否是近世的开端,也大有商榷的余地。内藤湖南提出的“唐宋变革论”认为,中国从宋朝起便进入了近世,就像西方从中世纪到了近代一样。但中国社会从宋朝开始真的那么开明了吗?宋朝虽然以思想的创造和政治的宽松著称,而且也出现了中国历史上一段高度发达的文化创造期,但宋朝实际上在加强君主集权方面比唐朝更进了一步:宰相之权削弱,朝堂上“异论相搅”,在中央与地方的关系上采取强干弱枝的政策。皇权这一终极权力的怪圈总是跳不出来,怎么能谈得上是进入近代的启蒙时代?

如果我们抛弃那种先入为主的成见,不去刻意比附西方的理论或模式,就会发现中国的历史本有其自己的特点,有着与西方明显不同的发展路径。特别是中国所处的自然环境的特点,西部有高山大漠,东边是浩瀚大洋,南有亚热带林莽,北有草原冻土,相对构成一个较为封闭独立的空间,除了北边的游牧民族外,受其他外敌入侵的机会较少,因此在发展上就构成了一个比较有连续性且具有更多内在性的路径。[②]

①内藤湖南的理论及其继承渊源,参考广达《内藤湖南的唐宋变革说及其影响》(《唐研究》十一卷,北京大学出版社,2005年)。另柳立言《何谓“唐宋变革”?》亦有详细论述(见柳立言著《宋代的家庭和法律》,上海古籍出版社,2008年,第3–42页)。余英时则认为这是史观学派在近代中国史学方面所投下的另一种消极的影响,正如马克思所讥讽那些乱用西欧历史发展的特点去比附其他民族的历史的人一样,是用一种超历史的历史哲学的学说来代替具体的史学研究。(余英时《中国史学的现阶段:反省与展望》,见《文史传统与文化重建》,三联书店,2012年,第370–371页。)

②这一独特的地理构成,成就了早期中国文化的繁荣,也潜伏了后期滞后的因子。随着生产力的提高,游牧民族的攻击力不断提升,为了应付草原民族的入侵,早期历史上那种相对安定的封建诸侯的分治环境被越来越集权的帝制社会取代,这恐怕也是中国古代历史摆脱不了皇帝权威日益加强的宿命之源。

先秦时期的古史传说时代,因考古资料的缺乏,诸如三皇五帝、尧舜禹禅让等传说,姑且归之于部落时代或传说时代;从夏代开始,构成了中国历史上的王国时代,虽然也有一个诸侯共主的存在,但其控制程度与后来的帝制时期相比,那是不可同日而语的,这种局面直至战国结束秦国一统天下方告结束,这一时期虽然也包括了中国历史上的一段名副其实的封建社会,但整个夏商周时期仍不妨称之为王国时代更准确些,中央王国及其周围藩属王国构成了王国时代的基本政治格局,政治上则基本保持着诸侯分立的局面;秦朝之后,直至清朝结束,是中国历史上的帝制时代,是帝制社会的结构不断调整和趋于定型的时期,大一统的政治格局确立,中央集权外加郡县制构成了这一时期的政治形态;民国建立迄于今日,则是中国社会进入近代,引入民主共和思想,不断消解专制集权之弊并在中西文化碰撞冲突中融入世界的过程,这个时期称之为中国的近代才名实相副。①

而这其中,因了帝制时代的漫长和变化,在这一帝制文化的大范围内,又可以分为汉唐文化和宋型文化两个不同的亚文化阶段。

汉唐文化是帝制的前期,在权力结构上,通过中央与地方之间的权力博弈过程,君权不断地尝试收权,它的特色有如下几个方面:在文官制度的建设上,由征辟察举制到九品中正制再到隋唐的科举制的出现;在意识形态上,由独崇法家到儒表法里再到儒道释并重;在经学的传承上,以注重师承家法的汉学为学术基础;在天命观上,以五行说为基础,以天人感应为核心;在经济上,以国家对土地的分配为基础;在兵役制上,以义务兵役制为主,兵民合一;在文学上,汉唐文学都追求宏大的气势或气象,汉赋的铺排,唐诗的意境,都给人以瑰丽多姿、气象万

---

①中国历史的分期,曾有过热闹的论战,而今已趋于冷寂。但冷寂归冷寂,很多学人仍提出不少新见。如除去本文已引的诸家观点外,黄仁宇曾提出中国有三个帝国的划分:秦汉为第一帝国,唐宋为第二帝国,明清为第三帝国。特别是他把唐宋分为一组,有其合理性。唐宋若从时代相像性来看,相去颇远,但正所谓相反适相成,内在的理路却颇为一致。它们都处于帝制的融合期,属于充满勃勃生机的阶段。不论唐代的华夏一家的气魄,还是宋代文治的空前繁荣,这时期的帝制还是充满了活力的,属于成长期,与明清时期的帝国性格大不一样。鉴于此,唐宋实有其相同处,若划为中古与近代二截,如内藤氏所言,则不免过于夸大唐宋之别。此是从政治与社会角度的划分而言,从文化角度来讲,宋代就有了明显不同,与唐代的差异,可以看作两个不同的形态,但此一差异,也是帝制文化内部的差异。

千之感。

与之对应，宋型文化属于帝制的后期，政权结构及思想形态渐趋成熟和定型，呈现出另一种风格：在中央权力的结构上，君权独大，没有了贵族团体或世族门阀的制约；在文官制度的建设上，成熟完善的科举制度为帝国源源不断地从不同的阶层选拔人才，从而实现了一种体制内的有序流动，使社会的稳定性大为加强；在意识形态上，吸收了佛道思想而又自我更新了的儒学思想占据了统治地位，心性哲学层面的完善使得儒家思想的应付能力空前扩大；在天命观上，天理说比五行说更能收到统摄人心的效果；在经济基础上，土地私有制度渐趋确立，而国家对土地的分配则退居次要地位；在兵役制上，宋代是雇役制，其后的明清虽也恢复义务兵役制，但后来又都朝着雇役制转变，走向兵农分途，军队职业化；在文学上，宋代而后，文学作品更趋平易自然，贵族气息淡化，平民化色彩明显。

关于中国历史发展的特点，其实已有许多人指出，并有过独到的观察，提出过自己的看法。明代的陈邦瞻就曾注意到这一变化特点，在《宋史纪事本末》的序言里曾如此评论：

宇宙风气，其变之大者有三：鸿荒一变而为唐、虞，以至于周，七国为极；再变而为汉，以至于唐，五季为极；宋其三变，而吾未睹其极也。变未极则治不得不相为因，今国家之制，民间之俗，官司之所行，儒者之所守，有一不与宋近者乎？①

梁启超曾提出中国历史的三个不同时期："中国之中国"、"亚洲之中国"和"世界之中国"。从远古至秦始皇统一六国，为中国之中国的时期，此时中国的交往范围限于中原及周边地区；秦汉直至清朝乾隆末年，为亚洲之中国时期，此时中国的交通范围已扩展至亚洲；从乾隆末年以来为世界之中国时期，这是中国与西方相遇，融入世界的时期。②

傅斯年《中国历史分期之研究》一文，分民国建立之前之中国历史为上世、中世、近世，并主要以种族的因素把自秦以上称为"第一中国"，自隋至宋亡为"第二中国"，分别是上世与中世，宋亡之后为近世。唐宋同属中世，亦有异同，就统绪相承而言，则唐宋为一贯；就风气异同而论，则唐宋有殊别。二者既有相接不能相隔之势，惟有取而合之。③

---

①陈邦瞻：《宋史纪事本末》，中华书局，1977 年，第 1191 页。

②梁启超：《饮冰室合集·中国史叙论》，中华书局，1989 年。

③傅斯年：《中国历史分期之研究》，见《北京大学日刊》(1918 年 4 月 17–23 日北京出版)。

吕思勉在其《中国通史》里把中国的文化分为三期,并提出唐宋的文化转变:

中国的文化,截至接受西洋文化的影响以前,可以分做三个时期:第一期为先秦时代的诸子之学。第二期为魏、晋、南北朝、隋、唐时代的玄学和佛学。第三期为宋、元、明时代的理学。[①]

唐德刚则把中国历史概括为三个阶段、两个转变:

四千年来我民族之社会政治型态之发展,盖可综合之为三大阶段,亦即封建、帝制与民治是也。从封建转帝制,发生于商鞅与秦皇汉武之间,历时约三百年。从帝制转民治则发生于鸦片战争之后,吾侪及身而见之中国近现代史之阶段也。[②]

余英时也提及中国文化的特殊性:"我们把'中国文化的独特形态及其发展的过程'悬为今后史学研究的终极目标,其用意仅在点出这是当前中国史学界的'一大事因缘'。"[③]他还提出秦及晚清为中国历史上两个变局之点:

在中国社会经济史上,确是没有一种里程碑式的变化。我们在中国历史上找不出宗教改革、法兰西大革命、工业革命等等革命性的、代表性的、清清楚楚地划分两个时代的历史事件。无疑,秦代可算是一划时代的大变局,但秦后就不容易找出类似的大变局了。李鸿章说西方人入侵又造成历史上一大变局。也许近百年来是中国史发展的另一个里程碑。[④]

从上引各家观点来看,尽管所依据的历史或文化史分期的视角各有差异,但他们都从不同的侧面说明了中国历史的特点,点出了它的某种个性。很多学人已认识到宋代社会与此前社会的变异与分别。汉宋之别,或者说汉唐文化与宋型文化之别,是属于中国帝制时期文化这一大的范畴之下的亚文化的区别,前后两期文化既有区别,也有着其内在的不可分割的相同与联系。要言之,其不变者有:政治上,维护中央权威,加强君主集权之趋势不变,即大一统之帝国架构与格局不变;思想上,理学虽以天理统摄人心,代替僵化了的天人感应观及其神学化倾向,但以儒家"三纲五常"的礼法思想作为官方意识形态的取向未变,理学的心性学说的精微及融摄佛道而来的新变,只不过使儒家思想体系更为严密,更有利于统

①吕思勉:《中国通史》,上海古籍出版社,2009年,第401页。

②唐德刚:《晚清七十年·序》,远流出版公司,1998年,第8页。

③余英时:《中国文学的现阶段:反省与展望》,见《文史传统与文化重建》,三联书店,2012年,第383页。

④同③。

治者的思想控制；随着科举制度的进一步完善和成熟，孔子所倡导的周代以来的“尚文”传统更加规范和发展，文治的传统使得中国文化的人文因素得以广布流传，也为后来迎接西方文化接受异域文明提供了自身内在的人文因子。[①]

汉唐文化属于帝制文化的前期，它有一个建立、融汇与探索的过程，在此期间，帝制文化的各方面都在尝试和不断调整，包括政治、经济、思想及意识形态诸方面，汉武帝也好，唐太宗也好，其功业的背后，也反映着这一体制的求变求新的活力，若再往下划分，又可分为汉型文化与唐型文化；而宋型文化则属于帝制文化的后期，历经了前期的调适整合，它渐渐趋于定型，政治的程序，思想的架构，都有了成熟的模式可循，以致后来越来越僵化，特别是清代统治者以少数民族而入主中原，疑心猜忌和狭隘的民族、文化意识使得它更加保守，文化的活力开始萎缩，故而其应变能力和体制的灵活性已不能与前期同日而语。以此而言，若把宋型文化的出现作为中国近代的开端，实在有硬搬照抄西方之嫌。但宋文化之中，孕育有近代文化的一些因子，如社会的平民化趋势、科举制度的成熟、自由议论之风、文化上的更趋理性等等，这是不容置疑的。

黄宗羲曾论及宋代以后儒学之发展“析之者愈精，逃之者愈巧”，即指出宋型文化的这种内向型的或玄学化的倾向。[②]他还就后儒之器局狭小而深致感慨：“儒者之学，经纬天地，而后世乃以语录为究竟，仅附答问一二条与伊、洛门下，便厕儒者之列，假其名以欺世。治财赋者则目为聚敛，开阃扞边者则目为粗材；读书作文者则目为玩物丧志，留心政事者则目为俗吏，徒以‘生民立极、天地立心、万世开太平’之阔论钤束天下。一旦有大夫之忧，当报国之日，则蒙然张口，如坐云雾，世道以是潦倒泥腐，遂使尚论者以为立功建业别是法门，而非儒者之所与也。”[③]

①龚鹏程在《唐代思潮》中有一章《文学化社会之形成》，专论唐代社会的文学化倾向，并指出唐代“进士”科之所以尊贵并非仅仅因其仕宦或是俸禄，而是因了整个社会的文学化氛围。唐代虽然给人以武将跋扈的印象，但它的文化的多元与自由，尚文的社会取向，实在与宋代的文治政治有一脉相承之内在关联，而它现实政治中的重用武人及思想领域的不定一尊，又为宋代提供了反面的教材，使它更加强化中央集权和防范异端思想。职是之故，唐宋又有不可分割的思想上的一致之处。“斯文”，或者就是文化在社会之地位，恰与西方近世的文化兴盛有类似之处，古代中国考中“状元”的荣耀，堪比西方近代的“桂冠诗人”之荣耀，以此亦可窥知中国文化尚文传统之一斑。

②《黄宗羲全集》，浙江古籍出版社，2005年，第645-646页。

③同②，第433页。

但宋型文化并不能完全等同于宋代文化,宋型文化后来之僵化,无疑与帝制后期君权的膨胀与越来越专制有关。宋代文化的繁荣,正说明宋代的社会环境能够促进文化的发展,而后来的朝代,如元、明、清,则没有或缺少了这些条件,如政治的宽容、文治的昌盛及对文士的优待等等。明清之际的思想一度活跃,出现了许多启蒙大家,恰恰是因为没有了这种外在的掣肘,形成了一段短暂的“小阳春”。

刘子健在《中国转向内在》中认为宋代社会并非近代社会的开端:

不应当将宋代中国称为“近代初期”,因为近代后期并没有接踵而至,甚至直到近代西方来临之时也没有出现。宋代是中国演进道路上官僚社会最发达、最先进的模式,其中的某些成就在表面上类似欧洲人后来所谓的近代,仅此而已。①

西方的文艺复兴和宗教改革运动,突破了君权神授及教会神权的迷信,发现了个人和自我的权利;而在中国,即便是明清之际所说的启蒙思想家如顾炎武、黄宗羲、王夫之,也无不期待有圣君贤王来施行他们的主张。两相比较,中国的宋代或晚明近代论就要大打折扣了。

被誉为“东方诗哲”的方东美曾批评后来的儒家气概趋于狭小,不再有孔子包容百家、融摄九流的精神。宋儒自认得孔孟之真传,以“道统”的继承人自居,但其气量已不如原始儒家之宏大。宋学发展到后来,偏向于固执道德理性的一域,在某种程度上忽视了人的情感的正面因素,对于人类的欲望、情感都不敢正视,最终导致个体生命活力的萎缩,陷入了“意、必、固、我”的清教徒般的偏激之中,成了理性的偏执。

宋代文化的特点是文治的复兴及其制度的规范,但伴随而来的也有君权专制的强化与知识界思想的内敛,文化特征从帝制前期的扩张变为保守,儒家思想

---

①刘子健著、赵冬梅译:《中国转向内在·序》,江苏人民出版社,2002 年,第 1–2 页。刘子健还曾在《史学的方法、技术和危机》一文中尝试着把宋代的模式称之为“新传统时代”,并指出其有四点涵义:1. 它是旧传统经过选择修正以后的传承,尊古重于开新,它的新成分、新解释,和旧的糅合,基本上是保守的。2. 新传统自尊为正宗道统,排除不同的思想,同时特重教育,普及上下。连文盲的平民,都大体上遵守它的价值观。因此它根深蒂固,远超以往。3. 从旧传统演变成新传统,这过程是调和的,不是冲突的;是延续的,不是中断的;是进的,不是骤进的。4. 这过程的本身,也成为新传统的关键部分。要变,也得采取这方式;否则,必遭反对。这种观点他只在一篇短文中连带而及,未作深论。(见刘子健《史学方法与历史解释》,中国大百科全书出版社,2005 年,第 129 页。)

被帝制文化的负面因子不断沾染，儒家礼教的制度化也使它走向僵化。因为在中国这个环境里面，经济也好，思想也好，文化也好，都要受制于政治结构这一终极因素，没有出现针对皇权这一最高权力的制衡因素及去魅过程，也就没有办法从内部突破它的局限。[①] 这一文化结构奠定了此后中国近千年的历史走向，使得中国在后来面对西方文化时有了自己的立足点，在与西方文化的碰撞交融中留下了它的巨大身影，并把诸多特色一直延传至今日社会中。[②]

三、“天理”与“中道”：宋文化的本体论与方法论

宋儒发展出一套较为系统的“性与天道”的思想体系，对于诸如本体论、心性论及修养论等方面都作了创造性的开拓。它的本体论思想，突出表现为对“天理”概念的改造；它的方法论思想，则主要体现于对“中道”的提倡。

（一）天理

宋学的本体论思想，可用“天理”这一概念来概括。

“在天为命，在义为理，在人为性，主于身为心，其实一也。”[③]在宋儒的思维体系中，“天理”对应于人心，他们所阐扬的“天理”这一范畴，连接此岸与彼岸，沟通人世与物理，统摄万象而又归本于人情，成了体现宋文化之人文精神的核心观念。业师束景南先生在论述朱熹理学精神时认为“理学即人学”：“理学的核心就是人学，理学即人学。作为朱熹理学文化体系的真正中心的其实是‘人’，而不是‘理’。人的问题、人性的问题被他放到了一个空前突出的地位，因此他的‘理’学文化体系的真正秘密与‘诞生地’就在他的内圣外王的‘人’学……朱熹的人本主义把人作为伦理主体提到了本体论的高度：人是宇宙之心，是天地之本，从而全部世界问题的解决都归结为人的问题的解决；而全部人的问题的解决又最终归结为人性问题的解决。”[④]整个宋文化及宋代理学的核心问题，其实也就在如何论证与沟通这一“天理”与人性的关系问题。

---

①如果说西方的近代化进程表现为去除神权之魅，那么中国的近代化进程当为去除皇权之魅。从此点出发，才能更好地理解中西不同的近代化之路。

②余英时也曾论及此点：“中国的现在当然不完全是中国的过去所单独决定的，但中国文化的独特形态及其发展过程所造成的‘势’的确是使中国进入目前这种状态的一股主要动力。而且余‘势’未衰，它还在继续推动着我们朝前面走。”（《中国史学的现阶段：反省与展望》，见《文史传统与文化重建》，三联书店，2012 年，第 378–379 页。）

③《二程集·河南程氏遗书》卷十八，中华书局，2004 年，第 204 页。

④束景南：《朱熹研究》，人民出版社，2008 年，第 2–3 页。

这种从人的心性到“天”的沟通，其实早有渊源。在心性论及天人关系上，孟子就有论述:“尽其心者，知其性也。知其性则知天矣。存其心，养其性，所以事天也。夭寿不贰，修身以俟之，所以立命也。”①孟子虽然也提到了心性的修养问题，但对“天”并没有多少阐述，其含义还是“自然之天”。所谓“立命”，朱熹解为“全其天之所付，不以人为害之”②，还是从自然属性的角度立论。到了汉儒那里，董仲舒提出“天人感应”的天人关系:“人之形体，化天数而成；人之血气，化天志而仁；人之德行，化天理而义；人之好恶，化天之暖清；人之喜怒，化天之寒暑；人之受命，化天之四时。”③“天有阴阳，人亦有阴阳。天地之阴气起，而人之阴气应之而起；人之阴气起，而天地之阴气亦宜应之而起，其道一也。”④但这种没有弹性且过于亦步亦趋的天人关系，其所宣称的天人步调过分一致，往往经不起时间的考验：自然之天的种种现象并非一定因人而起，而人间的种种善恶行为也不见得就必定得到“天”的回应。

到了宋儒那里，他们借鉴佛、道的思想资源，终于找到了“天理”这一充满辩证色彩而又具有充分包容性的概念，以之作为儒学统摄万象的形而上本体基点。它既不同于汉儒“天人感应”观点中天与人的二分，使自然之天与人世之理分为两截，又不同于佛家“万法唯识”之侧重于心识一念而忽略自然界之规律，“天理”既包括了宇宙自然之规律性，又容摄了人类社会之规律性，还包括了人类自身心性道德伦理的规范，可谓是一个极具涵盖性的概念。理学的“天理”观，是天人之际的融通，在神秘的自然之天与儒家的道德伦理学说之间找到了共通点。故而程颢不无自负地宣称，“吾学虽有所受，‘天理’二字却是自家体贴出来。”⑤天理，也就是天道。程颢认为此“道”贯穿于天、地、人三才之中，无有差别:“道一也，岂人道自是人道，天道自是天道?《中庸》言:‘尽己之性，则能尽人之性；能尽人之性，则能尽物之性；能尽物之性，则可以赞天地之化育。’此言可见矣。……天地人只一道也。才通其一，则余皆通。”天地变化，是此“道”之流行，人世熙攘，亦是此道之贯通:“道之外无物，物之外无道，是天地之间无适而非道也。即父子而父子在

①《十三经注疏·孟子注疏》卷一三上《尽心上》，中华书局影印本，1980年，第2764页。
②朱熹:《四书章句集注》，中华书局，1983年，第349页。
③董仲舒、苏舆:《春秋繁露义证》卷十一《为人者天第四十一》，中华书局，1992年，第318页。
④董仲舒、苏舆:《春秋繁露义证》卷十三《同类相动第五十七》，中华书局，1992年，第360页。
⑤《二程集·河南程氏外书》卷十二，中华书局，2004年，第424页。

所亲，即君臣而君臣在所严，以至为夫妇、为长幼、为朋友，无所为而非道，此道所以不可须臾离也。然则毁人伦、去四大者，其分于道也远矣。”[①]此“道”通天地人三才而同流共贯，故理学家之言“道”或“天理”，其重心还在于人伦日用之中，是为人间立法立极，天道只是其借以衬托人事的形而上依据：“‘忠信所以进德’，‘终日乾乾’，君子当终日对越在天也。盖上天之载，无声无臭，其体则谓之易，其理则谓之道，其用则谓之神，其命于人则谓之性，率性则谓之道，修道则谓之教。”[②]

尽管天理无所不包，容摄万有，但人在其中并非是被动的，因为此“天理”的体悟与见证仍需人来完成：“天位乎上，地位乎下，人位乎中。无人则无以见天地。书曰：‘惟天地万物父母，惟人万物之灵。’易曰：‘天地设位，而易行乎其中；乾坤毁，则无以见易。易不可见，则乾坤或几乎息矣。’”[③]“天理”并非玄妙莫测，理学家们把它切入到平凡的人世之中，既是“为天地立心”，更是“为生民立命，为往圣继绝学，为万世开太平”[④]。“天理”的评判标准仍然落在人间的尺度上：“大抵天道不可得而见，惟占之于民，人所悦则天必悦之，所恶则天必恶之，只为人心至公也，至众也。民虽至愚无知，惟于私己然后昏而不明，至于事不干碍处则自是公明。大抵众所向者必是理也，理则天道存焉，故欲知天者，占之于人可也。”[⑤]“天无心，心都在人之心。一人私见固不足尽，至于众人之心同一则却是义理，总之则却是天。故曰天曰帝者，皆民之情然也，讴歌讼狱之不之焉，人也而以为天命。”[⑥]

对“理”的体悟，自然就形成了理学家的工夫论及认识论。他们主张通过“正心诚意”及“格物致知”的途径体悟“理”的内涵，一旦体认了此理，就会出现朱熹所描绘的“豁然贯通”之境：“至于用力之久，而一旦豁然贯通焉，则众物之表里精粗无不到，而吾心之全体大用无不明矣。”[⑦]

理学的这种以“天理”为归依的本体论，使得儒学以道德伦理为重心的学说体系更趋完善，特别是对心性之域的深入探讨，为人的主体精神发展提供了更广

①《二程集·河南程氏遗书》卷四，中华书局，2004 年，第 73–74 页。

②《二程集·河南程氏遗书》卷一，中华书局，2004 年，第 4 页。

③《二程集·河南程氏遗书》卷十一，中华书局，2004 年，第 117 页。

④《张载集·拾遗》，中华书局，1978 年，第 376 页。

⑤《张载集·经学理窟·诗书》，中华书局，1978 年，第 256–257 页。

⑥同⑤，第 256 页。

⑦朱熹：《四书章句集注》，中华书局，1983 年，第 7 页。

阔的空间，从而使儒学又开出新途，获得了新生；但也不可否认，这种以“天理”统摄天地人间的博大与宽泛，也无形中强化了儒学的泛道德化倾向，加之受皇权政治的干涉，最终使理学走上了僵化之途。正如束景南先生所论：“传统文化的伦理理性的强化，使东方伦理的文化范式更具有超稳定的凝固力。东方这种伦理理性的不断强化，恰又同西方理性的发展形成完全相反的历史走向：西方由柏拉图与亚里士多德建立起来的价值理性(value-rationality，相当于东方的伦理理性)在笛卡尔、康德之后遭到批判，开始了近代多元的理性时代；而同时东方一元的伦理理性却始终在君主专制下不断得到强化，阻遏了中国社会由古代向近代的演进。”①

(二) 中道

“天理”之外，“中道”观成为统摄宋文化的又一核心范畴。在理学的话语中，“理”和“道”往往是同一的，“天理”之“理”与“中道”之“道”在本质上是一致的。“天理”通于人心，“中庸”之道归本于“诚”，其落脚点本是同一的。二者兼具形而上的本体论内涵，只不过“天理”侧重于其抽象的一面，重在形而上的层次；“中道”侧重于具体而微的方法论层面，可以落实在形而下的方法、工夫及实践上面。宋文化方法论的核心范畴，正可以用“中道”来概括。它既可以是哲学方法论，也可以是具体的方法论。

余英时认为：“宋代理学有两项最突出的特点：一是建构了一个形而上的‘理’的世界；二是发展了种种关于精神修养的理论和方法，指点人如何‘成圣成贤’。”②形而上的“理”世界可以“天理”涵盖，“成圣成贤”的方法论则是宋儒倡导的“中道”观及其具体修养方法如“诚”、“敬”、“格物致知”等手段。

“中道”即原始儒家的“中庸”之道，在孔子等原始儒家那里便把“中庸”定义为极高的境界，是一种理想状态下的最佳平衡点。孔子有“执其两端，用其中于民”③的说法，并认为“天下国家可均也，爵禄可辞也，白刃可蹈也，中庸不可能也”④。原始儒家的“中庸”含义，有一种强烈的人文色彩，以人为本，重视理想与现实的有机整合，既重视变化，又有所执守，强调“时中”。但随着儒家思想的发展，特别是

①束景南：《朱熹研究》，人民出版社，2008 年，第 9 页。

②余英时：《宋明理学与政治文化》，吉林出版集团有限公司，2008 年，第 5 页。

③《十三经注疏·礼记正义》卷五十二《中庸》，中华书局影印本，1980 年，第 1626 页。

④同③。

汉代以后作为官方意识形态占据了社会的主导话语体系之后，它渐渐远离了这一追求，在理想与现实的天平两端，更偏于现实利益的考量。汉代儒家思想里掺入天人感应的谶纬之学，“天”与“神”的位置凸显，“人”的角色隐没，儒学逐渐偏离了孔子的中庸之义。而“中庸”的含义，渐渐朝向孔子所反对的“乡愿”发展。直到宋儒才起来对传统代，儒学家们对中庸观作新的诠释，形成了他们的“中道”观的方法论。

中庸之“庸”本有“用”之含义，有“常言常行”之解。宋学以“中道”名之，为的是更能突出其“中庸之道”形而上的“道”的一面。实际上在儒家经典里，“中道”一词早已有之，而且也多作“正道”、“中正之道”解释。

宋儒的“中道”观，其作为方法论，包含两方面的含义：一是以“中”为准则，“中立而不倚”，“大中”、“皇极”、“中正”等说，都有以“中”为最高原则，也即以“中”为“道”，为终极追求的意思；二是在遵循“中”的前提下，达到为人处世的“中庸”之境，也即“时中”、“执两用中”等具体方法手段。

其实“中庸”观点并不仅仅是中国古代思想所特有，古希腊时期，苏格拉底、柏拉图、亚里士多德等都有关于中庸的论述。以中为贵，以中庸为行事原则，可以说是一个普世的现象。佛教也有“中观”、“中道”等观念，尽管与儒家思想不完全一致，但也有许多共通之处。佛教的“中道”观，是指离开两边的极端、邪执而形成的一种不偏不倚的中止之道。大乘空宗以远离一切分别、执着的无所得为中道，《中论·观四谛品》有关于“中道”的定义：“众生因缘法，我说即是空。亦为是假名，亦是中道义。”①在佛家看来，执着于任何一边，都不是最好的认识和描述方法，惟有两边都不执着、相互否定，才可以把握事物的实相。《五灯会元》里也有“二边不立，中道不安时作么生？”②之语。当然，佛教的中道，其侧重点是为认识佛法的目的服务，自然还是偏于虚空一边。

理学家说的“中庸”，抑或“中道”、“大中”之道，是儒家思想的一个重要支点，也即要执守礼乐教化的行为准则，遵此而行，做到“无偏无陂，遵王之义；无有作好，遵王之道；无有作恶，遵王之路。无偏无党，王道荡荡；无党无偏，王道平平；无反无侧，王道正直。会其有极，归其有极”③。“极”者，准则也。

①《大正藏》第三十卷，第 33 页。

②普济：《五灯会元》卷十四，中华书局，1984 年，第 892 页。

③《十三经注疏·尚书正义》卷十二《洪范》，中华书局影印本，1980 年，第 190 页。

对于“中庸”之道,曾巩有着非常详细具体的解释:

所知者非一曲,所守者非一方,推天下之理,达天下之故,能大而不遗小,能远而不遗近,能显而不遗微,所谓天下之通道也。来者之所赴,归者之所反。中者居其要,而宗之者如此。所应者弥广,所操者弥约,所谓天下之大本也,君人者未有不由此而国家天下可为者也。其可考于经,则《易》之智周乎万物,道济乎天下,故不过。其可考于行事,则舜之执其两端而用中于民;汤之执中立贤无方,能推其无偏陂、无作好恶、无偏党、无反侧之理,而用其无适莫、无由径、无狭吝、无阻艰、无所背、无在左而不得乎右、在右而不得乎左者,以通天下之故而不泥,执其所会所归之中以为本,故能定也。夫然,故《易》之道为圣人之要道,非穷技曲学之谓也。舜之治民,为皇建其有极,用敷锡厥庶民,非偏政逸德之谓也。汤之用贤,为翕受敷施,九德咸事,非私好独恶之谓也。《洪范》之为类虽九,然充人之材,以至于其极者,则在于思;通天下之故而能定者,则在于中,其要未有易此也。[①]

求“中道”也即是“致中和”,其目的是“致中和,天地位焉,万物育焉”[②]。通过“中道”的途径,以便达到“理”或“天理”的实现。关于“中道”的观点,宋人著作里有很多的论述。胡瑗《周易口义》卷一释《乾》之《象》传“德施普”曰:“圣人执中道,其功施布而无所不至,使贤者智者皆可以俯而就之,愚者不肖者皆可企而及之,以至一民一物欲使无不得其宜而皆合于中道,是其德施普也。”[③]释《乾》卦九二文言曰:“言圣人居于下位而所行无过无不及者,以其有中正之德也,故曰龙德而正中者也。庸言之信,庸行之谨者,庸,常也,言九二之君子有圣人之德,故俯仰循理,从容中道,至于常言必信实,常行必谨慎,是由其性至明,故出处语默,皆合于中和之域,然后口无可择之言,身无可择之行也。”[④]

后来程颐《伊川易传》亦言:“盖其处得中道,动不失宜,故无过尤也。”[⑤]张载《正蒙》专立《中正》一篇,发明“大中至正”之义:“大中至正之极,文必能致其用,约必能感其通。未至于此,其视圣人恍惚前后,不可为之像。此颜子之叹乎。”[⑥]所

①《曾巩集》卷十,中华书局,1984 年,第 163–164 页。

②《十三经注疏·礼记正义》卷五十二《中庸》,中华书局影印本,1980 年,第 1625 页。

③胡瑗:《周易口义》卷一,台湾商务印书馆,1983 年,第 181 页。

④同③,第 184 页。

⑤《二程集·周易程氏传》卷三,中华书局,1981 年,第 829 页。

⑥《张载集·正蒙·中正篇第八》,中华书局,1974 年,第 27 页。

谓"颜子之叹",即《论语·子罕》所记颜渊称赞孔子的一段话:"仰之弥高,钻之弥坚,瞻之在前,忽焉在后。夫子循循然善诱人。博我以文,约我以礼。欲罢不能,既竭吾才,如有所立,卓尔,虽欲从之,未由也已。"[①]这个"极",在张载看来即是"中正之道",颜渊所叹孔子之不可及处,也正在此:"学者中道而立,则有仁以弘之。无中道而弘,则穷大而失其居,失其居则无地以崇其德,与不及者同,此颜子所以克己研几,必欲用其极也。为至圣而不已,故仲尼贤其进;为得中而不居,故惜夫未见其止也。"[②]

《中庸》中有"舜好问而好察迩言"[③]、"君子之道,譬如行远必自迩,譬如登高必自卑"[④]的说法,认为"道"并非虚无缥缈,并非高深莫测,而是切近人情的平常心。这一思想被宋儒所接受,欧阳修就说:"圣人之言,在人情不远。"[⑤]"及诞者言之,乃以混蒙虚无为道,洪荒广略为古,其道难法,其言难行。"[⑥]胡安国也说:"夫圣人之道,所以垂训万世,无非中庸,非有甚高难行之说。此诚不可易之至论也。"[⑦]所谓"道不远人","中道"所要求的也只是一颗平常心。不同于六朝玄学的宏论高谈,宋文化的"中道"观以其贴近人情的特点,更易于切近普通民众的心理,获得他们的认同。

南宋朱熹从中道观出发对《尚书·大禹谟》"人心惟危,道心惟微,惟精惟一,允执厥中"[⑧]进行诠释,认为这十六字是尧、舜、禹所传,后被称之为"十六字心传"。虽然这句话及《古文尚书》都被后人证伪,但它所包含的内容却非常符合儒家的精神,理学的中道观也充分体现于这十六字之中。它实际上就是原始儒家"执两用中"中庸观的进一步表达,是加入了心性论内容的更加细微辩证的理学家的中庸之道。

受儒家中道观的影响,宋代文学思想上也有融合各家的兼收并蓄,有语言上

①《十三经注疏·论语注疏》卷九《子罕》,中华书局影印本,1980年,第2490页。

②《张载集·正蒙·中正篇第八》,中华书局,1978年,第27页。

③《十三经注疏·礼记正义》卷五十二《中庸》,中华书局影印本,1980年,第1626页。

④同③,第1627页。

⑤《欧阳修全集》卷七十,中华书局,2001年,第1015页。

⑥《欧阳修全集》卷六十七,中华书局,2001年,第978页。

⑦《二程集·河南程氏遗书》附录,中华书局,1981年,第348页。

⑧《十三经注疏·尚书正义》卷四《大禹谟》,中华书局影印本,1980年,第136页。

的骈散兼行,有不拘定格的“活法”美学思想,有书法、绘画上的尚意思潮,更注重内心的意念自由,不执守一定之规,正所谓“超以象外,得其环中”[①],故而有对“法”的超越,强调人心的灵活性,但又非无“法”,非法非非法,是谓“活法”。钱钟书《说圆》一文说到:“吾国先哲言道体道妙,亦以圆为象。《易》曰:‘蓍之德,圆而神。’”[②]并列举中外诗文之以“圆”为贵的例证。“圆而神”,即圆融无碍境界。“圆”正好与“中”对应,持中方可圆,守住中心才有圆之妙用。所谓圆融境界,就是宋儒中道观的目标或追求。

第二节　中晚唐五代的思想文化变迁

唐宋之间,文化实可谓相反适相成。宋代的思想文化,远承周、汉,近鉴唐朝。唐朝既有文化繁荣的盛世,也有道术为天下裂的衰乱。特别是思想上,宋代的尊崇心性,惑古疑经,在中晚唐时已现出端倪。而五代之扰攘,儒学之衰微,更让人们坚信没有精神凝聚力的武力治国之短命与混乱。

一、安史之乱后的政治、文化乱象

安史之乱,在中国文化史上是一个承先启后的转折点。安史之乱前的玄宗时期,一度出现过太平繁华的景象。安禄山拥兵犯阙,彻底打破了唐王朝的太平之梦,从此战乱频仍,各地藩镇拥兵自重,士人的心态开始变得迷惘和无奈。唐王朝实行的儒释道三教并重的国策,开放的文化态度,思想领域的重释道甚于儒学,逐渐使唐王室在维护中央权威时力不从心,加之藩镇割据,宦官专权,朋党交争,唐朝统治日趋衰弱。

唐末发生的清流白马之祸,可谓是士人及文治的一次灾难:

六月,戊子朔,敕裴枢、独孤损、崔远、陆扆、王溥、赵崇、王赞等并所在赐自尽。

时全忠聚枢等及朝士贬官者三十余人于白马驿,一夕尽杀之,投尸于河。初,李振屡举进士,竟不中第,故深疾缙绅之士,言于全忠曰:“此辈常自谓清流,宜投之黄河,使为浊流。”全忠笑而从之。[③]

白马之祸后二年(907年),“流寇”出身的朱温即废掉唐朝末代皇帝唐哀帝,

①祖保泉、陶礼天笺校:《司空表圣诗文集笺校》,安徽大学出版社,2002年,第163页。

②钱钟书:《谈艺录》,三联书店,2008年,第277页。

③司马光:《资治通鉴》卷二百六十五,中华书局,1956年,第8643页。

改国号为“梁”,唐朝灭亡。延续了藩镇割据之局的五代时期,政权更是像走马灯一样变换不已,没有了政治思想上的统摄资源,只能依靠武力打杀,一时间长枪大棒竟成了武将们炫耀的资本。文化的没落也就成为必然。士人们或逃避隐逸,或苟活乱世,自己身家性命尚不能保,何谈文化建设与思想的创新。这也许是盛极而衰,物极必反,曾经辉煌的“天可汗”治下的辽阔江山,如今变得分崩离析,哀声遍野。但毕竟中国已历经汉唐盛世,大一统的观念早已深入人心,儒学的发展也一度成就过一段让人记忆犹新的治世,其维护世道人心的力量和权威也让读书人深信不疑,加之儒学并非一个僵化的体系,它有着许多优秀的人文精神及传统,所以,对于它的复兴,许多士人仍有信心与热情。

佛教的输入,为中国的思想文化注入了新鲜血液。来自异域远方的“真经”以其精微的理论和规范的律学征服了中土的士人。唐代的思想精英身心虔诚地把目光转向了佛教,由思想文化而及于衣食住行。不惟思想上兼收并蓄,在朝堂上,甚至将相大臣也不乏胡人身影。一时之间,华夏中国以异乎寻常的热忱接纳着外来的文明。

但佛教也对中国的本土文化造成了强烈的冲击,以至于造成了儒学的门庭冷落,导致儒家信徒的流失。钱穆曾说有唐一代是儒学最为衰微的时代:

汉儒一心所尊,曰周公,曰孔子,《六经》远有其崇高之地位。唐代人心之所尊向,非释迦,则禅宗诸祖师。周公孔子,转退属次一等,则经学又何从而获盛。次则唐代人之进身仕途,经学地位亦远不如文学地位之高。欲求出身,唐代之《文选》学,已接代了两汉之《六艺》学。唐代人无不能吟诗,但绝少能通经。在诗人中,亦可分儒、释、道三派。如谓杜甫是儒家,则李白是道家,王维是释家。依此分类,唐诗人中,惟儒家为最少。《文选》诗中,亦最少儒家诗。陶渊明乃鹤立鸡群,卓尔不凡,而其诗入《文选》者亦最少。故就唐一代言,可谓无醇儒,亦无大儒。[1]

在儒学的衰微背后,反映的是不同文化之间的冲突和摩擦。陈寅恪曾说过,以种族和文化来看待唐代历史,“此二问题实李唐一代史事关键之所在”[2]。中国本土文化在唐代的衰落,儒家思想凝聚力的下降,直接导致的便是地方与中央政权的离心,据陈寅恪考证,华夏腹心的河北三镇,曾经是中原文化核心的燕赵之

①钱穆:《中国现代学术经典·钱宾四卷》,河北教育出版社,1999 年,第 1200 页。

②陈寅恪:《隋唐制度渊源略论稿·唐代政治史述论稿》,三联书店,2001 年,第 183 页。

地,到了晚唐时候已经深受胡风胡俗的熏染。很多地方民众的儒家文化认同感竟然让位于"异教"的文化信仰,政治上大一统的格局也就难以维持了。

二、古文运动与儒学重振

面对这种局面,在历经乱离和失落后,许多不甘心本土文化沉沦的读书人便起而抗争,要发扬中国的固有文化来与佛教等思想一争高低。贞元、元和之间,有一个所谓唐代的中兴局面,儒学思想也一度重新受到重视。在文化上,韩愈、柳宗元等人倡导的古文运动,便是这一儒学重振的体现。

当他们为了对抗"夷狄"之教,寻觅中国的思想传统时,孟子的精神,还有他的学说,正好适应了这种需求。孟子学说既有关于心性方面的探讨,又有强烈的思辨和逻辑力量,抨击杨朱农墨等"异端"不遗余力,加之其"六经注我"的强烈主观色彩,与荀子求之于外的思想明显有别,正好适应了儒学之急需。

古文运动与儒学复兴,从思想内容与文体形式两方面,如一体两面,整合于晚唐的文化新变之中。正如韩愈所言,"不唯其辞之好,好其道焉耳"[①]。他在其著名的《原道》一文中,发出了檄文式的宣言:

夫所谓先王之教者,何也?博爱之谓仁,行而宜之之谓义,由是而之焉之谓道,足乎己无待于外之谓德。其文,诗书易春秋;其法,礼乐刑政;其民,士农工贾;其位,君臣父子师友宾主昆弟夫妇;其服,麻丝;其居,宫室;其食,粟米果蔬鱼肉:其为道易明,而其为教易行也。是故以之为己,则顺而祥,以之为人,则爱而公,以之为心,则和而平;以之为天下国家,无所处而不当。是故生则得其情,死则尽其常;郊焉而天神假,庙焉而人鬼享。曰:"斯道也,何道也?"曰:"斯吾所谓道也,非向所谓老与佛之道也。"尧以是传之舜,舜以是传之禹,禹以是传之汤,汤以是传之文武周公,文武周公传之孔子,孔子传之孟轲;轲之死,不得其传焉。荀与扬也,择焉而不精,语焉而不详。由周公而上,上而为君,故其事行;由周公而下,下而为臣,故其说长。然则如之何而可也?曰:"不塞不流,不止不行。人其人,火其书,庐其居,明先王之道以道之,鳏寡孤独废疾者,有养也,其亦庶乎其可也。"[②]

在这里,韩愈大声疾呼,要对佛老"人其人,火其书,庐其居",激进的言行背后,反映的却是当时儒家所谓"正统"之衰败与冷落。但韩愈等人的孤明先发,结果如何呢?正如他自己在《进学解》中所夫子自道的那样:"先生之业,可谓勤矣。

①韩愈著、阎琦校注:《韩昌黎文集注释·答李秀才书》,三秦出版社,2004年,第263页。

②韩愈著、阎琦校注:《韩昌黎文集注释·原道》,三秦出版社,2004年,第20-23页。

抵排异端，攘斥佛老。补苴罅漏，张皇幽眇。寻坠绪之茫茫，独旁搜而远绍。障百川而东之，回狂澜于既倒。先生之于儒，可谓有劳矣。沉浸醲郁，含英咀华，作为文章，其书满家。上规姚、姒，浑浑无涯；周诰、殷《盘》，佶屈聱牙；《春秋》谨严，《左氏》浮夸；《易》奇而法，《诗》正而葩；下逮《庄》、《骚》，太史所录；子云相如，同工异曲。先生之于文，可谓闳其中而肆其外矣。少始知学，勇于敢为；长通于方，左右具宜。先生之于为人，可谓成矣。然而公不见信于人，私不见助于友。跋前踬后，动辄得咎。"①

韩愈的言行，在当时儒学衰微的环境下，确实让人有惊世骇俗之感。他高揭"道统"的大旗，以道统的传承为己任，以复兴儒学为职志，虽饱受人们的议论与非难，还因谏迎佛骨被远贬，但他能够一以贯之，不为所动，坚持自己的初衷，于儒学的再造，实在功莫大焉。佛教的传入对本土文化构成重大冲击，外来的思想无形中也强化了士大夫的国家、种族意识，他们的"夷夏"之辨不但有种族上的成分，更重要的还在于文化意义上的捍卫。"藩镇割据"的源头即始于河北三镇的"胡人"之乱。"夷夏之辨"与"道统"之争交织，成了"古文运动"及其儒学复兴的核心思想。

韩愈对待佛教等"异端"，主张采用激进的手段，相形之下，其他诸人如柳宗元、刘禹锡就更高明一些。柳宗元曾经深受佛教熏染，能够认识到其中的有用之处：

浮图诚有不可斥者，往往与《易》、《论语》合。诚乐之，其于性情奭然，不与孔子异道。退之好儒未能过扬子。扬子之书于庄、墨、申、韩皆有取焉。浮图者，反不及庄、墨、申、韩之怪僻险贼耶？曰："以其夷也。"果不信道而斥焉以夷，则将友恶来、盗跖，而贱季札、由余乎？非所谓去名求实者矣。吾之所取者与《易》、《论语》合，虽圣人复生不可得而斥也。

退之所罪者其迹也。曰："髡而缁，无夫妇父子，不为耕农蚕桑而活乎人。"若是，虽吾亦不乐也。退之忿其外而遗其中，是知石而不知韫玉也。吾之所以嗜浮屠之言以此。且凡为其道者，不爱官，不争能，乐山水而嗜闲安者为多。吾病世之逐逐然唯印组为务以相轧也，则舍是其焉从？吾之好与浮图游以此。②

①韩愈著、阎琦校注：《韩昌黎文集注释·进学解》，三秦出版社，2004年，第67-68页。

②《柳宗元集·送僧浩初序》，中华书局，1979年，第673-674页。

刘禹锡亦以儒家之立场表达了对佛教思想的欣赏:

曩予习《礼》之《中庸》,至"不勉而中,不思而得",悚然知圣人之德,学以至于无学。然而斯言也,犹示行者以室庐之奥尔,求其径术而布武,未易得也。晚读佛书,见大雄念物之普,级宝山而梯之。高揭慧火,巧熔恶见;广疏便门,旁束邪径。其所证入,如舟沿川,未始念于前而日远矣,夫何勉而思之邪?是余知突奥于《中庸》,启键关于内典,会而归之,犹初心也。①

然则儒以中道御群生,罕言性命,故世衰而浸息;佛以大悲救诸苦,广启因业,故劫浊而益尊。自白马东来,而人知象教;佛衣始传,而人知心法。②

韩愈的弟子李翱则对佛教采取"拿来主义",重解《中庸》,借鉴佛教之心性的内容,提倡"复性",直开宋人性命之学的先河。

但韩愈的时代,佛教毕竟风头正劲,而且政治环境上一派乱象,也没有出现儒学全面复兴的历史机遇。

三、经学之变异

在唐代古文运动稍前,经学上还有啖助、赵匡、陆淳之《春秋》学的创新,对后来宋代学术的发展,也有很大贡献。

唐代士人的怀疑精神,其实在中唐之时已有所显现。刘知几的史学著作《史通》,就有着"非圣无法"的批判精神,以为"五经立言,千载犹仰,而求其前后,理甚相乖"③,并认为孔子所修《春秋》,多为贤者讳,以致美者溢美,恶者加恶,多有隐讳之辞,《论语》褒扬周文王"三分天下有其二,以服事殷"④是虚夸之词,认为若如此则文王有僭逆之迹⑤。

经学在唐代官修《五经正义》之后,定于一尊,也因佛、道冲击趋于冷落。在唐王朝内外交迫的困境中,中唐之后,首先出现了《春秋》之学的创新。

啖助(724—770)在安史之乱后,一直宦游于江南,其《春秋》学著作保留至今的有《春秋集传纂例》,该书是经赵匡与啖助弟子陆淳(?—805)后来加以修订完善而成,于《春秋》学的研究方面开启了破除传注、直求经义的先河。

①《刘禹锡集·赠别君素上人》序引,中华书局,1990年,第389页。

②《刘禹锡集·袁州萍乡县杨歧山故广禅师碑》,中华书局,1990年,第57页。

③刘知几著、浦起龙通释:《史通通释》卷十三,上海古籍出版社,2009年,第361页。

④《十三经注疏·论语注疏》卷八《泰伯》,中华书局影印本,1980年,第2487页。

⑤同③,第353-363页。

啖助认为，前人所注《春秋》，多不明大义，“未达乎《春秋》大宗，安可议其深旨？可谓宏刚既失，万目从而大去者也”，并认为孔子作《春秋》之旨是：

予以为《春秋》者，救时之弊，革礼之薄。何以明之？前《志》曰：“夏政忠，忠之弊野；殷人承之以敬，敬之弊鬼；周人承之以文，文之弊僿。救僿莫若以忠，复当从夏政。”夫文者忠之末也，设教于本，其弊犹末；设教于末，弊将若何？武王、周公承殷之弊，不得已而用之。周公既没，莫知改作，故其颓弊，甚于二代，以至东周，王纲废绝，人伦大坏。夫子伤之曰：“虞夏之道，寡怨于民；殷周之道，不胜其弊。”又曰：“后代虽有作者，虞帝不可及已。”盖言唐虞淳化，难行于季末；夏之忠道，当变而致焉。是故《春秋》以权辅正，以诚断礼，正以忠道，原情为本，不拘浮名，不尚狷介，从宜救乱，因时黜陟，或贵非礼勿动，或贵贞而不谅，进退抑扬，去华居实，故曰救周之弊，革礼之薄也。①

“以权辅正，以诚断礼，正以忠道，原情为本，不拘浮名，不尚狷介，从宜救乱，因时黜陟”，这可以说是对《春秋》之学的方向性改变。汉儒言《春秋》，多从名分礼法着眼，讲究的是孔子的微言大义；而啖助则要发挥其权变救时的精神，这无疑是针对当时唐王朝日益衰败的朝局而发的。

赵匡则进一步切近现实：“然则《春秋》救世之宗旨安在？答曰：在尊王室，正陵僭，举三纲，提五常，彰善瘅恶，不失纤芥，如斯而已。”②宋代《春秋》学重视“尊王攘夷”的精神与此观点乃一脉相承。啖、赵、陆之疑经思想及密切联系现实的治学取径，无疑是宋学的先导。

四、中晚唐士人之精神危机

唐文宗大和二年(828)，刘蕡应贤良方正能直言极谏科，痛陈“宫闱将变，社稷将危，天下将倾，四海将乱”③，希望能唤醒皇帝振作有为，但此时的唐王朝已是日薄西山，刘蕡的直言只能招致宦官的忌恨打压。在这种风雨飘摇的世界里，作为士人精神支柱的儒家文化受到了前所未有的冲击和怀疑。中晚唐士人普遍弥漫着一种幻灭虚无感，对于“天道”的观念产生怀疑。他们悠游林下，歌酒度日，不再是闲适的愉悦，而是充满内心的空虚和迷茫。

面对人生无常，他们已不再相信汉儒的天人感应观，佛教的轮回也解释不清

---

①陆淳：《春秋集传纂例》卷一，台湾商务印书馆，1983年，第379页。

②同①，第383页。

③《新唐书》卷一百七十八《刘蕡传》，中华书局，1975年，第5296–5297页。

扰攘的人事变迁,于是,叹天地之无穷,感人生之苦短。李翱曾有《拜禹言》,抒写其心中的浩叹:

惟天地之无穷兮,哀人生之常勤,往者吾弗及兮,来者吾弗闻,已而已而!①

唐人所作《潇湘录》中有《贞元末布衣》一篇,也抒发了相似的情怀:

贞元末,有布衣,于长安中游酒肆,吟咏以求酒饮,至夜,多酣醉而归,旅舍人或以为狂。寄寓半载,时当素秋,风肃气爽,万木凋落,长空寥廓,塞雁连声。布衣忽慨然而四望,泪下沾襟,一老叟怪而问之,布衣曰:"我来天地间一百三十之春秋也,每见春日煦,春风和,花卉芳菲,鹦歌蝶舞,则不觉喜且乐,及至此秋也,未尝不伤而悲之也。非悲秋也,悲人之生也。韶年即宛若春,及老耄即如秋。"因朗吟曰:"阳春时节天地和,万物芳盛人如何。素秋时节天地肃,荣秀丛林立衰促。有同人世当少年,壮心仪貌皆俨然。一旦形羸又发白,旧游空使泪连连。"老叟闻吟是诗,亦泣下沾襟。布衣又吟曰:"有形皆朽孰不知,休吟春景与秋时。争如且醉长安酒,荣华零悴总奚为。"老叟乃欢笑,与布衣携手同醉于肆。②

虽假名于布衣,其实仍是士大夫的自我表白。

白居易作为晚唐诗人的代表,不惟在诗歌创作上影响深远,其思想也在当时有广泛的共鸣。其诗作之中,常常流露出一种幻灭感:

有起皆因灭,无睽不暂同。
从欢终作戚,转苦又成空。
次第花生眼,须臾竹过风。
更无寻觅处,鸟迹印空中。③

如何消除这种空虚之感,惟有"追欢逐乐":

追欢逐乐少闲时,补帖平生得事迟。
何处花开曾后看?谁家酒熟不先知?
石楼月下吹芦管,金谷风前舞柳枝。
十听春啼变莺舌,三嫌老丑换蛾眉。
乐天一过难知分,犹自咨嗟两鬓丝。④

①李翱:《李文公集》卷五,见《四部丛刊初编》119 册,上海书店,1989 年,第 31 页。
②李昉:《太平广记》卷八三,中华书局,1961 年,第 536-537 页。
③白居易著、谢思炜校注:《白居易诗集校注·观幻》,中华书局,2006 年,第 2055 页。
④白居易著、谢思炜校注:《白居易诗集校注·追欢偶作》,中华书局,2006 年,第 2621 页。

无论诗酒悠游的日子多么惬意，这种欢乐背后总有一种隐痛潜藏着，就像韦庄所说："茫茫四海本无家，一片愁云飏秋碧。壶中醉卧日月明，世上长游天地窄。"①

这种表面的欢乐解不了忧怀，却让人对天命与人事产生了怀疑，他们怀疑所受的圣贤说教，也怀疑佛道之因果说与成仙说。白居易曾经质问：

颜回何为者，箪瓢才自给。
肥醲不到口，年不登三十。
张苍何为者，染爱浩无际。
妾媵填后房，竟寿百余岁。
苍寿有何德？回夭有何辜？
谁谓具圣体，不如肥瓠躯？
遂使世俗心，多疑仙道书。
寄问卢先生，此理当何如？②

他还嘲笑屈原：

自从委顺任浮沉，渐觉年多功用深。
面上灭除忧喜色，胸中消尽是非心。
妻儿不问唯耽酒，冠带皆慵只抱琴。
长笑灵均不知命，江蓠丛畔苦悲吟。③

曾经历了"永贞革新"而被远贬的柳宗元、刘禹锡等人，因自身遭遇，其怀疑精神更是广泛而深刻，他们戳穿了所谓的天人感应无非是愚弄百姓的说教："且古之所以言天者，盖以愚蚩蚩者耳，非为聪明睿智者设也。"④没有了天的神秘，先贤学说也只是关于人事的平凡之道："然而圣人之道，不穷异以为神，不引天以为高，利于人，备于事，如斯而已矣。"⑤刘禹锡《天论》也同样秉持"天之不相预乎人"⑥的观点，认为天理人事各有其内在的运行之道。

①韦庄著、聂安福笺注：《韦庄集笺注》，上海古籍出版社，2002年，第352页。
②白居易著、谢思炜校注：《白居易诗集校注·寄卢少卿》，中华书局，2006年，第2276–2277页。
③白居易著、谢思炜校注：《白居易诗集校注·咏怀》，中华书局，2006年，第1308页。
④《柳宗元集·断刑论》，中华书局，1979年，第91页。
⑤《柳宗元集·时令论》，中华书局，1979年，第85页。
⑥《刘禹锡集·天论》，中华书局，1990年，第67–73页。

龚鹏程认为,在唐代贞元元和之际,思想界出现了一种类似“哲学的突破”,群士争鸣,对人类处境、宇宙本质及其人生基本意义都有了新的探索,对三教思想也都开始展开反省与批判,以至逐渐开启了一个新的文化传统,为将来的宋文化奠定了基础。①

清人叶燮在《百家唐诗序》里,把唐代的贞元、元和年间,看作诗歌发展的古今百代之中:“吾尝上下百代,至唐贞元、元和之间,窃以为古今文运诗运,至此时为一大关键也……今天下于文之起衰,人人能知而言之,于诗之变盛,而未有能知而言之者。此其故,皆因后之称诗者胸无成识,不能有所发明,遂各因其时以差别,号之曰中唐,又曰晚唐。不知此‘中’也者,乃古今百代之中,而非有唐所独得而称中者也……后此千百年无不从是以为断。”②不仅诗歌史上,在中国的古代历史上,这一时期也可算作前后变化之“中”。

五、五代之乱局

五代时期是中国历史上文治最为不振的时期之一,权威解体,门阀荡析,武将跋扈,斯文扫地,以致骄兵悍将公然炫耀武力,鄙薄文士:“天子,兵强马壮者当为之,宁有种耶!”③“安朝廷、定祸乱,直须长枪大剑,至于毛锥子,焉足用哉!”④但面对缺乏文化向心力而来的连连动乱,其后的统治者不得不改弦更张,因为那种只知用武力的统治着实让统治者自己也心有余悸,不得宁日。

五代之时,士人避乱保命都来不及,何谈文化之振兴?儒学和儒生,这时都被统治者所冷落。晚年做过王建宰相的韦庄身经乱离,曾有诗云:“为儒逢世乱,吾道欲何之。”⑤“不是对华长酩酊,永嘉时代不如闲。”⑥既然无法施展抱负,隐避闲居就成了大多数士人的选择。

毕竟纯靠武力不能维持江山的持久,在后周时期,先后上台的郭威和柴荣就已经意识到文化建设的重要性,开始改变武夫独霸的格局,政治举措上从一味尚武转向文武并重。刘子健曾在《沙陀之汉化》中论及后周世宗时,“延聘儒学之士,

①龚鹏程:《唐代思潮》,商务印书馆,2007年,第485-495页。

②叶燮:《已畦文集》卷八,郎园全书本。

③《旧五代史·安重荣传》,中华书局,1976年,第1302页。

④《旧五代史·史弘肇传》,中华书局,1976年,第1406页。

⑤韦庄著、聂安福笺注:《韦庄集笺注·寓言》,上海古籍出版社,2002年,第168页。

⑥韦庄著、聂安福笺注:《韦庄集笺注·江上题所居》,上海古籍出版社,2002年,第197页。

考察制度,订正礼乐刑法,翻然有偃武修文之志。他是五代唯一有计划地消灭武人政治的君主,从而奠定了北宋文人政治的始基”①。

五代时期在文化建树上也并不是一无可取,在战乱的当中,竟然雕版印刷了儒家的“九经”,而且是由被后儒广为诟病的冯道一手主持此事。冯道于后唐长兴三年(932)请旨依唐代石刻《开成石经》,开印“九经”:《周易》、《尚书》、《诗经》、《左传》、《公羊传》、《谷梁传》、《周礼》、《仪礼》和《礼记》。与九经一块刻成的还有唐代张参撰《五经文字》、玄度撰《九经字样》等书。九经版本在当时广泛流传,对宋初的文化及儒学复兴有着一定影响。

任铭善曾论唐代学术与宋学之关系:

有了韩、李、柳、刘的文章,宋代道学的根底已立了——宋代是学术大明的一个时代。经过战国两汉以后能使经世为己的学问复明于世,不能不说是唐学开导之功——宋朝在制度上是大大的改革了一下,在学术上因唐学的成就而格外的深入,便是那些经义新识之类,也多少受了“唐学”的影响。我们研究宋学,必先从“唐学”始。②

宋代的思想之活跃,文化之转型,当然有着唐代的酝酿与积累之功。本来,宋文化就是继承并光大了中国传统文化的结果,宋代的历史际遇终使得这一文化种子又逢甘霖,茁壮成长。

第三节　宋初重文的社会环境

柳诒徵曾评论过宋代之治:“有宋一代,武功不竞,而学术特昌。”③“盖宋之政治,士大夫之政治也。政治之纯出于士大夫之手者,惟宋为然。故惟宋无女主、外戚、宗室、强藩之祸。宦寺虽为祸而亦不多。”④宋代“士大夫政治”的出现,与开国君主的立法垂范有着密切关系。

赵匡胤以一介武夫从后周孤儿寡母手中夺取政权,鉴于晚唐五代之乱,立国之初便有意识地削弱武将之权,重用文臣。宋太祖开国伊始,便着手于制度的建设,以免再蹈五代覆辙。宋太宗继承乃兄事业,更是进一步完善文官治理国政的

①转引自康乐、彭明辉:《史学方法与历史解释》,中国大百科全书出版社,2005年,第378页。

②任铭善:《唐学》,见《国文月刊》第54期,1947年4月。

③柳诒徵:《中国文化史》,东方出版社,1988年,第503页。

④同③,第516页。

格局,防范武臣跋扈及篡位的可能因素,"事为之制,曲为之防";真宗时期,虽有"天书"等闹剧的不断上演,但政治的根本格局未变,重文趋势继续加强,思想文化领域里的建设仍有一定成就。

一、政治上重文抑武

赵匡胤作为一代开国君主,采取重文臣抑武将的国策,有其历史必然性。唐末五代的乱局之所以出现,除了思想文化上的失策,武将的跋扈及尾大不掉的地方割据势力是关键。虽然和五代其他开国君主一样靠武力得天下,赵匡胤却能够审时度势,力求改变这一状况,于是如何消除地方武装对中央政府的威胁成为其必须面对的问题。中国古代王朝建立伊始,其开创者的个人素质往往影响到此后政治发展的走向。开国帝王所立规制往往被冠以"家法"、"祖制"等名目延传下去。《宋史》曾就赵匡胤建立的"尚文"体制高度赞扬:

自古创业垂统之君,即其一时之好尚,而一代之规模,可以豫知矣。艺祖革命,首用文吏而夺武臣之权,宋之尚文,端本乎此。太宗、真宗其在藩邸,已有好学之名,作其即位,弥文日增。自时厥后,子孙相承。上之为人君者,无不典学;下之为人臣者,自宰相以至令录,无不擢科。海内文士彬彬辈出焉。[①]

赵匡胤本人,据史书记载颇好读书,甚至行军打仗时也不忘书卷,对于手下,更是勉励他们多读书以广见闻。建隆三年(963),宋太祖曾告诫近臣:"今之武臣欲尽令读书,贵知为治之道。"[②]在文化政策上,确立崇儒之道,对于孔子,大行尊崇:"上既受禅,即诏有司增葺祠宇,塑绘先圣、先贤、先儒之像,上自赞孔、颜,命宰臣两制以下分撰余赞,车驾一再临幸焉。"[③]

相比于五代时文人不受重用的情况,太祖时特别重视读书人,依靠他们治国行政,以至有"作相须读书人"[④]之言。当然,这种重用也有太祖自己的私衷:

初,上问宰相赵普曰:"儒臣有武干者何人?"普以知彭州、左补阙辛仲甫对。乃徙仲甫为西川兵马都监。于是召见,面试射,且问:"能擐甲否?"仲甫曰:"臣在郭崇幕府,屡从征讨,固尝被介胄矣。"上曰:"汝见王明乎?朕已用为刺史。汝颇忠淳,若公勤不懈,不日亦当为牧伯也。"仲甫顿首谢。上因谓普曰:"五代方镇残虐,

①《宋史·文苑一》,中华书局,1985年,第12997页。

②李焘:《续资治通鉴长编》卷三,中华书局,2004年,第62页。

③同②,第68页。

④《宋史·本纪第三》,中华书局,1985年,第50页。

民受其祸，朕令选儒臣干事者百余，分治大藩，纵皆贪浊，亦未及武臣一人也。”①

不仅重用读书人，重视文治，宋太祖还有比较宽大的胸怀。自古以来，开国君王与功臣大将的关系就不好处理，兔死狗烹的先例屡见不鲜。宋太祖在这一点上有着卓越的智慧，以杯酒释兵权，保全功臣，富有人情味。这一举动，可以说超出了其前还有其后的历代王朝。不惟对于功臣，就连那些被征服的“降王”，宋太祖也能够待之以诚，优待宽容。在处理刑罚案件时，宋太祖也训导地方官要以宽大为怀：

晚好读书，尝读二典，叹曰：“尧、舜之罪四凶，止从投窜，何近代法网之密乎！”谓宰相曰：“五代诸侯跋扈，有枉法杀人者，朝廷置而不问。人命至重，姑息藩镇，当若是耶？自今诸州决大辟，录案闻奏，付刑部覆视之。”②

这种为政宽厚的作风，可以说成了宋代政治的一大传统。至于相传的不杀大臣的誓碑，不管是否确有其事，后来的宋代诸帝不擅杀大臣自是事实。宋人谓“国朝待遇士大夫甚厚，皆前代所无”③。宋代的文治之盛，为历史上所仅有，原其所自，宋太祖确实有开创缔造之功。这也正是《宋史》对宋太祖不吝赞美的原因之所在：

五季乱极，宋太祖起介胄之中，践九五之位，原其得国，视晋、汉、周亦岂甚相绝哉？及其发号施令，名藩大将，俯首听命，四方列国，次第削平，此非人力所易致也。建隆以来，释藩镇兵权，绳赃吏重法，以塞浊乱之源；州郡司牧，下至令录、幕职，躬自引对；务农兴学，慎罚薄敛，与世休息，迄于丕平；治定功成，制礼作乐。在位十有七年之间，而三百余载之基，传之子孙，世有典则。遂使三代而降，考论声明文物之治，道德仁义之风，宋于汉、唐，盖无让焉。呜呼，创业垂统之君，规模若是，亦可谓远也已矣！④

宋太宗即位，尽管有“斧声烛影”之嫌疑，他的胸襟气度和才略也稍逊于乃兄，但在重文这一点上，可以说是继承了宋太祖的衣钵，对于文治的提倡甚至超过了太祖一朝。他扩大科举取士名额，重用儒臣，下令编修类书，甚至在读书一事上身先示范：

宋太宗锐意文史，太平兴国中，诏李昉、扈蒙、徐铉、张洎等门类群书为一千

①李焘：《续资治通鉴长编》卷十三，中华书局，2004年，第293页。

②《宋史·本纪第三》，中华书局，1985年，第50页。

③王栐：《燕翼诒谋录》卷五，中华书局，1981年，第46页。

④同②，第50–51页。

卷，赐名《太平御览》。又诏昉等撰集野史小说为《太平广记》五百卷，类选前代文章为一千卷，曰《文苑英华》。太宗阅《御览》日三卷，因事有阙，则暇日追补之。尝曰："开卷有益，朕不以为劳也。"[①]

自古就有"马上得天下而不能马上治天下"的史训，赵匡胤兄弟先后执政，可以说都深得个中真谛。宋太宗就说过："王者虽以武功克受，终须用文德致治。"[②]重用文臣，并不是不设防，而是设计了诸多制度，多方防范，不让他们有权力坐大威胁朝政的机会。这一点，宋太宗在其即位诏书就写得很明白："先皇帝创业垂二十年，事为之防，曲为之制，纪律已定，物有其常。谨当遵承，不敢逾越。"[③]淳化二年(991)，宋太宗还不忘向近臣诉说为政心得："国家若无外忧，必有内患。外忧不过边事，皆可预防。惟奸邪无状，若为内患，深可惧也。帝王用心，常须谨此。"[④]

重用文臣，防范权力的下移，自然需要有君王的个人素养作保证，一旦碰上庸才之主，在治理国政上，也就不得不与臣下共治。宋代从真宗起，在位的帝王们没有了开国之君的雄才大略，儒臣们就成了皇帝治国的主要依赖，权力的让度也就有不得不然之势。文彦博所谓"与士大夫治天下，非与百姓治天下也"[⑤]的含义也大概如此。

宋真宗一朝，虽曾有"天书"等闹剧，但在文化方面，还是有所建树的，如《册府元龟》的纂修，科举制度的进一步成熟，文官政治更加定型。真宗也曾自述："朕听政之暇，唯文史是乐。讲论经艺，以日计时，宁有倦耶？"[⑥]但总体说来，真宗一朝守成有余而创制无多，且因东封西祀，劳民伤财，信用王钦若、丁谓等人，朝政上浮夸荒诞之举不断，所幸尚能够维持局面，没有太大的危机出现。

二、完善科举制度

宋代文官制度成熟的最明显标志就是科举考试制度的发展完善。科举制度使得宋代的人才选拔有了通畅的渠道，社会阶层的流动得以在考试的名目下有序进行，避免了人才的壅闭及社会矛盾的激化。地方精英能够被政府收聚于科

①江少虞：《宋朝事实类苑》卷二，上海古籍出版社，1981年，第19页。
②同①，第20页。
③李焘：《续资治通鉴长编》卷一十七，中华书局，2004年，第382页。
④李焘：《续资治通鉴长编》卷三十二，中华书局，2004年，第719页。
⑤李焘：《续资治通鉴长编》卷二百二十一，中华书局，2004年，第5370页。
⑥江少虞：《宋朝事实类苑》卷三，上海古籍出版社，1981年，第25页。

场，孤寒子弟也能够从底层靠读书升迁至政府要职。

形成于隋唐的科举制度，在选拔人才上比六朝的门阀制度要有明显的优越性，从唐代开始已成为士人进入仕途的一条主要途径。但在唐代，科举考试有时徒具形式，录取名单有的竞事先圈定。唐代科举在人才选拔的效果上，相对而言仍有许多弊端，因为有门阀士族之遗存，科举考试的重要性远不如后世。

五代之时，科举的重要性更是降低。一是许多读书人为避乱不愿应举，二是五代武夫跋扈，对科举也不加重视。如梁开平年间，兵部尚书、权知贡举姚洎上奏：

近代设文科、选胄子，所以纲维名教，崇树邦本也。今在朝公卿亲属、将相子弟，有文行可取者，请许所在州府荐送，以广疏才之路。①

其建议被采纳。这种科举实际上就是为世家子弟入仕特开的方便之门。

宋代逐步对科举制度加以改革，如应试范围的扩大，密封誊录的实行，对于朝臣和高官子弟应试的限制，以及对于主考官的遴选等，都有效地保证了科举制度的公平。

开宝六年(973)，赵匡胤亲赴讲武殿复试，从此殿试成为常制，所有及第士子都成了“天子门生”。宋太宗即位后，扩大科举考试的取士名额，提高他们的待遇，使得及第进士升迁更为迅捷。特别是录取名额的扩大，让广大士子的入仕之路变得宽广起来，也激发了社会上读书向学的热忱。太宗一朝，二十年间，进士、诸科取士近万人。真宗继位，录取人数有增无减，以致有冗滥之弊。但扩大取士，无疑增加了读书人的仕进机会，于普及文化、发展教育是有积极意义的。

入仕门径偏重于科举一途，虽也有门荫制度可使官员子弟入仕，但清要职位往往要有科举出身方能担任。太宗朝及之后的执政大臣多由科举而来，科举遂成为入仕的“正途”。

科举制度除了选拔出许多优秀的人才，更重要的是它同时也造就了一个更为平民化的社会。宋代社会不再有阀阅士族的存在。即便是皇室成员，几代之后，族属疏远，也就享受不到太多的特权，沦为平民。在这样一个逐渐平民化的社会里，人们的思想观念和行为方式与以前相比有了许多变化。钱穆曾在其《中国文化史导论》里谈及，宋学精神，其实就是平民精神的化身，宋代的儒家思想又重新

①《旧五代史·选举志》，中华书局，1976年，第1977–1978页。

恢复了它的平民思想,也即原始儒家的平民化倾向。[1]

三、书籍的普及和社会上读书的热忱

宋代立国之初,即注意图书典籍的收集整理,充实馆阁藏书。宋太祖乾德四年(966),下诏搜求图籍,鼓励献书:"献书人送学士院试问吏理,堪任职官,具以名闻。"[2]宋太宗、宋真宗时,同样重视搜求亡书,奖励献书:

太宗向儒学,下诏搜访民间,以开元四部为目,馆中所阙及三百已上卷者,与一子出身。端拱元年,分三馆之书,别为书库,目曰秘阁。真宗咸平三年,诏中外臣庶家,有搜得三馆所少书籍,每纳一卷,给千钱。送判馆看详,委是所少书数,及卷帙别无差误,方许收纳。其所进书及三百卷以上,量才是问,与出身。[3]

经过几代皇帝的努力,朝廷官方藏书急剧增加。景德二年(1005)邢昺在回答真宗关于书版数量时曾说:

国初不及四千,今十余万,经史正义皆具。臣少时业儒,观学徒能具经疏者百无一二,盖传写不给。今板本大备,士庶家皆有之,斯乃儒者逢时之幸也。[4]

人们对教育的重视及人们文化水平的提高,也促进了印刷出版行业的繁荣。而书籍的普及与流传则又为文化的繁荣创造了良好的环境。庆历中,毕昇发明了活字印刷术。印刷业的发展,不仅使官方藏书数量增长迅速,士大夫之家的藏书之富也是前朝所无法比拟的。许多士人家中藏书丰富,有的还精于校雠。如欧阳修的"六一居士"雅号里就包括"藏书一万卷"[5],曾巩家有藏书两万卷,宋绶及宋敏求父子均为著名的藏书家,有书三万卷之多。苏轼曾以亲身经历见证了当时书籍出版业的巨大进步:

余犹及见老儒先生,自言其少时,欲求《史记》、《汉书》而不可得。幸而得之,皆手自书,日夜诵读,惟恐不及。近岁,市人转相摩刻诸子、百家之书,日传万纸,学者之于书,多且易致如此,其文词学术,当倍蓰于昔人,而后生科举之士,皆束书不观,游谈无根,此又何也?[6]

①见钱穆《中国文化史导论》第二节《儒释道思想争鸣与新儒学的诞生》,商务印书馆,1994年。
②李焘:《续资治通鉴长编》卷七,中华书局,2004年,第178页。
③王明清:《挥麈录前录》卷一,上海书店出版社,2009年,第7页。
④李焘:《续资治通鉴长编》卷六十,中华书局,2004年,第1333页。
⑤《欧阳修全集》卷四十四,中华书局,2001年,第634页。
⑥《苏轼文集·李氏山房藏书记》,中华书局,1986年,第359页。

科举制度的影响所及，是社会上对读书的普遍重视。蔡襄曾言："今世用人，大率以文词进。大臣，文士也；近侍之臣，文士也；钱谷之司，文士也；边防大帅，文士也；天下转运使，文士也；知州郡，文士也。"[①]由于"满朝朱紫贵，尽是读书人"[②]，宋人的读书风气比起前朝要浓厚得多。特别是许多贫寒人家的子弟，更是孜孜以学，为求"学而优则仕"。如欧阳修，四岁丧父，贤母教他识字："家贫，致以荻画地学书。"[③]范仲淹早年读书时，"昼夜不息。冬日惫甚，以水沃面；食不给，至以糜粥继之，人不能堪，仲淹不苦也"[④]。"孤村到晓犹灯火，知有人家夜读书"[⑤]，宋人求学，有着社会大环境的督促，以至于"为父兄者，以其子与弟不文为咎；为母妻者，以其子与夫不学为辱"[⑥]。

宋代文官待遇优厚。特别是进士一科，一旦登第，皇帝赐宴，荣耀无比。尹洙曾比较说："状元登第，虽将兵数千万，恢复幽蓟，逐强虏于穷漠，凯歌劳还，献捷太庙，其荣亦不可及也。"[⑦]边将出生入死竟不如士人一中高第所带来的荣耀，其中的社会导向意义可想而知。

四、学校的重建与教育的发展

教育的没落，并不是从五代开始的。武则天当政，崇尚佛教，对儒学不太重视，儒家经学及传授经典的学校也多成具文。唐代中期，儒家教育已走入下坡路。安史乱后，唐王朝自顾不暇，在教育上更无起色。到了韩愈、柳宗元的时代，人们竟然以拜师学习为耻辱。加之唐代仍有门阀制度遗存，一些世家大族子弟还可在家学里完成学业，学校的普及程度仍然很低。五代之时，儒学凋零，在《新五代史》及《旧五代史》中就没有"儒学"、"儒林"之类的传记，五代时读书人地位低下，不受重用，有才华的士人在乱世对武夫政权避之唯恐不及，"五季之乱，避世宜多"[⑧]，学校及教育事业也就更趋衰败。唐末罗隐曾有《谒文宣王庙》一诗，伤心文庙之衰败：

---

①《蔡襄集·国论要目》，上海古籍出版社，1996 年，第 384 页。

②张端义：《贵耳集》卷下，中华书局，1985 年，第 63 页。

③《宋史·欧阳修传》，中华书局，1985 年，第 10375 页。

④《宋史·范仲淹传》，中华书局，1985 年，第 10267 页。

⑤晁冲之：《夜行》，见《全宋诗》卷一二二七，北京大学出版社，1995 年，第 13893 页。

⑥洪迈：《容斋随笔》四笔卷五，中华书局，2005 年，第 683 页。

⑦田况：《儒林公议》，中华书局，1985 年，第 3 页。

⑧《宋史·隐逸传》，中华书局，1985 年，第 13417 页。

晚来乘兴谒先师,松柏凄凄人不知。

九仞萧墙堆瓦砾,三间茅殿走狐狸。

雨淋状似悲麟泣,露滴还同叹凤悲。

倘使小儒名稍立,岂教吾道受栖迟。[①]

宋朝建立,逐步恢复儒学的地位,文教事业也渐有起色。据《文献通考》记载:"宋初,增修国子监学舍,修饰先圣十哲像,画七十二贤及先儒二十一人像于东西廊之板壁。"[②]

宋初的教育,相对而言,官学方面仍没有太大的改观。由于科举考试及进士的受重视,社会上向学之风渐起,首先崛起的是私人书院。吕祖谦在为白鹿洞书院作记时曾谈及宋初情形:"国初,斯民新脱五季锋镝之厄,学者尚寡。海内向平,文风日起,儒生往往依山林、即闲旷以讲授,大率多至数十百人。"[③]一些隐逸之士,躲避战乱,以讲学自给,如洛阳隐士种放,在终南山隐居讲学,以束脩养母;开封王昭素,"常聚徒讲授以自给"[④]。

由于官学一直没能普及,宋初兴起了一些著名的书院,成为宋代初期读书人求学的所在。其中最著名的就是四大书院[⑤]:南京(今商丘)应天府书院、江州白鹿洞书院、衡州石鼓书院、潭州岳麓书院。这些书院均在宋初三朝渐次受到皇帝赐额。其他还有嵩阳书院、茅山书院、华林书院等。除了这些规模较大的书院外,还有许多较小的民间讲学之处。

宋初的文治政策,为以后的文化繁荣打下了根基。重文的文化环境,士人地位优越,人才辈出。方东美说:"泛观宋史,宋代哲学家,大抵皆砥砺志节,力学有成。其出身不是利禄之门的'官学',而是敦品励学的'私学'。因而宋儒最有知识分子的气节和尊严。"[⑥]

总之,随着政治的稳定,文化建设的渐次展开,宋初逐渐出现了向文重文的

①《罗隐集》,中华书局,1983 年,第 55-56 页。

②马端临:《文献通考·学校考三》,中华书局,1986 年,第 395 页。

③李梦阳等:《白鹿洞书院古志五种》,中华书局,1995 年,第 88-89 页。

④《宋史·儒林传一》,中华书局,1985 年,第 12808 页。

⑤四大书院另有一说,去"石鼓书院"而改为"嵩阳书院"。

⑥方东美:《生命理想与文化类型——方东美新儒学论著辑要》,中国广播电视出版社,1992 年,第 528 页。

倾向，使得读书入仕成为世人普遍追求的目标，培养了一大批出身平民的新型知识分子。随着他们登上政治舞台，宋代的政治、思想、文化诸领域开始呈现出一个新的面貌。这就为庆历之际的思想文化转型做好了人才的准备。

第四节　仁宗时期："斯文"的时代

北宋仁宗时期，是中国历史上一个难得的文化高峰期。正是在仁宗之世，疑经思潮勃兴，士人们讲学辨道，自由创新，宋学得以形成，并对后世产生了深远的影响。但在"正史"里，对宋仁宗的评价却只注意到其为政的"仁"之一面：

在位四十二年之间，吏治若偷惰，而任事蔑残刻之人；刑法似纵弛，而决狱多平允之士。国未尝无弊幸，而不足以累治世之体；朝未尝无小人，而不足以胜善类之气。君臣上下恻怛之心，忠厚之政，有以培壅宋三百余年之基。子孙一矫其所为，驯致于乱。传曰："为人君，止于仁。"帝诚无愧焉！①

《宋史》虽然表彰了仁宗爱民体物的小恩小惠之仁，但又不忘指责他治下的吏治偷惰、刑法纵弛。这一评价，似乎成了对宋仁宗的定论。如果仅从传统帝王的开疆拓土、谋略权术等角度来看，宋仁宗实在是乏善可陈；但若换一个角度，从思想文化的发展史上看，仁宗时期的成就却是多姿多彩，壮丽辉煌，给人以群星灿烂、高山仰止的惊叹。正是仁宗时期重文的文化环境，给文化的转型与宋学的生成准备了思想土壤。

苏轼曾这样评价："仁宗皇帝在位四十二年，搜揽天下豪杰，不可胜数。既自以为股肱心膂，敬用其言，以致太平，而其任重道远者，又留以为三世子孙百年之用，至于今赖之。孔子曰：'惟天为大，惟尧则之。'天下未尝一日无士，而仁宗之世，独为多士者，以其大也。贾谊叹细德之崄微，知凤鸟之不下，闵沟渎之寻常，知吞舟之不容，伤时无是大者以容己也。故尝窃论之。天下大器也，非力兼万人，其孰能举之！非仁宗之大，其孰能容此万人之英乎！"②苏轼以亲身经历，感慨仁宗的容人之量、器宇之大，同时也说出了仁宗一朝得人之盛、文化发展的原因。

苏轼稍后的邵伯温也非常推崇仁宗时代："盖帝知为治之要：任宰辅，用台谏，畏天爱民，守祖宗法度。时宰辅曰富弼、韩琦、文彦博，台谏曰唐介、包拯、司马

①《宋史·本纪第十二》，中华书局，1985年，第251页。

②《苏轼文集·张文定公墓志铭》，中华书局，1986年，第444页。

光、范镇、吕诲云。呜呼,视周之成、康,汉之文、景,无所不及,有过之者,此所以为有宋之盛欤?"①

南宋杨万里也在经筵上为光宗讲论仁宗朝的仁政:"本朝仁宗皇帝在位四十二年,海内富庶,中外安靖,人才众多,风俗醇厚,民心爱戴,国祚延长,号为本朝之尧舜。"②并把庆历与唐之贞观相提并论:"孝宗季年,丕艾八极,远侔贞观,近踵庆历。"③

王夫之曾盛赞宋代的"治世":"三代以下称治者三:文、景之治,再传而止;贞观之治,及子而乱;宋自建隆息五季之凶危,登民于衽席,迨熙宁而后,法以斁,民以不康。繇此言之,宋其裕矣。"④虽然王夫之在此是把宋初直至熙宁这一大段时间的安定局面来与文景之治、贞观之治相比,认为宋代的"治世"时间远超前二者,而且还指责宋仁宗开启了后来的乱局,但他也不得不承认:"仁宗之称盛治,至于今而闻者羡之。"⑤

宋代的政治,到了仁宗时代,可以说达到了文治的盛世。中国的帝制文化历经了前期的创制和扩张期后,在政治的空间(在亚洲东部这个相对独立的地域)和思想的空间(在汲取西亚的佛教营养后)上都在变开拓为内敛,也即要吸收消化它业已获取的成果,其结局便是帝制文化的渐趋定型。宋代的统治以事实证明了文治的安定太平之功要远超穷兵黩武的扩张政策,利用文人也远比武人更令人放心,其后的统治者还有谁不愿意萧规曹随呢!帝王之于士人,恰如一体两面,谁也离不开谁,仁宗时期,就是二者的蜜月期。此时的皇帝,虽然也处心积虑地惦记着帝国的江山,害怕"朋党"或权臣的出现,但对于臣下,还是能够信任,没有过分的阴险或酷虐。等到宋代之后,权力的运用已有例可循,对付内部篡权的控制已自以为得计,便摆出主子的架势,对臣下大发淫威。试比较宋代与明代,这两个被认为有诸多连续性的王朝,两朝的君主对待臣下的态度何其不同!

仁宗时期被人诟病的是朝政姑息、因循,这一点在处理冗官、冗兵、冗费时,

①邵伯温:《邵氏闻见录》卷二,中华书局,1983年,第15页。

②杨万里著、辛更儒笺校:《杨万里集笺校·东宫劝读录》,中华书局,2007年,第4286页。

③杨万里著、辛更儒笺校:《杨万里集笺校·祭王谦仲枢使文》,中华书局,2007年,第3866页。

④王夫之:《宋论》卷一,中华书局,1964年,第25页。

⑤王夫之:《宋论》卷四,中华书局,1964年,第77页。

表现得尤为明显。范仲淹的庆历新政，如昙花一现，最终仁宗因人言可畏，架不住左右及臣下们的流言蜚语，匆匆收场。究其实，还是既不敢自己大动干戈，大幅改革，又不放心让臣下大权在手，唯恐他们结成朋党，危及江山社稷。所以尽管臣下屡屡进谏，以因循指责他，仁宗却巍然不动，致使三冗依旧，终其一朝没有大的改观，给身后的几朝留下了改革的压力，引起了之后关于变法的争执与反复。宝元二年(1039)，右正言、直集贤院吴育就上书："方今天下少安，人情玩习，而多务因循，居常有议及政令、纪纲、边防机要，则谓之生事。或有警急，则必至忽遽而莫知所为。若稍安静，又无人敢辄言……伏望陛下从容延对左右大臣，讨论阙政，博访群议，修节用爱民之经，求训兵练将之策，则一方小警，不足虑也。"[①]仁宗虽表示"嘉纳之"，却不见下文。庆历二年(1042)，集贤校理欧阳修又上疏劝仁宗要果断行事，革因循之弊：

然而欲御边则常患无兵，欲破贼则常患无将，欲赡军富国则常患无财，欲威服远方则常患无策，欲任使贤才则常患无人，是所求皆不得、所欲皆不如意，其故无他，由不用威权之术也。自古帝王或为强臣所制，或为小人所惑，威权不得出于己。方今外无强臣之患，又无小人独任之惑，内外臣庶尊陛下如天，爱陛下如父，倾耳延首，愿听陛下之所为，何惮而久不为哉？若一旦赫然执威权以临之，可使万事皆办，何患五者之无，奈何为三弊之因循，而一事之不集！[②]

宋仁宗没有汉武帝或唐太宗的刚狠果断，这或许是仁宗一朝人才济济的原因之一。汉武帝一朝号称得士，但许多人也只是匆匆上场后不是被杀就是被贬，再也返回不了朝廷。汉武帝也好，唐太宗也好，都是"乾纲独断"，臣子们只能做配角。而仁宗朝，正人端士虽屡屡被贬，但事后不久又都被召回，仁宗对臣下的素质才干及人品还是看得较为明白，朝中始终是人才济济。至于听其言而不能行，也许就只能归结于权力情结的作祟了。到仁宗最后一个年号的嘉祐元年(1056)，司马光还在上疏进谏因循之弊："臣闻书曰'远乃猷'，诗云'犹之未远，是用大谏'。况国家之弊，在于乐因循而多讳忌，不于安治之时豫为长远之谋，此患难所由而生也。"[③]嘉祐六年(1061)，王安石作《上时政书》，亦有同样责难："方今朝廷之位，未可谓能得贤才，政事所施，未可谓能合法度。官乱于上，民贫于下，风俗日以薄，

①李焘：《续资治通鉴长编》卷一百二十三，中华书局，2004年，第2897页。

②李焘：《续资治通鉴长编》卷一百三十六，中华书局，2004年，第3252-3253页。

③李焘：《续资治通鉴长编》卷一百八十四，中华书局，2004年，第4445页。

财力日以困穷,而陛下高居深拱,未尝有询考讲求之意。此臣所以为陛下计而不能无慨然者也。夫因循苟且、逸豫而无为,可以侥幸一时,而不可以旷日持久。”①可以说因循的指责终仁宗之世都不绝于耳。

南宋陈亮在一篇论奏中曾言及仁宗的为政之道:“臣闻之故老言,仁宗朝,有劝仁宗以收揽权柄,凡事皆从中出,勿令人臣弄威福。仁宗曰:‘卿言固善。然措置天下事,正不欲专从朕出。若自朕出,皆是则可,有一不然,难以遽改。不若付之公议,令宰相行之。行之而天下不以为便,则台谏公言其失,改之为易。’”②吕中在《宋大事记讲义》中称赞“此言真为万世法”③,而要做到这一点,又何等不易!大凡历史上所谓的英才之主,谁愿意自甘幕后,让朝堂上整日吵得乱糟糟;而庸懦之主,忠奸难辨,又掌控不了局势。宋代的制度设计,宋仁宗的为人作风,宋初数十年的政治思想文化积累等因素恰恰造成了这一难得的局面。由此看来,庆历之际这一难得的人才环境,在古代的帝制时代,真是千载一时的机缘。在中国历史上,秦皇汉武,虽然武功赫赫,但文治之效却相形见绌。这也许可以称之为仁宗“优柔寡断”的意外收获。

以现代的眼光来看,仁宗时期的人才之盛对我们仍有启发意义。现代社会的特点之一是多元化,而多元化最忌讳事事都要整齐划一,处处都搞一刀切。一言堂里难出不同意见,人才也就被压抑,正如哈耶克所论自由社会一样:“正是由于自由意味着对直接控制个人努力之措施的否弃,一个自由的社会所能使用的知识才会远较最明智的统治者的心智所能想象者为多。”④自由社会之所以对个人的成长更有利,是因为在这里不同的声音都有表达的空间。比起现代社会,庆历之际当然要远为逊色,但它当时的成就已足以令其的后宋人甚至后人羡慕了。

仁宗的因循可以说是性格使然,他性格仁慈,待人宽容,故而既爱听亲近的顺耳之言,又能听谏官的逆耳之言,良莠杂陈,所幸的是他还有一个基本的价值判断,能起用正直之士,故而朝堂上总是正人在位,政治上也能有所作为。

从思想史的角度看,皇帝的这种行为也反映了时代的变化。皇权到了宋代,

---

①王安石:《临川先生文集》卷三十九,中华书局,1959年,第424页。

②《陈亮集》,中华书局,1987年,第28页。

③吕中:《宋大事记讲义》卷二二《徽宗皇帝·小人创御笔之令》,台湾商务印书馆,1983年,第398页。

④哈耶克著、邓正来译:《自由秩序原理》,三联书店,1997年,第30页。

经过晚唐的衰落及五代走马灯般的轮换，有武力者即可当皇帝，原来罩在皇权周围的神圣光环已褪去了许多，皇帝在处理事情时往往以人情来作为标准，原来作为准则的森严礼法到这时已渐渐地换作了人情的评判。欧阳修在《新唐书·礼乐志》里曾经说过："由三代而上，治出于一，而礼乐达于天下；由三代而下，治出于二，而礼乐为虚名。"①古代的礼法本是"封邦建国"时宗法网络的体现，却由于时代的变化失去了其土壤，而新的标准却又迟迟不出，治由刑罚而虚崇礼乐，也是无可奈何之事。中国古代士人的最大思想枷锁也就是皇权的束缚了，礼法等级观念固然一方面可以维护社会的安定，另一方面无疑也禁锢了人们的思维和活力。作为皇帝，又动辄以这种礼法来杀人立威，以显示出皇权的不可侵犯。揆以人情的标杆，正视人性自身的弱点，这也正是宋代统治者号为开明的原因之一。正如西方的文艺复兴时期，人们不再受神学的束缚而径直以人间的尺度来衡量自己的生活一样。宋太祖以杯酒释兵权处理功臣大将时劝他们多买良田歌女自娱，而不是如刘邦的兔死狗烹、鸟尽弓藏，还有他在得知赵普收受钱镠的十瓶瓜子金之后，不以为然，一笑置之。正是因为他能够正视这种人性之私，以己之心度人之心，故而为政不致苛虐。

宋仁宗时这种以人情为尺度的宽厚心态就特别明显。《续资治通鉴长编》上记载了天圣六年(1028)时的两件小事：

雄州言："民妻张氏户绝，田产于法当给三分之一与其出嫁女，其二分虽有同居外甥，然其估为缗钱万余，当奏听裁。"上曰："此皆编户朝夕自营者，毋利其没入，悉令均给之。"宰相王曾、参知政事吕夷简鲁宗道咸赞曰："非至仁，何以得此也！"②

开封府言："有民冯怀信，尝放火，其妻力劝止之。他日，又令盗摘邻家果，不从，而胁以刃，妻惧，告夫。准律，告夫死罪当流，而怀信乃同日全免。"上曰："此岂人情耶？"乃诏怀信杖脊刺配广南牢城，其妻特释之。③

第一件事可谓是法与情的冲突，按宋代法律，户绝之家的财产应有部分充公，宋仁宗特令其亲人全部继承，作为皇帝他能体会细民的辛苦经营之不易；第二件事的妻告夫若按"礼法"律之则是明显违背了"夫为妻纲"的准则，而仁宗却

①《新唐书·礼乐志》，中华书局，1975年，第307页。

②李焘：《续资治通鉴长编》卷一百六，中华书局，2004年，第2467页。

③同②，第2477–2478页。

能从人情的角度予以特释,这比起后世理学的“以理杀人”更合乎人性。天圣六年(1028)仁宗也只有十八九岁,还没有独立亲政,他的人生观已经形成,有了自己的一套比较符合儒家人文精神的待人处事标准。

关于“礼”的问题,宋仁宗在皇祐二年(1050)曾向宰臣文彦博作出过分析,而且还颇能够“与时俱进”:“礼非天降地出,缘人情尔。礼官习拘儒之旧传,舍三朝之成法,非朕所以昭孝息民也。”[1]所以碰到问题时,他的很多判断标准就以人情为依归,如皇祐五年(1053)徐州录事参军路盛被皇帝特令追一官勒停,原因是“盛马毙,怒厩人刍秣失时,杖之,令抱巨石立五昼夜,又杖之。大理寺断杖八十私罪。上以盛所为苛暴,贵畜而贱人,特贬之”[2]。

不但是罚罪如此,在任命官员时也要考察人情的向背。至和二年(1055)六月除文彦博与富弼为相,“是日宣制,帝遣小黄门数辈觇于庭,士大夫相庆得人。后数日,翰林学士欧阳修奏事殿上,帝具以语修,且曰:‘古之求相者或得于梦卜,今朕用二相,人情如此,岂不贤于梦卜哉。’”[3]

很多时候,作为皇帝的仁宗能对臣下以诚相待,有人情味,这在历史上是不多见的。皇祐五年四月,“迩英阁讲《书·冏命》‘侍御仆从,罔匪正人’。帝曰:‘君臣之际,必诚意相通而后治道成。’杨安国对曰:‘陛下聪明文思,从谏弗咈,如水之走下,视群臣若僚友,自古圣王未之有也。’帝曰:‘臣下能进忠言,朕何惜夏禹之拜。’”[4]正如仁宗所言,他待臣下,还是充满诚意的。有一次,大臣王德用进献女子入宫,谏官王素向仁宗进谏,这君臣二人的对话很有意思:

王素为谏官,论王德用所进女口,仁宗初诘之曰:“此宫禁事,卿何从知?”素曰:“臣职在风闻,有之则陛下当改,无之则为妄传。何必诘其从来也?”仁宗笑曰:“朕真宗子,卿王旦子,与他人不同,自有世契。德用所进女口,实有之。在朕左右,亦甚亲近,且留之如何?”素曰:“若在疏远,虽留可也。臣之所论,正恐亲近。”仁宗色动,呼近珰曰:“王德用所进女口,各支钱三百贯,即今令出内东门了急来。”遂涕下。素曰:“陛下既以臣奏为然,亦不须如此之遽。且入禁中徐遣之。”上曰:“朕虽为帝王,然人情同耳。苟见其涕泣不忍出,则恐朕亦不能出之。卿且留此以待

①李焘:《续资治通鉴长编》卷一百六十八,中华书局,2004年,第4037-4038页。
②李焘:《续资治通鉴长编》卷一百七十五,中华书局,2004年,第4236页。
③李焘:《续资治通鉴长编》卷一百八十,中华书局,2004年,第4353页。
④李焘:《续资治通鉴长编》卷一百七十四,中华书局,2004年,第4206页。

报。”素曰：“陛下从谏，古哲王所未有。天下社稷幸甚。”久之，中使奏宫女已出门矣。上复动容而起。[①]

对王素，以世家旧谊相称；对宫女，亦自言受不了她们的涕泣哀求。不汲汲于礼法空文，能以人情为转移，这恐怕也是近代社会得以形成的一个内在动因。中国的社会不似西方有一个神权的枷锁，但维护等级秩序的礼教很多时候又不免僵化，遇事揆以人情，以人心为向背，这是中国走向现代的一条可行之路。惜乎历史上如宋仁宗之类的君主并不能多遇，不顾人情苛察暴虐者倒是大多数，故而仁宗一朝的人文之盛也就难以再现了。推而言之，西方的宪政民主，也不过是将人情民意影响政治的途径以程序化的方式固定下来，使得民情不致壅闭。但即便是今日世界，不少政权仍是为了目的不择手段，罔顾人情向背，徒让人感叹人情者虽看似平常，能做到合乎人情，又何其难哉。[②]

宽容是人才成长的温床，也是政治清明的标志。仁宗的仁厚性格看似软弱，或者说是耳根子软，有时侯甚至显得过分随和，特别是对他身边的那些人，如后宫妃嫔、宦官等人，时常作出一些无原则的偏袒之举，以至于台谏官员经常上疏指责，但在对待士人的优容上，仁宗又表现得特别突出。他能够呵护士人的正气，以诚相待，尤其能重用台谏，培养士气，激励士风的养成。庆历之际士大夫对名节的重视，士人主体意识的高扬，可以说与仁宗的这种宽容仁厚的为政风格密不可分。

北宋的台谏制度比起唐代有了很大的变化，一是台谏的合一，御史台与谏院职掌的趋同，二是脱离了宰相的直接管辖。仁宗时期特别重视台谏，支持台谏。台谏可以风闻言事，即便所言不实也不受追究。这一方面对执政大臣构成了压力，另一方面也促进了世风的转移和士气的培养。无怪乎《宋史》里甚至说“宋之立国，元气在台谏”[③]，陈植锷在考察了北宋台谏制度的发展变化后就认为：“有宋谏官、御史权力之重，作用之大，的确超过了前此任何一个朝代，原其所自，实自北

①潘永因：《宋稗类钞》，书目文献出版社，1985 年，第 9 页。

②当然，人情之弊，亦屡见于后人对中国文化的反思之中。中国有人治而无法治之局面，亦是人所共知。只是为帝王者，多暴虐惨刻，罔顾人情，连最起码的人之常情亦不顾，所在多有，以此言之，宋仁宗之可贵，自是在此。而为官者以人情谋小集团之私，自是中国法治不彰的表现，此处之人情，则多偏于私情，已超越了常情之限。

③《宋史》卷三百九十，中华书局，1985 年，第 11963 页。

宋中期始。”[①]具体而言,也就是始自仁宗一朝。刘子健曾说:“言官力量最大是在北宋中期,仁宗英宗两朝。”[②]而就整个宋代而言,也只有仁宗一朝的言官最活跃,权力最大。

宋仁宗时期的台谏制度也渐趋完善,规定宰臣不可自除言官。天圣二年(1024)十二月,仁宗刚刚亲政不久,就收回了宰相的任命台谏之权:

丁未,出侍御史张沔知信州、殿中侍御史韩渎知岳州。先是,宰相李迪除二人为台官,言者谓台官必由中旨,乃祖宗法也。既数月,吕夷简复入,因议其事于上前,上曰:“祖宗法不可坏也。宰相自用台官,则宰相过失无敢言者矣。”迪等皆惶恐。遂出沔、渎,仍诏自今台官有阙,非中丞、知杂保荐者,毋得除授。[③]

庆历四年(1044)八月,又下诏规定“自今除台谏官,毋得用见任辅臣所荐之人”[④],既不能自命,又不能用曾经受过自己举荐的人员,进一步隔断了宰辅与台谏的关系。

台谏官员们不但遇事敢言,而且言必求胜,有时直至被罢免而后已。嘉祐元年(1056),宰相刘沆曾抨击台谏道:“自庆历后,台谏用事,朝廷命令之出,事无当否悉论之,必胜而后已。”[⑤]言官与执政俨然成了分庭对垒的两大势力。

不但宰臣忌怕言官,皇帝本人也对台谏们忍让三分。有一则关于余靖的小事可以看出仁宗对言官的容忍:“时盛暑,靖对上极言。靖素不修饰,上入内云:‘被一汗臭汉熏杀,喷唾在吾面上。’上优容谏臣如此。”[⑥]

正如苏轼所言:“历观秦、汉以及五代,谏诤而死,盖数百人。而自建隆以来,未尝罪一言者,纵有薄责,旋即超升,许以风闻,而无官长,风采所系,不问尊卑,言及乘舆,则天子改容,事关廊庙,则宰相待罪。故仁宗之世,议者讥宰相但奉行台谏风旨而已。”[⑦]

其实不止宰辅与皇帝畏惧言官,就连宦官们也畏惧他们。嘉祐四年(1059)五

①陈植锷:《北宋文化史述论》,中国社会科学出版社,1992年,第44页。
②刘子健:《两宋史研究汇编》,联经出版事业公司,1987年,第11页。
③李焘:《续资治通鉴长编》卷一百十三,中华书局,2004年,第2647页。
④李焘:《续资治通鉴长编》卷一百五十一,中华书局,2004年,第3691页。
⑤李焘:《续资治通鉴长编》卷一百八十四,中华书局,2004年,第4448页。
⑥李焘:《续资治通鉴长编》卷一百五十,中华书局,2004年,第3635页。
⑦《苏轼文集·上神宗皇帝书》,中华书局,1986年,第740页。

月戊午，宫中周氏生一女。据《续资治通鉴长编》转引江休复《杂志》云："公主诞庆三日，宰臣以下包子有金银、玳瑁、犀角、坛香、象牙钱，三舍人独二人权修注得之，四待制独三讲筵得之，刘敞、何郯不与，向侍郎亦不沾，台中自独坐至监察一等受赐，馆中惟吴及正言得之。盖内官惧台谏也。"①

台谏号为清要之地，多有才华志能之士，仁宗一朝的许多执政大臣就是从台谏官员逐步成为宰执的，如张观、郑戬、孙抃、田况、吴育、范仲淹、韩琦、欧阳修、富弼、贾昌朝、高若讷、包拯、张昇，以及仁宗朝任台谏而在之后担任宰辅的张方平、唐介、韩绛、司马光等。

士人本有"书生议政"的传统，台谏号为清要之地，自然也起到一种士风的推动作用，宋人"以天下为己任"的精神，在台谏官员身上就特别明显。"澄清天下"、"致君尧舜"，这些信念一旦遇到合适的土壤，就生发成一种昂扬之气，宋人睥睨汉唐，动辄要直追三代，他们的自信是有原因的。陈植锷曾就这种广开言路的深刻影响有过论述：

一方面是统治者出于巩固中央集权而救"内重"之弊的需要大开言路、鼓励直谏，一方面是应了这种世运变化而复兴的儒家传统文化的熏陶，使儒家知识分子本来就相当突出的批判意识和参与意识在这一时期得到空前的高涨，蔚为从政治生活开始进而贯彻到社会文化各个层面的时代精神，以及由它派生的怀疑精神、创造精神和实用精神等等。正如以"感激论天下事，奋不顾身"的姿态从政，和以"言必中当世之过"的宗旨为文，两重形象和谐地统一在北宋知识分子身上，在儒学的著述、传授和传播各个方面，无不贯串好议论这一时代精神。②

另外，对待不同地域的人才，仁宗朝能够一视同仁，无所轩轾。清末名臣张之洞曾有《读宋史》一诗，发泄其受满清贵族歧视的哀怨与牢骚：

南人不相宋家传，
自诩津桥警杜鹃。
辛苦李(纲)虞(允文)文(天祥)陆(秀夫)辈，
追随寒日到虞渊。③

其实，宋代初期，由于南方割据王朝的归降，可能还存在"南人不相"的戒心，

①李焘：《续资治通鉴长编》卷一百八十九，中华书局，2004 年，第 4564 页。

②陈植锷：《北宋文化史述论》，中国社会科学出版社，1992 年，第 51-52 页。

③《张之洞诗文集》，上海古籍出版社，2008 年，第 185 页。

到了真宗时用人已南北参用,宋仁宗即位,刘太后临朝听政,她自己本是蜀人,在用人上更进一步不分畛域,基本上做到同等看待。仁宗及其后的用人也就不再有"南北"之限。关于在仁宗朝选拔人才的地域变化,陆游曾有《论选用西北士大夫札子》论及:"臣伏闻天圣以前,选用人才多取北人,寇准持之尤力,故南方士大夫沉抑者多。仁宗皇帝照知其弊,公听并观,兼收博采,无南北之异。于是范仲淹起于吴,欧阳修起于楚,蔡襄起于闽,杜衍起于会稽,余靖起于岭南,皆为一时名臣,号称圣宋得人之盛。"①

仁宗时期文治成果的最明显体现即在于得士之盛,举凡文学家、思想家、政治家、科学家等等,各类人才竞出,呈现出思想学术的繁荣景象。从各方面来看,宋仁宗时期都称得上是一个"斯文"的盛世,是一个文治的高峰。特别是仁宗一朝的人才之盛,不仅在宋朝历史上,就是放在整个中国古代的历史上,也是令人叹为观止的:政治上如范仲淹、杜衍、庞籍、包拯、孔道辅、余靖、田况、韩琦、富弼、文彦博等;文学上如张先、晏殊、梅尧臣、柳永、苏舜钦、苏洵、欧阳修等;思想学术上如刘敞、胡瑗、孙复、石介、李觏、周敦颐、张载、邵雍、程颢、程颐、吕大临、范祖禹、刘恕、刘攽等;科学技术上如毕昇、沈括、苏颂等。即便如后来的王安石、司马光、苏轼、苏辙等一大批人才,也都成长于仁宗一朝。

在这支人才队伍里,我们可以看到,"理学三先生"胡瑗、孙复、石介及"理学五子"周敦颐、张载、邵雍、程颢、程颐都在其中。可以说正是宋仁宗时期宽容的学术氛围导致了当时的自由议论之风及疑经思潮兴起,从而成就了理学,使得儒学的转型及宋学的繁荣得以实现,为中国古代的后半部历史奠定了思想理论的基石。

当然,仁宗重用士人,重用台谏,也有他自己的策略,那就是总会有意识地让"异论相搅",让不同政见和观点的人互相制约,以达到不至于出现权臣危及其统治的目的。终仁宗之世,他都对"朋党"保持着高度的警觉,有时甚至到了风声鹤唳的程度。这一方面反映了仁宗内心的不自信,为了防范朋党,以至于怀疑人人都是结党营私,"洪洞县里无好人";另一方面也正是在这互相攻击、各种思想交锋的过程中,一种思想的温床产生了。

邵伯温曾记述了宋仁宗去世后的民间反应,虽不无溢美,但也确实反映了这位谥号为"仁"的皇帝之深得民心:

①陆游:《渭南文集·论选用西北士大夫札子》,台湾商务印书馆,1983年,第329页。

仁宗皇帝嘉祐八年三月十九日升遐，遗诏到洛，伯温时年七岁，尚记城中军民以至妇人孺子，朝夕东向号泣，纸烟蔽空，天日无光。时舅氏王元修自京师过洛，为先公言京师罢市巷哭，数日不绝，虽乞丐者与小儿皆焚纸钱，哭于大内之前。又有周长儒都官赴剑州普安知县，行乱山中，见汲水妇人，亦戴白纸行哭。呜呼！此所谓百姓如丧考妣者欤！[①]

正是在宋仁宗时期，中国古老的经学发生了转型，儒学迎来了又一次新生，产生了新形态的理学，开始夺回被佛老占领的形而上领域的话语权，使宋文化的转型得以实现。

第五节　庆历之际的士风

一、庆历新政及其对士人的影响

钱穆在《国史大纲》里曾盛赞庆历之际的新思想与新精神：

他们开始高唱华夷之防，又盛唱拥戴中央。他们重新抬出孔子儒学来矫正现实。他们用明白朴质的古文，来推翻当时的文体。他们因此辟佛老，尊儒学，尊六经。他们在政制上，几乎全体有一种革新的要求。他们更进一步看不起唐代，而大呼三代上古。他们说唐代乱日多，治日少。他们在私生活方面，亦表现出一种严肃的制节谨度，而又带有一种宗教狂的意味，与唐代的士大夫恰恰走上相反的路径，而互相映照。因此他们虽则终于要发挥到政治社会的实现问题上来，而他们的精神，要不失为含有一种哲理的或纯学术的意味。所以唐人在政治上表现的是“事功”，而他们则要把事功消融于学术里，说成一种“义理”。“尊王”与“明道”，遂为他们当时学术之两骨干。[②]

庆历(1041—1048)年间，正处于宋仁宗一朝(1023—1063)的中间，虽只有八年时间，但在仁宗一朝却是很关键的一段时间，可以说是仁宗朝政治的分水岭。内忧与外患交织的庆历年间，恰恰是宋代士大夫觉醒的临界点，宋朝及后世人所共称的士风气节正是在此时展现出来的。孟子有一句名言，“生于忧患而死于安乐”[③]，政治如此，思想文化领域方面也是如此。宋人“以天下为己任”的主体意识，经学领域的自信、创新与怀疑精神，理学的发生发展，都与这“忧患意识”的困扰密不可

①邵伯温：《邵氏闻见录》卷二，中华书局，1983年，第16页。

②钱穆：《国史大纲》，商务印书馆，1996年，第560-561页。

③《十三经注疏·孟子注疏》卷十二《告子下》，中华书局影印本，1980年，第2762页。

分。

庆历之际的士风和学术,都显示出勃勃生机与新象。经过宋初三朝的积淀与培养,士人开始呈现出一种使命感和责任感,更加积极进取,渴望振作有为,普遍有一种"以天下为己任"的宏大气魄,在政治、学术及社会诸层面,都呈现新的面貌。在内忧外患面前,他们纷纷建言献策,期望为帝国谋长久之策,献太平之术。庆历新政是他们的一次集体高调登台,虽然很快就因种种原因黯然收场,但这一精神却如春日惊雷,唤醒了士大夫长久以来蛰伏的梦想。学统四起,群星灿烂,庆历之际士风的新变,为宋文化的转型与宋学的生成准备了条件。

(一) 内忧外患下的改革

庆历年间,可以说外患与内忧交织,是仁宗朝廷最为难过的一段时间。

庆历元年(1041)二月,宋军与夏人战于好水川,陷入夏军包围,主帅任福战死,阵亡将士近七千名,损失战马千余匹。庆历二年(1042)闰九月,宋军又于定川砦被西夏军包围,主将葛怀敏战死,被俘士兵九千余人。再加上康定元年(1040)宋军的三川口之败、定川堡之败,宋军对西夏几乎逢战必败。

就在宋人备受西边之患、接连败绩之时,契丹又趁火打劫,派人来索取周世宗时所夺取的瓦桥关南十县之地。一时辽兵屯兵边境,气势汹汹。宋朝君臣唯恐辽、夏联手,两面受敌,最后经过谈判,以每年增加银十万两、绢十万匹的结果结束了北边的危机。

外患的降临,必然加重宋朝的内忧。由于要抵抗西、北两面之敌,北宋朝廷只有增加征募兵员;军费开支的增加,必然使民众税收徭役等负担加重;重兵集结于西北,内地就有了空虚的隐患。不堪重负的民众及久赴行役的士兵不时地出现暴乱及叛变,成为让朝廷头疼的"腹心之患"。

庆历三年(1043),欧阳修在《再论置兵御贼札子》中提及当日的民变:"今盗贼一年多如一年,一火强如一火,天下祸患,岂可不忧!"[①]这一年,京东虎翼军卒王伦聚集兵士四五十人,在沂州杀死沂州巡检使朱进,然后入青州,历密州、海州、扬州、泗州、楚州、高邮军等地,如入无人之境,最后在和州兵败被俘。同年,陕南发生饥民起义,转战陕南、豫西、鄂北,加上沿途的士兵加入,队伍一度发展到两千多人,后在重兵围剿下溃散。此外还有当年南方瑶民的起义,庆历四年

①《欧阳修全集》卷一百,中华书局,2001年,第1539页。

(1044)保州数千禁军的哗变,以及庆历七年(1047)贝州王则领导的士兵叛乱,都让宋朝政府费尽周折才平定下来。

由于内忧外患,“三冗”(冗兵、冗官、冗费)导致的财政负担越发沉重,特别是庞大的军费开支,更是让仁宗朝臣头疼不已。蔡襄有过统计:“今天下大患者在兵。禁军约七十万,厢军约五十万,积兵之多,仰天子衣食。五代而上,上至秦汉无有也……臣约一岁总计,天下之入不过缗钱六千余万,而养兵之费约及五千。是天下六分之物,五分养兵,一分给郊庙之奉、国家之费,国何得不穷?民何得不困?”①

在内外交迫的巨大压力之下,那帮宋仁宗重用的所谓持重守成的老臣,面对危机束手无策;冲锋在边患第一线、要求变革图强的“新锐”派如范仲淹、韩琦、富弼等,这时也取得了捍御外患的部分成功,声誉日隆。于是,庆历三年(1043),宋仁宗起用范、韩、富等人,开始了北宋王朝第一次较大规模的改革。

庆历三年,仁宗任命范仲淹为参知政事,韩琦、富弼为枢密副使。一向敢言的欧阳修、王素、余靖、蔡襄也都进入了谏院。一时之间,人才济济,朝政一新。仁宗于九月又下手诏给范仲淹、富弼等人:“比以中外人望,不次用卿等,今琦暂往陕西,仲淹、弼宜与宰臣章得象尽心国事,毋或有所顾避。其当世急务有可建明者,悉为朕陈之。”②

韩琦、富弼先后均有上书,范仲淹也于九月上《答手诏条陈十事》。相对而言,范仲淹的建议是变法派里最为详尽也最有系统的改革计划。范仲淹的十条纲领,可以说切中当时的因循之弊:

一曰明黜陟。也即改变当时的官员升迁制度。当时文职三年一迁,武职五年一迁,谓之磨勘。比起国初的不立考课的制度,当然是一个进步。但它也有其局限,那就是不限内外,不问劳逸,贤不肖并进,体现不出奖优罚劣的精神。特别是那些想兴利去害有所作为的官员,往往被大家指为生事,受到挤陷,以致不敢有所作为。范仲淹建议对于磨勘制度要严厉监督,做到根据政绩升迁,并严格京官的保举及选任,让权势子弟出外历练,不得占据美差。

二曰抑侥幸。改革荫封过滥的弊端。自真宗以来,每遇南郊并圣节,大两省官

①《蔡襄集·国论要目》,上海古籍出版社,1996年,第380–381页。

②李焘:《续资治通鉴长编》卷一百四十三,中华书局,2004年,第3431页。

员至诸路提点刑狱均可奏荐子弟恩封,以致恩荫过广。要对荫封加以限制,避免与孤寒的竞争。特别是馆阁清要之地,要选拔真才实学之人。

三曰精贡举。改革科举制度,充实学校教育。专以词赋取进士,以墨义取诸科,有才有识者十无一二,应当教以经济之业,取以经济之才。在诸路州郡有学校处,奏举通经有道之士,专于教授,务在兴行。改革取士之科,进士先策论而后诗赋,诸科墨义之外,务通经旨。使士人不专辞藻,必明理道。外郡解发进士、诸科人等,本古代乡举里选之意,先考其履行,然后取以艺业。省试之人,已经本乡询考履行,须弥封试卷,精考艺业。

四曰择官长。实行从中央到地方逐级荐举的方法选拔各级官员。

五曰均公田。改革官员的职田制度。外官职田,有不均者均之,有未给者给之,使其衣食得足,婚嫁丧葬之礼不废,然后责其廉节,督其善政。

六曰厚农桑。欲要养民,先务农桑。兴修水利,预防灾荒。

七曰修武备。渐次恢复唐代的府兵制度,以减少冗兵冗费。

八曰减徭役。减少地方县镇数量,减轻百姓负担。

九曰覃恩信。要各级官府切实执行朝廷的惠民政令。

十曰重命令。做到慎出法令,令出必行。[①]

范仲淹的十条建议,除了府兵制度,宰辅大臣都以为不可,其余诸条,均在仁宗的诏令下渐次颁行。

(二)“君子党”的宣言与“朋党”陷阱

范仲淹领导的庆历新政改革的重点是吏治。严格磨勘制度,减少恩荫人数,督促为政绩效,都让新政遭遇到不少既得利益者的阻挠和反对。特别是范仲淹他们以前在言路任职时以“君子”自居,目保守力量为“奸邪”,抨击起来语气尖锐,不遗余力,以致树敌过多,如今他们自己上台执政,在变革派与保守派之间,一场围绕着权力的较量也在暗中展开。

变革派与保守派的争执,在范仲淹他们看来,有着“君子”、“小人”之争的分野;保守派一方则指改革派为“朋党”,揽权结党,紊乱朝政,属于喜欢惹是生非的“躁进”之徒。宋初三朝,特别是前两朝,由于君主牢牢掌控着政局,作为大臣只是奉行皇帝旨意而已,不存在有太多表达自己观点的机会,他们也养成了循默持重

①李焘:《续资治通鉴长编》卷一百四十三,中华书局,2004年,第3431-3444页。

的习惯。真宗一朝，由于“天书”的闹剧，持重镇静的元老更是被认为可以纠正皇帝好大喜功的正面角色。

而仁宗一朝，“元老”与“新锐”的较量也反映了各自身后的社会背景。经过宋初三朝的统治，原来的乱局已转为稳定，社会上兴起了以皇室及元老重臣及其后为代表的既得利益集团格局，他们在权力的争斗中往往倾向于保守，不喜生事，以维护既有秩序为执政方针；而以范仲淹为代表的“新锐”们，一般出身贫寒，对下层民众有着较为切身的理解，想改变现有政治的弊端，从长远的角度来巩固国家的统治基础。吕夷简与范仲淹正是这两方的代表。吕夷简的叔父吕端是真宗朝的宰相，吕夷简则在仁宗一朝出入中书二十年，虽被多次罢免，但又多次重返中枢，是仁宗时期执政时间最长的宰相。他的风格，就属于典型的“元老”派。范仲淹，出身贫寒，二岁而孤，母亲改嫁，他也改姓名为朱说，后来中进士之后方改回原姓。

其实这也可以看作科举考试制度变革之后社会阶层的发展变化。宋太宗扩大取士名额，无形中扩大了下层士人的上升通道，当大批出身底层的士人走向政治舞台，他们也必然要争取属于他们的政治权力和话语权。由于身受儒家思想的熏陶，他们有着对理想政治的追求，相对而言，不太注重个人的利益得失，他们崇尚名节，耿直敢言，不避后果。而“元老大臣”们则更加现实，名利心更重，更注重个人的利益得失。

但仅有理想是不够的，改革派也有自身的缺陷与弱点。他们有时过于看重道德的标准以致忽略了现实的环境，立论过高而意气太盛，自视君子而固执自负，树敌过多而缺少同盟，特别是在事关改革全局的力量积聚上，没有营造一个相对平稳的社会舆论环境，缺少化不同力量为我所用的政治智慧与技巧，结果，很容易就被对手击倒，以致前功尽弃。

保守派用以打击改革派的利器，就是“朋党”一词。对于“朋党”的防范，仁宗是有其“祖宗家法”的。唐朝亡国的原因之一就是“朋党”之争，牛李党争的教训让宋代的君主们不敢对之掉以轻心。大者而言，结党营私、拉帮结派可以危及江山社稷，当初赵匡胤就是靠着结义十兄弟的帮助轻易夺得柴家天下；小而言之，朋党分立于朝堂，对于政事的执行总有掣肘之弊。当然，有时故意安排不同见解的“异论相搅”，因在皇帝掌控之下，则又另当别论。

在庆历新政之前，景祐三年(1036)五月，吕夷简就曾以“朋党”之名加在范仲淹头上，结果宋仁宗贬范仲淹出知饶州。宝元元年(1038)冬十月，为了范仲淹之事又诏戒百官"朋党"之风。虽然贬逐范仲淹等人之后不到一年,吕夷简亦罢相,但从此朝堂之上"朋党"之责不断。

这次的新政施行之后,保守派又拿出了"朋党"作为攻击改革派的利器:

始,范仲淹以忤吕夷简,放逐者数年,士大夫持二人曲直,交指为朋党。及陕西用兵,天子以仲淹士望所属,拔用护边。及夷简罢,召还倚以为治,中外想望其功业,而仲淹亦感激眷遇,以天下为己任,遂与富弼日夜谋虑,兴致太平。然规摹阔大,论者以为难行。及按察使多所举劾,人心不自安;任子恩薄,磨勘法密,侥幸者不便;于是谤毁浸盛,而朋党之论,滋不可解。然仲淹、弼守所议弗变。①

面对对手的"朋党"诬陷,改革派也予以还击,他们想从理论上先击破"朋党"的污名。庆历四年(1044)四月,宋仁宗曾就朋党之事询问辅臣:"自昔小人多为朋党,亦有君子之党乎?"范仲淹就提出"邪"、"正"各有党:"臣在边时,见好战者自为党,而怯战者亦自为党,其在朝廷,邪正之党亦然,唯圣心所察尔。苟朋而为善,于国家何害也?"②欧阳修还为此写了《朋党论》一文,辨别"君子党"与"小人党"之别:

臣闻朋党之说,自古有之,惟幸人君辨其君子小人而已。大凡君子与君子,以同道为朋;小人与小人,以同利为朋。此自然之理也。然臣谓小人无朋,惟君子则有之。其故何哉?小人所好者,利禄也;所贪者,货财也。当其同利之时,暂相党引以为朋者,伪也。及其见利而争先,或利尽而交疏,则反相贼害,虽其兄弟亲戚,不能相保。故臣谓小人无朋,其暂为朋者,伪也。君子则不然。所守者道义,所行者忠信,所惜者名节。以之修身,则同道而相益;以之事国,则同心而共济。终始如一,此君子之朋也。故为人君者,但当退小人之伪朋,用君子之真朋,则天下治矣。③

《尚书·洪范》里就说过:"无偏无党,王道荡荡。无党无偏,王道平平。"④孔子也说过"君子不党"⑤。在前朝的政治语境中,"党"就是奸邪之辈的专名,如党同伐异、结党营私,是营私牟利的小集团的代称。何况改革派以"君子党"自居,他们自己也有拉帮结派的嫌疑,而且动辄以"小人"之名加于反对派,无疑也会加剧与反对者的对立,制造朝廷上的分裂。这是宋仁宗所不愿意看到的。

---

①李焘:《续资治通鉴长编》卷一百五十,中华书局,2004年,第3637页。

②李焘:《续资治通鉴长编》卷一百四十八,中华书局,2004年,第3580页。

③同②,第3580-3581页。

④《十三经注疏·尚书正义》卷十二《洪范》,中华书局影印本,1980年,第190页。

⑤子曰:"君子矜而不争,群而不党。"(《论语·卫灵公》)

最终，宋仁宗架不住流言的压力，免去范、富、韩等人的朝中职位，让他们出任地方官，诸多改革举措也渐次废止，庆历新政如昙花一现，迅即退场。

（三）君子风范与士风士气

虽然庆历新政以流产告终，原来的内忧外患依然如故，但庆历新政的举措，范仲淹等人的作为，以及他们那种奋不顾身、果敢有为的精神，坚守儒家道义理想的行事风格，却如同一石激起千层浪，在读书人中间引起了巨大的反响。

就在范仲淹等人刚刚被任命之时，时任国子监直讲的石介非常兴奋，他仿照唐代韩愈的《元和圣德诗》作了一篇《庆历圣德诗》，一方面称赞范仲淹、富弼等人是像传说中的夔与契一样的忠臣，另一方面又把夏竦等斥为奸臣："众贤之进，如茅斯拔；大奸之去，如距斯脱。"[①]虽然这首诗日后给作者及改革派都带来了不利的后果，引起对手的报复，在当时却是不胫而走，广为流传。

四十多年后，苏轼在为范仲淹文集作序时还回忆他当时的反应：

庆历三年，轼始总角入乡校，士有自京师来者，以鲁人石守道所作《庆历圣德诗》示乡先生。轼从旁窃观，则能诵习其词。问先生以所颂十一人者何人也，先生曰："童子何用知之？"轼曰："此天人也耶，则不敢知；若亦人耳，何为其不可？"先生奇轼言，尽以告之，且曰："韩、范、富、欧阳，此四人者，人杰也。"时虽未尽了，则已私识之矣。[②]

范仲淹一生中曾多次被贬。还在刘太后掌权时，他就因论皇帝不当与群臣同列向刘太后行北拜之礼，要刘太后还政于仁宗而得罪女主，贬官外地。在仁宗刚刚亲政时，范仲淹又因为与其他台谏官员一道为废郭后事伏阁进谏，同遭贬窜。后来范仲淹又在权知开封府任上因指责吕夷简而被扣上"朋党"之名，再次被贬斥。虽然范仲淹一再被贬，他的名望却越来越高：

初，范文正公贬饶州，朝廷方治朋党，士大夫无敢往别。王待制质独扶病饯于国门，大臣责之曰："君长者，何自陷朋党？"王曰："范公天下贤者，顾质何敢望之！若得为某党人，公之赐质厚矣。"闻者为之缩颈。[③]

范仲淹的人格魅力在当时广为士人景仰，他的不避权势、正直敢言、勇于担当的精神，也成为宋代新型士大夫的典范，特别是他那"先天下之忧而忧，后天下

①石介：《徂徕石先生文集》卷一，中华书局，1984年，第9页。

②《苏轼文集·范文正公文集叙》，中华书局，1986年，第311页。

③司马光：《涑水记闻·辑佚》，中华书局，1989年，第332–333页。

之乐而乐”[1],以天下为己任的胸怀,在后代读书人中总是能引起共鸣。对于振作士风士气,《宋史》给予范仲淹极高的评价:“每感激论天下事,奋不顾身,一时士大夫矫厉尚风节,自仲淹倡之。”[2]

范仲淹不仅在政事上卓有建树,而且在生活上、个人品德上也是自律甚严:

仲淹内刚外和,性至孝,以母在时方贫,其后虽贵,非宾客不重肉,妻子衣食仅能自充;而好施予,置义庄里中,以赡宗属。泛爱乐善,士人多出其门下,虽里巷之人,皆能道其名字。死之日,四方闻者莫不嗟惜。为政忠厚,所至有恩,邠、庆二州之民与属羌皆画像立生祠,及其卒也,羌酋数百人为举哀于佛寺,号之如父,斋三日而去。[3]

范仲淹虽然赍志以殁,未能实现其政治抱负,但他的煌煌议论,高洁品格,还有一批志同道合的“众贤”,给北宋王朝带来了希望,也一同唤醒了人们的期望和理想。吕祖谦曾说:“至范仲淹空一时所谓贤者而争之,天下议论相因而起。”[4]朱熹也曾把宋代道学之盛上溯至范仲淹:“自范文正以来已有好议论, 如山东有孙明复,徂徕有石守道,湖州有胡安定。到后来遂有周子、程子、张子出。”[5]

欧阳修也是庆历新政时期的一员猛将。他遇事敢言,嫉恶如仇,积极支持范仲淹的改革主张,并多次以谏官的身份为范仲淹辩诬弭谤。他不仅在文学上卓有成就,主盟文坛,而且在政事上也颇为用心,熟悉吏治,经学上开创风气,有着创新精神,史学上有《新唐书》、《新五代史》两部皇皇巨著。可以说,欧阳修是庆历之际的又一位标杆性人物。

其他还有富弼、韩琦、王素、余靖、蔡襄、石介、田况、包拯等人,也都耿直敢言,不避权贵,进则议论于朝堂,退则造福于地方,使仁宗一朝始终不乏直言谠论,朝野没有言路壅闭之弊。

士气的高涨,士人“兼济天下”理想的重现,读书人受到的前所未有的重视,这是历史上最能体现“学而优则仕”的年代,整个社会的人情风俗都受到了书香的熏染。庆历之际,也成了古代士人不可多得的黄金时代。

---

①《范仲淹全集·岳阳楼记》,凤凰出版社,2004 年,第 169 页。

②《宋史·范仲淹传》,中华书局,1985 年,第 10267–10268 页。

③李焘:《续资治通鉴长编》卷一百七十二,中华书局,2004 年,第 4146–4147 页。

④叶适:《习学记言序目》卷四七,中华书局,1977 年,第 708 页。

⑤黎靖德:《朱子语类》卷一百二十九,中华书局,1986 年,第 3089–3090 页。

顾炎武认为宋代的庆历、元祐时期是中国历史上风俗比较好的时代："盖自春秋之后，至东京而其风俗稍复乎古，吾是以知光武、明、章果有变齐至鲁之功，而惜其未纯乎道也。自斯以降，则宋庆历、元祐之间为优矣。"[①]特别是仁宗之世，"宋自仁宗在位四十余年，虽所用或非其人，而风俗醇厚，好尚端方，论世之士，谓之君子道长"[②]。

宋人之气节文章，正因庆历诸君子的倡导而展现出新的风貌。庆历新政对于当时的士风世俗都有着深远的影响，对于学术的成长更有促进之功。因为士大夫的这种自信，这种魄力，他们在学术上也敢于突破藩篱，不再墨守陈规，最终使宋代学术开创出一个崭新的局面。

二、庆历之际的自由议论之风

（一）师道复兴，儒学重振

庆历之际是中国古代思想转型的一个重要关口，宋代学术及宋文化的形成都跟这一时期有着密切关系。教育复兴，儒学重振，思想创新，文、史、哲以及书法、绘画等艺术门类也都呈现出鲜明的时代特色，出现了新的范式。

庆历之际，崇儒重教成为普遍风气。仁宗时期，在朝廷的诏令下，各地纷纷兴建官学，州县之学开始普遍建立，特别是范仲淹庆历新政中的兴学举措，掀起了北宋的第一次大规模兴学：

仁宗即位之初，赐兖州学田，已而又命藩辅皆得立学。其后，诸旁郡多愿立学者诏悉可之，稍增赐之田如兖州。由是学校之设遍天下。庆历四年，参知政事范仲淹等建议精贡举，请兴学校、本行实，乃诏州县立学，本道使者选属部为教授，不足则取于乡里宿学之有道业者。[③]

其实，在仁宗即位之初，一些地方官员在任职期间也有兴学之举，据载晏殊曾开此风气：

[仁宗天圣五年(1027)]庚申，降枢密副使、刑部侍郎晏殊知宣州……寻改知应天府。殊至应天，乃大兴学，范仲淹方居母丧，殊延以教诸生。自五代以来，天下学废，兴自殊始。[④]

①顾炎武著、黄汝成集释：《日知录集释》卷十三，上海古籍出版社，2006年，第750页。

②同①，第758页。

③马端临：《文献通考·学校七》，中华书局，1986年，第431页。

④李焘：《续资治通鉴长编》卷一百五，中华书局，2004年，第2435页。

所谓自晏殊始,应是从规模上而言,因为此前也有一些地方官有过办学或助学的举动。州县立学的同时,各地仍有不少私人书院存在,一些读书人不愿出仕做官,以授书讲学为业,他们的活动也成为学校教育的重要组成部分。如仁宗初年赐额的嵩阳书院、茅山书院等,类似的私人书院在全国各地亦为数不少。

及至庆历新政时期,范仲淹的十条之中,就有兴学的措施:"在诸路州郡有学校处,奏举通经有道之士,专于教授,务在兴行。"庆历四年(1044)三月朝廷下诏:"州若县皆立学,本道使者选属部官为教授,三年而代,选于吏员不足,取于乡里宿学有道业者。" 虽然新政旋废,但兴学的风气已开。

在中央官学方面,则有太学之正式建立。宋代成立之初,有国子监,但生员人数较少,而且又多有"系籍而不至者",至庆历三年(1043),立四门学,以士庶子弟为生员,庆历四年,"判国子监王拱辰等言首善自京师,汉太学二百四十房,千八百余室,生徒三万人;唐学舍亦千二百间。今国子监才二百楹,不足以容学者,请以锡庆院为太学,从之"[①]。至此,作为国家的最高学府,宋代的太学才开始初具规模,生员常住就学,朝廷延揽讲官并进行教学管理及日常考校。一些著名的学者如孙复、石介等讲授于太学,采用胡瑗的苏湖教法,使太学成为名副其实的教养人才之所。

在新政之前,因为读书入仕的示范作用,许多地方的向学之风已渐见高涨。如苏轼曾回忆起其伯父苏涣于仁宗天圣二年 (1024) 中举后在当地所产生的影响:"天圣中,伯父解褐西归,乡人嗟叹,观者塞途。其后执事与诸公相继等于朝,以文章功业闻于天下。于是释耒耜而执笔砚者,十室而九。"[②]新政罢黜之后,主持新政的许多改革派出守地方,继续在任职之地兴办教育;而保守派一方,也同样重视教育。宋代儒学仍得以继续发展。

庆历之际的教育改革,使得儒学又迎来新的契机,士人的精神面貌也一改此前的因循无为之风,怀着"达则兼济天下"之志,议论时政,褒贬人物,宋人的议论之风成长起来。

(二)"论议争煌煌"

汉末之清议、六朝之玄谈、宋代之议论,都曾是备受后人争议的话题。许多官方的史评言论以之作为亡国的祸阶,似乎士人只能作循规蹈矩、谨言慎行的"醇

①马端临:《文献通考》卷四十一,中华书局,1986年,第395页。

②《苏轼文集·谢范舍人书》,中华书局,1986年,第1425页。

儒”，一旦讥言时政，发表议论，就成了亡国之兆。王夫之曾于其《宋论》中猛烈抨击宋人的“议论”：

夫先王之造士，岂不欲人抒其规画以赞政纪载？乃汉之始策贤良也，服官之后，品行已征，成绩已著，三公二千石共保其为醇笃之儒，而后策之。始进之士，固不以此为干禄之径，而自献以言，夫亦有深意存矣。道莫乱于多歧，政莫紊于争讼，士莫恶于揣摩天下之形势而思以售其所欲为。夫苟以策问进之，则士皆于策问习之。陈言不适于时，则倚先圣以护其迂；邪说不准于理，则援往事以文其悖。足未越乎闾门，而妄计九州之盈诎；身未试乎壁垒，而辄争一线之安危。于是诡遇之小夫，心胥史之心，学幕宾之学，依附公门以察其条教，窥探时局以肆其褒讥。人希范、蔡之相倾，俗竞仪、秦之互辩，而淳庞简静之休风，斩焉尽矣。其用也，究以无裨于用也；其利也，乃以成其害也。言诡于下，听荧于上，而民不偷、国不仆者，未之有也。①

究其实，王夫之的议论，是要人们各安其位，庶人不得妄言，此中正反映了中国古代士人关于传统礼教的一个思维陷阱：他们所服膺的礼教制度，本来是周初为了维护社会秩序、安定民生所采取的手段，其目的在于众人之福祉；而到了后来，这一手段却演化为目的，为了秩序而秩序，全不讲人生之本来意义，忘却前人立法之本义。本来是理性之所出，反过来却成了理性之对立面。清人所谓“以理杀人”，正是礼教后来发展所陷之弊端。

宋学的形成，宋文化的生长，这种自由议论之风的助力不可忽视。义理经学的兴起，理学的生成，宋诗之偏于议论的特色，宋文之汪洋恣肆的宏论，宋学开创乾坤的气魄，无不与这宋人的自由“议论”有关。

宋代的议论兴起，大致从庆历之际开始。据《宋史·忠义传序》：“士大夫忠义之气，至于五季，变化殆尽。宋之初兴，范质、王溥犹有余憾，况其他哉……真、仁之世，田锡、王禹偁、范仲淹、欧阳修、唐介诸贤，以直言谠论倡于朝，于是中外搢绅知以名节相高、廉耻相尚，尽去五季之陋矣。”②言路之臣的放言于朝，朝野士人的名节相尚，正道出了当时言论勃兴的表现及其影响。庆历之际议论的勃兴，其原因大概有以下几点：

首先是宰辅与台谏对立的制度设计，是权力结构之分权制衡的必然。仁宗时

①王夫之：《宋论》卷四，中华书局，1964年，第98页。

②《宋史·忠义传》，中华书局，1985年，第13149页。

期首开其端的宰辅大臣与言路之臣的互为水火,源自宋仁宗对台谏制度的改变。台谏任命不经过宰辅,即便是受宰辅推荐过的官员都不得担任。而且仁宗一朝宰辅大臣的更换也非常频繁,常常是因为言官的攻击而去职。从实际的效果来看,这种设计也确实达到了清议力量与执政的平衡,皇帝正好居中调和,真宗的"且使异论相搅,即各不敢为非"的训导,可谓落到了实处。纵观仁宗一朝,言官之活跃,权力之大,前世罕有其匹。言官议论之权的提升,使得宋初以来的宰相之权渐轻,吕祖谦曾说:"至范仲淹空一时所谓贤者而争之,天下议论相因而起,朝廷不能主令,而势始轻矣。"[①]所谓"朝廷之势",实指相权而言。举凡国防、外交、内政,甚至是帝王的一言一行,都成为他们聚议的话题。言官活跃,同时也带动了时人议论之风的兴起,影响所及,在野士人的言论也活跃起来。

其次是科举中策论的渐受重视。庆历新政之"精贡举",其中就有对科举考试内容的调整,进士科先策论而后诗赋,诸科墨义之外,务通经旨,使士人不专辞藻,必明理道。先策论的举措虽然不久就因新政废除而没有施行,但此后的一段时间内渐渐成了人们的共识。重视策论改变了唐代以来专以词赋取进士的旧规,使得士人开始重视经义道理的理解,精于议论的文章更受到考官的青睐,正如唐代诗赋取士促进了唐诗的繁荣一样,这对于宋人议论之风的兴起也是有促进作用的。

再次就是各地州县之学及书院私人讲学的兴起,使人们有了聚集议论的舞台与机缘,为"庶人议政"提供了场所。庆历年间石介在太学就以大胆议论时政闻名,其著名的《庆历圣德诗》就写于任国子监直讲期间。早在春秋时期,郑子产就以不毁乡校而博得时誉,古代的学校往往成为人们议论时政的场所。汉代清议之强大,也与当时太学的规模及人数的众多有关。庆历之际学校兴起,自然也为身处其时的士人发表议论提供了绝好条件。

这种学校的讲学议论,特别是私人讲学的活动,也正是之后理学得以成长的基础。理学的兴起阶段,多是在野的士人以私人讲学的方式传授,以至星星之火终成燎原之势。

这种议论之功,于名节有助,于学术有助,于理学有助,南宋的陈傅良曾有评论:"宋兴,士大夫之学亡虑三变:起建隆至天圣、明道间,一洗五季之陋,知乡方

①叶适:《习学记言序目》卷四七,中华书局,1977年,第708页。

矣，而守故蹈常之习未化。范子始与其徒抗之以名节，天下靡然从之，人人耻无从自见也。欧阳子出而议论文章粹然尔雅，轶乎晋、魏之上。久而周子出，又落其华，一本于六艺，学者经术遂庶几于三代。何其盛哉！"[①]陆九渊《语录》里也有"尝闻王顺伯云：'本朝百事不及唐，然人物议论远过之。'此议论甚阔，可取"[②]之言。

还有就是庆历之际平民精神及理想主义的勃发，正是"庶人横议"不可或缺的背景。钱穆曾论宋代是一个平民兴起的社会，宋代的新儒家即是平民学者：

一到宋代以下，中国社会上再没有贵族存在了。新的平民学者再起，这即是宋代的新儒家，他们到处讲学，书院林立，儒家思想恢复了他的平民精神，他遂要重新掌握到人生大道的领导权，寺院僧侣自然要退处一隅。[③]

宋代社会的一个突出特点是没有了贵族的存在，六朝时的门阀士族遗存经过唐末五代的动乱已荡然无存，而科举制度的完善又为社会各阶层的正常流动创造了条件，促进了社会的平等化趋向。许多通过科举晋身于仕宦阶层的士人原来的家境就很贫寒，这也为社会的底层人士树立了榜样，促使他们致力于学习儒家经典。没有了士庶的尊卑悬隔，人们的心态大不一样，没有了太多的顾忌，放言宏论才成为可能。

相对而言，贵族社会倾向于守护传统，做事有轨辙，不致酿成太大的变动。如东晋时的名相谢安，其为政风格就是稳重，善于平衡各方势力，维持既有格局，从而使得朝政能够相安无事。但其缺点是一旦权力的制衡失调，易酿长期混乱之局。平民社会能充分发挥个人所长，使人尽其才，物尽其用，更易形成长久的和平局面。虽然在多元化的格局下，不易统一思想及行动，协调的成本要大于贵族的专制政体。平民阶层重理想，有时就不免空想。宋代社会平民化倾向加强，并不是说宋代就形成了像近代民主社会那样的公民社会，宋代社会的底色仍然是帝制时代，只不过相比而言有了更多平民化而来的思想自由之风。这种特点即具体体现于士人"开口揽时事，论议争煌煌"[④]的议论之风上。

在这种自由议论的庆历之际，人们的批判精神明显高涨，臧否时政，议论古今，以儒家经典道义为准则，针砭社会上存在的弊端。"议论古今治乱得失贤不

①陈傅良：《止斋先生文集·温州淹补学田记》，商务印书馆，1926年，第9页。

②《陆九渊集·语录上》，中华书局，1980年，第406页。

③钱穆：《中国现代学术经典·钱宾四卷》，河北教育出版社，1999年，第848页。

④《欧阳修全集·镇阳读书》，中华书局，2001年，第35页。

肖,必考诸道,不少贬以合世”[①],“以天下自任,论议褒贬,无所规避”[②],这种议论的风采,影响到士人士风及学术走向,直接推动了庆历之际的思想文化转型。他们以一种主体自觉的心态,怀着“以天下为己任”的责任感,在学术和思想上都不再亦步亦趋地跟随古人,有了自己独立的观点与见解,故而表现于文化的各个层面,都使人有耳目一新的感觉,敢怀疑,有创新,既继承,又开拓,从而在中国文化发展史上达到一个全新的高度,以其人文精神与辉煌成就泽被后世。

第六节　庆历之际疑经思潮的兴起

有人曾把宋代新儒家的兴起说成是东方的“文艺复兴”,从宋儒借助于原典来阐释新说这一点来看,二者是有其相似性的。欧洲的“文艺复兴”以及稍后的“启蒙运动”时期,均有过强烈的怀疑精神,人们怀疑神学的说教,以人的理智来对抗神的“权威”。宗教、政权、习俗都不再拥有神圣不可动摇的地位,一切都要受到理性的检验。在理性的觉醒中,自然与社会都现出了新的面貌。宋代的思想转型之所以发生,也和当时人们的怀疑精神及理性的觉醒有关。虽然其广度和深度和“文艺复兴”时期不能相提并论,但宋代确是一个思想较为自由的时代,宋人义理之学的出现,与他们的怀疑精神是分不开的。陆九渊曾说:“为学患无疑,疑则有进。”[③]他们那“推倒一世之智勇,开拓万古之心胸”[④]的气概,是其经学转型的必要前提。束景南先生曾论及这一疑经思潮及宋初经学转型的表现:

弥漫于整个士林的疑经风气孕育了一种自由诠释儒经的学风,直接导致汉学向宋学的转型。宋初经学转型的表现有二:首先是治经方式的转变,即以义理说经取代汉唐的章句训诂;其次是治经主旨的转变,即以对儒家人文精神及心性之学的诠释取代汉唐经学的阴阳灾异与文字训诂之学的解释。[⑤]

疑经思潮的兴起,与士人自由议论的时代背景息息相关。新兴士大夫阶层的崛起,皇权与士大夫共治的政治生态的形成,由此所带来的士人的自信与胆略,

①《曾巩集》附录一林希《曾巩墓志》,中华书局,1984年,第798页。

②《二程集·河南程氏遗书》附录朱熹《伊川先生年谱》,中华书局,1981年,第343页。

③《陆九渊集·语录下》,中华书局,1980年,第472页。

④《陈亮集·又甲辰秋书》,中华书局,1987年,第339页。

⑤束景南、王晓华:《四书升格运动与宋代四书学的兴起——汉学向宋学转型的经典诠释历程》,《历史研究》2007年第6期,第88页。

体现于学术上便是重经世之术，他们要复兴孔子"内圣外王"的古训，而要建立新的政治、社会秩序，就要先实现思想文化上的"大一统"，要改变已经不适应时代要求的原有儒家解经方法，要对古代的经典重新发掘利用，突破汉唐经学的局限。于是庆历之际，疑经思潮在时代风气的激发下沛然兴起，不惑传注的学术自信及断以己意的创新精神成为那个时代的潮流。政治上革新，学术上也要革新，以庆历新政为契机，以范仲淹、欧阳修等人为代表，庆历之际的思想领域充满了创新与活力，经学呈现出新的面目。疑经思潮既是庆历之际思想转型的表现，同时又促进了这一思想转型的深度和广度。

当然，庆历之际的学术创新，并非一下子就凭空产生的，其中的许多观点也并非在庆历之际首次出现，比如《春秋》学兼采三传的观点，在中晚唐的啖助、赵匡、陆淳那里就已出现，还有对于《诗序》作者的怀疑，在前代也不乏论述，但正是在庆历之际，随着疑经思潮的盛行，前人有过的零散的片面的疑经思想开始系统化。他们由怀疑而生创造，创见迭出，经学终于出现了整体的更新，形成转型。

据《宋史》记载，范仲淹长于《易》。其著作流传下来的只有《易义》数章，是关于《易经》部分卦义的解说。孙复在《寄范天章书》中曾提到范仲淹对六经的态度，"执事病注说之乱六经，六经之未明"[①]，范仲淹的疑经精神，于此可见。他在《易义》中解释经卦，也是以义理为主，黜落汉儒之附会，体现了他经世济民的思想，这对庆历之际的思想文化转型有着开启风气之功。

范仲淹是一个实践型的思想家，他推动庆历新政，提倡儒学名教，排击佛老，尤其重视人才的发现与培养。在任地方官时，总是尽量兴学传教。他所发现及举荐的人才，涉及各个方面，如苏舜钦之文学，狄青之武略，富弼、张方平之政事，孙复、张载、胡瑗、李觏之经学，朱熹曾言，"文正公门下多延贤士"[②]。他所奖掖赏拔的儒学之士，大多巍然名家，成为宋学的中坚力量。钱穆曾论："盖自朝廷之有高平(范仲淹)，学校之有安定(胡瑗)，而宋学之规模遂建。后人以濂溪为宋学开山，或乃上推之于陈抟，皆非宋儒渊源之真也。"[③]

相对而言，范仲淹属于重实践的政事型人物，于理论上建树不多，但他有宏

①孙复：《孙明复小集·寄范天章书二》，见《影印文渊阁四库全书》第1090册，台湾商务印书馆，1983年，第171页。

②朱熹：《三朝名臣言行录·丞相范忠宣公》，上海书店，1989年，第2页。

③钱穆：《中国近三百年学术史》引论，商务印书馆，1997年。

大的气魄与坚毅的胆略,故能开风气之先。同他相比,欧阳修则是全才式的人物,于政治、文学、经学、史学等方面均有建树,被称为一代"文宗"与"儒宗",与范仲淹一样,是汉学向宋学转型的中坚人物。

欧阳修在任谏官时不避权贵,言辞激烈。在对待古人的经典上,他也敢于独抒己见:"自孔子没而周衰,接乎战国,秦遂焚书,六经于是中绝。汉兴,盖久而后出,其散乱磨灭,既失其传,然后诸儒因措其异说于其间。如《河图》、《洛书》,怪妄之尤甚者。余尝哀夫学者知守经以笃信,而不知伪说之乱经也。"[①]在《易》学上,他认为《易》之"十翼"非出一人之手,对后来的《易》学研究很有启发:

童子问曰:"系辞非圣人作乎?"

曰:"何独系辞焉,文言、说卦而下,皆非圣人之作,而众说淆乱,亦非一人之言也。"[②]

他在《诗经》学上,对毛传及郑笺提出疑问,著《诗本义》以发挥义理新论。如他认为《诗经·静女》一篇,其中"静女其姝,俟我于城隅。爱而不见,搔首踟蹰"是讽刺之作,"用是述卫风俗,男女淫奔之诗",而不是毛传郑笺所解的女子守身坚贞自防如城隅的"臆说",在当时可谓孤明先发。故欧阳修之子欧阳发论及乃父:"先儒注疏有所不通,务在勇断不惑。平生所辨明者十数事,皆前世人不以为非,未有说者。"[③]

刘敞是与欧阳修同时的又一名疑经的健将,他是欧阳修弟子,欧阳修称他"自六经、百氏、古今传记,下至天文、地理、卜医、数术、浮图、老庄之说,无所不通"[④],学问淹博,名重一时。刘敞著有《七经小传》、《春秋传》等著作,尤其是《七经小传》,在当时有着很大影响。他的《七经小传》最大特点是以己意解经,甚至改经,不惑于传注,虽不无臆断附会之处,但这种主观自信的精神,当时颇受人关注。他的《春秋》学在当时影响也很大,其特点是"信经疑传",对三传多有责难,但也兼采诸家,择善而从。

"宋初三先生"胡瑗、孙复、石介被后儒尊为道学先驱,虽然许多学者已指出此说的片面,但他们均为宋学发展作出了贡献,这是不可否认的。

①《欧阳修全集·廖氏文集序》,中华书局,2001年,第615页。

②《欧阳修全集·易童子问》,中华书局,2001年,第1119页。

③《欧阳修全集》附录卷二欧阳发《先公事迹》,中华书局,2001年,第2627页。

④《欧阳修全集·集贤院学士刘公墓志铭》,中华书局,2001年,第526页。

胡瑗的最大成就在学校教育方面。他曾先后执掌苏州、湖州州学，后来又执教于太学。其“苏湖教法”后来成为太学及各地取法的范式，对宋代教育影响深远：

其教人之法，科条纤悉具备。立“经义”、“治事”二斋：经义则选择其心性疏通、有器局、可任大事者，使之讲明《六经》。治事则一人各治一事，又兼摄一事，如治民以安其生，讲武以御其寇，堰水以利田，算历以明数是也。凡教授二十余年。庆历中，天子诏下苏、湖，取其法，著为令于太学。①

其弟子刘彝曾概括其师教法为“明体用之学”，讲明六经，不专于传注之学。薛艮斋《与朱晦翁书》曾评论安定之教曰：

尝谓翼之先生所以教人，得于古之“洒扫、应对、进退”。知其说者，徐仲车耳。余子类能有立于世，是皆举其一端。介甫诗以宰相期之，特窥其余绪耳。成人成己，众人未足以知之。且君子道无精粗，无小大，是故致广大者必尽精微，极高明者必道中庸。滞于一方，要为徒法、徒善。汉儒之陋，则有所谓“章句”“家法”；异端之教，则有所谓“不立文字”。稽于政在方策，人存乃举，礼仪威仪，待人以行，智者观之，不待辩而章矣。②

可知安定之学，一方面摈弃汉儒章句家法之琐碎，注重经学“经义疏通”的特点，另一方面也不流入佛家空虚之境，有体有用，经学能体现于日用常行之处，立论不似孙复、石介过激，教育弟子重视道德的养成，育人有条理法度，故能成就多士。

孙复治学，不惑传注，径直探求本义，所著《春秋尊王发微》，能发明“尊王攘夷”大义，言辞语气均较为激切。相对而言，胡瑗对待经典的态度就较为和缓，重道德之培养，注重“内圣”方面，与孙复偏于“外王”有别，但他们破旧立新之目的则同。

石介曾拜于孙复门下，学术风格也较为相似，甚至在言辞立论上的激切程度还要超过孙复。他曾讲学于家乡徂徕山下，后入太学为国子监直讲，与诸生讲学，议论时政，抨击权贵。他非常赞赏韩愈排击“异端邪说”之功，其《中国论》提倡严“华夷”之辨，以维护中国文化的正统。他的《怪说》反对佛、老和杨亿等人的“西昆体”，大力提倡古文。在经学上，他鄙弃注疏，甚至指责古经注疏为经典之“蠹”，效果只是淆乱后人对经典的理解：

文中子曰：九师兴而《易》道微，三传作而《春秋》散。齐、韩、毛、郑，诗之末也；

①黄宗羲：《宋元学案·安定学案》，中华书局，1986年，第24页。

②同①，第30页。

大戴、小戴,《礼》之衰也。又:杨墨之言出而孔子之道塞,佛老之教行而尧舜之道潜。斯则《易》其九师之蠹乎!《春秋》其三传之蠹乎!《诗》其齐、韩、毛、郑之蠹乎!《礼》其大小戴之蠹乎![①]

庆历之际的疑经思潮经由范仲淹、欧阳修、刘敞与"宋初三先生"等人协力推动,由涓涓细流逐渐汇为奔腾洪流。南宋时陆游曾言及庆历之际的经学变化:

唐及国初,学者不敢议孔安国、郑康成,况圣人乎!自庆历后,诸儒发明经旨,非前人所及。然排《系辞》,毁《周礼》,疑《孟子》,讥《书》之《胤征》《顾命》,黜《诗》之序,不难于议经,况传注乎![②]

在宋人的疑经群体中,王安石的疑经思想也大致形成于庆历之际。他于庆历二年(1042)中进士第,仁宗末年已经名气很大,以义理之学闻名当时。他后来主持熙宁变法,改革科举考试科目,即便是二程之理学,也不无王氏新学的刺激与借鉴。

王安石深诋汉儒章句之学,当政时主编《三经新义》,作为考试依据,"先儒传注,一切废不用"[③],认为"章句之文胜质,传注之博溺心"[④],他主持的科举改革,甚至连《春秋》也废而不用。这种"离经叛道"的经学,既有其源自于庆历之际的思想渊源,又反映了庆历之际的疑经思潮在以后的发展。

王安石的疑经与新解,尽管有许多臆说的成分,而且后来实施变法时因其文化专制政策的执行,反而使得思想的多元化减弱,活跃的宋学精神一度趋于沉寂,但他的疑经与创新,仍有其不可否认的价值存在。被誉为理学集大成者的朱熹曾说过王安石在经学上的贡献:"王氏《新经》尽有好处,盖其极平生心力,岂无见得著处?"[⑤]。

其实,疑经思潮的实质,正反映了人们的自信精神,也即本之人情,断以己意,以自己的理性来判断是非。这种怀疑经典的独立精神,贯穿整个宋代。南宋林之奇曾谈及判断古人经典之义的标准:"理义者,人心之所同然也。圣人之于经,所以开百世而不惭,蔽天地而无耻者,盖出于人心之所同然而已……苟合于义,

① 石介:《徂徕石先生文集·录蠹书鱼辞》,中华书局,1984年,第81页。
②王应麟:《困学纪闻·经说》,上海古籍出版社,2008年,第1095页。
③《宋史·王安石传》,中华书局,1985年,第10550页。
④王安石:《临川先生文集·除左仆射谢表》,中华书局,1959年,第619页。
⑤黎靖德:《朱子语类》卷一百三十,中华书局,1986年,第3099页。

虽近世学者之说，亦在所取；苟不合于义，虽先儒之说，亦所不取。如此则将卓然不牵于好恶，而圣人之经旨将焕然而明矣。”①南宋陆九渊的心学，正是充分体现了这一精神。叶绍翁在《四朝闻见录》里记有一则陆九渊的轶事：

慈湖第进士，主富阳簿，象山陆氏犹以举子上南宫，舟泊富阳。杨宿闻其名，至舟次迎之，留厅舍。晨起，揖象山而出，摄治邑事。象山于□□有自信处否？学者曰："只是信几个子曰。"象山徐语之曰："汉儒几个杜撰'子曰'，足下信得过否？"学者不能对，却问象山曰："先生所信者，信个什么？"象山曰："九渊只是信此心。"②

正是这种自信，以及伴随而来的创造精神，使得宋代的疑经思潮勃然兴起，并最终导致了宋学的繁荣。

第七节　庆历之际教育的变革

一、庆历之际教育变革与儒学新变的互动

庆历之际的教育革新也是思想文化转型的动力之一。在北宋的教育发展史上，有过多次政府主导的大规模兴学活动。其中比较大的有三次，即仁宗庆历时期、神宗熙宁、元丰时期和徽宗崇宁时期③。仁宗一朝的兴学活动以庆历新政为标志，虽然庆历新政不久即告夭折，但办学的活动并未终止，诸多措施在仁宗后期逐步得到落实，使得教育的发展与儒学的发展互相配合，为宋学的发展及宋文化的形成奠定了一个良好的学术环境。

在中国古代思想发展史上，制度的环境与学术的成长往往是一个互相依赖的关系，而在某一学术的兴起阶段，又多借助于制度的保障。如汉代儒学的兴盛，与汉武帝时实行的"罢黜百家、独尊儒术"的文化政策密切相关，儒家经典成为读书人的利禄之途，儒学也就成了大多数士人就学的唯一选择；唐代设科取士，重视诗赋的进士一科成为士人进身之阶，其重要性远远超过了专考儒家经义的明经之科，也直接促成了唐代诗歌的繁荣。宋初三朝儒学之所以不彰，有学者就分

①叶绍翁：《四朝闻见录》卷一，中华书局，1989年，第6页。

②持三次说的居多数，如毛礼锐等主编《中国古代教育史》（人民教育出版社，1979年），李国钧、王炳照总主编，乔卫平著《中国教育制度通史》第3卷（山东教育出版社，2000年）等书。另陈植锷则认为是四次，分别为仁宗天圣、景祐时期州县学大量兴办，仁宗庆历、嘉祐时期的太学盛建，神宗熙宁、元丰时期的太学三舍法实施，徽宗崇宁以后三舍法由太学推广至州县（见陈植锷著《北宋文化史述论》，中国社会科学出版社，1992年，第120–121页）。

析,除了政权新建文化的基础建设有待发展等原因之外,当时的科举制度仍然沿袭唐代科举制度的旧例重视以诗赋选拔进士的风气亦为重要因素。官办学校只讲授经术课程,而考试却重诗赋之学,于是士人求学就选择在家中自己学作诗赋,或者就学于私学的讲堂。[①]科举制度对士人好尚的影响,当时的陈襄就已指出:"近世选举之失,取人以技艺之道。士之豪杰,有为有守,进于是者必穷,故天下学者丧失其本原,日以习词章进取为利,若往而不回者。"[②]

庆历年间,内忧外患的加剧,使得当时的统治阶层认识到改革的必要性,庆历新政的出现恰可说明当时的政治局面之危急。而学术上,汉唐儒学的谨守家法之学在当时亦不能够应付日益严重的社会危机与矛盾,政治的思变之风的兴起必然带来学术文化上的求新求变。欧阳修曾在其代拟的一篇制文中谈到学术变革的意义:

夫学,所以为治也。而儒者以记诵为专,多或不通于世务,但能传古之说,而不足施之于事。使愚者益固而不明,而材者听之而怠,以为儒迂不可学。故教人之法,必该于古今,以博其识,而成其业焉。[③]

为学要明时务,知变通,则必须改革原来的汉儒恪守家法的章句之学,使读书人能够具备经世济时之才。范仲淹在改革的纲领性文件《答手诏条陈十事》的第三事里就指出要通过"精贡举"来培育"经济"之才:

国家专以词赋取进士,以墨义取诸科,士皆舍大方而趋小道,虽济济盈庭,求有才有识者十无一二;况天下危困,乏人如此,固当教以经济之业,取以经济之才,庶可救其不逮……臣请诸路州郡有学校处,奏举通经有道之士,专于教授,务在兴行。其取士之科,即依贾昌朝等起请,进士先策论而后诗赋,诸科墨义之外,更通经旨。使人不专辞藻,必明理道,则天下讲学必兴,浮薄知劝,最为至要。[④]

进士科"先策论而后诗赋",诸科要"通经旨",这都涉及科举制度及选拔标准的变化,策论也好,经旨也好,都要有对儒家经典的深刻理解,义理的重视也就在所必然。庆历新政的"精贡举"举措,虽然当时因改革的挫折未能有效执行,但仁

①参见袁征《宋代教育:中国古代教育的历史性转折》,广东高等教育出版社,1991 年,第 13 页。
②陈襄:《古灵集·答阮鸿秀才书》,台湾商务印书馆,1983 年,第 611 页。
③《欧阳修全集·蕲州广济县令充国子监直讲邵必可大理寺丞制》,中华书局,2001 年,第 1181 页。
④李焘:《续资治通鉴长编》卷一百四十三,中华书局,2004 年,第 3435-3436 页。

宗后期，特别是嘉祐年间，随着韩琦、欧阳修、富弼等庆历新政时期的改革派重新执政，有关贡举制度的改革最终得以落实，策论在科举考试中的重要性终于超出诗赋。科举考试的导向作用直接促进了宋代学风的转变，而宋代义理之学的发展又进一步巩固了科举改革的成果，使得科举考试中重视义理的倾向更强。

胡瑗在《宋元学案》里被置于卷首，他在理学思想上虽没有太多创见，但他的教学方法及培养人才的成就，特别是他的注重“体”、“用”的教学方法，对于宋学的形成，在轨辙途径上起到了促进作用。具体而言，他的教学方法是立“经义”、“治事”二斋：“经义则选择其心性疏通、有器局、可任大事者，使之讲明六经。治事则一人各治一事，又兼摄一事，如治民以安其生，讲武以御其寇，堰水以利田，算历以明数也”。①“经义”即探究经典义理，为研究经之“体”；“治事”即结合社会实际，把经典具体运用于日常事务，为经典之“用”。庆历年间诏令太学取胡瑗的苏湖教法，其明体达用的教法影响至最高学府。后来胡瑗又出任国子监直讲，更是以身体力行影响到程颐等人。这种直探义理、寻求人生之“体”的学习方法，与汉儒之严守师法矩镬不敢改作的学风，恰成对照。苏湖教法后来风靡全国，成为宋代学校的主流教法，其于宋学的影响也就可想而知。

嘉祐二年(1057)的科举考试，在中国的文化史上是一个值得大书特书的事件。在这一年的录取名单中，有着许多在历史上熠熠生辉的人物，如文学上的苏轼、苏辙、曾巩，理学上的程颢、张载、吕大钧、朱光庭等人。这些人在宋代文化与学术的发展上都作出了重要的贡献，这一年的考试，也是主考官欧阳修顶着巨大的压力纠正时文之弊、改革科场风气的结果。欧阳修成为文坛领袖，与他善于提携或选拔青年才俊不无关系。欧阳修领导的宋代古文运动之所以取得胜利，也与科举考试的规范和制度的保障紧密相关。可以说，北宋的科举制度，在促成义理之学的繁荣方面，起到了促进作用。而理学的发展，反过来又影响到科举考试，形成了科举中以理学内容为主的局面，以至于宋代以后的科举考试以理学为标准，形成了科举的理学化。②

二、庆历之际策论与诗赋在科举考试中的地位变化

宋初的科举，无论在形式上还是在内容上，都沿袭了唐代的旧规，进士科是科举最重要的科目。进士的选拔，主要以诗赋来定高下，“辞章之学”也就成了选

①黄宗羲：《宋元学案·安定学案》，中华书局，1986年，第24页。

②关于科举的理学化，参见吴铮强《科举理学化：均田制崩溃以来的君民整合》(上海辞书出版社，2008年)。

拔人才的主要标准。

"策论"是"策"和"论"的合称。"策"又称"策问",指的是时务策,有点类似时务与经义的结合,也即以经典理论来切合时事的简答题。欧阳修文集中就保留了进士试的若干策题。其一曰:"问:古之人作诗,亦因时之得失,郁其情于中,而发之于咏歌而已。一人之为咏歌,欢乐悲瘁宜若所系者,未为重矣。然子夏序《诗》,以谓'动天地、感鬼神莫近于《诗》'者。《诗》之言,果足以动天地、感鬼神乎?"[①]考察的是关于诗学的问题。另有一题是:"问:周天子之田方千里,号称万乘,万乘之马皆具,又有十二闲之马,而六卿三百六十官,必皆各有车马,车马岂不多乎哉?千里之地,为田几何,其牧养之地又几何,而能容马若是之多乎哉?千里之地,为田几何?马之法又如何?今天下广矣,常患无马,岂古之善养马而今不善乎?宜有说以对也。"[②]这又是考察时事。"论"则是议论,篇幅比"策"更长,内容更丰富,也更能充分反映出作者的学识和见解。如苏轼在嘉祐二年(1057)参加科举考试时所作的"论"——《刑赏忠厚之至论》,就是一篇洋洋洒洒的长篇大论。

"策"的名目,在科举制度形成之初即已存在。如唐代官修《唐六典》中进士科的考试就规定:"凡进士先帖经,然后试杂文及策,文取华实兼举,策须义理惬当者为通。"[③]"杂文"指的是诗赋[④],"策"即时务策。《文献通考》中也讲到唐代进士之科的考试科目,其中前后颇有变化,但大致是"试诗赋及时务策五道"[⑤],以诗赋为主,"策"不占主要方面。故而唐代的进士被时人目为"文人":"元和中,中书舍人李肇撰《国史补》,其略曰:进士为时所尚久矣,是故俊乂实在其中。由此而出者,终身为文人。"[⑥]

据《文献通考》记载,宋初的进士考试,"试诗赋杂文各一首,策五道,帖《论语》十帖,对《春秋》或《礼记》墨义十条"[⑦]。《宋史·选举志》上也有类似记载:"凡进

---

①《欧阳修全集·问进士策题五道》,中华书局,2001年,第1028页。

②同①,第1029页。

③李林甫等:《唐六典·尚书礼部》,中华书局,1992年,第109页。

④《全唐文》卷八百四十六牛希济《贡士论》解释杂文:"大率以三场为试,初以词赋,谓之杂文,复对所通经义,终以时务为策目。"

⑤马端临:《文献通考·选举二》,中华书局,1986年,第275页。

⑥同⑤。

⑦马端临:《文献通考·选举三》,中华书局,1986年,第283页。

士，试诗、赋、论各一首，策五道，帖《论语》十帖，对《春秋》或《礼记》墨义十条。”[①]由此可知，诗赋的考试是进士科的首道关口。而且，这时的逐场考试采用的是分场黜落的办法，如果首场不过关，即便是策论的水平再高，也没有考试的资格。这一点在仁宗宝元年间，李淑侍经筵时曾向仁宗做过说明：“然考官以所试分考，不能通加评校，而每场辄退落，士之中否，殆系于幸不幸。”他又接着建议道：“愿约旧制，先策，次论，次赋及诗，次帖经、墨义，而敕有司并试四场，通较工拙，毋以一场得失为去留。”于是仁宗“诏有司议，稍施行焉”[②]。《续资治通鉴长编》则把这一事件系年于庆历二年(1042)正月。总之，在仁宗时期，对于改革科举考试内容及其顺序的呼声逐渐高涨，许多人认为诗赋只重声韵对偶之辞，策论则能考察一个人的真才实学以及处理现实事务的能力，而宋王朝当时需要的正是能够学以致用的“经济”之才。于是，在范仲淹的新政条款中，就有了“进士先策论而后诗赋，诸科墨义之外，更通经旨”的科举内容改革，目的是“使人不专辞藻，必明理道”。在庆历四年(1044)，又以法令的形式颁布了科场考试的程式：

进士试三场，先策，次论，次诗赋，通考为去取，而罢帖经墨义。又以旧制用词赋，声病偶切，立为考式，一字违忤，已在黜格，使博识之士，临文拘忌，俯就规检，美文善意，郁而不伸。如白居易《性习相近远赋》、独孤绶《放驯象赋》，皆当时试礼部，对偶之外，自有义意可观，宜许仿唐体，使驰骋于其间。士子通经术，愿对大义者，试十道，以晓析意义为通，五通为中格；三史科取其明史意，而文理可采者；明法科试断案，假立甲乙罪，合律令，知法意，文理优，为上等。[③]

特别值得注意的是，在这次的改革方案中，关于经义的考试有如此规定：“诸科举人依旧制场，各对墨义外，有能明旨趣，愿对大义者，于取解到省家状内具言愿对大义，除逐场试墨义外，至终场并御试，各于本科经书内只试大义十道，直取圣贤意义解释对答，或以诸书引证，不须具注疏。”[④]所谓“大义”，也即经典本义，“不须具注疏”，不再需要悉数依照汉儒注疏之解，这对于宋学之直探经典本源、另立新解的治学路径的影响也就不言而喻。

这次改革，重视策论与经旨大义，淡化诗赋在取士中的地位，却因新政的流

①《宋史》卷一百五十五，中华书局，1985年，第3604页。

②同①，第3613页。

③李焘：《续资治通鉴长编》卷一百四十七，中华书局，2004年，第3565页。

④徐松：《宋会要辑稿·选举》三之二十八《详定贡举条制》，中华书局，1957年，第4275页。

产而中辍。在庆历五年(1045)三月的礼部试时,又改为仍如旧制。但时代的发展不可阻挡,既然传统的治学之道已不能够适应形势的需要,它的变革也就不可避免。还在仁宗即位之初,刘太后垂帘听政时,叶清臣就以策写得好而被主考官赏识:"刘筠得清臣所对策,奇之,故推第二。国朝以策擢高第,自清臣始。"[①]可见在实际的考试中,策论之文的作用已开始为人重视。天圣五年(1027),也有诏书要提高策论在科举考试中的地位:"诏贡院将来考试进士,不得只于诗、赋进退等第,今后参考策、论以定优劣。"[②]陈植锷曾考证,从"专重诗赋"到"兼考策论",及以"并试四场,通较工拙"来代替"逐场黜落",均从天圣五年前后的科举考试中开始落实。[③]上引李淑的建议,很可能在天圣年间之后的科举考试中,关于策论及通场考校的争议又起,"旧制"与"新变"之间容有反复,才引起了李淑的建言。庆历之后的皇祐五年(1053),又有诏礼部贡院考试"自今诸科举人,终场问大义十道","九经止问大义,不须注疏全备"[④]。这与庆历新政期间的条制渐渐趋合。嘉祐二年(1057),欧阳修等知贡举,士子文风为之一变,策论的重要性也得以提高,至嘉祐末年,策论在考试中的优先地位已实际得到执行,司马光曾谓,"南省考校,始专用论、策升黜,议者颇以为当"[⑤],可知科举考试内容的转变已悄然完成。至于王安石变法,废诗赋而专用策论,则是承接庆历之际变革的进一步发展,但后来因新旧之争,各派意气用事,竟至徽宗年间要立作诗之禁,则又矫枉过正,走向极端了。

策论取代诗赋受到重视,经典只重大义不须谨守注疏,这无疑对宋代的经学发展具有深远的意义,对于宋代义理之学的繁荣,以及宋人的自由议论之风,都有着制度上的保障与促进作用。

三、私人讲学活动于理学形成之促进

钱穆曾高度评价宋代的书院讲学活动,在其所著《中国近三百年学术史》中提到宋学精神有两端:一曰革新政令,二曰创通经义,而精神之所寄则在书院。依托于书院等场所的私人讲学,从宋代到明末,一直成为古代士人求知论道的重要

①李焘:《续资治通鉴长编》卷一百〇二,中华书局,2004年,第2354页。

②徐松:《宋会要辑稿·选举》三之二十二,中华书局,1957年,第4272页。

③陈植锷:《北宋文化史述论》,中国社会科学出版社,1992年,第90-91页。

④李焘:《续资治通鉴长编》卷一百七十五,中华书局,1957年,第4225页。

⑤司马光:《温国文正司马公文集·贡院定夺科场不用诗赋状》,上海书店,1989年,第6页。

途径。而理学的兴起,更多的时候也是靠私人的讲学来维持其学术的薪火延传,特别是宋代的大部分时间,理学都处于非官方的地位,也只有这种私人的讲学,才能使之以星火之微,渐成燎原之势。

私人讲学之所以存在和流行, 还有赖于当时相对较为自由的社会及学术环境。宋代的文化教育相比前代有了平民化的趋势,更为普及。由于科举取士的扩大以及印刷技术的改进所带来的雕版印刷书籍的流行, 人们的文化水平有了较为明显的提高。宋代士人地位的改善,也为人们的求知问学带来了良性循环的动力和社会环境。义理之学探讨的是事关身心性命的寄托与安顿的"终极关怀"之所在,或者称之为"内在的超越",故而学问之道不仅仅关乎仕途利禄,更与心灵的归宿与身心修养息息相关。所以很多人为了求学甚至不远千里拜师求友,他们并非为了求官入仕,而是为了追求"道义",探索人生的道理和真谛。如果没有当时较为宽松的政治与思想环境,可以想象,这种"理学"的发展或者即便有所发展但能达到什么程度就要大打折扣了。

庆历之际,这种私人讲学活动就已较为活跃。因为官学没有普及,仁宗前期的一些著名学者,大都从私人讲学处得到他们的早期教育,如范仲淹、欧阳修及"宋初三先生"等;即便是庆历兴学之后,人们对于私人讲学仍然热情不减,如在理学发展上具有奠基之功的"理学五子",他们都不同程度地从事着私人讲学的活动。

周敦颐在当时只是一名普通的地方官员, 但他志向及抱负甚高, 有其所说"出淤泥而不染"的高洁人格,故而二程之父与他共事时便让二子从他问学。另据《宋史》所载,程颐的弟子侯师圣,一度也问学于周敦颐,可知周敦颐于公务之暇曾收徒讲学,当时既无理学及道学名目,也无所谓学派及门户之争,而求学向道之风,社会上的学术氛围,则可从中窥知一斑。

二程兄弟的讲学活动不但时间比较久,且弟子人数众多,其中较为著名的就有谢良佐、游酢、杨时、吕大钧、吕大临等人。而且由于二程在学术上多有创新,自认得孔孟千年不传之圣道,在义理上有卓然独立之见解,故而从学者众,影响也较大。

张载的讲学活动也开始很早,"尝坐虎皮讲《易》京师,听从者甚众"[1],他还曾

①《宋史》卷一百八十六,中华书局,1985 年,第 12723 页。

说过:“今欲功及天下,故必多栽培学者,则道可传矣。” 更是一语道出了他们讲学的目的。邵雍则终生未仕,安贫自在,当王安石变法时,他曾教导门生故友“新法固严,能宽一分,则民受一分赐矣”[②],可知他也有不少门生弟子。

从以上诸人的讲学活动可知,庆历之际的社会,已经普遍形成浓厚的文化学术氛围。不管是在职官员还是在野士人,收徒讲学,研究学问,切磋道理,成了很普通的活动。《宋元学案》里提到的“庆历之际,学统四起”的情况,正说明那时的学术风气之浓厚。从庆历之际的文化转型发展历程来看,可以说,没有这种私人讲学活动的推动,没有当时社会上良好的重文环境,没有宋代宽松的文化政策,也就不会出现士人的自由议论之风,疑经思潮不会兴起,当然不可能有汉学向宋学的转型发展。

第八节　庆历之际文化转型的时段划分

士风的高涨,经学思想的变化,理学的形成,在庆历之际并不是一蹴而就的,这中间经历了一个酝酿发展的过程。从整个仁宗一朝来看,庆历年间是一个转折点,在庆历年间,士风士气的新变,迅速生成巨大的能量,士人议论勃发,经学思想新意迭起,为理学兴起奠定了基础。但此前的天圣至康定年间,已有一个酝酿积蓄准备的过程,从更长远的角度看,宋初几朝的文治措施也都有着积淀之功,积聚而勃发于庆历年间。本文从仁宗一朝的时期着眼,以庆历年间为界,分为三个时段,对整个庆历之际的长时段再作具体的论述,找出其间变化的不同阶段,更深入地探讨这一思想文化转型的具体过程。

一、天圣—康定年间:宋学的酝酿发生期

从宋仁宗即位改元的天圣年间(1023—1032)至康定年间(1040—1041),这近二十年间,是仁宗政治的前期,其间有刘太后垂帘听政的十一年,也有仁宗亲政之初的执政探索调整期。

在刘太后听政的十一年间(1023—1033),仁宗尚幼(1010 年生),正处于少年时期,一切大政均出于刘氏。刘太后的为政风格尚属守成,因其出身贫寒,“后在襁褓而孤,鞠于外氏。善播鼗。蜀人龚美者,以锻银为业,携之入京师”[③],熟知人

①《张载集·理学理窟》,中华书局,1978 年,第 271 页。

②《宋史》卷一百八十六,中华书局,1985 年,第 12728 页。

③《宋史》卷二百四十二,中华书局,1985 年,第 8612 页。

情世事，又为人精明，对政局能操控于掌中，政治上也能走入正轨。在用人上，天圣初年，就罢黜了丁谓等人，所用大臣如吕夷简、王曾等也多是才干之士。在其执政晚期，"晚稍进外家，任内官罗崇勋、江德明等访外事，崇勋等以此势倾中外"①，任用私人，干预朝政，渐成女主专政之势。但总体来看，其长处是能辨明大体，如贬黜丁谓等擅权之人，尊重执政大臣及既存的政治架构，结束了真宗时的崇道及"天书降凡"等劳民伤财之举，使朝政走上了正常的轨道，不再有大的变动，且诏令儒臣为少年仁宗讲习经史，教导仁宗处理政务等。

但女主干政与儒家思想的反差，加之刘太后晚年的擅权等，也形成一种舆论的压力。天圣七年(1029)冬，刘太后将以冬至日临朝受仁宗及百官上寿，范仲淹上书极言，认为皇帝奉亲于内自有家人礼，在朝堂之上与百官同列而拜太后之仪不可为后世法，结果范仲淹被贬。仁宗年龄渐长，吁请太后还政于仁宗的呼声渐高，虽然刘太后去世时仍然大权在握，但其合理性及政治权威在士人心中已受到质疑和挑战，可以说这一时期已埋下士人思想反弹的诱因。

仁宗亲政后虽然一开始显出要有所作为的架势，更换执政大臣，召回太后执政期间因直言被贬的官员，但后来人们发现仁宗更换大臣过于频繁，而且也有着拒谏的态度，开始被言官指责为因循苟且。特别是明道二年(1033)，范仲淹与孔道辅率台谏官员伏阁请对谏诤废郭后一事，被宰相吕夷简设计将台谏官员外贬，使得台谏与执政之争加剧，这时人们的同情心就已向台谏一边转移。到了景祐年间，范仲淹上《百官图》，指责吕夷简进用私人，被冠以"朋党"之名，又遭贬谪，余靖、尹洙、欧阳修等人因支持范仲淹，一同外贬，蔡襄作"四贤一不肖"诗，传诵天下，以致"布在都下，人争传写，鬻书者市之，颇获厚利"②，史称"景祐党争"。这时朝野士人的态度，已大多站在了范仲淹他们一方。

士论的转移，至庆历年间，已逐渐从政府移至台谏，或者说民间的舆论已开始占据上风："至范仲淹空一时所谓贤者而争之，天下议论相因而起，朝廷不能主令，而势始轻矣。"③欧阳修亦有论述："五六十年来，天生此辈，沉默畏慎，布在世间，相师成风。忽见吾辈作此事，下至灶间老婢，亦相惊怪，交口议之。"④欧书作于

①《宋史》卷二百四十二，中华书局，1985年，第8615页。

②王辟之：《渑水燕谈录　归田录》卷二，中华书局，1981年，第15页。

③叶适：《习学记言序目》卷四七，中华书局，1977年，第708页。

④《欧阳修全集》卷六十九，中华书局，2001年，第998页。

景祐年间被贬之时,从其中所言亦可略知时风之变。士人议论的兴起及舆论重心的转移,无疑成为学术风气转移的一个重要背景。

另一个背景则是当时盛行的西昆体遭到许多士人的抵制, 认为其过分雕琢的文体偏离了儒家文道传统。佛老的流行也冲击着儒家思想的正统性,为要纠正这种儒门淡泊的局面,就必须复兴儒家之道,就要回溯到儒家经典的源头去寻找思想的资源,于是对"古道"的提倡开始成为当时士人的共识。

这时的经学思想,虽仍然沿袭前代之传,但也有了新的发展。一些学人已开始讲学著述,辨别汉儒旧注之失。如天圣五年(1027)晏殊知应天府,延请丁忧在家的范仲淹教授于府学,胡瑗、孙复等各在家乡授学讲经,已有变古倾向。欧阳修、尹洙、梅尧臣等聚于洛阳钱惟演幕府,倡导古文,石介作《怪说》排斥佛老时文,孙复亦曾致书范仲淹,谈到六经传注之失,欧阳修作《易童子问》、《诗本义》、《春秋论》等,怀疑经传之义。

二、庆历—皇祐年间:宋学的兴起,疑经变古思潮涌现

庆历年间(1041—1048)是仁宗朝政治的转折点:外患加剧,欲变革有为,但又不能充分信任改革派,稍有人言便摇摆犹豫,几经尝试之后,重回因循故态。范仲淹等人于庆历三年(1043)在仁宗授意下发起的庆历新政虽未成功,但在当时成为思想变革的导火索,其深远的影响远远超出了政治方面,在思想学术等领域结出意想不到的硕果。

庆历至皇祐年间(1041—1053)成了宋学的形成期,这期间疑经变古思潮兴起,士人不再奉汉儒的经传为权威,而是回到古代经典的文本本身,探讨其中的义理,开启了义理解经的思潮。

尤其值得一提的是庆历年间太学的重建,为宋学的形成提供了传播的场所,在机构及人员上为宋学的兴起提供了保障,为宋学的迅速壮大起到了催化作用。当时一些主张变古疑经的学者如孙复、石介、胡瑗、李觏等在太学为讲官,他们以兴复古道为志,怀疑汉儒传注,形成义理解经的新风。如孙复之《春秋》学,胡瑗之《周易》学,当时都在这所国家的最高学府里产生过很大影响。

这一时期的经学新变,主要表现为对汉儒注疏的批判,《困学纪闻》里对此有过记述:

自汉儒至于庆历间,谈经者守训故而不凿,《七经小传》出而稍尚新奇矣……唐及国初,学者不敢议孔安国、郑康成,况圣人乎!自庆历后,诸儒发明经旨,非前人所及。然排《系辞》,毁《周礼》,疑《孟子》,讥《书》之《胤征》《顾命》,黜《诗》之序,不难于议经,况传注乎!①

孙复所著《春秋尊王发微》,胡瑗所著《周易口义》,在当时都是经学新解的代表作品,他们思想的形成,还要早于庆历年间,其中孙复在泰山、胡瑗在湖州,都已有不少弟子。到庆历年间,他们的观点才开始盛行。孙复于庆历二年(1042)因范仲淹、富弼之荐被召为国子监直讲,胡瑗执教东南,其苏湖教法被新建的太学取以为例。

李觏的经学思想重在易、礼之学,他在这一时期所著的《周礼致太平论》,已注意到要借鉴古代经典的思想解决当时的问题,注重经典致用的一面,这与欧阳修于庆历年间所作的《本论》实际上是一样的思路。欧阳修《本论》里提出的对抗佛老之法,即要修本以胜之,正是其疑经思想的进一步发展,也即要在"破"之后进入"立"的尝试阶段。

石介在庆历年间执教太学时,对时文痛加裁抑,使得西昆体的影响更趋没落。诗文的革新与思想的变革互为呼应,终于形成了庆历之际"学统四起"的局面。

三、至和—嘉祐年间:宋学的发展期,"道德性命"之学流行,形成众多理学思想体系,文学转型进一步发展

从政治上来看,至和至嘉祐年间(1054—1063)是仁宗为政的成熟期。这一时期仁宗基本上能够知人善任,信任宰执大臣,行政上虽仍属守成,亦有所为。特别是嘉祐年间,因仁宗多病,政事反而能够放手,执政大臣可以有所作为,加之这一期间的宰执大臣如文彦博、富弼、韩琦等多是庆历新政时的改革派人士,属于舆论所谓的"君子"之列,嘉祐年间也曾经被称为"嘉祐之治"。由于嘉祐年间"三冗"局面依旧,人们对变革的态度已与庆历时期明显有了变化,庆历时期还有不少士人对革新怀有顾虑,而这时的士人普遍感到要进行变革,即便是后来所谓新法的反对派,如洛党、蜀党等,也都在嘉祐年间提出过变法的主张。陈亮曾言:"方庆历、嘉祐,世之名士常患法之不变也。"②可以说变法已经成为当时人们的共识。在

①王应麟:《困学纪闻·经说》,上海古籍出版社,2008 年,第 1094-1095 页。

②《陈亮集·铨选资格》,中华书局,1987 年,第 134 页。陈亮接着又说"及熙宁、元丰之际,则又以变法为患",盖是王安石变法所激起的反弹。王氏以一家之说压制众说,可见仁宗时期适宜变革的良好氛围此时已不复存在。

这种政治上普遍思变的气氛下,学术思想的变革已迈出了实质性的步伐。

在嘉祐时期,儒学思想上转向对道德性命之理的探讨,谈性说命成为当时流行时尚,其中最为著名的当属王安石。王安石有《淮南杂说》,据王安石的弟子陆佃记述,“嘉祐、治平间……淮之南,学士大夫宗安定先生之学,予独疑焉。及得荆公《淮南杂说》与其《洪范传》,心独谓然。于是愿扫临川先生之门。”[①]可知王安石的《淮南杂说》当撰于嘉祐年间,其书今已亡佚,内容大概是“原道德之义,窥性命之端”[②]。关于道德性命之理的探讨,王安石自己诗中也有过表达:“欲传道义心犹在,强学文章力已穷。”[③]欧阳修的赠诗所系年份为嘉祐元年(1056)。可知嘉祐年间王安石的关注已不在文学,而是“道义”,也即“性命之理”的研究。王安石作于英宗治平元年(1064)的《虔州学记》里曾说:“余闻之也,先王所谓道德者,性命之理而已……先王之道德,出于性命之理,而性命之理,出于人心。《诗》、《书》能循而达之,非能夺其所有而予之以其所无也。”[④]从文中所论的“性命之理”来看,这时王安石的思想,已是比较成熟了。

这一时期,不独王安石转向道德性命之学,其他学者也多有论述。刘敞就说过当时的学术分化:“道德之师深而约,章句之师杂而竟,文字之师辨而夸。今吾子上愧于道德,而下不愿为章句文字,然则吾子何求矣哉?”[⑤]

陈襄在嘉祐年间任教于太学,其学术思想上承“庆历三先生”而下接“理学五子”,正是这中间的过渡阶段。其于理学的贡献全祖望曾予以很高评价:“闽海古灵先生于安定盖稍后,其孜孜讲道,则与之相埒。安定之门,先后至一千七百余弟子,泰山弗逮也,而古灵亦过千人。安定之门如孙莘老、管卧云辈,皆兼师古灵者也。于时濂溪已起于南,涑水、横渠、康节、明道兄弟亦起于北,直登圣人之堂。古灵所得虽逊之,然其倡道之功,则固安定、泰山之亚,较之程、张,为前茅焉。”[⑥]所谓“倡道之功”,正是就其在道德性命之学方面而言。

“理学五子”之中,二程虽出生年代较晚,至仁宗去世时也已年届而立,可以

①陆佃:《陶山集·傅府君墓志》,中华书局,1985年,第164-165页。

②晁公武撰、孙猛校证:《郡斋读书志校证》,上海古籍出版社,1990年,第526页。

③王安石:《临川先生文集·奉酬永叔见赠》,中华书局,1959年,第264页。

④王安石:《临川先生文集·虔州学记》,中华书局,1959年,第858-859页。

⑤刘敞:《公是集·答进士潘起辞不为师书》,中华书局,1985年,第507页。

⑥黄宗羲:《宋元学案·古灵四先生学案》,中华书局,1986年,第228页。

说他们五人的思想，在嘉祐年间，基本上都已趋于成熟。早在庆历六年(1046)，二程之父程珦任职南安时结识周敦颐，即让二程兄弟师事之，二程虽年少，却已是“自十五六时，与弟颐闻周敦颐实论学，遂厌科举之业，慨然有求道之志”[①]。张载弟子吕大临所撰张载行状云：“嘉祐初，(张载)见洛阳程伯淳、正叔昆弟于京师，共语道学之要，先生焕然自信曰：‘吾道自足，何事旁求！’乃尽弃异学，淳如也。”[②]五人之中，邵雍年岁最长，其思想于嘉祐年间早已成熟。

在科举考试上，诗赋已渐为策论所取代，嘉祐末年，司马光曾说，“窃闻昨来南省考校，始专用论、策升黜，议者颇以为当”[③]，庆历新政时所提出的考试内容变革终于实现，这也为理学的兴起在制度上提供了助力。

在文学风格上，嘉祐二年(1057)欧阳修主持科举考试，黜落举子的好为险怪之文，大力提倡自然通顺的文风。以欧阳修为首的文学家们，在诗歌和古文的创作方面均取得了极高的成就，促成了文学风格的新变。文学的转型，也为思想的表达提供了更好的载体。

①《周敦颐集·附录一》，中华书局，2009 年，第 103 页。

②《张载集·附录》，中华书局，1978 年，第 381–382 页。

③司马光：《温国文正司马公文集·贡院定夺科场不用诗赋状》，上海书店，1989 年，第 6 页。

第二章 庆历之际经学的转型

重文的社会环境,仁宗的为政风格,内忧外患的时局激发,士风的新变,自由议论之风、疑经思潮的兴起等因素会合在一起,终于促成了庆历之际思想文化转型的发生。汉武帝时代儒学曾经发生过第一次转型,儒学上升为帝国的官方意识形态,这次转型之后形成的汉学虽然在内部也有过今文经学和古文经学之争,汉学自身也并非一成不变,但由于它受到战国以后流行的阴阳五行说的影响,以天人感应学说和谶纬迷信来附会儒家经典,加之官方化以后经学渐渐僵化,面对东汉末年以来的社会动荡和思想危机,处处显出被动,不敌新兴的玄学和佛学。宋代的文化转型首先表现在经学领域,从章句训诂转向发明义理,人们对汉唐经师的沿传家法不再迷信,而是返回到先秦的经典著作里探寻儒学思想的源头,为解决当时社会面临的诸多问题寻找理论依据。疑经,新解,层出不穷,原来笼罩着神圣色彩的经典,逐步回归到它关注人生的本来面目。义理解经,使经学又焕发了青春,古代经典又一次迎来新生。

第一节 范仲淹的《易义》与欧阳修的《易童子问》

一、"文明之德":范仲淹的《易义》

范仲淹在宋学发展史上的地位每每为人忽视,人们所津津乐道的只是他在庆历新政时的政治革新。其实范仲淹正是汉学向宋学转型的关键人物,可以说他上承汉学,下开宋学。钱穆曾论及初期宋学气派开阔,胡瑗之道德,欧阳修之文章,与范仲淹之气节,堪称鼎足而三,在当时有极大影响。[①]范仲淹"先天下之忧而

① 钱穆:《中国学术思想史论丛》(五),安徽教育出版社,2004年,第4页。

忧,后天下之乐而乐"的主体自觉精神,不惟当时广为传颂,对后世也有着深远影响。

范仲淹在经学上已初步形成了自己的宋学体系。据《宋史》记载:"仲淹泛通六经,长于《易》,学者多从质问,为执经讲解,亡所倦。"[①]其经学著作流传至今的只有《易义》数章,虽然只保留了二十七个经卦的义解,但已反映出《易》学从汉唐经学向宋学转型的端倪。

《易经》的阐释在宋代之前大致有象数派与义理派之别。汉儒重象数,引阴阳五行等观念解《易》,其弊渐成繁琐庞杂,改变了"汉初说《易》,皆主义理,切人事,不言阴阳术数"[②]的路径。到了三国时代,王弼摒弃象数,参合老、庄,以谈玄说无之义理解《易》,《易经》成了玄学的经典之一,开创义理解《易》新途。唐人撰定《五经正义》,《易》学虽然兼采象数与义理两派,却以王弼的思想为主。

在宋代,儒家经典中的《春秋》和《易经》首先被人关注。因为要应付当时内忧外患的局面,人们迫切要求寻找理论支持,《春秋》"尊王攘夷"的思想和《易经》"变通"的精神正好契合这种需要。范仲淹的改革理论,就有源自《易经》的这种"变通"思想。天圣五年(1027),当他还丁忧在家时,就曾在《上执政书》里陈述过这一观点:"唯圣人设卦观象,'穷则变,变则通,通则久'。非知变者,其能久乎?此圣人作《易》之大旨,以授于理天下者也,岂徒然哉?"[③]

范仲淹的易学思想,带有朴素的儒家人文主义色彩,切合人事来发挥义理,联系历史及现实来阐述儒家的仁政思想,有着强烈的务实及革新精神。

仁政爱民,民为邦本,这是原始儒家最重要的政治理念。在《损》、《益》两卦里,范仲淹结合卦义,进一步发挥了这一观点:"然则下者上之本,本固则邦宁。今务于取下,乃伤其本矣,危之道也。损之有时,民犹说也;损之无时,泽将竭焉。故曰'川竭必山崩',此之象也。无他,下涸而上枯也。'百姓不足,君孰与足?'其斯之谓乎!"[④]君与民,虽然有上下悬隔的地位差别,如果在上的统治者不顾底层百姓的死活,竭泽而渔,将会出现"川竭山崩"的结果。以《损》卦之义来警示当权者,要顾惜民生,不可过分索取于下。《益》卦则与《损》义相对,范仲淹几乎以抒情的笔

①《宋史》卷三百一十四,中华书局,1985年,第10267页。

②皮锡瑞:《经学通论》,中华书局,1954年,第16页。

③《范仲淹全集·上执政书》,凤凰出版社,2004年,第183页。

④《范仲淹全集·易义》,凤凰出版社,2004年,第123页。

调宣扬为上者要损有余而补不足、实施损上益下的固本之策:

《益》,刚来而助柔,损有余而补不足,自上惠下之时也。天道下济,品物咸亨;圣人下济,万国咸宁。《益》之为道大矣哉!然则益上曰损,损上曰益者,何也?夫益上则损下,损下则伤其本也,是故谓之损。损上则益下,益下则固其本也,是故谓之益。本斯固矣,干斯茂矣;源斯深矣,流斯长矣。下之益上,则利有竭焉;上之益下,则因其利而利之,何竭之有焉?是故木以动也,涉大川而无患;雷风与也,兴万物而无疆。明《益》之道,何往而不利哉?①

除去文意中明显的民本色彩外，范仲淹在解释此卦时进一步摆脱了象数的束缚,在义理的解释上更进一层。王弼所解《损》卦虽一样以损下益上为说,他对卦辞中的“元吉”则解为“为损而可以获吉,其唯有孚乎!损而有孚,则元吉,无咎,而可正,利有攸往矣”②。“孚”此处释为“诚信”,在上者心中有“孚”即可损下,这无疑也会给统治者留下聚敛的借口,正如韦伯所区分的意图伦理与责任伦理之辨,如果只强调意图,往往会造成无法监督或纠谬的局面,而范仲淹以“时”来解释,损下只能“损之有时”,除非遇到非常情况,这就为制止在上者的损下多了些理论上的约束。

范仲淹解释《损》卦所引的“川竭必山崩”,出自《史记·周本纪》:

幽王二年,西周三川皆震。伯阳甫曰:“周将亡矣。夫天地之气,不失其序;若过其序,民乱之也。阳伏而不能出,阴迫而不能蒸,于是有地震。今三川实震,是阳失其所而填阴也。阳失而在阴,原必塞;原塞,国必亡。夫水土演而民用也。土无所演,民乏财用,不亡何待!昔伊、洛竭而夏亡,河竭而商亡。今周德若二代之季矣,其川原又塞,塞必竭。夫国必依山川,山崩川竭,亡国之徵也。川竭必山崩。若国亡不过十年,数之纪也。天之所弃,不过其纪。”是岁也,三川竭,岐山崩。③

周幽王后来终因国人怨怒而被申侯联合西夷犬戎等杀于骊山之下。为了警告过分损下的危害,范仲淹引用周幽王的故事来警示统治者,让他们顾惜民力,多作损上益下的举动,因为只有这样,才能够长治久安。

范仲淹的《易》学思想,更多的是联系实际来讲解义理,特别是以儒家思想来解《易》,使之回归汉初《易传》的传统,又能紧密结合现实的需要。可以说,后来的

①《范仲淹全集·易义》,凤凰出版社,2004年,第123-124页。

②王弼著、楼宇烈校释:《王弼集校释·周易注》,中华书局,1980年,第421页。

③《史记·周本纪》,中华书局,1982年,第145-146页。

宋儒在义理方面的解释,也大多沿袭这一路径。

变革的思想在《易经》里一直就比较显著,范仲淹在解《易》更突显这方面的阐述。《易义》中对《革》卦的解释是:“水火相薄,变在其中,圣人行权革易之时也。”具体而言,则是在天下无道之时,圣人起而革之,使之复归于常道。但如何能够使得百姓信服呢?“以其内文明而外说(说,即悦)也”,即有“文明之德”,让百姓心甘情愿地信从。这是在非常时期,要“行权革易”,要“以此之文明易彼之昏乱,以天下之说易四海之怨,以至仁易至不仁,以有道易无道”[①],也即“汤武革命”之时。当然,这种变革是大变革,只能见之于改朝换代之时。但除去“革命”之外,还要有小的变易。他曾多次引用《系辞下》“易穷则变,变则通,通则久”[②]的观点,在《奏上时务书》、《上执政书》以及庆历新政时的纲领性奏议《答手诏条陈十事》里不厌其烦地陈说。因为“历代之政,久皆有弊。弊而不救,祸乱必生”,导致“纲纪浸隳,制度日削,恩赏不节,赋敛无度,人情惨怨,天祸暴起”,这时只有变通改革才能达致长久之业。[③]

《易经》中的刚健之德、进取之志,范仲淹在《易义》中也有重点论及。《易经》中本有“天行健,君子以自强不息”[④]的刚健进取精神,而且不止是进取,还有对困境、挫折等各种不同环境的应对之道,可以说是一部取之不尽用之不竭的人生智慧之书。其中许多简单的语言,随着人们年龄和阅历的变化,又可以衍生出更丰富的内涵和见解。范仲淹对《易》的研究颇有心得,其文集中以《易》中相关义理为主题所作的赋就有多篇,如《蒙以养正赋》、《易兼三材赋》、《天道益谦赋》、《体人足以长人赋》等,体现了作者对《易》一书的酷爱和钻研。他多次讲到君子要有“文明之德”,也即要道德内充,人文化成,既有德性之修养,又有文化之熏陶,如此方可得时行道,成就功业。所谓刚健,并非一味刚严威震之象,而是要“君子非礼弗履”,还要能“阳居阴体,刚而处巽”,才能“贞吉”。[⑤]刚健之德的体现既有顺境之时的“圣人日跻其德,而至于大宝;贤者日崇其业,而至于公圭”[⑥],也有困穷之时的

①《范仲淹全集·易义》,凤凰出版社,2004年,第125页。

②《十三经注疏·周易正义》卷八《系辞下》,中华书局影印本,1980年,第86页。

③《范仲淹全集·范文正公政府奏议》,凤凰出版社,2004年,第473页。

④《十三经注疏·周易正义》卷一《乾》,中华书局影印本,1980年,第14页。

⑤同①,第121页。

⑥同①,第124页。

"困于险而不改其说,其惟君子乎,能固穷而乐道哉"[①]。君子德行日修,只有这样才是刚健的根本。《井》卦的解释可以说反映了范仲淹的人生修养论:"君子居于德而不可移,其惠之迁也,无所不仁。唯井也,施之而不穷,存之而不溢。惟德也,常施于人而不见其亏,独善其身而不见其馀。"[②]内心有刚健之德,才能在现实中立身有节,应付裕如。

范仲淹虽然在当时名满天下,但真正能得君行道的时候并不多,大部分还是任职于地方,在政治上也没有多少施展的机会,与历史上的名臣将相比起来,没有太大的功业。但后人却高度评价他的人品事业,这与他人格范型的光明磊落、忧以天下乐以天下的责任感及担当意识是密不可分的。尤其是当时宋代的社会,经历了七八十年的安定后,已显露出重重积弊。而《易经》在六经中又向以忧患意识著称,如《系辞》里说:"《易》之兴也,其于中古乎?作《易》者,其有忧患乎?"[③]还有"《易》之兴也,其当殷之末世,周之盛德邪?当文王与纣之事邪?是故其辞危。危者使平,易者使倾。其道甚大,百物不废。惧以终始,其要无咎,此之谓《易》之道也"[④]。范仲淹一生曾在许多地方为官,又亲临抗击西夏的第一线,对民瘼疾苦及国家的危机了然于胸,《易经》的这种忧患意识正契合他的思想,故而他对《易经》情有独钟,以《易经》之忧患兴邦精神来作为其行政的指南。"洁如庖羲《易》,洗人平生心"[⑤],"况有南窗姬《易》在,此心那更起纤尘"[⑥],"忘忧曾扣《易》,思古即援琴"[⑦],他一生的仕途并不得志,《易经》中的变化观及忧患意识于他颇有助益,是他"忘忧"的良药和人生的指南。

范仲淹属于那种偏于政事型的人物,在学术上没有太多的著作。他的《易义》可能是在丁母忧期间任教于应天府学时所作,其中联系现实、人本主义的《易》学观点对后来宋学的发展有一定的影响。

---

①《范仲淹全集·易义》,凤凰出版社,2004年,第125页。

②同①。

③《十三经注疏·周易正义》,中华书局影印本,1980年,第89页。

④同③,第90页。

⑤《范仲淹全集·松风阁》,凤凰出版社,2004年,第36页。

⑥《范仲淹全集·试笔》,凤凰出版社,2004年,第77页。

⑦《范仲淹全集·斋中偶书》,凤凰出版社,2004年,第86页。

二、本诸人事与人情:欧阳修的《易童子问》

(一)重人事而轻天命,本之人情以辨伪

《易》学方面,欧阳修著有《易童子问》三卷,以及《易或问》等一些短文。欧阳修解经,有一个显著的特点,就是本诸人情。

欧阳修的历史观更加重视人事的因素,不信阴阳祥瑞之事。他曾于《新五代史》中表达对于天人关系的看法:“盛衰之理,虽曰天命,岂非人事哉?”①他认为天意不外乎人事:“人事者,天意也。”②同样,在《易》学思想上他也秉持这一观点,重视从人文的角度探讨其中的义理。

在《易或问》这篇短文里,欧阳修阐述其对《易经》的态度,是重在人事,治乱在人而天不与,人事修而后天地鬼神之道具:

或曰:“《易》曰:‘君子顺天休命。’又曰:‘自天佑之,吉无不利。’其《系辞》曰:‘天垂象,见吉凶,圣人象之。’《易》之为说一本于天乎?其兼于人事乎?”曰:“止于人事而已矣,天不与也,在诸《否》、《泰》。”“然则天地鬼神之理可以无乎?曰有而不异也,在诸《谦》。知此,然后知《易》矣……然会而通之,天地神人无以异矣。使其不与于人乎,修吾人事而已;使其有与于人乎,与人之情无以异也,亦修吾人事而已。夫专人事,则天地鬼神之道废;参焉,则人事惑。使人事修则不废天地鬼神之道者,《谦》之《彖》详矣。治乱在人而天不与者,《否》、《泰》之《彖》详矣。推是而之焉,《易》之道尽矣。”③

主张重视人事,以人情为依据决疑。只要修吾人事,这样就可以使人事通达,而天命也自然寓于其中。在《易童子问》里欧阳修又一次表达了这一观点:

童子问曰:“‘天道亏盈而益谦,地道变盈而流谦,鬼神害盈而福谦,人道恶盈而好谦’,何谓也?”曰:“圣人急于人事者也。天人之际罕言焉,惟《谦》之《彖》略具其说矣。圣人,人也,知人而已。天地鬼神不可知,故推其迹;人可知者,故直言其情。以人之情而推天地鬼神之迹,无以异也。然则修吾人事而已,人事修,则与天地鬼神合矣。”④

以人为本,这是宋代儒学复兴的重要标志,它摆脱了汉儒附会天地阴阳的解

①《新五代史》卷三十七,中华书局,1974年,第397页。

②《新五代史》卷五十九,中华书局,1974年,第706页。

③《欧阳修全集》卷六十一,中华书局,2001年,第878-879页。

④《欧阳修全集》卷七十六《易童子问》,中华书局,2001年,第1109页。

经路径,径直以人作为其关注的核心,从这一点来讲,宋代的儒学复兴与西方近代的文艺复兴,是有其相通之处的。欧阳修与范仲淹一样,有着当时士人的主体自觉意识,有着忧以天下、乐以天下的精神,这也在其解《易》中得以体现:

童子问曰:"'雷出地奋,《豫》。先王以作乐崇德,殷荐之上帝,以配祖考',何谓也?"曰:"于此见圣人之用心矣。圣人忧以天下,乐以天下。其乐也,荐之上帝祖考而已,其身不与焉。众人之豫,豫其身耳。圣人以天下为心者也,是故以天下之忧为己忧,以天下之乐为己乐。"①

人事的落脚点是人情。欧阳修在判断《易》之内容真伪或义理当否时,即以人情为标尺。他曾于《又答宋咸书》中提出"圣人之言,在人情不远",要发掘古代经典之真义,必须"积千万人之见,庶几得者多而近是"②,也即顺大多数人之常情,才能理解经典意蕴。如欧阳修辨《乾》卦的"元亨利贞"之说:"《文言》曰'元者善之长也,亨者嘉之会也,利者义之和也,贞者事之干也',是谓乾之四德。又曰'《乾》元者,始而亨者也。利贞者,性情也',则又非四德矣。谓此二说出于一人乎,则殆非人情也。"③这样就把《乾》卦中《易传》解释自相矛盾之处揭示出来,以其不合乎人情的角度证伪《易传》并非全是孔子所作,而是掺和了许多不同经师的观点。

同样,他还对八卦的起源问题予以辨析:

《系辞》曰:"河出图,洛出书,圣人则之。"所谓图者,八卦之文也,神马负之自河而出,以授于伏羲者也。盖八卦者非人之所为,是天之所降也。又曰:"包羲氏之王天下也,仰则观象于天,俯则观法于地,观鸟兽之文与地之宜,近取诸身,远取诸物,于是始作八卦。"然则八卦者是人之所为也,河图不与焉。斯二说者已不能相容矣,而《说卦》又曰"昔者圣人之作《易》也,幽赞于神明而生蓍,参天两地而倚数,观变于阴阳而立卦",则卦又出于蓍矣。八卦之说如是,是果何从而出也?谓此三说出于一人乎,则殆非人情也。人情常患自是其偏见,而立言之士莫不自信,其欲以垂乎后世,惟恐异说之攻之也,其肯自为二三之说以相抵牾而疑世,使人不信其书乎?故曰非人情也。④

①《欧阳修全集·易童子问》,中华书局,2001年,第1109页。另,欧阳修曾言其论《系辞》非圣人之作二十五年矣云云,以欧阳修卒年1072年前推,当在1047年,具体时间可能更早,而范仲淹《岳阳楼记》作于1046年,很可能范仲淹看到过欧阳修之《易童子问》,并改而用之。

②《欧阳修全集·又答宋咸书》,中华书局,2001年,第1015页。

③《欧阳修全集·易童子问》,中华书局,2001年,第1120页。

④同③,第1120-1121页。

就是从人之常情的角度，欧阳修推断《系辞》的性质只是为前人解经之语，虽有圣人之语，也夹杂了许多后学之论：

此所谓《系辞》者，汉初谓之《易大传》也，至后汉已为《系辞》矣。语曰："为赵、魏老则优，不可以为滕、薛大夫也。"《系辞》者谓之《易大传》则优于《书》、《礼》之传远矣，谓之圣人之作，则僭伪之书也。盖夫使学者知《大传》为诸儒之作，而敢取其是而舍其非，则三代之末，去圣未远，老师名家之世学，长者先生之余论，杂于其间者在焉，未必无益于学也。使以为圣人之作，不敢有所择而尽信之，则害经惑世者多矣。此不可以不辨也，吾岂好辨者哉！[①]

欧阳修的这一结论，应该说是很有卓见的。

(二) 义理为本，大胆疑经

解《易》以人事为主，就自然要忽略占卜之说而重其义理。"大儒君子之于学也，理达而已矣。"[②]欧阳修的《易经》思想重在义理，不重占卜，以占卜为《易经》之末技：

或问："大衍之数，《易》之蕴乎？学者莫不尽心焉。"曰："大衍，《易》之末也，何必尽心焉也。《易》者，文王之作也，其书则六经也，其文则圣人之言也，其事则天地万物、君臣父子夫妇人伦之大端也。大衍，筮占之一法耳，非文王之事也。""然则不足学乎？"曰："得其大者可以兼其小，未有学其小而能至其大者也，知此然后知学《易》矣。六十四卦，自古用焉。夏、商之世，筮占之说略见于书。文王遭纣之乱，有忧天下之心，有虑万世之志，而无所发，以谓卦爻起于奇偶之数，阴阳变易，交错而成文，有君子、小人、进退、动静、刚柔之象，而治乱、盛衰、得失、吉凶之理具焉，因假取以寓其言，而名之曰'易'。至其后世，用以占筮。孔子出于周末，惧文王之志不见于后世，而《易》专为筮占用也，乃作《彖》、《象》，发明卦义，必称圣人、君子、王后以当其事，而常以四方万国、天地万物之大以为言，盖明非止于卜筮也，所以推原本意而矫世失，然后文王之志大明，而《易》始列乎六经矣。《易》之沦于卜筮，非止今世也，微孔子，则文王之志没而不见矣。夫六爻之文，占辞也，大衍之数，占法也，自古所用也。文王更其辞而不改其法，故曰大衍非文王之事也。所谓辞者，有君子、小人、进退、动静、刚柔之象，治乱、盛衰、得失、吉凶之理，学者专其辞于筮占，犹见非于孔子，况遗其辞而执其占法，欲以见文王作《易》之意，不亦远乎！凡欲为君子者，学圣人之言；欲为占者，学大衍之数，惟所择之焉耳。"[①]

①《欧阳修全集·易童子问》，中华书局，2001年，第1121页。

②《欧阳修全集·易或问三首》，中华书局，2001年，第302页。

从欧阳修的辨析可以看出,他认为文王作《易经》的本义在“天地万物、君臣父子夫妇人伦之大端也”,到孔子之时,“乃作《彖》、《象》,发明卦义,必称圣人、君子、王后以当其事,而常以四方万国、天地万物之大以为言,盖明非止于卜筮也”,《易传》是为了说明义理而作,而非仅仅用作占卜之用。只有懂得了《易经》之义理大意,才能兼具占卜之小道,“得其大者可以兼其小,未有学其小而能至其大者也”。所以他认为孔子是周文王《易》学的功臣,王弼又是孔子《易》学的功臣,而他又是王弼《易》学的功臣:“呜呼!文王无孔子,《易》其沦于卜筮乎?《易》无王弼,其沦于异端之说乎!因孔子而求文王之用心,因弼而求孔子之意,因予言而求弼之得失,可也。”[②]在欧阳修眼里,文王、孔子、王弼,包括他自己,都是“义理派”,这才是《易》学发展的正道。

欧阳修有一段话,既反映了他的文学观,也反映出他的经学观,整个宋学的真精神其实也蕴含其中:“夫世无师矣,学者当师经,师经必先求其义,义得则心定,心定则道纯,道纯则充于中者实,中充实则发为文者辉光,施于事者果毅。”[③]欧阳修治经有很强的自信心,不迷信权威,他曾在一首诗中自述:“正经首唐虞,伪说起秦汉。篇章异句读,解诂及笺传。是非自相攻,去取在勇断。”[④]前文所引他之怀疑“十翼”不全为孔子所作,除了以人情辨伪外,还善于以子之矛攻子之盾,找出经传中自相抵牾之处,提出问题。

如他曾辨别《系辞》之语:“其曰‘原始反终,故知死生之说’,又曰‘精气为物,游魂为变,是故知鬼神之情状’云者,质于夫子平生之语,可以知之矣。”[⑤]《系辞上》有这样一段话叙述《易经》的来源及性质:“《易》与天地准,故能弥纶天地之道,仰以观于天文,俯以察于地理,是故知幽明之故。原始反终,故知死生之说。精气为物,游魂为变,是故知鬼神之情状。”[⑥]但在孔子门人所编纂的《论语》中,老夫子恰恰是不言“怪力乱神”的,“未知生,焉知死”[⑦]。不谈鬼怪神异之事,是孔子之

①《欧阳修全集·易或问三首》,中华书局,2001年,第301–302页。

②同①,第303页。

③《欧阳修全集·答祖择之书》,中华书局,2001年,第1010页。

④《欧阳修全集·读书》,中华书局,2001年,第139页。

⑤《欧阳修全集·易童子问》,中华书局,2001年,第1123页。

⑥《十三经注疏·周易正义》卷七《系辞上》,中华书局,1980年,第77页。

⑦《十三经注疏·论语注疏》卷十一《先进》,中华书局影印本,1980年,第2499页。

言，正好与《系辞》这一段话相反，以《论语》的可信，自然可证伪《系辞》的这段话。

在当时，汉儒经学仍是学界主流，他的观点一经提出，就遭到许多人的非议。如与他共事的韩琦就不以为然："魏公心知其非，然未尝与辩。"[①]他自己也曾说："自孔子没而周衰，接乎战国，秦遂焚书，六经于是中绝。汉兴，盖久而后出，其散乱磨灭，既失其传，然后诸儒因得措其异说于其间，如《河图》、《洛书》，怪妄之尤甚者。余尝哀夫学者知守经以笃信，而不知伪说之乱经也，屡为说以黜之。而学者溺其久习之传，反骇然非余以一人之见，决千岁不可考之是非，欲夺众人之所信，徒自守而世莫之从也。"虽然众人有惊骇之论，但他还是很有自信："余以谓自孔子殁，至今二千岁之间，有一欧阳修者为是说矣。又二千岁，焉知无一人焉，与修同其说也？"[②]苏辙在《欧阳文忠公神道碑》中称赞欧阳修"公于六经，长于《易》、《诗》、《春秋》；其所发明，多古人所未见"[③]，诚非虚语。

欧阳修大胆质疑《十翼》的观点，在他生前，起初虽应者寥寥，但也逐渐产生了影响。他曾自述："予谓《系辞》非圣人之作，初若可骇，余为此论迨今二十五年矣，稍稍以余言为然也。"[④]以其文坛及思想界的地位，欧阳修引导了当时学术及思想的转变。

相对而言，欧阳修在《易》学上的贡献在于"破"，在于打破权威和迷信，其《易》学思想还多是从《易传》及王弼等人的观点出发，以阴阳、刚柔、动静、君子和小人等易象来推衍出治乱、盛衰、得失、吉凶之理，切合人事来讲义理，在"立"的方面没有太多的创新。

第二节　胡瑗的《周易口义》和《洪范口义》

胡瑗被《宋元学案》列为卷首，后来的理学家们对他于理学发展所起的作用评价很高，其"明体达用"的经学思想及教育实践推动了宋学的发展，他的《易》学思想和孙复的《春秋》学思想都开宋学一代之风，较之范仲淹或欧阳修的经学思想更为系统和全面，是当时宋学新风的代表。

宋代学人重视《易经》与《春秋》，关于这两种经籍的解说也最多。石介曾引孙

①施德操：《北窗炙輠录》卷上，中华书局，1985年，第1页。

②《欧阳修全集·廖氏文集序》，中华书局，2001年，第615页。

③《苏辙集·栾城后集》卷二十三，中华书局，1990年，第1135页。

④《欧阳修全集·系辞说》，中华书局，1990年，第1985页。

复之说:“先生尝以为尽孔子之心者《大易》,尽孔子之用者《春秋》,是二大经,圣人之极笔也,治世之大法也”。[①]《易经》富于义理,《春秋》证诸实事,正是宋学“有体有用”的具体体现。

(一) 胡瑗的《周易口义》

《易经》的流传,不外义理与象数两途。清人分为两派六宗,且对《易经》之为用及分途有着较为客观准确的概括:

圣人觉世牖民,大抵因事以寓教。《诗》寓于风谣,《礼》寓于节文,《尚书》、《春秋》寓于史,而《易》则寓于卜筮。故《易》之为书,推天道以明人事者也。《左传》所记诸占,盖犹太卜之遗法。汉儒言象数,去古未远也。一变而为京、焦,入于禨祥,再变而为陈、邵,务穷造化,《易》遂不切于民用。王弼尽黜象数,说以老庄。一变而胡瑗、程子,始阐明儒理,再变而李光、杨万里,又参证史事,《易》遂日启其论端。此两派六宗,已互相攻驳。又《易》道广大,无所不包,旁及天文、地理、乐律、兵法、韵学、算术以逮方外之炉火,皆可援《易》以为说,而好异者又援以入《易》,故《易》说愈繁。[②]

胡瑗博通五经,长于《易》学,为宋代“义理”《易》学的重要开创者,“文义皆坦明,象数殆于扫除略尽”[③],其《易》学被认为是宋代“以义理说《易》之宗”[④]。胡瑗解释《易经》,大致仍遵循“推天道以明人事”的汉初路径,以义理解经,参以史实,后启程、朱解《易》之风。胡瑗讲学多年,曾有多种解经之作,如《春秋要义》三十卷,《春秋口义》五卷,《周易口义》十二卷,《中庸议》一卷,《洪范口义》二卷。其中只有《周易口义》和《洪范口义》尚存,余皆散佚。“口义”云者,朱彝尊《经义考》曾引李振裕之说:“瑗讲授之余,欲著述而未逮,其门人倪天隐述之,以非其师手著,故名曰口义。”[⑤]《周易口义》本是学堂上讲习的记录,大致如同后世的讲义之类,从中我们不仅可以了解胡瑗的《易》学思想,还可以看出宋代课堂讲学的某些痕迹,窥知当时学校教育的一些方法和特点。

①黄宗羲:《宋元学案·泰山学案》,中华书局,1986年,第102页。

②《四库全书总目》卷一,中华书局,1965年,第1页。

③陈振孙:《直斋书录解题》,上海古籍出版社,1987年,第10页。

④同②,第5页。

⑤同②,第5页。

1.推天道以明人事,以义理解经

胡瑗讲解《易经》,以义理解经为主。以义理解《易》的思想原本是汉初就有的解经路径,后来王弼又以玄学观点解《易》,扫除此前以象数阴阳解释的庞杂体系。到了宋代,范仲淹、欧阳修等人的《易》学均有著作流传,大体也是回归义理解经传统,特别是以儒家思想解经,尽管没有太多思想上的创新。同时的孙复、石介,据史传记载也都有《易》学著作,但没有流传下来,据时人所评,也都以义理解经为主。可以说,义理解《易》是当时学术转型的重要组成部分。

胡瑗的《易》学思想,体现在回归汉初"推天道以明人事"的解经路径上,但他又增强了儒家的色彩。若仅从创新的角度而言,胡瑗解《易》并无太多新意,与王弼及孔疏在许多方面是一致的,与此后的程朱《易》学阐明理学创见迭出不能相提并论,但他以儒学观点解《易》正反映了当时社会上儒家思想的重新崛起,是理学形成的一个前奏。宋学的转型,正是在这种前后相续的不断接力下得以完成的。

《周易口义》的义理倾向加强,这也是庆历之际经学解释义理化的共性。如关于"元亨利贞"的解释,阐释不同,就体现了不同的时代内涵。

以训诂学的观点看,所谓"元亨利贞"就是远古时代占卜的用语,意为"大亨利占","贞"即占卜的意思,这语源学的观点有出土的殷墟甲骨可以验证。"贞"的意思后来在《易》学义理化之后,就发生了变化,成了"正"或"正道"之意。相传为孔子所作的《十翼》之一的《文言》解释"元亨利贞"为:

元者善之长也,亨者嘉之会也,利者义之和也,贞者事之干也。君子体仁足以长人,嘉会足以合礼,利物足以和义,贞固足以干事。君子行此四德者,故曰:"乾,元、亨、利、贞。"①

《左传》里穆姜也讲过这一段话,与《文言》相同。相对而言,《文言》的解释较为简略,也反映出当时儒家思想的初始状态,还没有更多的附会与延伸。当然,《易传》已摆脱了占卜的思路而开启了义理解《易》的途径。"元亨利贞"的意义在后来就变得越来越丰富。在《周易正义》的注疏里,即顺着《文言》的思想进一步开展:

"元、亨、利、贞"者,是乾之四德也。子夏传云:"元,始也。亨,通也。利,和也。贞,正也。"言此卦之德,有纯阳之性,自然能以阳气始生万物而得元始亨通,能使

①《十三经注疏·周易正义》卷一《乾》,中华书局影印本,1980年,第15页。

物性和谐,各有其利,又能使物坚固贞正得终。此卦自然令物有此四种使得其所,故谓之四德。言圣人亦当法此卦而行善道,以长万物,物得生存而为"元"也。又当以嘉美之事,会合万物,令使开通而为"亨"也。又当以义协和万物,使物各得其理而为"利"也。又当以贞固干事,使物各得其正而为"贞"也。是以圣人法《乾》而行此四德,故曰"元、亨、利、贞"。①

以"元亨利贞"为"四德"之教,配以四时是代表春夏秋冬,配以人伦是代表仁礼义信。君子要行此四德,故曰:乾,元亨利贞。这种解释,既继承了汉代的象数之学,又拓展了汉初以义理解经的路径。

稍早于胡瑗的范仲淹也有《四德说》论述这"元亨利贞"之义:

夫元者何也?道之纯者也,于《乾》为资始;于《坤》为发生;于人为温良,为乐善,为好生;于国为行庆,为刑措;于家为父慈,为子孝;于物为嘉谷,为四灵。其迹异,其道同,统而言之,则善之长也。

夫亨者何也?道之通者也。于天为三辰昭会;于地为万物繁殖;于人为得时茂勋;于国为圣贤相遇,朝觐会同,为制礼作乐,为上下交泰;于家为父子,为夫妇,为九族相睦;于物为云龙,为风虎,为鱼水。其迹异,其道同,统而言之,则嘉之会也。

夫利者何也?道之用者也。于天为膏雨;于地为百川;于人为兼济;于国为惠民,为日中市;于家为丰财,为富其邻;于物为驺虞,为得食鸡。其迹异,其道同,统而言之,义之和也。

夫贞者何也?道之守者也。于天为行健;于地为厚载;于人为正直,为忠毅;于国为典则,为权衡;于家为男女正位,为长子主器;于物为金玉,为獬豸。其迹异,其道同,统而言之,则事之干也。②

范仲淹也是从儒家人伦教化的角度来阐述四德学说,但更详备、更具体,更显出一种政治家的眼光,是其经典治世之学的体现,有体有用,几乎可以用《易》之道理作为施政济世的指南。胡瑗的解释,与范氏之解本质上并无区别,也是发扬《文言》之义,其重点却是对前人理论的继承:

元者,始也,言天以一元之气始生万物,圣人法之以仁而生成天下之民物,故于四时为春,于五常为仁。亨者,通也,夫物春始生之,夏则极生而至于大通,故高

①《十三经注疏·周易正义》卷一,中华书局影印本,1980年,第13页。
②《范仲淹全集·四德说》,凤凰出版社,2004年,第161-162页。

者、下者、洪者、纤者各遂其分而得其性也,圣人观夏之万物有高下洪纤,乃作为礼以法之,使尊者卑者贵者贱者各定其分而不越于礼,故于四时为夏,于五常为礼。利者,和也,在《文言》曰"利者义之和",言物之既生既育,故必成之有渐,自立秋凉风至,八月白露降,九月寒露降,以至为霜为雪,以成万物,莫不有渐而成也,圣人法之以为义,义者,宜也,天下之民虽有礼以定其分,然必得其义以裁制之,则各得其宜也,故于四时为秋,于五常为义。贞者,正也,固也,言物之既成,必归于正,以阴阳之气干了于万物,圣人法之为智,事非智不能干固而成立,故于四时为冬,于五常为智。然则此五常不言信者何也?盖信属于土,土者分王四季,凡人之有仁义礼智,必有信然后能行,故于四者无所配也。[1]

这种解释与《周易正义》里的孔疏是一样的,没有改动。接下来胡瑗又引申此"四德"之义:

然此四德以天下事业言之,则元为乐,亨为礼,利为刑,贞为政。何则?盖元者始生万物,万物得其生然后鼓舞而和乐,圣人法之制乐以治天下,则天下之民亦熙然而和乐,故以元为乐也。天下既已和乐然而不节则乱,故圣人制礼以定之,使上下有分,尊卑有序,故以亨为礼也。夫礼乐既行,然其间不无不率教者,圣人虽有爱民之心,亦不得已乃为刑以治之,于是大则有征伐之具,小则有鞭朴之法,使民皆畏罪而迁善,故以利为刑也。夫天下既有乐以和之,礼以节之,刑以治之,不以正道终之则不可也,故政者正也,使民物各得其正,故贞为政也。夫四者达而不悖,则天下之能事毕矣。故四者在《易》则为元亨利贞,在天则为春夏秋冬,在五常则为仁义礼智,圣人备于《乾》之下,以极天地之道而尽人事之理也。[2]

这就又侧重了儒家礼教的一面。故而胡瑗的观点正处于宋学转型之中的过渡时期,是承前启后的阶段。但他的解释之所以在当时广受欢迎,是因为他能以通俗的讲解,结合日常的行事、历史的史实来解释被称为"广大高明"而又不乏玄言思辨色彩的深奥《易》理,使经学摆脱繁杂的经义训诂之学而更切近人事。

如解《比》卦之六三,胡瑗强调交接要以礼以义,不去亲近不中不正之人:

六三,比之匪人。象曰:比之匪人,不亦伤乎?义曰:六三,过二不得中也。以阴居阳,不得正也。夫以不中不正之人,当亲比之世,则所行皆非人之常道也。夫以是虽有中正之人,必不相辅。故孔子于卫主颜雠,由弥子之妻与子路之妻兄弟也,

①《四库全书总目·周易口义》卷一,中华书局,1965年,第173–174页。
②同①,第174页。

弥子谓子路曰：孔子主我，卫卿可得也。子路以告，孔子曰：有命。孔子进以礼，退以义，得之不得曰有命。是圣贤之人，虽欲假位行道，汲汲于救时，然非人则不主也。又若鲁桓公，以不正之人，于家则杀兄，于国则弑君，尝欲求会于卫，至桃丘之地，而卫侯以其弑逆不正之君，则弗与之见。故仲尼于《春秋》但书"公会卫侯于桃丘，弗遇"。是由持不正之道，欲求比于人，则人莫之于辅。以人莫有与之者，诚可悼也。故《象》曰：不亦伤乎？是可伤也。[①]

可以说，这种随文发挥讲解义理的例子在《周易口义》里俯拾即是，通俗易懂，具体而微，寓大道理于人伦日用之中，这大概是胡瑗的讲课在太学受到欢迎的原因吧。

还有如借助于《乾》卦《文言》里的一句话"君子学以聚之，问以辨之，宽以居之，仁以行之，《易》曰'见龙在田，利见大人君德也'"来说明君子应该不耻下问及博学的道理：

言君子之人，禀天之全性，发见于世而能执中庸之道者也，何哉？盖圣人虽得天生善性之全，亦须广博其学以精其德，审问以辨其疑，而又宽裕居其时以畜聚其事业而志于远大，是以执其中庸而不有妄动，以至推仁义以爱人，示恩信以抚物，其德业恢广无所不至，使天下之贤智者可以俯就，天下之愚不肖者可以企及，此皆由博学审问宽居仁行之然也，是故庸人之情，苟一善得于己，则必悻悻然耻于下问，而又躁妄以求其进，所居失其宽，所行失其仁，是故业不能成于远大，而终为浅丈夫矣。[②]

借助于历史上的人和事，胡瑗的义理讲解不是空洞的理论，而是实实在在的经验与智慧的结晶，例如他在讲《屯》卦时以史实讲述艰难困境玉汝于成的史鉴：

屯者，屯难之名，天地始交而生物之时也。夫天地气交而生万物，万物始生必至艰而多难，由艰难而后生成，盈天地之间。亦犹君臣之道始交，将以共定天下，亦必先艰难而后至于昌盛，如汤之于伊尹，文、武之于吕望，其始交时皆有四方之多虞，然后卒能共治天下。是皆先艰而后通也。然万物始生多难，何以见之？试以草木言之，当勾萌甲拆之时，其体弱而未成，日曝之则槁，必雨以润之，雨久反害，是始生多难可知也。君臣倡治，岂无难哉？[③]

①《四库全书总目·周易口义》卷二，中华书局，1965年，第229页。

②《四库全书总目·周易口义》卷一，中华书局，1965年，第190–191页。

③同②，第202页。

接下来他又举了更多的处于困境中终于有成的历史人物：

以人事言之，自古圣贤未有不由险难成名，若文王囚羑里，周公摄政有管蔡之流言，仲尼厄于陈、畏于匡、拔树于宋、削迹于鲁，孟轲有臧仓之困、齐梁之君以为迂阔，是皆出于险难而后能兴事业于当时，或垂名教于后世。是以君子之人将欲立功立事，不可以时屯而不往，世难而不行，虽小人之谮毁倾险，安损君子之道哉！①

胡瑗的《周易口义》虽然在理论上主要是陈述前人讲过的道理，所引用的观点也不出儒家的经典古训，但他的贡献在于以平实的义理使得《易》学更切于人事，扫清了阴阳象数之《易》的谶纬化弊端，为宋学的发展奠定了方向。

2.辨疑问难，不迷信经典注疏

在对待经传的态度上，胡瑗的观点相对平和，继承以前义理成说的多，发挥新创的观点较少。但处在当时疑古思变的时代之中，胡瑗的解经也有对经典的怀疑，特别是对于传注的观点，时有异议与辩驳。

关于"易"的含义，胡瑗就反对孔颖达注疏所引"易"有三义说，只采"变易"说，认为《易》是伏羲、文王、周公、孔子所以垂教于万世的大法，是讲天地人三才变易之书，《易》的起源及其发展都与"变易"有关：伏羲仰观天文、俯察地理，始画八卦，以九六之爻以尽阴阳之数，以卦体三画以尽三才之道，以天、地、雷、风、水、火、山、泽之象以尽天下之用，以八卦之象所代表的健、顺、动、入、止、说、陷、明之体以尽天下之理，都是以八卦的体用变化来说明天地人间万事之理，应对着宇宙之间的变易之理。到了文王重卦，以大圣之才罹于忧患，"观纣之世，小人在位，诈伪日炽，思周身之防，达忧患之情，通天人之渊蕴，明人事之始终，遂重卦为六十四，重爻为三百八十四，又于逐卦之下为之彖辞，故天地通变之道，万物情伪之理，一备于此"②。汉代《乾凿度》则说易一名而含三义：简易也，不易也，变易也。胡瑗认为圣人作《易》，为万世之大法，岂复有二三之义乎？且《系辞》中有"穷则变，变则通，通则久"③之语，又有"生生之谓易"④的说法，故解释《易》学专取变易之义：

①《四库全书总目·周易口义》卷二，中华书局，1965年，第203页。

②《四库全书总目·周易口义》卷一，中华书局，1965年，第171页。

③《十三经注疏·周易正义》卷八《系辞下》，中华书局影印本，1980年，第86页。

④《十三经注疏·周易正义》卷七《系辞上》，中华书局影印本，1980年，第78页。

盖变易之道,天人之理也。以天道言之,则阴阳变易而成万物,寒暑变易而成四时,日月变易而成昼夜;以人事言之,则得失变易而成吉凶,情伪变易而成利害,君子小人变易而成治乱。故天之变易则归乎生成而自为常道,若人事变易则固在上位者裁制之如何耳。何则?在位之人苟知其君子小人相易而为治乱,则当常进用君子而摈斥小人,则天下常治而无乱矣;知其情伪相易而成利害,当纯用情实而黜去诈伪,则所为常利而无害矣;知其得失相易而成吉凶,当就事之得而去事之失,则其行事常吉而无凶矣。是皆人事变易不可不慎也。故大《易》之作,专取变易之义。谓之《周易》者,自伏羲画卦,文王重之,又从而为之彖辞,至周公又为之爻辞,仲尼又十翼之,数圣相继,其道大备于周,故曰《周易》。①

关于《乾》卦"初九潜龙勿用"的解释,《周易正义》解为"勿用者,于此时小人道盛,若其施用,则为小人所害,寡不敌众,弱不胜强,祸患斯及,故戒勿施用",但胡瑗对此表示异议,认为君子之德,广大而备,无有不用之时:

凡《乾》《坤》之十二爻配之十二月,今初九乃是建子之月,一阳始萌于黄钟之宫,虽生成之功未及于物,然已有生成万物之心矣,若君子未得位之时,虽道未泽于世,然已有泽天下之心矣。谓之潜龙者,言阳气未发见,而在潜隐之地也。勿用者,圣人戒后世勿用此潜龙为德也。何以言之?凡人萃五行秀气而生,为万物之最灵者也。然天下之众愚不肖者常多,贤智者常少,况圣人挺全粹之德,受天元之纯,则又过于贤也远矣。夫有圣人之资,则无所不通、无所不明矣,固当出见于世,辅其君,泽其民,利其物,以成天下之事业,则可也。《文言》曰:"君子以成德为行,日可见之,行也。"今有圣人之德之明反以潜隐为事,则天下之愚不肖将谁治之,是不知天所以生圣人之意也。②

孔颖达注疏所谓"勿用者,于此时小人道盛,若其施用,则为小人所害,寡不敌众,弱不胜强,祸患斯及,故戒勿施用"之语,是让圣人逃避责任,不符合经典之意:"此大非圣人之旨。夫圣人才无所不能,智无所不周,怀道德、持仁义以革天下弊,举陋典,新污俗,矫曲为直,表邪为正,以陶冶于上而天下治矣,又何惮小人之害!若惧其见害而勿施用,则是天下常乱而不可得治也。然此勿用者,盖言勿用此潜龙为德也。"③为了说明这一观点,胡瑗又举了《易经》中讲到或彖或爻言"勿用"

①《四库全书总目·周易口义》,中华书局,1965年,第171-172页。

②同①,第174-175页。

③同①,第175页。

的四个例子，如《屯》之《象》云“勿用有攸往”，《姤》之《象》云“勿用取女”，《师》之上六曰“大君有命，开国承家，小人勿用”，《蒙》之六三曰“勿用取女，见金夫，不有躬，无攸利”，都是要君子乘势而动，有所作为。总之是圣人之戒后世不可用潜龙为德：

盖后世之人多以潜隐为德，或隐于岩野，或遁于林泉，罔德义以沽名，傲衣冠以耀志，故有终身不见用于世而乱人伦者也。且疏又引舜耕历山，汉祖为泗水亭长，是岂终潜哉？盖养成其德耳。然圣贤其无隐乎？曰己道未着，己行未成，必学问之以养成圣德，然后施为于天下耳。甘终身于山林川泽哉？然或上下为戾，亦有可隐之时，故《中庸》曰“君子之道费而隐”，虽然岂隐遁哉？隐其身不隐其道，所以然者，不以一己之私忘天下之公。故孔子皇皇于衰周，孟轲汲汲于战国，皆谓有圣人之德，身未显而其道不自穷也。《乾》六爻皆圣人象也，若之何有圣人之资而潜隐自居乎！《文言》曰“潜之为言也，隐而未见，行而未成，是以君子弗用也”。圣人之戒勿用潜隐为德，可谓明矣。①

又如《需》之《象》传：“云上于天，需。君子以饮食宴乐。”王弼注为“童蒙已发，盛德光亨，饮食宴乐，其在兹乎”，孔疏则解为云上于天待时而落，是大惠将施而盛德亨大，故君子于此时饮食宴乐。②胡瑗则以为不是饮食逸乐之事，而是要待时而动：“坎为水为云，乾为天。今坎在乾上，是云上于天也。且云者畜雨之具也，今上十大，是必反降雨泽于下也。君子观此，需待之象，以饮食养其身，以宴乐宁其神，居易以俟命，待时而后动也。”③所以胡瑗认为王弼注以饮食宴乐为说，是教人以逸豫为心，非圣人之旨：

饮食者所以养身也；宴乐者所以宁神也。是亦乐天知命居易俟时耳。故君子之于饮食，非谓肥甘其口腹也。孟子曰饮食之人无有失也，则口腹岂适为尺寸之肤哉？君子之于宴乐，非谓苟安其身也，所以保其躬，治其心，明其性，是君子乐天知命待天时之至也。孟子曰仁义忠信乐善不倦，此天爵也；公卿大夫，此人爵也。古之人修其天爵而人爵从之。今夫君子之待时也，若农夫之趋于田也，农者非不耕而可待其食也，非务休逸而可待四时之有成也，必力勤于稼穑，志专于耕耨，然后春生之，夏长之，秋成冬藏之。如不耕耨不播种，则四时何有成哉？君子之待时，

①《四库全书总目·周易口义》卷一，中华书局，1965年，第175-176页。

②《十三经注疏·周易正义》卷一，中华书局影印本，1980年，第23页。

③《四库全书总目·周易口义》卷二，中华书局，1965年，第214页。

必须修其仁义忠信之德,然后可享其位伸其道也。故曰君子以饮食宴乐。[①]

王弼解经的背后,有其社会环境。魏晋士人有家族及地方势力作依托,其地位还不像宋代士人那样更加依附于皇权,加之玄风畅行,还可以有追求个人享乐的明确主张。胡瑗的时代,是一个士人主体意识加强的时代,但其缺陷在于只强调群体的责任,却忽略了个人权力即个人之"私"的私权方面的意识,以致形成一种不均衡的发展。国家社会的大集体意识有压倒个体意识的倾向,处于此时,连游乐闲暇之心也要收敛,故而他要抨击君子的"饮食宴乐"。

胡瑗的《易》学影响主要在其解经路径的转向,即解经的义理化倾向上,尽管其观点多是"述而不作",但正是这一儒学传统的"来复",才造就了宋学的崛起。程颐曾受教于胡瑗,其《易》学思想就部分继承了乃师的观点。在跟弟子们谈话时,程颐就说过《易》有三家书要看,即王弼、胡瑗和王安石的著作。在解经路径上,他更是发展了胡瑗的义理化趋向。

(二) 胡瑗的《洪范口义》

胡瑗的《洪范口义》,晁公武认为亦应是胡瑗弟子所记录的讲义,例同《周易口义》。今本系清人从《永乐大典》中所辑。四库馆臣曾指出该书的特点是不务新奇,不采汉儒阴阳灾异之说:

《洪范》以五事配庶徵,本经文所有。伏生《大传》以下逮京房、刘向诸人,遽以阴阳灾异附合其文,刘知几排之详矣。宋儒又流为象数之学,惟图、书同异之是辨,《经》义愈不能明。瑗生于北宋盛时,学问最为笃实,故其说惟发明天人合一之旨,不务新奇。如谓天锡《洪范》为锡自帝尧,不取神龟负文之瑞;谓五行次第为箕子所陈,不辨《洛书》本文之多寡;谓五福、六极之应通于四海,不当指一身而言:俱驳正注疏,自抒心得。又详引《周官》之法,推演八政,以经注经,特为精确。其要皆归于建中出治、定皇极为九畴之本。辞虽平近而深得圣人立训之要,非谶纬术数者流所可同日语也。[②]

所谓"洪范九畴",被称为古代统治者治世的"天降大法",汉儒解经时以之为上天所赐,对它的起源给予了非常神秘的解释:"尧率群臣,东沉于洛,退候至于下稷,赤光起,元龟负书,中背有赤文朱字。"[③]或者是"初禹治水,得神龟负文于

①《四库全书总目·周易口义》卷二,中华书局,1965年,第214–215页。
②《四库全书总目·洪范口义》卷十一,中华书局,1965年,第90页。
③《太平御览》卷八百七十二引《尚书中候》,转引自孙星衍《尚书今古文注疏》卷十二,中华书局,2004年,第294页。

洛，以尽得天人阴阳之用，至是奉帝命而陈之也。”[①]《汉书》也说是“禹治洪水，赐《洛书》，法而陈之，《洪范》是也”[②]。

胡瑗解释“帝乃震怒，不畀洪范九畴，彝伦攸斁”一句，以“帝”为尧之称谓，是“尧见鲧陻洪水，乱陈五行之道，于是震动而忿怒，乃不与大法九章”[③]。这样就剔除了汉人以谶纬解经的迷信和附会，使之更合乎理性。

还有关于“皇极”的解释，《汉书·五行志》解释“皇之不极，是谓不建”时，把“皇”解作“君”，把“极”解作“中”[④]，但在注释“次五曰建用皇极”时，又引应劭之解释为“皇，大；极，中也”[⑤]。胡瑗则不用以“皇”作“君”的解释，而从应劭之解：“皇，大；极，中也。言圣人之治天下，建立万事，当用大中之道。所谓道者何哉？即无偏无党，无反无侧，无有作好，遵王之道，无有作恶，遵王之路是也。”[⑥]认为“皇极”是“万事之所祖，无所不利，故不言数。以此观之，包括九畴，总兼万事，未有不本于皇极而行也，故处于中焉”[⑦]。以大中之道解释皇极，就淡化了以君作“中”的含义，有利于从理论上对君权有所制约。这实际上也是儒家“中庸”之道的发挥，要统治者遵循中道，从而达到天下大治：

> 自此而下至天子作民父母以为天下王，是箕子广皇极之义也。以大中之道至深。圣人之教至广，故箕子殷勤丁宁而备言之。皇，大；极，中也。自圣人治天下，当大立其大中之道而后可。然则谓之中道者如何？夫王者由五常之性取中而后行者也。刚则不暴，柔则不懦，贤则不过，愚者亦能及，推而使施诸天下，使天下之人莫不能由而行之者，圣人之中道也。[⑧]

当然，胡瑗也不可能摆脱儒家常用的天人感应的思想，他在解释《洪范》时也以天人感应的观点来警戒统治者要以善行来感召上天的和气，从而达到格君心的目的：

---

①孙星衍：《尚书今古文注疏》卷十二，中华书局，2004年，第294页。

②《汉书·五行志》，中华书局，1962年，第1315页。

③胡瑗：《洪范口义》上卷，台湾商务印书馆，1983年，第453页。

④同②，第1458页。

⑤同②，第1317页。

⑥同③，第455页。

⑦同③，第456页。

⑧同③，第467页。

次八曰念用庶征。庶征者,即谓休征五,咎征五,统而称之,故曰庶征。君能与众同欲,君臣上下无相夺伦,蛮夷戎狄莫不宁谧,故五行为之遂性,天地为之昭感,则休征胡为而不至哉?休征之实有五,曰雨,曰旸,曰燠,曰寒,曰风是也。休征至则五者皆顺其时,五者各得其叙,而为执五事之应也。故曰肃时雨顺之也。乂时旸顺之也,哲时燠顺之也,谋时寒顺之也,圣时风顺之也,此盖和气之所感召也。若君不能与众同欲,君子小人各反乎所为,远近大小罔有宁谧,则五行为之失性,二仪为之愆和,如此是咎征胡为而不至哉![1]

因为王者的一言一行都有相对的"休""咎":"故王者作一事必念一事之应,行一政必念一政之报,事谨则休征至焉,事悖则咎征至焉,人君敢不恭承天而谨于御国乎!"[2]

《洪范》本来就是讲述治国的道理的,胡瑗在这里基本上不再沿用汉儒谶纬神秘的附会之说,仅从人事的观点出发,从他所强调的"大中之道"出发,使得《洪范》大法走下神坛,更加注重人事义理。宋学的贡献,正在于这种对义理的进一步净化,从而使儒家经典更符合时代的发展。

第三节 欧阳修的《诗本义》与苏辙的《诗集传》

一、欧阳修的《诗本义》:探求本义

《诗经》学在汉代以后,主要是《毛诗》独尊,而汉代曾经流行的齐诗、鲁诗和韩诗都隐没无闻,大部分失传。唐代官修《毛诗正义》出,以汉毛亨传、郑玄笺、唐孔颖达注疏为准,经学统一。唐代施士丐曾撰《施氏诗说》,颇出新意。施氏在大历时以《诗经》名家,与啖助、赵匡齐名。后来韩愈等人也有新说,但在当时均未产生太大影响,关于《诗经》的解释仍以孔颖达注《毛诗》本为依据。

欧阳修著有《诗本义》十五卷,另有多篇文章论及《诗经》。他怀疑《诗序》作者及其内容,开启了宋代关于《诗序》的争端,此外还对《诗经》内容本身进行质疑。

(一)对于《毛序》的怀疑

关于《诗序》作者问题,《四库全书总目》中曾道出学术史上对于《诗序》作者的纷纭异辞:

案《诗序》之说,纷如聚讼。以为《大序》子夏作,《小序》子夏、毛公合作者,郑

①胡瑗:《洪范口义》,台湾商务印书馆,1983年,第456–457页。

②同①,第457页。

玄《诗谱》也。以为子夏所序《诗》即今《毛诗序》者，王肃《家语注》也。以为卫宏受学谢曼卿、作《诗序》者，《后汉书·儒林传》也。以为子夏所创，毛公及卫宏又加润益者，《隋书·经籍志》也。以为子夏不序《诗》者，韩愈也。以为子夏惟裁初句，以下出于毛公者，成伯玙也。以为诗人所自制者，王安石也。以《小序》为国史之旧文，以《大序》为孔子作者，明道程子也。以首句即为孔子所题者，王得臣也。以为毛《传》初行尚未有《序》，其后门人互相传授，各记其师说者，曹粹中也。以为村野妄人所作，昌言排击而不顾者，则倡之者郑樵、王质，和之者朱子也。[①]

郑玄认为《大序》为子夏作，《小序》为子夏、毛公合作，其后也多主《诗序》为子夏所作。唐代韩愈也曾怀疑《毛序》的作者，认为“子夏不序《诗》有三焉：知不及，一也；暴扬中苒之私，《春秋》所不道，二也；诸侯犹世，不敢以云，三也”[②]。成伯玙是唐代人，晚于韩愈，他认为子夏只作了每一序的首句，以下则是毛公所作。承接韩愈的怀疑态度，欧阳修在其所著《诗本义》里，对《毛诗序》之作者为子夏说采取怀疑的态度：

或问：“《诗》之《序》，卜商作乎？卫宏作乎？非二人之作，则作者其谁乎？”应之曰：“《书》、《春秋》皆有《序》，而著其名氏，故可知其作者。《诗》之序不著其名氏，安得而知之乎？虽然，非子夏之作，则可以知也。”

曰：“何以知之？”应之曰：“子夏亲受学于孔子，宜其得《诗》之大旨，其言《风》、《雅》有变、正，而论《关雎》、《鹊巢》系之周公、召公，使子夏而序《诗》，不为此言也。自圣人殁，六经多失其传，一经之学分为数家，不胜其异说也。当汉之初，《诗》之说分为齐、鲁、韩三家，晚而毛氏之《诗》始出，久之三家之学既废，而《毛诗》独行以至于今不绝。今齐、鲁之学没不复见，而《韩诗》遗说往往见于他书，至其经文亦不同，如逶迤、郁夷之类是也，然不见其终始，亦莫知其是非。自汉以来，学者多矣，其卒舍三家而从毛公者，盖以其源流所自，得圣人之旨多，与今考《毛诗》诸序与孟子说《诗》多合。故吾于《诗》，常以《序》为证也，至其时有小失，随而正之。惟《周南》、《召南》失者类多，吾固已论之矣，学者可以察焉。”[③]

欧阳修怀疑《诗序》不是子夏所作的依据是《诗序》之中的论述斤斤计较于《风》《雅》之变正及《诗序》以《周南》、《召南》之诸诗系之于一人之治，这些都属于

①《四库全书总目·诗序》，中华书局，1965 年，第 119 页。

②皮锡瑞：《经学通论·诗经》，中华书局，1954 年，第 25 页。

③欧阳修：《诗本义》卷十四，台湾商务印书馆，1983 年，第 293-294 页。

“太师之职”,忽略了《诗经》之中的“大旨”,也即欧阳修所强调的“本义”,不能真正阐明《诗》之义理,不符合孔子解《诗》之义。因为《论语·阳货》里曾提到孔子于诗的看法:“诗可以兴,可以观,可以群,可以怨。迩之事父,远之事君;多识于鸟兽草木之名。”[①]孔子讲诗,着眼的是其中的所谓善恶劝戒的“大义”。但他同时也承认《毛序》有其可取之处,“盖以其源流所自,得圣人之旨多,与今考《毛诗》诸序与孟子说《诗》多合”,这样有取有舍,显示出他辩证的眼光。

欧阳修认为《诗序》非成于一人之手,由经师辗转讲说,愈演愈繁,遂失其本义,“劳其心而不知其要,逐其末而不知其本也”[②]。如何学《诗》方为正道,欧阳修给出了答案:“何谓本末?作此诗,述此事,善则美,恶则刺,所谓诗人之意者,本也。正其名,别其类,或系于此,或系于彼,所谓太师之职者,末也。察其美刺,知其善恶,以为劝戒,所谓圣人之志者,本也。求诗人之意,达圣人之志者,经师之本也。讲太师之职,因其失传而妄自为说者,经师之末也。”故而学《诗》者要去其繁乱之辞,寻其本义,“知前事之善恶,知诗人之美刺,知圣人之劝戒,是谓知学之本而得其要,其学足矣,又何求焉?”[③]所谓正名别类,系某诗于后妃之德云云者,都是《诗》之末,其真实面貌求之不得也无关紧要。

欧阳修对于二《南》的《诗序》质疑最多。首先是《诗序》内容的自相矛盾。在《时世论》中,欧阳修怀疑二《南》之《序》所系之人物与内容不符:

今《诗》之《序》曰:“《关雎》、《麟趾》之化,王者之风,故系之周公。《鹊巢》、《驺虞》之德,诸侯之风,故系之召公。”至于《关雎》、《鹊巢》所述,一太姒尔,何以为后妃?何以为夫人?二《南》之事,一文王尔,何以为王者?何以为诸侯?则《序》皆不通也。[④]

另外,还有对《麟之趾》、《驺虞》之序的问题辩驳。当然,欧阳修的推断,以今人的目光来看,也未必就合乎事实。但这种大胆质疑的态度,独立思考的精神,对当时实有启发意义。欧阳修自己也指出并不敢谓己说之必是:“余于《周南》、《召南》,辩其不合,而《关雎》之作,取其近似者焉,盖其说合于孔子之言也。若《雅》也、《颂》也,则辩之而不敢必,而有待焉。夫毛、郑之失,患于自信其学而曲遂其说

①《十三经注疏·论语注疏》卷十七《阳货》,中华书局影印本,1965年,第2525页。

②《欧阳修全集·本末论》,中华书局,2001年,第892页。

③同②,第892-893页。

④《欧阳修全集·时世论》,中华书局,2001年,第894页。

也。若予又将自信，则是笑奔车之覆而疾驱以追之也。然见其失不可不辩，辩而不敢必，使余之说得与毛、郑之说并立于世，以待夫明者而择焉可也。"[①]有见则说，有疑存疑，不妄下论断，欧阳修的经解态度是十分谨慎的。

其次是次序的混乱。如关于《螽斯》一诗，《毛序》解释为"后妃子孙众多也。言若螽斯不妒忌，则子孙众多也"[②]。欧阳修则认为："《螽斯》，大义甚明而易得。惟其序文颠倒，遂使毛、郑从而解之。失也。蛰螽，蝗类微虫尔。诗人安知其心不妒忌。此尤不近人情者。蛰螽，多子之虫也。大率虫子皆多，诗人偶取其一以为比尔，所取者但取其多子似螽斯也。据序宜言不妒忌，则子孙众多如螽斯也。今其文倒，故毛、郑遂谓螽斯有不妒忌之性者，失也。"[③]

还有就是批评二《南》系时的错误。欧阳修从《关雎》的语言及内容上推断该诗并非如《诗序》所言为文王时所作：

昔孔子尝言《关雎》矣，曰"哀而不伤"，太史公又曰"周道缺，诗人本之衽席，《关雎》作"，而齐、鲁、韩三家皆以为康王政衰之诗，皆与郑氏之说其意不类。盖尝以哀伤为言，由是言之，谓《关雎》为周衰之作者近是矣。周之为周也，远自上世积德累仁，至于文王之盛，征伐诸侯之不服者，天下归者三分有二，其仁德所及，下至昆虫草木，如《灵台》、《行苇》之所述。盖其功业盛大，积累之勤，其来远矣，其盛德被天下者非一事也。太姒，贤妃，又有内助之功尔，而言《诗》者过为称述，遂以《关雎》为王化之本，以谓文王之兴，自太姒始，故于众篇所述德化之盛，皆云后妃之化所致。至于天下太平，《麟趾》与《驺虞》之瑞，亦以为后妃功化之盛效，故曰"《麟趾》，《关雎》之应"，"《驺虞》，《鹊巢》之应也"。何其过论欤？夫王者之兴，岂专由女德，惟其后世因妇人以致衰乱，则宜思其初有妇德之助以兴尔。因其所以衰，思其所以兴，此《关雎》之所以作也。其思彼之辞甚美，则哀伤之意亦深，其言缓，其意远，孔子曰"哀而不伤"，谓此也。司马迁之于学也，杂博而无所择，然其去周、秦未远，其为说必有老师宿儒之所传，其曰"周道缺而《关雎》作"，不知自何而得此言也，吾有取焉。[④]

对于二《南》之外的诗之《小序》，欧阳修也有批驳。如关于《邶风·静女》一诗，

①《欧阳修全集·时世论》，中华书局，2001 年，第 896 页。
②《十三经注疏·毛诗正义》卷一，中华书局影印本，1980 年，第 278 页。
③欧阳修：《诗本义》卷一，台湾商务印书馆，1983 年，第 185 页。
④同①，第 895 页。

欧阳修不采《诗序》之道德教化观而以之为“淫奔”诗,对于《有女同车》和《山有扶苏》二诗,认为次序有误,应予互换,《雨无正》等诗序与文不符。

对于毛传、郑笺,欧阳修也都有批评辩难。毛传又称《毛诗故训传》,据郑玄《诗谱》为汉人毛亨作,重在名物训诂;郑笺是郑玄所作,是汉儒解《诗经》的集大成之作。欧阳修认为有些诗篇毛、郑之解不合大义,他尤其抨击郑玄之失:“郑笺不详诗之首卒,随文为解,至有一章之内,每句别为一说,是以文意散离、前后错乱而失诗之旨归矣。”①“六经有所不通,当缺之以俟知者。若改字以就己说,则何人不能为说,何字不可改也?”②

(二)对于《诗经》之诗作本身的怀疑

欧阳修于《诗经》中的某些诗篇,从人情或历史的角度加以怀疑。如他以子不语怪力乱神之说质疑《生民》、《玄鸟》之中的怪诞,对“玄鸟生商”、后稷之诞生都表示不理解,但他也不妄下结论,而是疑则有阙:“盖君子之学也,不穷远以为能,阙所不知,慎其传以惑世也。阙焉而有待可矣。”③

欧阳修还认为《鲁颂》的内容与历史事实不合,《春秋》所载与《鲁颂》所言有矛盾:

或问:《鲁诗》之颂僖公盛矣,信乎?其克淮夷,伐戎狄,服荆舒,荒徐宅,至于海邦、蛮貊,莫不从命,何其盛也!《泮水》曰:“既作泮宫,淮夷攸服。矫矫武臣,在泮献馘。”又曰:“既克淮夷,孔淑不逆。”又曰:“景彼淮夷,来献其琛。”《閟宫》曰:“戎狄是膺,荆舒是惩。”又曰:“淮夷来同,鲁侯之功。”又曰:“遂荒徐宅,至于海邦,淮夷蛮貊,及彼南夷,莫不率从。”其武功之盛,威德所加,如诗所陈,五霸不及也。然鲁在春秋时,常为弱国,其与诸侯会盟、征伐见于《春秋》、《史记》者,可数也,皆无诗文所颂之事。而淮夷、戎狄、荆舒、徐人之事有见于《春秋》者,又皆与《颂》不合者何也?④

欧阳修根据历史史实指出,鲁僖公在位三十三年,其中伐邾四次,败莒、灭项者各一次,这是鲁国单独用兵。还有僖公四年伐楚、侵陈,六年伐郑,这时齐桓公方称霸诸侯,鲁国只是参与而已。僖公二十八年围许,这时晋文公称霸,鲁国也只

①欧阳修:《诗本义》卷七,台湾商务印书馆,1983年,第226页。

②欧阳修:《诗本义》卷十三,台湾商务印书馆,1983年,第284页。

③欧阳修:《诗本义》卷十,台湾商务印书馆,1983年,第259页。

④《欧阳修全集·鲁问》,中华书局,2001年,第898页。

是参与。另外僖公十五年，楚伐徐，鲁救徐，徐败。僖公十八年，宋伐齐，鲁救齐，齐败。僖公二十六年，齐人侵伐鲁鄙，鲁乞师于楚，楚人伐齐。《春秋》所记僖公在位时的军事行动，其单独出兵所伐的邾、莒、项皆是小国，虽能灭项，又见执于齐。其所伐的大国，皆由齐或晋主兵。其有所救者，又力不能胜而辄败。故而从史实可以推出鲁僖公之时鲁国既非强国，诗中所言又多不实。欧阳修驳斥《泮水》诗中的"既作泮宫，淮夷攸服"[①]一句：

其所侵伐小国，《春秋》必书，焉有所谓克服淮夷之事乎？惟其十六年，一会齐侯于淮尔。是会也，淮夷侵鄫，齐侯来会，谋救鄫尔。由是言之，淮夷未尝服于鲁也。[②]

还有《閟宫》诗中的"戎狄是膺，荆舒是惩"[③]、"遂荒徐宅"[④]，也与史实不符：

其曰"戎狄是膺，荆舒是惩"者，郑氏以谓僖公与齐桓举义兵，北当戎与狄，南艾荆及群舒。按僖公即位之元年，齐桓二十七年也。齐桓十七年伐山戎，远在僖公未即位之前，至僖公十年，齐侯许男伐戎，鲁又不与。郑氏之说既谬，而诗所谓"戎狄是膺"者，孟子又曰"周公方且膺之"，如孟子之说，岂僖公事也？荆，楚也。僖公之元年，楚成王之十三年也。是时，楚方强盛，非鲁所能制。僖之四年，从齐桓伐楚，而齐以楚强不敢速进，乃次于陉，而楚遂与齐盟于召陵，此岂鲁僖得以为功哉？六年，楚伐许，又从齐桓救许，而力不能胜，许男卒面缚衔璧降于楚。十五年，楚伐徐，又从齐桓救徐，而力又不能胜，楚卒败徐，取其娄林之邑。舒在僖公之世，未尝与鲁通，惟三年，徐人取舒，一见尔，盖舒为徐取之矣。然则郑氏谓僖公与齐桓南艾荆及群舒者，亦谬矣。由是言之，所谓"戎狄是膺，荆舒是惩"者，皆与《春秋》不合矣。[⑤]

楚之伐徐，取娄林，齐人、徐人伐英氏以报之。盖徐人之有楚伐也，不求助于鲁而求助于齐以报之，以此见徐非鲁之与国也，则所谓"遂荒徐宅"者，亦不见于《春秋》矣。[⑥]

①《十三经注疏·毛诗正义》卷二十，中华书局影印本，1980年，第611页。

②《欧阳修全集·鲁问》，中华书局，2001年，第898-899页。

③同①，第617页。

④同①，第617页。

⑤同②，第899页。

⑥同②，第899页。

欧阳修虽然指出了《诗经》内容与《春秋》的不合之处,但《春秋》是孔子所修,《诗经》为孔子所删正,二者必有一个是错误的,如何解决这一难题,只有“虽其本有所不能达者,犹将阙之是也。惟阙其不知以俟焉可也”[①]。

南宋楼钥曾论欧阳修于后世的影响:

由汉以至本朝,千余年间,号为通经者不过经述毛、郑,莫详于孔颖达之疏,不敢以一语违忤二家,自不相侔者,皆曲为说就以通之。韩文公大儒也,其上书所引“菁菁者莪”犹规规然守其说。惟欧阳公《本义》之作,始有以开百世之惑。曾不轻议二家之短长,而能指其不然,以深持诗人之意。其后王文公、苏文定公、伊川程先生各著其说,更相发明,愈益昭著,其实自欧阳氏发之。[②]

二、苏辙的《诗集传》:只取《诗序》首句

苏辙[③]经学有《诗集传》、《春秋集解》、《孟子解》、《论语拾遗》等著作。苏辙是欧阳修于嘉祐二年(1057)知贡举时所录取的进士,与其兄苏轼同为欧阳修所赏识,苏辙的《诗集传》也继承了欧阳修的疑经精神,特别是关于《毛诗序》的真伪之辨,使宋代《诗经》学又发展到一个新阶段。

(一)《诗序》之质疑

苏辙自述“平生好读《诗》、《春秋》,病先儒多失其指,欲更为之传”[④],他在《诗经》学上沿着欧阳修的疑经路径,对《诗序》之真伪及《诗经》的内容质疑辩难,进一步开拓了宋代的《诗经》学研究。苏辙认为《诗序》作者不是子夏,其作者亦非一人,有孔子之传,有毛氏之传,还有后来的经师附益:

今《毛诗》之叙何其详之甚也?世传以为出于子夏,予窃疑之。子夏尝言《诗》于仲尼,仲尼称之,故后世之为《诗》者附之。要之,岂必子夏为之?其亦出于孔子,或弟子之知《诗》者欤?然其诚出于孔氏也,则不若是详矣。孔子删《诗》而取三百五篇,今其亡者六焉。《诗》之叙未尝详也。《诗》之亡者,经师不得见矣,虽欲详之而无由,其存者将以解之,故从而附益之以自信其说。是以其言时有反复烦重,类

①《欧阳修全集·鲁问》,中华书局,2001年,第899页。

②朱彝尊:《经义考》卷一〇四引,中华书局,1998年,第563页。

③苏辙(1039—1112)的年代属于宋仁宗的后期及英宗、神宗、哲宗和徽宗时期,但据其“年二十,作《诗传》”(见苏籀《栾城先生遗言》),可见其《诗经》学之观点,由来甚早,其二十之年为1059年,在仁宗嘉祐四年,故系之于庆历之际加以讨论。

④《苏辙集·颍滨遗老传》,中华书局,1990年,第1283–1284页。

非一人之词者，凡此皆毛氏之学而卫宏之所集录也。东汉《儒林传》曰："卫宏从谢曼卿受学，作《毛诗叙》，善得《风》、《雅》之旨，至今传于世。"《隋书·经籍志》曰："先儒相承，谓《毛诗叙》子夏所创，毛公及卫敬仲又加润益。"古说本如此，故予存其一言而已，曰：是《诗》言是事也，而尽去其余，独采其可者见于今传，其尤不可者皆明著其失，以为此孔氏之旧也。[①]

苏辙除了承接欧阳修的观点，怀疑《诗序》的作者，还发扬了唐人成伯玙的观点，只取每一《小序》之首句。与成伯玙以之为子夏所作不同的是，他认为《小序》之首句为孔子之旧，故"存其一言而已"，采用《小序》之首句，其余皆弃而不用。对于苏辙的这种解诗方法，四库馆臣亦考证其不为无据：

其说以《诗》之《小序》反复繁重，类非一人之词，疑为毛公之学，卫宏之所集录。因惟存其发端一言，而以下馀文悉从删汰。案《礼记》曰："《驺虞》者，乐官备也。《首》者，乐会时也。《采苹》者，乐循法也。"是足见古人言《诗》，率以一语括其旨。《小序》之体，实肇于斯。王应麟《韩诗考》所载，如"《关雎》，刺时也。《芣》，伤夫有恶疾也。《汉广》，悦人也。《汝坟》辞家也。《蝃蝀》，刺奔女也。《黍离》，伯封作也。《宾之初筵》，卫武公饮酒悔过也。"刘安世《元城语录》亦曰"少年尝记读《韩诗》，有《雨无极篇》，《序》云，正大夫刺幽王也。首云'雨无其极，伤我稼穑。'"云云，是《韩诗》《序》亦括以一语也。又蔡邕书《石经》，悉本《鲁诗》，所作《独断》，载《周颂》《序》三十一章，大致皆与《毛诗》同，而但有其首句。是《鲁诗》《序》亦括以一语也。辙取《小序》首句为毛公之学，不为无见。[②]

苏辙解《诗》采《诗序》之首句，对《诗序》首句之后的内容依据诗之本义进行甄别，指出其中的内容不合之处。如《邶风·简兮》诗，《诗序》以为"刺不用贤也"，紧接首句的是"卫之贤者仕于伶官，皆可以乘事王者"[③]。苏辙则认为，"《毛诗》之叙曰：'卫之贤者仕于伶官，皆可以乘事王者。'夫此诗言贤者不见用，而思诉之天子，故曰：'云谁之思，西方美人。'知周之不足诉，故于曰：'彼美人兮，西方之人兮。'《毛诗》既以西方美人为周，而又以彼美人为卫之贤者，曰'所谓西方之人者，言其宜在王室也'，可乎？"

《齐风·东方未明》诗，《诗序》解释为："刺无节也。朝廷兴居无节，号令不时，

①苏洵等著、曾枣庄等主编：《三苏全书》第二册《诗集传》，语文出版社，2001年，第266页。
②《四库全书总目·诗集传》，中华书局，1965年，第121页。
③《十三经注疏·毛诗正义》卷二，中华书局影印本，1980年，第308页。

挈壶氏不能掌其职焉。”[①]《诗集传》则认为:“《毛诗》之叙曰:‘朝廷兴居无节,号令不时,挈壶氏不能掌其职。’夫虽衰乱之世,蚤莫不易挈壶之职,虽或失之,而天时犹在,何至于未明而颠倒衣裳哉?毛氏因‘东方未明’、‘不能辰夜’而信以为然,其说亦已陋矣。”[②]

《小雅·雨无正》诗,《诗序》解释为:“大夫刺幽王也。雨,自上下者也,众多如雨,而非所以为政也。”[③]《诗集传》则驳斥“自上下者也,众多如雨,而非所以为政也”所解不确:“幽王之乱,民之无罪而被祸灾者无所归咎,曰:‘天实为之。天之生物,浩然其若无穷者,奈何不长其德?既已生之,而又降丧乱饥馑以斩伐之哉?岂天怒之迅烈,曾弗之应而弗之图乎?彼有罪者则既伏其辜矣,置而弗疑可也。若此无罪,而使之相与陷溺无不遍焉,何也?’此其所以为《雨无正》也。雨之至也,不择善恶而雨焉。幽王之世,民之受祸者如受雨之无不被也。夫雨岂尝有所正雨哉?此所以为雨无正也,而毛氏不达,故《序》以为雨自上下者也,众多如雨,而非所以为政,此则是诗之所不及也。”[④]

《郑风·将仲子》诗,《诗序》认为:“刺庄公也。不胜其母,以害其弟。弟叔失道而公弗制,祭仲谏而公弗听,小不忍以致大乱焉。”[⑤]《诗集传》则以史实驳斥《诗序》“小不忍以致大乱”的观点:“武公夫人姜氏,生庄公及共叔段,爱段,为请于庄公而封之京。祭仲谏曰:‘都城过百雉,国之害也。’公不听,曰:‘多行不义必自毙。’既而太叔命西鄙北鄙贰于己,公子吕又谏,公曰:‘不义不暱,厚将崩。’及太叔完聚,缮甲兵,具卒乘,将以袭郑,夫人将启之,则曰:‘可矣。’命子封帅车二百乘以伐京而逐之。由是观之,庄公非畏父母之言者也,欲必致叔于死耳。夫叔之未袭郑也,有罪而未至于死,是以谏而不听。谏而不听,非爱之也,未得所以杀之也。未得所以杀之而不禁,而曰畏我父母,君子知其不诚也,故因其言而记之。夫因其言而记之者,以示得其情也。然毛氏不知其说,其叙此诗以为‘不胜其母以害其弟,弟叔失道而公弗禁,祭仲谏而公弗听,小不忍以致大乱’,庄公岂不忍者哉?”[⑥]

①《十三经注疏·毛诗正义》卷五,中华书局影印本,1980年,第350页。

②苏洵等著、曾枣庄等主编:《三苏全书》第二册《诗集传》,语文出版社,2001年,第338页。

③《十三经注疏·毛诗正义》卷十二,中华书局影印本,1980年,第447页。

④同②,第431页。

⑤《十三经注疏·毛诗正义》卷四,中华书局影印本,1980年,第337页。

⑥同②,第324页。

（二）还原《诗经》的文学本质：诗咏性情

孔子认为诗有“兴观群怨”的功能，《诗大序》里也提到诗歌的作用：“诗者，志之所之也。在心为志，发言为诗，情动于中，而形于言，言之不足，故嗟叹之，嗟叹之不足，故咏歌之，咏歌之不足，不知手之舞之足之蹈之也。情发于声，声成文谓之音。治世之音安以乐，其政和；乱世之音怨以怒，其政乖；亡国之音哀以思，其民困。故正得失，动天地，感鬼神，莫近于诗。先王以是经夫妇，成孝敬，厚人伦，美教化，移风俗。”[①]从二者的内容看，虽然都重视诗的道德教化作用，但并不否定其吟咏性情的功能。以此二说的内容而论，说《大序》为孔子所传也有其道理。

虽然汉儒把《诗经》作为纯粹教化的工具，以至忽略了其抒情的特点，但诗人却有着不同于经师的态度，创作中的实践活动必然让他们重视抒情的一面。西晋陆机有“诗缘情而绮靡，赋体物而浏亮”[②]的论述，就突出了“情”在诗歌创作中的地位。欧阳修也在解《诗经》时提到其中的“人情”的因素：“诗文虽简易，然能曲尽人事。而古今人情一也，求诗义者，以人情求之，则不远矣。然学者常至于迂远，遂失其本义。”[③]

苏辙在《诗本义》中就《陈风·泽陂》一诗分析时就强调了人的情感因素在诗歌创作中的地位：

《诗》止于陈灵，何也？古之说者曰王泽竭而诗不作，是不然矣。予以为陈灵之后，天下未尝无诗，而仲尼有所不取也。盍亦尝原诗之所为作者乎？诗之所为作者，发于思虑之不能自已，而无与乎王泽之存亡也。是以当其盛时，其人亲被王泽之纯，其心和乐而不流，于是焉发而为诗，则其诗无有不善，则今之正诗是也。及其衰也，有所忧愁愤怒不得其平，淫泆放荡不合于礼者矣，而犹知复反于正，故其为诗也，乱而不荡，则今之变诗是也。及其大亡也，怨君而思叛，越礼而忘反，则其诗远义而无所归向。由是观之，天下未尝一日无诗，而仲尼有所不取也。[④]

《诗集传》对《王风·中谷有蓷》的解释：“故其以艰难而见弃者则叹之，叹之者知其不得已也。以不善而见弃者则条条然而啸，啸者怨之深矣。及其无故而见弃也则泣而已，泣者穷之甚也。”[⑤]从诗中推想作者哀怨之情，而这正是诗歌创作的

①《十三经注疏·毛诗正义》卷一，中华书局影印本，1980年，第269–270页。

②陆机著、张少康集释：《文赋集释》，人民文学出版社，2002年，第99页。

③欧阳修：《诗本义》卷六，台湾商务印书馆，1983年，第222页。

④苏洵等著、曾枣庄等主编：《三苏全书》第二册《诗集传》卷七，语文出版社，2001年，第370–371页。

⑤同④，第319页。

直接原因。《诗集传》对《邶风·泉水》也从人情的观点予以解释:

卫国之女思卫而作诗,其为卫音也固宜,犹庄舄之病而越吟,人情之所必然也。①

泉水出于他国而流于淇,女子嫁于异国,父母终,思归宁而不得,是以思卫之诸姬,将见而与之谋也。夫思归情之所当然也,不归,法之不得已也。圣人不以不得已之法而废其当然之情,故闵而录之也。②

卫女思归而不获,故言其所由以归之道,以致其思之至也。既言其所由以归之道,则又言其可以归之义,曰:"妇人有出嫁之道,远于其宗,故礼缘人情,使得归宁。"因以问其姑、姊,今曷为不得哉?③

通过对人情的重视,苏辙使《诗经》作为诗歌的本来面目显露出来,得以逐步脱离被汉儒强加的政治教化的桎梏,这对宋代《诗经》学的发展无疑有着促进作用。苏辙虽质疑于汉儒,但也并非一味排斥,对于毛传、郑笺的合理之处仍然采用,故四库馆臣评价《诗集传》"于毛氏之学亦不激不随,务持其平者"④。

当然,《诗经》作为"六经"之一,又是儒家诗教的载体,苏辙解《诗》不会脱离儒家的矩矱。他在解诗时也阐发了许多儒家修身养性的观点。如《诗集传》就从人之修养来解《卫风·淇奥》:"君子平居所以自修者亦至矣,如切如磋,如琢如磨,日夜去恶迁善,以求全其性,然亦不可得而见也,徒见其见于外者瑟然僩然、赫然喧然,人之见之者皆不忍忘也,是以知其积诸内者厚也。子贡问于孔子曰:'贫而无谄,富而无骄,何如?'子曰:'可也。未若贫而乐,富而好礼者也。'子贡曰:'《诗》云:如切如磋,如琢如磨,其斯之谓欤?'子曰:'赐也,始可与言诗已矣。告诸往而知来者。'孔子告之以贫而乐、富而好礼,而子贡知其自切磋琢磨得之,此所谓告诸往而知来者。如卫武公所谓富而好礼者欤?"⑤

与苏辙同时的二程诸人,提倡道德修养工夫以及探索内在超越之"道",这在当时是一时风气所在。以二苏为代表的蜀学也有自己的"道"之观点,苏辙解《诗》时也有所流露,如《诗集传》在解《大雅·旱麓》时,就谈到"道"的问题:"道在我而

①苏洵等著、曾枣庄等主编:《三苏全书》第二册《诗集传》,语文出版社,2001年,第295页。

②同①。

③同①,第296页。

④《四库全书总目·诗集传》,中华书局,1965年,第121-122页。

⑤同①,第308-309页。

物无不咸得其性，鸢以之飞于上，鱼以之跃于下，而况于人乎！或曰：天之高也，以为不可及矣，然鸢则至焉；渊之深也，以为不可入矣，然鱼则跃焉。夫鸢、鱼之能至此也，必有道矣，岂可以我之不能不信哉？君子推其诚心以御万物，虽幽明上下无不能格。小人不能知而或疑之，何以异不信鸢、鱼之能飞跃哉！《记》曰：君子之道费而隐，夫妇之愚可以与知焉。及其至也，虽圣人亦有所不知焉。夫妇之不肖可以能行焉。及其至也，虽圣人亦有不能焉。天地之大也，人犹有所憾。故君子语大，天下莫能载焉；语小，天下莫能破焉。诗云：鸢飞戾天，鱼跃于渊，言其上下察也。"①苏辙之所谓"道"，很明显不同于理学家的"道"，更近似于老庄之"道"的本来含义。

第四节　孙复、欧阳修的《春秋》学

一、孙复的《春秋》学：尊王攘夷

皮锡瑞称宋代庆历之际的经学为"经学变古时代"②。徒知记诵的汉唐经学传统已被时代所抛弃，代之而起的是求新求变议论横生的宋代新经学。《春秋》学在五经之中以其有经有史的内容体例，可以为时人提供历史的借鉴与参照，其"春秋笔法"又可以让后人阐发议论于其间。《春秋》"尊王攘夷"的思想，又正好契合宋代加强中央集权与应付外患的现实。

庆历之际的《春秋》经学新变，实际上是唐代啖助、赵匡、陆淳《春秋》学的继续发展。庆历之际，孙复以《春秋》学名于世，著《春秋尊王发微》，弘扬《春秋》"尊王攘夷"的宗旨。

孙复的《春秋》学，特别强调并高扬"尊王"的思想，以维护宋王朝中央朝廷的权威。在他的解经中间，经常发挥经文的微言大义，阐发其"尊王"的道理。如《春秋》的开篇，隐公元年，他就"元年春王正月"的解释，即感慨春秋时期的王权衰微，阐发其尊王的思想：

孔子之作《春秋》也，以天下无王而作也，非为隐公而作也。然则《春秋》之始于隐公者非他，以平王之所终也。何者？昔者幽王遇祸，平王东迁。平既不王，周道绝矣。观夫东迁之后，周室微弱，诸侯强大，朝觐之礼不修，贡赋之职不奉，号令之无所束，赏罚之无所加，坏法易纪者有之，变礼乱乐者有之，弑君戕父者有之，攘

①苏洵等著、曾枣庄等主编：《三苏全书》第二册《诗集传》，语文出版社，2001年，第490页。

②皮锡瑞：《经学历史》，中华书局，2008年，第220页。

国窃号者有之。征伐四出,荡然莫禁。天下之政,中国之事,皆诸侯分裂之。平王庸暗,历孝逾惠,莫能中兴,播荡陵迟,逮隐而死。夫生犹有可待也,死则何所为哉!故《诗》自《黍离》而降,《书》自《文侯之命》而绝,《春秋》自隐公而始也。《诗》自《黍离》而降者,天下无复有雅也;《书》自《文侯之命》而绝者,天下无复有诰命也;《春秋》自隐公而始者,天下无复有王也。夫欲治其末者,必先端其本;严其终者,必先正其始。元年书王,所以端本也;正月,所以正始也。其本既端,其始既正,然后以大中之法从而诛赏之,故曰:"元年春,王正月"也。[①]

"元年春王正月",《公羊传》解为:"元年者何?君之始年也。春者何?岁之始也。王者孰谓?谓文王也。曷为先言王而后言正月?王正月也。何言乎王正月?大一统也。"[②]其中发挥的是大一统之义,当然也有尊王的成分在内。《谷梁传》解为:"虽无事,必举正月,谨始也。"[③]谨始善终,自然要以礼仪为本,隐含的也是王道秩序的尊严。《左传》仅解为"元年春,王周正月"[④],未作发挥。

唐代啖助解释《春秋》则对三家均表不满:"吾观三家之说,诚未达乎《春秋》大宗,安可议其深指?可谓宏纲既失,万目从而大去者也。"[⑤]在他看来,《春秋》三传均不得圣人奥义:"夫子伤主威不行,下同列国,首王正以大一统,先王人以黜诸侯,不言战以示莫敌,称天王以表无二尊,唯王为大,邈矣崇高。"[⑥]《公羊传》的"大一统",侧重的是那个以天子为首的礼教秩序,要各安其位,未必就如后世的那么强调"尊王"。到了后来,在啖、赵、陆所处的中唐之世,则针对的是"三纲五常"维护的皇权,故而高标"尊王":"问者曰:'然则《春秋》救世之宗指安在?'答曰:'在尊王室、正陵僭、举三纲、提五常,彰善瘅恶,不失纤芥,如斯而已。'"[⑦]

孙复上承啖、赵、陆解经的思路,继续发挥"尊王"的思想:"夫欲治其末者,必先端其本;严其终者,必先正其始。元年书王,所以端本也;正月,所以正始也。其本既端,其始既正,然后以大中之法从而诛赏之,故曰'元年春王正月'也。"[⑧]尊王

①孙复:《春秋尊王发微》卷一,台湾商务印书馆,1986年,第3页。
②《十三经注疏·春秋公羊传注疏》卷一,中华书局影印本,1980年,第2196页。
③《十三经注疏·春秋谷梁传注疏》卷一,中华书局影印本,1980年,第2365页。
④《十三经注疏·春秋左传正义》卷一,中华书局影印本,1980年,第1715页。
⑤陆淳:《春秋集传纂例》卷一,台湾商务印书馆,1983年,第379页。
⑥同⑤,第380页。
⑦同⑤,第383页。
⑧同①,第3页。

的思想是一样的，不同的是他对王权的尊严标置更高，对臣子的要求更加严苛。孙复评论《春秋》的人和事，“喜为苛议”，正如他自己所说，“以大中之法从而诛赏之”。四库馆臣曾引用宋人之语讥其这一解经特色：

复之论，上祖陆淳而下开胡安国，谓《春秋》有贬无褒，大抵以深刻为主。晁公武《读书志》载常秩之言曰：“明复为《春秋》，犹商鞅之法，弃灰于道者有刑，步过六尺者有诛。”盖笃论也。而宋代诸儒喜为苛议，顾相与推之，沿波不返，遂使孔庭笔削，变为罗织之经。夫知《春秋》者莫如孟子，不过曰“春秋成而乱臣贼子惧”耳。使二百四十二年中无人非乱臣贼子，则复之说当矣；如不尽乱臣贼子，则圣人亦必有所节取，亦何至由天王以及诸侯、大夫，无一人一事不加诛绝者乎？过于深求而反失《春秋》之本旨者，实自复始。虽其间辨名分、别嫌疑，于兴亡治乱之机亦时有所发明，统而核之，究所谓功不补患者也。以后来说《春秋》者，深文锻炼之学，大抵用此书为根柢，故特录存之，以著履霜之渐，而具论其得失如右。[①]

当然，清人的解经思路，遵循的是所谓的“汉学家法”，与宋学的思路不同，其功不补过的评语也就有失公允。若从思想史的角度看，孙复这种对古代历史多有不满、认为其中人事多不合道德标准的苛议，一方面开启了理学家高彰道德大旗追求成德入圣的儒学门径，一方面也酝酿了后来王安石上追三代之治、以《周礼》改革政治的理论氛围。

为了“尊王”之故，就要贬低诸侯僭上非礼之举。孙复在书中对于诸侯之间的盟会均持否定态度：

(隐公元年)“三月，公及邾仪父盟于蔑。”盟者，乱世之事。故圣王在上，阒无闻焉。斯盖周道陵迟，众心离贰，忠信殆绝，谲诈交作，于是列国相与，始有歃血要言之事尔。凡书盟者，皆恶之也。邾，附庸国，仪父，字。附庸之君未得列于诸侯，故书字以别之。威十七年，公会邾仪父盟于趡庄，二十三年萧叔朝公是也。《春秋》之法恶甚者，日其次者，时非独盟也。以类而求，二百四十二年，诸侯罪恶轻重之迹，焕然可得而见矣。[②]

又如隐公二年：

“二年春，公会戎于潜。”公会戎于潜，圣王不作，明堂失位，要荒之人与诸侯伉，故公会戎于潜。诸侯非有天子之事不得出会诸侯，况会戎哉？凡书会者皆恶之

①《四库全书总目》卷二十六，中华书局，1965年，第214页。

②孙复：《春秋尊王发微》卷一，台湾商务印书馆，1986年，第3-4页。

也。[1]

历史上著名的葵丘之盟,孙复也认为正可见出齐桓公之“恶”:

(僖公九年)“九月戊辰,诸侯盟于葵丘。”威公图伯,内帅诸侯,外攘夷狄,讨逆诛乱以救中国,经营驰骤,出入上下三十年,劳亦至矣。然自服强楚,其心乃盈,不能朝于京师,翼戴天子,兴衰振治,以复文武之业。前此五年,致王世子于首止。今复致宰周公于葵丘。观其心也盈已甚矣。孟子称五伯威公为盛。葵丘之会诸侯,束牲、载书而不歃血。初命曰:“诛不孝,无易树子,无以妾为妻。”再命曰:“尊贤育才,以彰有德。”三命曰:“敬老慈幼,无忘宾、旅。”四命曰:“士无世官,官事无摄,取士必得,无专杀大夫。”五命曰:“无曲防,无遏籴,无有封而不告者。”岂美威哉,盖疾当时诸侯,有所激而云尔。故曰五伯者,三王之罪人也;今之诸侯,五伯之罪人也;今之大夫,今之诸侯之罪人也。此葵丘之盟,威公之恶从可见矣。[2]

此处威公是指齐桓公,当是宋代为避钦宗赵桓讳而改。齐桓公为春秋五霸之中功业最为显赫的一位,孟子曾称“五霸,桓公为盛”[3],但孟子又说五霸为三王之罪人,诸侯为五霸之罪人,今之大夫为今之诸侯之罪人。孙复在此引用孟子的观点来贬低齐桓公与诸侯会盟葵丘,还是表达了他对诸侯之间逢盟会必贬的态度。贬低诸侯,是为了尊崇周王;尊崇周王,自然是为了维护宋朝王室的权威。

世官世禄,本来就是周代的封建制度之内容。但随着时间的推移,这些世官世禄的世家逐渐掌握了各国的政权,出现了王权不复、诸侯权力下移的局面。为了“尊王”,他讥贬当时的世禄之制,实则是针对大夫执国政及由此带来的以下僭上的等级失序:

(隐公元年)“公子益师卒。”益师,孝公子,内大夫也。内大夫生死皆曰公子公孙与氏,不以大夫目之者,恶世禄也。古者诸侯之大夫,皆命于天子。周室既微,其制遂废,故鲁之臧氏、仲孙氏、叔孙氏、季孙氏,晋之狐氏、赵氏、荀氏、郄氏、栾氏、范氏,齐之高氏、国氏、崔氏,卫之宁氏、孙氏,皆世执其政,莫有命于天子者。此可谓世禄者矣。《春秋》详内略外,故独卒内大夫以疾之。[4]

“攘夷”的思想,是孙复此书的另一个重点。当然,“攘夷”的目的还在“尊王”,

①孙复:《春秋尊王发微》卷一,台湾商务印书馆,1986年,第4–5页。

②孙复:《春秋尊王发微》卷五,台湾商务印书馆,1986年,第48页。

③《十三经注疏·孟子注疏》卷十二《告子下》,中华书局影印本,1980年,第2759页。

④同①,第4页。

更好地维护王朝的统治。"尊王"是从内部而言,"攘夷"则从外部而言。孙复对于春秋时期"夷狄"交侵中国,当时的诸侯又不能互相救助,从而导致许多小国的或灭或迁,非常痛心。其实正如韩愈所言,"孔子之作《春秋》也,诸侯用夷礼则夷之,进于中国则中国之"[①],种族的实质还是在文化,是选择礼乐教化还是"被发左衽"。而礼崩乐坏的事实,"夷狄"交侵中国不绝的现状,使维护王室尊严及其秩序和严防外敌成为孔子当时的两件大事,或者说是孙复所解释的圣人的深意所在。故而"攘夷"这一思想亦随处可见于书中。礼节上不与中国等,称谓表达上有内外之分,即便同是盟会,对与"夷狄"的盟会更不可饶恕:

"秋八月庚辰,公及戎盟于唐。"盟,不相信尔,故割牲歃血以要之。郳仪父,中国也,公与中国盟犹曰不可,与戎盟于唐,甚矣。[②]

春秋时期,南方的吴、楚、越等国是不被认同于"中国"的。但后来中原诸侯的势力日衰,吴、楚等国的实力增强,孙复认为连齐桓、晋文之时亦不能比。对于曾是五霸之一的楚国,则直以"蛮"人称之:

(昭公)"四年春,王正月,大雨雹。夏楚子、蔡侯、陈侯、郑伯、许男、徐子、滕子、顿子、胡子、沈子、小邾子、宋世子佐、淮夷会于申。"中国自宋之会,政在大夫,诸侯不见者十年……楚子得以大合诸侯于此者,威、文既死,诸夏不振,丧乱日甚,幅裂横溃,制在荆蛮故也。故自是天下之政、中国之事,皆荆蛮迭制之。至于平丘、召陵之会,诸侯虽云再出,寻复叛去,事无所救,不足道也。[③]

"攘夷"的思想还体现于他对佛教的排斥,这一点将在下一章论述孙复的理学思想时提到。

另外,孙复的解经还有要重贤的思想,这与上述贬斥世家是同一性质,也反映了庆历之际新兴起士人重知识而非重门第的人才观念。如孙复就僖公十九年"梁亡"一条的解释:

"梁亡",恶不用贤也。梁伯守天子土,有宗庙社稷之重,有军旅民人之众,左右前后朝夕与为治莫有闻者,是左右前后皆非其人也。左右前后皆非其人,不亡何待?故直曰梁亡以恶之。[④]

①韩愈著、阎琦校注:《韩昌黎文集注释·原道》,三秦出版社,2004年,第20页。

②孙复:《春秋尊王发微》卷一,台湾商务印书馆,1986年,第5页。

③孙复:《春秋尊王发微》卷十,台湾商务印书馆,1986年,第102页。

④孙复:《春秋尊王发微》卷五,台湾商务印书馆,1986年,第52页。

这与公、谷解为梁国君主不恤人民、隆刑峻法最终鱼烂而自亡的侧重点已不相同。当然,春秋战国之时本就有尚贤的观点,儒墨等家也都提倡任贤,但六朝至唐初的门阀士族及唐末五代的乱世却让这一观点大打折扣,特别是五代的轻视文化及贬损士人,使得本来是常识的道理却成了问题。孙复借《春秋》史实重提此点,既反映了士人一度所遭受的冷遇,也有着当时的现实意义。

虽然有啖、赵等人的解经在前,孙复的《春秋》学思想在当时还是有开创精神的。由于与宋初以来的科举解经思路不同,当他被推荐担任迩英阁祗候说书,要为仁宗经筵讲经时,"杨安国言其讲说多异先儒,罢之"①。

但孙复的影响还是不胫而走,逐渐成为当时解《春秋》的流行版本。苏辙的孙子苏籀曾言:"颍昌吾祖书阁,有厨三只,《春秋说》一轴,解注以《公》、《谷》、《左氏》、孙复。卷末后题'丙申嘉祐元年冬,寓居兴国浴室东坐第二位读《三传》'。"②可知在嘉祐年间,孙复的《春秋》学著作已成为应举士子们解经的参考书之一。

当时的一班革新人物对孙复之学也很推崇,如范仲淹推荐他讲学于太学,欧阳修高度评价其《春秋》学。在太学受业于孙复的程颐曾回忆过当时的讲学盛况:"孙殿丞复说《春秋》,初讲旬日间,来者莫知其数,堂上不容,然后谢之,立听户外者甚众,当时《春秋》之学,为之一盛,至今数十年,传为美事。"③

朱熹虽不完全赞同孙复的解经思想,但对其《春秋》学的开创之功却多有好评:"近时言《春秋》者,皆是计较利害,大义却不曾见。如唐之陆淳,本朝孙明复之徒,他虽未能深于圣经,然观其推言治道,凛凛然可畏,终是得圣人个意思。"④

孙复曾执教于太学,弟子众多,其解经的方法与观点在当时影响很大。之后的《春秋》学,如刘敞的《春秋》学著作,孙觉的《春秋经解》,都受到孙复的影响,其中的许多观点甚至直接承袭孙复而来。

---

①《宋史·儒林传》,中华书局,1985年,第12833页。与孙复形成对照,杨安国的经学思想偏于守旧,"一以注疏为主,无他发明,引喻鄙俚,世或传以为笑。尤喜纬书及注疏所引纬书,则尊之与经等"(见《宋史》第9828页),他虽位在侍讲,时人却不以为然,以其解经为笑资,由此一事亦可看出当时经学风气趋向。

②苏辙:《栾城集》,上海古籍出版社,1987年,第1842页。

③《二程集·河南程氏文集》卷七,中华书局,1981年,第568页。

④黎靖德:《朱子语类》卷八十三,中华书局,1986年,第2174页。

二、欧阳修的《春秋》学：尊经与辨“正统”

欧阳修在经学上有着卓越的见解，如怀疑《易经》之十翼及《诗序》，在当时都是发人所未发，于宋学的形成有开创之功。在《春秋》学上，他并没有专门解《春秋》的著作，只有一些单篇文章，如《春秋论》上、中、下篇，《春秋或问》及散见于诗文之中的议论，还有体现于他学习“春秋笔法”而作的《新五代史》及《新唐书》中的《春秋》学思想。

欧阳修曾论孙复之《春秋》学：“先生治《春秋》，不惑传注，不为曲说以乱经。其言简易，明于诸侯大夫功罪，以考时之盛衰，而推见王道之治乱，得于经之本义为多。”[①]其实，欧阳修此言，也是他自己的夫子自道，他也是重视经之本义，而对传注时有驳斥：“《春秋》，谨一言而信万世者也。予厌众说之乱《春秋》者也。”[②]舍弃传注，直求本义，可以说是当时的解经风尚。

重视人事，反对谶纬迷信，是欧阳修一贯的治经思想。这在其《易》学思想中就很突出，如在《易或问》中，他高调宣扬人事的重要：“夫专人事，则天地鬼神之道废；参焉，则人事惑。使人事修则不废天地鬼神之道者，《谦》之《彖》详矣。治乱在人而天不与者，《否》、《泰》之《彖》详矣。推是而之焉，《易》之道尽矣。”[③]他还专门撰有《论删去九经正义中谶纬札子》一疏，请求朝廷对经书予以删正。

在《问进士策》中，欧阳修曾就经典中的一些玄怪无稽之说予以怀疑，其中就有对《春秋》一书的质疑，如“《春秋》明是非而正王道，‘六鹢’‘鸲鹆’，于人事而何干”，因为“子不语怪，著之前说，以其无益于事而有惑于人也”，以孔子的这一观点，他就推测：“然书之亦有意乎，抑非圣人之所书乎？”[④]这里所说的“六鹢”“鸲鹆”，指的是《春秋》里的两段经文：（僖公十六年）“十有六年春王正月戊申朔，陨石于宋五。是月，六鹢退飞，过宋都”；（昭公二十五年）“夏，叔诣会晋赵鞅、宋乐大心，卫北宫喜、郑游吉、曹人、邾人、滕人、薛人、小邾人于黄父。有鸲鹆来巢”。

在《春秋谷梁传注疏》中，解释“陨石于宋五”及“六鹢退飞”为：“何休云：‘石者，阴德之传者也；鹢者，鸟中之耿介者。皆有似宋襄公之行。宋襄公欲行霸事，不纳公子目夷谋，事事耿介自用，卒以五年见执，六年终败，如五石六鹢之数。天之

①《欧阳修全集·孙明复先生墓志铭》，中华书局，2001年，第458页。

②《欧阳修全集·春秋或问》，中华书局，2001年，第311页。

③《欧阳修全集·易或问》，中华书局，2001年，第879页。

④《欧阳修全集·问进士策》，中华书局，2001年，第680页。

与人,昭昭著明,甚可畏也。'……郑玄云:'六鹢俱飞,得诸侯之象也。其退,示其德性不进以致败也。'"①

《左传》解为:

十六年春,陨石于宋五,陨星也。六鹢退飞过宋都,风也。周内史叔兴聘于宋,宋襄公问焉,曰:"是何祥也?吉凶焉在?"对曰:"今兹鲁多大丧,明年齐有乱,君将得诸侯而不终。"退而告人曰:"君失问。是阴阳之事,非吉凶所生也。吉凶由人,吾不敢逆君故也。"②

另一句"有鸲鹆来巢",也同"六鹢退飞"一样,被加上了种种人事之解释。这些自然现象,在三家传注中都成了与人事有关联的天示征兆之象,成了人事吉凶的预告。欧阳修对此不以为然,以致怀疑经文非孔子所书。欧阳修有一篇短文《石鹢论》,就这一记载又加以阐释,认为三家所说,"一无是矣",而周内史叔兴之论,亦不合乎道理:"且天裂阳,地动阴,有阴陵阳则日蚀,阳胜阴则岁旱。阴阳之变,出为灾祥,国之兴亡,由是而作。既曰阴阳之事,孰谓非吉凶所生哉?其不又已甚乎!"自然界的异常现象,《春秋》多有,"圣人纪灾异,著劝戒而已矣"。③

在汉代及之后的《春秋》学著作里,由于各家解释互异,各守家法,以至于解释《春秋》之义宁信传而曲经,三传不同,经传的解释也差别很大。欧阳修对于《春秋》学的观点与他同时代的孙复一样,也有三传兼采、汇通各家的特点。在经传的次序上,他采取经先于传,以经统传的方法。如他在《春秋论》中,就经传的关系明确地提出尊经贬传,以经为本:

孔子,圣人也,万世取信,一人而已。若公羊高、谷梁赤、左氏三子者,博学而多闻矣,其传不能无失者也。孔子之于经,三子之于传,有所不同,则学者宁舍经而从传,不信孔子而信三子,甚哉其惑也!④

接着欧阳修就三《传》之解释鲁隐公是否为摄位,赵盾是否弑其君夷皋,及许世子止是否弑其君买之事,加以辩驳,认为应以孔子的《春秋》原文为准:

经于鲁隐公之事,书曰"公及邾仪父盟于蔑",其卒也,书曰"公薨",孔子始终谓之公。三子者曰:非公也,是摄也。学者不从孔子谓之公,而从三子谓之摄。其于

①《十三经注疏·春秋谷梁传注疏》卷八,中华书局影印本,1980年,第2398页。

②《十三经注疏·春秋左传正义》卷十四,中华书局影印本,1980年,第1808–1809页。

③《欧阳修全集·石鹢论》,中华书局,2001年,第881页。

④《欧阳修全集·春秋论》,中华书局,2001年,第305页。

晋灵公之事，孔子书曰“赵盾弑其君夷皋”。三子者曰：非赵盾也，是赵穿也。学者不从孔子信为赵盾，而从三子信为赵穿。其于许悼公之事，孔子书曰“许世子止弑其君买”。三子者曰：非弑之也，买病死而止不尝药耳。学者不从孔子信为弑君，而从三子信为不尝药。其舍经而从传者何哉？经简而直，传新而奇，简直无悦耳之言，而新奇多可喜之论，是以学者乐闻而易惑也。予非敢曰不惑，然信于孔子而笃者也。经之所书，予所信也；经所不言，予不知也。①

汉代的《春秋》学今、古文之争，背后是对经典的不同态度。今文经学着重于阐发经典的微言大义，认为《春秋》是孔子为后世所立的“素王大法”，一字之褒贬都有深意存焉；古文经学则部分还原了《春秋》的历史典籍性质，从音韵训诂及制度分析的角度探讨经典的史实，抛弃了今文经学越来越谶纬化的趋势，这也是它能后来居上的原因，但其失在于趋于繁琐之训诂考证。在唐代，古文经学的《左传》占据主流地位。由于李唐王朝自认老子为先祖，又因佛教在当时盛行，儒家思想相比起汉代实际上处于被冷落的地步。虽然对孔子连连加封，孔子的地位实质上在唐代有所下降，讲儒是“周孔”并称，周公还在孔子之前。唐太宗曾说：“朕今之所好者，惟在尧、舜之道，周、孔之教，以为如鸟有翼，如鱼依水，失之必死，不可暂无耳。”②到了中唐，韩愈等人出现，大呼排佛尊儒，这时儒家已经很明显地被冷遇了。到了宋代，为了维护王朝统治，尊儒尊孔才又被提起。在思想界，尊孔就要尊经，就要摆脱传注的束缚，为回归经典发挥义理做铺垫。宋代的《春秋》学，正是在这一背景下开始了其弃传从经的转变。

《春秋》之旨，可以说历来都有对于“尊王”这一思想的阐述，只不过因时代不同侧重点不同而已。汉代“大一统”之论，唐代啖、赵、陆的强调“尊王室，正陵僭，举三纲，提五常”③，宋代孙复深阐“春秋尊王发微”，都是这一思想的延传。欧阳修在《春秋》“尊王”论的基础上发展出其“正统论”思想，也体现了时代的特色，特别是其关于“正统”并不一定要连贯持续的观点，反映出他对历史的独到认识。

在《正统论》中，欧阳修首先揭示他的观点是承接《春秋》之义：

《传》曰“君子大居正”，又曰“王者大一统”。正者，所以正天下之不正也；统

①《欧阳修全集·春秋论》，中华书局，2001 年，第 305-306 页。

②吴兢撰、谢保成集校：《贞观政要集校·慎所好》，中华书局，2003 年，第 331 页。

③陆淳：《春秋集传纂例·赵氏损益义》，台湾商务印书馆，1983 年，第 383 页。

者,所以合天下之不一也。由不正与不一,然后正统之论作。①

“大一统”的观点是《公羊传》对于隐公元年“元年春王正月”的解释。“君子大居正”则是《公羊传》隐公三年的一句话:“宣公谓缪公曰:‘以吾爱与夷,则不若爱女;以为社稷宗庙主,则与夷不若女。盍终为君矣?宣公死,缪公立。缪公逐其二子庄公冯与左师勃,曰:‘尔为吾子,生毋相见,死毋相哭。’与夷复曰:‘先君之所为不与臣国,而纳国乎君者,以君可以为社稷宗庙主也。今君逐君之二子,而将致国乎与夷,此非先君之意也。且使子而可逐,则先君其逐臣矣。’缪公曰:‘先君之不尔逐,可知矣。吾立乎此,摄也。’终致国乎与夷。庄公冯弑与夷。故君子大居正。宋之祸,宣公为之也。”其下注疏则曰:“君子之人,大其嫡子,居正,不劳违礼而让庶也。”②

所谓“君子大居正”,就是要以居于正道为准。而传嫡子就符合这一“正道”,因为宋宣公不让位于嫡子与夷而让位于弟弟穆公和,宋穆公临死不传位于儿子冯与勃而传位于侄子与夷,终于导致后来的冯杀宋殇公与夷夺位的乱局,因此《公羊传》责备宋国的乱局是宋宣公为之,他违背了传位于嫡的“正道”。

欧阳修的“正统”观就是从《春秋公羊传》关于“正”与“统”的解释而来的,什么是正统?欧阳修认为,“尧、舜之相传,三代之相代,或以至公,或以大义,皆得天下之正,合天下于一,是以君子不论也,其帝王之理得而始终之分明故也”③,符合三代之“至公”或“大义”标准的当然是正统:“夫居天下之正,合天下于一,斯正统矣,尧、舜、夏、商、周、秦、汉、唐是也。”还有就是“始虽不得其正,卒能合天下于一,夫一天下而居正,则是天下之君矣,斯谓之正统可矣,晋、隋是也”,④也即符合天下一统的最终结果的也算是正统。

历来的统治者无不重视“法统”的传承,魏晋六朝屡屡上演的“禅让”表演就说明了帝王对“名分”的渴求,正如后来儒家要讲“道统”一样,帝王们也讲究天命的延续,宣扬自己的上承“天”意、下顺民心。而欧阳修则打断了这一“天命”的连续性,认为“正统”也有断绝的时候,也即是所谓的帝王也有不“正”不“统”的“冒

①《欧阳修全集·正统论》,中华书局,2001年,第267页。

②《十三经注疏·春秋公羊传注疏》卷二,中华书局影印本,1980年,第2204页。

③同①。

④同①。

牌货”，虽然仍免不了以成败论英雄的嫌疑，但对于历史的评判无疑是有其进步意义的：“凡为正统之论者，皆欲相承而不绝，至其断而不属，则猥以假人而续之，是以其论曲而不通也。”[①]由此他提出了“正统”的“三绝三续”说：

天下大乱，其上无君，僭窃并兴，正统无属。当是之时，奋然而起，并争乎天下，有功者强，有德者王，威泽皆被于生民，号令皆加乎当世。幸而以大并小，以强兼弱，遂合天下于一，则大且强者谓之正统，犹有说焉。不幸而两立不能相并，考其迹则皆正，较其义则均焉，则正统者将安予夺乎？东晋、后魏是也。其或终始不得其正，又不能合天下于一，则可谓之正统乎？魏及五代是也。然则有不幸而丁其时，则正统有时而绝也。故正统之序，上自尧、舜，历夏、商、周、秦、汉而绝，晋得之而又绝，隋、唐得之而又绝，自尧、舜以来，三绝而复续。惟有绝而有续，然后是非公、予夺当而正统明。[②]

这一观点，实际上反映了宋代知识阶层在历史观念上理性因素的加强。关于“正统”观念的议论，其后的学者多受其影响，司马光就非常赞同这种观点，“欧阳公谓正统不必常相继，有时而绝，斯则善矣”[③]。苏轼也曾表达过同样的态度：“正统之论起于欧阳子，而霸统之说起于章子，二子之论，吾与欧阳子。”[④]

欧阳修的《春秋》学观点，还体现于其修史之中，如在《新五代史》中，重人事轻天命、重道德贬利欲的思想即贯穿其中。

第五节　刘敞的《七经小传》及《春秋》学：全面疑经

《宋元学案》列刘敞于《庐陵学案》之中，刘敞于欧阳修为门生辈，但从欧阳修“每于书有疑，折简来问”[⑤]的情况看，二人属于亦师亦友之间。刘敞的成长是在仁宗之世，其学术背景已不同于范仲淹和欧阳修，学术的新变及士人的自觉风气更加浓厚，刘敞以后学之秀，博览群书，承接欧阳修之疑经先声，波及群经，掀起对古代经典全面的质疑问难浪潮。

刘敞家学深厚，其祖父刘式就曾治《春秋》三传，在南唐时以明经举第一，且

①《欧阳修全集·正统论》，中华书局，2001年，第267页。

②同①。

③司马光：《温国文正司马公文集·答郭纯长官书》，上海书店，1989年，第7页。

④《苏轼文集·正统论三首》，中华书局，1986年，第121页。

⑤黄宗羲：《宋元学案》卷四，中华书局，1986年，第207页。

留有大量藏书。刘敞自己亦是学问淹博,名重当时。欧阳修说他"自六经、百氏、古今传记,下至天文、地理、卜医、数术、浮图、老庄之说,无所不通"[①]。他又爱收藏出土古器,撰有《先秦古器记》,在金石学的创建上与欧阳修同有开创之功。渊博的学识,加以当时的疑古思变的时代风气熏染,刘敞的经学成就反映了庆历之际的学术转型在向更深更广的层次发展。

一、《七经小传》的疑经疑传

《七经小传》是刘敞的读书札记,称作"七经",实际则名不副实,四库馆臣曾分析其内容:

> 是编乃其杂论经义之语。其曰"七经"者,一《尚书》,二《毛诗》,三《周礼》,四《仪礼》,五《礼记》,六《公羊传》,七《论语》也。然《公羊传》仅一条,又皆校正《传》文衍字,于《传》义无所辨正,后又有《左传》一条、《国语》一条,亦不应独以《公羊》标目。盖敞本欲作《七经传》,惟《春秋》先成。凡所札记,已编入《春秋传》、《意林》、《权衡》、《文权》、《说例》五书中。此三条一校衍字,一论都城百雉,一论禘郊祖宗报,于经文无所附丽,故其文仍在此书中。其标题当为《春秋》,故得兼及《外传》。传写者见第一条为《公羊》,第二条末亦有"公羊"字,遂题曰《公羊》而注曰"《国语》附",失其旨矣。《论语》诸条,有与诸经一例者,又有直书《经》文而夹注句下如注疏体者,亦注《论语》而未成,以所注杂录其中也。[②]

《七经小传》加上其《春秋》学著作,刘敞已经对五经中除《易经》之外的其他经学著作开始了全面的怀疑。

《尚书·尧典》里有尧命羲和分居四方、以正四时的记载,"申命羲叔,宅南交。平秩南讹,敬致。日永,星火,以正仲夏"[③],其中《尚书正义》解释"南交"为"南交言夏与春交"[④],似指南方春与夏交替之处,在语义上颇难理解。而汉初伏生所传的《尚书大传》则已有"尧南抚交趾"的解释[⑤],《史记》之裴骃《集解》上引孔安国之语:"夏与春交,此治南方之官也。"所引司马贞《索隐》则曰:"孔注未是。然则冬与秋交,何故下无其文?且东嵎夷,西昧谷,北幽都,三方皆言地,而夏独不言地,乃

①《欧阳修全集·集贤院学士刘公墓志铭》,中华书局,2001 年,第 526 页。
②《四库全书总目》卷三三,中华书局,1965 年,第 270 页。
③《十三经注疏·尚书正义》卷二,中华书局影印本,1980 年,第 119 页。
④同③。
⑤孙星衍:《尚书今古文注疏》卷一,中华书局,2004 年,第 17 页。

云与春交,斯不例之甚也。然南方地有名交址者,或古文略举一字名地,南交则是交址不疑也。”[①]刘敞即驳斥《尚书正义》的解释为不顺,“南交”的“交”应该是“交趾”的传写脱落,而不作春夏之交解[②]。

除了对笺注的怀疑,刘敞还敢于对经文质疑。如他对《武成》篇的武王克商次序的重新改定,对个别字的改动,都反映了他的勇于怀疑的精神。当然他对伪《古文尚书》的一些辩证,从今天的眼光看,因后来已对之证伪,似属无用功,但亦不能苛求。

疑经疑传之外,刘敞还对传统的《尚书》之解释提出新解。如他对历史上所记武王伐殷观兵孟津会师诸侯而又退回的解释,认为伪《孔传》所言的“观兵孟津,以卜诸侯伐纣之心”说法不能显示武王的仁心:“圣人岂有私天下之心哉?观兵孟津者,所以惮纣也,欲其畏威悔过,反善自修也。如纣遂能改者,武王亦北面事之而已矣。然则进非示强也,退非示弱也。进所以警其可畏,退所以待其可改。及其终不畏、终不改,然后取之。此篇称纣罔有悛心,乃夷居,弗事上帝神祇,足以知武王之退非示弱而袭之明矣。”[③]对《汤誓》篇言伊尹相汤伐桀一事,认为汤与伊尹不会如孙吴用兵出其不意,而是由于伊尹所帅乃仁义之师,以致桀据险也无法抵挡。[④]这种以儒家后学之意推断历史的解释明显带有“书生之见”,也是刘敞不循传统经师家法、以己意解经的显例。

对于《毛诗》,刘敞也有着自己的见解。刘敞虽然未怀疑流传的《诗序》作者为子夏说,但他对序、笺均有疑义。刘敞对《诗序》的“变风变雅”之说不赞同,认为《诗序》所说“礼义废、政教失、国异政、家殊俗而变风变雅作矣”,是褒贬错谬,无文可据,只要诸国之风“其言正义善事合于道者皆正风也,其有讥刺怨讽者乃变风也”,这样就改变了原来以《周南》、《召南》为正风,以其余国风为变风的分法,实际上也就是改变了只重国别形式而不重诗歌内涵的分类体例。姑且不论此一分别是否符合“正变”之本意,它明显表达了当时士人的一种学术信心,探求本义,不重表象,有“当仁不让于师”的精神,而这也正是宋学的核心所在。

《小雅·伐木》一诗,《诗序》解为“燕朋友故旧也。自天子至于庶人,未有不须

①《史记·五帝本纪第一》卷一,中华书局,1982年,第18页。

②刘敞:《七经小传》卷上,台湾商务印书馆,1986年。第1页。

③同②,第7页。

④同②,第6页。

友以成者。亲亲以睦,友贤不弃,不遗故旧,则民德归厚矣”[①]。“伐木丁丁”,解“丁丁”为伐木声。刘敞则解“伐木丁丁”为:“丁丁,声相应也。伐木者,小事耳,犹求同志共事,其声丁丁然,以言自天子至庶人亦当须友以相成也。彼伐木能求助于人,使有声丁丁然,况任天下之事,事多重于伐木者乎?此乃诗意已,毛、郑说俱非是也。”[②]“丁丁”,“陟耕反”,读为“争”声。若从诗意来看,还是原注解为伐木声更妥帖。当刘敞在此处为了强调天子也须友与相助,就认“丁丁”为伐木时同伴呼应声,倒有为了义理而不顾训诂的偏颇。还有解释《卷耳》一诗,认为原序“后妃又当辅佐君子求贤审官,内有进贤之志,至于忧勤”为不当,原因是后妃不应干政,否则有“牝鸡司晨”之嫌。[③]这也反映了作者思想的时代局限。

《三礼》之学,刘敞亦有疑问存在,对一些礼仪的规定及细节提出辩驳。刘敞有着深厚的文献学基础,他所指正的问题往往能切中要点。《礼记·檀弓下》记载子游与有子论丧礼的一段话:“礼有微情者,有以故兴物者。有直情而径行者,戎狄之道也。礼道则不然。人喜则斯陶,陶斯咏,咏斯犹,犹斯舞,舞斯愠,愠斯戚,戚斯叹,叹斯辟,辟斯踊矣。”[④]其中的“愠斯舞”,与整个文意不相连贯,《礼记正义》里注为衍文。刘敞就发挥《礼记正义》的注文“此喜怒哀乐相对”及衍文之说,认为“人舞宜乐,不宜更愠,又不当渐至辟踊,此中间有遗文矣。盖本曰:人喜则斯陶,陶斯咏,咏斯犹,犹斯舞,舞斯蹈矣;人悲则斯愠,愠斯戚,戚斯叹,叹斯辟,辟斯踊矣。自喜而下五变而倒,自悲而下五变而至踊,所谓孺子慕者也”[⑤]。刘敞的这一推断,在上世纪出土的郭店竹简里得到了证实:“喜斯陶,陶斯奋,奋斯咏,咏斯犹,犹斯舞,舞,喜之终也;愠斯忧,忧斯戚,戚斯叹,叹斯舞,舞斯踊,踊,愠之终也。”[⑥]虽然语句不完全相符,但刘敞所推断大致正确。

宋学并非仅仅发挥义理,实际上宋人的训诂考证也有突出的成就,如宋学集大成者朱熹的辨伪考证就很有成就,只不过比起义理之学而言,不太突出而已。刘敞的疑经辨伪,固然有曲为之说,迁就义理之处,但也有立足于扎实的文献功

①《十三经注疏·毛诗正义》卷九,中华书局影印本,1980 年,第 410 页。

②刘敞:《七经小传》卷上,台湾商务印书馆,1986 年,第 12 页。

③同②,第 9-10 页。

④《十三经注疏·礼记正义》卷九,中华书局影印本,1980 年,第 1304 页。

⑤刘敞:《七经小传》卷中,台湾商务印书馆,1986 年,第 17 页。

⑥参见廖名春《郭店楚简儒家著作考》,《孔子研究》,1998 年第 3 期。

底而得到的真知灼见。

对于《论语》,刘敞的一些解释也有翻新出奇之处,如“当仁不让于师”,传统的解释是“当行仁之事不复让于师,言行仁急”①,他则解释为“当仁者宜为人师,当仁者可不复让于人师。当仁而让于人师则道几乎不传,此孟子所谓乐得英才而教育之,然则才非当仁,亦不可不让为人师”②,这样解释,自然淡化了冒犯师门的礼节之忌,恐怕也不是经文的原意。从这一解释,倒可看出原来先秦时期比较自由的学风渐渐为日趋强化的伦理道德所束缚的趋势,宋人议论再大胆,因受环境的制约,其时代的羁绊却是摆脱不了。其实这也是后来理学的窘境,在君臣礼节等的束缚下,其思想的发展总是受到牵制,不可能突破自身环境的制约而关注人的全面发展,其所谓的“理”也就成了不完全的“理”,只管下不管上、只重义务不重权利,反为统治者所曲解利用。

关于《七经小传》,四库馆臣虽然批评刘敞好以己意改经,但也不抹杀其书的成就及影响:

吴曾《能改斋漫录》曰:“庆历以前,多尊章句注疏之学。至刘原甫为《七经小传》,始异诸儒之说。王荆公修《经义》,盖本于原甫。”晁公武《读书志》亦证以所说“汤伐桀升自陑”之类,与《新经义》同,为王安石剿取敞说之证。大旨均不满于敞。《朱子语类》乃云“《七经小传》甚好。”其说不同……盖好以己意改经,变先儒淳实之风者,实自敞始……且略其卮词,采其粹语,疏通剔抉,精凿者多,又何可以末流之失并废敞书欤?③

二、刘敞兼采三传的《春秋》学

唐代官修《五经正义》统一经传之后,《春秋》用《左传》杜预注,成为考试的定本。到了中唐时期,啖助、赵匡、陆质等人的《春秋》学,会通三家之说,寻求经之本义。韩愈曾有《寄卢仝》诗,言及卢仝“春秋三传束高阁,独抱遗经究终始”④,可知当时有一种解经新风,只是未成气候。

宋代《春秋》学著作,据汪惠敏《宋代经学之研究》所述,可分为五类:会通三

①《十三经注疏·论语注疏》卷十五,中华书局影印本,1980年,第2518页。

②刘敞:《七经小传》卷下,台湾商务印书馆,1986年,第17页。

③《四库全书总目》卷三十三,中华书局,1965年,第270页。

④韩愈著、钱仲联集释:《韩昌黎诗系年集释·寄卢仝》,上海古籍出版社,2007年,第782页。

传类,弃传从经、直以经解类,以理学解《春秋》类,以《春秋》经世类,以及其他不包含在上述四类的作品[①]。

刘敞对于《春秋》学用力颇深,先后著有《春秋传》、《春秋权衡》、《春秋说例》、《春秋意林》和《春秋文权》(今佚)五书,其特点是信经疑传,为发扬《春秋》之意,对三传辩驳判别,兼采三家,断以己意,多有创新。

(一)信经疑传

宋代在刘敞之前有孙复的《春秋》学比较知名,其《春秋尊王发微》上接唐代啖助、赵匡等人的会通三传新风,下开宋代《春秋》学义理解经门径。刘敞的《春秋》学著作,在义理解经上与孙复一脉相传,在文献的考订上则又过之。其主要著作为《春秋权衡》十七卷及《春秋传》十五卷,特别是《春秋权衡》,刘敞自视甚高,《四库全书总目》以清人的"汉学"视角对之亦不无好评:

陈振孙《书录解题》曰:"原父始为《权衡》,以平三家之得失。然后集众说,断以己意而为之《传》。《传》所不尽者,见之《意林》。"然则《传》之作在《意林》前,此书又在《传》前。敞《春秋》之学,此其根柢矣。自序谓《权衡》始出,未有能读者。又谓非达学与通人,则亦必不能观之。其自命甚高。叶梦得作《石林春秋传》,于诸家义疏多所排斥,尤诋孙复《尊王发微》,谓其不深于礼学,故其言多自牴牾,有甚害于《经》者。虽概以礼论当时之过,而不能尽礼之制,尤为肤浅。惟于敞则推其渊源之正。盖敞邃于礼,故是书进退诸说,往往依《经》立义,不似复之意为断制。[②]

《春秋权衡》承接啖、赵之路径,贬低左氏传,为其弃传解经张本。刘敞认为左丘明未尝受经于孔子,所说并非圣人所传:

前汉诸儒不肯为左氏学者,为其是非缪于圣人也。故曰左氏不传《春秋》,此无疑矣。然为左氏者皆耻之,因共护曰:"丘明受经于仲尼。"此欲以自解免耳,其实非也。何以言之邪?仲尼之时鲁国贤者无不从之游,独丘明不在弟子之籍。若丘明真受经作传者,岂得不在弟子之籍哉?岂有受经传道而非弟子者哉?以是观之,仲尼未尝授经于丘明,丘明未尝受经于仲尼也。然丘明所以作传者,乃若自用其意说经,泛以旧章常例,通之于史策,可以见成败耳。其褒贬之意,非丘明所尽也,以其不受经也。学者可勿思之哉。[③]

①汪惠敏:《宋代经学之研究》,台湾师大书苑有限公司,1989年,第265页。
②《四库全书总目》卷二十六,中华书局,1965年,第215页。
③刘敞:《春秋权衡》卷一,台湾商务印书馆,1983年,第172页。

因此，在许多经文的解释上，刘敞认为《左传》所解不合乎孔子之意。如评僖公五年晋灭虞：

晋人执虞公。左氏曰："晋袭虞灭之而修虞祀，且归其职贡于王，故书曰晋人执虞公，罪虞，且言易也。"非也。虞晋同姓，灭之大罪也，虽其自欲文饰，修祀归贡，不足以掩其大恶。《春秋》曷为听之邪？灭人之国，废王者所封，绝先祖之体，苟能修祀归贡者可无讥矣，天下之强，谁不暴弱？天下之众，谁不暴寡哉？此无他，左氏本不受经，不知其义，怪其文理异常，因雕琢迁就为此尔。①

《左传》一书，虽然从它面世以来就争论不断，以为伪书者有之，以为信史者有之，但自东汉以迄唐代，解《春秋》则是以左氏传为流行。宋人另立新意解经，就要打破《左传》的权威，加上汉代本有今、古文之争，《公羊》、《谷梁》二家解《春秋》以微言大义，且与古文经的《左传》多有分歧之处，宋人名为三传兼采，实则是借三家之歧义而另立新说。刘敞以左丘明未曾受业于孔子立论，否定了《左传》的解经权威，也为他自己的议论扫清了道路。

既然左氏之说不足凭信，刘敞就可以发表议论于其间，阐述其新义。《郑伯克段于鄢》里曾称赞颍考叔的"纯孝"，刘敞就提出异议：

君子曰颍考叔纯孝也，非也。庄公既自悔其与母誓矣，考叔已闻其心若此矣，考叔当明言于君曰："君之誓母不孝也，鬼神所恶也，虽有丑誓，鬼神弗听也。君不如迎母反之，此所谓迁善徙义，君子之道，鬼神所福也。"彼庄公闻若言，必欣然不辞。何者？彼悔誓其母，又耻自发之，左右莫能导其君者，故至于此。使考叔能为此言，庄公何遽不从，而晻昧致说，苟公不怪其舍肉，事未可知也。又阙地作隧，自云黄泉，上之不足诳鬼，下之不足诬人，内之不足欺心，而徒教其君耻过作非，此孟子所谓又从而为之辞者也，何谓纯孝乎？②

正如清人所评，宋代的《春秋》学对于春秋年间的人和事少可多否，立论过严。刘敞于颍考叔的不满，亦有苛责之嫌。他的立论基础，是宋代的道德环境，这时的道德律条要比春秋之时苛酷，对臣子的要求更严，出于尊王的需要，不容许臣下们陷主子于不义，进谏就要直谏，径直以大义相责，不须拐弯抹角，更何况颍考叔还有导郑庄公文过饰非的嫌疑，故而不能称之为"纯孝"。

以《春秋》所载为依据，抨击传注，当经、传冲突时，当然要以经为主：

---

①刘敞：《春秋权衡》卷四，台湾商务印书馆，1983年，第206页。

②刘敞：《春秋权衡》卷一，台湾商务印书馆，1983年，第176页。

传曰:“郑祭足帅师取温之麦,又取成周之禾。”按《春秋》乃恶相伐者,况伐人丧乎?伐人丧尚恶之,况伐天子乎?今不独伐天子,又伐其丧也,则《春秋》何以无贬郑文邪?左丘明,鲁之太史也,郑氏事若不赴告,鲁左丘明无由知之;苟赴告鲁,则必书于策。苟书于策,则《春秋》必当有之。今《春秋》无此,是不书于策也。不书于策,则丘明何从见此邪?非传闻道听者乎?学者莫如信《春秋》,则外物不能惑矣。《春秋》云甲,传云乙,传虽可信,勿信也。孰信哉?信《春秋》而已矣。[①]

对于《公羊》、《谷梁》二传,刘敞也有抨击:

《公羊》之所以异二传者,大指有三:一曰据百二十国宝书而作;二曰张三世;三曰新周故宋以春秋当新王。吾以此三者皆非也。以谓夫子作《春秋》,祖述尧舜,下包文武,又为大汉用之训世,故不专据鲁史而已。然则齐高偃帅师纳北燕伯于阳,《公羊》以为公子阳生也,文当曰:齐高偃帅师纳北燕公子阳生于北燕。有所误有所阙,故云尔。不知百二十国宝书悉尔,书谬乎?若悉尔书谬,信公羊之说可也。若百二十国宝书有一二不同,仲尼何不去彼取此乎?且百二十国之书众矣,不容悉谬,又不宜悉同,今奈何不革其不革也,然后知所据鲁史而已。且《公羊》见晋晚入《春秋》,则曰:后治同姓,同姓之先治者又不可遽数。皆泥于百二十国宝书,而不知本据鲁史而作,鲁史所书有详有略,仲尼止考核是非加褒贬而已,非必百二十国书也。[②]

接下来他又一一批驳了“张三世”及“新周故宋以《春秋》当新王”的说法。对于《谷梁传》他则批驳其中日月例的解释。

《春秋传》的解经观点与《春秋权衡》一样,信经疑传,借经文发挥义理。隐公八年,“郑伯使宛来归祊。庚寅,我入祊”[③],《左传》无议论,《谷梁传》以为贬郑伯,刘敞则从“义”与“利”的角度发表议论:

三月,郑伯使宛来归祊,庚寅我入祊。未有言“我入”者,其曰“我入祊”何?祊非我有也,何言乎祊?非我有,王者制诸侯之地也有常,郑不得与诸人,鲁不得取诸人。平者义也,入祊者利也,不正,其以利为义。夫苟以利为义者,亦必以利废义,君子耻之。[④]

---

①刘敞:《春秋权衡》卷一,台湾商务印书馆,1983年,第178页。

②刘敞:《春秋权衡》卷八,台湾商务印书馆,1983年,第254页。

③《十三经注疏·春秋左传正义》卷四,中华书局影印本,1980年,第1732页。

④刘敞:《刘氏春秋传》卷一,台湾商务印书馆,1983年,第371页。

宋人的议论，与汉儒不同。汉儒的今文学派，多讲微言大义，但都遵从师法，有所依据；宋儒的发挥义理，则往往借助于经典本文，以自己的观点加以解释，虽是回归了原典，但又摆脱了原典，也即陆九渊所说的“六经注我”，从而使古代的经典又生发出新意。刘敞的解释《春秋》，在理解文本的基础上，更加进了许多他自己的观点，又因为他有深厚的文献功底，所以其解经更显得有所依凭，这也是他的《春秋》学被后人推崇的原因。

刘敞的解经，曾被清人批评为开宋代改经之风，但刘敞的《春秋》学，还是比较谨严，这一点，四库馆臣也给予认可：

其书皆节录三《传》事迹，断以己意。其褒贬义例，多取诸《公羊》、《谷梁》。如以庄公围郕师还为仁义，以公孙宁、仪行父为有存国之功，以晋杀先縠为疾过，以九月用郊为用人，而“赵鞅入晋阳以叛”一条，尚沿二《传》以地正国之谬，皆不免于胶固。其《经》文杂用三《传》，不主一家。每以《经》、《传》连书，不复区画，颇病混淆。又好减损三《传》字句，往往改窜失真。如《左传》“惜也，越竟乃免”句，后人本疑非孔子之言，敞改为“讨贼则免”，而仍以“孔子曰”冠之，殊为踳驳。考黄伯思《东观馀论》，称考正《书·武成》实始于敞，则宋代改《经》之例，敞导其先，宜其视改《传》为固然矣。然论其大致，则得《经》意者为多。盖北宋以来，出新意解《春秋》者，自孙复与敞始。复沿啖、赵之馀波，几于尽废三《传》。敞则不尽从《传》，亦不尽废《传》，故所训释为远胜于复焉。[①]

(二)重视《春秋》实学精神，阐发“尊王攘夷”大义

南宋张栻曾解“实学”为“圣门实学，贵于履践，隐微之际，无非真实，盖所谓存乎德行者也”[②]，也即贵在践履的经世致用之学。宋人于五经之中最重《春秋》学，因其时内忧外患，《春秋》学讲“尊王攘夷”，与现实关系密切，故称《春秋》学为“实学”。庆历年间以《易》学名家的刘牧曾问学于范仲淹，仲淹勉以“实学”，后从学于孙复门下。[③]孙复的《春秋尊王发微》，即强调“尊王”与“攘夷”，重在抉发其中的义理以处理现实事务。

“尊王攘夷”的思想在宋代高涨，是当时环境使然。鉴于唐末五代的割据及混乱，宋代君臣迫切要求维护帝国中央政府的权威，以避免再现地方势力尾大不掉

①《四库全书总目》卷二十六，中华书局，1965 年，第 215 页。

②张栻：《癸巳论语解·述而篇》，台湾商务印书馆，1983 年，第 228 页。

③黄宗羲：《宋元学案》卷二，中华书局，1986 年，第 113 页。

的情形;边境地区的外患不断,让宋政权疲于应付,严峻的边患威胁自然使"夷夏大防"成为当时士人困扰于心的话题。

由于要严防君臣之分、等级之限,宋代的《春秋》学对于春秋二百四十余年间的人和事多有讥刺,"少可多否",可谓动辄得咎。刘敞的《春秋》学思想同样有这种倾向。他在书中常常批评三传的解释为不得圣人之意,不能阐发《春秋》经文中的一字之褒贬意蕴。如隐公元年"公及邾仪父盟于蔑"一句,刘敞就认为三传所解不妥:

"公及邾仪父盟于蔑",传云:"未王命故不书爵,曰仪父贵之也。"非也。诸侯本不得妄盟,盟亦何善哉?乃虞见贬,何贵之有?丘明未尝受经,见仪父称字,心固怪之,又颇闻仲尼立素王之法,遂承其虚说,不复推本道理,直曰贵之云。且是事也,三传皆曰贵仪父,故字之。唯《公羊》以《春秋》当新王,故其说似有理者,而亦终不可通。至于《左氏》、《谷梁》乃未有可贵之道也。又曰:"公即位而求好于邾,故为蔑之盟。"然则继好息民,更是鲁善也,邾不当褒矣。又是后与桓公盟,亦称仪父,又何善邪?①

以刘敞见解,诸侯未有王命不得妄盟,诸侯之盟,本无所谓褒义可言。在"尊王"的思想指导下,他对于春秋时期的诸侯盟会多持贬斥态度。

春秋时期也是"夷狄"交侵的时期,"内诸夏外夷狄"的思想也反映在其著作里面。如襄公十八年,"白狄来。杜云:不言朝,不能朝也。非也。圣人固不责夷狄礼耳。来朝者则谓之朝,何待其与中国均然后谓之朝哉?且若必待其与中国均然后谓之朝,是无宾享也"②。在礼数上就不要求"夷狄"与"中国"等,故而也不必让他们言"朝"。

又如僖公十八年:

邢人狄人伐卫。《公羊》何休曰:"狄称人者,善能救齐。"非也。《春秋》之法,内诸夏而外夷狄。夫外夷狄者,夷狄亦外之。是以仲尼称夷狄之有君不如诸夏之亡,恶其乘衅蹈隙必能为患也。夫中国至大不能无祸,而开夷狄使忧之,吾见祸以益多,忧以益长,甚非仲尼意也。③

在刘敞看来,借"夷狄"之力来救中国内乱,是启衅益祸,因其"非我族类,其

①刘敞:《春秋权衡》卷一,台湾商务印书馆,1983年,第175页。

②刘敞:《春秋权衡》卷六,台湾商务印书馆,1983年,第235页。

③刘敞:《春秋权衡》卷十一,台湾商务印书馆,1983年,第291页。

心必异，戎狄志态，不与华同”[①]，终将会乘衅蹈隙而为患中国。从“夷狄”一方而言，他们也会以“中国”为“非我族类”，不以平等的态度看待华夏。虽然《春秋》也有“夷狄进于中国者则中国之”的大义，但在宋代严酷的现实面前，“华夷”之辨间不容发，国家的安全始终受到外族的威胁，当时的华夷之别并非仅仅是种族之分，正像陈寅恪所言唐末的藩镇割据一样，其实已是文化之分野。而历史恰恰验证了宋代士人的这一担忧，后来的蒙元入侵，所带来的最大损害就在于文化上的戕害。

不惟要明乎“华夷”之辨，即便同是“夷狄”，也有远近亲疏之分。夷者，裔也，泛指远在四境者；狄则主要指居于北方边境的少数民族。因为秦汉之后为患华夏的多是来自北方的少数民族，西晋末年的五胡乱华使得当时的中原汉族饱受战乱和迫害，唐末五代时北方的少数民族又对中央朝廷构成现实的威胁，故于北方之“狄”的防范就格外重视。刘敞曾分析《春秋》所记“夷狄”之不同：

荆败蔡师于莘，论者以吴楚徐越为夷狄乎，不然也。吴楚徐越有狄之名，无狄之情。圣人者慎绝人，吴，太伯之后也；楚，祝融之后也；徐，伯益之后也；越，大禹之后也。其上世皆有元德显功，通乎周室矣，与中国冠带之君奚以异？徐始称王，楚后称王，吴越因遂称王。王非诸侯所当名也，故深抑之，虽然，犹不欲绝其类，是以上不使与中国等，下不使与外裔均，推之可远，引之可来也。此圣人慎绝人也。庠序之间不帅教者，左移之右，右移之左，尚不变则移之乡，尚不变则屏之四夷，及其屏之四夷也，天子缟素，为之不举乐。吾以此知之，王者亦慎绝人也。[②]

刘敞在《七经小传》里也曾分析过“中国之夷非海外之夷”：

子欲居九夷，盖徐州、莒、鲁之间，中国之夷非海外之夷也。何以言之？仲尼称“夷狄有君不如诸夏之亡”，则无缘忽欲去中国而从夷狄矣。周末时盖戎夷与中国杂居，仲尼周流，未尝三年淹，故其羁旅之际，适偶可居九夷耳，非忿怼中国莫能宗己而去之也。[③]

从这一分别[④]，亦看出宋朝廷对于不同民族关系之不同的处理态度及其理论

①《晋书》卷五十六，中华书局，1965 年，第 1531-1532 页。

②刘敞：《刘氏春秋意林》卷上，台湾商务印书馆，1983 年，第 497 页。

③刘敞：《七经小传》卷下，台湾商务印书馆，1986 年，第 9 页。

④关于这一点，葛焕礼《八世纪中叶至十二世纪初的新<春秋>学》（山东大学出版社，2003 年）及张尚英的《试论刘敞<春秋>学的时代特色》（《史学集刊》2008 年第 1 期）都有所论述。

根据。

除了于《春秋》学专著里阐明"攘夷"的思想,刘敞还曾著有《治戎论》等专论文章及上奏表章,论述其抵御外患的思想。

汉代有以《春秋》决狱之说,宋代士人也往往以《春秋》经传义理来应付处理日常的事务,以《春秋》之史事来褒贬当代人事。刘敞也曾引述《左传》之例,批评当时官场迹近"走秀"的"让官"之风:

窃见顷来士大夫每有除命,不问高下,例辄累让。虽有出其至诚,恬于势利,然亦已逾典制,过夔、益矣。若习俗逐巧,流风稍敝,必且挟伪采名,要上迷众,更以此为进取之快捷方式,奔竞之秘策,甚可恶也,岂独烦于礼哉!夫让虽美道,君子所有余,小人所不足,然非其真,则丑亦甚。昔郑公孙段辞为卿,退则又使太史命己,子产恶其为人。其后,卒为乱。故饬伪之弊至于此,非国家之福也。公孙段尚其小者尔!子之擅燕,王莽代汉,其始皆以善自名,已而稍入于邪也。①

《春秋》二百四十余年事,自天子以至于庶人,可资借鉴的故事人物实在是数不胜数,故而《春秋》之学与《易》学成为后世注解最多的两种经典。因为前者"具列事实,亦人人可解,一知半解,议论易生",后者"包罗众理,事事可通"。②刘敞的《春秋》学在阐发义理、推陈出新方面后来居上,推动了当时宋学的发展。

刘敞的影响,南宋王应麟曾有评论:"自汉儒至于庆历间,谈经者守训故而不凿。《七经小传》出而稍尚新奇矣,至《三经义》行,视汉儒之学若土梗。"③类似的说法亦见于晁公武的《郡斋读书志》:"元祐史官谓:庆历前学者尚文辞,多守章句注疏之学,至敞始异诸儒之说。"④从"元祐史官"所处的时间范围来看,当时诸人距离仁宗之世未远,所言应该有据,这也是近距离地佐证了庆历之际学术转型的材料,而刘敞的历史影响亦可从中窥知。

第六节 李觏、司马光的经学

一、李觏的经学思想

李觏的经学思想,主要在《礼》学和《易》学方面。其学术著作,有《礼论》七篇、

①李焘:《续资治通鉴长编》卷一百九十,中华书局,2004年,第4603–4604页。

②《四库全书总目》卷二十六,中华书局,1965年,第210页。

③王应麟:《困学纪闻·经说》,上海古籍出版社,2008年,第1094页。

④晁公武撰、孙猛校证:《郡斋读书志校证》卷四,上海古籍出版社,1990年,第143页。

《易论》十三篇,《删定易图序论》六篇,《明堂定制图序》、《五宗图序》各一篇,《周礼致太平论》五十一篇,其他政论性的作品如《平土书》二十篇、《庆历民言》三十篇、《潜书》等也体现了其经学思想。

对待古代经典,李觏有自己的见解,不盲从古人,能对许多观点进行辨疑问难,如批驳孟子的义利观,认为《礼记》之《儒行》篇并非孔子所作,尤其可贵的是能以平常心看待经典,如对《文中子》的评价,认为其中虽有后人夸大的成分,但并不否认其有益于儒家教化,能得孔门之道。李觏能够重视人之常情,特别是能正面看待欲与利,不讳言人的正常需要,不像有些儒者的高峻门墙,让人有不近人情之讥。

李觏的礼学观点,大致可以概括为礼顺人情,礼为总纲,礼体现于社会生活的各个方面。在对待礼的态度上李觏与胡瑗不同,他曾有一封致胡瑗的书信,谈到二人的观点之异:

窃观(胡瑗)《原礼篇》曰:民之于礼也,如兽之于圈也,禽之于绁也,鱼之于沼也。岂其所乐哉?勉强而制耳。民之于侈纵奔放也,如兽之于山薮也,禽之于飞翔也,鱼之于江湖也。岂有所使哉?情之自然尔。云云。

觏不敏,大惧此说之行则先王之道不得复用,天下之人将以圣君贤师为仇敌,宁肯俯首而从之哉?

民之于礼,既非所乐,则勉强而制者,何与?君与师之教也。去自然之情而就勉强,人之所难也。而君欲以为功,师欲以为名,命之曰仇敌,不妄也。且制作之意,本不如此,唯礼为能顺人情,岂尝勉强之哉?人之生也,莫不爱其亲,然后为父子之礼。莫不畏其长,然后为兄弟之礼、少则欲色,长则谋嗣,然后为夫妇之礼。争则思决,患则待救,然后为君臣之礼。童子人所慢也,求所以成人,然后为之冠礼。愚者人所贱也,求所以多知,然后为之学礼。死者必哀之,然后为之丧礼。哀而不可得见也,然后为之祭礼。推事父之恩,而为养老之礼。广事兄之义,而为乡饮酒之礼。凡此之类,难以遽数,皆因人之情而把持之,使有所成就耳。[①]

其实,二人观点的不同是由于对"礼"的理解和所预设的概念内涵不同。胡瑗的"礼"偏于人与人之间等级的限定,属于狭义的"礼"的范畴;李觏的"礼"则涵盖了礼、乐、政、刑等礼乐教化的方方面面,属于广义的"礼"的范畴,在某种意义上,类似于今天所说的"文化"或"教化"的含义,举凡"人文化成"的人类规范或制

①《李觏集·与胡先生书》,中华书局,1981年,第317-318页。

度,都在李觏所指的“礼”之范围内。

李觏认为礼是“法制之总名”,是无所不包的人类文明的总称,是人之所以为人的根本所在:

饮食,衣服,宫室,器皿,夫妇,父子,长幼,君臣,上下,师友,宾客,死丧,祭祀,礼之本也。曰乐、曰政、曰刑,礼之支也。而刑者,又政之属矣。曰仁,曰义,曰智,曰信,礼之别名也。是七者,盖皆礼矣……故曰:夫礼,人道之准,世教之主也。圣人之所以治天下国家,修身正心,无他,一于礼而已矣。[①]

在礼的起源问题上,他认为缘人情而作礼。当然,这一观点并非李觏的新创,《礼记》里也有礼缘人情的说法,如《礼运》第九:“故礼义也者,人之大端也。所以讲信修睦,而固人之肌肤之会,筋骸之束也。所以养生送死,事鬼神之大端也。所以达天道,顺人情之大窦也。”[②]还有《丧服四制》第四十九:“凡礼之大体,体天地,法四时,则阴阳,顺人情,故谓之礼。”[③]

缘情制礼,设为制度,李觏认为“礼”就是顺适人情而节导之的各种规范,是人类生存延续的大道之本:

夫礼之初,顺人之性欲而为之节文者也。人之始生,饥渴存乎内,寒暑交乎外。饥渴寒暑,生民之大患也。食草木之实,鸟兽之肉,茹其毛而饮其血,不足以养口腹也,被发衣皮,不足以称肌体也。圣王有作,于是因土地之宜以殖百谷,因水火之利以为炮燔烹炙,始其犬豕牛羊及酱酒醴酏以为饮食。艺麻为布,缫丝为帛,以为衣服。夏居橧巢,则有颠坠之忧,冬入营窟,则有阴寒重膇之疾,于是为之栋宇,取材于山,取土于地,以为宫室。手足不能以独成事也,饮食不可以措诸地也,于是范金斫木,或为陶瓦,脂胶丹漆,以为器皿。夫妇不正,则男女无别,父子不亲,则人无所本,长幼不分则强弱相犯,于是为之婚姻,以正夫妇。为之左右奉养,以亲父子。为之伯仲叔季,以分长幼。君臣不辨则事无统,上下不列则群党争,于是为之朝觐会同,以辨君臣。为之公、卿、大夫、士、庶人,以列上下。人之心不学则懵也,于是为之庠序讲习,以立师友。人之道不接则离也,于是为之宴享苞苴,以交宾客。死者人之终也,不可以不厚也,于是为之衣衾棺椁、衰麻哭踊,以奉死丧。神者人之本也,不可以不事也,于是为之禘尝郊社,山川中霤,以修祭祀。丰杀有

①《李觏集·礼论第一》,中华书局,1981 年,第 5-7 页。

②《十三经注疏·礼记正义》卷二十二,中华书局影印本,1980 年,第 1426 页。

③《十三经注疏·礼记正义》卷六十三,中华书局影印本,1980 年,第 1694 页。

等,疏数有度,贵有常奉,贱有常守,贤者不敢过,不肖者不敢不及。此礼之大本也。①

从这一"礼"的广义观点出发,他自然就得出在"礼"面前人人平等的推论,反对"礼不下庶人"的观点:

或曰:《曲礼》谓"礼不下庶人",而吾子及之,何哉?

曰:予所言者,道也。道者,无不备、无不至也。彼所言者,货财而已耳,谓人贫富不均,不可一以齐之焉。然而《王制》曰:"庶人县封,葬不为雨止,不封不树,丧不贰事。"此亦庶人之丧礼也。庶人春荐韭,夏荐麦,秋荐黍,冬荐稻。韭以卵,麦以鱼,黍以豚,稻以雁。此亦庶人之祭礼也。既庶人丧祭皆有其礼,而谓"礼不下庶人"者,抑述《曲礼》者之妄也。②

这种重视人情欲望、注重民本人生的儒家思想,可以说正是把握到了原始儒家的思想精髓,体现了宋学初兴时的宏大气象,与后来道学家的自小藩篱不可同日而语。这时的宋学思想家们,没有太多的师承及门派顾忌,对前人经典,不管是谁,都敢质疑问难。如对于孟子,虽然当时孟子的地位远没有后来那样神圣,但他也是历代儒者心中的一个大儒, 李觏就不同意其关于义利之辨的观点:"利可言乎?曰:人非利不生,曷为不可言?欲可言乎?曰:欲者人之情,曷为不可言?言而不以礼,是贪与淫,罪矣。不贪不淫,而曰不可言,无乃贼人之生,反人之情。世俗之不喜儒,以此。孟子曰'何必曰利',激也。焉有仁义而不利者乎?其书数称汤武将从七十里、百里而王天下,利岂小哉。孔子'七十而从心所欲不踰矩',非无欲也。于诗则道男女之时,容貌之美,悲感望念,以见一国之风,其顺人也至矣。"③在李觏看来,正视人类正当的利与欲,是顺人情、王天下的本有之义。

在《易》学方面,李觏基本上是沿着义理解经的路径,以人事解《易》。例如他在阐释八卦的含义时,即主要从义理方面着眼:

或曰:八卦成列,象在其中矣,谓备天下之象也。请言其略。

曰:天地万物,存乎《说卦》矣,姑以人事明之。八卦之道在人,靡不有之也,但贤者得其正,不肖者处其偏矣。夫刚而不暴,《乾》之正也;顺而不邪,《坤》之正也;动而不妄,《震》之正也;《卑》而不辱,《巽》之正也;险而不可犯,《坎》之正也;明而

①《李觏集·礼论第一》,中华书局,1981年,第6页。

②《李觏集·礼论第六》,中华书局,1981年第20页。

③《李觏集·原文》,中华书局,1981年第326页。

不可欺,《离》之正也;静而不可诱以利,《艮》之正也;和而不可挠以怒,《兑》之正也。若刚而不容于物,《乾》之偏也;顺而不守其道,《坤》之偏也;动而为躁,《震》之偏也;卑而为佞,《巽》之偏也;险而为贼害,《坎》之偏也;明而为苛细,《离》之偏也;止而不及其时,《艮》之偏也;说而不由于礼,《兑》之偏也。是故,贤者以功,不肖者以过;贤者以福,不肖者以祸。由所用之道,名同而实异也。[①]

接下来他又论述了八卦用于国、用于军的不同道理,这里的八卦之义更是黜落象数,仅用各自对应的义理,从而更加切于人事。

在《易论第四》里,他以《蒙》卦六四"困蒙,吝"等爻辞阐述君子应广见习以成其志的义理:"性不能自贤,必有习也;事不能自知,必有见也。习之是,而见之广,君子所以有成也。"[②]他反对圣人生而知之的观点,认为圣人也是人,也有过:"敢问圣人有过与?曰:'加我数年,五十以学《易》,可以无过矣。'夫岂无过哉?或曰:孔子谦也。曰:仲虺之美成汤改过不吝,岂成汤之谦也哉?世俗之说者,则谓圣人无过,颜子不贰,犹或为之辞,徒使人君之耻过也,而不欲闻之也。"[③]

李觏重视《易经》的义理之学,反对过分讲求象数或占卜之术。他还借论《易经》之机抨击释老等异端思想:

或曰:易之为书也,其不可学邪?何其微而不显也?

曰:学者之过也。圣人作易,本以教人。而世之鄙儒,忽其常道,竞习异端。有曰我明其象,则卜筮之书未为泥也;有曰我通其意,则释老之学未为荒也。昼读夜思,疲心于无用之说,其以惑也,不亦宜乎?包牺画八卦而重之,文王周公孔子系之辞,辅嗣之贤,从而为之注,炳如秋阳,坦如大逵。君得之以为君,臣得之以为臣,万事之理,犹辐之于轮,靡不在其中矣。[④]

如同胡瑗等人一样,李觏解《易》也遵循王弼的义理之学,而又使之回归儒家的思想范畴,强调儒家的伦理教化。一方面回归《易大传》的义理传统,一方面又借机排斥佛老之教,虽然李觏的态度不如石介那样激烈,但维护儒家思想地位的用意是一致的。如他曾以《礼记》之《王制》篇来阐述《易》学义理,抵制"异端邪说":

①《李觏集·易论第十三》,中华书局,1981年,第50页。
②《李觏集·易论第四》,中华书局,1981年,第33页。
③《李觏集·常语下》,中华书局,1981年,第376页。
④《李觏集·易论第一》,中华书局,1981年,第27页。

《系辞》曰:“吉凶者,言乎其失得也;悔吝者,言乎其小疵也;无咎者,善补过也。”由此观之,吉凶由人,乃《易》之教也。黄帝尧舜通其变,使民不倦,神而化之,使民宜之。是以自天保佑之,吉无不利。若夫释人事而责天道,斯孔子所罕言。古之龟筮,虽质诸神明,必参以行事。南蒯将乱,而得“黄裳元吉”;穆姜弃位,而遇“元亨利贞”。德之不称,知其无益。后之儒生,非史非巫,而言称运命,矫举经籍,以缘饰邪说,谓存亡得丧,一出自然。其听之者亦已荒矣。《王制》曰:“执左道以乱政,杀;假于鬼神时日卜筮以疑众,杀。”为人上者,必以《王制》从事,则《易》道明而君道成矣。①

排佛兴儒,是当时的一股潮流。欧阳修有“修本而胜之”的观点,李觏也有类似的表达:“民之欲善,盖其天性。古之儒者用于世,必有以教导之。民之耳、目、鼻、口、心知、百体皆有所主,其于异端何暇及哉?后之儒者用于世,则无以教导之,民之耳、目、鼻、口、心知、百体皆无所主,将舍浮图何适哉?……吾故曰:儒失其守,教化坠于地。凡所以修身正心,养生送死,举无其柄。天下之人若饥渴之于饮食,苟得而已。当是时也,释之徒以其道鼓行之,焉往而不利云云。”②后来的理学家们入室操戈,以义理之学占领佛教的地盘,取得最终的胜利,前贤的思想铺垫是不可或缺的。

李觏的思想包括很多方面,如政治、军事、经济民生等,都与他的经学思想密切相关,特别是他的《周礼致太平论》五十一篇,几乎就是一个完整的施政大纲。关于施政,李觏却不主张大变,正如他说“圣人无高行”一样,因为“圣人之行必以礼”,而礼的作用就是调节人的行为,使之趋于常道的。③他曾论述过三代政治的因革,认为不可轻言复古,特别反对轻言借复古变更法度之人:“三代之政可得而言与?曰:民不知之也。商因于夏,周因于商,损之益之,未尝与众忤也。周公之制,诸侯因旧国而大之,百姓因旧田而广之,天下得不和乎哉?世俗之说者,必曰复古,古未易复也。商鞅之除井田,非道也,而民从之,各自便也。王莽之更王田,近古也,而民怨之,夺其有也。孔子曰:愚而好自用,贱而好自专。生乎今之世,反古之道,如此者,灾及其身者也。孔子之为司寇也,不闻其改法度也。沈犹氏不敢朝饮其羊,公慎氏出其妻,慎溃氏逾境而徙,鲁之粥牛马者不豫贾,必早正以待之

①《李觏集·删定易图序论六》,中华书局,1981年,第66页。

②《李觏集·答黄著作书》,中华书局,1981年,第322页。

③《李觏集·常语下》,中华书局,1981年,第376页。

也。世俗之说者不曰正其身,徒嚣嚣以疾人之法度,其亦非孔子之志也。"[1]《常语》作于其中年以后,是他思想比较成熟之后的观点,从中可以看出他对变法的态度是比较谨慎的。

有人说王安石的变法思想即受其影响[2],是有一定道理的。但李觏的思想,并没有多少故意标新立异之处,其思想较为平实,多数观点正如孔子的"述而不作",也是绍述者居多,虽驳斥佛老之道,也是借用儒家早已有之的观点。当然他的思想也有时代的影响,也有他自己的综合和解释。他的思想相对要平和得多,可谓能得"中庸"之道,不像王氏的思想行事那么极端,从历史的发展看,更有可操作性,遗憾的是在后来的思想发展中却未能成为主流。

二、司马光的经学思想

司马光是北宋著名的政治家和历史学家,著作丰富,除了史学巨著《资治通鉴》外,还有《易说》(一作《温公易说》)六卷存世,系清人从《永乐大典》中辑出,另外还有一些关于礼学的著作,如《司马氏书仪》、《温公家范》等。

司马光的经学思想,本文主要从《易》学方面来论述。对司马光的《易》学思想,四库馆臣给予很高评价,认为推幽阐微,深得人情物理,如布帛菽粟之切于日用一般:

光《传家集》中有《答韩秉国书》,谓王辅嗣以老庄解《易》,非《易》之本旨,不足为据。盖其意在深辟虚无元渺之说,故于古今事物之情状,无不贯彻疏通,推阐深至。如解《同人》之象曰:"君子乐与人同,小人乐与人异。君子同其远,小人同其近。"《坎》之大象曰:"水之流也,习而不止,以成大川;人之学也,习而不止,以成大贤。"《咸》之九四曰:"心苟倾焉,则物以其类应之。故喜则不见其所可怒,怒则不见其所可喜,爱则不见其所可恶,恶则不见其所可爱。"大都不袭先儒旧说而有得之言,要如布帛菽粟之切于日用,惜其沈湮滋久,说《易》家竟不获睹其书。[3]

《经义考》也引用陈仁子《温公易说序》道:"晚得《温公易说》一编,视诸老尤最畅通,今流传人间世,稿虽未完,其论太极阴阳之道,乾坤律吕之交,正而不颇,明而不凿,猎猎与濂洛贯穿,中间分刚柔、中正配四时,微疑未安,学者宜心会尔。《易》之作,圣人吉凶与民同患之书也,非隐奥艰深而难见也。谈《易》而病其隐且

①《李觏集·常语下》,中华书局,1981年,第376页。
②胡适《李觏的学说》、陈钟凡《两宋思想述评》(商务印书馆,1933年)及姜国杜《李觏评传》均持此论。
③《四库全书总目》卷二,中华书局,1965年,第5-6页。

艰，非深《易》者也。参习是编，《易》道庶其明乎！"[①]从以上两书的评论可以看出，平实易懂，是司马光解《易》的特色。

如同当时的解经风气一样，司马光解《易》也是以人事为主，以义理解《易》。这是宋学初起时的共同特征。如他解释《乾》卦之"初九，潜龙勿用"：

初九，阳之始也，于律为黄钟，于历为建子之月。阳气方萌于黄泉，太阴始盛，万物未被其泽，故曰潜龙。龙者何？阳也。阳则曷谓之龙？龙者，神兽，变化无常，升降有时，故象阳也。其言勿用何？圣人观象而为之戒也。潜龙之时，伏于泉，不可用也。是故冬华而雷，为妖为灾；人躁而狂，为凶为殃，皆时不可用而用之也。[②]

从历法、从龙之象引申开来，归结到人事上的道理，非常明白易懂。再如《乾》卦"元亨利贞"的"四德"说，司马光从《文言》的解释进一步发挥，主要从伦理道德的角度阐释"四德"之义：

文言曰：元者善之长也，亨者嘉之会也，利者义之和也，贞者事之干也。君子体仁足以长人，嘉会足以合礼，利物足以和义，贞固足以干事。元者善之长也，体仁足以长人，长犹首也，仁者爱人，人皆归之，可为之首。亨者嘉之会也，嘉会足以合礼，君明臣忠，父慈子孝，兄友弟恭，夫义妇顺，上下皆美，际会交通然后成礼。利者义之和也，利物足以和义，仁者圣人不裁之义，则事失其宜人丧其利，故君子以义制仁，政然后和。贞者事之干也，贞固足以干事，《诗》三百一言以蔽之曰"思无邪"，故贞者事之干也，君子固守其正以桢干万事，使不散乱也。君子行此四德者，故曰乾，元亨利贞。[③]

《乾》卦的九三爻辞"君子终日乾乾，夕惕若，厉，无咎"，司马光的解释也是不离人事的道德修养：

子曰："君子进德修业。"忠信可以进德，修辞立其诚，所以居业也。知至至之，可与几也；知终终之，可与存义也。是故居上位而不骄，在下位而不忧，故乾乾。因其时而惕，虽危，无咎矣。修辞立其诚，所以居业也。君子外修言辞，内推至诚，内外相应，令无不行，事业所以日新也。[④]

在解释《师》卦的"师贞，丈人吉，无咎"时，司马光引申到"小人"或"圣人"得

①朱彝尊：《经义考》卷十九，中华书局，1981 年第 118 页。

②司马光：《易说》卷一，中华书局，1985 年，第 1 页。

③同②，第 4 页。

④同②，第 4–5 页。

众的不同:

夫治众,天下之大事也,非圣人则不能。夫众之所服者武也,所从者智也,所亲者仁也。三者不备而能用其众,未之有也。然或得之小,或得之大,或用之邪,或用之正,邪正大小之道,其得失吉凶相去远矣。彼小人者,以矫矫为武,瞩瞩为智,煦煦为仁,众人亦有悦而从之者,所谓小也。圣人者以正人为武,安人为智,利人为仁,天下皆悦而从之,所谓大也。夫小人之得众也,以为上则暴,以为下则乱,故谓之邪。圣人之得众也,所以禁暴而止乱也,故谓之正。夫众,非小人之所用也。小人用之以为不正,咎孰大焉。子罕曰:兵者所以威不轨而昭文德也,圣人以兴,乱人以废,此之谓也。①

在《履》卦里,他由"履"引申到"礼"的作用:

履者何?人之所履也。人之所履者何?礼之谓也。人有礼则生,无礼则死。礼者人所履之常也。其曰"辨上下、定民志"者何?夫民生有欲,喜进务得而不可厌者也,不以礼节之,则贪淫侈溢而无穷也,是故先王作为礼以治之,使尊卑有等,长幼有伦,内外有别,亲疏有序,然后上下各安其分而无觊觎之心,此先王制世御民之方也。②

在《同人》卦里,借"同人"之义发挥其君子小人之同异观:"同人者何?同于人之谓也。君子乐与人同,小人乐与人异。与人同者,人亦同之。与人异者,人亦异之。同则相爱,异则相恶。爱则相利,恶则相害。相利则交安,相害则交危。利害安危之端,在于同人,不可不察也。"③

在《大有》卦里,借卦义发挥治国者应该虚心,应该以"柔"道、以"明"、"健"治天下:

大有者何?富有之谓也。天子富有天下,诸侯富有其国,大夫富有其家,非得大有之道乌能得其下乎?然则大有何故以柔为主?夫为人上者,言而人莫敢违也,动而人莫敢逆也,故戒之在刚也。夫上之所以能有下者,得其心也。得其心者能以恩信结之也,故大有以柔中为主也。柔而不明,则前有谗而弗见,后有贼而不知。明而不健,则知善而不能举,知恶而不能去,二者皆乱亡之端也。明以烛之,健以决之,居不失中,行不失时,然后能保有其众而元亨也。然则大有何以上明而下

①司马光:《易说》卷一,中华书局,1985年,第17页。

②同①,第22页。

③司马光:《易说》卷二,中华书局,1985年,第28-29页。

健？曰明胜于健，则赏不失功，罚不失罪；健胜于明，则反之，此大有所以当明也。[①]

在《颐》卦里，通过对“养”之义的分析表达了仁与义的分野、贤与不肖者的区别：“圣人之于仁义犹是也，爱养万物谓之仁，其所不爱不养谓之义。义者裁仁以就宜者也。或曰圣人之仁无不及也，而有不爱不养乎？曰暴乱而为物害者，圣人所不得而爱养也。圣人岂乐杀哉？何谓观其所养？其人贤则其所养必贤也，其人不肖则所养必不肖也。何谓观其自养？取于人以义，自奉养以礼，斯贤也；取于人无度，自奉养无节，斯不肖也。故富视其所与，贫视其所取，穷视其所主，达视其所举，足以知其为人矣。”[②]

而在《咸》卦里，司马光的感慨似乎更与时事，特别是与王安石的新政有关：

心感于物，为善为恶，为吉为凶，无不至焉，必也执一以应万，守约以御众，其惟正乎！夫正而遇祸，犹为福也。求仁得仁，又何悔？故心正则事无不吉而悔亡也。憧憧，心动貌。朋，类也。心苟正矣，则往也来也，屈也，伸也，而心不为之动焉。动于往来，则心倾矣，心苟倾焉，则物以其类应之。是故喜则不见其所可怒，怒则不见其所可喜，爱则不见其所可恶，恶则不见其所可爱，顾右则失左，瞻前则忘后，视必有所蔽，听必有所偏，故曰未光大也。孔子曰：“天下何思何虑？天下同归而殊涂，一致而百虑。”天下何思何虑，归与致者，岂非正欤？故于文，一止为正，正者，止于一而无不周也，夫又何思而何虑焉。譬诸止水，寂然不动，物有万变而所以应之者一也。日月者，天地之精也。寒暑者，天地之气也。天地犹以屈伸相感，而况于人乎？故大人之道，正其心而已矣，治之养之，以至于精义入神，则用无违矣，用之于身，则身安而德崇矣。过此以往，不足思也。久而不息，则可以穷神而知化，大人之德莫盛于斯矣。[③]

从对《咸》卦九四爻辞的解释里可以看出，司马光的思想也有当时兴起的对于义理及修养工夫的探讨，他的正心养性，是落在“中正”之道，是执“中道”而用之。其实司马光的思想并非人们通常所理解的“保守派”，他的思想里也有求变求治的一面，只不过他的“变”是在立足于历史经验的基础上，更强调稳中求变，强调其实际的效果。如关于《系辞》上的一句话，“天下之理得而成位乎其中矣”[④]，司

①司马光：《易说》卷二，中华书局，1985 年，第 31–32 页。

②同①，第 50 页。

③司马光：《易说》卷三，中华书局，1985 年，第 58 页。

④《十三经注疏·周易正义》卷七《系辞上》，中华书局影印本，1980 年，第 76 页。

马光就强调了"易道"的人事之归宿:"此言圣人上观于天、下观于地、中观万物而作易也,易道始于天地终于人事。"[①]因为重人事,故要"圣人守道不守法,故能通变"[②],法当然可以变,因为"法久必弊,为民厌倦"[③],但要"变而民莫之知"[④],守"中正"之道,"圣人守道不守法",才能达到致治的效果。这与王安石的变法思想,虽有着共同目的,但手段的选择却大不相同。

司马光的《易》学思想,既反映了他个人的以儒家思想解经的特色,又可看出当时经学发展的趋势和影响,以义理为主的宋学,正迎来它的繁荣时期。

第七节　苏洵、苏轼、苏辙的经学思想

苏洵、苏轼、苏辙父子三人不仅是著名的文学家,在经学领域也有不少著述,观点自成一派,被称为蜀学。全祖望在《宋元学案》里虽然也列出了《苏氏蜀学略》,但只是目之为"杂学",认为"苏氏出于纵横之学而亦杂于禅"[⑤],不列于理学正宗。钱穆在《宋明理学概述》中也谈及蜀学:"他们会合着老庄佛学和战国策士乃及贾谊、陆贽,长于就事论事,而卒无所指归;长于合会融通,乃卒无所宗主。他们推崇老释,但非隐沦;喜言经世,又不尊儒术。他们都长于史学,但只可说是策论派的史学吧!他们姿性各异,轼恣放,辙淡泊。皆擅文章,学术路径亦相似……他们并不发怪论,但亦不板着面孔作庄论。他们决不发高论,但亦不喜卑之无甚高论的庸论。他们像并不想要自成一学派,而实际则确已自成一学派。"[⑥]

三苏的蜀学,除了他们家学渊源外,蜀地的文化传统及独特地理环境也在他们身上有着鲜明的影响。苏轼有《眉州远景楼记》一文,记述当时的蜀地风俗:

吾州之俗,有近古者三:其士大夫贵经术而重氏族,其民尊吏而畏法,其农夫合耦以相助。盖有三代、汉、唐之遗风,而他郡之所莫及也。始朝廷以声律取士,而天圣以前,学者犹袭五代之弊,独吾州之士通经学古,以西汉文词为宗师。方是时,四方指以为迂阔。至于郡县胥史,皆挟经载笔,应对进退,有足观者。而大家显

①司马光:《易说》卷五,中华书局,1985年,第105页。

②司马光:《易说》卷六,中华书局,1985年,第132页。

③同①。

④同①。

⑤黄宗羲:《宋元学案》卷九十八,中华书局,1986年,第3237页。

⑥钱穆:《宋明理学概述》,台湾学生书局,1984年,第29页。

人,以门族相上,推次甲乙,皆有定品,谓之江卿。非此族也,虽贵且富,不通婚姻。[①]

历史上,由于巴蜀地处偏远,自成一区,该地自从汉代以来,文化渐兴,不像内地频遭兵燹之祸,许多方面还留有古代遗风。从苏轼文中可以看出,蜀人的重氏族、合耦以相助等习俗,与中原已大不相同。苏洵父子初入京师,时人以为苏洵文章有类荀子,而苏洵经学也时有纵横家之气。宋初的田锡,为其乡贤前辈,文学观点上就不太受所谓"正统"观念的影响,主张多元化的风格和内容,苏洵的文学观点颇有与之类似之处。杂家之学,纵横之气,正反映出当时蜀学有独立于主流文化之外的多元化倾向。相对独立自足的自然环境,保存较好的历史文化传统,加上远离政治、文化核心,也成就了蜀学的这种多样化发展。

一、苏洵的经学思想

苏洵,字明允,眉州眉山人。苏洵有《嘉祐集》传世,其经学作品有《六经论》、《洪范论》、《太玄论》等。

苏洵于嘉祐初年携二子入京,欧阳修称其文有《荀子》之风。苏洵的《权书》、《衡论》等文章,谈战守,议法度,带有明显的纵横家色彩。苏洵的《六经论》,以儒家之道为"机权",有着传统儒家之外的杂家思想:"于是因而作《易》以神天下之耳目,而其道遂尊而不废。此圣人用其机权以持天下之心,而济其道于无穷也。"[②]

在《易论》中,苏洵认为圣人作《易》是神道设教,是以不可测之"幽"来防止人们的"亵",也即保持礼教之道的神秘色彩,从而使人遵从:"不然,则《易》者,岂圣人务为新奇秘怪以夸后世耶?圣人不因天下之至神,则无所施其教。"[③]

在《礼论》中,苏洵认为所谓圣人之道就是以礼法为"权"、"术":"于是圣人者又有术焉,以厌服其心,而使之肯拜其君父兄。然则圣人者,果何术也?耻之而已。"[④]"耻之",也即立一礼法准绳,使得那些不循此而行的人有自外于群体的感觉。

在《乐论》中,苏洵认为乐可以使礼行之久远,因为对于世间之人有不从礼法者,圣人"于是观之天地之间,得其至神之机,而窃之以为乐",来"阴驱而潜率之"[⑤],

---

①《苏轼文集》卷十一,中华书局,1986 年,第 352 页。

②苏洵著、曾枣庄等笺注:《嘉祐集笺注》卷六,上海古籍出版社,2001 年,第 144 页。

③同②,第 143 页。

④同②,第 148 页。

⑤同②,第 152 页。

使人们不至于违背礼法。《诗论》认为虽有礼法,但人情总有不可禁制之时,诗可以发泄人之情,“不使人之情至于不胜也”[①]。《书论》以为“圣人因风俗之变而用其权”[②],《春秋论》则看出了掌握话语权的重要性,以为赏罚之位、是非之道都是圣人治天下之“权”,如果道与位分离,评判是非的道就可能成为“位之贼也”[③]。

苏洵的《六经论》完全揭穿了儒家经典的神圣外衣,把经典与“权术”等同起来,难怪后来朱熹说“看老苏《六经论》,则是圣人全是以术欺天下也”[④]。尽管杂有纵横之学,苏洵的经学观点还是以儒家思想为主,主张礼法之治。

二、苏轼的经学思想

苏轼,字子瞻,号东坡居士,经学有《东坡易传》、《书传》、《中庸论》、《论语说》等。苏轼诗词文章,固是一世之豪,立身行事,亦多独立特行之处。《宋史》本传说他:“弱冠,父子兄弟至京师,一日而声名赫然,动于四方。既而登上第,擢词科,入掌书命,出典方州。器识之闳伟,议论之卓荦,文章之雄隽,政事之精明,四者皆能以特立之志为之主,而以迈往之气辅之。故意之所向,言足以达其有猷,行足以遂其有为。至于祸患之来,节义足以固其有守,皆志与气所为也。”[⑤]

苏轼思想的主流,还是属于儒家经世济民的有为一面,以儒家思想为主,兼采佛老及其他诸家,融会贯通,成就其独特的面貌。

苏轼有《东坡易传》传世,四库馆臣以为:“推阐理势,言简意明,往往足以达难显之情,而深得曲譬之旨。盖大体近于王弼,而弼之说惟畅玄风,轼之说多切人事。其文辞博辨,足资启发。”[⑥]又说该书实为苏氏父子的集体之作。苏洵晚年自言“作《易传》百余篇”,自以为“此书若成,则自有《易》以来,未始有也”[⑦],苏籀在《栾城遗言》也记载苏洵作《易传》未成而卒,属二子述其志。轼书先成,辙乃送所解于轼,今《蒙》卦犹是辙解。则此书实苏氏父子兄弟合力为之[⑧]。苏辙也说:“先君晚岁

---

①苏洵著、曾枣庄等笺注:《嘉祐集笺注》卷六,上海古籍出版社,2001年,第156页。

②同①,第158页。

③同①,第163页。

④黎靖德:《朱子语类》卷一百三十,中华书局,1986年,第3118页。

⑤《宋史》卷三百三十八,中华书局,1985年,第10818-10819页。

⑥《四库全书总目》,中华书局,1965年,第6页。

⑦苏洵著、曾枣庄等笺注:《嘉祐集笺注》卷十三,上海古籍出版社,2001年,第353页。

⑧同⑥。

读《易》,玩其爻象,得其刚柔远近、喜怒逆顺之情以观其词,皆迎刃而解。作《易传》未完,疾革,命公述其志。公泣受命,卒以成书,然后千载之微言,焕然可知也。"①

苏轼解《易》,正可看出他的思想会通诸家之处。如在解释《系辞上》"乾知大始,坤作成物。乾以易知,坤以简能"②一句时,苏轼认为:"至虚极于无,至实极于有。无为大始,有为成物。"③以无为始,乃借鉴道家有生于无的观点。

苏轼解《易》,能将其中的道理与现实结合,且善于议论,有许多见解独到之处。正如朱熹所说,"东坡善议论,有气节","盖是他笔力过人,发明得分外精神","东坡天资高明,其议论文词自有人不到处"。④如解释乾卦的"天行健,君子以自强不息",苏轼以"不息"为健:"夫天岂以刚故能健哉?以不息故健也。流水不腐,用器不蛊。故君子庄敬日强,安肆日偷,强则日长,偷则日消。"⑤

还有《系辞下》里的一句话,"天地之大德曰生,圣人之大宝曰位。何以守位?曰仁。何以聚人?曰财。理财正辞,禁民为非,曰义"⑥,苏轼的解释就有其现实的针对性:

位之存亡寄乎民,民之死生寄乎财。故夺民财者,害其生者也;害其生者,贼其位者也。甚矣,斯言之可畏也!以是亡国者多矣。夫理财者,疏理其出入之道,使不壅尔,非取之也。正辞者,正名也。孔子曰:"名不正,则言不顺;言不顺,则事不成;事不成,则刑罚不中;刑罚不中,则民无所措手足。"故君子名之必可言也,言之必可行也。无道之世,唯不正名,故上有愧于民,而民不直其上。令之不行,诛之不止,其祸皆出于财。故圣人之言理财,必与正名俱,曰理财正辞,以此二者为一言,犹医之用毒,必与其畏者俱也。名一正,上之所行皆可以名言,则财之出入有道,而民之为非者可得而禁也。民不为非,则上之用财也约矣,又安以多取为哉!⑦

取财之道,关乎在位者的存亡,这当然针对的是王安石变法,特别是他为富

①《苏辙集·栾城后集》卷二十二,中华书局,1990年,第1127页。
②《十三经注疏·周易正义》卷七《系辞上》,中华书局影印本,1980年,第76页。
③苏洵等著、曾枣庄等主编:《三苏全书》第一册《苏氏易传》,语文出版社,2001年,第345页。
④黎靖德:《朱子语类》卷一百三十,中华书局,1986年,第3113页。
⑤同③,第145页。
⑥《十三经注疏·周易正义》卷八《系辞下》,中华书局影印本,1980年,第86页。
⑦同③,第373-374页。

国而大肆聚敛民财的种种措施。当时就有不少反对新法的人抨击王安石兴利,说他打的是《周礼》的旗号做的却是桑弘羊的敛财之举。新法执行中,许多措施实际上成为变相的税赋,苏轼所谓"名正"云云,自然是警告当政者聚财要取之有道,不要滥夺民财。

宋儒解经,此时已不重训诂章句之学,苏轼解《易》,也是如此。他曾在书中自述解经之道:"夫论经者,当以意得之,非于句义之间也。于句义之间,则破碎牵蔓之说,反能害经之意。"①苏辙也说及其兄的经学:"复作《论语说》,时发孔氏之秘。最后居海南,作《书传》,推明上古之绝学,多先儒所未达。既成三书,抚之叹曰:'今世要未能信,后有君子当知我矣。'"②

尽管苏轼一生对于佛老之道始终怀有极大的兴趣, 但有时也流露出明显的排佛倾向:"吾游四方,见辄反覆折困之,度其所从遁,而逆闭其途。吾之于僧,慢侮不信如此。"③对于佛老之道,他有着清醒的认识:"自汉以来,道术不出于孔氏,而乱天下者多矣。晋以老庄亡,梁以佛亡,莫或正之。"④

不可否认,苏轼在儒家思想上不是一个所谓的"醇儒",对于程颐的道学气他曾表示出嘲讽,说要"几时得与他打破这'敬'字"⑤,但在对待佛老的思想上他也是有所去取,就像其弟苏辙一样,认为其中有"不去而无害于世者"⑥。朱熹说苏辙"晚醉佛老之糟粕"⑦,在苏轼身上这一影响更为明显。苏轼也曾自述:"学佛老者,本期于静而达,静似懒,达似放,学者或未至其所期,而先得其所似,不为无害。"⑧"道家者流,本出于黄帝、老子。其道以清静无为为宗,以虚明应物为用,以慈俭不争为行,合于《周易》'何思何虑'、《论语》'仁者静寿'之说,如是而已。"⑨苏辙也说苏轼"后读释氏书,深悟实相,参之孔老,博辩无碍,浩然不见其涯也"⑩。

①苏洵等著、曾枣庄等主编:《三苏全书》第一册《苏氏易传》,语文出版社,2001 年,第 360 页。
②《苏辙集·栾城后集》卷二十二,中华书局,1990 年,第 1127 页。
③《苏轼文集》卷十二《中和胜相院记》,中华书局,1986 年,第 384 页。
④《苏轼文集》卷十《六一居士集叙》,中华书局,1986 年,第 316 页。
⑤黎靖德:《朱子语类》卷一百三十,中华书局,1986 年,第 3110 页。
⑥《苏辙集·栾城三集》卷六,中华书局,1990 年,第 1210 页。
⑦《朱熹集》卷四十一《答程允夫》,四川教育出版社,1996 年,第 1908 页。
⑧《苏轼文集》卷五十六《答毕仲举二首》,中华书局,1986 年,第 1672 页。
⑨《苏轼文集》卷十七《上清储祥宫碑》,中华书局,1986 年,第 502 页。
⑩同②,第 1127 页。

苏轼的一生，几经沉浮，佛老思想是他排遣苦闷的良药："宠辱能几何，悲欢浩无垠。回视人间世，了无一事真。"[①]对待佛老之学，苏轼采用的是实用主义的态度。他曾戏言："仆尝语述古：'公之所谈，譬之饮食龙肉也。而仆之所学，猪肉也，猪之与龙，则有间矣，然公终日说龙肉，不如仆之食猪肉实美而真饱也。不知君之所得于佛书者果何耶？为出生死、超三乘，遂作佛乎？抑尚与仆辈俯仰也？学佛老者，本期于静而达，静似懒，达似放，学者或未至其所期，而先得其所似，不为无害。"[②]可见他借鉴佛教的观点但又不为所缚，只是选择其中的某些思想拿来为我所用而已。

虽然他曾有过求仙寻道的意愿，但其儒家用世的思想仍居主流。尽管融合三教，他的处事观点仍然是以儒家思想为主导。他提倡孔子宣扬的礼治，认为治世以及君臣之间要以"礼"为依归："夫法者，末也，又加以惨毒繁难，而天下常以为急。礼者，本也，又加以和平简易，而天下常以为缓。如此而不治，则又从而尤之曰，是法未至也，则因而急之。甚矣，人之惑也。"[③]苏轼主张礼治的思想，也即先秦儒家所强调的周代"文"治传统："故先王谨以礼。礼以钦为主，宜若近于弱；然而服暴者，莫若礼也。礼以文为饰，宜若近于伪；然而得情者，莫若礼也。哀公问君使臣、臣事君如之何，孔子曰：'君使臣以礼，臣事君以忠。'不有爵禄刑罚也乎，何为其专以礼使臣也？以爵禄而至者，贪利之人也，利尽则逝矣。以刑罚而用者，畏威之人也，威之所不及，则解矣。故莫若以礼。礼者，君臣之大义，无时而已也。"[④]

在苏轼诗文及行为中体现出来的，也正是儒家的这种人文传统。他对"中庸"有着深刻的体会，苏辙说他的《中庸论》"其言微妙，皆古人所未喻"[⑤]。苏轼对"中庸"的理解，颇能合乎孔子的"时中"思想：

《记》曰："君子遵道而行，半途而废，吾弗能已矣。"君子非其信道之不笃也，非其力行之不至也，得其偏而忘其中，不得终日安行乎通途，夫虽欲不废，其可得耶？《记》曰："道之不行也，我知之矣，贤者过之，不肖者不及也。"以为过者之难

---

①苏轼著、冯应榴辑注：《苏轼诗集合注》卷四十五《用前韵再和孙志举》，上海古籍出版社，2001年，第2282页。

②《苏轼文集》卷五十六，中华书局，1986年，第1671–1672页。

③《苏轼文集》卷二《礼以养人为本论》，中华书局，1986年，第50页。

④《苏轼文集》卷六《君使臣以礼》，中华书局，1986年，第175页。

⑤《苏辙集·栾城后集》卷二十二，中华书局，1990年，第1126–1127页。

欤,复之中者之难欤?宜若过者之难也。然天下有能过而未有能中,则是复之中者之难也。[1]

他认为君子行道,"不知中庸,则其道必穷"[2],"中庸"是"尽万物之理而不过,故亦曰皇极"[3],是执两用中的理想平衡点。但在实际生活中,很多人的"中庸"观就走了样,"君子见危则能死,勉而不死,以求合于中庸。见利则能辞,勉而不辞,以求合于中庸。小人贪利而苟免,而亦欲以中庸之名私自便也。此孔子、孟子之所为恶乡愿也"[4]。他反对那种"乡愿"的"中庸",也反对过犹不及的高论。他在《荀卿论》中赞扬颜渊的平易,反对"喜为异说而不让,敢为高论而不顾"的荀卿:"子路之勇,子贡之辩,冉有之智,此三者,皆天下之所谓难能而可贵者也。然三子者,每不为夫子之所悦。颜渊默然不见其所能,若无以异于众人者,而夫子亟称之。……是故其言平易正直,而不敢为非常可喜之论,要在于不可易也。"[5]在对"道"的理解上,苏轼认为圣人之道本诸人情,"道"并非故作高深,而是切近于人事:"古之学道,无自虚空入者。轮扁斫轮,伛偻承蜩,苟可以发其智巧,物无陋者。"[6]他认为孔子之道,也是如此:"尝读《孔子世家》,观其言语文章,循循莫不有规矩,不敢放言高论,言必称先王,然后知圣人忧天下之深也。茫乎不知其畔岸,而非远也;浩乎不知其津涯,而非深也。其所言者,匹夫匹妇之所共知;而所行者,圣人有所不能尽也。"[7]纵观苏轼的一生,也是这样做的,不求高深之论,不为偏激之行,但一直坚守着自己的道德操守,有着他做人的准则,对很多现实问题能从实际出发,从多方面考虑,不走极端。在王安石推行新法时,他看到新法的扰民后果,坚决反对新法;司马光等一班"旧党"执政,把他从地方召回,他并不赞同司马光全部废除新法的举动,认为新法也有其便民之处。

在当时流行谈性说理的风气下,苏轼也有自己的关于性情等方面的见解。号称"苏门四学士"之一的秦观曾说:"苏氏之道,最深于性命自得之际。其次则器足

①《苏轼文集》卷二,中华书局,1986年,第63页。
②同①。
③《苏轼文集》卷八,中华书局,1986年,第236页。
④同①。
⑤《苏轼文集》卷四,中华书局,1986年,第100-101页。
⑥苏轼文集》卷十,中华书局,1986年,第326页。
⑦同⑤,第100页。

以任重，识足以致远。至于议论文章，乃其与世周旋至粗者也。"[①]

苏轼在《韩愈论》中说："儒者之患，患在于论性，以为喜怒哀乐皆出于情，而非性之所有。夫有喜有怒，而后有仁义，有哀有乐，而后有礼乐。以为仁义礼乐皆出于情而非性，则是相率而叛圣人之教也。老子曰：'能婴儿乎？'喜怒哀乐，苟不出乎性而出乎情，则是相率而为老子之'婴儿'也。"[②]他认为性、情同一，为善为恶，只在于用之如何："圣人以其喜怒哀惧爱恶欲七者御之，而之乎善；小人以是七者御之，而之乎恶。"[③]"圣人"也好，"小人"也好，所共之性是一样的，"性之不能有以夫善恶"，"圣人之所与小人共之，而皆不逃焉，是真所谓性也。"[④]他还批评韩愈的性善情恶论是溺于佛老而不自知，真是点明了后来理学家论性的渊源。他的辨性，是从"性"的自然属性上来说，不似程朱上升到抽象的道德本体角度谈"性"。

苏轼嘉祐六年(1061)应制举时所作《中庸论》曾说："夫圣人之道，自本而观之，则皆出于人情。不循其本，而逆观之于其末，则以为圣人有所勉强力行，而非人情之所乐者，夫如是，则虽欲诚之，其道无由。"[⑤]其《诗论》也说："夫六经之道，惟其近于人情，是以久传而不废。"[⑥]苏轼、苏辙二人都有经典本乎人情的观点，与其父苏洵及其师欧阳修的观点颇有相同之处。

三、苏辙的经学思想

苏辙的经学思想，与苏轼颇多相似之处。《宋史》中曾评论苏辙的为人及著作情况："辙性沉静简洁，为文汪洋澹泊，似其为人，不愿人知之，而秀杰之气终不可掩，其高处殆与兄轼相迫。所著《诗传》、《春秋传》、《古史》、《老子解》、《栾城文集》并行于世。"[⑦]苏辙在经学上主要致力于《诗经》和《春秋》二书，前文已论及其《诗集传》，下面再略论其《春秋》学思想。

其孙苏籀所记的《栾城遗言》提到："公年十六作夏、商、周论，今见于《古史》。

①秦观著、周义敢等校注：《秦观集编年校注》卷三十《答傅彬老简》，人民文学出版社，2001 年，第 672 页。

②《苏轼文集》卷四《韩愈论》，中华书局，1986 年，第 114-115 页。

③《苏轼文集》卷四《扬雄论》，中华书局，1986 年，第 111 页。

④同③，第 110 页。

⑤《苏轼文集》卷二《中庸论三首》，中华书局，1986 年，第 61 页。

⑥《苏轼文集》卷二《诗论》，中华书局，1986 年，第 55 页。

⑦《宋史》卷三百三十九，中华书局，1985 年，第 10835 页。

年二十,作《诗传》。"苏辙也自言:"予少好读《诗》、《春秋》,皆为之集传。"①可见苏辙对于《诗经》及《春秋》的研究为时甚早,他在晚年又对《春秋集解》不断修改,自谓"吾为《春秋集传》,乃平生事业"②。苏籀还提到,苏辙早年读书时作过《春秋说》一轴,与后来的《春秋集传》对照,有不少观点对应之处。③

苏辙应试求学时,孙复的《春秋》学思想已比较流行,对于孙复弃传从经、少可多贬的观点苏辙不尽认同。他认为三传之中《左传》记载史实,多有所本,不可偏废:"予少而治《春秋》,时人多师孙明复,谓孔子作《春秋》略尽一时之事,不复信史,故尽弃三《传》,无所复取。予以为左丘明鲁史也,孔子本所据依以作《春秋》,故事必以丘明为本。杜预有言:'丘明授经于仲尼,身为国史,躬览载籍。其文缓,其旨远,将令学者原始要终,寻其枝叶,究其所穷。优而柔之,使自求之;餍而饫之,使自趋之。若江海之浸,膏泽之润,焕然冰释,怡然理顺。'斯言得之矣。"④《左传》以国史为本,寓理于史实之中,自然有其可取之处,只有在史实中才能更好地理解《春秋》之义。

苏辙在对待各家所解《春秋》的观点时,受当时疑经思潮的影响,不墨守成法盲目信从,敢于对当时流行的孙复《春秋》学思想予以驳正。他认为以前各家的观点之失往往在于各信其学是己非人,从而导致窒而不通。他在解《春秋》时采用的思想是以"理"顺之:"老子有言:'学不学,复众人之过,以辅万物之自然而不敢为。'予窃师此语。故循理而言,言无所系;理之所至,如水之流,东西曲直,势不可常,要之于通而已。"⑤唯理是从,不再过分反对或指责前人观点,这正是高于孙复《春秋》学的地方。例如在看待诸侯会盟的态度上,孙复基本上是全部否定,认为诸侯之间的盟会是僭越之举,不合礼法,苏辙则不然,能够从具体史实出发,分别对待。《春秋集解》里有这样的解释:

或曰:古者礼乐征伐自天子出,诸侯专之,非礼也,凡书皆以讥之。予以为不然。春秋之际,王室衰矣,然而周礼犹在,天命未改,虽有汤、武,未能取而代也。诸侯之乱,舍此何以治之?要之以盟会,威之以征伐,小国恃焉,大国畏焉,犹可以少

①苏洵等著、曾枣庄等主编:《三苏全书》第四册《古史》卷末《书后》,语文出版社,2001年,第443页。
②《栾城集》附录,上海古籍出版社,1987年,第1840页。
③同②,第1842页。
④苏洵等著、曾枣庄等主编:《三苏全书》第三册《春秋集解》,语文出版社,2001年,第13页。
⑤同④。

安也。孔子曰:“桓公九合诸侯,一匡天下,民到于今受其赐。微管仲,吾其被发左衽矣。”故《春秋》因其礼俗而正其得失,未尝不予也。故曰:“其事则齐桓、晋文,其文则史,其义则丘窃取之矣。”①

这与孙复逢诸侯盟会必贬的态度相比自然就更为客观。苏辙延传了《春秋》“尊王”的观点,但也有所变通,对于诸侯盟会,有时也站在诸侯一方的角度上看问题。如僖公二十八年,晋文公与诸侯会盟于河阳,周天子与会,被《春秋》记为“天王狩于河阳”,苏辙就从人情的角度为晋文公开脱所谓的“罪责”:

晋文公将帅诸侯以尊事天子,而不敢合诸侯于京师,故召王于河阳,而以诸侯见。其情则顺,而礼则逆也。仲尼曰:“以臣召君,不可以训。”然而其情不可不察也,故书曰“天王狩于河阳”,使若巡狩然,尊周,且以全晋也。②

在苏辙看来,晋国以诸侯而召周天子,有其情理可通之处,虽然在礼法上不合,却情有可原。因为晋文公会盟诸侯,与会天子,固然是树立晋国的霸主地位,但同时也维护了周王朝的秩序。

相对而言,苏辙在三传之中更倾向于《左传》。他认为解《春秋》不能离开历史的角度:“故凡《春秋》之事当从史。左氏史也,《公羊》、《谷梁》皆意之也。盖孔子之作《春秋》,事亦略矣,非以为史也,有待乎史而后足也。以意传《春秋》而不信史,失孔子之意矣。”③以史的角度来看《春秋》,这也反映了苏辙在对待经典时更趋理性,不把它看作不可更改的“圣人”经典。

苏辙从历史的角度来看待《春秋》,经、史不再泾渭分明,这与后来章学诚六经皆史的观点颇有相通之处。苏洵即有经、史一义的观点,苏辙继承了其父的这一思想。苏洵曾说:“其义一,其体二,故曰史焉,曰经焉。大凡文之用四:事以实之,词以章之,道以通之,法以检之。此经、史所兼而有之者也。虽然,经以道、法胜,史以事、词胜;经不得史无以证其褒贬,史不得经无以酌其轻重;经非一代之实录,史非万世之常法:体不相沿,而用实相资焉。”④

在历史观上,苏辙认为周代的“尚文”传统才是后世应该继承的历史发展之道:

①苏洵等著、曾枣庄等主编:《三苏全书》第三册《春秋集解》,语文出版社,2001年,第16页。
②同①,第70页。
③同①,第17-18页。
④苏洵等著、曾枣庄等笺注:《嘉祐集笺注》卷九,上海古籍出版社,2001年,第229页。

《传》云:"夏之政尚忠,商之政尚质,周之政尚文。"而仲尼亦云:"周监于二代,郁郁乎文哉!吾从周。"予读《诗》、《书》,历观唐虞,至于商周。盖尝以为自生民以来,天下未尝一日而不趋于文也。文之为言,犹曰万物各得其理云尔。父子君臣之间、兄弟夫妇之际,此文之所由起也。[1]

周代"尚文",其实宋代也是"尚文",惟其尚文,才能使中国传统的人文精神发扬光大。苏辙的思想,正反映了宋代文化的人文趋向。

①《苏辙集·栾城应诏集》卷一,中华书局,1990年,第1246页。

第三章
庆历之际理学的形成

在经学转型的推动下,儒学的学术核心也出现了转型。汉代天人感应观及阴阳五行学说笼罩的儒学在庆历之际转向心性义理之学,特别是宋儒在形而上层面的理论建构,诸如心性论、本体论、认识论等,都使儒家学说改变了此前与佛教竞争的被动局面,不再拘守于政治及伦理的领域,开始进入身心修养及精微的思辨之域,形成一个更加完备的体系。它借鉴佛、道的理论,在道、理、心、性、情、气等概念的阐释上开拓新天地,学说的内在逻辑性越发严密。特别是《四书》学的兴起,使儒家经典重心发生转移。庆历之际成为理学发生形成的时期,范仲淹、欧阳修倡之于前,胡瑗、孙复、石介三先生继之在后,到了周、张、邵、二程理学五子之时,理学思想已是蔚为大观,呈现一派繁盛景象。至于王安石的理学思想及其变法运动,对于理学的形成发展,不论是正面或负面的影响更是不容忽视。

理学的核心,在于探讨"性"与"天道",讲究道德性命及穷理尽性,也即重立儒家形而上学的理论架构,抛弃汉儒阴阳五行学说的天人关系理论,从而为偏于世俗伦理教化的儒家思想找到新的立足点,为彼岸的关怀寻找出路。虽然原始儒家也有"内圣"与"外王"的两方面诉求,但在宋儒之前,"外王"的一面始终占据主流地位,"内圣"的一面乏善可陈。理学的出现,也使得儒学在"寻孔颜乐处"的道德修养领域得以拓展,为抗衡佛老提供了新的思想武器。

第一节 理学的先驱

一、范仲淹、欧阳修与理学的兴起

谈起理学,人们习惯以胡瑗、孙复、石介为源头,这固然与南宋学者如黄震等人的叙述有关,也与人们对理学内涵的理解有关。今人所讲的理学多是泛指宋代的义理之学,那理学的源头就要再向前追溯,推本溯源,范仲淹与欧阳修二人应该说也是这一思想的先驱者。《宋元学案》里专立《高平学案》与《庐陵学案》,钱穆也在其《中国近三百年学术史》里表彰范仲淹和欧阳修为宋学之"眉目"[①],范仲淹、欧阳修二人于理学有开创之功,已逐渐成为学术界的共识。

(一)明体达用:范仲淹于理学的引导推动

从思想渊源看,范仲淹除了在《易》学方面名重于当时,有着求变求治的追求外,他在道德方面的修养工夫和对内在人格的提升上也是皎皎特出,对宋代的学人有着深远的影响。他推荐、赏识胡瑗、孙复、张载等人,是因为他们与他有着类似的思想和学术趋向,而且他也先于胡瑗表达过对"孔颜乐处"的追寻:

白云无赖帝乡遥,汉苑谁人奏洞箫?
多难未应歌凤鸟,薄才犹可赋鹪鹩。
瓢思颜子心还乐,琴遇钟君恨即消。
但使斯文天未丧,涧松何必怨山苗?[②]

这是他在丁母忧期间所写,当时正任教于睢阳书院。

从"庆历三先生"的人生轨迹来看,范仲淹与胡瑗、孙复、石介均有直接的交往,并且三人的生平与范仲淹都有着密切的关系,胡瑗和孙复都受到过范仲淹的荐举或提携。范仲淹善于发现人才,不惟"庆历三先生",其他如李觏、张载等,也都曾受到过范仲淹的荐举或指点,"文正公门下多延贤士,如胡瑗、孙复、石介、李觏之徒,与忠宣游,昼夜肄业,置灯帐内,夜不分寝"[③]。

清人曾对宋代学术大加挞伐,但对范仲淹却非常推崇,认为他是人品与文章皆属一流的"大儒":

仲淹人品事业,卓绝一时,本不借文章以传。而贯通经术,明达政体,凡所论著,一一皆有本之言。固非虚饰词藻者所能,亦非高谈心性者所及。苏轼称其天圣中所上执政《万言书》,天下传诵。考其平生所为,无出此者。盖行求无愧于圣贤,学求有济于天下。古之所谓大儒者,有体有用,不过如此。初不必说太极,衍先天,而后谓之能闻圣道;亦不必讲封建,议井田,而后谓之不愧王佐也。观仲淹之人与

①钱穆:《中国近三百年学术史》,商务印书馆,1997年,第3页。
②《范仲淹全集》卷四《睢阳学舍抒怀》,凤凰出版社,2004年,第62页。
③朱熹:《三朝名臣言行录》卷十一《丞相范忠宣公》,上海书店,1989年,第2页。

仲淹之文,可以知空言实效之分矣。[①]

清人对于范仲淹的评价,正反映了宋学"明体达用"的特点。"经济"、"实学"等词语常见于宋人的文章,宋代义理之学初起时的指向也正在此。

范仲淹的《岳阳楼记》之所以成为千古传诵的名篇,正因为文章中体现了宋代士人的精神风貌,凸显出那种宋代士大夫的主体自觉精神,如"先天下之忧而忧,后天下之乐而乐"[②]的道德追求,以及"居庙堂之高则忧其民,处江湖之远则忧其君"[③]这种"以天下为己任"的责任感,使得宋学的规模气魄都直追古人,无怪乎一直受到后人的高度评价。

对于儒家思想的维护及对于"异端"的抨击,是宋学要完成的两个目标,二者其实是统一的。在范仲淹的诗文里,就一方面大力弘扬儒家的纲常伦理,又一方面对佛老之危害名教的思想进行还击。范仲淹在《四民诗》的《士》篇里曾发过感慨,对当时"异端"的盛行表示不满:"前王诏多士,咸以德为先。道从仁义广,名由忠孝全。美禄报尔功,好爵縻尔贤。黜陟金鉴下,昭昭媸与妍。此道日以疏,善恶何茫然。君子不斥怨,归诸命与天。术者乘其隙,异端千万惑。天道入指掌,神心出胸臆。听幽不听明,言命不言德。学者忽其本,仕者浮于职。节义为空言,功名思苟得。天下无所劝,赏罚几乎息。阴阳有变化,其神固不测。祸福有倚伏,循环亦无极。前圣不敢言,小人尔能臆。裨灶方激扬,孔子甘寂默。六经无光辉,反如日月蚀。大道岂复兴,此弊何时抑。末路竞驰骋,浇风扬羽翼。昔多松柏心,今皆桃李色。愿言造物者,回此天地力。"[④]此处的"异端",指的是佛老之学,他们正如春秋时期的预言家裨灶一样,以神秘莫测之术迷惑着当时人们的信仰,而以孔子为象征的儒家思想,反而处于"寂寞"的状态。

他还曾写有《近名论》一文,以为名教有治国之实效,而老庄之学则使人才不为国家所用:

《老子》曰:"名与身孰亲?"庄子曰:"为善无近名。"此皆道家之训,使人薄于名而保其真。斯人之徒,非爵禄可加,赏罚可动,岂为国家之用哉?我先王以名为教,使天下自劝。汤解网,文王葬枯骨,天下诸侯闻而归之。是三代人君已因名而

①《四库全书总目》卷一百五十二,中华书局,1965 年,第 1311 页。

②《范仲淹全集》卷八《岳阳楼记》,凤凰出版社,2004 年,第 169 页。

③同②,第 168 页。

④《范仲淹全集》卷二,凤凰出版社,2004 年,第 26 页。

重也。太公直钓以邀文王,夷齐饥死于西山,仲尼聘七十国以求行道,是圣贤之流无不涉乎名也。孔子作《春秋》,即名教之书也。善者褒之,不善者贬之,使后世君臣爱令名而劝,畏恶名而慎矣。夫子曰:“疾没世而名不称。”易曰:“善不积,不足以成名。”然则为善近名,岂无伪邪?臣请辩之。《孟子》曰:“尧舜性之也,三王身之也,五霸假之也。”后之诸侯,逆天暴物,杀人盗国,不复爱其名者也。人臣亦然。有性本忠孝者,上也;行忠孝者,次也;假忠孝而求名者,又次也。至若简贤附势,反道败德,弑父叛君,惟欲是从,不复爱其名者,下也。人不爱名,则虽有刑法干戈,不可止其恶也。武王克商,式商容之闾,释箕子之囚,封比干之墓,是圣人敦奖名教,以激劝天下。如取道家之言,不使近名,则岂复有忠臣烈士为国家之用哉?①

《近名论》虽是范仲淹反驳吕夷简说他“迂阔近名”而发,但也反映了宋学初起时的理论特点,即用原始儒家思想中重名实的观点来抵制佛道逃避社会的思想。这时的儒学复兴还没有建构起新的理论,只能回归到古代经典本身去寻找理论根据。

范仲淹曾对《易经》有过深入的研究,《易》学思想成为其立身行事的理论指导。值得注意的是范仲淹关于“文明之德”的叙述,这也可以说是他儒学理论的一个重要组成部分。“文明”一词,在《易经》里就已出现,但意义比较简略,如《乾》卦《文言》里,有“‘见龙在田’,天下文明”②一句,此处的“文明”并没有太多人文的意义。范仲淹则以“文明”表达更丰富的含义,他多次提到“文明”的重要意义,以及对“文明之德”的追求。如在《邠州谢上表》中,他自述“窃念臣生遘文明,幼蹈声教”③,这里他以“文明”表达的是对以儒教为代表的礼乐教化的推崇。在《易义》里更是屡屡提及,如《晋》卦里说:“顺而上行,奉于文明,君子嘉遇显进之时也。夫上无文明,贤斯遁矣。今文明丽于上,君子可不进乎?”④是说在上位者应有“文明”之德,才能使贤能得进。《明夷》:“夫文明在上,则贤者遂进;文明在下,则善人用伤。”⑤《革》卦:“天下无道,圣人革以反常之权。然而反常之权,天下何由而从之?以其内文明而外说(悦)也。以此之文明易彼之昏乱,以天下之说(悦)易四海之怨,以至仁易

①《范仲淹全集》卷七,凤凰出版社,2004 年,第 132 页。

②《十三经注疏·周易正义》卷一《乾》,中华书局影印本,1980 年,第 16 页。

③《范仲淹全集》卷十八,凤凰出版社,2004 年,第 368 页。

④同①,第 121 页。

⑤同④。

至不仁，以有道易无道，此所以反常而天下听矣，其汤武之作耶?"[①]《革》卦里的"文明"与昏乱相对，更显出其"文明之德"的意义。王者应有"文明"之德，要循大中之道，这样才能国家昌盛，也即是《丰》卦的"文明以动，无往不亨，王道大开之时也"[②]。"文明之德"的主张，反映的是他对儒家理想盛世的期待，也是儒家文化发展的结果。当然，这还谈不上是理论的建树，但对儒家文化的自信及维护儒家思想的努力与后来的宋学发展是一致的。

范仲淹的《易兼三材赋》，实际是一篇论述他的理学思想的文章，包含有一定的义理新意。《系辞下》说："《易》之为书也，广大悉备：有天道焉，有人道焉，有地道焉。兼三才而两之，故六。"[③]是说《易》之道贯穿于天、地、人三个领域而无所不备，以乾健坤顺及人的忧患变化观点概括天道、地道与人道。范仲淹在这篇赋里对三才之道作了发挥，对易道作出了一定的新解，认为只有"穷理尽性"、"原始要终"，才能得"《易》以象设，象由意通"的《易》道。[④]所谓"穷理尽性"，已经触及当时的义理之学的核心。范仲淹在文中进一步论述了《易》道之广大悉备："尽变化云为之意"，"存洁净精微之理"，"上以统百王之业，下以断万物之疑"，"无幽不通，唯变所适"。[⑤]可以说范仲淹在《易兼三材赋》中提出了一个道(理，太极)本论的思想体系，它在思想上与写法上都同后来周敦颐的《太极图说》相似，《易兼三材赋》直可看成是周敦颐《太极图说》的蓝本。

范仲淹对宋代文化的又一贡献是其大力兴学，有着培养后进之远见。教育在宋学发展中的作用至关重要，宋代学校教育的繁荣也为宋文化的发展提供了坚实的基础。范仲淹除了在"庆历新政"期间推动学校的创办和建设外，自己也身体力行，在任地方官时，每到一处，总是不忘兴学重教，推动当地教育的发展。他在苏州任时奏请苏州立学，聘胡瑗为州学教授，后来在润州、在越州、在邠州等地，都有兴学举措，对促进当地的文化教育作出了贡献。

在科举考试的改革上，他主张教以经济之业，取以经济之才，进士考试先策论而后诗赋，诸科墨义之外，务通经旨，从而使士人不专辞藻，必明理道。虽然这

①《范仲淹全集》卷七，凤凰出版社，2004年，第125页。

②同①，第127页。

③《十三经注疏·周易正义》卷八《系辞下》，中华书局影印本，1980年，第90页。

④《范仲淹全集》卷三，凤凰出版社，2004年，第437。

⑤同④，第437-438页。

一改革措施当时未见施行,但其观点后来在仁宗之世还是逐渐付诸实践,为理学的发展提供了科举制度上的助力。

(二)正本清源:欧阳修于理学的理论贡献

欧阳修对理学的贡献除了他公开怀疑《诗序》、《易传》,为后来宋学的发展起到清障开路之功外,他还对如何抵制佛教的影响提出新论,从而使宋人在理论上得以正本清源,终于改变了唐代以来佛教在思想界的独霸局面。

对经典之怀疑精神及勇断经典是非的气魄,是欧阳修能开风气之先的原因。"世无孔子久矣,六经之旨失其传,其有不可得而正者,自非孔子复出,无以得其真也。"孔子既殁,圣人不可复出,经典谬传已久,作为后学又如何求经典本义呢?欧阳修认为:"使学者各极其所见,而明者择焉,十取其一,百取其十,虽未能复六经于无失而卓如日月之明,然聚众人之善以补缉之,庶几不至于大谬。"[①] "正经首唐虞,伪说起秦汉。篇章异句读,解诂及笺传。是非自相攻,去取在勇断。"[②]先秦古籍经秦火之后,残缺脱落,汉儒又固守师训,各守一隅,使得经典本义隐没不彰。而且经典本身即自相矛盾,后人只有勇于去取,质疑辨别,才能探求其本义。可以说,欧阳修的这一态度,从方法论上为宋学的发展提供了示范。

邓广铭曾以"致广大"和"尽精微"来概括宋学特点,或者如许多学人所说的"有体有用"、"明体达用"之学,宋学的精神正反映了那个时代的学术自信及成就。欧阳修的学术视野是比较开阔的,而且也能做到有体有用。他不但在文学上引领时代风气,为一代文宗,而且在政治上也是正直有为,敢于抨击权贵,刚正不阿,是那种学有根底、行有操守的士君子典范。在他贬官夷陵时,因公余之暇,取旧案翻检,发现枉直错乖不可胜数,自此遇事不敢轻忽,学者求见,言谈多关政事,并说"文学止于润身,政事可以及物"[③],被时人称为至理名言。

欧阳修在文坛上有着巨大的影响,他在文学理论上继承韩愈、柳宗元所发起的"古文运动"的"文以载道"观点,以明白简畅的风格来弘扬儒家之道,使得庆历之际成为宋代文学的巍然高峰,在古文运动的冲击下,华而不实及险怪艰涩的文体终于让位于文从字顺的平易文风,其成就堪与"文起八代之衰"的韩愈比肩。这一文风的转变,对于宋学的发展起到了积极的推动作用,气盛言宜之文,高明自

①《欧阳修全集》卷四十七《答宋咸书》,凤凰出版社,2004年,第666-667页。

②《欧阳修全集》卷九《读书》,凤凰出版社,2004年,第139页。

③黄宗羲:《宋元学案》卷四《庐陵学案》,中华书局,1986年,第184页。

得之理，共同成就了宋代学术的辉煌。

值得注意的是，欧阳修对于当时逐渐兴起的谈论性命之理的思潮并不感兴趣，认为言性非学者所急，六经所载以切于人事为主，非为言性而作：

修患世之学者多言性，故常为说曰：夫性，非学者之所急，而圣人之所罕言也。《易》六十四卦不言性，其言者动静得失吉凶之常理也；《春秋》二百四十二年不言性，其言者善恶是非之实录也；《诗》三百五篇不言性，其言者政教兴衰之美刺也；《书》五十九篇不言性，其言者尧、舜、三代之治乱也；《礼》、《乐》之书虽不完，而杂出于诸儒之记，然其大要，治国修身之法也。六经之所载，皆人事之切于世者，是以言之甚详。至于性也，百不一二言之，或因言而及焉，非为性而言也，故虽言而不究。予之所谓不言者，非谓绝而无言，盖其言者鲜，而又不主于性而言也。《论语》所载七十二子之问于孔子者，问孝、问忠、问仁义、问礼乐、问修身、问为政、问朋友、问鬼神者有矣，未尝有问性者。孔子之告其弟子者，凡数千言，其及于性者一言而已。予故曰：非学者之所急，而圣人之罕言也。①

其实宋学作为一种文化形态，并不仅仅局限于道德性命之理的“内圣”一面，还包括事功及“外王”的一面。欧阳修的观点，代表了宋学初起时部分学者的见解，只不过是侧重点不同。欧阳修也并非绝口不言道德之理，他讲道的日用流行，道在日用之中，日用即道。在文学上，他讲文以载道，文道合一。

欧阳修虽不言心性，却高调宣扬道德、气节之论，提倡义利之辨，特别是在他撰写的《新五代史》里面，对于五代人物的评价，抱着很严格的道德标准，表彰气节，贬斥势利，试图扭转晚唐五代以来的那种风俗浇薄、人心不古的风气。特别是他对于五代时士人名节的丧失及不顾廉耻的行为痛加贬抑，如其中对于冯道的评价：

《传》曰：“礼义廉耻，国之四维；四维不张，国乃灭亡。”善乎，管生之能言也！礼义，治人之大法；廉耻，立人之大节。盖不廉，则无所不取；不耻，则无所不为。人而如此，则祸乱败亡，亦无所不至，况为大臣而无所不取，无所不为，则天下其有不乱，国家其有不亡者乎！予读冯道《长乐老叙》，见其自述以为荣，其可谓无廉耻者矣，则天下国家可从而知也。②

予于五代，得全节之士三，死事之臣十有五，而怪士之被服儒者以学古自名，

---

①《欧阳修全集》卷四十七《答李诩第二书》，凤凰出版社，2004年，第669页。

②《新五代史》卷五十四《冯道传》，中华书局，1974年，第611页。

而享人之禄、任人之国者多矣,然使忠义之节,独出于武夫战卒,岂于儒者果无其人哉?岂非高节之士恶时之乱,薄其世而不肯出欤?抑君天下者不足顾,而莫能致之欤?孔子以谓:"十室之邑,必有忠信。"岂虚言也哉![1]

欧阳修把冯道作为寡廉鲜耻的典型,这与宋初薛居正等人所撰《旧五代史》中对冯道的评价明显不同:"道之履行,郁有古人之风;道之宇量,深得大臣之礼。然而事四朝,相六帝,可得为忠乎!夫一女二夫,人之不幸,况于再三者哉!所以饰终之典,不得谥为文贞、文忠者,盖谓此也。"[2]宋代建立日久,随着道德教化的加强,这种对冯道评价的变化也是必然的。在帝制时代,最高权力不可能走制度创新、分权于民的路径来凝聚民心,只有靠道德的号召来团结国人。后来理学家的思想走向,实际上也是顺着这一路径。

在对待佛教的态度上,欧阳修倡导"修本而胜之",而不是像韩愈那样"人其人,火其书,庐其居"的极端:

佛法为中国患千余岁,世之卓然不惑而有力者,莫不欲去之。已尝去矣,而复大集,攻之暂破而愈坚,扑之未灭而愈炽,遂至于无可奈何。是果不可去邪?盖亦未知其方也。

夫医者之于疾也,必推其病之所自来,而治其受病之处。病之中人,乘乎气虚而入焉。则善医者,不攻其疾,而务养其气,气实则病去,此自然之效也。故救天下之患者,亦必推其患之所自来,而治其受患之处。佛为夷狄,去中国最远,而有佛固已久矣。尧、舜、三代之际,王政修明,礼义之教充于天下,于此之时,虽有佛无由而入。及三代衰,王政阙,礼义废,后二百余年而佛至乎中国。由是言之,佛所以为吾患者,乘其阙废之时而来,此其受患之本也。补其阙,修其废,使王政明而礼义充,则虽有佛无所施于吾民矣,此亦自然之势也。[3]

"救之,莫若修其本以胜之"[4],这样才能正本清源,才能收到更好的效果。不过欧阳修的"本"是要恢复古代儒家的礼乐教化,这就未免有食古不化之嫌。后来的程朱、陆王等学派以"理"为皈依,终于从佛教手中夺回了信仰的主导权,欧阳修的理论贡献自然不容忽略。

---

②《旧五代史》一百二十六《冯道传》,中华书局,1976年,第1666页。

③《欧阳修全集》卷十七《本论中》,中华书局,2001年,第288–289页。

④《欧阳修全集》卷十七《本论下》,中华书局,2001年,第293页。

朱熹说起《诗本义》时曾这样评价欧阳修等人于理学的贡献:"理义大本复明于世,固自周、程,然先此诸儒亦多有助。旧来儒者不越注疏而已,至永叔、原父、孙明复诸公,始自出议论,如李泰伯文字亦自好。此是运数将开,理义渐欲复明于世故也。"①

范仲淹、欧阳修都乐于提拔后俊,二人的道德文章及政事皆有过人之处,在庆历之际的思想界属于马首是瞻式的人物。范仲淹人品气节皎然特出,立身行事堪为典范,他曾在吴中家乡置办义庄,周济贫寒宗族,为官所到之处办学兴文不遗余力;欧阳修身为文坛祭酒,奖掖后进,为之延名扬誉,其门下士许多成了宋学发展的中坚。二人于宋学的影响,不论从哪一方面看,都是非常深远的。

二、胡瑗、孙复、石介:理学的萌生

胡瑗、孙复、石介被称为"庆历三先生",曾被后人尊为理学先驱:"师道之废,正学之不明久矣。宋兴八十年,安定胡先生、泰山孙先生、徂徕石先生,始以其学教授,而安定之徒最盛。继而伊洛之学兴矣。故本朝理学,虽至伊洛而精,实自三先生而始,故晦庵有伊川不敢忘三先生之语。"②朱熹亦曾对弟子说过:"(本朝道学之盛)亦有其渐。自范文正以来已有好议论,如山东有孙明复,徂徕有石守道,湖州有胡安定,到后来遂有周子、程子、张子出。故程子平生不敢忘此数公,依旧尊他。"③

(一)胡瑗:培育多士,理学导师

胡瑗对宋学的最大贡献在于教育方面,他所创立的"苏湖教法"在培养"明体达用"的人才方面成就巨大,这一点其弟子刘彝曾在宋神宗面前作过论述:

熙宁二年,神宗问曰:"胡瑗与王安石孰优?"(刘彝)对曰:"臣师胡瑗以道德仁义教东南诸生时,王安石方在场屋中修进士业。臣闻圣人之道,有体、有用、有文。君臣父子,仁义礼乐,历世不可变者,其体也。《诗》《书》史传子集,垂法后世者,其文也。举而措之天下,能润泽斯民,归于皇极者,其用也。国家累朝取士,不以体用为本,而尚声律浮华之词,是以风俗偷薄。臣师当宝元、明道之间,尤病其失,遂以明体达用之学授诸生。夙夜勤瘁,二十馀年,专切学校。始于苏、湖,终于太学,出其门者无虑数千馀人。故今学者明夫圣人体用,以为政教之本,皆臣师之

①黎靖德:《朱子语类》卷八十《解诗》,中华书局,1986年,第2089页。

②黄震:《黄氏日抄》卷四十五,台湾商务印书馆,1983年,第253页。

③黎靖德:《朱子语类》卷一二九《自国初至熙宁人物》,中华书局,1986年,第3089-3090页。

功,非安石比也。”帝曰:“其门人今在朝者为谁?”对曰:“若钱藻之渊笃,孙觉之纯明,范纯仁之直温,钱公辅之简谅,皆陛下之所知也。其在外,明体达用之学,教于四方之民者,殆数十辈。其余政事、文学粗出于人者,不可胜数。此天下四方之所共知也。”①

后来钱穆曾高度称许刘彝之论,以为宋学精神尽在其中:“刘氏此言,不徒善道其师,盖宋学精神,刘氏数言亦足尽之。所谓道德仁义、圣人体用以为政教之本者,此正宋儒所以自立其学以异于进士场屋之声律与夫山林释老之独善其身而已者也。”②

先说“明体”方面。胡瑗在讲学时重视个人德行的培养,学业之外,他还注重学生的心性涵养工夫,如在太学所出论题《孔颜所好何学论》,小程子所作阐明孔门“为己之学”以及成德修养工夫,深得胡瑗赏识。其门人徐积曾说:“人当先养其气,气完则精神全,其为文则刚而敏,治事则有果断,所谓先立乎其大者也。”③这与胡瑗的明体之教是一脉相承的。

柳诒徵曾说及胡瑗的育人之法:“自汉以来,学校教育,皆利禄之途,无所谓人格教育也。宋仁宗时,胡瑗倡教于苏州、湖州及太学,以经义、治事分斋,而以身教人之风始盛。周、张、二程,皆于私家讲学,而师道大兴。”④

汉学虽有“琐碎”之讥,但也重政事。尽管经学成为利禄之途,习经变成“拾取青紫”之阶,但在汉末的“党锢”之祸中,清议之风不绝,鸿儒硕学的道德人格成了当时乱世里的中流砥柱。宋学初起,也注重道德人格的培养,尤其是胡瑗在这方面的影响巨大。在庆历太学改革之前,太学仅为国子监生员寄名之所,并无日常养成教育。庆历中太学扩大生员,延聘名师,太学方真正成为宋代的学术中心,后又取胡瑗在苏湖所采教法,使得太学的教育有了方法上的飞跃。薛艮斋《与朱晦翁书》曾说:

尝谓翼之先生所以教人,得于古之“洒扫、应对、进退”。知其说者,徐仲车耳。余子类能有立于世,是皆举其一端。介甫诗以宰相期之,特窥其余绪耳。成人成己,众人未足以知之。且君子道无精粗,无小大,是故致广大者必尽精微,极高明

①黄宗羲:《宋元学案》卷一《安定学案》,中华书局,1986年,第25页。

②钱穆:《中国近三百年学术史》引论,商务印书馆,1997年,。

③同①,第38页。

④柳诒徵:《中国文化史》,东方出版社,1988年,第510页。

者必道中庸。滞于一方，要为徒法、徒善。汉儒之陋，则有所谓“章句”、“家法”；异端之教，则有所谓“不立文字”。稽于政在方策，人存乃举，礼仪威仪，待人以行，智者观之，不待辩而章矣。[①]

所谓“洒扫、应对、进退”之教，也即体现于平时的道德修行。他自己在平时也身体力行：“先生倡明正学，以身先之。虽盛暑，必公服坐堂上，严师弟子之礼。视诸生如子弟，诸生亦爱敬如父兄。”有了道德人格的养成，自可“成人成己”，也即顾炎武所说的“修己治人之实学”[②]，这正是宋学的境界开阔之处。所以程颐说：“凡从安定先生学者，其醇厚和易之气，一望可知。”[③]

再看“达用”。胡瑗的“分斋”教学，即有后来分科教学的先声：“其教人之法，科条纤悉具备。立‘经义’、‘治事’二斋：经义则选择其心性疏通、有器局、可任大事者，使之讲明《六经》。治事则一人各治一事，又兼摄一事，如治民以安其生，讲武以御其寇，堰水以利田，算历以明数是也。”[④]这样既能各展所长，又照顾到个人的兴趣爱好：“先生初为直讲，有旨专掌一学之政，遂推诚教育多士。亦甄别人物，故好尚经术者，好谈兵战者，好文艺者，好尚节义者，使之以类群居讲习。先生亦时时召之，使论其所学，为定其理。或自出一义，使人人以对，为可否之。或即当时政事，俾之折衷。故人人皆乐从而有成效。朝廷名臣，往往皆先生之徒也。”[⑤]前面提到的其门人刘彝曾在神宗面前提到出自胡瑗门下的各类人才，刘彝本人就以擅治水利而闻名。这样因材施教，各展所长，既有孔门四科之古义，又适应了时代的发展，在古代教育史上也有着重大贡献。

胡瑗向来被认为开启二程理学之先路，不仅培育多士，更是二程理学的启蒙导师。他的体用之学实启后来理学的开端，昌明心性之体，探究“孔颜之乐”，欣赏小程子“学以至圣人之道”的言论，而且在其《周易口义》中也有着后来理学的端倪。如他解释“利贞者，性情也”一句，以仁、义、礼、智、信为五性，喜、怒、哀、乐、爱、恶、欲为七情，认为圣人“性其情”，天下得其利，小人“情其性”以致不保其身，

①黄宗羲：《宋元学案》卷一《安定学案》，中华书局，1986年，第29-30页。

②顾炎武著、黄汝成集释：《日知录集释》卷七《夫子之言性与天道》，上海古籍出版社，2006年，第402页。

③同①，第26页。

④同①，第24页。

⑤同①，第28-29页。

实有启二程后来所发挥的“性情”之辨。

(二) 孙复:尊王攘夷,高倡道统

《宋元学案》开篇即说:“宋世学术之盛,安定、泰山为之先河,程、朱二先生皆以为然。安定沉潜,泰山高明,安定笃实,泰山刚健,各得其性禀之所近。要其力肩斯道之传,则一也。”①胡瑗与孙复,一个以其道德人格的“内圣”之学,一个以其“尊王攘夷”的“外王”诉求,为宋学的兴起开启了门径。

与政治领域里的维护中央权威对应,在思想领域,孙复则高举排佛老的旗帜,大力清除精神领域里有害于王朝一统的“异端”学说。他曾有《儒辱》一文,专门讲述佛老的危害和儒者的责任:

礼曰:四郊多垒,此卿大夫之辱也;地广大荒而不治,此亦士之辱也。噫!卿大夫以四郊多垒为辱,士以地广大荒而不治为辱,然则仁义不行、礼乐不作,儒者之辱欤?夫仁义礼乐,治世之本也,王道之所由兴,人伦之所由正。舍其本则何所为哉?噫!儒者之辱始于战国,杨朱、墨翟乱之于前,申不害、韩非杂之于后。汉魏而下,则又甚焉。佛老之徒横乎中国,彼以死生祸福虚无报应为事,千万其端,给我生民;绝灭仁义,以塞天下之耳,屏弃礼乐以涂天下之目。天下之人愚众贤寡,惧其死生祸福报应人之若彼也,莫不争举而竞趋之。观其相与为群,纷纷扰扰,周乎天下,于是其教与儒齐驱并驾,峙而为三。吁,可怪也!且夫君臣、父子、夫妇,人伦之大端也,彼则去君臣之礼,绝父子之戚,灭夫妇之义。以之为国,则乱矣;以之使人,贼作矣。儒者不以仁义礼乐为心则已,若以为心,则得不鸣鼓而攻之乎?凡今之人,与人争詈,小有所不胜,则尚以为辱,矧彼以夷狄诸子之法乱我圣人之教耶?其为辱也大哉!噫,圣人不生,怪乱不平,故杨墨起而孟子辟之,申韩出而扬雄距之,佛老盛而韩文公排之。微三子,则天下之人胥而为夷狄矣。惜夫三子,道有余而志不克就,力足去而用不克施。若使其志克就,其用克施,则芟夷蕴崇,绝其根本矣。呜呼!后之章甫其冠,缝掖其衣,不知其辱而反从而尊之者多矣,得不为罪人乎?由汉魏而下,迨于兹千余岁,其源流既深,根本既固,不得其位,不剪其类,其将奈何,其将奈何!②

攘除“异端”,就是在精神领域里“尊王”,从更广阔的角度来看,也是在捍卫文化的独立,维护华夏的文明传统,“君君臣臣父父子子,君国之大经也,人伦之

①黄宗羲:《宋元学案》卷一《安定学案》,中华书局,1986年,第23页。

②孙复:《孙明复小集·儒辱》,台湾商务印书馆,1983年,第176-177页。

大本也，不可斯须去矣，而彼皆无之，是驱天下之民舍中国之夷狄也。”[①]中国文化向来对自身传统有着强烈的自信，对“披发左衽”的“夷狄”之教有着高度的敏感，儒家文化自视为中国文化的正统，对佛老之教的“非圣无法”更是不能容忍。唐末五代的乱世，身为儒者，自身地位不保，无暇顾及，一旦有了安定的环境，有了儒学的复兴，攻击“异端”是必然之势。

自从韩愈提出了儒家的“道统”以来，高唱“道统”就成了打击佛老的利器，以儒家“道统”的传人自居，以古圣先王作号召，无论在政治还是精神的领域，都可彰显自己的合法性。孙复在泰山筑堂讲学，命其堂曰“信道堂”，并作记一篇，表达的就是对“孔孟之道”的坚守与自信：

圣贤之迹，无进也，无退也，无毁也，无誉也，唯道所在而已。用之则行，舍之则藏，孰为进哉，孰为退哉？考诸三王而不谬，建诸天地而不悖，质诸鬼神而无疑，百世以俟圣人而不惑，孰为毁哉，孰为誉哉？吾之所为道者，尧、舜、禹、汤、文、武、周公、孔子之道也，孟轲、荀卿、扬雄、王通、韩愈之道也，吾学尧、舜、禹、汤、文、武、周公、孔子、孟轲、荀卿、扬雄、王通、韩愈之道三十年，处于今之世，故不知进之所以为进也，退之所以为退也，毁之所以为毁也，誉之所以为誉也。其进也，以吾尧、舜、禹、汤、文、武、周公、孔子、孟轲、荀卿、扬雄、王通、韩愈之道进也，于吾躬何所进哉？其退也，以吾尧、舜、禹、汤、文、武、周公、孔子、孟轲、荀卿、扬雄、王通、韩愈之道退也，于吾躬何所退哉？其见毁也，以吾尧、舜、禹、汤、文、武、周公、孔子、孟轲、荀卿、扬雄、王通、韩愈之道见毁也，于吾躬何所毁哉？其获誉也，以吾尧、舜、禹、汤、文、武、周公、孔子、孟轲、荀卿、扬雄、王通、韩愈之道获誉也，于吾躬何所誉哉？故曰圣贤之迹，无进也，无退也，无毁也，无誉也，唯道所存而已。[②]

高倡“道统”的大旗，除了在经学领域发明“尊王攘夷”的思想，孙复还继承韩愈以来“古文运动”的精神，提倡文与道的结合。他曾论述文与道的关系：

夫文者道之用也，道者教之本也。故文之作也，必得之于心而成之于言。得之于心者，明诸内者也；成之于言者，见诸外者也。明诸内者故可以适其用，见诸外者故可以张其教。是故《诗》、《书》、礼、乐、大《易》、《春秋》之文也，总而谓之经者，以其终于孔子之手，尊而异之尔。斯圣人之文也，后人力薄不克以嗣，但当左右名教，夹辅圣人而已。或则列圣人之微旨，或则擿诸子之异端，或则发千古之未寤，

①孙复：《孙明复小集·兖州邹县建孟庙记》，台湾商务印书馆，1983年，第174页。

②孙复：《孙明复小集·信道堂记》，台湾商务印书馆，1983年，第175–176页。

或则正一时之所失,或则陈仁政之大经,或则斥功利之末术,或则扬圣人之声烈,或则写下民之愤叹,或则陈大人之去就,或则述国家之安危,必皆临事摭实,有感而作,为论为议,为书、疏、歌、诗、赞、颂、箴、辞、铭、说之类,虽其目甚多,同归于道,皆谓之文也。①

在孙复看来,只有“载道”之文,才有助于教化人伦,才能算是真正的文章,而汉魏六朝以来,文风浮艳,华而不实,不仅无物,而且害道:“斯文之难至也久矣。自西汉至李唐,其间鸿生硕儒,摩肩而起,以文章垂世者众矣,然多杨、墨、佛、老虚无报应之事,沈、谢、徐、庾妖艳邪哆之言杂乎其中,至有盈编满集,发而视之,无一言及于教化者,此非无用瞽言徒污简册者乎!至于始终仁义,不叛不杂者,惟董仲舒、扬雄、王通、韩愈而已。”②当然,这种文学理论的正确与否姑且不论,但它和孙复的“道统”观是一致的,是为他的“尊王攘夷”、维护“道统”思想服务的。

孙复的《春秋》学和他的维护“道统”说,在当时都有广泛的影响,因为它正好契合了时代的需求,为重立人们的文化自信和重树儒家思想在精神领域的权威都起到了清障拓荒的作用,也为儒家古老经典的复兴起到了引路之功。

（三）石介:攻击“异端”的急先锋

石介是孙复的弟子,曾讲学于徂徕山下,以《易经》教授生徒,人称“徂徕先生”。他对《易》学有专攻,著有《易解》五卷、《易口义》十卷,都没流传下来。同孙复一样,石介既曾讲学授徒于家乡,也曾任教于太学,属于以教弘道的学者,但他比孙复更有锋芒,对于他所认为的儒学的“异端”,诸如佛老及以杨亿为代表的西昆体时文,猛烈抨击,不遗余力。除了学术和思想上的“卫道”,石介亦对现实政治中人的是非进行褒贬,以致引来身后之祸。这也从一个侧面反映了石介的性格,嫉恶如仇,善恶分明,在学术思想上堪称捍卫“道统”的“急先锋”,但在人生的现实里却因锋芒太露而招致许多麻烦。欧阳修曾说他“大论叱佛老,高声诵虞唐”③,还曾对其为人为学作过评论:

先生貌厚而气完,学笃而志大,虽在畎亩,不忘天下之忧。以为时无不可为,为之无不至,不在其位,则行其言。吾言用,功利施于天下,不必出乎己;吾言不用,虽获祸咎,至死而不悔。其遇事发愤,作为文章,极陈古今治乱成败,以指切当

①孙复:《孙明复小集·答张洞书》,台湾商务印书馆,1983年,第173–174页。

②同①,第174页。

③《欧阳修全集》卷二《镇阳读书》,中华书局,2001年,第35页。

世，贤愚善恶，是是非非，无所讳忌。世俗颇骇其言，由是谤议喧然，而小人尤嫉恶之，相与出力必欲挤之死。先生安然不惑不变，曰："吾道固如是，吾勇过孟轲矣。"[①]

在宋仁宗提拔范仲淹等人任职于中央政府开始"庆历新政"时，石介欢欣鼓舞，非常振奋，并连夜写下了《庆历圣德颂》，为新政欢呼，其中有"众贤之进，如茅斯拔；大奸之去，如距斯脱"[②]的句子，"众贤"指范仲淹、欧阳修等人，"大奸"指斥夏竦等，并很快在社会上流传开来。"诗出，泰山孙明复曰：子祸始于此矣"[③]，反对派为了报复，以"朋党"之名攻击推行新政的范仲淹等人，石介不久病逝，他的这一本意在为新政推波助澜的颂歌反而加快了新政的失败。

尽管在现实生活里，石介的锋芒太露给他带来了种种不幸的后果，但在思想与学术领域，却正需要这样的勇猛与魄力来冲锋陷阵，来为新生事物开道。石介对于宋学的最大贡献，也正在他的这种复兴儒学的热情与活力，在于他对妨碍儒学复兴的"异端"之学的猛烈攻击和批判。

石介有《怪说》一文，认为"反厥常道则谓之怪"，针对当时社会上他认为有害儒家正统的三种思潮进行抵制。他首先对佛老进行发难，认为这二教都是违反中国自古以来的"君臣父子"之道，"汗漫不经之教行焉，妖诞幻惑之说满焉，可怪也"，因为佛老之徒"忘而祖，废而祭，去事远裔之鬼，可怪也"，但在现实生活中，人们却对之习以为常，不以为怪，以致"彼其灭君臣之道，绝父子之亲，弃道德，悖礼乐，裂五常，迁四民之常居，毁中国之衣冠，去祖宗而祀远裔，汗漫不经之教行，妖诞幻惑之说满，则反不知其为怪"。在提出了佛老二教之"怪"后，他又针对以杨亿为首的西昆体时文进行批判："今杨亿穷研极态，缀风月、弄花草，淫巧侈丽，浮华纂组，刓锼圣人之经，破碎圣人之言，离析圣人之意，蠹伤圣人之道，使天下不为《书》之《典》《谟》《禹贡》《洪范》，《诗》之《雅》《颂》，《春秋》之经，《易》之《繇》《十翼》，而为杨亿之穷研极态、缀风月弄花草、淫巧侈丽、浮华纂组，其为怪大矣！"[④]杨亿的时文受到石介的大肆抨击，是因为这些时文与"道"了不相干，人们以雕琢文字相尚，却反而把孔子之道、儒家思想给冷落了。其实杨亿的文章及人品都有可取之处，石介大肆攻击的是杨亿文字背后反映的偏离传统之"道"，是儒家之道

①石介：《徂徕石先生文集》附录二《徂徕石先生墓志铭并序》，中华书局，1984 年，第 260 页。

②石介：《徂徕石先生文集》卷一，中华书局，1984 年，第 9 页。

③《欧阳修全集》卷三十四《徂徕石先生墓志铭》，中华书局，2001 年，第 507 页。

④石介：《徂徕石先生文集》卷五《怪说》，中华书局，1984 年，第 62-63 页。

不受重视的现实。

石介的批判时文,还有一个背景,那就是当时的科举考试是以诗赋取士,士子们为了博得功名,就要在诗赋上下功夫,加之经学在考试中处于相对次要的位置,西昆体的流行也有着这方面的时代环境。孙复提出了文与道的结合,石介也沿着乃师的思想,提倡文章的载道功能。他推崇宋初的柳开:"死来三十载,荒草盖坟墓。四海无英雄,斯文失宗主。"①因为柳开主张复兴古文,要继承韩愈文以载道的主张。

石介非常仰慕韩愈,不仅是因为他复兴古文的文学主张,更因为他对"道统"的提倡。石介有《尊韩》一文,大力赞扬韩愈的复兴儒学之功,认为韩愈堪与孔子相比肩:

噫!伏羲氏、神农氏、黄帝氏、少昊氏、颛顼氏、高辛氏、唐尧氏、虞舜氏、禹、汤、文、武、周公、孔子者,十有四圣人,孔子为圣人之至!噫!孟轲氏、荀况氏、扬雄氏、王通氏、韩愈氏五贤人,吏部为贤人之卓!不知更几千万亿年复有孔子,不知更几千数百年复有吏部?

孔子之作《春秋》,自圣人以来未有也;吏部《原道》、《原仁》、《原毁》、《行难》、《禹问》、《佛骨表》、《诤臣论》,自诸子以来未有也。②

但在恢复古文写作的道路上,石介又走得太远了。他为了纠正当时的轻浮文风,有意用一些怪异的字词,"以怪诞诋讪为高,以流荡猥琐为赡,逾越绳墨,惑误后学"③,形成一种险怪的文风,以致号称"太学体",后来欧阳修主持科场时,就曾对这种文风加以抑制,才扭转这一局面。当然,石介的本义,还是在以文风的转变来表达其对"道"的追求,有时不免有矫枉过正之嫌。他曾写信给欧阳修为他这一文风辩解:"书中又言仆书字怪且异,古亦无,今亦无,为天下非之。此诚仆之病也……今永叔责我诚是。然永叔谓我'特异于人以取高耳',似不知我也。仆诚亦有自异于众者,则非永叔之所谓也。今天下为佛、老,其徒嚣嚣乎声,附合响应,仆独挺然自持吾圣人之道。今天下为杨亿,其众哓哓乎口,一倡百和,仆独确然自守吾圣人之经。凡世之佛、老、杨亿云者,仆不惟不为,且常力摈斥之。天下为而独不

①石介:《徂徕石先生文集》卷二《过魏东郊》,中华书局,1984年,第21页。

②石介:《徂徕石先生文集》卷七《尊韩》,中华书局,1984年,第79-80页。

③李焘:《续资治通鉴长编》卷一百五十八,中华书局,2004年,第3822页。此为张方平语,张属于新政的反对派,所言虽有过当之处,但也指出了"太学体"的弊端。

为，天下不为而独为，兹是仆有异乎众者。然亦非特为取高于人，道适当然也。”[①]文如其人，石介的文风也能反映出其性格特征。

南宋叶适曾就石介的这种个性及其功过作过分析：“救时莫如养力，辨道莫如平气。石介以其忿嫉不忍之意，发于偏宕太过之词，激犹可与为善者之心，坚已陷于邪者之敌，莫不震动惊骇，群而攻之，故回挽无毫发而伤败积丘陵矣，哀哉！然自学者言之，则见善明，立志果，殉道重，视身轻，自谓‘大过上六当其任’，则其节有足取也。”[②]崖岸太高，锋芒太露，确实既是石介为宋学开山辟路的成就所在，也是他在庆历新政时帮了倒忙的原因。

在如何对待佛教的问题上，石介有《中国论》一文，提出了一种新的观点。石介承认中国与“四夷”的分野，也划清了两者的区别。他先从地理上划分，“四夷，外也；中国，内也”。再从文化上划分，“夫中国者，君臣所自立也，礼乐所自作也，衣冠所自出也，冠昏祭祀所自用也，缞麻丧泣所自制也，果蓏菜茹所自殖也，稻麻黍稷所自有也”，这是华夏的文化传统。而“四夷”呢，“东方曰‘夷’，被发文身，有不火食者矣；南方曰‘蛮’，雕题交趾，有不火食者；西方曰‘戎’，被发衣皮，有不粒食者；北方曰‘狄’，毛衣穴居，有不粒食者。其俗皆自安也，相易则乱”。[③]然而如何处理这种乱象呢？“各人其人，各俗其俗，各教其教，各礼其礼，各衣服其衣服，各居庐其居庐，四夷处四夷中国处中国，各不相乱，如斯而已矣！则中国，中国也。四夷，四夷也。”[④]他比韩愈高明的地方是承认各有其俗，只要各安其俗，各居其地，不相混乱，就能做到中国与四夷的和平共处，从而也就能消除佛教在中国的影响。实际上石介是以退为进，先承认中国与四夷的差别，承认各地的特殊风俗，然后要恢复佛教传入中国之前的传统，当然也就要清除佛教的影响。

除了抨击佛老之教外，同当时的许多学者一样，石介也对汉儒的注疏表示不满，甚至说这些传注是害经之蠹：“斯则《易》其九师为蠹乎？《春秋》其三传为蠹乎？《诗》其齐韩毛郑为蠹乎？《礼》其大戴小戴为蠹乎？”[⑤]

除去“三怪”问题外，在对待社会上的诸多不安因素时，石介则有复古的主

---

①石介：《徂徕石先生文集》卷十五《答欧阳永叔书》，中华书局，1984年，第175–176页。

②叶适：《习学记言序目》卷五十，中华书局，1977年，第746页。

③石介：《徂徕石先生文集》卷十《中国论》，中华书局，1984年，第116页。

④同③，第117页。

⑤石介：《徂徕石先生文集》卷七《录蠹书鱼辞》，中华书局，1984年，第81页。

张。他作有《原乱》一文,认为“周秦而下,乱世纷纷,何为而然也?原其故,盖有由矣,由乱古之制也”[①]。所以他主张复古,而且不是一般的复古,要恢复封建分藩、井田、什一税等诸多先秦旧制,只有这样才能防止后世频频不断的乱世:“什一之制亡,则暴赋重算行矣;井田之制废,则豪强兼并兴矣。噫!甚矣。不封建也,陈涉一唱而嬴秦亡……秦汉而下,败乱继踵,皆由是也。夫古圣人为之制,所以治天下、垂万世也,而不可易,易则乱矣。后世不能由之而又易之以非制,有不乱乎?夫乱如是,何为则可止也?曰:不反其始,其乱不止。”[②]

其实,石介的这些主张,并不能仅仅以“保守”一语概括。当时的北宋社会,由于田制不立,政府相沿晚唐以来的土地制度,兼并的现象越来越严重,当时的许多士人,在对待社会上的兼并和贫富悬殊问题时都有恢复井田的设想,如李觏、王安石等人借《周礼》之制抑兼并的思想,南宋也不断有人提出要恢复井田之制,应该说,当时知识界的这一观点是有其原因和现实针对性的。

石介还曾借批判佛教之机,对当时的统治者糜费财力迷信神仙灵异之举提出否定:“吾谓天地间必然无有者有三:无神仙,无黄金术,无佛……秦始皇之求为仙,汉武帝之求为黄金,梁武帝之求为佛,勤已至矣。而秦始皇帝远游死,梁武帝饥饿死,汉武帝铸黄金不成。推是而言,吾知必无神仙也,必无佛也,必无黄金术也。”[③]石介的话是有所指的,在仁宗之前的真宗时期,天书下凡、祥瑞降世之类的事情连年不断,弄得“一国君臣若病狂然”[④],耗费无数人力物力,徒落得后人的笑柄。

石介在宋学的理论创建上虽然没有太大的成就,他的经学著作也没有流传下来,但他于宋学发展的影响还是不容怀疑的,《吕氏家塾记》曰:“天圣以来,穆伯长、尹师鲁、苏子美、欧阳永叔始创为古文,以变西昆体,学者翕然从之。其有为杨、刘体者,守道(石介)尤嫉之,以为孔门之大害,作《怪说》三篇以排佛、老及杨亿。于是新进后学,不敢为杨、刘体,亦不敢谈佛、老。”[⑤]石介为儒学的复兴扫清路障,以其无所畏忌的言论,勇往直前的精神,成为宋学转型中当之无愧的急先锋。

①石介:《徂徕石先生文集》卷五《原乱》,中华书局,1984年,第64页。

②同①,第66页。

③石介:《徂徕石先生文集》卷八《辨惑》,中华书局,1984年,第93–94页。

④《宋史》卷八《真宗本纪》,第172页。

⑤黄宗羲:《宋元学案》卷二《泰山学案》,中华书局,1986年,第111页。

第二节　“学统四起”的庆历之际

庆历之际，学统四起。齐、鲁则有士建中、刘颜夹辅泰山而兴。浙东则有明州杨、杜五子，永嘉之儒志、经行二子，浙西则有杭之吴存仁，皆与安定湖学相应。闽中又有章望之、黄晞，亦古灵一辈人也。关中之申、侯二子，实开横渠之先。蜀有宇文止止，实开范正献公之先。筚路蓝缕，用启山林，皆序录者所不当遗。[①]

这是全祖望对庆历之际学术状况的概述。所谓“学统四起”，正是对庆历之际思想文化转型的形象表述。“学统四起”的局面，是疑经思潮及学术创新的结果。这时的士人从各自不同的路径，各自独特的角度与视野为宋学的转型作出贡献。他们探索新的学术内容与范式，重振儒学，以实现儒家的人文化成之志。

钱穆讲到初期宋学的状况，认为其中首先值得注意的就是师道的重振[②]。可以说师道复兴与儒学重振是一体两面，互为表里。儒家推重师道尊严，除却形式的象征外，更为重要的是它体现了人类文明传承与发展的必然要求。不尊重传统，就不能更好地创新发展，师道尊严，本是常识所在。但在唐代，耻为人师却成了社会风气：

魏晋之后，其风大坏。学者皆以不师为天纵，独学为生知，译疏翻音，执疑护失，率乃私意，攻乎异端。以讽诵章句为精，以穿凿文字为奥。至于圣贤之微旨，教化之大本，人伦之纪律，王道之根源，则荡然莫知所措矣。其先进者亦以教授为鄙，公卿大夫耻为人师，至使乡校之老人，呼以先生，则勃然动色。痛乎风俗之移人也如是！[③]

韩愈亦有“今之众人，其下圣人也亦远矣，而耻学于师”[④]的感慨。

宋代文化昌盛，以师道的复兴为其先兆。所以当孙复、石介师徒以师道相期，尊隆师弟子之礼时，就成了时人赞叹的一幕：“孔给事道辅为人刚直严重，不妄与人，闻先生之风，就见之。介执杖屦侍左右，先生坐则立，升降拜则扶之，及其往谢也亦然。鲁人既素高此两人，由是始识师弟子之礼，莫不叹嗟之。”[⑤]师道的复兴，

①黄宗羲：《宋元学案》卷六，中华书局，1986 年，第 251–252 页。

②钱穆：《中国学术思想史论丛》(五)，安徽教育出版社，2004 年，第 1 页。另两点是通经致用以及道统观的兴起。

③吕温：《吕和叔文集》卷三《与祖兄皋请学<春秋>书》，上海书店，1989 年，第 1–2 页。

④韩愈著、阎琦校注：《韩昌黎文集注释》卷一《师说》，三秦出版社，2004 年，第 62 页。

⑤《欧阳修全集》卷三十《孙明复先生墓志铭》，中华书局，2001 年，第 457 页。

传递出一个潜藏的信息,那就是学术昌盛的时期到来了。庆历之际的士人,无论在朝在野,都念念不忘传道讲学。这使得宋学后来的发展蔚为大观。

儒学是在先秦诸子里面最具历史责任感的一家,后来的儒者也每每以传道觉民为职志,以弘扬斯文自任。宋代,是学术难得的黄金时代,特别是最高权力相对的谦恭自牧,使士人发出皇帝"与士大夫治天下"①的自信。无疑,相对而言,庆历之际的社会政治环境之宽松,在宋代是最好的,故而"学统四起"的景象,也是不可多得的文化盛事。可以说,庆历之际的学术转型,顺应了时代的发展,体现了当时蓬勃兴起的时代思潮。

在经学新变及阐发义理开创新义上,当时有"闽中四先生"陈襄、郑穆、陈烈、周希孟,以及明州杨适、杜醇等五人,还有同时的其他学者,他们虽散处各地,但都参与到这一时代的思潮之中,讲学著书,发明经义,共同构成了庆历之际学术转型的勃勃生机,为宋学的形成奠定了基础。

一、"闽中四先生"

陈襄、郑穆、陈烈、周希孟并称为"闽中四先生":"安定、泰山并起之时,闽中四先生亦讲学于海上,其所得虽未能底于粹深,然而略见大体矣,是固安定、泰山之流亚也。"②

陈襄,字述古,侯官古灵人,庆历二年(1042)进士,学者称为古灵先生。著有《易义》、《中庸义》及《古灵集》二十五卷。他曾在多地任地方官,所到之处,兴办学校,为诸生讲学,从之者甚众。后来又管勾国子监,曾荐可为太学师长者四人,程颐即为其中之一。

陈襄于宋学的贡献,一直为学者所忽视,也许是后来约定俗成的叙述,使得"三先生"及"理学五子"之外的学者都成了边缘人物。陈襄亦曾任教于太学,有众多弟子,而且在性命义理方面有着自己的观点。在探求性命之道上,他比二程还要更早些:"是时,学者方溺于雕篆之文,相高以词华,所谓知天尽性之说,皆指以为迂阔,而士亦莫之讲也。先生独有志于传道,与其同里陈烈、郑穆、周希孟者为友,气古行高,以天下之重为己任。闻者始皆笑之,先生不为动,躬行益笃,学者亦稍稍化之,多从之游,而闽海间遂有'四先生'之目。"③

①李焘:《续资治通鉴长编》卷二百二十一,中华书局,2004年,第5370页。

②黄宗羲:《宋元学案》卷五,中华书局,1986年,第225页。

③同②。

陈襄正处于宋学从疑经向创立新义过渡的阶段，所以他的经学思想，兼有这两方面的特征，一方面反对章句之学，一方面又探索行“道”的途径。他曾在与人书中讲到这一问题：“常患近世之士，溺于章句之学而不知先王礼义之大。上自王公，下逮士人，其取人也，莫不以善词章者为能，守经行者为迂阔，而士之荣辱，亦从而应之。以是天下之士习非舍是，固已涂瞶耳目，而莫之能正矣。某自莅事以来，惟日孜孜以兴学养士为先务，以明经笃行为首选，其心如是，直将以待夫有志之士焉耳……今将表一学之生徒而教之以德行道艺之术，所宜无让也。”①

当然，儒家的修养，无论如何改变，传统礼法的轨辙是抛不开的，除此之外，在陈襄看来，还要培养仁义等的内涵，“行身乎大方之涂，养心于至义之源，游泳乎《诗》、《书》之和，沉潜乎《易》、《春秋》之微，博之以文艺，约之以礼法，而归之于诚，亦庶乎其至也！”②“好学以尽心，诚心以尽物，推物以尽理，明理以尽性，和性以尽神”③，尽管这关于性命之理的议论还很粗疏，但也不容忽视，全祖望就很看重这几句话，认为“虽其立言尚有未尽融洽者，如此五语是也，然其大意已通关、洛之津，较之石徂徕辈，则入细矣”④。

陈襄对《中庸》也很重视，曾著有《中庸义》。他有一上奏，其中就曾论述中庸之道：

至道之要，求之不远，在乎养心治性，择乎中庸而已。天之所命之谓性，性之未变之谓中。中者，天下之大本也，而有五善，其端也若甚微而不可明，及其至也，塞乎天地矣。感物而动之谓情。情者，天下之大欲也，而有邪有正。率善而行之谓正，率不善而行之谓邪。故正者天之道也，邪者人之伪也。苟得其正，则彼之所谓情者，喜也，怒也，哀也，乐也，无所处而不为中矣，即《易》之《乾》曰：“利贞者，性情”也。苟失之邪，则吾之所谓善者，仁也，义也，礼也，智也，信也，无所往而不为伪矣，即孟轲所谓“物交物，则引之而已”是也。⑤

①陈襄：《古灵集》卷十五《常州请顾临秘校主学书》，台湾商务印书馆，1983年，第624页。亦见黄宗羲《宋元学案》卷五，中华书局，1986年，第227-228页，文字稍异。

②黄宗羲：《宋元学案》卷五，中华书局，1986年，第231页。

③同②。

④同②，第230页。

⑤陈襄：《古灵集》卷五《赴召修注上殿札子》，台湾商务印书馆，1983年，第523页。亦见赵汝愚编《宋朝诸臣奏议》卷二《上神宗论人君在知道得贤疏》，上海古籍出版社，1999年，第15页。

全祖望对陈襄评价很高,认为宋仁宗之世,胡瑗起于南,孙复起于北,正学自此发端,陈襄可与他们对垒:“闽海古灵先生于安定盖稍后,其孜孜讲道,则与之相埒。安定之门,先后至一千七百余弟子,泰山弗逮也,而古灵亦过千人。安定之门如孙莘老、管卧云辈,皆兼师古灵者也。于时濂溪已起于南,涑水、横渠、康节、明道兄弟亦起于北,直登圣人之堂。古灵所得虽逊之,然其倡道之功,则固安定、泰山之亚,较之程、张,为前茅焉。”①

朱熹也称许陈襄的见识:“如陈古灵文字尤好。尝过台州,见一丰碑,说孔子之道,甚佳。此亦是时世渐好,故此等人出,有‘鲁一变’气象,其后遂有二先生。若当时稍加信重,把二先生义理继之,则可以一变,而乃为王氏所坏!”②后面又说陈襄,“许多事都说尽,也见他一个胸襟尽包得许多”③。

郑穆,字闳中,侯官人。曾任国子监直讲,为岐王及嘉王侍讲,元祐初,召拜国子祭酒,“每坐讲席,无间寒暑,虽童子,必朝服延接,以礼送迎,学者尊其德而服其教”④。陈襄谓其“深造于道,心仁气正,勇于为义,文博而壮”⑤。

陈烈,字季慈,侯官人,学者称为季甫先生。于家乡讲学多年,从学者数百人,应试不中,遂不复仕进。

周希孟,字公辟,侯官人。遍通《五经》,尤邃于《易》,尤辟佛氏之说。著有《易义》、《诗义》、《春秋义》,今皆不传。有弟子七百余人。

“闽中四先生”中,陈襄最有名,郑穆亦显于朝,周希孟与陈烈隐居不出,但他们都以经学名重于时,于经学上变古,于义理上创新,共同壮大了这一时代的学术思潮。

二、“庆历五先生”

全祖望所说“吾乡杨杜五先生”,是活动于庆历年间的五位浙东儒者:杨适、杜醇、王致、王说、楼郁,他们被称为“庆历五先生”。他们在经学上都能不守章句旧说,讲学著述,传道一方。

杨适,字安道,慈溪人。隐居大隐山,乡人尊称大隐先生。先与钱塘林逋为友,

①黄宗羲:《宋元学案》卷五,中华书局,1986 年,第 228 页。
②黎靖德:《朱子语类》卷一百二十九,中华书局,1986 年,第 3090 页。
③同②,第 3091 页。
④同①,第 237 页。
⑤同①,第 238 页。

后与同郡王致、杜醇结交。仁宗诏求遗逸，太守鲍轲以名闻，赐以粟帛。嘉祐年间太守钱公辅荐之于朝，授将仕郎、试太学助教，皆辞不受。“治经不守章句，黜浮屠、老子之说，歌诗卓越超迈，容仪甚伟，衣冠俨如”①。

杜醇，原为越之隐君子，居慈溪，学者称石台先生。庆历中鄞县办学，王安石请其出任学师。慈溪令林肇立学，又延之为师。后朝廷特授为国子监学录。

楼郁，字子文。自六经至百家传记之说无所不读，学问博奥，为乡人所尊。庆历八年(1048)鄞县建学，应聘掌教县庠。皇祐中置郡学，又延请教授郡学。登皇祐五年(1060)进士，调任庐江主薄，因坐事而归。后又主郡庠十余年，前后凡执教三十余年。一生勤于著述，有遗集三十卷。

王致，字君一，鄞之桃源乡人。与同郡杨适、杜醇为友。宋仁宗时召为秘书省校书，不就。世称鄞江先生。著有《鄞江集》九卷。

王说，字应求，鄞县人。系王致从子，杨适门人。教授乡里三十余年，间从问道者，望慕景附，人因号为“小邹鲁”。熙宁九年(1076)以特恩补将仕郎，为明州长史，敕赐其教学之所为“桃源书院”，子孙世守其学。著有《五经发源》五十卷，集奏议、书疏、诗文为十卷。

三、其他儒者的经学思想及义理新论

庆历之际的经学思想，突出表现为大胆的怀疑精神。这时的士人不再迷信经传，敢于冲破汉人的经传藩篱，要复归六经本义。《春秋》学与《易》学是当时最活跃的经学，特别是《春秋》学，会通三传，探寻发明其中微言大义，可以说是当时的风尚。当时的《春秋》学著作，除了比较流行的孙复的《春秋尊王发微》之外，还有许多著作流传，虽然其中多已亡佚，但我们仍然可以窥知当时思想学术的活跃局面。

王晳，太原人，活动于真、仁之际，有《春秋通义》十二卷，《春秋异义》十二卷，《春秋皇纲论》五卷，前二书均已佚。《玉海》曾论王晳《春秋通义》解经据三传注疏及啖、赵之学，其说通者附经文之下，阙者用己意释之。流传下来的《春秋皇纲论》，四库馆臣以为明白平易，能得经典古义：

凡为论二十有二，皆发明夫子笔削之旨，而考辨三传及啖助、赵匡之得失，其言多明白平易，无穿凿附会之习……其《传释异同》篇曰：左氏善览旧史，兼该众

①黄宗羲：《宋元学案》卷六，中华书局，1986年，第256页。

说,得《春秋》之事迹甚备,然于经外自成一书,故有贪惑异说、采掇过当,至于圣人微旨颇亦疏略,而大抵有本末,盖出一人之所撰述也。公、谷之学本于议论,择取诸儒之说,系于经文,故虽不能详其事迹,而于圣人微旨多所究寻,然失于曲辨赘义,鄙浅丛杂,盖出于众儒之所讲说也。又曰:左氏好以一时言貌之恭惰与卜筮巫医之事推定祸福,靡有不验,此其蔽也,固当裁取其文以通经义,如玉之有瑕,但弃瑕而用玉,不可并弃其玉也。二传亦然。①

刘颜,字子望,彭城人。“好古,学不专章句”②,曾居乡里讲学。

李尧俞,大理丞,在庆历年间撰《春秋集议略论》三十卷,“辨三传诸家得失及采陈岳《折衷》”③,也是会通三传来解经。

章拱之,宰臣章得象之侄,著有《春秋统微》,“据三传、啖、赵,意所不及者,断以己见,采陆淳可取之义”④。

朱寀,曾著有《春秋指归》,范仲淹评道:“寀《春秋》之学,为士林所称,有唐陆淳始传此义,学者以为《春秋》之道久隐,而近乃出焉。”⑤

张洞,字明远,任城人,石介曾说他“始受业于刘子望,又传道于泰山孙先生,得《春秋》最精。近见所为论十数篇,甚善,黜三家之异同,而独会于经”⑥。

聂冠卿,字长孺,歙州新安人。任侍读学士时,“每进读《左氏春秋》,必引尊王黜霸之义以讽”⑦。

在《春秋》学上,还有一位官至宰执的贾昌朝,他也以经学闻名于时。贾昌朝(998—1065),字子明,开封人。著有《春秋要论》十卷,《春秋节解》八十卷,《群经音辨》十卷等。范仲淹于庆历新政的科举改革中即采纳他的先策论后诗赋的建议。经学上他也是注重通经致用而不据泥于汉儒旧注,王安石为他所撰神道碑言:“公于传注训诂不为曲释,至先王治心守身经理天下之意,指物譬事,析毫解缕,言则感心。”⑧

---

①《四库全书总目》卷二十六,中华书局,1965年,第124-125页。

②黄宗羲:《宋元学案》卷六,中华书局,1986年,第252页。

③朱彝尊:《经义考》卷一百七十九引《玉海》语,中华书局,1998年,第926页。

④同③,第930页。

⑤同③,第927-928页。

⑥黄宗羲:《宋元学案》卷二,中华书局,1986年,第115页。

⑦《宋史》卷二百九十四,中华书局,1985年,第9820页。

⑧王安石:《临川先生文集》卷八十七,中华书局,1959年,第902页。

不惟《春秋》学，这时在《易》学、《诗经》学等方面也都出现许多富有新意的经解著作。

冯元，字道宗，以《易》学名于时。冯元为学讲求贯通，还在真宗时，"时诏流内铨取明经者补学官，元自荐通五经。谢泌笑曰：'古治一经，或至皓首，子尚少，能尽通邪？'对曰：'达者一以贯之。'更问疑义，辨析无滞"①。冯元虽不以创新知名，其治经的会通之法与宋学的发展路径却是一致的。

周尧卿，字子俞，道州永明人。天圣二年（1024）进士。《宋史》本传说他"为学不专于传注，问辨思索，以通为期"②，曾著有《诗说》、《春秋说》各三十卷，均已佚。周尧卿长于毛、郑《诗》及《左氏春秋》。其治学特点是不惑于传注、以会通经义为指归，对汉儒注疏多有驳正：

其学《诗》，以孔子所谓"《诗》三百，一言以蔽之曰：思无邪"，孟子所谓"说诗者以意逆志，是为得之"，考经指归，而见毛、郑之得失。曰："毛之传欲简，或寡于义理，非一言以蔽之也。郑之笺欲详，或远于性情，非以意逆志也。是可以无去取乎？"其学《春秋》，由左氏记之详，得经之所以书者，至三《传》之异同，均有所不取。曰："圣人之意岂二致耶？"读庄周、孟子之书，曰："周善言理，未至于穷理。穷理，则好恶不缪于圣人，孟轲是已。孟善言性，未至于尽己之性。能尽己之性，则能尽物之性，而可与天地参，其唯圣人乎。天何言哉？性与天道，子贡所以不可得而闻也。昔宰我、子贡善为说辞，冉牛、闵子、颜渊善言德行，孔子曰：'我于辞命，则不能也。'惟不言，故曰不能而已，盖言生于不足者也。"其讲解议论皆若是。③

黄晞，字景微，闽人，卒于景祐年间。著有《聱隅子歙歔琐微论》。"于时士人习尚章句，务为奇靡。先生独好古学，不与众合。尝仿《论语》、《法言》，著书十篇，其发明圣贤道义之隐微，与古今治理之得失详矣……先生之学无所不通，尤潜心者，《春秋》、《易》也。其说以《左氏》凡例为得圣人之微，郑康成象数极天地之蕴。学者校量攻击，终莫能穷奥突。"④从文中可知，黄晞之学，既不为章句之学，又务为探究前人学术之精微，不尽弃旧说。

宋咸，字贯之，建阳人。著有《周易补注》十卷、《易训》三卷、《论语增注》及《毛

①《宋史》卷二百九十四，中华书局，1985年，第9821页。

②《宋史》卷四百三十二，中华书局，1985年，第12847页。

③同②。

④苏颂：《苏魏公文集》卷六十四《扬子寺聱隅先生祠堂记》，中华书局，1988年，第983页。

诗》、《法言》、《孔丛子》等书之注。欧阳修有《答宋咸书》,认为宋咸所著《周易补注》“于经勤矣,凡其所失,无所不欲正之。其刊正补缉者众,则其所得亦已多矣”①。

王当,字子思,眉州眉山人。“当于经学尤邃《易》与《春秋》,皆为之传,得圣人之旨居多。”②

刘牧,字先之,号长民,衢之西安人。曾拜范仲淹为师,后又师事孙复,受《易》于范谔昌。著有《易解》十五卷(已佚),《易数钩隐图》三卷。汉代的《易》学象数一派,在宋代有了新的发展,刘牧的“图书”《易》学,就是从汉代《易》学象数派中发展出的一家,他以“河图洛书”解《易》,曾盛行于仁宗时期。

王回,字深甫,福州侯官人。“回孝友质直,博学知要,与临川王安石友善。安石谓回造次必稽孔子孟轲所为,而不为小廉曲谨以求名于世,其学问所得,自汉以来列儒林者罕及也。”③王回的治学路径,很显然属于庆历之际的经学新风之列。

除了经学上的新解,庆历之际的士人对心性学说也多有发明,虽然没能如后来的理学家那样发展出系统的理论体系,但承上启下,功不可没。

李之才,字挺之,青社人,天圣八年(1030)同进士出身。师事河南穆修,得其《易》学。李之才权共城令时,授学于邵雍,除了“物理之学”,还有“性命之学”:“他日,(挺之)则又曰:‘物理之学学矣,不有性命之学乎?’康节谨再拜,悉受业。于书则先视之以陆淳《春秋》,意欲以《春秋》表仪五经,既可语五经大旨,则授《易》而终焉。”④从李之才传授于邵雍的学术次序看,他不仅在《春秋》学上承接唐代陆淳《春秋》学的经学新变之风,而且也有“性命之学”的研究。李之才卒于庆历五年(1045),其性命自得之学不彰,但邵雍的理学思想,无疑有着李氏的影响。

章望之,字表民,浦城人。他喜议论,认同孟子的性善观,排斥荀卿、扬雄、韩愈、李翱之说,曾著《救性》七篇。欧阳修史论以魏、梁为正统,他以为非,著《明统》三篇。李觏著《礼论》,谓仁、义、智、信、乐、刑、政皆出于礼,章望之著《礼论》一篇进行驳斥,其议论多有过人处。

士建中,字熙道,郓州人,孙复之所推重者,士建中为第一,而石介还在其次。

①《欧阳修全集》卷四十七,中华书局,2004年,第667页。

②《宋史》卷四百三十二《王当传》,中华书局,1985年,第12848页。

③曾巩:《隆平集》卷十五《儒学行义》,台湾商务印书馆,1983年,第151页。

④晁说之:《嵩山文集》卷十九《李挺之传》,上海书店,1985年,第16页。

孙复曾在给石介的诗中说:“攘臂欲为万丈戈,力与熙道攻浮伪。”[①]即是称赞石介与士建中二人的排击异端,发明儒学义理。石介高视一切,其所服膺者除孙复外,便是士熙道。石介曾评价士建中的经学:“其人能通明经术,不由注疏之说,其心与圣人之心自会,能自诚而明,不由钻学之至,其性与圣人之道自合。故能言天人之际、性命之理、阴阳之说、鬼神之情。”[②]并说他不肯为“浮碎章句、淫巧文字”[③]。

王开祖,字景山,永嘉人,学者称为儒志先生。皇祐年间进士,不喜仕进,杜门著书,从学者常数百人。著有《儒志编》。全祖望以为他的观点有与“三先生”等理学先驱遥相呼应者:

言:“《复》者,性之宅;《无妄》者,诚之原。”又言:“学者离性而言情,奚情之不恶?”又曰:“使孔子用于当时,则《六经》之道反不如今之著。”又言:“由孟子以来,道学不明。今将述尧、舜之道,论文、武之治,杜淫邪之路,开皇极之门。吾畏天者也,岂得已哉!”其言如此。是时伊洛未出,安定、泰山、徂徕、古灵诸公甫起,而先生之言实遥与相应。永嘉后来问学之盛,盖始基之。[④]

他的某些言论,讲到道德之端及修养之道,与后来的理学家们有不谋而合之处:

心动则气窒,心外虑则气昏耗。

情本于性则正,离于性则邪。

君子之德,莫不原于诚。诚,则物之来也如鉴。

道之充者须时以用之,物之稺者须泽以养之。须时者养人,须泽者养于人,此君子、小人之分也。[⑤]

庆历之际的经学转向和理学兴起,不是一两个人或派别的孤明先发,而是一个时代的风气所向。那些走在潮流前面的思想学术界的先知先觉者,从各自的视角,对经典作出了自己的解读。

①黄宗羲:《宋元学案》卷六,中华书局,1986年,第252页。

②石介:《徂徕石先生文集》卷十三《上范思远书》,中华书局,1984年,第151页。

③同②,第152页。

④同①,第253页。

⑤同①,第254页。

第三节　曾巩、司马光、王安石的理学思想

一、曾巩的理学思想

曾巩在文学上被列为“唐宋八大家”之一,其文章以醇正平实、舒缓雅致见称,而且在儒学发展上也与欧阳修一道被称为“儒宗”。刘克庄曾说:“曾子固发明理学在伊洛之先,与欧齐名,为宋儒宗。”①

曾巩目录序之类的文章,以对所序之书的史事评点,表达自己的观点,其中就谈到对“道”的理解:“夫学者之于道,非知其大略之难也,知其精微之际固难矣。”②“精微之际”,也就是性命之学,是当时士人的流行话题。谈论“精微之际”,为的是对抗佛教等思想:“夫学史者将以明一代之得失也,臣等故因梁之事,而为圣人之所以得及佛之所以失以传之者,使知君子之所以距佛者非外,而有志于内者,庶不以此而易彼也。”③

历史上梁武帝以嗜佛导致国破身亡,故而曾巩在《梁书目录序》极论排佛之道,认为只有以儒家思想之“内”御佛,才能胜出:“自先王之道不明,百家并起,佛最晚出,为中国之患,而在梁为尤甚,故不得而不论也。盖佛之徒,自以谓吾之所得者内,而世之论佛者皆外也,故不可绌。”④他从穷理、尽性等角度来申论何为儒家之道的“内”:

《书》曰思曰睿,睿作圣,盖思者所以致其知也。能致其知者,察三材之道,辨万物之理,小大精粗,无不尽也。此之谓穷理,知之至也。知至矣,则在我者之足贵,在彼者之不足玩,未有不能明之者也。有知之之明而不能好之,未可也,故加之诚心以好之。有好之之心而不能乐之,未可也,故加之至意以乐之。能乐之则能安之矣。如是则万物之自外至者,安能累我哉?万物之所不能累,故吾之所以尽其性也。能尽其性,则诚矣。诚者,成也,不惑也。既诚矣,必充之,使可大焉。既大矣,必推之,使可化焉。能化矣,则含智之民,肖翘之物,有待于我者,莫不由之以全其性,遂其宜,而吾之用与天地参矣。德如此其至也。而应乎外者,未尝不与人同,此吾之道所以为天下之通道也。故与之为衣冠饮食、冠婚丧祭之具,而由之以教,其

①《曾巩集》卷十一,中华书局,1984年,第177–178页。

②同①,第190页。

③《曾巩集》卷十八,中华书局,1984年,第296页。

④《曾巩集》卷十五,中华书局,1984年,第233页。

为君臣父子兄弟夫妇者，莫不一出乎人情；与之同其吉凶而防其忧患者，莫不一出乎人理。故与之处而安且治之所集也，危且乱之所去也。与之所处者其具如此，使之化者其德如彼，可不谓圣矣乎！既圣矣，则无思也，其至者循理而已，无为也，其动者应物而已。是以覆露乎万物，鼓舞乎群众，而未有能测之者也，可不谓神矣乎！神也者，至妙而不息者也。此圣人之内也。圣人者，道之极也。佛之说，其有以易此乎？求其有以易此者，故其所以为失也。夫得于内者，未有不可行于外也；有不可行于外者，斯不得于内矣。《易》曰：智周乎万物而道济乎天下，故不过。此圣人所以两得之也。知足以知一偏，而不足以尽万事之理；道足以为一方，而不足以适天下之用。此百家之所以两失之也。佛之失，其不以此乎？则佛之徒，自以谓得诸内者，亦可谓妄矣。①

此处曾巩所论，已初现后来理学发展之思路，即从心性方面着手，“能尽其性，则诚”及“治心养性”②之论，这与二程的“诚敬存之”实质上一脉相通。

在曾巩看来，从内心入手，穷理、尽性，虚心、入神，再加以“中庸”之道，这样就能够达致儒家修齐治平之目的：“夫人之所以神明其德，与天地同其变化者，夫岂远哉？生于心而已矣。若夫极天下之知，以穷天下之理，于夫性之在我者，能尽之，命之在彼者，能安之，则万物之自外至者，安能累我哉？此君子之所以虚其心也，万物不能累我矣。而应乎万物，与民同其吉凶者，亦未尝废也。于是有法诫之设，邪僻之防，此君子之所以斋其心也。虚其心者，极乎精微，所以入神也。斋其心者，由乎中庸，所以致用也。然则君子之欲修其身，治其国家天下者，可知矣。”③

曾巩为欧阳修得意门生，思想上也受到欧阳修的深刻影响，他自己说：“坐而与之言，未尝不以前古圣人之至德要道，可行于当今之世者，使巩熏蒸渐渍，忽不自知其益，而及于中庸之门户，受赐甚大，且感且喜。”④“言由公诲，行由公率”⑤，曾巩称欧阳修“学为儒宗”⑥，是指欧阳修在儒学上的建树，能够开启疑经及探求经典本义之风，而曾巩本人，在对待经典的态度上，也继承了欧阳修的精神，以探

①《曾巩集》卷十一，中华书局，1984 年，第 177–178 页。

②同①，中华书局，1984 年，第 190 页。

③《曾巩集》卷十八，中华书局，1984 年，第 296 页。

④《曾巩集》卷十五，中华书局，1984 年，第 233 页。

⑤《曾巩集》卷三十八，中华书局，1984 年，第 527 页。

⑥同⑤，第 526 页。

求经典本义及儒家奥义为志,不拘泥于前人之言,有着独立的见解。他曾经评价欧阳修的思想:“观其根极理要,拨正邪僻,掎挈当世,张皇大中,其深纯温厚,与孟子、韩吏部之书为相唱和,无半言片辞踳驳于其间,真六经之羽翼,道义之师祖也。”[①]在儒家思想上他自己也同样有“深纯温厚”之风。他虽然没有像后来的理学家那样提出系统的理论,但论述儒家思想时,已注意到从内在的心性精微之域来抗衡佛教的理论,进一步发展了欧阳修“修本以胜之”的观点。

曾巩在主持科举考试中时出过一道策论命题:“六经之书, 太极以来至于天地人神事物之变、远近小大微显之际、异同之旨无不备者,而其要在于使学者知顺性命之理、正心修身、治国家天下、尽天地鬼神之宜、遂万物之性而已。然其言不一,其意难知。今欲闻太极以来至于天地鬼神之际与学者之所以顺性命之理,而正心修身者其要安在,至于国家天下者其本末先后如何,尽天地鬼神之宜、遂万物之性者何方而可,此学者之务也,其勿务于虚词,而据经之言,以其远近大小微显之意、异同之说以对。”[②]从这一命题,一方面可以看出当时性命之理的探讨已普遍流行,另一方面也可看出曾巩对待性理之说的态度,那就是不务虚词,据经而言,这种稳健的风格正是他的理学思想特色。

曾巩还著有《洪范传》一篇,解经思路大体与胡瑗的《洪范口义》相似,都是以义理解释《洪范》,发明时代的新义。

关于礼的功能,曾巩认为要因时变化,了解制礼之本,从而才能达礼之用。礼之初,“其本在于养人之性,而其用在于言动视听之间”[③],后世制礼,应该知道“其要在于养民之性,防民之欲者,本末先后能合乎先王之意而已”[④],但后世不知礼制之本,以至于“繁于为法以御之,故法至于不胜其烦,而犯者亦至于不胜其众”[⑤],可谓切中了礼教制作之真义。

对曾巩于理学之贡献,元代刘埙有过评论,虽有拔高之嫌,但也不无道理:“濂洛诸儒未出之先,杨、刘昆体固不足道,欧、苏一变,文始趋古,其论君道国政民情兵略,无不造妙,然以理学或未之及也。当是时,独南丰先生曾文定公,议论

①《曾巩集》卷十五,中华书局,1984 年,第 232 页。
②《曾巩集·辑佚》,中华书局,1984 年,第 766–767 页。
③《曾巩集》卷十一,中华书局,1984 年,第 181 页。
④同③,第 182 页。
⑤同④。

文章根据性理，论治道则必本于正心诚意，论礼乐则必本于性情，论学必主于务内，论制度必本之先王之法……此朱文公评文，专以南丰为法者，盖以其于周、程之先，首明理学也。”①

二、司马光的理学思想

司马光一生著述很多，除《资治通鉴》这一史学巨著外，在儒学上也有许多著作，如《大学中庸义》、《原命》、《说玄》、《致知在格物论》、《中和论》、《孝经指解》、《温公易说》、《注系辞》、《太玄集注》、《扬子浅释》、《迂书》、《潜虚》等。

朱熹曾作《六先生画像赞》，将司马光与周敦颐、邵雍、张载、二程一道称为北宋道学的“六先生”，并赞司马光“笃学力行，清修苦节。有德有言，有功有烈”②。司马光在北宋理学初起时的地位，后来被低估，是因为后人着眼于“内圣”之学的角度。他的理学思想，有着理学初兴时的特点，在“体”“用”的关系上，更重视“用”的一面。

庆历之际早期的疑经思潮，到司马光的时代已成流行之势。他曾抨击当时风气影响之下的儒生学问之虚浮：“窃见近岁公卿大夫好为高奇之论，喜诵老庄之言，流及科场，亦相习尚。新进后生，未知臧否，口传耳剽，翕然成风。至有读《易》未识卦爻，已谓《十翼》非孔子之言；读《礼》未知篇数，已谓《周官》为战国之书；读《诗》未尽《周南》、《召南》，已谓毛、郑为章句之学；读《春秋》未知十二公，已谓‘三传’可束之高阁。循守注疏者，谓之腐儒；穿凿臆说者，谓之精义。且性者，子贡之所不及；命者，孔子之所罕言。今之举人，发言秉笔，先论性命，乃至流荡忘返，遂入老庄。纵虚无之谈，骋荒唐之辞，经此欺惑考官，猎取名第。利禄所在，众心所趋，如水赴壑，不可禁遏。”③对于当时流行的有关性命道理之学，司马光也并非不讲，只不过是把它看得较为平实：“《易》曰：‘穷理尽性以至于命。’世之高论者，竞为幽僻之语以欺人，使人跂悬而不可及，愦瞀而不能知，则尽而舍之。其实奚远哉！是不是，理也；才不才，性也；遇不遇，命也。”④

“性者，子贡所不及也；命者，孔子之所罕言。”⑤这与欧阳修的观点倒有某些相通之处。但司马光的时代，谈性说命的潮流风头正健，司马光不可能置身事外，他的

①刘埙：《隐居通议》卷十四《南丰先生学问》，台湾商务印书馆，1983年，第129页。

②《朱熹集》卷八十五《六先生画像赞》，四川教育出版社，1996年，第4387页。

③司马光：《温国文正司马公文集》卷四十五《论风俗札子》，上海书店，1989年，第9–10页。

④司马光：《温国文正司马公文集》卷七十四《迂书》，上海书店，1989年，第11页。

⑤同③，第10页。

观点尽管比较务实，但也属于北宋理学初兴时诸家之中的一家之言。比如在关于“道”的本体论上,司马光以“虚”为万物之本:“万物皆祖于虚,生于气,气以成体,体以受性,性以辨名,名以立行,行以俟命。故虚者,物之府也;气者,生之户也;体者,质之具也;性者,神之赋也;名者,事之分也;行者,人之务也;命者,时之遇也。”[①]以“虚无”为本,这是魏晋时期玄学家的思想,司马光拿来为儒学所用。但他的“虚”不故作高深,如同“混沌”、“太虚”之类,只是给万物实体一个形而上的源头而已。

司马光还对天人关系有过论述:“天者,万物之父也。父之命,子不敢违;君之言,臣不敢违……违天之命者,天得而刑之;顺天之命者,天得而赏之。”[②]“天之所不能为而人能之者,人也;人之所不能为而天能之者,天也。稼穑,人也;丰歉,天也。”[③]天人之间有合有分:天有其自身的运行之道,顺行天道,则人得天之助;人也有人类自己独特的人间事物,就要靠人类自己的作为,如稼穑劳作,这时就不能等靠天助。这种天人关系的论述,继承了儒家朴素的天命观,比起汉儒以阴阳五行来解说天人之际显得更趋于理性化。

在个人修养观上,司马光重视“诚”的作用:“君子所以感人者,其惟诚乎!欺人者不旋踵人必知之,感人者益久,而人益信之。”[④]所谓“诚”,其实还是孔、孟的“仁”“义”思想:“依仁以为宅,遵义以为路,诚意以行之,正心以处之,修身以帅之,则天下国家何为而不治哉?”[⑤]

为了要达到“诚”,当然要注重“治心”:“学者所以求治心者,学虽多,而心不治,安以学为?”[⑥]又说:“小人治迹,君子治心。”[⑦]

治心是为了达到“诚”,达到“正心”的目的。“诚”不仅是“体”的状态,还是“用”的途径,尤其是待人接物、立身行事方面:“其诚乎,吾平生力行之,未尝须臾离也,故立朝行己,俯仰无愧尔!”[⑧]

---

①司马光:《潜虚述义》卷一,中华书局,1985年,第1页。

②司马光:《温国文正司马公文集》卷七十四《迂书》,上海书店,1989年,第8–9页。

③同②,第17–18页。

④同②,第17页。

⑤司马光:《温国文正司马公文集》卷七十一《致知在格物论》,上海书店,1989年,第11页。

⑥同②,第12页。

⑦同②,第12页。

⑧朱熹:《三朝名臣言行录》卷十二之三,上海书店,1989年,第2页。

司马光在修养论上也重视《大学》所说的“格物致知”。如果说“诚”是从其内，那“格物”则是从其外而言：“《大学》曰致知在格物，格犹捍也，御也。能捍御外物，然后能知至道矣。”[①]在司马光看来，不受外物如利欲的干扰，做到心中有所守，就能够依仁行义而不惑：“视天下之事，善恶是非，如数一二，如辨黑白，如日之出，无所不照，如风之入，无所不通。洞然四达，安有不知者哉？所以然者，物莫之蔽故也。”[②]

司马光在方法论上，赞同“中庸”之道。他曾说“中”是贯通天人之大道：“夫中者，天地之所以立也。在《易》为太极，在《书》为皇极，在《礼》为中庸，其德大矣至矣！就其小者言之，则养生亦其一也。”[③]他还为《中庸》、《大学》作过注解。据《宋史·艺文志》记载，司马光有《中庸大学广义》及《六家中庸大学解义》各一卷[④]。司马光在《答韩秉国书》中，与韩维探讨 “中庸”之义，认为“《中庸》所谓中者，动静云为，无过与不及也”[⑤]。他还就儒家“中道”的意蕴与佛老比较，“光所以不好佛老者，正谓其不得中道可言而不可行故也”[⑥]，并批评玄学家之“无”也不得“中道”之义：

夫万物之有，诚皆出于无，然既有则不可以无治之矣。常病辅嗣好以老庄解《易》，恐非《易》之本指，未足以为据也。辅嗣以雷动风行运变万化为非天之心，然则为此者果谁邪？夫雷风日月山泽，此天地所以生成万物者也，若皆寂然至无，则万物何所资仰邪？天地之有云雷风雨，犹人之有喜怒哀乐，必不能无，亦不可无也。故《易》曰：云行雨施，品物流形。《诗》曰：君子如怒，乱庶遄沮；君子如祉，乱庶遄已。但动静有节，隐见有时，不可过与不及。过与不及，皆为灾害，必得中然后和，和然后能育万物也。[⑦]

司马光的中庸之道，或者“中道”观，还是一种待人处世的原则：“惟君子能自处于中庸之地，不动以待事也……《大学》之言……则得中而近道矣”[⑧]。孔子所提倡的“中庸”之道，是要在诸多的选择之中把握住一个平衡，从而达到一个理想的局面，是那种既能保持圣贤传统又能开启未来的“圣之时者”的人文追求，过与不及，狂与

①司马光：《温国文正司马公文集》卷七十一《致知在格物论》，上海书店，1989 年，第 11 页。
②同①。
③司马光：《温国文正司马公文集》卷六十二《答范景仁论养生及乐书》，上海书店，1989 年，第 5-6 页。
④《宋史》卷二百零二，中华书局，1985 年，第 5050-5051 页。
⑤司马光：《温国文正司马公文集》卷六十三《答秉国第二书》，上海书店，1989 年，第 7 页。
⑥同⑤，第 5 页。
⑦同⑤，第 6 页。
⑧同⑤，第 5 页。

狷，都是他所不取的。司马光可以说是在各方面都严格遵循儒家理想要求自己的一个"醇儒"的形象，他的"中道"观，就是要恪守儒家的理想，在现实中以一种较为稳健的作风立身行事，在总结历史经验和智慧的基础上达到的"中和"境界。

朱熹曾评论司马光之人品："公忠信孝友恭俭正直出于天性，其好学如饥渴之嗜饮食，于财利纷华如恶恶臭；诚心自然，天下信之。退居于洛，往来陕洛间，皆化其德，师其学，法其俭。有不善曰：君实得无知乎！博学无所不通。"[①]全祖望也在《宋元学案》引用程颐的话："小程子谓阅人多矣，不杂者司马、邵、张三人耳。"司马光的学识人品在当时都是一时无两，但后来却渐渐被排斥在道学的"先贤"之外，其中的原因，恐怕与他的思想和程朱学派多有分歧有关。

司马光与程朱学派的最大区别是他贬孟尊荀，特别是贬低孟子，随着后来孟子地位的抬升，司马光的这一思想就成了"瑕疵"所在。除了荀子，他还推崇扬雄，把扬雄的地位甚至排在孟子之上："扬子云真大儒者邪！孔子既没，知圣人之道者非子云而谁？孟与荀殆不足拟，况其余乎？"[②]认为《太玄》是解《易》之阶梯，他甚至还模仿《太玄》而作《潜虚》。司马光曾上《乞印行〈荀子〉扬子〈法言〉状》，认为"独荀卿、扬雄，排攘众流，张大正术，使后世学者坦知去从"[③]。

因为有着强烈的儒家信仰，司马光对于佛老采取的是抵制态度："于学无所不通，惟不喜释、老，曰：'其微言，不能出吾书；其诞，吾不信也。'"[④]可以说司马光的思想在当时是比较稳健的"保守派"，但他也不排斥变革，在仁宗时他曾上书对许多政策提出自己的改革建议，希望通过变革来巩固政权的统治基础。今人由于对王安石变法的过分颂扬，无形之中把司马光的历史地位及其思想都忽视了。

三、王安石的理学思想

王安石的理学思想[⑤]是北宋理学初起时的重要一脉，其学术思想曾经一度占

①朱熹：《三朝名臣言行录》卷七，上海书店，1989 年，第 39-40 页。

②杨雄撰、司光光集注：《太玄集注》，中华书局，1998 年，第 1 页。

③司马光：《温国文正司马公文集》卷十六《乞印行〈荀子〉〈扬子法言〉状》，上海书店，1989 年，第 5 页。

④黄宗羲：《宋元学案》卷七《涑水学案上》，中华书局，1986 年，第 278 页。

⑤关于王安石的经学思想和理学思想，钱穆在《初期宋学》(《中国学术思想史论丛》第五册，安徽教育出版社，2004 年)中以王安石为宋学第二期人物，开启后来二程之学，侯外庐在其《中国思想通史》中把二程的"洛学"称为"道统心传式的理学"，把王安石的"新学"称为"新义式的理学"(见《中国思想通史》第四卷，人民出版社，1957 年)。

据北宋科举考试的官学地位，“起自熙(宁)、(元)丰，讫于宣(和)、靖(康)，六十年间，诵说推明，按为国是”[①]。余英时曾说到王安石新学的作用：“无论如何，从历史的角度作观察，安石的‘新学’在北宋儒学进程中实居于承先启后的枢纽地位；他终结了古文运动时期专重‘外王’(‘治道’)的偏向，讲儒学引入‘内圣’与‘外王’互为表里的阶段。更值得注意的是：‘道德性命’这一名词最先也是王安石用来描述他的‘内圣’之学的。此词不但见于他的文字，而且也经常出现在他和神宗的对话之中，并得到后者的亲口认可。所以不论内容，仅就思想的结构而言，安石的‘新学’与二程‘道学’完全属于同一类型。这一现象毋宁是十分自然的，因为二者是本是同一历史阶段的产品。”[②]

王安石的经学著作，多有散佚，其主持编写的《三经新义》(《诗义》、《尚书义》、《周官义》)和《字说》，都是今人辑佚而成，已非原貌。王氏“新学”曾居于官学地位，“新学”对宋学的发展，也起到了一定的推动作用。

王安石为学兼采各家，儒、佛、老以至村言巷语，只要有可采之处即不吝吸取。王安石认为仅读经则不足以知经，提倡博览群书，“自百家诸子之书，至于《难经》、《素问》、《本草》、诸小说，无所不读。农夫女工，无所不问。然后于经为能知其大体而无疑。盖后世学者与先王之时异矣，不如是不足以尽圣人故也”[③]。不但要读群书，还要善于学习各方面的长处：“善学者读其书，惟理之求。有合吾心者，则樵牧之言犹不废；言而无理，周、孔所不敢从。”[④]

(一) 关于道德性命之理的论述

王安石未进入中央政府之前，即以深于“道德性命”之理而闻名当时。南宋晁公武《郡斋读书后志》曾引蔡卞《王安石传》曰：“自先王泽竭，国异家殊，由汉迄唐，源流浸深。宋兴，文物盛矣，然不知道德性命之理。安石奋乎百世之下，追尧、舜、三代，通乎昼夜阴阳所不能测而入于神。初著《杂说》(即《淮南杂说》)数万言，世谓其言与孟轲相上下。于是天下之士，始原道德之意，窥性命之端。”[⑤]王安石的弟子陆佃也曾自述：“嘉祐、治平间……明孺尚未冠，予亦年少耳，淮之南，学士大

①《朱熹集》卷七十《读两陈谏议遗墨》，四川教育出版社，1996 年，第 3665 页。
②余英时：《宋明理学与政治文化》，吉林出版集团有限责任公司，2008 年，第 4 页。
③王安石：《临川先生文集》卷七十三《答曾子固书》，中华书局，1959 年，第 779 页。
④惠洪：《冷斋夜话》卷六《曾子固讽舒王嗜佛》，中华书局，1988 年，第 47 页。
⑤晁公武撰、孙猛校证：《郡斋读书志校证》卷十二《王氏杂说》，上海古籍出版社，1990 年，第 525-526 页。

夫宗安定先生之学,予独疑焉。及得荆公《淮南杂说》与其《洪范传》,心独谓然。于是愿扫临川先生之门。"①

王安石自己也曾说:"先王之道德,出于性命之理,而性命之理出于人心。"②他在探讨"道德性命之理"方面,有着自己的独到见解,曾在当时产生过一定影响。

在王安石看来,学者为学,就是要穷理尽性,他曾依据《周易·说卦传》"穷理尽性以至于命"的观点注解《老子》所讲"为学日益,为道日损,损之又损之,以至于无为",以"穷理尽性"来解释"无为":

为学者,穷理也。为道者,尽性也。性在物谓之理,则天下之理无不得,故曰日益。天下之理,宜存之于无,故曰日损。穷理尽性必至于复命,故损之又损之,以至于无为者,复命也。然命不亟复也,必至于消之复之,然后至于命,故曰损之又损之,以至于无为。然无为也,亦未尝不为,故曰无为而无不为。③

王安石的解释,虽借用道家的术语,但其归结仍在儒家的人间关怀上。接下来他又解释"无为"是"未尝不为,以'吉凶与民同患'故也"④。

在本体论上,王安石认为"生物者,气也"⑤。他吸收了道家的观点,以"无"为本:"无者,形之上者也。自太初至于太始,自太始至于太极,太始生天地,此名天地之始。有,形之下者也。有天地然后生万物,此名万物母。母者生之谓也。"⑥"道无体也,无方也,以冲和之气鼓动于天地之间而生养万物,如橐籥虚而不屈,动而愈出。"⑦与道家稍有不同的是,他把"道"分出了"体"、"用"二端:"道有体有用。体者元气之不动,用者冲气运行于天地之间。"⑧"道"既有"用"之一端,也就脱离了道家无所作为的消极态度,从而为儒家的用世开出路来:

道有本有末。本者,万物之所以生也;末者,万物之所以成也。本者,出于自

①陆佃:《陶山集》卷十五《傅府君墓志》,中华书局,1985年,第164-165页。

②王安石:《临川先生文集》卷八十二《虔州学记》,中华书局,1959年,第859页。

③蒙文通辑:《道书辑校十种·王介甫〈老子注〉佚文》,巴蜀书社,2001年,第699页。

④同③。

⑤王安石:《临川先生文集》卷六十五《洪范传》,中华书局,1959年,第687页。

⑥同③,第675页。

⑦同③,第681页。

⑧同③,第680页。

然，故不假乎人之力而万物以生也；末者，涉乎形器，故待人力而后万物以成也。夫其不假人之力而万物以生，则是圣人可以无言也、无为也；至于有待于人力而万物以成，则是圣人之所以不能无言也、无为也。故昔圣人之在上而以万物为己任者，必制四术焉。四术者，礼、乐、刑、政是也，所以成万物者也。故圣人唯务修其成万物者，不言其生万物者。盖生者尸之于自然，非人之力之所得与矣。老子者独不然，以为涉乎形器者皆不足言也，不足为也，故抵去礼、乐、刑、政而唯道之称焉。是不察于理而务高之过矣。夫道之自然，又何预乎？唯其涉乎形器，是以必待于人之言也、人之为也。[①]

这是王安石对于“道”的观点，借老说儒，借鉴老子而又入于儒家。此外，还有他的“性情”观，在宋学的发展上有承上启下的作用。

关于人性的讨论，在中国的思想史上由来已久。早在战国时代，孟子、荀子就持截然相反的观点。孟子言人性善，荀子言人性恶。孟子说：“恻隐之心，人皆有之；羞恶之心，人皆有之；恭敬之心，人皆有之；是非之心，人皆有之。恻隐之心，仁也；羞恶之心，义也；恭敬之心，礼也；是非之心，智也。仁义礼智非由外铄我也，我固有之也。”[②]当然，人虽然有善性，但也要尽心修身才算知“性”知“天”：“尽其心者，知其性也；知其性，则知天矣。存其心，养其性，所以事天也。夭寿不二，修身以俟之，所以立命也。”[③]荀子则认为：“人之性恶，其善者伪也。今人之性，生而有好利焉，顺是，故争夺生而辞让亡焉；生而有疾恶焉，顺是，故残贼生而忠仁亡焉；生而有耳目之欲，有好声色焉，顺是，故淫乱生而礼义文理亡焉。然则从人之性，顺人之情，必出于争夺，合于犯分乱理而归于暴。故必将有师化之化，礼仪之道，然后出于辞让，合于文理，而归于治。由此观之，然则人之性恶明矣，其善者伪也。”[④]荀子解释“性”为“生之所以然者谓之性”[⑤]，“情”是“性之好恶喜怒哀乐谓之情”，王先谦注解以为是人之性感物之后有此六种反应则是情[⑥]。性恶，情是性之外显，所以要以礼法来约束性情。

①蒙文通辑：《道书辑校十种·王介甫〈老子注〉佚文》，巴蜀书社，2001 年，第 687-688 页。

②《十三经注疏·孟子注疏》卷十一《告子上》，中华书局影印本，1980 年，第 2749 页。

③《十三经注疏·孟子注疏》卷十三《尽心上》，中华书局影印本，1980 年，第 2764 页。

④王先谦：《荀子集解》卷十七《性恶》，上海书店，1986 年，第 289 页。

⑤王先谦：《荀子集解》卷十六《正名》，上海书店，1986 年，第 274 页。

⑥同⑤。

关于"性"的善恶问题一直争议不断,后来还有性善恶混、性三品等观点。王安石的"性情"观,既有继承,也有开新。在此之前,唐代李翱有《复性书》一文,认为"性"善"情"恶:"人之所以为圣人者,性也。人之所以惑其性者,情也。喜怒哀惧爱恶欲七者,皆情之所为也。情既昏,性斯匿矣,非性之过也。"[①]如何避免为"情"所惑呢:"弗虑弗思,情则不生。情既不生,乃为正思。"[②]钱穆认为李翱还是沿用佛教的佛性说,以弗思弗虑为正思,因此无法开出儒家入世的一路来。而王安石的性情说,就驳斥了李翱的性善情恶论,认为性情一体,情亦可以为善,始可使佛家的避世转为积极面对人生,是荆公对当时思想界的一大贡献。钱穆还认为王氏的性亦可为恶,如何充善去恶,要在已发未发之际下工夫,与周敦颐之说颇近,此后的程朱一派即从此路径继续开拓[③]。

王安石认为性情一体,二者的关系是有体有用:"性情一也。世有论者曰:性善情恶。是徒识性情之名,而不知性情之实也。喜、怒、哀、乐、好、恶、欲未发于外而存于心,性也。喜、怒、哀、乐、好、恶、欲发于外而见于行,情也。性者情之本,情者性之用。故吾曰:性情一也。"[④]既然一体,性情都有可能为恶,所以要有修养工夫:

此七者(按:指喜、怒、哀、乐、好、恶、欲),人生而有之,接于物而后动焉。动而当于理则圣也贤也,不当于理则小人也。彼徒有见于情之发于外者,为外物之所累而遂入于恶也,因曰情恶也,害性者情也,是曾不察于情之发于外而为外物之所感而遂入于善者乎!盖君子养性之善,故情亦善;小人养性之恶,故情亦恶。故君子之所以为君子,莫非情也;小人之所以为小人,莫非情也。彼论之失者,以其求性于君子,求情于小人耳。自其所谓情者,莫非喜、怒、哀、乐、好、恶欲也。舜之圣也,'象喜亦喜',使舜当喜而不喜,则岂足以为舜乎?文王之圣也,'王赫斯怒',使文王当怒而不怒,则岂足以为王乎?举此二者而明之,则其余可知矣。如其废情,则性虽善,何以自明哉?诚如今论者之说,无情者善,则是若木石者尚矣。是以知性情之相须,犹弓矢之相待而用,若夫善恶,则犹中与不中也。曰:然则性有恶乎?曰,孟子曰:养其大体为大人,养其小体为小人。扬子曰:人之性,善恶混。是知

①李翱:《李文公集》卷二《复性书》上篇,上海书店,1989年,第5页。

②李翱:《李文公集》卷二《复性书》中篇,上海书店,1989年,第8页。

③参见钱穆《中国学术思想史论丛》第五册,安徽教育出版社,2004年,第9-13页。

④王安石:《临川先生文集》卷六十七《性情》,中华书局,1959年,第715页。

性可以为恶也。”①

但他也有自相矛盾的地方，既然说性情一体，又否认性有善恶，“性生乎情，有情然后善恶形焉，而性不可以善恶言也”②，这正反映了宋学初期在理论上的探索有待完善之处。

（二）王安石的天道观及其变革思想

在天人关系上，北宋时的士大夫已不再拘守汉儒的“天人感应”观，他们开始重视人的理性，能够分别处理天、人各自独特的规律。王安石的政敌曾攻击他的“三不足”（天命不足畏、祖宗不足法、人言不足恤）之说，固然这一“三不足”是否为王安石亲口所说尚有争议，但他对天人关系的相似观点却是见诸文字。如他曾写信劝人不要盲从算命占卜之事：

夫贵若贱，天所为也；贤不肖，吾所为也。吾所为者吾能自知之，天所为者吾独懵乎哉？吾贤欤，可以位公卿欤，则万钟之禄固有焉，不幸而贫且贱，则时也；吾不贤欤，不可以位公卿欤，则箪食豆羹无歉焉，若幸而富且贵，则咎也。此吾知之无疑，奚率于彼者哉？且祸与福，君子置诸外焉。君子居必仁、行必义。反仁义而福，君子不有也；由仁义而祸，君子不屑也。是故文王拘羑里，孔子畏于匡，彼圣人之知，岂不能脱祸患哉？盖道之存焉耳。曰：子以为贵若贱天所为也，然世贤而贱，不肖而贵者，亦天所为欤？曰：非也，人不能合于天耳。夫天之生斯人也，使贤者治不贤。故贤者宜贵，不贤者宜贱，天之道也。择而行之者，人之谓也。天人之道合，则贤者贵、不肖者贱；天人之道悖，则贤者贱而不肖者贵也。天人之道悖合相半，则贤不肖或贵或贱。尧舜之世元凯用而四凶殛，是天人之道合也。桀纣之世飞廉进而三仁退，是天人之道悖也。汉魏而下，贤不肖或贵或贱，是天人之道悖合相半也。盖天之命一，而人之时不能率合焉。故君子修身以俟命，守道以任时，贵贱祸福之来，不能沮也。子不力于仁义以信其中，而屑屑焉甘意于诞谩虚怪之说，不已溺哉！③

“夫天之为物也，可谓无作好，无作恶，无偏无党，无反无侧”④，天既已淡化了人格之天的色彩，对待天命也就大可不必像先人那样敬畏有加，只要尽吾人道即

①王安石：《临川先生文集》卷六十七《性情》，中华书局，1959年，第715页。

②王安石：《临川先生文集》卷六十八《原性》，中华书局，1959年，第726页。

③王安石：《临川先生文集》卷七十《推命对》，中华书局，1959年，第741页。

④王安石：《临川先生文集》卷六十五《洪范传》，中华书局，1959年，第691页。

可。同样,对于祥瑞之类,王安石认为也不过是“以文天下之平”[①]而已。这种观点,也正符合其变立法度的思想。

值得注意的是,王安石的变法,其终极方向却是皇权的集中,尽管他反对当时社会上的兼并及由此而来的贫富悬殊,他的方法却是由皇帝收紧经济权力,做到“操纵之权,上之所专”[②],“人主擅操柄,如天持斗魁。赋予皆自我,兼并乃奸回。奸回法有诛,势亦无自来。后世始倒持,黔首遂难裁。秦王不知此,更筑怀清台”[③]。抑兼并的目的,不是为了民富,而是为了国富,或者更确切地说是为了中央集权的政府及其总代表皇帝更有财力,所以王安石变法不仅没有削弱中央集权,反而更加强化了皇权。王安石从理想出发的积极用世精神,颇有些类似柏林所评说的“积极的自由”,在当时的皇权体制下,以政府的自身改革来达到其惠民目的,无异于缘木求鱼;相比之下,司马光从历史经验出发的保守主义,倒可能让政局有更稳定的发展。二人的学术之争,最后酿成党争的恶果,虽起于学术,却又非学术所能尽之,实因历史环境的陷阱有以致之。

(三)王安石理学思想的影响

王安石变法,以走了样的结果出现,使得后世对王安石大加挞伐,连带而及他的新学。但他在理学发展史上的贡献是客观存在的,即便是王安石的反对者,也承认其在义理之学上的成就。陈瓘《尊尧集》序云:“臣闻先王所谓道德者,性命之理而已矣。此安石之精义也。有《三经》焉,有《字说》焉,有《日录》焉,皆性命之理也。蔡卞、蹇序辰、邓洵武等用心纯一,主行其教,所谓大有为者,亦性命之理而已矣;其所谓继述者,亦性命之理而已矣;其所谓一道德者,亦以性命之理而一之也;其所谓同风俗者,亦以性命之理而同之也。不习性命之理谓之流俗,黜流俗则窜其人,怒曲学则火其书,故自卞等用事以来,其所谓国是者皆出性命之理,不可得而动摇也。”[④]

朱熹对王安石的经学,如《诗》、《书》、《易》、《周礼》,都有所称扬,属于兼采之列。他也曾评王安石的为人、为学,虽有门户之见,倒是切中其要害:“而其始见神宗也,直以汉文帝、唐太宗之不足法者为言,复以诸葛亮、魏玄成之不足为者自

①王安石:《临川先生文集》卷八十二《芝阁记》,中华书局,1959年,第864页。
②王安石:《周官新义》卷二,商务印书馆,1937年,第25页。
③王安石:《临川先生文集》卷四《兼并》,中华书局,1959年,第114页。
④邵博:《邵氏闻见后录》卷二十三引,中华书局,1983年,第179-180页。

任,此其志识之卓然,又皆秦汉以来诸儒所未闻者,而岂一时诸贤之所及哉!然其为人,质虽清介而器本偏狭,志虽高远而学实凡近。其所论说,盖特见闻亿度之近似耳。顾乃挟以为高,足已自圣,不复知以格物致知、克己复礼为事,而勉求其所未至,以增益其所不能,是以其于天下之事,每以躁率任意而失之于前,又以狠愎狗私而败之于后。"[①]不抹杀其长处,但又指责其见道之偏狭,这几乎是此后最具权威的评论。

《三经新义》在全国正式颁行后,成为官学:"一时学者,无敢不传习,主司纯用以取士,士莫得自名一说,先儒传注,一切废不用。"[②]苏轼曾论荆公新学"使人同己"之后的影响:"文字之衰,未有如今日者也。其源实出于王氏。王氏之文,未必不善也,而患在于好使人同己。自孔子不能使人同。颜渊之仁,子路之勇,不能以相移。而王氏欲以其学同天下!地之美者,同于生物,不同于所生。惟荒瘠斥卤之地,弥望皆黄茅白苇,此则王氏之同也。"[③]

晚清以降,王安石的历史地位逐步上升,其政治上的变法精神,还有其理学上的贡献,都为人所重视。尽管是非功过,仍有许多争议,但他在北宋理学上占有重要地位,在庆历之际的理学生成及宋学的发展上起到了关键作用,这是无可置疑的。

第四节 "理学五子":理学的发展

经学中的汉学向宋学转型,推动了儒学向义理之学的转型,北宋理学五子[④]的思想构成了一个互补的理学世界,完成了宋学核心体系的建构。周敦颐以其宇宙论及道德观首建一个宏大谱系,张载以其大仁的气魄和太虚观充实了这一谱系,二程张大的天理观念使得这一理论系统有了灵魂统摄,邵雍的象数之学又对天人理论加以补充。到了南宋,朱熹使得这一系统更加完善和严密。

①《朱熹集》卷七十《读两陈谏议遗墨》,四川教育出版社,1996年,第3660-3661页。

②《宋史》卷三百二十七《王安石传》,中华书局,1985年,第10550页。

③《苏轼文集》卷四十九《答张文潜县丞书》,中华书局,1986年,第1427页。

④"理学五子"中邵雍年岁最长,出生于真宗大中祥符四年(1011),程颐最少,出生于仁宗明道二年(1033),其他诸人出生年份分别是:周敦颐,真宗天禧元年(1017);张载,真宗天禧四年(1020);程颢,仁宗明道元年(1032)。宋仁宗于嘉祐八年(1063)去世,这时即便年龄最小的程颐也到了而立之年,他们诸人的思想可以说均已成熟,归之于庆历之际应该不成问题。

一、邵雍的先天《易》学

邵雍在《易》学上的贡献是创立了同传统《易》学有别的先天《易》学。当然,他的先天《易》学思想是有传承的,据传是来自宋初隐士陈抟:“图数之学,由陈图南抟、种明逸放、穆伯长修、李挺之之才递传于先生。”[①]

邵雍的理学思想,主要体现在他建立的先天《易》学思想体系上。邵雍的先天易学,通过一套象数图式,“合之斯为一,衍之斯为万”[②],把整个宇宙和人类社会的发展变化全都统合进去,解释天地人间的种种变化更具理论的严密性,完善了理学的宇宙生成论和发展论。

邵雍的《易》学,被朱熹称为“易外别传”,其《易》学按照《易传》所说的“易有太极,是生两仪,两仪生四象,四象生八卦”[③]的次序,依次推衍出两仪、四象、八卦及六十四卦,其中的《易》卦排列次序有着“出于自然,不用安排”[④]的特点,故而称为先天《易》学。邵雍把传统的《易》学即相传为文王所作者称为后天《易》学。

邵雍先天《易》学的八卦方位、排列次序与《易传》经义吻合。他重整并推衍出一套图式,通过这些先天图的直观印象阐发他的宇宙论和社会发展观,形成一个完整的理论系统。他一方面继承了《易》学“生生不息”的变化观,一方面又推衍出“对待”、“环中”的“太极”之道,使得《易》学理论更加具有逻辑和辩证色彩。

邵雍认为:“先天图中,环中也。”[⑤]所谓环中,是《庄子·齐物论》中的用语:“彼是莫得其偶,谓之道枢。枢始得其环中,以应无穷。”[⑥]郭象注为:“夫是非反覆,相寻无穷,故谓之环。环中,空矣;今以是非为环而得其中者,无是无非也。”[⑦]庄子以“环中”喻“道枢”,也即那应变无穷的“道”之本源。邵雍借用这一词语表达他对万物之本及其变化的解释:“天地之本其起于中乎?是以乾坤屡变而不离乎中。”[⑧]换言之,也即“太极”:“有生天地之始者,太极也。”[⑨]宇宙万物遵循着这“环中”之道

①黄宗羲:《宋元学案》卷十,中华书局,1986年,第464页。
②《邵雍集·观物外篇》中之上,中华书局,2010年,第108页。
③《十三经注疏·周易正义》,中华书局影印本,1980年,第82页。
④黎靖德:《朱子语类》卷一百,中华书局,1986年,第2552页。
⑤《邵雍集·观物外篇》中之下,中华书局,2010年,第137页。
⑥陈鼓应:《庄子今注今译》,中华书局,1983年,第54页。
⑦同⑥,第58页。
⑧《邵雍集·观物外篇》下之上,中华书局,2010年,第145页。
⑨《邵雍集·观物外篇》下之下,中华书局,2010年,第163页。

生生不已变化无穷:"自下而上谓之升,自上而下谓之降。升者生也,降者消也。故阳生于下,阴生于上,是以万物皆反生,阴生阳,阳生阴,阴复生阳,阳复生阴,是以循环而无穷也。"①

邵雍的先天学并非脱离人类社会,同样也探讨天人之际:"学不究天人,不足谓之学。"②他认为:"先天学,心法也,故图皆自中起,万化万事生乎心也。"③这里的"心"既指他的先天图所绘的"中心",即包含宇宙起源所自的"太极",也包括人心之运化。在他看来,宇宙万物的大道体现于人即是人心之用:"天向一中分体用,人于心上起经纶。天人焉有两般义,道不虚行只在人。"④这样邵雍就把他的宇宙论与本体论统一起来,为理学的形而上学找到更坚实的基础。"先天之学,心也;后天之学,迹也。出入有无死生者,道也。"⑤"心"与"道"相通:"心为太极,又曰道为太极。"⑥人间的道理与宇宙的规律同一:"道之道尽之于天矣,天之道尽之于地矣,天地之道尽之于万物矣,天地万物之道尽之于人矣。人能知其天地万物之道所以尽于人者,然后能尽民也。"⑦这样邵雍就把他的先天学思想与人间社会联系起来,扩大了理学的外延,也极大地丰富了理学的包容性。

朱熹对邵雍的先天象数学评价很高:"某看康节《易》了,都看别人不得。"⑧但也有学者不以为然,如清代毛奇龄就曾找出其《先天图》之误。《易》之成书,本来就起源甚古,其道理也玄虚多歧义,定于一尊的所谓"正解"只能是一种片面之解。邵雍在《易》学上开阔局面,创立新意,自有其拓荒之功。邵雍在洛阳与司马光二人同以道德人格为人称赞,但司马光被后世祧出"理学六子"之列,邵雍终能跻身其中,其于《易》之形而上学的贡献是非常关键的。这一点熊勿轩曾有论及:

或谓:"涑水之学,不由师传,其德言功烈之所就,亦不过尽其天资之所到而已。若康节,则《先天》一图,《皇极》一书,谓之无闻于斯道则不可,又何以不进之

①《邵雍集·观物外篇》中之上,中华书局,2010年,第112-113页。

②《邵雍集·观物外篇》下之中,中华书局,2010年,第156页。

③同②,第159页。

④《邵雍集·伊川击壤集》卷之十五,中华书局,2010年,第416页。

⑤同②,第152页。

⑥同⑤。

⑦《邵雍集·观物内篇》第三篇,中华书局,2010年,第9-10页。

⑧黎靖德:《朱子语类》卷一百《邵子之书》,中华书局,1986年,第2545页。

于五贤乎?"曰:"康节之高明,涑水之平实,盖各具是道之一体。要其所见,则涑水之于康节,固不可以同日语也。康节《先天图》心法与濂溪《太极图》实相表里。至于《皇极》一书,则其志直欲以道经世,而自处盖欲作雍熙泰和以上人物。此岂易以世俗窥测!但其制行,不免近于高旷。若使进之圣门,则曾皙非不高明,子贡非不颖悟,终不可谓与颜、曾同得其传。百世以俟,不易吾言矣!"[①]

对待经典不专训诂务求心有所得已是当时风气,有所得即求有所用,这即是宋人所看重的"有体有用"之学。邵雍于《易》学也是求有所用,而不是执着于经典本身:"知《易》者不必引用讲解,是为知《易》。孟子之言未尝及《易》,其间《易》道存焉,但人见之者鲜耳。人能用《易》,是为知《易》。如孟子可谓善用《易》者也。"[②]邵雍在《易》学上有独到见解,在其它经典上也曾熟读深思。其子邵伯温曾说:"康节先公于书无所不读,独以六经为本,盖得圣人之深意。平生不为训解之学,尝曰:'经意自明,苦人不知耳。屋下盖屋,床下安床,滋惑矣。'所谓陈言,生活者也。有诗曰:'陈言生活不须矜,自是中才皆可了。'以老子为知《易》之体,以《孟子》为知《易》之用。"[③]

尽管邵雍一生未仕,宋学经世致用的一面在其思想中仍有明显的体现。他虽然悠游林下自得其乐,但其骨子里并未忘怀世俗世界,正如朱熹所说,他是不肯出来做:"康节本是要出来有为底人,然又不肯深犯手做。凡事直待可做处,方试为之;才觉难,便拽身退,正张子房之流。"[④]这可能与他受道家思想影响较深有一定关系。虽以隐者名世,主宰他思想的还是那种儒家的"中庸"之道:"天加一上寒,我添一重被。不出既往言,不为已甚事。责己重以周,与人不求备。唯是大圣人,能立无过地。"[⑤]在邵雍看来,"中庸"的境界就在于人情物理皆得所安:"中庸,非天降地出,揆物之理,度人之情,行其所安,是为得矣。"[⑥]

邵雍的《皇极经世书》,"弥纶天地,出入造化,进退古今,表里人物"[⑦],是探讨

①黄宗羲:《宋元学案》卷十,中华书局,1986年,第470–471页。
②《邵雍集·观物外篇》下之中,中华书局,2010年,第159页。
③邵伯温:《邵氏闻见录》卷十九,中华书局,1983年,第215页。
④黎靖德:《朱子语类》卷一百《邵子之书》,中华书局,1986年,第2545页。
⑤《邵雍集·伊川击壤集》卷之九,中华书局,2010年,第313–314页。
⑥《邵雍集·观物外篇》下之下,中华书局,2010年,第165页。
⑦《邵雍集·观物内篇》第二篇,中华书局,2010年,第8页。

天地人间之“道”的著作。邵雍所讲的“道”，借鉴了道家的思想，如“道为天地之本，天地为万物之本”①，但又不同于道家的无为与避世，还是儒家人文关怀的一面占主导地位：“道之道尽之于天矣，天之道尽之于地矣，天地之道尽之于万物矣，天地万物之道尽之于人矣。人能知其天地万物之道所以尽于人者，然后能尽民也。”②清代四库馆臣把它列入术数类，认为是道家之学：“盖其术本自道家而来，当之才初见邵子于百泉，即授以义理、物理性命之学，《皇极经世》盖即所谓物理之学也。”但又说其中也蕴含儒家的道理：“夫以邵子之占验如神，则此书似乎可信，而此书之取象配数，又往往实不可解。据王湜《易学》所言，则此书实不尽出于邵子。流传既久，疑以传疑可矣。至所云学以人事为大，又云治生于乱，乱生于治，圣人贵未然之防，是谓《易》之大纲，则粹然儒者之言，非术数家所能及。斯所以得列于周、程、张、朱间欤？”③若就邵雍书中所讲来看，其用意还是以用世为主，这也许是他名之为“皇极经世”的原因吧。

在《观物内篇》中，他“以元经会，以会经运，以运经世。起于帝尧甲辰，至后周显德六年己未，凡兴亡治乱之迹，皆以卦象推之”④。“元”、“会”、“运”、“世”都是邵雍用来计算时间的术语，他以一日有十二时，一月有三十日，一年有十二月，如此以十二与三十交替推衍，积三十年为一世，积十二世为一运，积三十运为一会，积十二会为一元，以年计算，一元计有十二万九千六百年。一元之内，人世的历史也如“元”、“会”、“运”、“世”一般分为四类，即皇、帝、王、伯四种政治类型，依次推衍，分别以道、德、功、力行事，统治的方式也各不一样，“用无为则皇也，用恩信则帝也，用公正则王也，用智力则伯也”⑤。其思想核心，还是在倡导仁义的政治，即“羲轩尧舜虽难复，汤武桓文尚可循，事既不同时又异，也由天道也由人”⑥。因此朱熹说他是“要出来有为底人”，说“康节之学，其骨髓在《皇极经世书》”⑦。他曾自述是“学为仲尼者”：

①《邵雍集·观物内篇》第三篇，中华书局，2010 年，第 9 页。

②同①，第 9–10 页。

③《四库全书总目》卷一百零八，中华书局，1956 年，第 915–916 页。

④同③，第 915 页。

⑤《邵雍集·观物外篇》下之中，中华书局，2010 年，第 159 页。

⑥《邵雍集·伊川击壤集》之十三，中华书局，2010 年，第 389 页。

⑦黎靖德：《朱子语类》卷一百《邵子之书》，中华书局，1986 年，第 2553 页。

夏禹以功有天下,夏桀以虐失天下;殷汤以功有天下,殷纣以虐失天下;周武以功有天下,周幽以虐失天下。三者虽时不同,其成败之形一也。平王东迁,无功以复王业;赧王西走,无虐以丧王室。威令不逮一小国诸侯,仰存于五伯而已,此又奚足道哉!但时无真王者出焉,虽有虚名,与杞宋其谁曰少异?是时也,《春秋》之作,不亦宜乎?仲尼修《经》,周平王之时。《书》终于晋文侯,《诗》列为王国风,《春秋》始于鲁隐公,《易》尽于《未济》卦。予非知仲尼者,学为仲尼者也。[①]

所谓"真王",当然是要行仁义于天下,所以邵雍也是渴望真王兴起,如孔子一般,是有为的,而非道家之流逃避社会的隐遁。其弟子认为邵雍之学本就关乎人事:"先生治《易》、《书》、《诗》、《春秋》之学,穷意言象数之蕴,明皇帝王霸之道,著书十余万言,研精极思三十年。观天地之消长,推日月之盈缩,考阴阳之度数,察刚柔之形体,故经之以元,纪之以会,始之以运,终之以世。又断自唐、虞,讫于五代,本诸天道,质以人事,兴废治乱,靡所不载。其辞约,其义广;其书著,其旨隐。"[②]故二程随其父访邵雍于其居所,归来后程明道对周纯明评价邵雍:"昨从尧夫先生游,听其议论,振古之豪杰也。惜其无所用于世。"并说其学是"内圣外王之道也"。[③]

《皇极经世书》以《观物》名篇,邵雍以"观物"作为他达到"皇极经世"的途径,也即要通过"观物"认识世界万物从而洞彻天下之理。他认为"观物"不能仅停留在表面,要"以物观物",即要去除个人偏见:"夫所以谓之观物者,非以目观之也。非观之以目,而观之以心也。非观之以心,而观之以理也。"[④]因为"以物观物,性也;以我观物,情也。性公而明,情偏于暗"[⑤]。

除了经世精神,邵雍的思想里还有道家的因子。有人说他有玩世的态度,这正是他思想的复杂之处,欲有所为又洁身自好,始终不肯踏入世局之中。邵雍有"唐虞揖让三杯酒,汤武交争一局棋"[⑥]的诗句,很为人称赏,就是因其超然物外的闲适与恬淡。富弼曾有诗赞他:"先生自卫客西畿,乐道安闲绝世机。"[⑦]

①《邵雍集·观物内篇》第六篇,中华书局,2010年,第24页。
②黄宗羲:《宋元学案》卷十,中华书局,1986年,第467页。
③同②,第464页。
④《邵雍集·渔樵问对》,中华书局,2010年,第557页。
⑤《邵雍集·观物外篇》下之中,中华书局,2010年,第152页。
⑥《邵雍集·伊川击壤集》卷二十,中华书局,2010年,第537页。
⑦邵伯温:《邵氏闻见录》卷十八,中华书局,1983年,第198页。

邵雍之学,既有关于人事的用世精神,又有俯视万古、恢弘开阔的气魄。他心游尘外,自然能摆脱许多是非名利束缚,看人看事都有超脱的心态。他曾有诗道:"日月星辰高照耀,皇王帝伯大铺舒。"[1]朱熹就说他的胸襟之大后人不易达到:"邵子这道理岂易及哉!他胸襟中这个学,能包括宇宙,始终古今,如何不做得大,放得下!今人却恃个甚,敢复如此!"[2]

谈性说命是当时的风气,邵雍也有过这方面的论述:"天使我有是之谓命,命之在我之谓性,性之在物之谓理。"[3]"理穷而后知性,性尽而后知命,命知而后知至。"[4]朱熹曾称赞过他的观点:"'性者,道之形体;心者,性之郛郭;身者,心之区宇;物者,身之舟车。'此语虽说得粗,毕竟大概好。"[5]朱熹还给弟子解释"性者道之形体"之义,以为道是泛言,性是就自家身上说[6],也即如后来程、朱所言"理一分殊"之义。

邵雍为后来理学家所尊,《宋史》曾写到当时人们对他的崇敬:"司马光兄事雍,而二人纯德尤乡里所慕向,父子昆弟每相饬曰:'毋为不善,恐司马端明、邵先生知。'士之道洛者,有不之公府,必之雍。雍德气粹然,望之知其贤,然不事表襮,不设防畛,群居燕笑终日,不为甚异。与人言,乐道其善而隐其恶。有就问学则答之,未尝强以语人。人无贵贱少长,一接以诚,故贤者悦其德,不贤者服其化。一时洛中人才特盛,而忠厚之风闻天下。"[7]又说邵雍"高明英迈,迥出千古,而坦夷浑厚,不见圭角,是以清而不激,和而不流,人与交久,益尊信之"[8]。

据说程颐对邵雍的术数之学不感兴趣,"晁以道问先生之数于伊川,答云:'某与尧夫同里巷居三十余年,世间事无所不问,惟未尝一字及数。'"[9]但朱熹对邵雍为人的评价却是相当高的:"程、邵之学固不同,然二程所以推尊康节者至矣。盖以其信道不惑,不杂异端,班于温公、横渠之间。则亦未可以其道不

①《邵雍集·伊川击壤集》卷之九,中华书局,2010年,第318页。

②黎靖德:《朱子语类》卷一百《邵子之书》,中华书局,1986年,第2542页。

③《邵雍集·观物外篇》下之下,中华书局,2010年,第163页。

④同③,第168页。

⑤同②,第2549页。

⑥同②,第2549-2550页。

⑦《宋史》卷四百二十七,中华书局,1985年,第12727页。

⑧同⑦,第12728页。

⑨黄宗羲:《宋元学案》卷十,中华书局,1986年,第465页。

同而遽贬之也。”[①]朱熹的《易》学综合象数、义理之大全,邵雍的先天《易》学思想为朱熹所借鉴,故而能理解欣赏邵雍的学术。

《宋元学案》记有魏鹤山对邵雍之学的评价,肯定了邵雍在宋学中的地位,可谓全面而不失公允:

邵子平生之书,其心术之精微在《皇极经世》,其宣寄情意在《击壤集》。凡历乎吾前,皇帝王霸之兴替,春秋冬夏之代谢,阴阳五行之变化,风雷雨露之霁曀,山川草木之荣悴,惟意所驱,周流贯彻,融液摆落,盖左右逢源,略无毫发凝滞倚着之意。呜呼,真所谓风流人豪者欤!或曰:“揆以圣人之中,若勿合也。天何言哉!四时行焉,百物生焉。圣人之动静语默,无非至教,虽常以示人,而平易坦明,不若是之多言也。‘老者安之,朋友信之,少者怀之。’圣人之心量,直与天地万物上下同流,虽无时不乐,而宽舒和平,不若是之多言也。”曰:是则然矣。宇宙之间,飞潜动植,晦明流峙,夫孰非吾事!若有以察之,参前倚衡,造次颠沛,触处呈露。凡皆精义妙道之发焉者,脱斯须之不在,则芸芸并驱,日夜杂糅,相代乎前,顾于吾何有焉!若邵子者,使犹得从游于舞雩之下,浴沂咏归,毋宁使曾晳独见称于圣人也欤!洙、泗已矣!秦、汉以来诸儒,无此气象。[②]

二、周敦颐的“太极”学

周敦颐生平著述无多,只有《通书》、《太极图说》等。其中“《太极图说》249字,《通书》2832字,其他诗文、书简、题记3143字,再加《太极图》标注24字,共6248字”[③]。尽管他传世著作不满万字 ,却构成了一个完整的理学思想体系。

中国古代的思想家认为,阴阳变化,为自然之道,也是人间之“道”的源泉,天人之间构成了一种“天人合一”的关系。《易传》说:“一阴一阳之谓道。”[④]老子说:“人法地,地法天,天法道,道法自然。”[⑤]但是到了汉代,阴阳五行说盛行,汉儒以之附会儒家经典,谶纬之学大兴。魏晋之后佛老兴起,更是以神灵世界来涵盖天人之际。到了宋代,随着人们理性的发展,思想界的精英们也对汉儒的天人关系进行反思,于是起而廓清佛道神怪色彩,建构新的本体论,要恢复光大先秦儒家

①黄宗羲:《宋元学案》卷十,中华书局,1986年,第468页。
②同①,第470页。
③据梁绍辉《周敦颐评传》,南京大学出版社,1994年,第59页。
④《十三经注疏·周易正义》卷七《系辞上》,中华书局影印本,1980年,第78页。
⑤陈鼓应:《老子注译及评介》二十五章,中华书局,1984年,第163页。

偏于人文特质的宇宙论。

周敦颐的学说，以《易经》特别是其中的《易传》，还有《中庸》作为其立论的基础。他立足于儒家思想又吸收了道家等其他思想资源，形成了其宇宙论的理论图式。周敦颐的《通书》、《太极图说》，以极其简练的文字勾勒出包括宇宙生成及天地人伦之理的天人观。

关于周敦颐的《太极图》来源，尽管有不少的争论，其中借鉴佛老的痕迹也历历可见，但他更多的是发挥传统儒家观念特别是《易》学理论并加以创新。他融合儒家思想及佛老观点，构建起了理学的宇宙论及人伦观：

无极而太极。太极动而生阳，动极而静，静而生阴，静极复动。一动一静，互为其根。分阴分阳，两仪立焉。阳变阴合，而生水火木金土。五气顺布，四时行焉。五行一阴阳也，阴阳一太极也，太极本无极也。五行之生也，各一其性。无极之真，二五之精妙合而凝。"乾道成男，坤道成女"，二气交感，化生万物。万物生生，而变化无穷焉。惟人也，得其秀而最灵。形既生矣，神发知矣。五性感动，而善恶分，万事出矣。圣人定之以中正仁义，而主静，立人极焉。故"圣人与天地合其德，日月合其明，四时合其序，鬼神合其吉凶"。君子修之吉，小人悖之凶。故曰："立天之道，曰阴与阳；立地之道，曰柔与刚；立人之道，曰仁与义。"又曰："原始反终，故知死生之说。"大哉《易》也，斯其至矣！①

这一宇宙论中的诸多概念，如阴阳、动静、太极、无极、五行等，在《易经》及其他儒道典籍里也有零散表述。周敦颐的贡献，则是进一步使之系统化、逻辑化，构成一个以"道" 一以贯之的天地人的完整图景。他借用《老子》中的"无极"②与儒家原有的"太极"概念，二者结合，作为其宇宙论的形上之道，提出了太极(道)本体论。钱穆就认为周敦颐的《太极图说》是把先秦儒、道、阴阳三派融合，才完成其自创的宇宙论。③

这一宇宙论的本质，是一个浑然同一的整体。用朱熹的解释，是以"性"贯穿全体，是"各一其性，则浑然太极之全体，无不各具于一物之中，而性无所不在，又可见矣"④，也即"理一分殊"的又一种表达。这一从"无极"到"五行"的同流共贯就

①《周敦颐集》卷一《太极图说》，中华书局，2009 年，第 3-8 页。

②见《老子》二十八章"为天下式，常德不忒，复归于无极"。

③见钱穆：《中国学术思想史论丛》(五)，安徽教育出版社，2004 年，第 52-53 页。

④同①，第 5 页。

是“性之本体”，即各具其秉性而又无不同具的“浑然太极之全体”。

“一阴一阳之谓道，继之者善也，成之者性也。仁者见之谓之仁，知者见之谓之知。”[①]这原本是《易传·系辞》里对“性”的描述。孔颖达等人的《正义》解为：“继之者善也者，道是生物开通，善是顺理养物，故继道之功者唯善行也；成之者性也者，若能成就此道者是人之本性，若性仁者成就此道为仁，性知者成就此道为知也。故云仁者见之谓之仁，知者见之谓之知。是仁之与知皆资道而得成仁知也。”[②]《正义》是以“本性”来解释“性”。而在周敦颐看来，“性”则是“中和”之“本体”：“性者，刚柔善恶，中而已矣。”尽人之性，就是要人至于“中”：“刚善为义、为直、为断、为严毅、为干固；恶，为猛、为隘、为强梁。柔善，为慈、为顺、为巽；恶，为懦弱、为无断、为邪佞。惟中也者，和也，中节也，天下之达道也，圣人之事也。故圣人立教，俾人自易其恶，自至其中而止矣。”[③]

在《通书·理性命》篇里，周敦颐也提到“性”，是与“理”和“命”合解，仍然是以“中”为指归：“厥彰厥微，匪灵弗莹（朱熹注：此言理也）。刚善刚恶，柔亦如之，中焉止矣（朱熹注：此言性也）。二气五行，化生万物。五殊二实，二本则一。是万为一，一实万分。万一各正，大小有定（朱熹注：此言命也）。”

周敦颐认为，“太极”、“性命”之理表现于人世就是“诚”，故朱熹解“诚”即太极[④]。周敦颐以“诚”作为他《通书》的开端，置于最先的地位：“诚者，圣人之本”[⑤]，“诚，五常之本，百行之源也”[⑥]，“寂然不动者，诚也；感而遂通者，神也；动而未形、有无之间者，几也 。诚精故明，神应故妙，几微故幽。诚、神、几，曰圣人”[⑦]，“无思，本也；思通，用者。几动于彼，诚动于此”[⑧]。“诚”也就成了沟通天人的桥梁，是“纯粹至善者也”[⑨]的本体。

---

①《十三经注疏·周易正义》卷七《系辞上》，中华书局影印本，1980年，第78页。

②同①，第78页。

③《周敦颐集》卷二《通书》，中华书局，2009年，第20页。

④同③，第16页。

⑤同③，第13页。

⑥同③，第15页。

⑦同③，第17–18页。

⑧同③，第22页。

⑨同③，第14页。

周敦颐的"诚"成为一种崇高的道德境界:"身端,心诚之谓也;诚心,复其不善之动而已矣。不善之动,妄也;妄复,则无妄矣;无妄则诚焉。"①"诚,无为"②(朱熹的解释是"实理自然,何为之有?"),保有了这一"诚"体,达到了"无为"境界,那富贵也就有了另外的含义。周敦颐给予"富贵"以新的道德寓意:

君子以道充为贵,身安为富,故常泰无不足,而铢视轩冕,尘视金玉,其重无加焉尔。③

天地间至尊者道,至贵者德而已矣。至难得者人,人而至难得者,道德有于身而已矣。④

这种道德的富贵与身外富贵之别,道德的尊贵与权位的尊贵之辨,正凸显了宋代的人文精神。"道"的高倡,更使得之后的士人敢自许以"道理"去抗衡天子之尊:"天下唯道理最大,故有以万乘之尊而屈于匹夫之一言,以四海之富而不得以私于其亲与故者。"⑤

有了内心的充实自足, 就能在喧嚣的尘世觅得心灵的净土, 故而能达者不忧,安贫乐道:

书堂构其上,隐几看云岑。
倚梧或欹枕,风月盈中襟。
或吟或冥默,或酒或鸣琴。
数十黄卷轴,贤圣谈无音。
窗前即畴囿,囿外桑麻林。
芋蔬可卒岁,绢布足衣衾。
饱暖大富贵,康宁无价金。
吾乐盖易足,名廉朝暮箴。⑥

周敦颐由"诚"又引申出其主静的道德修养论:"圣人定之以中正仁义,而主

①《周敦颐集》卷二《通书》,中华书局,2009年,第39页。
②同①,第16页。
③同①,第40页。
④同①,第33页。
⑤留正:《皇宋中兴两朝圣政》卷四十七,《续修四库全书》史部第348册,上海古籍出版社,2002年,第571页。
⑥《周敦颐集》卷三《题濂溪书堂》,中华书局,2009年,第62-63页。

静,立人极焉。"①以"主静"作为其修养论的核心。所谓"静",既指"静无而动有"②,是"诚"的一种本然状态,又指人们在修养过程中达致"无欲"的心性的澄净与淡泊,即"无欲故静"③。无欲并非如佛家的断绝欲念,陷入虚空,而是要通过"静"来追求一种人生的境界,达到"明通公溥":"无欲则静虚动直。静虚则明,明则通;动直则公,公则溥。明通公溥,庶矣乎!"④所谓"明通公溥",也就是心灵的泰然常乐,是道德的高尚其事,这也就引出了理学中人的又一大纲目——"寻孔颜乐处"。

程颢曾说过:"昔受学于周茂叔,每令寻颜子、仲尼乐处,所乐何事。"⑤"寻孔颜乐处" 是宋代理学家们的一大题目, 这一说法即为周敦颐所最先张大:"颜子'一箪食,一瓢饮。在陋巷,人不堪其忧,而不改其乐'。夫富贵,人所爱也,颜子不受不求,而乐于贫者,独何心哉?天地间有至富至贵可爱可求而异乎彼者,见其大而忘其小焉尔。见其大则心泰,心泰则无不足,无不足则富贵贫贱处之一也,处之一则能化而齐。"⑥

当然,除了"内圣"方面,周敦颐也有"外王"方面的追求。他曾说"志伊尹之所志,学颜子之所学","伊尹之志"即在济世救民,因为"伊尹耻其君不为尧、舜,一夫不得其所,若挞于市"⑦。"内圣"与"外王"的合一才是宋学的精髓,周敦颐一生虽然没有得到充分展现"外王"的机会,但其志是念念在兹的。

周敦颐生前官位不显,名声不大,以有道君子的形象为时人所知。黄庭坚曾称赞他的为人:"濂溪先生胸怀洒落,如光风霁月。廉于取名而锐于求志,薄于徼福而厚于得民,菲于奉身而燕及茕嫠,陋于希世而尚友千古。"⑧周敦颐被后世奉为宋代理学的开山,正显示了他在宋学生成中的地位。后来朱熹为周敦颐的《太极图说》、《通书》作注,作《韶州州学濂溪先生祠记》一文,把周敦颐推为上继孔孟之学、下开二程的宋学关键人物:

秦汉以来,道不明于天下而士不知所以为学。言天者遗人而无用,语人者不

①《周敦颐集》卷一《太极图说》,中华书局,2009年,第6页。
②《周敦颐集》卷二《通书》,中华书局,2009年,第15页。
③同①。
④同②,第31页。
⑤《二程集·河南程氏遗书》卷二上,中华书局,1981年,第16页。
⑥同②,第32–33页。
⑦同②,第23页。
⑧黄宗羲:《宋元学案》卷十二,中华书局,1986年,第520页。

及天而无本,专下学者不知上达而滞于形器,必上达者不务下学而溺于空虚;优于治己者或不足以及人,而随世以就功名者又未必自其本而推之也。夫如是,是以天理不明而人欲炽。道学不传而异端起。人挟其私智以驰骛于一世者,不至于老死则不止,而终亦莫悟其非也。宋兴,九嶷之下,舂陵之墟,有濂溪先生者作,然后天理明而道学之传复续。盖有以阐夫太极、阴阳、五行之奥,而天下之为中正仁义者,得以知其所自来。言圣学之有要,而下学者知胜私复礼之可以驯致于上达;明天下之有本,而言治者知诚心端身之可以举而措之于天下。其所以上接洙泗千岁之统,下启河洛百世之传者,脉络分明而规摹宏远矣。是以人欲自是有所制而不得肆,异端自是有所避而不得骋。盖自孟氏既没,而历选诸儒受授之次,以论其兴复开创、汛扫平一之功,信未有高焉者也。[①]

朱熹赞扬他对宋学的开创之功:"濂溪周公先生奋乎百世之下,乃始深探圣贤之奥,疏观造化之源而独心得之,立象著书,阐发幽秘,词义虽约,而天人性命之微、修己治人之要莫不毕举。"[②]元代官修史书《宋史·道学传》即沿传了这一评价:"孔子没,曾子独得其传,传之子思,以及孟子,孟子没而无传。两汉而下,儒者之论大道,察焉而弗精,语焉而弗详,异端邪说起而乘之,几至大坏。千有余载。至宋中叶,周敦颐出于舂陵,乃得圣贤不传之学,作《太极图说》、《通书》,推明阴阳五行之理,命于天而性于人者,了若指掌。"[③]清代黄百家也以周敦颐的阐发心性义理为道学首功:"孔子而后,汉儒止有传经之学,性道微言之绝久矣。元公崛起,二程嗣之,又复横渠诸大儒辈出,圣学大昌。故安定、徂徕卓乎有儒者之矩范,然仅可谓有开之必先。若论阐发心性义理之精微,端数元公之破暗也。"[④]

三、张载的"太虚"说

据《宋史》记载,张载"少喜谈兵,至欲结客取洮西之地。年二十一,以书谒范仲淹,一见知其远器,乃警之曰:'儒者自有名教可乐,何事于兵。'因劝读《中庸》。载读其书,犹以为未足,又访诸释、老,累年究极其说,知无所得,反而求之六经"[⑤]。尽管泛滥于六经,旁及佛老,张载还是以《易》学为主来创建他的理论框架。服膺

①《朱熹集》卷七十九《韶州州学濂溪先生祠记》,四川教育出版社,1996年,第4105页。

②《朱熹集》卷七十八《袁州州学三先生祠记》,四川教育出版社,1996年,第4079页。

③《宋史》卷四百二十七《道学传》,中华书局,1985年,第12709–12710页。

④黄宗羲:《宋元学案》卷十一,中华书局,1986年,第482页。

⑤同③,第12723页。

张载之学的王夫之曾予以点明:“张子之学,无非《易》也,即无非《诗》之志,《书》之事,《礼》之节,《乐》之和,《春秋》之大法也,《论》、《孟》之要归也……而张子言无非易,立天、立地、立人,反经研几,精义存神,以刚维三才,贞生安死,则往圣之传,非张子其孰与归!”[①]另外,后来被称作“四书”的《论语》、《孟子》、《大学》、《中庸》也对张载的理学思想影响颇深。

宋初经学之变古,《易》学是最受重视的经典,因为其中因时变易的思想可以切中现实,故《易》学又成了理学的重要理论来源,成为理学家发挥立论的根据。张载思想主要体现在他晚年所著的《正蒙》之中。现代学人往往把张载的思想称之为“气本论”,称张载为以气为本的唯物主义思想家。其实从中国古代思想史的发展来看,理学之创立,正是为了要抗衡佛老之幻灭或虚无的形而上观,从而在人间确立一个以肯定此世价值为目的的思想体系,否认“空”、“无”是所有理学家的理论取向。以西方话语系统的“唯心”或“唯物”去套理学的思想,难免有削足适履之嫌。余敦康认为近人常常过分强调理学中不同思想倾向之间的对立,称张载的哲学为气本论,程朱的哲学为理本论,夸大二者之间的门户之争,争辩天地万物究竟是以气为本还是以理为本,其实都是对理学的误解,也是对中国传统天人之学的误解:“理学的主题在于追求天道与性命的贯通,也就是所谓‘究天人之际’,着眼于探讨天与人、主与客、自然与社会的相互关系,企图通过对这些的探讨来找到某些带规律性的东西,用来指导人事,实质上是一种天人之学。这种天人之学在中国的传统思想中源远流长,理学则把天人关系问题转化为一个体用问题,提到哲学的高度来探讨,因而关于怎样才能更好地建构一个体用不二、天人合一的体系就成了各派理学家所关注的共同的主题。”[②]也就是他们的共同点要远远大于不同点,他们各自有所创新,也是继承之中的创新。

张载的理学思想,也是要建立一个超越的形而上本体,他称之为“太和”、“太虚”或“太极”,以此来统摄万物,成为一个体用一源的本体。在《正蒙》首篇《太和篇第一》中,他以“太和”来充当此形而上的本体:“太和所谓道,中涵浮沈、升降、动静、相感之性,是生絪缊、相荡、胜负、屈伸之始。其来也几微易简,其究也广大坚固。起知于易者乾乎!效法于简者坤乎!散殊而可象为气,清通而不可象为神。不如野马、絪缊,不足谓之太和。语道者知此,谓之知道;学《易》者见此,谓之见

①《张载集》附录《张子正蒙注序论》,中华书局,1978 年,第 409-410 页。

②余敦康:《汉宋易学解读》,华夏出版社,2006 年,第 339-340 页。

《易》。不如是,虽周公才美,其智不足称也已。"[①]

此太和即是道的异称,既可发散为万物成为有形之气,也具有神妙莫测的清通本体之"神",或者如后来二程所说的"体用一源,显微无间"[②],是万事万物的源泉,又体现于万事万物之中。在张载看来,只有了解这一点,才能真正把握住《易》的思想本质。这是他所要建立的形而上理论的基点。

在张载的早期著作《横渠易说》里,他还用过"太极"一词来表达相似的含义:"一物两体者,气也。一故神,两故化,此天之所以参也。两不立则一不可见,一不可见则两之用息。两体者,虚实也,动静也,聚散也,清浊也,其究一而已。有两则有一,是太极也。若一则有两,有两一亦在,无两亦一在。然无两则安用一?不以太极,空虚而已,非天参也。"[③]到了《正蒙》中,他又用"太虚"一词来表示他形而上体系的偏于抽象的一面。张载认为:"太虚无形,气之本体,其聚其散,变化之客形尔;至静无感,性之渊源,有识有知,物交之客感尔。客感客形与无感无形,惟尽性者一之。"[④]这个"太虚"是就其无形的一面而言,是相对于聚散变化的"客形"——也即有形之物而言。客形也好,无形也好,其性则一,所以"惟尽性者一之",也即只要把握住它的本质,就能一以贯之。

"太虚"一词,早已有之。在《庄子·知北游》里即已提及:"若是者,外不观乎宇宙,内不知乎太初,是以不过乎昆仑,不游乎太虚。"[⑤]《黄帝内经·素问》也有"太虚寥廓,肇基化元,万物资始,五运终天"[⑥],这里的"太虚"含有宇宙空间之意。张湛注解《列子·汤问》"故大小相含,无穷极也。含万物者,亦如含天地"一句也用到了"太虚"一词,同样是宇宙空间之义:"夫舍万物者天地,容天地者太虚。"[⑦]而张载的太虚强调的是宇宙万物的形而上一面,与前引诸家有语义指向的差别。

张载思想里最引人注意的,恐怕就是他所用的"气"的含义。他以"气"作为联系有形世界和无形世界的桥梁, 因为不如此他的理论就有陷入佛老谈空说玄的

①《张载集·正蒙·太和篇第一》,中华书局,1978年,第7页。

②《二程集·易传序》,中华书局,1981年,第689页。

③《张载集·横渠易说》,中华书局,1978年,第233–234页。

④同①。

⑤陈鼓应:《庄子今注今译》,中华书局,1983年,第581页。

⑥张志聪:《黄帝内经集注·素问集注》卷八上,浙江古籍出版社,2002年,第456页。

⑦杨伯峻:《列子集释》卷五《汤问篇》,中华书局,1979年,第149页。

途辙。气之为物,本已属有形无形之间[①],以之为媒介,就可以把太虚与万物联系在一起。

有了"气"的纽带,张载就在儒家的思想体系里把本体和现象世界合为一体:"天地之气,虽聚散攻取百涂,然其为理也,顺而不妄。气之为物,散入无形,适得吾体。聚为有象,不失吾常。太虚不能无气,气不能不聚而为万物,万物不能不散而为太虚。循是出入,是皆不得已而然也。然则圣人尽道其间,兼体而不累者,存神其至矣。彼语寂灭者,往而不返;徇生执有者,物而不化;二者虽有间矣,以言乎失道则均焉。聚亦吾体,散亦吾体,知死之不亡者,可与言性矣。"[②]在张载看来,只有圣人能悟出这"道"这"理",气既为贯通太虚与万物的中介,它也具有了某种特质,也成了体"道"的中介。

如果只从生命实有的一面看,《庄子·知北游》里也有"人之生,气之聚也;聚则为生,散则为死"[③]的说法,仅仅有"气"的形而下层面当然不够,还要找出"气"的形而上之处,那就是"道"与"性":"由太虚,有天之名;由气化,有道之名;合虚与气,有性之名;合性与知觉,有心之名。"[④]气化流行,是为道体;体道之用,是为性。性之体现于人,又牵涉 "天地之性"与"气质之性"的分别:"形而后有气质之性,善反之则天地之性存焉。故气质之性,君子有弗性者焉。"[⑤]"天地之性"或"天命之性",是纯粹无瑕的气之全,体现于个人,则有偏狭不全之各种表现:"人之刚柔、缓急、有才与不才,气之偏也。天本参和不偏,养其气,反之本而不偏,则尽性而天矣。"[⑥]所谓"善反",就是要"上达反天理"[⑦],因为"性者万物之一源,非有我之得私也。惟大人为能尽其道,是故立必俱立,知必周知,爱必兼爱,成不独成。彼自蔽塞而不知顺吾理者,则亦末如之何矣"[⑧],也即要学为人之道:"学者当须立人之

① 在英语中,"气"对应的词语是 ether,汉译为"以太",而不是 air。无独有偶,西方哲学里也有以气为万物之源的学说,阿那克西美尼(Anaximenes,约公元前 570 年—前 526 年,古希腊哲学家、米利都学派的第三位学者)认为,气体是万物之源,不同形式的物质是通过气体聚和散的过程产生的,并认为火是最精纯的空气。

②《张载集·正蒙·太和篇》,中华书局,1978 年,第 7 页。

③陈鼓应:《庄子今注今译》,中华书局,1983 年,第 559 页。

④同②,第 9 页。

⑤《张载集·正蒙·诚明篇》,中华书局,1978 年,第 23 页。

⑥同⑤,第 22 页。

⑦同⑤。

⑧同⑤,第 21 页。

性。仁者人也，当辨其人之所谓人。学者学所以为人。”①

“聚亦吾体，散亦吾体，知死之不亡者，可与言性矣。”②张载的性命之辨，为的是要识“天理”，要修人之德以尽性：

德不胜气，性命于气；德胜其气，性命于德。穷理尽性，则性天德，命天理，气之不可变者，独死生修夭而已。故论死生则曰“有命”，以言其气也；语富贵则曰“在天”，以言其理也。此大德所以必受命，易简理得而成位乎天地之中也。所谓天理也者，能悦诸心，能通天下之志之理也。③

在“天命之谓性”上，他反对告子的观点，“以生为性，既不通昼夜之道，且人与物等，故告子之妄不可不诋”④。对于佛家的性命观点，张载更是认为不得正解：“释氏妄意天性，而不知范围天用，反以六根之微因缘天地。明不能尽，则诬天地日月为幻妄。蔽其用于一身之小，溺其志于虚空之大，此所以语大语小，流遁失中。其过于大也，尘芥六合；其蔽于小也，梦幻人世。谓之穷理，可乎？不知穷理而尽性，可乎？尘芥六合，谓天地为有穷也；梦幻人世，明不能穷所从也。”⑤

张载发挥“太虚”、“气”、“道”、“性命”的内涵，为的是扩大儒家思想的形而上之义，既为人生寻求一有价值有意义的存在，又以之与佛老争胜：

知虚空即气，则有无、隐显、神化、性命通一无二，顾聚散、出入、形不形，能推本所从来，则深于《易》者也。若谓虚能生气，则虚无穷，气有限，体用殊绝，入老氏“有生于无”自然之论，不识所谓有无混一之常；若谓万象为太虚中所见之物，则物与虚不相资，形自形，性自性，形性、天人不相待而有，陷于浮屠以山河大地为见病之说。此道不明，正由懵者略知体虚空为性，不知本天道为用，反以人见之小因缘天地。明有不尽，则诬世界乾坤为幻化。幽明不能举其要，遂躐等妄意而然。不悟一阴一阳范围天地、通乎昼夜、三极大中之矩，遂使儒、佛、老、庄混然一涂。语天道性命者，不罔于恍惚梦幻，则定以“有生于无”，为穷高极微之论。入德之途，不知择术而求，多见其蔽于诐而陷于淫矣。⑥

---

①《张载集·张子语录》，中华书局，1978 年，第 321 页。

②《张载集·正蒙·太和篇》，中华书局，1978 年，第 7 页。

③《张载集·正蒙·诚明篇》，中华书局，1978 年，第 23 页。

④同③，第 22 页。

⑤《张载集·正蒙·大心篇》，中华书局，1978 年，第 26 页。

⑥同②，第 8 页。

在天人关系上,张载也有着独到的见解,他的《西铭》就是一篇探讨天人之际及人间秩序的名作,曾被后世理学家奉为圭臬:

乾称父,坤称母。予兹藐焉,乃混然中处。故天地之塞,吾其体。天地之帅,吾其性。民吾同胞,物吾与也。大君者,吾父母宗子,其大臣,宗子之家相也。尊高年,所以长其长。慈孤弱,所以幼其幼。圣其合德,贤其秀也。凡天下疲癃残疾,茕独鳏寡,皆吾兄弟之颠连而无告者也。于时保之,子之翼也。乐且不忧,纯乎孝者也。违曰悖德,害仁曰贼。济恶者不才,其践形,唯肖者也。知化则善述其事,穷神则善继其志。不愧屋漏为无忝,存心养性为匪懈。恶旨酒,崇伯子之顾养;育英才,颍封人之锡类。不弛劳而底豫,舜其功也;无所逃而待烹,申生其恭也。体其受而归全者,参乎!勇于从而顺令者,伯奇也。富贵福泽,将厚吾之生也;贫贱忧戚,庸玉汝于成也。存,吾顺事;没,吾宁也。[①]

《西铭》本为《正蒙·乾称篇》中的一部分,张载曾将其录于学堂双牖的西侧,题为《订顽》,将篇中的另一部分录于东侧,题为《砭愚》。后程颐将《订顽》改称为《西铭》,《砭愚》改称为《东铭》。朱熹又将《西铭》从《正蒙·乾称篇》中摘出,加以注解,使之独立成篇。程颐认为,"《订顽》之言,极纯无杂,秦、汉以来学者所未到。意极完备,乃仁之体也"[②],以为是"自孟子后盖未见此书"[③]。又说"《西铭》明理一而分殊,扩前圣所未发,与孟子性善养气之论同功,自孟子后盖未之见"[④]。朱熹曾说"程门专以《西铭》开示学者"[⑤]。《宋史》认为:"张载作《西铭》,又极言理一分殊之旨,然后道之大原出于天者,灼然而无疑焉。"[⑥]薛文清说:"读《西铭》,有天下为一家,中国为一人之气象。"[⑦]

所谓"理一分殊",张载认为宇宙万物以至人间的社会关系,诸如天地乾坤、君臣父子,都有一个共通的道理,虽然所处不同,表现不一,但本体上是同一的。作为人类,就要遵循这一道理。他虽然没有明言"天理"之类的统摄性的概念,但

---

①《张载集·正蒙·乾称篇》,中华书局,1978年,第62-63页。

②黄宗羲:《宋元学案》卷十七,中华书局,1986年,第665页。

③黄宗羲:《宋元学案》卷十八,中华书局,1986年,第771页。

④《宋史》卷四百二十七,中华书局,1985年,第12725页。

⑤同②。

⑥《宋史》卷四百二十七,中华书局,1985年,第12710页。

⑦同③,第776页。

他认为万物都含此理:“乾称父,坤称母”,浩浩乾坤,乃造物主,化育之德,犹如生身父母;“天地之塞吾其体,天地之帅吾其性”,“民吾同胞,物吾与也”,充塞于天地之间的万有万类与自己的关系亦息息相关,人类本就是与宇宙万物浑然一体;“违曰悖德,害仁曰贼”,人类的社会道德伦理也反映了这一无所不在的规定性。只要认识到这一点,就能够不忧不惧,行仁体义,达到那种穷神知化的天人合一境界。

关于《西铭》思想的来源,钱穆曾认为其中有杂取佛老之处:“其实《西铭》中所说,也多非古代儒家所有。如云天地之塞吾其体,此犹佛家之法身。天地之帅吾其性,此犹佛家之法性。”[①]又说横渠力辟佛老,而其言又多取之于佛老,“此非横渠有意窃取老佛为说,乃由其入之已深,故能辟之得其要窍,而不自知其染涉之已甚沦浃,而不可洗涜也”[②]。

在如何认识世界的问题上,张载主张要“大其心则能体天下之物”,即不要蔽于“小我”之见:“大其心,则能体天下之物;物有未体,则为有外。世人之心,止于闻见之狭;圣人尽性,不以见闻梏其心,其视天下,无一物非我。孟子谓尽心则尽性知天,以此。天大无外,故有外之心,不足以合天心。见闻之知,乃物交而知,非德性所知。德性所知,不萌于见闻。”[③]所谓大其心,也即要充分发挥人的主观能动性,在认识世界时,摆脱个人的自私和狭隘之见,与万物冥会,透过现象世界发现规律及背后的本质。以张载的说法,就是要发挥“人能”:“天能谓性,人谋谓能。大人尽性,不以天能为能而以人谋为能,故曰‘天地设位,圣人成能’。”[④]一旦能尽人之性,即可达于化境,“感者性之神,性者感之体。惟屈伸、动静、终始之能一也,故所以妙万物而谓之神,通万物而谓之道,体万物而谓之性”[⑤]。

张载的理学见解,多是他穷心极力冥思苦学所得,其学术取向有着强烈的现实关怀,《宋史》本传曾说他:“终日危坐一室,左右简编,俯而读,仰而思,有得则识之,或中夜起坐,取烛以书。其志道精思,未始须臾息,亦未尝须臾忘也。敝衣蔬食,与诸生讲学,每告以知礼成性、变化气质之道,学必如圣人而后已。以为知人而不

①钱穆:《中国学术思想史论丛》(五),安徽教育出版社,2004年,第62页。

②同①,第109页。

③《张载集·正蒙·大心篇》,中华书局,1978年,第24页。

④《张载集·正蒙·诚明篇》,中华书局,1978年,第21页。

⑤《张载集·正蒙·乾称篇》,中华书局,1978年,第63页。

知天,求为贤人而不求为圣人,此秦、汉以来学者大蔽也。故其学尊礼贵德、乐天安命,以易为宗,以中庸为体,以孔、孟为法,黜怪妄,辨鬼神。其家昏丧葬祭,率用先王之意,而傅以今礼。又论定井田、宅里、发敛、学校之法,皆欲条理成书,使可举而措诸事业。"[①]特别是他所提出的学者为学之道的四句话,"为天地立心,为生民立命,为往圣继绝学,为万世开太平"[②],更是成为古代中国人文精神的最好注脚。

黄震曾说:"横渠先生精思力践,毅然以圣人之事为己任。凡所议论,率多超卓。至于变化气质,谓:'形而后有气质之性。善反之,则天地之性存焉。故气质之性,君子有弗性焉。'此尤自昔圣贤之所未发,警教后学最为切至者也。"[③]王夫之非常服膺张载之学,为《正蒙》作注,继承发挥其中思想,并认为张载关学如果不是僻于一隅,若能像洛学那样得天时地利人和之便,中国此后的思想史进程将会改变,也就没有后来陆、王心学的流行:

学之兴于宋也,周子得二程子而道著。程子之道广,而一时之英才辐辏于其门。张子斅学于关中,其门人未有殆庶者。而当时钜公耆儒,如富、文、司马诸公,张子皆以素位隐居而末由相为羽翼。是以其道之行,曾不得与邵康节之数学相与颉颃,而世之信从者寡,故道之诚然者不著,贞邪相竞而互为畸胜。是以不百年而陆子静之异说兴,又二百年而王伯安之邪说熺,其以朱子格物道问学之教争贞胜者,犹水之胜火,一盈一虚而莫适有定。使张子之学晓然大明,以正童蒙之志于始,则浮屠生死之狂惑不折而自摧,陆子静、王伯安之蕞然者亦恶能傲君子以所独知,而为浮屠作率兽食人之伥乎![④]

四、程颢、程颐的理学

程颢、程颐兄弟是洛学的创立者,也是宋代儒学转型、理学形成的关键人物,人们常以"二程"合称。如果说朱熹是宋代理学的集大成者,标志着理学的最终定型,那么二程则是北宋儒学向理学转型的完成者。二程首先把《大学》、《中庸》作为独立的专经加以表彰,与《论语》、《孟子》并行,以《中庸》为明"理"之书,《大学》为入德之门,《论语》、《孟子》为具体体现孔孟之道,借助《大学》建立了"格物致知"的方法论。

①《宋史》卷四百二十七,中华书局,1985 年,第 12724 页。
②《张载集·近思录拾遗》,中华书局,1978 年,第 376 页。
③黄宗羲:《宋元学案》卷十八,中华书局,1986 年,第 776 页。
④《张载集·附录》,中华书局,1978 年,第 409 页。

二程在北宋能够创立洛学一派，有着其得天独厚的际遇。二程十四五岁时，即受到濂溪“寻孔颜乐处”的指点，入太学之后，又接受胡瑗等理学先驱的教诲，可以说很早就浸润于当时最前沿的时代思潮。加之二人又家学有素，天分甚高，中年更是跟诸多因反对王安石新法而退居洛阳的思想文化界的“元老”们过从甚密，如司马光、吕公著、富弼、文彦博、韩维等人，他们大都在学术上富有根底，在当时形成了一个较为活跃的学术团体。此外二程兄弟与邵雍、张载等人亦时有往来，加上他们教学之时，师生之间互相砥砺，时有发明，终见玉汝于成，理学大明。

二程之时，儒学已经复兴，宋学生成。在程氏看来，当时儒学已有了新的含义：“今之学者，歧而为三：能文者谓之文士，谈经者泥为讲师，惟知道者乃儒学也。”新儒学的关键在“道”，“道”的关键在求之于内：“夫内之得有浅深，外之来有轻重。内重则可以胜外之轻，得深则可以见诱之小。”[①]“后之儒者，莫不以为文章、治经术为务。文章则华靡其词，新奇其意，取悦人耳目而已。经书则集释辞训，较先儒短长，立异说以为己工而已。如是之学，果可至于道乎？”[②]儒家对“道”的追求，表现于外在之理和内在修养两方面。

(一) 理本论

《宋史·道学传》曾说：“仁宗明道初年，程颢及弟颐寔生，及长，受业周氏，已乃扩大其所闻，表章《大学》、《中庸》二篇，与《语》、《孟》并行，于是上自帝王传心之奥，下至初学入德之门，融会贯通，无复余蕴。”[③]所谓“上自帝王传心之奥”，是说二程能上接尧舜禹汤直至孔孟的道统，发扬了千载中断的“绝学”。这一说法在程颐为其兄所写的墓表里表达更为明白：

周公没，圣人之道不行；孟轲死，圣人之学不传。道不行，百世无善治；学不传，千载无真儒。无善治，士犹得以明夫善治之道，以淑诸人，以传诸后；无真儒，天下贸贸焉莫知所之，人欲肆而天理灭矣。先生生千四百年之后，得不传之学于遗经，志将以斯道觉斯民。天不慭遗，哲人早世。乡人士大夫相与议曰：道之不明也久矣。先生出，倡圣学以示后人，辨异端，辟邪说，开历古之沉迷，圣人之道得先生而后明，为功大矣。[④]

①《二程集·河南程氏遗书》卷六，中华书局，1981年，第95页。

②《二程集·河南程氏文集》卷八，中华书局，1981年，第580页。

③《宋史》卷四百二十七《道学传》，中华书局，1985年，第12710页。

④《二程集·河南程氏文集》卷十一，中华书局，1981年，第640页。

以今人的观点来看,程颐的说辞不免有夸大之嫌,这也许是当时为争道统而故意夸大其辞。但二程"天理"一说的提出,确实为儒学体系找到了主心骨,使得儒家的理论有了一个形而上本体论范畴来统摄宇宙人生,比起张载的"太虚"更少些虚无色彩,从而为后来的儒学家所普遍采用。

"天"的概念,早已有之。先秦的各家学说里都有它的身影。汉代董仲舒也有过论述:"天者,群物之祖也,故遍覆包涵而无所殊,建日月风雨以和之,经阴阳寒暑以成之。故圣人法天而立道。"①此处的"天",有点类似于西方"上帝"。"理"的范畴,也很早就有,表示治理或道理之义。"天理"一词,曾出现于《礼记》的《乐记》:"人生而静,天之性也。感于物而动,性之欲也。物至知知,然后好恶形焉。好恶无节于内,知诱于外,不能反躬,天理灭矣。夫物之感人无穷,而人之好恶无节,则是物至而人化物也。人化物也者,灭天理而穷人欲者也。"②这里的"天理"二字,表示的是天然而来的理性,并没有形而上的意义,但对这一"天理"、"人欲"相对的表达,二程应该有所借鉴。

程颢曾说:"吾学虽有所受,天理二字却是自家体贴出来。"③二程的贡献,就在于以"天理"或"理"作为宇宙万物的本源。在二程看来,"万物皆只是一个天理"④,"天者理也"⑤,万事万物,从宇宙到人间,都离不开这一"天理"或"理"的贯通:

实有是理,故实有是物;实有是物,故实有是用;实有是用,故实有是心;实有是心,故实有是事。⑥

万物皆有理,顺之则易,逆之则难,各循其理,何劳于己力哉!⑦

凡眼前无非是物,物物皆有理。⑧

又问:"天道如何?"曰:"只是理,理便是天道也。且如说皇天震怒,终不是有人在上震怒?只是理如此。"⑨

---

①《汉书》卷五十六《董仲舒传》,中华书局,1962年,第2515页。
②《十三经注疏·礼记正义》卷三十七《乐记》,中华书局影印本,1980年,第1529页。
③《二程集·河南程氏外书》卷十二,中华书局,1981年,第424页。
④《二程集·河南程氏遗书》卷二上,中华书局,1981年,第31页。
⑤同④,第20页。
⑥《二程集·河南程氏经说》卷八,中华书局,1981年,第1160页。
⑦《二程集·河南程氏遗书》卷十一,中华书局,1981年,第123页。
⑧《二程集·河南程氏遗书》卷十九,中华书局,1981年,第247页。
⑨《二程集·河南程氏遗书》卷二十二上,中华书局,1981年,第290页。

天下物皆可以理照，有物必有则，一物须有一理。[①]

人伦者，天理也。[②]

心是理，理是心。[③]

“天理”对应于人心，就成为指导人们的伦理根据，不管是在上的统治者还是普通百姓，都要遵循天理而行：

天为万物之祖，王为万邦之宗。乾道首出庶物而汇亨，君道尊临天位而四海从。王者体天之道，则万国咸宁也。[④]

为君尽君道，为臣尽臣道，过此则无理。[⑤]

理则天下只是一个理，故推之四海而准。须是质诸天地，考诸三王不易之理。[⑥]

如何认识这“理”，亦有途径：“穷理亦多端：或读书讲明义理；或论古今人物，别其是非；或应接事物而处其当，皆穷理也。”[⑦]

识得天理，就要辨明人欲，要“损人欲以复天理”[⑧]，因为人欲是闭塞“天理”的大敌：“甚矣，欲之害人也！人为之不善，欲诱之也。诱之而弗知，则至天理灭而不知反。故目则欲色，耳则欲声，以至鼻则欲香，口则欲味，体则欲安。此皆有以使之也。”[⑨]当然，所谓“存天理，灭人欲”，主要还是针对在上的统治者而言的，为的是要格君心之非，正的是当权的士大夫阶层。

（二）格物穷理论

《礼记·大学》里本有这一说法：“致知在格物，物格而后知至。”[⑩]二程拿来作为其认识论与修养论的依据，在认识论上提出了格物穷理说。

格物致知，就是要深入万事万物穷究其理，既包括读书求知，也包括在应事接物的实践中求知，其中的次序，程颐曾有过说明：

①《二程集·河南程氏遗书》卷十八，中华书局，1981年，第193页。

②《二程集·河南程氏外书》卷七，中华书局，1981年，第394页。

③《二程集·河南程氏遗书》卷十三，中华书局，1981年，第139页。

④《二程集·周易程氏传》卷一，中华书局，1981年，第698页。

⑤《二程集·河南程氏遗书》卷五，中华书局，1981年，第77页。

⑥《二程集·河南程氏遗书》卷二上，中华书局，1981年，第38页。

⑦《二程集·河南程氏遗书》卷二十五，中华书局，1981年，第316页。

⑧《二程集·河南程氏粹言》卷一，中华书局，1981年，第1170页。

⑨《二程集·河南程氏遗书》卷二十五，中华书局，1981年，第319页。

⑩《十三经注疏·礼记正义》卷六十《大学》，中华书局影印本，1980年，第1673页。

或问:"进修之术何先?"曰:"莫先于正心诚意。诚意在致知,'致知在格物'。格,至也,如'祖考来格'之格。凡一物上有一理,须是穷致其理。穷理亦多端:或读书,讲明义理;或论古今人物,别其是非;或应接事物而处其当,皆穷理也。"或问:"格物须物物格之,还只格一物而万理皆知?"曰:"怎生便会该通?若只格一物便通众理,虽颜子亦不敢如此道。须是今日格一件,明日又格一件,积习既多,然后脱然自有贯通处。"①

照程颐看来,格物的目的,在于认识"理",格物就是穷理:

格犹穷也,物犹理也,若曰穷其理云尔。穷理然后足以致之,不穷则不能致也。②

"致知在格物",格,至也。穷理而至于物,则物理尽。③

物即事也,凡事上穷极其理,则无不通。④

格物穷理,非是要穷尽天下之理,但于一事上穷尽,其他可以类推。至如言孝,其所以为孝者如何,穷理如一事上穷不得,且别穷一事,或先其易者,或先其难者,各随人深浅。如千蹊万径,皆可适国,但得一道入得便可。所以能穷者,只为万物皆是一理,至如一物一事,虽小,皆有是理。⑤

除了在外物上去"格",二程还重视"反求诸身"的内求,因为"学莫贵乎自得"⑥:"'致知在格物',格物之理,不若察之于身,其得尤切。"⑦也即强调来自于内心的体悟:"只心便是天,尽之便知性,知性便知天。当处认取,不可外求。"⑧

此"知"虽源自内心,但却需要靠"格"方能致之。二程说:"知者吾之所固有,然不致则不能得之,而致之必有道,故曰'致知在格物'。"⑨在二程看来,物理也好,伦理也好,其实是贯通的,理一分殊,万理归为一理,格物也就是体认"天理":

问:"格物是外物,是性分中物?"曰:"不拘,凡眼前无非是物,物物皆有理。如

①《二程集·河南程氏遗书》卷十八,中华书局,1981年,第188页。
②《二程集·河南程氏粹言》卷一,中华书局,1981年,第1197页。
③《二程集·河南程氏遗书》卷二上,中华书局,1981年,第21页。
④《二程集·河南程氏遗书》卷十五,中华书局,1981年,第143页。
⑤同④,第157页。
⑥同②。
⑦《二程集·河南程氏遗书》卷十七,中华书局,1981年,第175页。
⑧同③,第15页。
⑨《二程集·河南程氏遗书》卷二十五,中华书局,1981年,第316页。

火之所以热,水之所以寒,至于君臣父子间皆是理。"①

"致知在格物",非由外铄我也,我固有之也。因物有迁,迷而不知,则天理灭矣,故圣人欲格之。②

在"知"的层面上,二程又把它分为"闻见之知"和"德性之知"两种:"闻见之知,非德性之知。物交物则知之,非内也,今之所谓博物多能者是也。德性之知,不假闻见。"③致知当然主要是致此"德性之知",伦理道德方面的"知"才是他们强调的重心所在。"穷理尽性至命,只是一事。才穷理便尽性,才尽性便至命。"④穷尽性命之理,为的是修身进德。

"格物亦须积累涵养。"⑤在修养论上,二程突出了"敬"的作用:

学者不必远求,近取诸身,只明人理,敬而已矣,便是约处。⑥

涵养须用敬,进学则在致知。⑦

周敦颐的修养论主"静",二程则主"敬"。主敬,就是心要诚敬专一,戒慎恐惧,也即要节制对于外物的欲念,进于孟子所说的"寡欲"境界:"'致知在格物。'格,至也。物,事也。事皆有理,至其理,乃格物也。然致治在所养,养知莫过于寡欲二字。"⑧这与周敦颐的"无欲故静"并无二致。

二程的格物穷理,一方面是探求外在的物理,一方面更要重视个人的内在修养。二者对比,后者占的分量还要更重一些。程颐认为格物致知的道德修养才是根本:"人之学莫大于知本末终始。致知在格物,则所谓本也,始也;治天下国家,则所谓末也,终也。治天下国家,必本诸身。其身不正而能治天下国家者无之。"⑨以修身为本,达于治国平天下,由内圣开出外王,这正与"为己之学"的古训一致。

(三)道德修养论

二程之学,在心性修养上更是着意用心,对道德修养工夫的强调也成为程门

---

①《二程集·河南程氏遗书》卷十九,中华书局,1981年,第247页。
②《二程集·河南程氏遗书》卷二十五,中华书局,1981年,第316页。
③同②,第317页。
④《二程集·河南程氏遗书》卷十八,中华书局,1981年,第193页。
⑤《二程集·河南程氏遗书》卷十五,中华书局,1981年,第164页。
⑥《二程集·河南程氏遗书》卷二上,中华书局,1981年,第20页。
⑦同④,第188页。
⑧《二程集·河南程氏外书》卷二,中华书局,1981年,第365页。
⑨同②。

之学的一大特色。钱穆曾说,濂溪、百源、横渠三家,偏于宇宙本体之探讨,二程一派,偏于人文工夫之修证。①

对儒家"仁"的内涵,二程作了进一步的发挥。他们以之作为修养工夫所指向的目标,认为"仁"是一种包容天地的胸怀,是天人合一的境界,是人伦生活的道德本源:

仁者,以天地万物为一体,莫非己也。②

天地之大德曰生,天地絪缊,万物化醇,生之谓性,万物之生意最可观,此元者善之长也,斯所谓仁也。③

仁,理也;人,物也。以仁合在人身言之,乃是人之道业。④

仁之道,要之只消道一公字。公只是仁之理,不可将公便唤做仁。公而以人体之,故为仁。只为公,则物我兼照,故仁,所以能恕,所以能爱,恕则仁之施,爱则仁之用也。⑤

仁者,天下之至公,善之本也。⑥

孔孟论仁,只是从伦理的角度,一是强调仁的内在性,"仁远乎哉?我欲仁,斯仁至矣"⑦;再就是突出仁的利他性,"仁者爱人"⑧,"夫仁者,己欲立而立人,己欲达而达人"⑨,强调的只是一种群体交往的基本原则,"己所不欲,勿施于人"⑩的仁恕而已。到了二程,"仁"就上升到本体论的高度,成了"天理"的代称:

学者须先识仁。仁者,浑然与物同体,义、礼、智、信皆仁也。识得此理,以诚敬存之而已,不须防检,不须穷索。若心懈,则有防;心苟不懈,何防之有!理有未得,故须穷索;存久自明,安待穷索!此道与物无对,"大"不足以明之。天地之用,皆我

①见钱穆:《中国学术思想史论丛》(五),安徽教育出版社,2004年,第50页。

②《二程集·河南程氏遗书》卷二上,中华书局,1981年,第16页。

③《二程集·河南程氏遗书》卷十一,中华书局,1981年,第120页。

④《二程集·河南程氏外书》卷六,中华书局,1981年,第391页。

⑤《二程集·河南程氏遗书》卷十五,中华书局,1981年,第153页。

⑥《二程集·周易程氏传》卷二,中华书局,1981年,第820页。

⑦《十三经注疏·论语注疏》卷七《述而》,中华书局影印本,1980年,第2483页。

⑧《十三经注疏·孟子注疏》卷八《离娄下》,中华书局影印本,1980年,第2730页。

⑨《十三经注疏·论语注疏》卷六《雍也》,中华书局影印本,1980年,第2479页。

⑩《十三经注疏·论语注疏》卷十五《卫灵公》,中华书局影印本,1980年,第2518页。

之用。孟子言"万物皆备于我"，须"反身而诚"，乃为大乐。若反身未诚，则犹是二物有对，以己合彼，终未有之，又安得乐！《订顽》意思，乃备言此体，以此意存之，更有何事。"必有事焉而勿正，心勿忘，勿助长"，未尝致纤毫之力，此其存之之道。若存得，便合有得。盖良知良能，元不丧失。以昔日习心未除，却须存习此心，久则可夺旧习。此理至约，惟患不能守。既能体之而乐，亦不患不能守也。①

如何达到"仁者"境界，二程以为，应该"以诚敬存之"，也即以"诚"、"敬"作为入德之门：

入德必自敬始。②

诚则无不敬。③

主一之谓敬。④

诚者天之道，敬者人事之本。(下注：敬者用也)敬则诚。⑤

学者须是敬以直内，涵养此意，直内是本。⑥

学者不必远求，近取诸身，只明人理，敬而已矣，便是约处。⑦

学要在敬也、诚也，中间便有一个仁。⑧

何谓敬？"所谓敬者，主一之谓敬。所谓一者，无适之谓一。"⑨程颐曾讲过一句为学的名言："涵养须用敬，进学则在致知。"⑩除了"用敬"，还要"集义"："敬只是持己之道，义便知有是非。顺理而行，是为义也。"⑪

理学有时又被称为"性理之学"，在探讨人性上，他们比起先秦及汉代的儒家学者要更加细致入微。二程认为"性"是"天"所赋，尽性才能知天："秉于天曰性，而所

①《二程集·河南程氏遗书》卷二上，中华书局，1981年，第16–17页。

②《二程集·河南程氏粹言》卷一，中华书局，1981年，第1194页。

③同②，第1170页。

④同②，第1173页。

⑤《二程集·河南程氏遗书》卷十一，中华书局，1981年，第127页。

⑥《二程集·河南程氏遗书》卷十五，中华书局，1981年，第149页。

⑦《二程集·河南程氏遗书》卷二，中华书局，1981年，第20页。

⑧《二程集·河南程氏遗书》卷十四，中华书局，1981年，第141页。

⑨同②，第1173页。

⑩《二程集·河南程氏遗书》卷十八，中华书局，1981年，第188页。

⑪同⑩，第206页。

主在心。才尽心即是知性，知性即是知天。”[①]“理也、性也、命也，三者未尝有异。穷理则尽性，尽性则知天命矣。天命犹天道也，以其用而言之则谓之命，命者造化之谓也。”[②]又说：“在天为命，在义为理，在人为性，主于身为心，其实一也。”[③]“心”、“性”、“命”、“理”既然在本质上一样，修身之道，就是修“心”而已：“凡学之道，正其心，养其性而已。中正而诚，则圣矣。”[④]“只心便是天，尽之便知性，知性便知天，当处便认取，更不可外求。”[⑤]

“性”既是善，那么如何理解现实中人的恶的一面呢?那就要讲性的变化，即为气所化的差异：“性即是理，理则自尧舜至于涂人，一也。才禀于气，气有浊清，禀其清者为贤，禀其浊者为愚。”[⑥]天性皆赋于人，但各人气秉不同，所以就出现了个人在情上的差异。

关于性情关系及二者区别，程颐认为“性”是善的，因为性即是理：“性即理也，所谓理，性是也。天下之理，原其所自，未有不善。喜怒哀乐未发，何尝不善?发而中节，则无往而不善。凡言善恶，皆先善而后恶。”[⑦]性为本体，情为性之动：“天地储精，得五行之秀者为人。其本也真而静，其未发也五性具焉，曰仁义礼智信。形既生矣，外物触其形而动于中矣。其中动而七情出焉，曰喜怒哀乐爱恶欲。”[⑧]故而要“性其情”：“情既炽而益荡，其性凿矣。是故觉者约其情使合于中，正其心，养其性，故曰性其情。愚者则不知制之，纵其情而至于邪僻，梏其性而亡之，故曰情其性。凡学之道，正其心，养其性而已。”[⑨]所谓“性其情”，也就是以道德修养工夫来约束人的自然本能，从而达到涵养“天理”的目的。

二程的道德修养观，虽然要求人们去人欲、存天理，但也有其活泼的一面，正像朱熹的诗里所说：“问渠那得清如许，为有源头活水来。”[⑩]如果没有开阔的胸襟

---

①《二程集·河南程氏遗书》卷十八，中华书局，1981年，第208页。

②《二程集·河南程氏遗书》卷二十一下，中华书局，1981年，第274页。

③同①，第204页。

④《二程集·河南程氏文集》卷八，中华书局，1981年，第577页。

⑤《二程集·河南程氏遗书》卷二上，中华书局，1981年，第15页。

⑥同①，第204页。

⑦《二程集·河南程氏遗书》卷二十二上，中华书局，1981年，第292页。

⑧同④。

⑨同④。

⑩《朱熹集》卷二，四川教育出版社，1996年，第90页。

和广大的气魄，适可成为后世的假道学，徒知自欺欺人而已。故二程还曾就如何体认“天理”进行提示：“观天理，亦须放开意思，开阔得心胸，便可见。”[①]“须是大其心，使开阔。譬如为九层之台，须大做脚始得。”[②]

在政治上，尽管二程后来都成了王安石变法的反对派，但他们并非不要变革，只不过他们的变革观更强调稳定和效果。程颐十八岁即上书仁宗，呼吁变革，在其晚年所著的《伊川易传》里，也提到变革之道：

推革之道，极乎天地变易，时运终始也。天地阴阳推迁改易而成四时，万物于是生长成终，各得其宜，革而后四时成也。时运既终，必有革而新之者。王者之兴，受命于天，故易世谓之革命。汤、武之王，上顺天命，下应人心，顺乎天而应乎人也。天道变改，世故迁易，革之至大也，故赞之曰，革之时大矣哉！[③]

变革，事之大也，必有其时，有其位，有其才，审虑而慎动，而后可以无悔。[④]

程颐强调“有其时，有其位，有其才”，恐怕正是针对王安石变法的教训而言的。

总体而言，二程的思想多有共同之处，都提倡以“理”作为宇宙论的本源，但二人的思想也有不同。程颢的本体论偏于“心”的一面，以为“心是理，理是心”，下开陆、王心学一派；程颐则倾向于以“理”为本，强调“格外穷理”，为后来朱子所继承光大，成为程朱一派。[⑤]二程两人同是宋代儒学转型的标志性人物，他们对于宋学生成发展的贡献，后人多有论述。清人黄百家说：“二程得孟子不传之秘于遗经，以倡天下。而升堂睹奥，号称高第者，游、杨、尹、谢、吕其最也。顾诸子各有所传，而独龟山之后，三传而有朱子，使此道大光。”[⑥]

第五节 《四书》学的兴起

在庆历之际的儒学转型中，最引人注目的是《四书》学的兴起。可以说，《四书》学的兴起是汉学向宋学转型的标志，《四书》学也就成为宋学生成的标志。束景南先生认为这一《四书》学兴起的过程正是在庆历之际：“‘尊孟’思潮的形成是

①《二程集·河南程氏遗书》卷二上，中华书局，1981 年，第 33 页。
②《二程集·河南程氏文集》卷八，中华书局，1981 年，第 577 页。
③《二程集·周易程氏传》卷四，中华书局，1981 年，第 952 页。
④同③。
⑤冯友兰、张岱年等人均持此观点。牟宗三《心体与性体》中则以程颢与周敦颐、张载下迄胡宏、刘宗周为一系为，陆、王为一系，程颐与朱熹为一系。对于二程之异，限于篇幅，本文不予细分。
⑥黄宗羲：《宋元学案》卷二十五，中华书局，1986 年，第 946 页。

在庆历前后。庆历之际,理学思潮兴起,尊孟亦成为一种理学的价值取向,直接促成了《四书》学的兴起。"①

在宋初,儒家经典已经包含了十二经。宋太宗时,李至曾上书提出整理经籍:

《五经》书、疏已板行,惟二传、二礼、《孝经》、《论语》、《尔雅》七经疏未备,岂副仁君垂训之意?今直讲崔颐正、孙奭、崔偓佺皆励精强学,博通经义,望令重加雠校,以备刊刻。②

这一建议得到皇帝的批准,宋人刊刻成《七经疏义》。"七经"即指唐人未入《五经正义》的《公羊传》、《谷梁传》、《周礼》、《仪礼》、《孝经》、《论语》、《尔雅》。《五经正义》所选《毛诗》、《尚书》、《周易》、《礼记》和《春秋左传》被称为"五经"。二者合称"十二经"。这样,宋初就完成了"十二经"的整理工作,为《四书》学和宋学的生成兴起作了准备。

一、《论语》、《大学》、《中庸》地位的上升

《论语》在汉初从先秦的诸子之一升为解经的传,在汉文帝时置博士,但在武帝时罢废:"汉兴,除秦虐禁,开延道德。孝文皇帝欲广游学之路,《论语》、《孝经》、《孟子》、《尔雅》皆置博士。后罢传记博士,独立五经而已。"③在汉武帝"废黜百家,独尊儒术"之后,儒学的地位逐步提高,到东汉年间,孔子的地位空前提高,《论语》上升为经。灵帝年间刊刻石经,《论语》就与《五经》一起入选,成为群经之一。唐代统治者三教并重,在唐文宗开成年间刻立石经,《论语》仍然是其中之一,且被时人誉为"六经之菁华":"《论语》者六经之菁华,《孝经》者人伦之本,穷理执要,真可谓圣人至言。"④

宋代统治者从一开始就很重视对儒家思想的宣传,孔子在真宗时被封为"玄圣文宣王"。《论语》的地位也自然随之提高,在宋代的君臣之间普遍受到青睐。加之《论语》篇幅简短,内容浅显易懂,比起《五经》之内容深奥或篇幅冗长,自有其传播的优势。赵普"半部论语治天下"的说法显示了《论语》一书在当时的重要性。真宗年间的名相李沆也喜读《论语》:

---

①束景南:《四书升格运动与宋代四书学的兴起——汉学向宋学转型的经典诠释历程》,《历史研究》,2007年第6期,第82页。

②《宋史》卷二百六十六《李至传》,中华书局,1985年,第9177页。

③《十三经注疏·孟子注疏》,中华书局影印本,1980年,第2663页。

④《旧唐书》卷一百五十五,中华书局,1975年,第4127页。

沆自言居重位，实无补万分，惟四方言利事者，未尝一施行，聊以此报国尔。朝廷防制，纤悉备具，或徇所陈请，妄有更张，即所伤多矣。尝喜读《论语》，或问之，沆曰："为宰相，如《论语》中'节用而爱人，使民以时'两句，尚未能行。圣人之言，终身诵之可也。"①

《论语》成为宋初进士考试的经目，据《文献通考》记载，"试诗赋杂文各一首，策五道，帖《论语》十帖，对《春秋》或《礼记》墨义十条。"②宋真宗咸平二年(999)，邢昺依旧疏改定之《论语正义》颁行于学官，后来四库馆臣认为这一新版为汉学宋学之"转关"，于伊洛之学有先导之功："今观其书，大抵翦皇氏之枝蔓，而稍傅以义理。汉学、宋学，兹其转关。是《疏》出而皇《疏》微，迨伊、洛之说出而是《疏》又微。"③

《大学》和《中庸》原本是儒家经典《礼记》中的两篇。《礼记》是孔门弟子所作的有关礼的传、记汇编。《大学》讲为学之道，讲修身齐家治理天下的道理；《中庸》讲明"中庸之道"及为人处世的原则与方法，据传为孔子之孙子思所作。《中庸》六朝时曾有多人为之作注，如戴颙、梁武帝等人。唐代王通所著《中说》，即以《中庸》和《大学》的思想为其理论依据。后来韩愈的弟子李翱著有《复性书》，也是借鉴了以上二篇的内容。

进入宋代，《大学》和《中庸》日益受到统治者的重视。真宗景德四年(1007)，翰林侍讲学士兼国子祭酒邢昺，年老归乡，出知曹州，入辞之日，真宗特开龙图阁，召近臣宴于崇和殿，邢昺"视壁间《尚书》、《礼记》图，指《中庸》篇曰：'凡为天下国家有九经。'因陈其大义，上嘉纳之"④。仁宗天圣五年(1027)四月，"赐新及第人闻喜燕于琼林苑，遣中使赐御诗及《中庸》篇一轴。上先命中书录《中庸》篇，令张知白进读，至修身治人之道，必使反复陈之。"⑤天圣八年(1030)四月，"赐新及第进士《大学》一篇。自后与《中庸》间赐。著为例。"⑥王拱辰得到御书《大学》后，即作了《大学轴》。可见《大学》、《中庸》在宋初已被统治者凸显出来，作为独立的专经。到二程把《大学》、《中庸》与《论语》和《孟子》并列，"表彰《大学》、《中庸》二篇，

①李焘：《续资治通鉴长编》卷五十六，中华书局，2004年，第1244页。

②马端临：《文献通考》卷三十《选举》三，中华书局，1986年，第283页。

③《四库全书总目》卷三十五，中华书局，1965年，第291页。

④马端临：《续资治通鉴长编》，中华书局，2004年，第1483页。

⑤马端临：《续资治通鉴长编》，中华书局，2004年，第2439页。

⑥徐松：《宋会要辑稿·选举》，中华书局，1957年，第4248页。

与《论语》、《孟子》并行"[1]。

宋学的先驱人物范仲淹与欧阳修,已经重视并精通《中庸》。欧阳修认为,"智者诚其性,当读《中庸》"[2]。范仲淹对《中庸》也有深入研究。他在陕西守边时曾劝到访的张载以儒学为志,"儒者自有名教可乐,何事于兵",并劝其读《中庸》[3]。张载因而转向儒学,对《中庸》用力尤勤:"某观《中庸》义二十年,每观每有义,已长得一格。"[4]与此同时,学界对《大学》和《中庸》也愈加关注,出现了越来越多的注解著作。据《宋史·艺文志》记载,胡瑗有《中庸义》一卷,程颢有《中庸义》一卷,吕大临、司马光、王安石等人都有注本行世。据晁说之《中庸传》附记,刘敞、张载也有解《中庸》的著作。甚至连佛门中人智圆(976—1022)也以"中庸子"自号,其所著《闲居篇》里有《中庸子传》,并以儒家的"中庸"比附佛教的"中道"。其后的僧人契嵩(1007—1072)也著有《中庸解》五篇,收在其《镡津集》里。余英时曾提过一个假设,他认为《中庸》在宋代被理学家们发现之前已在佛、老门前绕了一圈,然后才是理学家接过来加以深化[5]。这一路径的真实程度姑且不论,宋代之前,李翱曾借鉴佛教心性观点解释《中庸》,提倡"复性"的观点,以佛教有关义理阐释儒家思想,这已是人所共知。

二、《孟子》由子升经

战国以来,孟子只是儒家诸子之一,并无太突出的地位。唐代韩愈曾大力表彰孟子,认为圣人之"道"至孟子而止,并说要"求观圣人之道,必自《孟子》始"[6]。到宋初,柳开等人也对孟子大力推崇。尽管有古文家的大力宣扬,孟子的地位仍一如既往。到了庆历之际,随着宋学的兴起,孟子的地位才得以迅速提升。欧阳修、孙复、石介以及张载、二程等人都有尊孟的言论[7]。

①《宋史》卷四百二十七,中华书局,1985 年,第 12710 页。

②《欧阳修全集》卷七十二,中华书局,2001 年,第 1049 页。

③同①,第 12723 页。

④《张载集·经学理窟·义理》,中华书局,1978 年,第 277 页。

⑤参见余英时《宋明理学与政治文化》第四章《道学家"辟佛"与宋代佛教的新动向》,吉林出版集团有限公司,2008 年。

⑥韩愈著、阎琦校注:《韩昌黎文集注释》卷四,三秦出版社,2004 年,第 397 页。

⑦在"尊孟"的同时,也有"非孟"的言论。如李觏就曾对《孟子》多有指责,认为孟子的某些思想,如教诸侯以叛天子,"尽信书不如无书"的观点,会对"尊王"及六经的地位产生不利影响。在王安石变法期间,关于孟子的争执又起,特别是司马光,借抨击孟子来抨击王安石,颇有"项庄舞剑,意在沛公"之意。

庆历之际的尊孟思潮,首先是对韩愈的“道统”说及抵制“异端”思想的响应。韩愈以继承孟子的道统自居,宋儒也以恢复“道统”相号召,孟子在心性方面的观点恰好为他们提供了对抗佛老的思想资源。这一点程颐就指出过:“孟子言人性善是也。虽荀、扬亦不知性。孟子所以独出诸儒者,以能明性也。”①

在理学初起时,宋儒以“道统”传人自居,孟子就成了这“道统”链条中上承孔子下启宋儒的关键一环。欧阳修说:“孔子之后,唯孟子最知道。”②孙复也说:“孔子既没,千古之下,驾邪怪之说,肆奇险之行,侵轶我圣人之道者众矣,而杨、墨为之魁……孔子既没,千古之下,攘邪怪之说,夷奇险之行,夹辅我圣人之道者多矣,而孟子为之首,故其功巨。”③在“庆历三先生”之一的石介眼中,孟子还只是五贤之一,与荀子、扬雄、王通、韩愈并列,相比之下,他更推崇韩愈:“不知更几千万亿年复有孔子,不知更几千百数年复有吏部。”④到了二程那里,孟子已经是孔子之道的“嫡系”传人:“孔子没,曾子之道日益光大。孔子没,传孔子之道者,曾子而已。曾子传之子思,子思传之孟子。孟子死,不得其传。”⑤

在《孟子》的升格运动中,王安石也起到了关键作用。王安石自己被时人誉为“当代孟子”,在当时享有盛誉。他还自述对孟子的向往:“沉魄浮魂不可招,遗编一读想风标。何妨举世嫌迂阔,故有斯人慰寂寥。”⑥在与欧阳修诗中他更是以孟子自许:“欲传道义心犹在,强学文章力已穷。他日若能窥孟子,终身何敢望韩公?”⑦王安石称许胡瑗是“文章事业望孔孟”⑧,这恐怕也是他自己的夫子自道。在熙宁年间主持变法时,他就借着改革科举之机,把《孟子》提升为经:“于是改法,罢诗赋、帖经、墨义,士各占《易》、《诗》、《书》、《周礼》、《礼记》一经,兼《论语》、《孟子》。”⑨这样,《孟子》与《论语》一道成为科举士子考试的经书,而且是必考的“兼经”,地位甚至在六经之上。王安石的变法措施后来大多被废,但《孟子》的经的地

①《二程集·河南程氏遗书》卷十八,中华书局,1981年,第204页。

②《欧阳修全集》卷六十七《与张秀才第二书》,中华书局,2001年,第979页。

③孙复:《孙明复小集·兖州邹县建孟庙记》,台湾商务印书馆,1983年,第174页。

④石介:《徂徕石先生文集》卷七《尊韩》,中华书局,1984年,第79页。

⑤《二程集·河南程氏遗书》卷二十五,中华书局,1981年,第327页。

⑥王安石:《临川先生文集》卷九《孟子》,中华书局,1959年,第355页。

⑦王安石:《临川先生文集》卷十四《奉酬永叔见赠》,中华书局,1959年,第264页。

⑧王安石:《临川先生文集》卷二十二《寄赠胡先生》,中华书局,1959年,第190页。

⑨《宋史》卷一百五十五《选举志一》,中华书局,1985年,第3618页。

位却不受影响,可以说王安石把《孟子》提升为经,不仅标志着作为宋学经学中《四书》学的确立,也标志着儒家“十三经”的经学体系的确立。

三、《四书》学的形成

《四书》学的形成,使得儒家的经典重心从《五经》学移向《四书》学,汉唐文化向宋文化的转型也因此实现。在庆历之际《四书》学的兴起过程中,周敦颐、张载、王安石及二程诸人都程度不同地促进了《四书》学体系的建立。

(一)周敦颐、张载与《四书》学

周敦颐的理学思想已经是一个完整的体系。实际上,他的太极学的很多思想都主要是依据《四书》文本建立的。如周敦颐的“诚”的思想,可溯源于《孟子》及《中庸》。《孟子》有“是故诚者,天之道也;思诚者,人之道也”[①]。《中庸》也有“诚者,天之道也;诚之者,人之道也。诚者不勉而中,不思而得,从容中道,圣人也。诚之者,择善而固执之者也”[②]。周敦颐借鉴这些相关论述,在其太极理论体系中以“诚”作为本体,成了“太极”之异名,贯通于五常百行,为“万物资始”之源:“诚者,圣人之本。”[③]“诚,五常之本,百行之源也。”[④]“诚”还是一种道德境界:“身端,心诚之谓也;诚心,复其不善之动而已矣。不善之动,妄也;妄复,则无妄矣;无妄则诚焉。”[⑤]这样“诚”就成了沟通天人的桥梁。由“诚”周敦颐又引申出关于主静的修养论。周敦颐“无欲故静”的观点又有借鉴于孟子“寡欲”的论述。至于周敦颐有关仁、义及何为富贵的论述,与《论语》的关系更是明显可见。

张载的思想,与《四书》学的联系就更为紧密。《宋史》曾说张载:“其学尊礼贵德、乐天安命,以《易》为宗,以《中庸》为体,以孔、孟为法,黜怪妄,辨鬼神。”[⑥]刘玑《正蒙会稿》序中也说:“是书也,出入《语》、《孟》、《六经》及庄老诸书,凡造化人事,自始学以至成德,《大学》之所谓格物致知,《孟子》之所谓尽心知性,无不备于此矣。”[⑦]张载的思想体系也主要是依据《四书》文本(还有《周易》)构建的,他精通

①《十三经注疏·孟子注疏》卷七《离娄上》,中华书局影印本,1980年,第2721页。
②《十三经注疏·礼记正义》卷五十三《中庸》,中华书局影印本,1980年,第1632页。
③《周敦颐集》卷二《通书》,中华书局,2009年,第13页。
④同③,第15页。
⑤同③,第39页。
⑥《宋史》卷四百二十七,中华书局,1985年,第12724
⑦《张载集·附录》,中华书局,1978年,第406页。

《四书》:“学者信书,且须信《论语》、《孟子》。《诗》、《书》无舛杂。《礼》虽杂出诸儒,亦若无害义处,如《中庸》、《大学》出于圣门,无可疑者。”①

张载认为,《孟子》与《论语》一样重要,都是成德入圣之关键:“要见圣人,无如《论》《孟》为要。《论》《孟》二书于学者大足,只是须涵泳。”②所以他根据《孟子》中有关“性”的论述,提出了“性即理”的说法,并辨别“天地之性”与“气质之性”的区别,从而解释了性有善恶的问题。

与周敦颐一样,他也吸收了《中庸》的“诚”的思想,认为“诚”是天之道,是贯通太虚的纽带:“天所以长久不已之道,乃所谓诚。”③“诚则实也,太虚者天之实也。万物取足于太虚,人亦出于太虚,太虚者心之实也。”④“诚者,虚中求出实。”⑤根据《中庸》“自诚明,谓之性;自明诚,谓之教”⑥,他指出了两种不同的进学路径:“‘自明诚’,由穷理而尽性也;‘自诚明’,由尽性而穷理也。”⑦

(二)王安石的《四书》学

王安石是《四书》学兴起的一个关键人物。他不仅在执政期间把《孟子》升格为经,而且还对《四书》都作有注解,形成了完整的《四书》学的经学诠释体系,并使《四书》学上升为官学。

王安石未执政时即以道德性命之学闻名于世,在义理之学上颇有创见。他执政后实行变法,改革科举考试,废除诗赋,专以策论取士,一方面把《孟子》升格为经,作为科举考试的经目,另一方面又抬高《礼记》,作为科举考试的经目;一方面撰写《三经新义》,作为科举考试的标准,另一方面又撰写《论语解》、《论语通类》、《孟子解》、《礼记发明》、《礼记要义》等书,同他的《三经新义》一起颁行天下。《礼记要义》中包含了《中庸要义》、《大学要义》两篇,所以可以说他是第一个为《四书》作全注者,并由他确立了《四书》的全部官学地位。

束景南先生认为,到王安石那里,儒家经学重心已经由《五经》学转向了《四

---

①《张载集·经学理窟·义理》,中华书局,1978年,第277页。

②同①。

③《张载集·正蒙·诚明篇第六》,中华书局,1978年,第21页。

④《张载集·张子语录》,中华书局,1978年,第324页。

⑤同④。

⑥《十三经注疏·礼记正义》卷五十三《中庸》,中华书局影印本,1980年,第1632页。

⑦同③。

书》学:

王安石的四书学主要是探讨四书中的性命道德之学,他的四书学是一个心性道德论诠释体系,这正是王安石改革科举、以经义取士所要考的主要的经义内容。他废除诗赋,改以经义取士,规定科举考试无论主修哪一经,《论语》、《孟子》都是必考的,显然他要考的"经义"主要是四书的"经义"。在王安石那里,四书学已有更重于五经学的趋势,儒家经学的重心从五经学转向四书学,可以说是自王安石始。[①]

(三)二程的《四书》学

在王安石之后,二程更进一步发展了《四书》学,突出表彰《大学》、《中庸》,与《论语》、《孟子》并提,形成了理学家的《四书》学体系。他们把《大学》、《中庸》独立成专经,发挥讲解。在《四书》学的义理诠释上,二程有《论语解》、《孟子解》、《中庸解》,还分别作有《大学》改正。他们认为《论语》、《孟子》、《中庸》、《大学》四书是五经的阶梯,是其他经典的锁钥权衡:

棣初见先生,问"初学如何?"曰:"入德之门,无如《大学》。今之学者,赖有此一篇书存,其他莫如《论》、《孟》。"[②]

尹子曰:"伊川先生尝言,《中庸》乃孔门传授心法。"[③]

学者当以《论语》、《孟子》为本。《论语》、《孟子》既治,则六经可不治而明矣。[④]

问:"圣人之经旨,如何能穷得?"曰:"以理义去推索可也。学者先须读《论》、《孟》。穷得《论》、《孟》,自有要约处,以此观他经,甚省力。《论》、《孟》如丈尺权衡相似,以此去量度事物,自然见得长短轻重。某尝语学者,必先看《论语》、《孟子》。[⑤]

尝语学者,且先读《论语》、《孟子》,更读一经,然后看《春秋》。先识得个义理,方可看《春秋》。《春秋》以何为准?无如《中庸》。欲知《中庸》,无如权,须是时而为中。[⑥]

---

①束景南:《四书升格运动与宋代四书学的兴起——汉学向宋学转型的经典诠释历程》,《历史研究》,2007年第6期,第90页。

②《二程集·河南程氏遗书》卷二十二上,中华书局,1981年,第277页。

③《二程集·河南程氏外书》卷十一,中华书局,1981年,第411页。

④《二程集·河南程氏遗书》卷二十五,中华书局,1981年,第322页。

⑤《二程集·河南程氏遗书》卷十八,中华书局,1981年,第205页。

⑥《二程集·河南程氏遗书》卷十五,中华书局,1981年,第164页。

二程直接将《四书》学的地位提高到《五经》学之上，《四书》成为二程建构自己的理学思想体系的文本依据。如他们依据《中庸》建立了理学的修养论及方法论，依据《大学》建立了他们的格物致知的认识论，依据《论语》、《孟子》建立了他们的心性论。因此可以说，二程的理学体系就是一个《四书》学的思想体系，在《四书》学上，二程的经学与理学合一。二程的《四书》学，可以看成是庆历以来经学转型与理学转型完成的标志。

第四章 庆历之际文学的转型

经学上汉学向宋学的转型及儒学向理学的转型，为庆历之际的文学转型创造了条件。文学是一个时代最生动的写照,在宋文化和宋学的生成过程中,文学的转型也构成了这一文化转型的重要组成部分。庆历之际的古文运动,其思想背景就是儒学的复兴运动,“文以载道”的口号反映出古文运动与儒学复兴运动之间的紧密关系;在诗歌领域,唐诗向宋诗转型,宋诗呈现出尚理、尚学、议论之风。

第一节 庆历之际文学思想的转型

一、宋初文学革新的酝酿

宋初太祖、太宗、真宗三朝,政治比较稳定,又有重文的环境,但却少有一流的作品;而仁宗一朝,文学却如雨后春笋,蓬勃发展,这与仁宗朝“右文”的人文环境及诗文革新运动的兴起密不可分,当然,文学自身的内部演化亦不可忽视。

“文变染乎世情,兴废系乎时序”①。庆历之际的文学思想转型,是对宋初文学思想的继承与发展。尽管宋初三朝在文学创作上没有太多的亮点,总体成就不高,但已酝酿着诗文变革的萌芽,进行着启迪后来的有益探索。

在诗歌领域,宋初诗风仍受中晚唐诗风的影响。宋初诗歌大致有三个派别:白体、晚唐体和西昆体。白体师法白居易,风格平易,代表人物有李昉、徐铉、王禹偁等,其中王禹偁成就最高;晚唐体学贾岛、姚合,诗风以隐逸幽闲为主,代表人物有林逋、魏野、潘阆、九僧等;西昆体则学李商隐,踵事增华,讲究辞藻,以杨亿、刘筠、钱惟演为代表。

①黄叔琳等注:《增订文心雕龙校注》卷九《时序》,中华书局,2000年,第542页。

宋初的文学家中，王禹偁(954—1001)的成就最大、影响最广。王禹偁在诗文创作上，提出要师法“韩柳文章李杜诗”[①]，主张复古：“咸通以来，斯文不竞，革弊复古，宜其有闻。”[②]他的复古，一是在内容上学习杜甫、白居易、韩愈等人关注现实的精神，二是在形式上追求简易明白的风格，也即要“远师六经，近师吏部，使句之易道，义之易晓”[③]，发挥文学的传道功能。在诗歌创作上，王禹偁遵循杜甫、白居易的的现实主义风格，抒写民瘼疾苦，关心民情民生，他曾自述其创作“本与乐天为后进，敢期子美是前身”[④]。在古文方面，他提出要学习韩愈、柳宗元，以革新当时的文风，更好地传达儒家之道：“夫文，传道而明心也。古圣人不得已而为之也。且人能一乎心至乎道，修身则无咎，事君则有立。及其无位也，惧乎心之所有，不得明乎外，道之所蓄，不得传乎后，于是乎有言焉；又惧乎言之易泯也，于是乎有文焉。”[⑤]他曾在《代伯益上夏启书》中写道：“夫天下者，非一人之天下，乃天下之天下也。”[⑥]这一思想，既说明了他在当时命运多艰的原因，也说明了何以后人对他的评价之高。他的诗文风格及其思想，曾受到庆历之际士人的高度评价。

稍早于王禹偁的田锡在文学思想上也颇有独到的观点。田锡(940—1003)，嘉州洪雅人，以敢于直言闻名于时，虽然不以文学名家，他关于文学的观点却很有创见和新意。他认为文学既需要有益于教化的雅正之体，也要有突破常态的变体：“若豪气抑扬，逸词飞动，声律不能拘于步骤，鬼神不能祕其幽深，放为狂歌，目为古风，此所谓文之变也。李太白天付俊才，豪侠吾道。观其乐府，得非专变于文欤！乐天有《长恨词》、《霓裳曲》、五十讽谏，出人意表，大儒端士，谁敢非之！何以明其然也？世称韩退之、柳子厚，萌一意，措一词，苟非美颂时政，则必激扬教义。故识者观文于韩、柳，则警心于邪僻。抑末扶本，跻人于大道可知也！然李贺作歌，二公嗟赏；岂非艳歌不害于正理而专变于斯文哉！”[⑦]他还认为文学应具有包

①王禹偁：《王黄州小畜集》卷十《赠朱严》，商务印书馆，1926年，第19页。
②王禹偁：《王黄州小畜集》卷十九《送孙何序》，商务印书馆，1926年，第8页。
③王禹偁：《王黄州小畜集》卷十八《答张扶书》，商务印书馆，1926年，第12页。
④王禹偁：《王黄州小畜集》卷九《前赋<春居杂兴>诗二首，间半岁，不复省视，因长男嘉祐读<杜工部集>，见语意颇有相类者，咨于予，且意予窃之也。予喜而作诗，聊以自贺》，商务印书馆，1926年，第11页。
⑤王禹偁：《王黄州小畜集》卷十八《答张扶书》，商务印书馆，1926年，第11-12页。
⑥王禹偁：《王黄州小畜外集》卷十一《代伯益上夏启书》，商务印书馆，1926年，第1页。
⑦田锡：《咸平集》卷二《贻陈季和书》，台湾商务印书馆，1983年，第381-382页。

容性,不可局促于单一的风格:“但为文、为诗、为铭、为颂、为箴、为赞、为赋、为歌,絪缊吻合,心与言会,任其或类于韩,或肖于柳,或依稀于元、白,或仿佛于李、杜,或浅缓促数,或飞动激扬,但卷舒一意于洪濛,出入众贤之阃阈,随其所归矣!使物象不能桎梏于我性,文采不能拘限于天真,然后绝笔而观,澄神以思,不知文有我欤!我有文欤!”[①]田锡这种不鄙弃“艳歌”的态度,还有他那兼容并蓄的文学观,在当时都是颇有新意的。

在提倡古文方面,还有姚铉(968–1020),他编有古文选集《唐文粹》,并借之表达他的文学观。姚铉推崇韩愈,认为韩愈等人的文章能得孔子之道:“惟韩吏部超卓群流,独高遂古,以二帝三王为根本,以六经四教为宗师,凭陵轥轹,首唱古文,遏横流于昏垫,辟正道于夷坦。于是柳子厚、李元宾、李翱、皇甫湜又从而和之,则我先圣孔子之道,炳焉悬诸日月。故论者以退之之文,可继杨、孟,斯得之矣!”[②]

宋初以倡导文风复古而著名的还有柳开。柳开(947—1000)的文学观以韩愈为准,注重文章的传道功能。他批评当时的文风华而不实,无益道德教化:“代言文章者,华而不实,取其刻削为工,声律为能。刻削伤于朴,声律薄于德,无朴与德,于仁义礼知信也何?”[③]因而主张文道合一,“吾之道,孔子、孟轲、扬雄、韩愈之道;吾之文,孔子、孟轲、扬雄、韩愈之文也”[④]。但他过分强调“道”的一面,反而在文学创作上没有太大的成就。与他同时而且主张相同的,还有一些人,如梁周翰、高锡等,“五代以来,文体卑弱,周翰与高锡、柳开、范杲,习尚淳古,齐名友善,当时有‘高、梁、柳、范’之称”[⑤]。总体而言,这些人的文学成就不高,也未能产生太大影响。

二、庆历之际文学思想的转型

陈寅恪曾说:“六朝及天水一代思想最为自由,故文章亦臻上乘。”[⑥]文学创作,最能充分体现一个时代的心智活动及审美趋向。宋人就认为宋仁宗的“文德”

①田锡:《咸平集》卷二《贻宋小著书》,台湾商务印书馆,1983年,第383页。

②姚铉:《唐文粹》,浙江人民出版社,1986年影印版,第3页。

③柳开:《河东先生集》卷五《上王学士第三书》,商务印书馆,1926年,第7页。

④柳开:《河东先生集》卷一《应责》,商务印书馆,1926年,第11页。

⑤《宋史》卷四百三十九《梁周翰传》,中华书局,1985年,第13003页。

⑥陈寅恪:《寒柳堂集》,三联书店,2001年,第72页。

之治有功于当时的文学成就:“我国朝四叶文章最盛，议者皆归功于仁祖文德之治与大宗伯欧阳公救弊之力,沉浸至今,文益粹美,远出乎正(贞)元、元和之上,而进乎成周之郁郁矣。”①受到整个时代思潮生机勃发、充满创新精神的影响,庆历之际的文学创作也呈现出繁荣局面。文学思想,与经学思想一道,出现范式的转型,由唐型文学转向了宋型文学。

但文学毕竟有其自身的规律,文学的发展,与时代的整体思潮相比,往往呈现出滞后的特点。以唐代而论,李白、杜甫均经历了安史之乱这一唐代历史的转折点,亲历了唐王朝由盛转衰的过程,但二人的创作,仍然属于盛唐文学的范围。故而本文在论述王安石及苏轼兄弟等人的诗文时,虽超出了仁宗一朝,但考察他们的文学思想,仍应属于庆历之际的整体思想发展潮流。

唐代文学与宋代文学的差别,特别是唐诗与宋诗的差别,学人已多有论及。著名者如钱钟书所说:“唐诗、宋诗,亦非仅朝代之别,乃体格性分之殊。天下有两种人,斯分两种诗。唐诗多以丰神情韵擅长,宋诗多以筋骨思理见胜。”②钱钟书的分别,也是沿着南宋严羽“本朝人尚理而病于意兴,唐人尚意兴而理在其中”③的说法而来。

缪钺曾从时代趋尚的角度论及宋诗的特点:“宋诗之情思深微而不壮阔,其气力收敛而不发扬,其声响不贵宏亮而贵清冷,其词句不尚蕃艳而尚朴澹,其美不在容光而在意态,其味不重肥醲而重隽永,此皆与其时代之心情相合,出于自然。扬雄谓言为心声,而诗又言之菁英,一人之诗,足见一人之心,而一时代之诗,亦足以见一时代之心也。”并从外部环境及时代审美的变化论及宋诗特点形成的原因:

宋代国势之盛,远不及唐,外患频仍,仅谋自守,而因重用文人故,国内清晏,鲜悍将骄兵跋扈之祸,是以其时人心,静弱而不雄强,向内收敛而不向外扩发,喜深微而不喜广阔。宋人审美观念亦盛,然又与六朝不同。六朝之美如春华,宋代之美如秋叶;六朝之美在声容,宋代之美在意态;六朝之美为繁丽丰腴,宋代之美为精细澄澈。总之,宋代承唐之后,如大江之水,潴而为湖,由动而变为静,由浑灏而变为澄清,由惊涛汹涌而变为清波容与。此皆宋人心理情趣之种种特点也。此种

①王十朋:《梅溪先生文集》前集卷十四,商务印书馆,1926年,第3页。

②钱钟书:《谈艺录》,三联书店,2008年,第3页。

③严羽著、郭绍虞校释:《沧浪诗话校释》,人民文学出版社,1961年,第148页。

种特点,在宋人之理学、古文、词、书法、绘画,以至于印书,皆可征验。由理学,可以见宋人思想之精微,向内收敛;由词,可以见宋人心情之婉约幽隽;由古文及书法,可以见宋人所好之美在意态而不在形貌,贵澄洁而不贵华丽。明乎此,吾人对宋诗种种特点,更可得深一层之了解。[①]

查屏球从诗歌内涵的转换上分析了唐诗、宋诗的变化:

其实,以学识求出诗意的风格不只是杜牧个人的特点,而是代表了其时诗坛上的一个倾向。从整个中晚唐士人文化的流向上看,这也是士人文化主流由辞赋型向学者型(主要是史学)转化在文学上的一个体现。文人的学者化是唐宋文化转型的一个重要内容。这种转变自中晚唐时就已有了端倪,中晚唐咏史怀古诗的流行也正是这一转变的一种表现,对唐人而言,它是学人精神在诗歌创作中的自然流露;对此后宋人而言,这是学人之诗的一个先导。至于以江西诗派为代表的以才学为诗的风气,正是将这一倾向推向了一个极端,它是宋人诗学分途的结果。[②]

在古文创作上,欧阳修等人的古文继承了韩、柳古文运动的精神,并摈弃了韩、柳文章险怪、幽僻的一面,重视语言的平易通顺,同时也借鉴骈文的遣词造句及典雅风格,在追求思想性的同时不废艺术审美的需要,使宋文成就再上一个新的境界。

庆历之际文学思想的转型,从整体上看大致有以下几点:

(1) 在文学表达的主题上,由文情关系的探讨转向文道关系的探讨,举起了“文以载道”的旗帜,从唐人的“缘情”、“体物”向“言志”、“载道”回归,强化文学的道德伦理责任及其对社会生活的干预。

六朝以来的文学主题重视的是“文”与“情”的关系,文以写情,强调“诗缘情而绮靡”[③],重视的是抒写性情。唐人的诗赋文章,多是以抒情为主,韩愈虽有“文以载道”的呼吁,但并没成为主导思潮。

到了庆历之际,由于儒家思想的复兴,对文学的“言志”功能日益重视,文与道之间的关系加强。关于宋诗“言志”传统的回归,周裕锴在《宋代诗学通论》中认为,“宋诗学以北宋中叶开始的儒学复古思潮为其背景,所谓诗文革新运动,其意

①缪钺:《诗词散论·论宋诗》,陕西师范大学出版社,2008,第40-41页。

②查屏球:《唐学与唐诗:中晚唐诗风的一种文化考察》,商务印书馆,2000年,第309页。

③陆机著、张少康集释:《文赋集释》,人民文学出版社,2009年,第99页。

义不只是一般的文艺复兴，而是一场深刻的文化复兴运动。这场运动的口号，不仅要‘文起八代之衰’，更要‘道济天下之溺’。因此，宋诗学必然会选择先秦两汉儒家诗学‘言志’的传统，从六朝唐‘缘情’之‘溺’中走出来”[①]。这里所说的“言志”传统回归，正是庆历之际的情形。不仅诗歌，散文领域亦是如此。文学的这种“言志”及“载道”功能，王水照称之为“淑世精神”，“宋代文学具有强烈的政治性格，诗文成为他们干预时事的有力工具”，并认为这种淑世精神反映的是当时士人“以天下为己任”的责任感和使命感，他们努力于经世济时的功业建树中实现自我的人生价值。[②]

在文学功能的理解上，欧阳修等人倡导的古文运动尽管仍旧沿袭唐代韩、柳的“文以载道”观，但这“道”已经从韩愈所说的偏于政教向道德心性方面转移。故而宋人对文学的批评，从唐人对格法体例等外在形式的侧重转向作者品行道德等人格的重视，“文道合一”不再是抽象的道德说教，而是注重个人心性的修养，文学的批评也更加重视作品的意境及其中反映的道德内涵。

强化文学“载道”功能的努力，在庆历之际体现为两股力量：一股是“庆历三先生”所代表的经学家们，他们呼吁在文章中体现儒家的礼乐教化之道，抨击佛、道以至绮丽文风等被他们视为“异端”的思想和文风，希望恢复儒家思想的独尊地位；一股是以欧阳修为代表的文学家们，他们针对西昆体、太学体等文风之弊，重视文学的文学性和内在规律，要求文学能够反映现实，言之有物，加强文学与现实生活的联系。尽管二者对“道”的理解不尽相同，但对于文学思想性及表达内容的重视是一致的。

由于宋人对诗歌“载道”功能的强化，本来唐代常用来抒情写意的诗的功能便交给了新兴的“小词”，这种被他们为“诗余”的文体，替代诗歌成为宋人抒情的主要文学样式。

(2)在文学创作上，摆脱成法，重视创新。

宋初的文学创作，“白体”也好，“晚唐体”也好，“西昆体”也好，都还没能摆脱模仿的痕迹，没有显示出宋人独特的个性。到了庆历之际的文学，开始出现自己的风格，具有宋人特征的“宋调”开始形成。不仅内容上有平淡自然风格的渐趋主

①周裕锴：《宋代诗学通论》，巴蜀书社，1997年，第16页。

②王水照：《“祖宗家法”的“近代”指向与文学中的淑世精神——宋型文化与宋代文学之研究》，见《王水照自选集》，上海教育出版社，2000年，第14-16页。

流,在创作方法上,宋人也不再像唐代文学那样重视“法度”,开始摆脱成法的束缚,更加强调创新和灵活性,重视“活法”,显示出宋代文化的创造性精神。摆脱成法,重视创新,这种文学思想对应的是当时士人求新求变的时代思潮。

唐人诗歌重视“格式”之学,“诗格”之论延绵不绝,讲究诗歌的所谓“金针法术”,出现了许多研究“格式”、“体法”的理论专著,如王昌龄的《诗格》、元兢的《诗髓脑》、崔融的《新定诗格》、上官仪的《笔札华梁》、齐己的《风骚旨格》、皎然的《诗式》及署名白居易的《金针诗格》和佚名的《文笔式》等许多著作。

相对于唐人作诗的重视法度,宋人诗歌则是“破格为法”,重视“活法”,强调创新和变化。宋代诗话体兴起,诗格类著作消失,以“活法”代替成法,反映了宋人文学思想的变化。刘明今认为宋代“诗话”这一体例兴起的原因是宋人文学批评意识的转变:“批评的主要目的不再是归纳出一套完整的写作方法供人学习揣摩,也不是按某一标准为作家作品进行高低优劣的评价,而是阐说批评者自己的看法,写下自己在阅读作品时的心得体会。欧阳修在当时是以善谈诗著称的,有许多独特的看法为世人所重,他也以此自许,所以退居汝阴时才将之记录下来,‘集以资闲谈也’。”①并总结宋人诗歌理论是“破体为法”,背后反映的是对创作主体人格精神的追求:“诗人作诗必须讲究格法,以见词章之美,有道者作诗自然也不能离开格法,然更要求在格法中寄寓其宏大的人格精神。”②

庆历之际的文学突破了法度的束缚,各类文学体裁也就不再是泾渭分明,不可逾越。王水照在《文体丕变与宋代文学新貌》中曾论及宋代文学各种文体之“破体”现象,如“以文为诗”、“以诗为词”、“以文为赋”、“以赋为文”等情形,虽然也有“尊体”的思想同时并存,但这种文体之变的艺术实验,“对于深入发掘各种文体的表现潜能,丰富艺术技巧,创造独具一格的文学面貌,都是有促进作用的”③。

特别是“以文为诗”的手法,被认为是宋诗的一大特点。王水照指出这一手法不仅影响了宋诗的整体面貌,而且影响及于“五四”以后的新文学,胡适发轫的新文化运动即受其影响。④在古文创作上融合骈散,超越二者的界限,使古文的表现手法更加灵活多样,变化自如。陈善《扪虱新话》认为:“以文体为诗,自退之始;以

①刘明今:《中国古代文学理论体系:方法论》,复旦大学出版社,2000年,第196页。

②同①,第558页。

③王水照:《文体丕变与宋代文学新貌》,见《王水照自选集》,上海教育出版社,2000年,第80页。

④同③,第74–75页。

文体为四六,自欧阳公始。”[①]欧阳修自己也盛赞苏氏父子之文能突破古体,融四六于散体,“变格”而能文:“往时作四六者多用古人语,及广引故事,以炫博学,而不思述事不畅。近时文章变体,如苏氏父子以四六述叙,委曲精尽,不减古人。自学者变格为文,迨今三十年始得斯人,不惟迟久而后获,实恐此后未有能继者尔。”[②]

(3)在文学风格上,宋代诗文相对于前代而言,特别强调对于平淡、自然、平易之风的追求。

明代董其昌曾论述过“工”与“淡”的关系:“诗文书画,少而工,老而淡。淡胜工,不工亦何能淡?”[③]宋代文学,正是这“淡胜工”的阶段。特别是宋代的诗歌,经历了唐代的绚烂多彩之后,渐渐归于平淡。宋代文学在诗文方面均重视平淡的风格,这与宋文化的特点是有内在关联的。宋文化是中国古代传统文化发展渐趋成熟的阶段,重视理性精神,在审美观上更加重视平淡之美。

“平淡”的美学范畴,最早由道家提出。《老子》有“恬淡为上”[④],“道之出口,淡乎其无味”[⑤]的论述,《庄子·刻意》篇也有“淡然无极而众美从之”[⑥]之语。后来儒家也受到道家这种审美思想的影响。《礼记·中庸》云“君子之道,淡而不厌”[⑦],《礼记·表记》亦有“君子淡以成,小人甘以坏”[⑧]。魏晋时期玄风大盛,平淡玄远之风进一步受到推崇。嵇康更以之为极致的境界:“以大和为至乐,则荣华不足顾也。以恬淡为至味,则酒色不足钦也。”[⑨]唐代司空图《诗品》中,有冲淡、自然等风格的描述,对平淡诗风也非常推崇。

唐代文学风格呈现出多元化的景象。以诗而论,有李白之雄奇,杜甫之沉郁,白居易之浅切,李商隐之隐晦,风格之多,堪称大国,虽有平淡一路,只是众多诗风之中的一家而已。到了宋代,平淡风格渐渐成为文学审美观念的主流。

宋代诗歌,在庆历之际,对平淡自然诗风日益重视。梅尧臣作为宋诗风格形成

①陈善:《扪虱新话》上集卷一,中华书局,1985年,第7页。
②《欧阳修全集》卷一百三十,中华书局,2001年,第1983页。
③董其昌:《容台别集》卷四,见《四库全书存目丛书》第171册,齐鲁书社,1997年,第742页。
④陈鼓应:《老子注译及评介》,中华书局,1984年,第191页。
⑤同④,第203页。
⑥同④,第394页。
⑦《十三经注疏·礼记正义》卷五十三《中庸》,中华书局影印本,1980年,第1635页。
⑧《十三经注疏·礼记正义》卷五十四《表记》,中华书局影印本,1980年,第1643页。
⑨嵇康著、戴明扬校注:《嵇康集校注》卷四《答难养生论》,人民文学出版社,1962年,第190页。

的关键人物,认为"平淡"是一种极高的艺术造诣:"作诗无古今,唯造平淡难。"[①]苏舜钦也说过:"不肯低心事雕凿,再欲淡泊趋杳冥。"[②]其他如欧阳修、王安石、苏轼等人都有对平淡诗风的提倡和创作实践。

至于散文,宋人也注重对平淡自然风格的追求。王水照认为:"宋代散文的重要成就之一,在于建立了一种稳定而成熟的散文风格:平易自然,流畅婉转。这比之唐文更宜于说理、叙事和抒情,成为后世散文家和文章家学习的主要楷模。"[③]庆历之际,欧阳修领导的古文运动,既反西对昆体的浮艳文风,又反对当时艰涩生硬的"太学体",倡导平易自然的文风,对于确立这一诗文风格起到了关键作用。

所谓"自然"的风格,体现在语言、结构、表现手法等具象上,也可表现于创作者的心态、作品的意境等作品之外的因素上。庆历之际诗文的自然风格,首先是用语上明白易懂,不求新奇。朱熹就说过:"欧公文章及三苏文好说,只是平易说道理,初不曾使差异底字换却那寻常底字。"[④]罗大经《鹤林玉露》亦云:"韩、柳犹用奇重字,欧、苏惟用平常轻虚字,而妙丽古雅,自不可及,此又韩柳所无也。"[⑤]

还有就是表达的效果,追求明白晓畅。欧阳修在与人讨论作文之法时就说:"其道易知而可法,其言易明而可行。"[⑥]仅有道不足以成为好文章,还要有易明流畅的表达效果才行。

再者就是内容上要真实自然,反对无病呻吟,重视形式与内容的统一。苏轼曾批评扬雄"好为艰深之词,以文浅易之说"[⑦],并认为平淡是需要绚烂繁丽作基础才能达到的至境:"凡文字,少小时需令气象峥嵘,彩色绚烂,渐老渐熟乃造平淡;其实不是平淡,绚烂之极也。"[⑧]

平淡自然的风格背后,是淡定从容的心态及自由的心志。庆历之际,士人的

①梅尧臣著、朱东润编年校注:《梅尧臣诗集编年校注》,上海古籍出版社,2006年,第845页。
②《苏舜钦集》卷二《赠释秘演》,上海古籍出版社,1981年,第15页。
③王水照:《宋代散文的风格》,见《王水照自选集》,上海教育出版社,2000年,第412-413页。
④黎靖德:《朱子语类》卷一百三十九,中华书局,1986年,第3309页。
⑤罗大经:《鹤林玉露》甲编卷五,中华书局,1983年,第93页。
⑥《欧阳修全集》卷六十七《与张秀才棐第二书》,中华书局,2001年,第978页。
⑦《苏轼文集》卷四十九,中华书局,1986年,第1418页。
⑧《苏轼文集》附录《苏轼佚文汇编》卷四,中华书局,1986年,第2523页。

主体精神高扬，以天下为己任的自负，对古人经典的扬弃，处处体现出一种趋于成熟的自信态度，这种时代精神，正是文学上平淡自然风格的深层原因，也即苏轼所谓的“外枯中膏”：“所贵乎枯淡者，谓其外枯而中膏，似淡而实美，渊明、子厚之流是也。”①

(4)文学思想上的“中道”观。

庆历之际的文学思想，开始有了自己的创作方法论及理论观点，其中最重要的一点就是“中道”观点。所谓“中道”，也即是中庸之道，在文学创作和批评上体现为对一种中和美的追求。

唐代皎然《诗议》有“诗家之中道”的论点：“且文章关其本性，识高才劣者，理周而文窒；才多识微者，句佳而味少，是知溺情废语，则语朴情暗；事语轻情，则情阙语淡。巧拙清浊，有以见贤人之志矣。大抵而论，属于至解，其犹空门证性有中道乎！何者？或虽有态而语嫩，虽有力而意薄，虽正而质，虽直而鄙，可以神会，不可言得，此所谓诗家之中道也”。②皎然认为文学创作要在“才”与“识”、情”与“语”诸多因素中觅得平衡点，达到“以情为地，以兴为经，然后清音韵其风律，丽句增其文采。如杨林积翠之下，翘楚幽花，时时间发。乃知斯文，味益深矣。”③但皎然这一观点在当时并没有得到多少回应。庆历之际，宋代的文学开始摆脱前期的模仿路径，形成独具个性的“宋调”。他们融汇多家，兼收并蓄，在文学创作上重视“中和”的美学思想，对于诸多文学理论如道与艺，雅与俗，骈与散，文与质，创新与复古，出世与入世等等，以“中道”驭之，调和狂与狷，融合儒道佛，不走极端，不为已甚，达到了融会贯通的境界，呈现出博大精深、汪洋浩瀚的气象。

在思想资源上，庆历之际的士人兼收并蓄，没有成见的束缚。不论是儒家的积极入世精神，道家的超然物外、静观玄思，佛家的人生幻化无常，禅宗的顿悟体道观念，都能在这一时期的文学里面觅到踪影。特别是禅宗思想对宋人文学创作的影响尤为明显。

在对“道”的理解上，他们不走极端，努力使抽象笼统的“道”落到实处，就像禅宗“担水砍柴皆是道”一样，儒家之“道”亦不离日用常行处。“道”并非高深莫测，而是切近人情，不是危言危行，而是照察人情物理之平常心。欧阳修说：“圣人

①《苏轼文集》卷六十七，中华书局，1986年，第2109–2110页。

②弘法大师、王利器：《文镜秘府论校注·论文意》，中国社会科学出版社，1983年，第327页。

③同②，第329页。

之言,在人情不远。"①"及诞者言之,乃以混蒙虚无为道,洪荒广略为古,其道难法,其言难行。"②真正的"道"是什么呢:

唐、虞之道为百王首,仲尼之叹曰"荡荡乎"!谓高深闳大而不可名也。及夫二《典》,述之炳然,使后世尊崇仰望不可及。其严若天,然则《书》之言岂不高邪?然其事不过于亲九族,平百姓,忧水患,问臣下谁可任,以女妻舜,及祀山川,见诸侯,齐律度,谨权衡,使臣下诛放四罪而已。孔子之后,惟孟轲最知道,然其言不过于教人树桑麻,畜鸡豚,以谓养生送死为王道之本。夫二《典》之文,岂不为文?孟轲之言道,岂不为道?而其事乃世人之甚易知而近者,盖切于事实而已。③

这种"切于事实"的平易观,比之以前古文家高喊的玄远空泛的"古道"就亲切多了,宋文化的"中道"观及其贴近人情的特点,更易接近最广大民众的心理,获得他们的认同。曾巩在与欧阳修的书信中也提及过这种"中道"精神:"坐而与之言,未尝不以前古圣人之至德要道,可行于当今之世者,使巩熏蒸渐渍,忽不自知其益,而及于中庸之门户,受赐甚大,且感且喜。"④

在文风上,庆历之际的文学家们大都偏爱那种舒缓有致的风格,不为险怪奇崛之作。欧阳修的文风,陈衍名之为"六一风神"(《石遗室论文》卷五),王水照总结为:"其实,乐与悲、昔与今、理与情,在他的内心世界中是不可分解的并存结构,既各自肯定,又互相否定,痛苦可以化解,欢乐也不必过于欣喜,时间和空间的重叠、渗透使他不断品味往昔的愉悦和现今的悲哀,但他炽热的感情始终受到理智的节制,因而保持一种徐缓平和的节律和恬淡俯仰的感情定势。这就是'六一风神'的精髓。"⑤欧阳修虽也反对西昆体,但又认为骈体文章也有可取之处,他的散文,就能融合骈散,博采众长,达到了文从字顺、内容与形式的有机统一。

(5)文学创作主体的学者化。

庆历之际的思想转型,特别是文学思想的转型,与宋代新型士大夫的出现有着密切的关系,可以说正是在宋初重文背景下成长起来的新一代士人的崛起,才有了庆历之际文学的辉煌。

---

①《欧阳修全集》卷七十,中华书局,2001年,第1015页。

②《欧阳修全集》卷六十七,中华书局,2001年,第978页。

③同②,第979页。

④《曾巩集》卷十五,中华书局,1984年,第233页。

⑤王水照:《欧阳修散文创作的发展道路》,见《王水照自选集》,上海教育出版社,2000年,第444页。

王水照认为："宋代士人的身份有一个与唐代不同的特点，即大都是集官僚、文人、学者三位于一身的复合型人才，其知识结构一般远比唐人淹博融贯，格局宏大。"[①]美国学者包弼德在《斯文：唐宋思想的转型》一书中也有论述，他认为"士"的概念及其内涵在唐宋有了变化，特别是其身份属性："对十六国南北朝时代到9世纪的士，我将称之为'门阀'(aristocrat)，从9世纪到北宋晚期，则称之为'学者官员'(scholar official)，从北宋晚期以来，称之为'文人'(literatus)。"[②]士人的学者化，或者说门阀地位的消失，凸显了士人个体的文化身份属性。北宋文化的"书卷气"变得浓厚，士大夫本身角色的转变，使得宋文化的"尚理"特色突出。这也是宋代文化偏于学术化的结果。在文学上，就体现出尚"学"的色彩，在诗文创作中，也有其表现。庆历之际的文学思想转型，就有着这种色彩。

庆历之际以范仲淹、欧阳修为代表的有着"复合型主体"知识结构的人士，其价值判断及情感境界也有了超越前人之处，这一点张兴武作过论述：首先是他们不仅拥有一种心忧天下的浩荡情怀，更具有务实致用的开拓精神；其次是他们不论成败，一归于"道"，即便被贬，身处困境，仍然抱道而行，不屈己志；再次就是彰显个性，充分展示生活的多姿多彩，实现了情与理的互通，能够在人生过程中体验从容不迫的美感和创造精神，展现了作家自由人格的魅力，奠定当时文学渐臻辉煌的心灵基础。[③]

刘克庄《竹溪诗》序云："迨本朝，则文人多，诗人少。三百年间虽人各有集，集各有诗，诗各自为体，或尚理致，或负材力，或逞辨博，少者千篇，多至万首，要皆经义策论之有韵者尔，非诗也。自二三巨儒及十数大作家，俱未免此病。"[④]此处"文人"，指的是学人。语言虽有过激，但也说出了宋诗的一个特点，即宋代文学的学者化倾向。这种学者化的倾向，从庆历之际就开始成为普遍现象。

经过欧阳修等人的理论探索及创作实践，庆历之际的诗、文领域都确立了宋代文学的独特面貌，使得文学的转型终获成功。在诗歌领域，形成了宋诗偏于理性的特色，减弱了唐诗中的情感因素，更多了学识与技法的讲究；在古文领域，确

---

①王水照：《情理·源流·对外文化关系——宋型文化与宋代文学之再研究》，见《王水照自选集》，上海教育出版社，2000年，第30页。

②包弼德著、刘宁译：《斯文：唐宋思想的转型》，江苏人民出版社，2001年，第36页。

③张兴武：《宋初百年文学复兴的历程》，中华书局，2009年，第88-94页。

④刘克庄：《后村先生大全集》卷九十四，上海书店，1994年，第14页。

立了以散体为主,并借鉴融合骈体的长处,文从字顺,文道兼顾,最终摆脱了六朝以来骈丽文风的束缚。

第二节 庆历之际的诗风转变

一、范仲淹、梅尧臣、欧阳修等人的诗歌理论及创作

庆历之际的诗歌转型,与时代的氛围密切相关。周裕锴认为,宋诗集中体现了宋代的文化精神:“相对于唐诗,宋诗更是一种在诗学理论、尤其是‘句法’理论自觉指导下的实践。正是宋诗人的诗性智慧,促成了宋诗品格的诞生。”①庆历之际的诗歌,梅尧臣、苏舜钦以及欧阳修等人都有理论上的创新并在创作中实践他们的主张。

以文字为诗,以才学为诗,以议论为诗,这是严羽以唐诗为参照对宋诗的批评,是不满于宋诗的所在。而宋诗的长处,也正包含其中。前人已指出宋诗中言理的成分加强,“尚理”成了宋诗一个很明显的特色。这与当时的时代思潮是分不开的。宋人在唐人激情浪漫的唐音之后,渐渐转向平淡,对于自然、社会等诸多方面都更为理性,所谓“道理最大”②的言论,正是宋人趋尚理性的表现。故而在诗文之中,表现为言理;在思想学术界,转向义理;在政治上,看重情理。宋人曾说:“观古人文词者,必先质其事而揆之以语。言与事乖,事与理违,则虽记言之史,如《书》之《武成》,或谓不可尽信;质于事而合,揆之理而然,则虽闾巷之谈,童稚之谣,或足传信于后世,而况文士之词章哉!”③以议论为诗,还与宋人对诗歌教化功能的强调有关。苏轼在《凫绎先生诗集叙》中曾说:“先生之诗文,皆有为而作,精悍确苦,言必中当世之过,凿凿乎如五谷必可以疗饥,断断乎如药石必可以伐病。其游谈以为高,枝词以为观美者,先生无一言焉。”④在苏轼看来,诗歌要针砭时弊,关注人生,就免不了议论褒贬,宋诗缺乏唐诗的“景语”、“情语”,与这一点不无关系。

当然,宋初几朝的诗歌,当它还处在模仿唐人诗作的时候,这些宋诗的特点

①周裕锴:《宋代诗学通论》,巴蜀书社,1997年,引言第3页。

②据沈括《梦溪续笔谈》载,赵匡胤问赵普:“天下何物最大?”赵普对曰:“道理最大。”(见《梦溪笔谈》,上海书店,2009年,第285页。)

③葛立方:《韵语阳秋》沈洵序,中华书局,1985年,第173页。

④《苏轼文集》卷十《凫绎先生诗集叙》,中华书局,1986年,第313页。

并未有显露出来。在庆历之际的初期,宋人诗歌的转型,首先表现在对当时盛行的西昆体的批判上。

西昆体实际上是对宋初浅切简易诗风的反动。西昆体刚开始出现时,也以其博雅的学识和富丽典雅的风格赢得了时人的赞赏。本来李商隐的诗歌就富有多层次的意蕴和内涵,与白居易的"老妪能解"属于两种不同的类型,自有其魅力和长处。但事情往往是物极必反,李商隐的文风曾被后人讥为"獭祭鱼",过度堆砌辞藻典故也同样成了西昆体的硬伤,还有那晦涩难解的文风,都成了它被人攻击的口实。西昆体的诗人群体,大多为馆阁侍从之臣,他们在生活阅历、诗歌内容等方面,不免偏狭,以追求辞藻的华赡、典故的丰富来创作诗歌,却无形中脱离了真实的生活,走上了贵族化的小圈子。而随着新一代士人的崛起,这一文风就不可避免地要走向末路。

(一) 范仲淹

范仲淹在文风的转变上,也同样走在时代的前列。天圣三年(1025),他提出改革时弊的主张,其中就包括对文风的改革。他强调文章和社会习尚的关系,认为"国之文章,应于风化,风化厚薄,见乎文章"①。因此,他建议统治者"可敦谕词臣,兴复古道,更延博雅之士,布于台阁,以救斯文之薄,而厚其风化"②。天圣四年(1026),范仲淹在《唐异诗序》中,又提出诗文的振兴,认为当时的诗歌"其或不知而作,影响前辈,因人之尚,忘己之实,吟咏性情而不顾其分,风赋比兴而不观其时。故有非穷途而悲,非乱世而怨。华车而有寒苦之述,白社而有骄奢之语。学步不至,效颦则多。以至靡靡增华,愔愔相滥。仰不主乎规谏,俯不主乎劝诫"③。并通过对唐异诗风的总结提出了自己的诗歌创作观点:"意必以淳,语必以真。乐则歌之,忧则怀之。无虚美,无苟怨。"④

除了在理论上呼吁诗文革新外,范仲淹的诗文创作也不乏佳作。他的诗歌,既有现实的关怀,又有艺术的魅力,虽不以诗名世,却留下了一些佳作。如《江上渔者》,短短二十字,却意味深长:

江上往来人,但爱鲈鱼美。

①《范仲淹全集》卷九,凤凰出版社,2004年,第172页。

②同①,第173页。

③《范仲淹全集》卷八,凤凰出版社,2004年,第161页。

④同③。

君看一叶舟,出没风波里。[①]

还有其《野色》一诗,已全然摆脱宋初诗风的浅陋,显示出宋诗的真正风貌:

非烟亦非雾,冥冥映楼台。
白鸟忽点破,夕阳还照开。
肯随芳草歇,疑逐远帆来。
谁会山公意,登高醉始回。[②]

当时反对西昆体的,不仅仅有政治家,还有文学家以及儒家学者。尽管在多数人身上,这三者是合一的。以言论激切著称的石介,在其《怪说》一文中,就把杨亿的时文与佛老并列为强烈声讨的"三怪"之一,对之大声喊打:"今杨亿穷妍极态,缀风月,弄花草,淫巧侈丽,浮华纂组;刓锼圣人之经,破碎圣人之意,离析圣人之言,蠹伤圣人之道。"[③]一度盛行的西昆体,在庆历之际崛起的诗人群体的共同声讨下,终至没落。

(二) 梅尧臣、苏舜钦

在庆历之际的诗坛上较有成就的诗人,当属梅尧臣。他的诗歌创作及理论,为宋诗的发展开拓了新路,提供了示范和引导作用。梅尧臣主张诗歌要回归风骚的传统,从《诗经》及《离骚》等诗歌源头上学习诗歌的现实主义精神:

圣人于诗言,曾不专其中,
因事有所激,因物兴以通。
自下而磨上,是之谓国风;
雅章及颂篇,刺美亦道同。
不独识鸟兽,而为文字工。
屈原作《离骚》,自哀其志穷,
愤世嫉邪意,寄在草木虫。
迩来道颇丧,有作皆言空,
烟云写形象,葩卉咏青红,
人事极谀谄,引古称辨雄,
经营唯切偶,荣利因被蒙。

①《范仲淹全集》卷三,凤凰出版社,2004年,第47页。
②《范仲淹全集》卷四,凤凰出版社,2004年,第70页。
③石介:《徂徕石先生文集》卷五,凤凰出版社,2004年,第62页。

遂使世上人，只曰一艺充，

以巧比戏奕，以声喻鸣桐。[①]

梅尧臣不满当时空言堆砌的无聊之作，呼吁要恢复“风”“骚”的美刺传统，除了强调关注民生疾苦的社会价值外，还注重诗歌的艺术特色。在语言韵味上，追求“意新语工”，重视语言形式和诗歌意境的追求。欧阳修在《六一诗话》中曾记下梅尧臣的这一观点：

圣俞尝语余曰：“诗家虽率意，而造语亦难。若意新语工，得前人未道者，斯为善也。必能状难写之景，如在目前，含不尽之意，见于言外，然后为至矣。贾岛云：‘竹笼拾山果，瓦瓶担石泉。’姚合云：‘马随山鹿放，鸡逐野禽栖。’等是山邑荒僻，官况萧条，不如‘县古槐根出，官清马骨高’为工也。”余曰：“语之工者固如是。状难写之景，含不尽之意，何诗为然？”圣俞曰：“作者得于心，览者会于意，殆难指陈以言也。虽然，亦可略道其仿佛：若严维‘柳塘春水慢，花坞夕阳迟’，则天容时态，融合骀荡，岂不如在目前乎？又若温庭筠‘鸡声茅店月，人迹板桥霜’，贾岛‘怪禽啼旷野，落日恐行人’，则道路辛苦，羁愁旅思，岂不见于言外？”[②]

“意新语工”讲求的是出新；“状难写之景于目前，含不尽之意于言外”，追求的是意境，是诗歌的含蓄与韵味。

其次就是对平淡诗风的提倡。西昆体诗人的最大弊端就在于他们一味强调雅致，堆砌典故，铺排辞藻，反而损害了诗歌自身的艺术魅力。回归平淡闲远的风格，对于诗歌的发展，无疑是必需的。这两点都对宋诗后来的发展有着深远影响。元代龚啸曾评梅诗：“去浮靡之习，超然于昆体极弊之际；存古淡之道，卓然于诸大家未起之先，此所以为梅都官诗也。”[③]南宋刘克庄则认为：“本朝诗惟宛陵为开山祖师。宛陵出，然后桑濮之哇谣稍熄，风雅之气脉复续，其功不在欧、尹下。”[④]

梅尧臣的创作实践也体现了他的诗歌主张。如《鲁山山行》，诗风淡泊而充满情趣，给人一种闲适而又洋溢着生活气息的清新感：

适与野情惬，千山高复低。

好峰随处改，幽径独行迷。

①梅尧臣著、朱东润编年校注：《梅尧臣集编年校注》，上海古籍出版社，2006年，第336页。

②《欧阳修全集》卷一百二十八，中华书局，2001年，第1952–1953页。

③梅尧臣：《宛陵先生集》（《四部丛刊初编本》）附录，商务印书馆，1926年，第499页。

④刘克庄：《后山先生大全集》卷一百七十四，上海书店，1989年，第2页。

霜落熊升树,林空鹿饮溪。
人家在何许,云外一声鸡。①

还有《东溪》一诗,也历来为人称赏:

行到东溪看水时,坐临孤屿发船迟。
野凫眠岸有闲意,老树着花无丑枝。
短短蒲茸齐似剪,平平沙石净于筛。
情虽不厌住不得,薄暮归来车马疲。②

其中的"野凫眠岸有闲意,老树着花无丑枝"一联,被方回评为"当世名句,众所脍炙"③。

与梅尧臣齐名的,还有苏舜钦。清人叶燮曾说:"开宋诗一代之面目者,始于梅尧臣、苏舜钦二人。"④欧阳修也曾评梅、苏二人的诗风之异:"子美笔力豪俊,以超迈横绝为奇;圣俞覃思精微,以深远闲淡为意。"⑤

和梅尧臣一样,苏舜钦也主张诗文要有为而发,不为雕琢堆砌之作,他曾说:"每属文,不敢雕琢以害正。"⑥因此苏舜钦的诗歌特色表现为气概雄壮,激情磅礴,充满了青春的活力。他虽然位卑言轻,却对现实有着深切的关怀,如《庆州败》一诗,悲痛王师败绩,朝廷备战无方。在《吾闻》诗中,表达书生报国的热忱:"予生虽儒家,气欲吞逆羯。斯时不见用,感叹肠胃热。昼卧书册中,梦过玉关北。"⑦后来他因支持范仲淹的庆历新政,被反对派罗织罪名革职闲居,诗风亦有所变化,如其在苏州赋闲时所作《初晴游沧浪亭》,就给人以淡雅别致的轻灵感:

夜雨连明春水生,娇云浓暖弄阴晴。
帘虚日薄花竹静,时有乳鸠相对鸣。⑧

他自己在《诗僧则晖求诗》中也表达过对"古淡"诗风的追求:

---

①梅尧臣著、朱东润编年校注:《梅尧臣集编年校注》,上海古籍出版社,2006年,第168页。
②同①,第772–773页。
③方回:《瀛奎律髓汇评》卷三十四,上海古籍出版社,1986年,第1410页。
④叶燮:《原诗·外篇下》,人民文学出版社,1979年,第67页。
⑤《欧阳修全集》卷一百二十八,中华书局,2001年,第1953页。
⑥《苏舜钦集》卷九,上海古籍出版社,1981年,第95页。
⑦《苏舜钦集》卷二,上海古籍出版社,1981年,第14页。
⑧《苏舜钦集》卷八,上海古籍出版社,1981年,第87页。

全吴气象豪，诗思合翘翘。
风雅久零落，江山应寂寥。
会将趋古淡，先可镇浮嚣。
好约长吟处，霜天看怒潮。[①]

（三）欧阳修

欧阳修的诗歌创作虽不及其散文创作的成就，但在庆历之际的诗歌转型及发展上，仍然功不可没，对于矫正西昆体的弊端及确立宋诗特色的形成有着重要贡献。叶梦得在《石林诗话》曾论及欧诗的风格："欧阳文忠公诗始矫昆体，专以气格为主，故言多平易疏畅。律诗意所到处，虽语有不伦，亦不复问，而学之者往往遂失于快直，倾困倒廪，无复馀地。"[②]诗风平易流畅而又不失气格，语有余韵，体现了宋初诗歌从浅切派到西昆体又到庆历之际平易诗风往复发展的路径。在诗歌理论上，欧阳修提倡《诗经》的"美刺" 传统："诗之作也，触事感物，文之以言，美者善之，恶者刺之，以发其揄扬怨愤于口，道其哀乐喜怒于心，此诗人之意也。"[③]他认为诗歌的功能在于"察其美刺，知其善恶，以为劝戒"[④]。

在欧阳修看来，诗歌应该有感动人心的内涵，能够像音乐一样达到鼓之舞之的效果，是"乐之苗裔"："本人情，状风物，英华雅正，变态百出。哆兮其似春，凄兮其似夏，使人读之可以喜，可以悲，陶畅酣适，不知手足之将鼓舞也。"[⑤]正是根据这一标准，他认为郊、岛之后的诗歌遗失了这种精神："盖诗者，乐之苗裔欤！汉之苏、李，魏之曹、刘，得其正始。宋、齐而下，得其浮淫流佚。唐之时，子昂、李、杜、沈、宋、王维之徒，或得其淳古淡泊之声，或得其舒和高畅之节，而孟郊、贾岛之徒，又得其悲愁郁堙之气。由是而下，得者时有，而不纯焉。"[⑥]

关于诗歌的创作特点，欧阳修在《梅圣俞诗集序》中提出作诗"穷者而后工"的观点，与韩愈"不平则鸣"的文学观有异曲同工之妙："予闻世谓诗人少达而多穷，夫岂然哉？盖世所传诗者，多出于古穷人之辞也。凡士之蕴其所有而不得施于世

①《苏舜钦集》卷八，上海古籍出版社，1981年，第91页。
②叶梦得：《石林诗话》卷上，中华书局，1991年，第3页。
③欧阳修：《诗本义》卷十四，台湾商务印书馆，1983年，第290页。
④同③，第291页。
⑤《欧阳修全集》卷七十二，中华书局，2001年，第1049页。
⑥同⑤，第1048-1049页。

者,多喜自放于山巅水涯。外见虫鱼草木风云鸟兽之状类,往往探其奇怪。内有忧思感愤之郁积,其兴于怨刺,以道羁臣、寡妇之所叹,而写人情之难言,盖愈穷则愈工。然则非诗之能穷人,殆穷者而后工也。"[①]"穷而后工",点出的正是诗歌的现实主义精神,因为诗人有了真实的生活感受,才能写出有真情实感的动人之作。

宋人有"以文为诗"的倾向,钱钟书曾评论欧阳修在"以文为诗"这一点上,为后来王安石、苏轼等人奠定了基础[②]。宋诗的散文化倾向,本就上接韩愈的"以文为诗"的诗风,不过欧诗不像韩诗那样奇崛拗口,更为流畅通顺。同唐诗不同,欧阳修自己的诗歌创作,已经典型地体现了宋诗的风貌特点。

欧阳修的诗歌,体现了一种"理趣"。如《画眉鸟》,以笼中画眉鸟来比喻人受压抑的个性,借此表达了对追求个性自由的赞赏,全诗充满理趣却了无说理的痕迹:

百啭千声随意移,山花红紫树高低。

始知锁向金笼听,不及林间自在啼。[③]

唐诗反映的生活面极为宽广,往往是境语即情语,情景交融,以情制胜,而宋诗却注重理趣的显示,如欧阳修颇为自得的《戏答元珍》一诗,写景写情均为上乘,但总通过"理趣"给人以理性的暗示:

春风疑不到天涯,二月山城未见花。

残雪压枝犹有橘,冻雷惊笋欲抽芽。

夜闻归雁生乡思,病入新年感物华。

曾是洛阳花下客,野芳虽晚不须嗟。[④]

还有《啼鸟》诗中,"花能嫣然顾我笑,鸟劝我饮非无情。身闲酒美惜光景,唯恐鸟散花飘零。可笑灵均楚泽畔,离骚憔悴愁独醒"[⑤],意趣情调,亦迥然有别于唐诗。在宋诗中,魏晋隋唐时期的诗人流露的那种得意昂扬失意悲戚的情怀,已被更加成熟的心态所取代,体现出一种"不以物喜,不以己悲"的理性精神。

欧阳修有着多方面的文学成就,他也成为宋代文坛的第一个大家巨匠。苏轼

①《欧阳修全集》卷四十三,中华书局,2001年,第612页。

②钱钟书:《宋诗选注》,三联书店,2002年,第39页。

③《欧阳修全集》卷十一,中华书局,2001年,第184页。

④同③,第173页。

⑤《欧阳修全集》卷三,中华书局,2001年,第41-42页。

评价欧阳修诗文时曾说:“欧阳子论大道似韩愈,论事似陆贽,记事似司马迁,诗赋似李白。”[①]欧阳修以自己的诗文创作和影响,力矫西昆体的弊端,奠定了宋诗宋文的格调形成。而且在矫正西昆体诗风的弊端时,也能汲取其长处。南宋刘克庄曾记有欧阳修对昆体派诗人的看法:“君谟以诗寄欧公,公答云:‘先朝杨、刘风采,耸动天下,至今使人倾想。’世谓公尤恶杨、刘之作,而其言如此,岂公特恶其碑板奏疏磔裂古文为偶丽者,其诗之精工律,功者自不可废欤?”[②]欧阳修自己也在《诗话》中称赞过他们“雄文博学,笔力有余,故无施而不可”[③]的学养。

(四)石曼卿、石介、李觏等人

除梅、苏、欧外,同时的还有石延年、石介、李觏等人,亦摆脱了西昆体的束缚,对宋诗的发展作出了贡献。

石介曾有《石曼卿诗集序》,称赞石延年诗歌之独到特点:“国朝祥符中,民风豫而泰,操笔之士,率以丽藻为胜。惟秘阁石曼卿与穆参军伯长,自任以古道,作之文,必经实不放于世。而曼卿之诗,又特震奇秀发,盖能取古之所未至,托讽物象之表,警时鼓众,未尝徒设。虽能文者累数十百言,不能卒其义,独以劲语蟠泊,会而终于篇,而复气横意举,飘出章句之外,学者不可寻其屏阈而依倚之。其诗之豪者欤!”[④]石延年的诗歌,以雄奇瑰伟之语,力矫昆体之弊。如其《平阳代意一篇寄师鲁》一诗,即与西昆体大异其趣:

十年一梦花空委,依旧山河损桃李。
雁声北去燕西飞,高楼日日春风里。
眉比石州山对起,娇波泪落妆如洗。
汾河不断天南流,天色无情淡如水。[⑤]

石介以儒学名家,为“宋初三先生”之一,其诗文创作方面也力矫西昆体之弊,能够贴近现实,反映民生疾苦。如《汴渠》诗讽刺统治者的骄奢,“请君简赐予,请君节财求”[⑥],《读诏书》中感慨“害人不独在虎狼,臣请勿捕捕贪吏”[⑦]。他的诗歌

①《苏轼文集》卷十《六一居士集叙》,中华书局,1986年,第316页。
②刘克庄:《后村先生大全集》卷一百七十四,上海书店,1989年第2页。
③《欧阳修全集》卷一百二十八,中华书局,2001年,第1955页。
④石介:《徂徕石先生文集》卷十八,中华书局,1984年,第212-213页。
⑤厉鹗:《宋诗纪事》卷十,上海古籍出版社,2008年,第239页。
⑥石介:《徂徕石先生文集》卷二,中华书局,1984年,第11页。
⑦同⑥,第12页。

虽然在艺术上显得缺乏锤炼,过于直白,但在反映现实方面仍有可取之处。

李觏的诗歌,也多有反映现实之作,语言不尚雕琢。如《村行》一诗,即写出了当时边事对乡村生活的影响和统治者的腐败无能:

产业家家坏,诛求岁岁新。

平时不为备,执事彼何人。

朱户仍奢侈,柴门转窭贫。

若非衢室畔,无用说悲辛。①

梅、欧等人之外,还有后期西昆体的诗人,如晏殊、宋祁、宋庠、文彦博、赵抃等人,他们的诗风也随着时代思潮的变化而转移,改变了原来西昆体的旧观,呈现出向清新平淡诗风靠拢的趋势。

二、王安石、苏轼等人的诗歌理论及创作

(一)王安石的诗歌理论及创作

王安石、苏轼、黄庭坚被称为北宋诗坛三大家,这三大各具个性的作家,才真正呈现出了宋诗独特的面貌。王安石、苏轼均成长于庆历之际,并于此时开始他们的诗歌创作,黄庭坚则活跃于仁宗之后的时期,他们的诗歌创作已成为宋诗的典范。

王安石登上仕途是在庆历二年(1042),他的诗歌创作正形成于士人议论勃发的宋学初起时期,士人们的主体自觉精神开始凸显,这种精神在王安石诗中也有鲜明的体现。他在诗文中纵论时事,评议古今。如在《兼并》一诗中,面对当时贫富悬殊的社会现实,他呼吁朝廷能像古代的井田制那样,实现国家对土地的再分配,以达到均富安民的目的:"三代子百姓,公私无异财。人主擅操柄,如天持斗魁。赋予皆自我,兼并乃奸回。奸回法有诛,势亦无自来。"②

在诗歌理论上,他重视诗歌与现实的关系,重视诗歌与道德教化的关系。因此他在古代诗人中最推重杜甫:"予考古之诗,尤爱杜甫氏作者。"③王安石还在《杜甫画像》中盛赞杜甫的忧国忧民之志:

吾观少陵诗,为与元气侔。力能排天斡九地,壮颜毅色不可求。浩荡八极中,生物岂不稠。丑妍巨细千万殊,竟莫见以何雕锼。惜哉命之穷,颠倒不见收。青衫

①《李觏集》卷三十六,中华书局,1981年,第408页。

②王安石:《临川先生文集》卷四,中华书局,1959年,第114页。

③王安石:《临川先生文集》卷八十四,中华书局,1959年,第880页。

老更斥，饿走半九州。瘦妻僵前子仆后，攘攘盗贼森戈矛。吟哦当此时，不废朝廷忧。常愿天子圣，大臣各伊周。宁令吾庐独破受冻死，不忍四海寒飕飕。伤屯悼屈止一身，嗟时之人死所羞。所以见公像，再拜涕泗流。惟公之心古亦少，愿起公死从之游。①

对于欧阳修等人所推崇的韩愈，王安石则不以为然，认为韩愈未能得“道”之真：“纷纷易尽百年身，举世何人识道真。力去陈言夸末俗，可怜无补费精神。”②所以他主张文以明道，注重文学的道德教化功能。

王安石诗歌创作分为前后两期，以晚年退居江宁为界，前后两期有较大的变化。前期是王安石在政治上积极有为的时期，他辗转于地方官任上，关注现实，民瘼疾苦，内忧外患，在其前期的诗中多有反映，诗歌的内容跟时事和政治的联系也较为紧密。经过了变法等政治上的波折，他的心态与前期已大异其趣，对诗歌的艺术规律更为重视，后期诗风也趋于成熟，艺术性得到明显提高。他晚年曾自言“惟有爱诗心未已”③，还选编过多种诗歌选本，如《唐百家诗选》、《老杜诗后集》、《四家诗选》等，特别是他对杜甫诗歌的推许，直接影响到后来的江西诗派。叶梦得曾论及其诗风之变：

王荆公少以意气自许，故诗语惟其所向，不复更为涵蓄。如“天下苍生待霖雨，不知龙向此中蟠”，又“浓绿万枝红一点，动人春色不须多”，“平治险秽非无力，润泽焦枯是有材”之类，皆直道其胸中事。后为群牧判官，从宋次道尽假唐人诗集，博观而约取，晚年始尽深婉不迫之趣。乃知文字虽工拙有定限，然亦必视初壮，虽此公方其未至时，亦不能力强而遽至也。④

王安石诗歌创作的特点，是以议论入诗，严羽所谓的“以文字为诗、以才学为诗、以议论为诗”⑤的宋诗特点，在王安石诗中表现得都很明显。以才学为诗，是宋诗较为突出的一点，这一方面反映出宋代诗人儒学思想的普遍提高，另一方面也加重了诗的“重理”的一面。王安石诗中的用典包括了儒释道的各种经典，特别是佛教典籍里的故事，被他经常使用，但他化用典故比较灵活，不似昆体诗人那

①王安石：《临川先生文集》卷九，中华书局，1959年，第150页。

②王安石：《临川先生文集》卷三十四，中华书局，1959年，第372页。

③《王安石全集》卷六十四《同长安君钟山望》，上海古籍出版社，1999年，第501页。

④叶梦得：《石林诗话》卷中，中华书局，1991年，第13页。

⑤严羽著、郭绍虞校释：《沧浪诗话校释》，人民文学出版社，1961年，第26页。

样是为了辞藻或故示典雅,故而能不着痕迹,妥帖自然。据宋人记载:

荆公尝云:诗家病使事太多,盖皆取其与题合者类之,如此乃是编事,虽工何益!若能自出己意,借事以相发明,变态错出,虽用事杂多,亦何所妨!故公诗如“董生只被公羊惑,岂信捐书一语真”,“桔槔俯仰何妨事,抱瓮区区著此身”之类,皆意与本处不类,此真所谓使事也。[①]

王安石传世诗作中有大量的绝句,有五百多首,占其存世律体诗的近一半数量。严羽《沧浪诗话》评为:“绝句最高,其得意处高出苏、黄、陈之上。”[②]王安石晚年的诗歌,被人称为“荆公体”,笔力独到,尤其是其绝句,在议论、用典、语言等方面均有很高造诣。在遣词炼字方面,更是为人称道。他曾有诗云“看似寻常最奇崛,成如容易却艰辛”[③],虽然是题他人之诗,也道出了自己的心得。宋人曾说到他的用语之精:

王荆公晚年诗律尤精严,造语用字,间不容发。然意与言会,言随意遣,浑然天成,殆不见有牵率排比处。如“含风鸭绿鳞鳞起,弄日鹅黄袅袅垂”,读之初不觉有对偶。至“细数落花因坐久,缓寻芳草得归迟”,但见舒闲容与之态耳。而字字细考之,若经檃括权衡者,其用意亦深刻矣。尝与叶致远诸人和头字韵诗,往返数四,其末篇有云:“名誉子真矜谷口,事功新息困壶头。”以谷口对壶头,其精切如此。后数月,复取本追改云:“岂爱京师传谷口,但知乡里胜壶头。”至今集中两本并存。[④]

至于他的“春风又绿江南岸”[⑤]中的“绿”字改动之妙,则成了作诗炼字的经典。他的绝句,常常在有限的语言范围内,情与景会,妙然天成,达到高超的圆融境界。如他的绝句名篇《书湖阴先生壁》,不但用典工整,语言清新,且有着回味深长的艺术魅力:

茅檐长扫静无苔,花木成畦手自栽。

一水护田将绿绕,两山排闼送青来。[⑥]

---

①魏庆之:《诗人玉屑》卷七,中华书局,2007年,第202页。

②严羽著、郭邵虞校释:《沧浪诗话校释》,人民文学出版社,1961年,第59页。

③王安石:《临川先生文集》卷三十一《题张司业诗》,中华书局,1959年,第341页。

④叶梦得:《石林诗话》卷上,中华书局,1991年,第2-3页。

⑤王安石:《临川先生文集》卷二十九,中华书局,1959年,第331页。

⑥同⑤,第327页。

还有《金陵即事三首》之二，亦是意在言外，给人以无限沧桑之感：

结绮临春歌舞地，荒蹊狭巷两三家。

东风漫漫吹桃李，非复当时仗外花。①

至于说理议论的特点，在其集中也所在多有，但说理却不显浅白，而是别有诗趣，如《登飞来峰》一诗，寓理于事，气势高远，与干巴巴的说教迥然不同：

飞来峰上千寻塔，闻说鸡鸣见日升。

不畏浮云遮望眼，自缘身在最高层。②

王安石的咏史诗常能翻新出奇，别出新意，如《明妃曲二首》，就一反前代诗人为昭君远嫁抱屈致憾的心态，表达了"人生乐在相知心"③的崭新视角。

王安石被人称为"拗相公"，有着倔强的个性，这一性格不仅表现于他的政治实践，也在其诗歌中流露无遗。他晚年的诗歌，如英雄暮年，仍壮心不已，心有不甘，却又无可奈何。下面的几首绝句所抒发的都是他那孤傲而又不无悲凉的心境：

墙角数枝梅，凌寒独自开。

遥知不是雪，为有暗香来。④

——《梅花》

一陂春水绕花身，身影妖娆各占春。

纵被东风吹作雪，绝胜南陌碾成尘。⑤

——《北陂杏花》

载酒欲寻江上舟，出门无路水交流。

黄昏独倚春风立，看却花飞触地愁。⑥

——《载酒》

"庾信文章老更成"⑦，王安石的诗歌，也是老成而更至化境。虽有事业的自

①王安石：《临川先生文集》卷三十，中华书局，1959年，第333页。

②王安石：《临川先生文集》卷三十四，中华书局，1959年，第373-374页。

③王安石：《临川先生文集》卷四，中华书局，1959年，第113页。

④王安石：《临川先生文集》卷二十六，中华书局，1959年，第305页。

⑤王安石：《临川先生文集》卷二十八，中华书局，1959年，第319页。

⑥同①，第338页。

⑦杜甫著、仇兆鳌注：《杜诗详注》卷十一，中华书局，1979年，第898页。

期,王安石也不免晚景凄凉之痛,如他的《葛溪驿》,读来让人真有悲凉萧瑟之感:

缺月昏昏夜未央,一灯明灭照秋床。
病身最觉风露早,归梦不知山水长。
坐感岁时歌慷慨,起看天地色凄凉。
鸣蝉更乱行人耳,正抱疏桐叶半黄。①

与王安石同时的 ,还有曾巩、司马光等人,也都为宋诗的繁荣作出了贡献。

曾巩的诗作,方回在《瀛奎律髓》中评论道:"子固诗一扫昆体,所谓饾饤刻画咸无之,平实清健,自为一家。"②相对于其散文成就,他的诗歌就显得逊色,也有清新可爱的诗作,如《城南二首》之一,就写得生动活泼:

雨过横塘水满堤, 乱山高下路东西。
一番桃李花开尽, 惟有青青草色齐。③

司马光的文学成就主要是其史传文章和散文,不以诗歌名家,在文学思想上他注重文学的实用价值,但仍留有不少诗歌作品,其中不乏清新精警之作,如《初到洛中书怀》,直抒胸臆,质直朴素:

三十余年西复东,劳生薄宦等飞蓬。
所存旧业惟清白,不负明君有朴忠。
早避喧烦真得策,未逢危辱好收功。
太平触处农桑满,赢取闾阎鹤发翁。④

再如《夏日西斋书事》,亦是笔意老到,意新语工:

榴花映叶未全开,槐影沉沉雨势来。
小院地偏人不到,满庭鸟迹印苍苔。⑤

(二)苏轼的诗歌理论及创作

苏轼是宋代诗坛的天才诗人之一, 其诗其文在整个中国古代文学史上也是巍然大家,代表了宋代文学的最高成就,他的诗歌创作,可以看成是唐诗向宋诗转型完成的标志。

①王安石:《临川先生文集》卷二十四,中华书局,1959年,第280页。
②方回:《瀛奎律髓汇评》卷十六,上海古籍出版社,1986年,第620页。
③《曾巩集》卷八,中华书局,1984年,第131页。
④司马光:《温国文正司马公文集》卷十一,上海书店,1989年,第10页。
⑤司马光:《温国文正司马公文集》卷六,上海书店,1989年,第1页。

李泽厚曾说:“苏轼一生并未退隐,也从未真正‘归田’,但他通过诗文所表达出来的那种人生空漠之感,却比前人任何口头上或事实上的‘退隐’、‘归田’、‘遁世’要更深刻更沉重。因为,苏轼诗文中所表达出来的这种‘退隐’心绪,已不只是对政治的退避,而是一种对社会的退避……而是对整个人生、世上的纷纷扰扰究竟有何目的和意义这个根本问题的怀疑、厌倦和企求解脱和舍弃。”①苏轼诗文中所表现出的这种深沉的孤寂和迷惘,实际上表达了人类身处自然之中的那种永远的孤立感,它超越了一时一地的局限,可以说是人类永难摆脱的疑问。当然,苏轼诗中的思想也带有他所处时代的痕迹。当时的宋王朝处于较为稳定的时期,儒家文化的发展,庶族士人的崛起,忧患意识的积累,使他们已不同于此前的六朝或唐代的文人,没有了那时青春般的率性和激情,无论是王羲之“修短随化,终期于尽”②的感慨,还是李白“浮生若梦,为欢几何”③的追问,都已被渐趋成熟的理性代替。可理性终究有其局限,人的情感终究要寻找排遣的出口,苏轼浸润于儒释道三家,又不为所缚,以其天纵之才,于入世之中心游物外,从平常境遇中妙悟神驰,从而能在诗文中营造出一片心灵的净土。

苏轼于嘉祐二年(1057)中进士,主持科举者是欧阳修,在朝执政者也多是当年庆历新政的支持者,苏轼踏上文坛时,正是宋学转型的关键时期,他也达到了超越前辈的杰出造诣。苏轼的思想里,虽也有着报答君主知遇之恩的“忠君”成分,但在对个性自由的追求上,对创作自由的追求上,更为强烈。在嘉祐六年(1061)应制科考试时,他曾写道:“夫天下者,非君有也,天下使君主之耳。”④正是有了这种时代思想的最强音,苏轼的人生尽管跌宕起伏,但他总不向命运屈服,始终高扬主体意识,深入体悟与探究人生的意义。可以说他身上充分展现了新一代士人的文化深度与广度,显示出宋文化的辉煌成就,“这种精神,体现于文艺思想便是将文学作品的现实性、批判性与崇尚创作的自由,提到一个新的高度”⑤。

在诗歌创作及理论上,苏轼有着较为开阔的视野和见解。苏轼诗中不乏豪放之作,但他后期对平淡的诗风特别推崇,尤其是对陶渊明的诗作极为喜爱:“吾于

①李泽厚:《美学三书》,天津社会科学院出版社,2003年,第146页。

②吴楚材:《古文观止》卷七,安徽人民出版社,2005年,第169页。

③李白著、瞿蜕园等校注:《李白集校注》卷二十七,上海古籍出版社,1980年,第1590页。

④《苏轼文集》卷九,中华书局,1986年,第299页。

⑤顾易生等:《中国文学批评通史:宋金元卷》,上海古籍出版社,1996年,第145页。

诗人，无所甚好，独好渊明之诗。渊明作诗不多，然其诗质而实绮，癯而实腴，自曹、刘、鲍、谢、李、杜诸人，皆莫及也。"①苏轼认为作诗要有为而发，且要讲究新意，但又不能一味翻空出奇来显示创新："诗须要有为而作，用事当以故为新，以俗为雅。好奇务新，乃诗之病。柳子厚晚年诗极似陶渊明，知诗病者也。"②这种诗歌的风格，看似平淡，实则包含深厚的意蕴："所贵乎枯淡者，谓其外枯而中膏，似淡而实美，渊明、子厚之流是也。若中边皆枯，亦何足道。"③

苏轼的诗歌，极大地丰富了宋诗的表现手法与表现领域，达到了宋诗的一个高峰，真正体现出了宋诗的崭新风貌，各体兼备，无处不工，如入高山大海，有层出不穷的美景和妙处。他的古体诗、近体诗，还有新兴的小词，均取得了非凡的成就。他把宋诗的表现范围进一步扩大，抒情、写景、议论，喜怒哀乐，都能融入笔端。

苏轼善于从日常生活中提炼诗思，立意精巧，情趣盎然。如他那首为人称道的《和子由渑池怀旧》，写的虽是寻常事，却有着耐人寻味的无穷余韵：

人生到处知何似？应似飞鸿踏雪泥。
雪上偶然留指爪，鸿飞那复计东西。
老僧已死成新塔，坏壁无由见旧题。
往日崎岖还记否？路长人困蹇驴嘶。④

苏轼诗中不乏意气豪放之作，如《有美堂暴雨》、《百步洪》、《游金山寺》等，但更具艺术魅力的是他那些抒情遣怀之作。如《中秋月》一诗，短短二十八字之中，即包含着无尽的人生感悟，苍凉寥廓，摄人心魄：

暮云收尽溢清寒，银汉无声转玉盘。
此生此夜不长好，明月明年何处看？⑤

苏轼喜欢写古体诗，因其有较大的容量，更适合抒发诗人的情感。他的古体诗，曲折回环，富于变化和跳荡，毫无板滞的感觉。如《游金山寺》一诗，一气呵成，错落有致。宋人在诗中爱发议论，讲道理，苏轼诗中也有一些包含哲理的小诗，却

---

①《苏辙集·栾城后集》卷二十一《子瞻和陶渊明诗集引》，中华书局，1990年，第1110页。
②《苏轼文集》卷六十七，中华书局，1986年，第2109页。
③《苏轼文集》卷六十七，中华书局，1986年，第2109–2110页。
④苏轼著、冯应榴辑注：《苏轼诗集合注》卷三，上海古籍出版社，2001年，第90页。
⑤苏轼著、冯应榴辑注：《苏轼诗集合注》卷十五，上海古籍出版社，2001年，第728页。

涉笔成趣，不显枯燥。如《题西林壁》：

横看成岭侧成峰，远近高低各不同。

不识庐山真面目，只缘身在此山中。[①]

此外还有题画诗和评画诗，在苏轼手中也是佳作迭出。如他脍炙人口的《惠崇春江晚景》，写景生动，还富有深刻的哲理：

竹外桃花三两枝，春江水暖鸭先知。

蒌蒿满地芦芽短，正是河豚欲上时。[②]

苏轼诗中往往富有生活的意趣，“天机洋溢，意趣活泼，诚中形外，有触即发，自在流出，毫不费力”[③]。苏轼生活于理学蓬勃兴起的时期，谈性说理是当时的流行风尚，但苏轼没有理学家的偏激和固执，不把“礼”或“理”看得高不可攀：“夫礼之初，始诸人情，因其所安者而为之节文……今儒者之论则不然，以为礼者，圣人之所独尊，而天下之事最难成者也；牵于繁文，而拘于小说，有毫毛之差，则终身以为不可。”[④]苏轼有着一颗平常心，不为过激之论，不为外物所惑，虽然一生饱经宦海沉浮，但他始终有着乐观的精神，能心游物外，以达观的心态面对人生，他的诗歌，实际上正是他这种心境的写照。他曾自述：“君子可以寓意于物，而不可以留意于物。寓意于物，虽微物足以为乐，虽尤物不足以为病；留意于物，虽微物足以为病，虽尤物不足以为乐。”[⑤]他贬谪海南，备尝艰苦，却以此为“奇绝”之游，处之泰然：

参横斗转欲三更，苦雨终风也解晴。

云散月明谁点缀，天容海色本澄清。

空余鲁叟乘桴意，粗识轩辕奏乐声。

九死南荒吾不恨，兹游奇绝冠平生。[⑥]

在诗歌语言上，苏轼可谓达到了圆融入化的境界，典故也好，口语也好，信手

①苏轼著、冯应榴辑注：《苏轼诗集合注》卷二十，上海古籍出版社，2001年，第1155页。

②苏轼著、冯应榴辑注：《苏轼诗集合注》卷二十六，上海古籍出版社，2001年，第1334页。

③朱庭珍：《筱园诗话》(〈续修四库全书〉本)卷一，第12页。

④《苏轼文集》卷二《礼以养人为本论》，中华书局，1986年，第49页。

⑤《苏轼文集》卷十一《宝绘堂记》，中华书局，1986年，第356页。

⑥苏轼著、冯应榴辑注：《苏轼诗集合注》卷四十三《六月二十日夜渡海》，上海古籍出版社，2001年，第2218页。

拈来,浑然天成。如下面两首绝句,语言直白却不使人有浅俗之感:

黑云翻墨未遮山,白雨跳珠乱入船。

卷地风来忽吹散,望湖楼下水如天。[①]

——《六月二十七日望湖楼醉书五绝》之一

水光潋滟晴方好,山色空濛雨亦奇。

欲把西湖比西子,淡妆浓抹总相宜。[②]

——《饮湖上初晴后雨》

苏轼追求艺术的多样性,提倡文学风格的多元化,"短长肥瘦各有态,玉环飞燕谁敢憎"[③],故而他批评王安石执政后的文化专制政策:"文字之衰,未有如今日者,其源实出于王氏。王氏之文未必不善也,而患在好使人同己。自孔氏不能使人同。颜渊之仁、子路之勇不能以相移,而王氏欲以其学同天下。地之美者同于生物而不同于所生,惟荒瘠斥卤之地,弥望皆黄茅白苇,此则王氏之同也。"[④]可以说,宋诗发展至苏轼,才真正呈现出一派蔚然大观。南宋陈善认为,欧阳修"能变国朝文格,而不能变诗格,及荆公、苏、黄辈出,然后诗格遂极于高古"[⑤]。明代李东阳也说:"汉魏以前,诗格简古,世间一切细事长语,皆著不得,其势必久而渐穷,赖杜诗一出,乃稍为开扩,庶几可尽天下之情事。韩一衍之,苏再衍之,于是情与事无不可尽。而其为格,亦渐粗矣。然非其宏才博学,逢源而泛应,谁与开后学之路哉?"[⑥]苏诗的出现,奠定了宋诗根基,也为宋诗争得了与唐诗并驾齐驱的地位。赵翼评道:"以文为诗,自昌黎始;至东坡益大放厥词,别开生面,成一代之大观。今试平心读之,大概才思横溢,触处生春。胸中书卷繁富,又足以供其左旋右抽,无不如志。其尤不可及者,天生健笔一枝,爽如哀梨,快如并剪,有必达之隐,无难显之情:此所以继李、杜后为一大家也。"[⑦]

①苏轼著、冯应榴辑注:《苏轼诗集合注》卷七,上海古籍出版社,2001年,第318页。

②苏轼著、冯应榴辑注:《苏轼诗集合注》卷九,上海古籍出版社,2001年,第404页。

③苏轼著、冯应榴辑注:《苏轼诗集合注》卷八《孙莘老求墨妙亭诗》,上海古籍出版社,2001年,第348页。

④《苏轼文集》卷四十九《答张文潜县丞书》,中华书局,1986年,第1427页。

⑤陈善:《扪虱新话》下集卷三,中华书局,1985年,第77页。

⑥李东阳、李庆立:《怀麓堂诗话校释》,人民文学出版社,2009年,第205页。

⑦赵翼:《瓯北诗话》卷五,人民文学出版社,1963年,第56页。

第三节　庆历之际的古文运动

一、欧阳修领导的古文运动

庆历之际古文的转型，表现为古文运动的兴起，他们揭橥起“文以载道”的文学旗帜。在文道关系上，鉴于六朝的绮丽文风及唐代文化政策的偏离儒学，宋人认为正是文学与政治教化功能的分离，使得文与道疏远，从而导致了中晚唐社会离心力的加强，社会凝聚力的下降，也导致了藩镇割据及五代分崩离析的动荡局面。他们把所有的问题都算到了思想和文化的头上，因而在宋代就产生了针对之前的思想文化的反思，加强皇权的权威，或者说加强中央政府的权威，是当时知识界的共识，这种共识影响所及，政治上就是尊王的思潮，文化上就是儒家思想的回归，文学观念上则是文道关系的进一步强化。与唐代韩、柳古文运动时所提倡的“道”相比，庆历之际的古文运动也秉承“文以载道”观点，但这“道”已有所变化，不同于韩愈所提倡的尧、舜、禹、汤以至周公、孔、孟一以贯之的稍显笼统而偏于政治教化的一面，宋人已将之扩展，特别是重视心性修养的理学正在兴起，宋人对“道”的理解也有了时代新义，从偏于外部的政教之治道转为重视内在人格的道德修养。关于“道”的含义，欧阳修有过论述：

闻古人之于学也，讲之深而言之笃，其充于中者足，而后发乎外者大以光。譬夫金玉之有英华，非由磨饰染濯之所为，而由其质性坚实，而光辉之发自然也。《易》之《大畜》曰：“刚健笃实，辉光日新。”谓夫畜于其内者实，而后发为光辉者日益新而不竭也。故其文曰“君子多识前言往行，以畜其德”，此之谓也。①

唐、虞之道为百王首，仲尼之叹曰“荡荡乎”！谓高深闳大而不可名也。及夫二《典》，述之炳然，使后世尊崇仰望不可及。其严若天，然则《书》之言岂不高邪？然其事不过于亲九族，平百姓，忧水患，问臣下谁可任，以女妻舜，及祀山川，见诸侯，齐律度，谨权衡，使臣下诛放四罪而已。孔子之后，惟孟轲最知道，然其言不过于教人树桑麻，畜鸡豚，以谓养生送死为王道之本。夫二《典》之文，岂不为文？孟轲之言道，岂不为道？而其事乃世人之甚易知而近者，盖切于事实而已。②

所谓“充于中者足”，“畜于其内者实”，都是着眼于个人内在的道德修养；“树桑麻，畜鸡豚，以谓养生送死为王道之本”，又把“道”贴近了百姓的日常生活，

①《欧阳修全集》卷七十，中华书局，2001年，第1024页。

②《欧阳修全集》卷六十七，中华书局，2001年，第979页。

使之更具有可操作性和现实意义。这种文学批评观的转变,刘明今称之为审美超越意识中"教化美刺的超越":"这就将唐人侧重文学外部意义的'文以明道'之说转化为宋人以明心见性为本的文道合一之论,文学的意义有了新的阐发。以外部教化美刺的作用论文学,文学的意义非常明确,被限制得很死;而以明心见性的文道合一论来论文学,由于对心性的理解各不相同,对道的理解也不一致,对文学的认识便宽泛了。"①

"道"的内涵有了变化,文章的风格也相应发生了变化,宋文呈现出平易自然的风格,这种平易自然的文风特点,也有着时代大环境渐趋平民化的体现。汉赋也好,六朝以来的四六文也好,更多的带有贵族阶层的审美时尚,而宋代社会,文化的普及,士人的平民化出身,在文学观上则表现为平民大众的色彩强化,平易自然,才能更好地表达,更好地传播,而非炫耀才华或张扬声势,于是平淡自然之风成为宋代文学的主流风尚。这一平易的风格,不仅体现于语言的流畅及口语化的加强,也见于内容的日常生活化及"俗化"。

宋初已有柳开等人倡导古文,但当时流行的主要还是承袭唐代而来的四六骈文。西昆体盛行,在诗歌上表现为追随李商隐,以繁辞缛典为事;在文体上则是四六当行,科举时选拔士子也以之为取舍。随着庆历之际寒门士人的兴起,他们不但要求在政治上求变,在经学、文学诸方面也要改变原有局面,文学的革新也一直是他们关注的目标。早在宋真宗时即诏戒过西昆体诗人之浮靡流宕,虽然是因昆体诗人引用前代掖庭之事影射真宗所致,"词涉浮靡"的诗风也是他们被人垢病的重要原因②。仁宗初年,范仲淹在《奏上时务书》里呼吁"救斯文之薄",以"兴复古道"③,后来宋仁宗于天圣七年(1029)下诏,指责文士著作"多涉浮华",并认为"文章所宗,必以理实为要……庶有裨于国教,期增阐于儒风"④。

(一)穆修的古文

穆修(979—1032)卒于仁宗亲政之前,属于庆历初期的一位作者,他的文学创作,也正好为庆历之际的古文运动兴起起到了承上启下的作用。穆修的时代,

①刘明今:《中国古代文学思想理论体系:方法论》,复旦大学出版社,2000年,第137页。
②李焘:《续资治通鉴长编》卷七十一,中华书局,2004年,第1589页。
③《范仲淹全集》卷九,凤凰出版社,2004年,第173页。
④徐松:《宋会要辑稿·选举》三之十六至十七,中华书局,1957年,第4269-4270页。

正是杨亿、刘筠等人倡导的西昆体盛行之时，欧阳修曾说过当时的文坛状况："是时，天下学者杨、刘之作，号为时文，能者取科第、擅时名，以夸荣当世，未尝有道韩文者。"[①]穆修的文学观及创作特色颇与柳开相似，均倡导韩、柳之文，强调文以载道，反对当时的浮华文风。

穆修描述过当时的文风："今世士子，习尚浅近，非章句声偶之辞，不置耳目，浮轨滥辙，相迹而奔，靡有异途焉。其间独敢以古文语者，则与语怪者同也，众又排诟之，罪毁之，不目以为迂，则指以为惑。"[②]他大力推崇韩愈、柳宗元之文，认为"苟至于古，则践立言之域，舍二先生而不由，虽曰能之，非余所敢知也"[③]，但当时由于科举考试的导向等因素，穆修一人之力毕竟势单力薄，难以扭转局面，直至欧阳修等人继起，才彻底改变这种专重"章句声偶"的弊端。

穆修的文学创作正处于庆历之际的初期，他对于欧阳修等壮大的古文运动有着直接的引领作用。《宋史》本传里曾说到他的影响："自五代文弊，国初柳开始为古文，其后杨亿、刘筠尚声偶之辞，天下学者靡然从之。修于是时独以古文称。苏舜钦兄弟多从之游。修虽穷死，然一时士大夫称能文者，必曰穆参军。"[④]

（二）范仲淹的古文

范仲淹本人也有着极高的文学成就，虽然不以文学知名，但诗文均有佳作传世。特别是他的散文，骈散兼行，气势充沛，有很强的感染力。如他的名篇《岳阳楼记》，写景时，情景交融："若夫霪雨霏霏，连月不开，阴风怒号，浊浪排空；日星隐曜，山岳潜形；商旅不行，樯倾楫摧；薄暮冥冥，虎啸猿啼。登斯楼也，则有去国怀乡，忧谗畏讥，满目萧然，感极而悲者矣。至若春和景明，波澜不惊，上下天光，一碧万顷；沙鸥翔集，锦鳞游泳；岸芷汀兰，郁郁青青。而或长烟一空，皓月千里，浮光跃金，静影沉璧，渔歌互答，此乐何极！登斯楼也，则有心旷神怡，宠辱偕忘，把酒临风，其喜洋洋者矣。"[⑤]议论时，立论高远："先天下之忧而忧，后天下之乐而乐。"[⑥]作者的博大情怀，加上优美的文笔，使全文叙事、写景、议论浑然一体，短短

①《欧阳修全集》卷七十三《忆旧本韩文后》，中华书局，2001年，第1056页。

②穆修：《河南穆公集》卷二《答乔适书》，商务印书馆，1926年，第1页。

③穆修：《河南穆公集》卷二《唐柳先生集后序》，商务印书馆，1926年，第11页。

④《宋史》卷四百四十二，中华书局，1985年，第13070页。

⑤《范仲淹全集》卷八，中华书局，2001年，第168页。

⑥同⑤，第169页。

的数百字,却成了宋代古文中的经典。《岳阳楼记》的语言,也颇有创新,据《后山诗话》载:"范文正为《岳阳楼记》,用对语说时景,世以为奇。尹师鲁读之曰:'《传奇》体尔!'"[①]所谓《传奇》体,是指唐代裴铏所著《传奇》小说类的语言风格,即多用四言排比句。尹洙所言,似有不屑之意,从中也可看出范仲淹在文体语言上的灵活运用和创造性发展。

还有他的《桐庐郡严先生祠堂记》,也是一篇思想与语言相得益彰的名篇,文中以严子陵与汉光武帝互相烘托,抒写出光武帝的包容之量与严子陵的高尚之志:"盖先生之心,出乎日月之上;光武之量,包乎天地之外。微先生不能成光武之大,微光武,岂能遂先生之高哉?"[②]结尾的"云山苍苍,江水泱泱,先生之风,山高水长"[③],更是言简意赅,余味无穷。可以说范仲淹的散文创作,已为宋文初步确立了典范。

(三)欧阳修的古文

宋文的真正崛起,是在以欧阳修为领袖的文学团体的出现,他们以各自的文学成就开创了宋代文学的繁荣。欧阳修在创作上遵循韩愈、柳宗元的古文运动理论和实践路径,并推陈出新,形成了自己独具一格的文体风格,使得古文最终取代骈文,实现了宋代文学领域的成功转型。

在理论上,欧阳修同样秉承韩愈"文以载道"的观点,认为"大抵道胜者,文不难而自至也",反对那种"弃百事不关于心"[④]的无病呻吟。他所主张的"道",当然是以儒家为主导的思想道德体系,但更是体现于百姓日用常行之中的"树桑麻,畜鸡豚,以谓养生送死为王道之本"[⑤]。他认为文章要有纯粹充实的"道",这样才能使之有文采:"道纯则充于中者实,中充实则发为文者辉光。"[⑥]但文采也有其重要地位,只有内容和文采相得益彰,才能使文章传之久远:"君子之所学也,言以载事而文以饰言,事信言文,乃能表见于后世。"[⑦]他虽然反对西昆体,但并不是像

①吴文治:《宋诗话全编》第二册之《陈师道诗话》,江苏古籍出版社,1998年,第1023页。
②《范仲淹全集》卷八,凤凰出版社,2004年,第164-165页。
③《范仲淹全集》卷八,凤凰出版社,2004年,第165页。
④《欧阳修全集》卷四十七《答吴充秀才书》,中华书局,2001年,第664页。
⑤《欧阳修全集》卷六十七,中华书局,2001年,第979页。
⑥《欧阳修全集》卷六十九《答祖择之书》,中华书局,2001年,第1010页。
⑦《欧阳修全集》卷六十八《代人上王枢密求先集序书》,中华书局,2001年,第984页。

石介等经学家那样走极端，而是有所去取，吸收他们文体中有益的方面，“偶俪之文，苟合于理，未必为非，故不是此而非彼也”[①]。欧阳修早年在钱惟演幕府也曾受到过西昆派诸人的沾溉，他称赞杨亿“真一代之文豪也”[②]，而且在对待文章的功能上，也不像当时一些经学家那样偏激地仅仅以文章为道之附庸，欧阳修认识到文学有自身的相对独立性，“如唐之刘、柳无称于事业，而姚、宋不见于文章”[③]，故而他的文学观点更为公允，其文风也较为纾缓平和，学习韩愈而没有韩文的险僻之习。他反对侈言古道的高谈阔论，主张务实平易的文风，提倡“简而有法”[④]的语言风格。

欧阳修主张文章要联系现实，要有学养见识：“才识兼通，然后其文博辩而深切，中于时病而不为空言。”[⑤]这一点在他的政论文中体现得尤为突出。政论文在欧阳修的文集中占了很大一部分，针对当时的现实，欧阳修在政治、经济、军事、外交诸多方面提出自己的见解，不避权贵，直言无隐。如《朋党论》针对反对派对改革团体的指责，提出了“君子之朋”与“小人之朋”的区别，并论述了只有君子才有真正的“朋党”，小人则是利尽即交散，没有真正的朋友的观点，文章论古说今，很有说服力。在《与高司谏书》中，他为遭到贬谪的范仲淹辩护，对高若讷身为言官不能主持正义却反而落井下石的行径予以指责，语言犀利，事理简明，在当时即引起极大的影响。其他如《本论》、《准诏言事上书》等，均能针对当时政治的症结，给出中肯的建议。

欧阳修的史论文，也很有特色。他在《新五代史》中，沿袭以往史传的评论传统，结合史实，针对现实，意在给统治者以启迪和警戒。如他的史评名篇《五代史伶官传序》，通过后唐庄宗李存勖兴亡的典型事例，说明国家的“盛衰之理”，非由天命，实由人事，摆脱了天命循环的迷信，表现了他对国家兴亡的人文理性观点：

呜呼！盛衰之理，虽曰天命，岂非人事哉！原庄宗之所以得天下，与其所以失之者，可以知之矣。言晋王之将终也，以三矢赐庄宗而告之曰：“梁，吾仇也；燕王，吾所立；契丹，与吾约为兄弟；而皆背晋以归梁。此三者，吾遗恨也。与尔三矢，

①《欧阳修全集》卷七十二《论尹师鲁墓志》，中华书局，2001年，第1046页。

②《欧阳修全集》卷一百二十六《归田录》，中华书局，2001年，第1923页。

③《欧阳修全集》卷四十三《薛简肃公文集序》，中华书局，2001年，第618页。

④《欧阳修全集》卷二十八《尹师鲁墓志铭》，中华书局，2001年，第432页。

⑤《欧阳修全集》卷六十八《与黄校书论文章书》，中华书局，2001年，第988页。

尔其无忘乃父之志!”庄宗受而藏之于庙。其后用兵,则遣从事以一少牢告庙,请其矢,盛以锦囊,负而前驱,及凯旋而纳之。方其系燕父子以组,函梁君臣之首,入于太庙,还矢先王,而告以成功,其意气之盛,可谓壮哉!及仇雠已灭,天下已定,一夫夜呼,乱者四应,仓皇东出,未及见贼而士卒离散,君臣相顾,不知所归;至于誓天断发,泣下沾襟,何其衰也!岂得之难而失之易欤,抑本其成败之迹,而皆自于人欤?书曰:“满招损,谦受益。”忧劳可以兴国,逸豫可以亡身,自然之理也。故方其盛也,举天下之豪杰,莫能与之争;及其衰也,数十伶人困之,而身死国灭,为天下笑。夫祸患常积于忽微,而智勇多困于所溺,岂独伶人也哉![①]

在抒情散文上,欧阳修也取得了很高的成就。这类文章也是欧阳修作品中向来为人称道的一类。他曾因大胆抨击时政遭忌,多次贬官外地,在这些地方,他不为遭贬所屈,依然保持着乐观的精神,并在所到之处勤政爱民,游赏遣兴,留下了大量的抒情写景之作, 表达他不屈的精神和超然的胸怀,《醉翁亭记》、《丰乐亭记》等,就是其中的代表作。他创作的小赋,融合骈散,如《鸣蝉赋》、《秋声赋》等,开启后来此类抒情小赋的先河。如他的《秋声赋》,以秋为题,抒发人生易老的无限悲凉凄怆感。欧阳修的碑铭文章也很出色,著名的有《尹师鲁墓志铭》、《祭石曼卿文》、《泷冈阡表》等。

对于欧阳修的文体特色,同是“唐宋八大家”之一的苏洵曾有过概括:“执事之文,纡余委备,往复百折,而条达疏畅,无所间断;气尽语极,急言竭论,而容与闲易,无艰难劳苦之态。”[②]苏洵准确地写出了欧阳修文风的特点及其与前人文章的区别。古文这种文体,经过韩、柳等人的理论及创作实践,到了宋代,得到了进一步的发展,宋人对于韩、柳古文的创新精神和语言上的简洁流畅加以继承,抛弃了他们求怪求异的一面,文风更趋于成熟完美,使得古文最终占据了此后的文坛主流。

仁宗嘉祐二年(1057),欧阳修还利用知贡举的机会,对当时流行的“太学体”痛加裁抑, 使得这种当初为了纠正西昆体弊端却走上了另一极端的怪癖险拗的文风终至消歇:“先是,进士益相习为奇僻,钩章棘句,浸失浑淳,修深疾之,遂痛加裁抑,仍严禁挟书者。及试榜出,时所推誉,皆不在选。嚣薄之士,候修晨朝,群聚诋斥之,至街司逻吏不能止;或为《祭欧阳修文》投其家,卒不能求其主名置于

①《新五代史》卷三十七,中华书局,1974年,第397页。

②《嘉祐集笺注》卷十二《上欧阳内翰书第一书》,上海古籍出版社,2001年,第328-329页。

法。然文体自是亦少变。”①

欧阳修利用他的文坛声望，善于提携后进，识拔人才，在他周围，聚集了一批有着相同观点的文学同道，他们共同努力，切磋探讨，一同促成了庆历之际文学的繁荣。特别是他对后学的培养，对于宋代学术及文化的形成起到了非常关键的作用，这一点苏轼曾有过论述：“宋兴七十余年，民不知兵，富而教之，至天圣、景祐极矣，而斯文终有愧于古。士亦因陋守旧，论卑气弱。自欧阳子出，天下争自濯磨，以通经学古为高，以救时行道为贤，以犯颜纳谏为忠。长育成就，至嘉祐末，号称多士。欧阳子之功为多。”②

范仲淹在庆历八年(1048)作《尹师鲁<河南集>序》，就已指出欧阳修变革文风的贡献：“洛阳尹师鲁，少有高识，不逐时辈，从穆伯长游，力为古文。而师鲁深于《春秋》，故其文谨严，辞约而理精，章奏疏议，大见风采，士林方耸慕焉。遽得欧阳永叔，从而大振之，由是天下之文一变而古，其深有功于道欤！”③《宋史》中也提到欧阳修对于宋代古文发展的贡献：“庐陵欧阳修出，以古文倡，临川王安石、眉山苏轼、南丰曾巩起而和之，宋文日趋于古矣。”④

（四）苏舜钦、尹洙、曾巩等人的古文

除欧阳修外，与他同时的学者文人中也有不少人发出了变革文风的呼吁。与欧阳修同修《新唐书》的宋祁就提出过文风创新的主张：

夫文章必自名一家，然后可以传不朽。若体规画圆，准方作矩，终为人之臣仆。古人讥屋下作屋，信然。陆机曰：“谢朝华于已披，启夕秀于未振”；韩愈曰：“唯陈言之务去”。此乃为文之要。⑤

在古文创作上，当时以古文著名的还有苏舜钦、石曼卿、尹洙，以及欧门弟子或后学如曾巩、王安石、苏轼等。

苏舜钦的古文，欧阳修《苏氏文集序》谓之“子美之齿少于予，而予学古文反在其后”，可见苏舜钦的古文创作还要早于欧阳修。在古文的创作上，苏舜钦主张文章要归于“道义”，强调文学的教化功能：“尝谓人之所有为人者，言也。言也

①李焘：《续资治通鉴长编》卷一百八十五，中华书局，2004年，第4467页。

②《苏轼文集》卷十《六一居士集叙》，中华书局，1986年，第316页。

③《范仲淹全集》卷八，凤凰出版社，2004年，第158页。

④《宋史》卷四百三十九，中华书局，1985年，第12997页。

⑤ 宋祁：《宋景文公笔记》卷上，中华书局，1985年，第4页。

者,必归于道义。道与义泽于物而后已,至是则斯为不朽矣!故每属文,不敢雕琢以害正。"[①]苏舜钦因英年早逝,散文创作上没能进一步发展,但也留下一些文辞优美的作品。如《沧浪亭记》,其中一段描写沧浪亭周围景色,接着言及自己的心境,情与景会,感慨深远:

前竹后水,水之阳又竹无穷极,澄川翠干,光影会合于轩户之间,尤与风月为相宜。予时榜小舟,幅巾以往,至则洒然忘其归,箕而浩歌,踞而仰啸,野老不至,鱼鸟共乐,形骸既适则神不烦,观听无邪则道以明。返思向之汩汩荣辱之场,日与锱铢利害相磨戛,隔此真趣,不亦鄙哉![②]

尹洙、尹渐兄弟,曾从穆修受学古文,范仲淹曾对尹洙变革文风的贡献予以赞扬:"师鲁深于《春秋》,故其文谨严,辞约而理精,章奏疏议,大见风采。士林方耸慕焉,遽得欧阳永叔,从而大振之,由是天下之文一变而古,其深有功于道欤!"[③]此外还有石曼卿的古文,也曾得到时人的称许。

曾巩的古文,在宋代的古文发展史上有着重要的地位。王安石曾评为:"曾子文章众无有,水之江汉星之斗。"[④]其文严谨有法,富有条理,思想观点较为符合儒家的忠厚纯正之"道",文风醇厚雅致,故而深得后来理学家的喜爱。朱熹就深致欣赏:"余年二十许时,便喜读南丰先生之文而窃慕效之,竟以才力浅短,不能遂其所愿。今五十年,乃得见其遗墨,简严静重,盖亦如其为文也。"[⑤]并且"爱其词严而理正,居尝诵习,以为人之为言必当如此,乃为非苟作者[⑥]。"束景南先生认为:"朱熹的慕好南丰不仅是因为他的文章'词严',更主要的还是'理正'。曾巩作为一个古文大家和诗人,早于濂洛诸儒已发明理学,以具有自己的理学思想体系而在唐宋八大家中独树一帜,后村刘克庄就说:'曾子固发明理学在伊洛之先,与欧齐名,为宋儒宗。'"[⑦]曾巩的古文风格,较为醇和平正,他继承了欧阳修散文平易圆融的风格,又增加了些许的法度,平稳有节,使人觉得有章法可依,故而在后世

①《苏舜钦集》卷九,上海古籍出版社,1981年,第95页。

②《苏舜钦集》卷十三,上海古籍出版社,1981年,第158页。

③《范仲淹全集》卷八《尹师鲁河南集序》,凤凰出版社,2004年,第158页。

④王安石:《临川先生文集》卷十三《赠曾子固》,中华书局,1959年,第188页。

⑤《朱熹集》卷八十四《跋曾南丰帖》,四川教育出版社,1996年,第4338页。

⑥《朱熹集》卷八十三《跋曾南丰帖》,四川教育出版社,1996年,第4281页。

⑦束景南:《朱子大传》,福建教育出版社,1992年,第86-87页。

的学者中有着极高的评价。

在文学思想上，曾巩主张“蓄道德而能文章”[①]，也即文与道的结合。他曾在《南齐书目录序》里提出所谓“良史”的四条标准：“古之所谓良史者，其明必足以周万事之理，其道必足以适天下之用，其智必足以通难知之意，其文必足以发难显之情，然后其任可得而称也。”[②]“良史”如此，文学又何尝不是如此，这也正是曾巩对于文学创作的标准。

他的目录序之类的文章也历来为人所称赏，如《战国策目录序》、《南齐书目录序》、《梁书目录序》等，通过对所序书中历史的评点，表达他的观点，思想见解独到，文风舒缓有致，有着从容不迫的节奏感。他的书信体文章，如《上欧阳舍人书》、《上蔡学士书》，叙述中夹带议论，娓娓道来，不觉冗长。还有他的杂记，也都体现了其平稳有致的风格。如《越州赵公救灾记》一文，叙议与抒情条理不紊，体现了作者的稳健文风。在《墨池记》中，他以王羲之的后天之学勉励诸生：“羲之之书晚乃善，则其所能，盖亦以精力自致者，非天成也。然后世未有能及者，岂其学不如彼邪？则学固岂可以少哉！况欲深造道德者邪？”[③]文章层层推进，由遗迹到书艺，最后归本于道德操行，显示了曾巩文章严谨雅正的特点。曾巩之文，《宋史》中评为：“立言于欧阳修、王安石间，纡徐而不烦，简奥而不晦，卓然自成一家”[④]。他学得了欧文的平易，又有着王文的简洁，《宋史》之评，的为定论。

二、王安石、苏轼等人的古文

（一）王安石的古文

王安石的古文，在北宋独具一格，风格雄奇峭拔，往往立意精警，语言简练，给人以戛然而止的感觉。他师法韩愈，深得其险奇之气。特别是其结语精练，惜墨如金，刘熙载谓之：“半山文善用揭过法，只下一二语，便可扫却他人数大段，是何简贵！”[⑤]

与韩愈、欧阳修一样，王安石同样注重文学的社会教化功能：“尝谓文者，礼教治政云尔……且所谓文者，务为有补于世而已矣；所谓辞者，犹器之有刻镂绘画也。诚使巧且华，不必适用；诚使适用，亦不必巧且华。要之以适用为本，以刻镂

①《曾巩集》卷十六，中华书局，1984 年，第 253 页。

②《曾巩集》卷十一，中华书局，1984 年，第 187 页。

③《曾巩集》卷十七，中华书局，1984 年，第 279 页。

④《宋史》卷三百一十九，中华书局，1985 年，第 10396 页。

⑤《刘熙载集·艺概》卷一，华东师范大学出版社，1993 年，第 75 页。

绘画为之容而已。"[1]从文学为政治服务的角度强调文的实用功能。为此他反对当时昆体时文那种雕章丽句的华而不实文风:"某尝患近世之文,辞弗顾于理,理弗顾于事,以襞积故实为有学,以雕绘语句为精新。譬之撷奇花之英,积而玩之,虽光华馨采,鲜缛可爱,求其根柢济用,则蔑如也。"[2]他的文章多针对现实有为而发,政论文、书信、序跋等体裁,都体现了他的这一文学主旨。

王安石主张变更法度,改革当时的因循苟且之风。他的政论性文章,都是紧密联系现实,针对现实问题有的放矢。他曾多次上书,表达自己的变革思想。在仁宗年间,他写了长达万言的《上仁宗皇帝言事书》,系统叙述其变立法度的思想。神宗时期,写下《本朝百年无事札子》,阐述变革的道理。他的政论文,叙事条理不紊,观点鲜明,有很强的说服力。他的书札类文章,如《答曾子固书》、《答司马谏议书》、《答吕吉甫书》等,与人辨别事理,讨论学术,简洁扼要,可否立见。如在《答司马谏议书》中,他针对司马光的指责,以皇帝做挡箭牌,把来信中的指责化实为虚,虽不无强词夺理之嫌,但气势充沛,自信不疑,有斩钉截铁的力度。

王安石的哀祭文章,如《祭王回深甫文》、《祭欧阳文忠公文》等,情深意切,寄意深远。特别是《祭欧阳文忠公文》,其中写到欧阳修的文章特点:"如公器质之深厚,智识之高远,而辅以学术之精微,故形于文章,见于议论,豪健俊伟,怪巧瑰琦。其积于中者,浩如江河之停蓄;其发于外者,烂如日星之光辉。其清音幽韵,凄如飘风急雨之骤至;其雄辞闳辩,快如轻车骏马之奔驰。世之学者,无问乎识与不识,而读其文则其人可知。"[3]这一段文字,不但概括出欧阳修的文章风格,本身也是词采华美,五彩灿然。

王安石的史评类小品文,能在简短的篇幅内发独到的议论,发人深思。《知人》以历史上王莽、杨广等史实论证知人之难。《读孟尝君传》一反传统说法,认为孟尝君并不是真正的知人:

世皆称孟尝君能得士,士以故归之;而卒赖其力以脱于虎豹之秦。嗟乎!孟尝君特鸡鸣狗盗之雄耳,岂足以言得士?不然,擅齐之强,得一士焉,宜可以南面而制秦,尚何取鸡鸣狗盗之力哉?夫鸡鸣狗盗之出其门,此士之所以不至也。[4]

①王安石:《临川先生文集》卷七十七,中华书局,1959年,第811页。
②王安石:《临川先生文集》卷七十六,中华书局,1959年,第799页。
③王安石:《临川先生文集》卷八十六,中华书局,1959年,第894页。
④王安石:《临川先生文集》卷七十一,中华书局,1959年,第756页。

他还有一些游记类杂文，说理、议论层层递进，回环往复而丝毫不显呆板，如《游褒禅山记》以登山探险来说明治学之道，《伤仲永》以仲永的神童变平庸说明后天学习的重要，都是叙议结合，议论精警。

（二）司马光的古文

司马光以史学家名世，其《资治通鉴》不仅在史学上是巍然高峰，在文学上也占有一席之地。在文学的功能上，他从服务于政治的角度看待文学的实用价值："光昔也闻诸师友曰：学者贵于行之，而不贵于知之；贵于有用，而不贵于无用……然则古之所谓文者，乃所谓礼乐之文，升降进退之容，弦歌雅颂之声，非今之所谓文也。今之所谓文者，古之辞也。孔子曰：'辞达而已矣'，明其足以通意斯止矣，无事于华藻宏辩也。"①

他的文风较为平实，这与其为人性格颇相吻合。邵伯温说他是"脚踏实地人"②，文章也朴素自然，不事雕琢。

司马光的《资治通鉴》，不仅在史学上以其体大思精、高才卓识著称，即使在文学上亦堪称典范，尤其是他把历史上诸多的重大事件，如赤壁之战、安史之乱等，写得栩栩如生，条理分明，是叙事文的经典，钱大昕誉之："《通鉴》之取材多有出于正史之外者，又能考诸史之异同而裁正之，昔人所言'事增于前，文省于旧'，唯《通鉴》可以当之。"③

另外，司马光的书札、杂记类文章也多有可读之处。如他的《谏院题名记》一文，短小精悍，言简意深：

古者谏无官，自公卿大夫，至于工商，无不得谏者。汉兴以来，始置官。夫以天下之政，四海之众，得失利病，萃于一官；使言之，其为任亦重矣。居是官者，当志其大，舍其细；先其急，后其缓；专利国家而不为身谋。彼汲汲于名者，犹汲汲于利也，其间相去何远哉？天禧初，真宗诏置谏官六员，责其职事。庆历中，钱君始书其名于版，光恐久而漫灭。嘉祐八年，刻于石。后之人将历指其名而议之曰："某也忠，某也诈，某也直，某也曲。"呜呼！可不惧哉！④

（三）三苏的古文

①司马光：《温国文正司马公文集》卷六十《答孔文仲司户书》，上海书店，1989年，第3页。

②邵伯温：《邵氏闻见录》卷十八，中华书局，1983年，第201页。

③钱大昕：《潜研堂集》卷二十八《跋柯维骐宋史新编》，上海古籍出版社，2009年，第497页。

④司马光：《温国文正司马公文集》卷六十六《谏院题名记》，上海书店，1989年，第6页。

1.苏洵的古文

苏洵的思想,本就有战国纵横家之风,在历史观上,他认为"陈胜、吴广,秦民之汤、武也"①,表现出不同于"醇儒"的"异端"色彩,发而为文字,亦有战国策士之风,纵横恣肆,变化多姿,眼光犀利,雄辩滔滔,有很强的说服力,被欧阳修称为"纵横上下,出入驰骤,必造于深微而后止"②,在宋代理学兴起的思想背境下,显得别具一格。

苏洵的文学观点,与他的经学思想一样,能够不囿于传统,有着新奇的眼光和开阔的视野。苏洵认为作文当如风生水起,贵乎充沛自然之势:

且兄尝见夫水之与风乎?油然而行,渊然而留,渟洄汪洋,满而上浮者,是水也,而风实起之。蓬蓬然而发乎大空,不终日而行乎四方,荡乎其无形,飘乎其远来,既往而不知其迹之所存者,是风也,而水实形之。今夫风水之相遭乎大泽之陂也,纡余委蛇,蜿蜒沦涟,安而相推,怒而相凌,舒而如云,蹙而如鳞,疾而如驰,徐而如徊,揖让旋辟,相顾而不前,其繁如縠,其乱如雾,纷纭郁扰,百里若一,汩乎顺流,至乎沧海之滨,滂薄汹涌,号怒相轧,交横绸缪,放乎空虚,掉乎无垠,横流逆折,濆旋倾侧,宛转胶戾,回者如轮,萦者如带,直者如燧,奔者如焰,跳者如鹭,投者如鲤,殊状异态,而风水之极观备矣!故曰:"风行水上涣。"此亦天下之至文也。

然而此二物者岂有求乎文哉?无意乎相求,不期而相遭,而文生焉。是其为文也,非水之文也,非风之文也,二物者非能为文,而不能不为文也。物之相使而文出于其间也,故曰:此天下之至文也。③

这一段文字不但形象地讲述了作者关于文学的看法,本身也是一篇优美的文章。在这里苏洵以风水相搏为喻,指出了文学创作的内在规律。优秀的文学作品,也即"天下之至文",不是无病呻吟,不是卖弄辞藻,而是有强烈的创作冲动及不得不吐的感触,是自然情感的喷薄而出,是灵感的灵光乍现。苏洵的这一观点,对苏轼的文风也有着深刻的影响。

苏洵还善于学习前人的长处,融汇不同的风格:"数年来退居山野,自分永弃,与世俗日疏阔,得以大肆其力于文章。诗人之优柔,骚人之精深,孟、韩之温淳,迁、固之雄刚,孙、吴之简切,投之所向,无不如意。"④值得注意的是"孙、吴之

①《嘉祐集笺注》卷四,上海古籍出版社,2001年,第81页。

②《欧阳修全集》卷三十五《故霸州文安县主簿苏君墓志铭》,中华书局,2001年,第513页。

③《嘉祐集笺注》卷十五,上海古籍出版社,2001年,第412-413页。

④《嘉祐集笺注》卷十一,上海古籍出版社,2001年,第319页。

简切”,连兵家的作品,也是苏洵的取法对象,由此可知其纵横捭阖的文风其来有自。

苏洵的议论文章,如《权书》、《衡论》、《辨奸论》、《管仲论》等论述,都可看出他的纵横之风及博辩之才。他的许多史论,都是针对现实而发,如《六国论》中,他论证六国破灭的原因在于贿秦,这实际上是影射当时北宋王朝对辽、夏的纳款求和政策:“以赂秦之地封天下之谋臣,以事秦之心礼天下之奇才,并力西向,则吾恐秦人食之不得下咽也。悲夫!有如此之势,而为秦人积威之所劫,日削月割,以趋于亡。为国者无使为积威之所劫哉!夫六国与秦皆诸侯,其势弱于秦,而犹有可以不赂而胜之之势。苟以天下之大,下而从六国破亡之故事,是又在六国下矣。”[①]他还曾在《审敌》篇中提出“勿赂则变疾而祸小,赂之则变迟而祸大”[②],北宋后来屯重兵于二边,致使冗兵、冗费成为朝廷之患,终导致王安石变法来寻求财政匮乏之解决途径,直至最终外患亡国,苏洵的这一观点就很有见微知著之明。在《辨奸论》[③]中,苏洵以“凡事之不近人情者,鲜不为大奸慝”[④]立论,从小处着眼,洞见人情物理,诚然是论说文中的名篇。他的书札文字亦很有特色,如《上欧阳内翰书第一书》中概括欧阳修与韩愈文章风格的区别,非常传神。

2.苏轼的古文

苏轼的古文,汪洋恣肆,波澜壮阔,是中国古代散文史上的一座高峰。人们习惯上以韩柳欧苏并称,又以“韩潮苏海”来比喻韩、苏二人的文风区别。比起韩愈怒潮拍岸的雄奇险怪文风,苏轼的文章确是海涵地负,无所不包,像汪洋大海一样变化多端,不见崖涘,代表了宋文的最高境界。

在文学理论上,苏轼一方面主张文与道的关系,他曾引述其父苏洵的一段话说明诗文要有为而作:“先生之诗文,皆有为而作,精悍确苦,言必中当世之过,凿凿乎如五谷必可以疗饥,断断乎如药石必可以伐病。”[⑤]另一方面,他更重视文学的自身规律及对文学艺术性的追求,主张文章的“辞达”,强调曲尽其妙的文学

---

①《嘉祐集笺注》卷三,上海古籍出版社,2001年,第63页。

②《嘉祐集笺注》卷一,上海古籍出版社,2001年,第16页。

③《辨奸论》的真伪问题曾引起许多学者的争论,若以文章风格及文献传承来看,应是苏洵所作,此一问题可谓聚讼纷纭,本文不复详论。

④《嘉祐集笺注》卷九,上海古籍出版社,2001年,第272页。

⑤《苏轼文集》卷十《凫绎先生诗集叙》,中华书局,1986年,第313页。

特性。

所谓有为而作,苏轼认为就是要有充沛的感情激发于内,在不得不然的状态下自然而出:"夫昔之为文者,非能为之为工,乃不能不为之为工也。山川之有云雾,草木之有华实,充满勃郁,而见于外,夫虽欲无有,其可得耶!自少闻家君之论文,以为古之圣人有所不能自已而作者。故轼与弟辙为文至多,而未尝敢有作文之意。"①

在文学创作上,苏轼并非仅靠天才禀赋,而是提倡广泛学习,博观约取,培养深厚的学养:"然著成一家之言,则不容有所悔,当且博观而约取。如富人之筑大第,储气材用,既足而后成之,然后为得也。"②"博观而约取,厚积而薄发"③,才能有超人文学的造诣。

他不仅仅满足于文章的"载道"功能,更追求文章的艺术特色。他把孔子的"辞达"观点上升到新的层次:"夫言止于达意,即疑若不文,是大不然。求物之妙,如系风捕影;能使是物了然于心者,盖千万人而不一遇也。而况能使了然于口与手者乎?是之谓辞达。辞至于能达,则文不可胜用矣。"④在"辞达"的追求上,苏轼可谓孜孜以求,不断创新,在继承前人的基础上,进一步开拓了古文的范围和表现手法,在内容和形式上均达到了新的水平。

在文章的内容上,苏文更是多姿多彩,妙趣横生。苏轼自幼接受儒家思想熏陶,他身上有着儒家济世惠民的传统,但又没有某些儒家学者的偏执和迂腐;他喜爱交接佛道人士,有着超然的见解,却不染佛老虚无幻灭之消极。在思想上,他融汇各家,又能跳出其外不为所缚,故而见识超拔,虽饱经坎坷,却能自得其乐。发而为文,常能于人所熟视之境中发现深层的意蕴,达观处世,洞察人生,故而能不为外物所累,所谓"此心安处是吾乡"⑤,"凡物皆有可观。苟有可观,皆有可乐,非必怪奇玮丽者也。餔糟啜醨皆可以醉,果蔬草木皆可以饱。推此类也,吾安往而不乐"⑥。这种思想,特别体现于他的杂记类抒情文章,如《前赤壁赋》、《后赤壁

①《苏轼文集》卷十《南行前集叙》,中华书局,1986年,第323页。一作《江行唱和集叙》。
②《苏轼文集》卷五十三《与张嘉父七首》,中华书局,1986年,第1564页。
③《苏轼文集》卷十《稼说》,中华书局,1986年,第340页。
④《苏轼文集》卷四十九《答谢民师书》,中华书局,1986年,第1418页。一作《与谢民师推官书》。
⑤邹同庆、王宗堂校注:《苏轼词编年校注》,中华书局,2007年,第579页。
⑥《苏轼文集》卷十一《超然台记》,中华书局,1986年,第351页。

赋》、《超然台记》、《凌虚台记》等，而正是这类文字构成了苏轼最为脍炙人口的篇章。

苏轼的文章各体兼备，每一种体裁在他手中均能运用自如，诸如议论文、记叙文、杂记等类型，在碑铭、赋颂、奏牍、书札、杂著等领域都有佳作传世。他的议论文，特别是史论文，如《贾谊论》、《晁错论》、《平王论》、《留侯论》等，论述古今治乱，见解新颖，能发人所未发。在《留侯论》中，通过记述圯上老人传书张良一事，苏轼借以表达了他对豪杰之士的定义："古之所谓豪杰之士者，必有过人之节。人情有所不能忍者，匹夫见辱，拔剑而起，挺身而斗，此不足为勇也。天下有大勇者，卒然临之而不惊，无故加之而不怒。此其所挟持者甚大，而其志甚远也。"[①]在《范增论》中，他一反历史上对项羽的指责，而从范增的角度阐述人臣应明白"去就之分"，知道选择在适当的时机离开。

苏轼的抒情类文章，如杂记、书札、散赋、小品文等，是其古文中的精品，尤其能反映苏文的风格，其中记叙、抒情、议论结合，语言简洁流畅，意境宏阔悠远，代表了其文学的最高成就。如他的《前赤壁赋》，描写月下的长江景物，如诗如绘，抒写作者超越了一己生命之渺小的感悟及洒脱情怀，文思摇曳多姿，实在是文学史上屈指可数的名篇。

苏轼文风最显著的特点是流畅自然，变化多姿，正如他所说的能够随物赋形，曲尽妙处，犹如行云流水之曼妙。苏文平易中蕴含深致，似枯实腴，如他所说，"外枯而终膏，似淡而实美"[②]。除了平易之外，苏文中也有不少雄奇之文，却又不失细腻婉丽，如五彩杂陈，让人目不暇接。苏轼在《书吴道子画后》曾评论吴道子的画技："出新意于法度之中，寄妙理于豪放之外，所谓游刃有余，运斤成风。"[③]其实这一评论，也可以用在苏轼自己的文章风格上，有法又不为法度所束，妙趣横生，富有变化。他的平易自然，比之欧文，又多了更灵动的内在之美，这与他对散文艺术的创造性发展是分不开的。古文在苏轼手里，完全达到了可以与魏晋隋唐的四六文相媲美的美学造诣，甚至还要更高一筹。

他也曾评说过自己的文风："吾文如万斛泉源，不择地皆可出。在平地滔滔汩汩，虽一日千里无难。及其与山石曲折，随物赋形，而不可知也。所可知者，常行于

①《苏轼文集》卷四《留侯论》，中华书局，1986 年，第 103 页。

②《苏轼文集》卷六十七《评韩柳诗》，中华书局，1986 年，第 2110 页。

③《苏轼文集》卷七十《书吴道子画后》，中华书局，1986 年，第 2210–2211 页。

所当行,常止于不可不止,如是而已矣。其他虽吾亦不能知也。"[①]如他的小品文《记承天寺夜游》,寻常漫步,寻常夜景,经苏轼笔下寥寥数语的描绘,即给人以一种澄澈空灵的愉悦:"元丰六年十月十二日夜,解衣欲睡,月色入户,欣然起行。念无与为乐者,遂至承天寺,寻张怀民,怀民亦未寝,相与步于中庭。庭下如积水空明,水中藻荇交横,盖竹柏影也。何夜无月,何处无松柏,但少闲人如吾两人者耳。"[②]

在语言运用上,苏轼也是融会贯通,雅俗兼用,结合骈散,随意驱使。苏文在继承经典古文的语言上融会时语,流畅婉转,不再如韩文的险拗,比欧文的平易更多了意趣。他曾自述"为文若能立意,则古今所有翕然并起,皆赴吾用"[③],在语言上,他正是以"意"驱遣,随意自如,以其色彩的富丽,形象的比喻,一波三折的层次,迅若飙风的气势,使苏文在语言运用上生动活泼,出神入化,使得其语言显得韵味天成。如《石钟山记》描写月下探石一段,比喻之新颖、描写之唯妙,让人不禁称奇:"至暮夜月明,独与迈乘小舟至绝壁下。大石侧立千尺,如猛兽奇鬼,森然欲搏人;而山上栖鹘,闻人声亦惊起,磔磔云霄间;又有若老人咳且笑于山谷中者,或曰此鹳鹤也。"[④]

苏轼的文章对后世影响深远, 成为人们学习古文的典范。稍后的王十朋即说:"不学文则已,学文而不韩、柳、欧、苏是观,诵读虽博,著述虽多,未有不陋者。"[⑤]但遗憾的是,苏轼的文学造诣,几成后世之绝响。在此后的时代里,因理学之成熟及其地位上升,在整个社会的影响渐趋加强,文学家之思想均受之直接或间接影响,思想上已突破不了渐趋单一的局面,缺少了多元化的格局,在文学观点上也不能放开眼界,文风日卑,格调局促,加上帝制后期,士人也难觅宋代的宽松政治环境,种种压抑,以致使得后期的文坛,"悲凉之雾,遍被华林"[⑥],有的多是穷蹙萧瑟之音,再也达不到苏文那种汪洋万顷、神出鬼没的奇幻境界。而苏轼文学成就的背后,反映的就是他所处时代较为开放包容的心态与自由创造精神,正

①《苏轼文集》卷六十六《自评文》,中华书局,1986年,第2069页。一作《文说》。

②《苏轼文集》卷七十一,中华书局,1986年,第2260页。

③费衮:《梁溪漫志》卷四,三秦出版社,2004年,第110页。

④《苏轼文集》卷十一《石钟山记》,中华书局,1986年,第371页。

⑤转引自《苏轼资料汇编》,中华书局,1994年,第471页。

⑥鲁迅:《中国小说史略》,上海古籍出版社,1998年,第165页。

是这种内在的精神成就了苏轼，也成就了宋文化的繁荣。①

3、苏辙的古文

苏辙的文学观点，有着受其父兄影响的一面，也有着他自己的独特之处。在文学创作上，苏辙提倡“养气”说，认为“气”充而后文见：

辙生好为文，思之至深，以为文者，气之所形。然文不可以学而能，气可以养而致。孟子曰：“我善养吾浩然之气。”今观其文章，宽厚宏博，充乎天地之间，称其气之小大。太史公行天下，周览四海名山大川，与燕、赵间豪俊交游，故其文疏荡，颇有奇气。此二子者，岂尝执笔学为如此之文哉？其气充乎其中而溢乎貌，动乎其言而见乎其文，而不自知也。②

关于“气”与“文”的关系，曹丕曾有过“文以气为主，气之清浊有体，不可力强而至”③的说法。苏辙则认为“气”是可以陶冶变化的，如周游名山大川，交结奇人杰士，增加自己的生活阅历和见解，这样写起文章来才能辞气充沛，“见乎其文”。苏辙的观点比起曹丕的“文气说”，更为重视作家自身的后天培养工夫，也更为接近文学创作的规律。它既承接了苏辙父兄有为而作的文学观，又点出了作家的外在修养工夫对文学创作的重要。

苏辙的文章，虽然与苏轼相比稍有逊色，但仍有其特色。其长处在于平实稳健，从容不迫，虽没有苏轼文中的汪洋恣肆，却也不乏才思功力。其议论文章如《六国论》、《三国论》等，借史事讽喻现实，说理严密，烛照要害。其杂记类文字，亦是叙议结合，事理浑然，写景状物，时有让人称赏之处。如《黄州快哉亭记》一文，绘景写情，结论于达观之人“何往而非快”的主旨，是作者的代表作，其中叙述亭上的登临之胜，尤为生动：

盖亭之所见，南北百里，东西一舍。涛澜汹涌，风云开阖。昼则舟楫出没于其前，夜则鱼龙悲啸于其下。变化倏忽，动心骇目，不可久视。今乃得玩之几席之上，举目而足。西望武昌诸山，冈陵起伏，草木行列，烟消日出，渔夫、樵父之舍，皆可

①宋代董逌在《广川书跋》五中曾说：“秦汉以后，禁忌稍严，文气日益凋丧，然未若后世之纤密周细，求人功罪于此也。”董氏身处两宋之际，应是对当时新旧党争中罗织政治对手诗文以治罪的事实有感而发。相比于宋代，明清时代的文化专制，其残酷程度又不知相去几许，文气之凋丧，也就可想而知。

②《苏辙集·栾城集》卷二十二，中华书局，1990年，第381页。

③萧统：《文选》卷五十二《典论论文》，上海古籍出版社，1986年，第2271页。

指数。此其所以为"快哉"者也。[1]

总的来说,庆历之际的古文运动,是宋代文学转型的内在动力。唐宋八大家,宋人占了六家,正是这六家的古文创作,标志着宋代古文转型的完成。

三、理学家的古文及语录

在理学兴起之初,"宋初三先生"与欧阳修、苏舜钦这些文学家一道,抨击西昆体,主张言之有物的文风,他们对于庆历之际文学的转型同样有着贡献。其中反对昆体最激烈的,当属石介。后来的理学家,也都反对华靡文风,主张文章应当为"道"服务。

由于理学家高扬人的道德伦理自觉及注重个人的道德修养工夫,重视抽象的思辨及超验的体悟,在对待文学的作用及特点方面,有时不免显得偏颇。如程颐曾对弟子问及文与道的关系时答道:

凡为文,不专意则不工。若专意,则志局于此,又安能与天地同其大也?《书》曰:"玩物丧志。"为文亦玩物也。吕与叔有诗云:"学如元凯方成癖,文似相如始类俳。独立孔门无一事,只输颜氏得心斋。"古之学者惟务养情性,其他则不学。今为文者,专务章句悦人耳目。既务悦人,非俳优而何?[2]

"作文害道"的观点,成了理学家套在文学创作上的一道"紧箍咒"。在处理文道的关系上,又走得过头了。程颐曾说:"某素不作诗,亦非是禁止不作,但不欲为此闲言语。且如今言能诗无如杜甫,如云'穿花蛱蝶深深见,点水蜻蜓款款飞',如此闲言语,道出做甚?某所以不常作诗。"[3]但理学家在实际生活中,却多有能诗之人。程颢曾作《春日偶成》一诗,就很有生活情趣:

云淡风轻近午天,傍花随柳过前川。
时人不识余心乐,将谓偷闲学少年。[4]

在古文写作上,理学家们的文字虽然不以"文"为志,但他们的文章也各具特色,大都简洁明快,直入主题,文笔洗练,特别是在立意及气势方面很有特色。

"理学五子"之中,周敦颐所留下的著作最少,其文字也最为简洁,但包含的内容却非常丰富。如他的《太极图说》仅249字,《通书》全篇仅有2832字,这两篇

①《苏辙集·栾城集》卷二十四,中华书局,1990年,第409页。
②《二程集·河南程氏遗书》卷十八,中华书局,1981年,第239页。
③同②。
④《二程集·河南程氏文集》卷三,中华书局,1981年,第476页。

文章却蕴含着一个完整的理论体系，从宇宙论直至人生伦理修养，真可谓“究天人之际”，成为后世理学家入门的经典。

在文学观点上，周敦颐也是尊崇文以载道，认为“文”要有“道”作根基：“文辞，艺也；道德，实也。”①鄙弃仅以文辞为能者：“圣人之道入乎耳，存乎心，蕴之为德行，行之为事业。彼以文辞而已者，陋矣。”②

周敦颐的杂著类文章虽传世无多，却言简意赅，形象生动，富有文学色彩。如他的《爱莲说》一文，即是历来为人所传诵：

水陆草木之花，可爱者甚蕃。晋陶渊明独爱菊。自李唐来，世人甚爱牡丹。予独爱莲之出淤泥而不染，濯清涟而不妖，中通外直，不蔓不枝，香远益清，亭亭净植，可远观而不可亵玩焉。予谓菊，花之隐逸者也；牡丹，花之富贵者也；莲，花之君子者也。噫！菊之爱，陶后鲜有闻。莲之爱，同予者何人？牡丹之爱，宜乎众矣。③

文章以莲喻人，表达了自己不同流俗的高洁品格。还有他的《养心亭说》，亦是寥寥几笔，便把修心养性之重要、养心亭之环境以及张子之品行展现了出来。他的《拙赋》一文，文字更是简到不能再简：

或谓予曰：“人谓子拙？”予曰：“巧，窃所耻也，且患世多巧也。”喜而赋之曰：“巧者言，拙者默；巧者劳，拙者逸；巧者贼，拙者德；巧者凶，拙者吉。呜呼！天下拙，刑政彻。上安下顺，风清弊绝。”④

寓意之深刻，境界之高迈，堪与《爱莲说》相媲美。

南宋黄震曾论及周敦颐的文章风格：“诸子之书，与凡文集之行于世者，或累千百言而仅一二合于理，或一意而敷绎至千百言。独周子文约理精，言有尽而理无穷，盖《易》、《诗》、《书》、《语》、《孟》之流，孔、孟以来，一人而已。”⑤

张载的文章，气魄宏大，语言犀利，特别是其《西铭》一文，属于《正蒙》里面的一节，后来被独立成章，成了理学中人的必读篇章，包容宇宙，涵盖万物，评说人伦物理，道古说今，程颢谓之“《西铭》某得此意，只是须得他子厚有如此笔力，他

①《周敦颐集》卷二，中华书局，2009年，第36页。

②同①，第40页。

③《周敦颐集》卷三，中华书局，2009年，第53页。

④同③，第60-61页。

⑤黄宗羲：《宋元学案》卷十二，中华书局，1986年，第522页。

人无缘做得……得此文字,省多少言语”①。《正蒙》篇中的其他文章,也多说理议论辞气充沛,语言精警,如《太和篇第一》里的一段话:

天地之气,虽聚散、攻取百涂,然其为理也顺而不妄。气之为物,散入无形,适得吾体;聚为有象,不失吾常。太虚不能无气,气不能不聚而为万物,万物不能不散而为太虚。循是出入,是皆不得已而然也。然则圣人尽道其间,兼体而不累者,存神其至矣。彼语寂灭者往而不反,徇生执有者物而不化,二者虽有间矣,以言乎失道则均焉。②

论述道与气及太虚之关系,以说明“聚亦吾体,散亦吾体,知死之不亡者,可与言性矣”③的观点,层层递进,一气呵成,让人在理解理学要义的同时,也得到一种语言上的美感。

还有他那被后来理学家奉为圭臬的四句教:“为天地立心,为生民立命,为往圣继绝学,为万世开太平”④,也自有一种英雄豪杰之气,把宋代理学之宏旨,概括无遗。

邵雍的古文比较素朴,其《观物内篇》语言朴实,不事修饰。有时论述事理,气势连贯,也不乏文采。如他的一段议论文字,论述“圣人”之所以为“圣人”,不惟见解超凡,语言也简洁流畅:“是知人也者,物之至者也。圣也者,人之至者也。物之至者始得谓之物之物也。人之至者始得谓之人之人也。夫物之物者,至物之谓也。人之人者,至人之谓也。以一至物而当一至人,则非圣人而何?人谓之不圣,则吾不信也。何哉?谓其能以一心观万心,一身观万身,一物观万物,一世观万世者焉。又谓其能以心代天意,口代天言,手代天功,身代天事者焉。又谓其能以上识天时,下尽地理,中尽物情,通照人事者焉。又谓其能以弥纶天地,出入造化,进退古今,表里人物者焉。”⑤但总体而言,邵雍的文章重在说理,文学性不强,语言风格也较为单一。

二程之中,程颢的古文留存不多,只有几卷章奏、碑志及试策书札之类,文风朴实,语言也平易直白。程颐的古文传世相对多些,但也多是上疏、书启、碑铭、杂

---

①《二程集·河南程氏遗书》卷二上,中华书局,1981 年,第 39 页。

②《张载集·正蒙·太和篇第一》,中华书局,1978 年,第 7 页。

③同②。

④《张载集·拾遗》,中华书局,1978 年,第 376 页。

⑤《邵雍集·观物内篇》第二篇,中华书局,2010 年,第 7–8 页。

著之类，文风朴直，与乃兄相似。倒是其中的《养鱼记》、《雍行录》等小文，平易自然，更有趣味。如《养鱼记》是程颐二十二岁时所写，颇富青春时的朝气与文采：

书斋之前有石盆池。家人买鱼子食猫，见其煦沫也，不忍，因择可生者，得百余，养其中，大者如指，细者如箸。支颐而观之者竟日。始舍之，洋洋然，鱼之得其所也；终观之，戚戚焉，吾之感于中也。

吾读古圣人书，观古圣人之政禁，数罟不得入洿池，鱼尾不盈尺不中杀，市不得鬻，人不得食。圣人之仁，养物而不伤也如是。物获如是，则吾人之乐其生，遂其性，宜何如哉？思是鱼之于是时，宁有是困耶？推是鱼，孰不可见耶？

鱼乎！鱼乎！细钩密网，吾不得禁之于彼；炮燔咀嚼，吾得免尔于此。吾知江海之大，足使尔遂其性，思置汝于彼，而未得其路，徒能以斗斛之水，生汝之命。生汝诚吾心。汝得生已多，万类天地中，吾心将奈何？鱼乎！鱼乎！感吾心之戚戚者，岂止鱼而已乎？①

理学家的文集中，还有值得注意的是其中的语录体。《张子语录》及《二程集》中的语录部分，都不是他们本人所记，是其弟子们于师徒讲学、交游时所记下的笔记，有着《论语》或佛家公案体的口语化特点。这些语录体文字，都显得非常口语化，叙述直白、简练，有时很富有生活气息。对于白话文的发展，理学家的语录体也起到了一定的推动作用。

如《张子语录》："人言不信怪，须是于事实上不信，又晓其理，方是了当。苟不然者，才劫之不测，又早是信也。"②用"了当"、"才"，都是直接记述的口语，与书面语有明显的不同。

二程语录中，也都是纪录口语，不事雕琢，如明道语"吾学虽有所受，天理二字却是自家体贴出来"③，及程门弟子记伊川论"成住坏空"："释氏言成住坏空，便是不知道。只有成坏，无住空。且如草木初生既成，生尽便是枯坏也。他以谓如木之生，生长既足却自住，然后渐渐毁坏。天下之物，无有住者。婴儿一生，长一日便是减一日，何尝得住？然而气体日渐长大，长的自长，减的自减，自不相干也。"④

总体来看，理学家的文学观点，忽视了文学的独立性，使之成为经学的附庸，

①《二程集·河南程氏文集》卷八，中华书局，1981 年，第 578–579 页。

②《张载集·张子语录》，中华书局，1978 年，第 314 页。

③《二程集·河南程氏外书》卷十二，中华书局，1981 年，第 424 页。

④《二程集·河南程氏遗书》卷十八，中华书局，1981 年，第 195–196 页。

以之作为传道的工具和手段。南宋周密曾抨击过“性理”之学于文字的影响:“宋之文治虽盛,然诸老率崇性理,卑艺文。朱氏主程而抑苏,吕氏《文鉴》去取多朱意,故文字多遗落者,极可惜。水心叶氏云‘洛学兴而文字坏’,至哉言乎!”①尽管如此,在庆历之际理学初起时,理学家与文学家一道,倡导古文,提倡文与道的结合,他们的古文长于议论,逻辑严密,从一个重要方面发展了宋代的古文与“白话文”,对宋代文学的转型还是有着贡献的。理学家虽然在理论上以文为“小道”,写诗作文毕竟是抒发情感、抒怀遣兴的最好途径,他们在实际创作中有时也舍弃这种观点,写出比较好的文学作品来。而且他们的文学观虽然过分强调“道”对“文”的统摄,忽视文学自身的独立性,但理学家的文学观也有其创新的一面:“然从修身养性的角度出发,对文学的涵养德行、陶冶性情的功能仍然是重视的,且也有新的发明。”②他们从理性内省的角度,注意到文学创作涵养心性的功能,将悟道的天机洋溢之心化作文学的“机趣”,有一种鸢飞鱼跃的活泼精神体现于其诗文之中,正如程明道评论邵雍诗句“梧桐月向怀中照,杨柳风来面上吹”所言,“真风流人豪也”③,大程自己也有诗道:“万物静观皆自得,四时佳兴与人同。”④理学家诗文中体现出的那种廓大胸襟、人生化境,于宋代文学的影响也是非常深远的。

①周密:《浩然斋雅谈》卷上,辽宁教育出版社,2000年,第12页。

②顾易生等:《中国文学批评通史·宋金元卷》,上海古籍出版社,1996年,第747页。

③《二程集·河南程氏外书》卷十一,中华书局,1981年,第413页。

④《二程集·河南程氏文集》卷三,中华书局,1981年,第482页。

结 语

庆历之际,发生了中国古代历史上又一次重大的思想文化转型,经学、儒学和文学等多个领域都出现了范式的转换,改变了宋代以后中国文化的发展走向。

经学的转型表现为跳出汉唐经学的窠臼,突破了汉儒传注繁言琐碎之狭小格局,宋人以义理说经,关注现实,通经致用,更具人文精神,使儒家学说拓展出更广阔的发展领域。随着整合力与诠释力的提升,以新面貌出现的儒家思想在与佛道争胜中赢得了无可争辩的主流话语权,确立了其后数百年的统治地位。

理学意识形态主导地位的确立,使宋以后中国思想文化的发展进程深受其影响,在政治、经济、文化、社会诸领域,理学的思想都融入了国人的生活,它也因此不断受到人们正面或负面的评说。

宋学的核心是经学和理学。特别是理学,对于后世更是影响深远,李泽厚对之曾有论述:

由于宋明理学细密地分析、实践地讲求"立志"、"修身",以求最终达到"内圣外王"、"治国平天下",把道德自律、意志结构,把人的社会责任感、历史使命感和人优于自然等方面,提扬到本体论的高度,空前地树立了人的伦理学主体性的庄严伟大。在世界思想史上,大概只有康德的伦理学能与之匹敌或相仿。康德著名的墓碑:"位我上者灿烂的星空,道德律令在我心中",与张载的名言"为天地立心,为生民立命,为往圣继绝学,为万世开太平",在表现人类主体伦理性本体的崇高上,是同样伟大的。①

但理学所附丽的帝制中国的政治体制,却与之形成鲜明的对照。哲学家方东

①李泽厚:《中国古代思想史论》,人民出版社,1985 年,第 256–257 页。

美曾说过:“中国学术失坠(哲学为尤甚)之原因,乃在历代均以政治统御文化,钳制思想自由,苟有专心致志之思想家,不为利禄所诱惑,便为淫威所慑伏。中国大患在无动机纯粹用心专一之学者。除少数特立独行者外,均不敢以高超文化理想统御政治。旷观国史,历代相沿,只有实际政治,特少理想政治,可胜叹哉!”[②]理学成长于宋代较为宽容的政治环境之中,但又被后来的政治力量用作排斥思想自由的权杖,成了它自身的敌人。虽然我们惊叹于宋代新儒家的精密思辨及高扬的道德勇气,为他们修身成德的实践工夫及人文理念叫好,但这种钦佩之情到了《红楼梦》里所描写的那个万艳同悲的晚期帝国社会的缩影里,看到那众多女性在礼教的重压下喘不过气来,对这种传统礼法文化的态度又立刻化作了扼腕的悲叹,那种压抑和悲凉,又让人不得不要进一步追问,为什么中国古代的人文理性精神越到后来就越发稀少?为什么博大的文化传统越走越进入死胡同?

人文精神的核心内涵之一,就是能够意识到人类自身的不足,必须有面对自我的理性批判精神。任何理论,一旦被罩上钦定的光环,成了不容怀疑的“金科玉律”,就会走向僵化,成为它自己的对立面。理学的最大贡献在于提升人的责任感,激发人的内在潜能。而当后世的帝王及其御用学者垄断了理学的阐释权之后,理学就成了他们强迫别人尽义务而自己坐享权利的工具。其实,人们所深恶痛绝的,只不过是打着儒家旗号的暴君及苛政。因为人类的发展,无论何时何地,都会面临着人与自然、人与人之间关系的处理,儒家思想,特别是兴起于宋代的理学,仍然有着许多可资借鉴的思想资源。

理学构成了宋文化的核心,宋学成为宋以后中国文化的主导形态。以科举制度为核心的宋文化,随着它从形式到内容的渐趋定型与僵化,也出现了伴随而来的种种弊端,而且越到晚期,这种弊端就越发膨胀,甚至阻碍了文化自身的发展与活力。

科举制度的完善,从制度上理顺了地方精英在国家权力通道上的出路,保证了社会的有序运行;但后来由于科举制度的僵化特别是考试内容的八股化趋势,也造成了社会层级的分化,导致了被科举制度隔开的圈子内外的社会精英与民众的隔离。它一方面使得士人加重了对于皇权的依附性,削弱了自身的独立性,另一方面也导致了处于草根阶层的民众在权力上更加边缘化。

总体而言,宋文化的发展,并没有沿着它初期的理性化态势走出太远,最终

①方东美:《生生之德》,黎明文化事业公司,1979年,第156页。

还是受制于日趋加强的君主专制政体。在控制更为严密的威权体制下,无论是政治还是思想领域,都没有给多元化留下太多空间,也失去了从前在诸侯封建时代或门阀士族时期的制衡力量,导致了畸轻畸重的权力构成的弊端,自然就禁锢了文化后续发展的活力。

宋文化的转型,是之前多种历史合力的结果,而它之后的走向,也是多方面文化因素的合力所致。文化自身,很多时候都是在这种合力之中被挟持而行。宋文化能够取得如此灿烂多彩的成就,本身就说明了它的顽强活力。我们弘扬宋文化,自然要找准核心,分清因果,才不致重蹈中国近代史上"泼出脏水却连带丢了婴儿"的悲剧。

宋文化,或者说帝制文化的第二期,是儒家思想的进一步制度化时期,以科举制为契机,儒家思想全面地渗透于社会的诸多领域,其势力之大,影响之广,以至在西方文明以船坚炮利打开中国大门之前,竟找不到有力的竞争对手。儒家思想与权力的结合,儒学制度化之后其机制的精细和复杂,还有它表现出的那种持久耐力,都为近代中国社会的发展留下了许多潜藏的因子,如不能充分梳理,它一有机会就会显示出让今人困惑和无奈的身影。一部儒学发展史,可以说就是华夏民族的曲折心路历程,无数悲欢欣喜,凝聚于斯。时至今日,我们仍不能说对中国的传统文化有全面的清理和总结。面对当今社会种种精神领域的乱象,西方文化也显出了迷惘和困惑,美国汉学家史华慈认为西方现代性的核心是一种"浮士德冲力"(Faustian Spirit),一种不惜一切代价追求知识的无限欲望,一种全方位开发人的潜在能量,用以无止境地控制、主宰自然界和人类社会在内的整个外在世界,从而几乎完全忽视了人类内心世界的调控,特别是精神、道德品质的提升,因此出现的主体(心灵)和物质的二元对立,一直得不到解决 。处在东西思潮裹挟中的中国社会,在思想领域的混乱,更有甚于西方,一方面是现代社会的转型仍未完成,一方面是后现代的种种问题又接踵而至。我们离不开自己的传统,但又不了解自己的传统,没有高瞻远瞩,不能固本清源,只能在跌跌撞撞中寻找现代化的途径,其过程之曲折,后果之苦涩,已充满整个中国近代史。今日中国,乱象有消歇之迹,路径显清晰之兆,我们的文化也迎来创新发展之机。所谓新宋学,正是需要我们在继承中创新,在吸纳外来文明时不忘自身传统。"周虽旧邦,其命维新",如何兼采中西,弥纶今古,结束"道术为天下裂"的局面,正成为今日思想文化领域之"一大事因缘" 。

附录

一、宋仁宗时期大事编年

1022 年 壬戌 宋真宗乾兴元年

真宗卒(968—)。赵桢即位,是为仁宗,明年改元。释智圆卒(976—),著有《中庸解》。

1023 年 癸亥 宋仁宗天圣元年

宋盐铁判官俞献卿言:谷帛比大中祥符初增价数倍,冗官、力役、贼盗均多于景德时。王钦若再起为相。寇准(961—)卒于雷州。准字平仲,下邽人,封莱国公。

1024 年 甲子 宋天圣二年

二月起首书放交子。禁私造,限在川蜀流通,为我国历史上政府发行纸币之始。三月,王钦若等上《真宗实录》一百五十卷。六月,命官校勘《南史》、《北史》。十月诏:"自今诏书,令刑部摹印颁行。"宋祁、叶清臣、江休复、周尧卿、尹洙、余靖等中进士。

1025 年 乙丑 宋天圣三年

四月诏三馆所写书万七千六百卷,藏太清楼。六月环、原州属羌叛,扰边,环庆都监赵士隆等战死。遣范雍安抚陕西。

1026 年 丙寅 宋天圣四年

诏令孙奭、冯元举京朝官通经术者。

1027 年 丁卯 宋天圣五年

晏殊知应天府,延范仲淹教生徒,兴学校自殊始。诏礼部贡院进士试以诗赋定去留,学者或病声律,不得骋其才。其以策论兼考之。仁宗命中书录《中庸》篇,令张知白进读。冯元等同知贡举。韩琦、赵师民、文彦博、阮逸等中进士。

1028 年 戊辰 宋天圣六年

杭州处士林逋卒(967—)。逋字君复,钱塘人。隐居西湖,能诗,谥和靖先生。

1029 年 己巳 宋天圣七年

以吕夷简同中书门下平章事、集贤殿大学士。玉清昭应宫失火,太后有再建之意。枢密副使范雍,宰相王曾、吕夷简谏。苏舜钦上疏极言真宗造此宫致海内虚竭,若再大兴土木,则国力虚耗,百姓疲敝。从右司谏范讽请,下诏宣告不再重修。诏令诫饬浮靡文风。

1030 年 庚午 宋天圣八年

晏殊知贡举,欧阳修、富弼、石介、蔡襄、李之才、孙抃等中进士,赐《大学》篇。赐信州龙虎山张道陵后人乾曜号“虚靖先生”,令世袭。范仲淹自河中府上疏,再请太后还政。

1031 年 辛未 宋天圣九年

钱惟演判河南府,欧阳修、尹洙、梅尧臣等聚于幕府。徙三馆于崇文院。六月,辽圣宗卒(971—)。子宗真即位,是为兴宗。圣宗元妃自称太后,摄政。

1032 年 壬申 宋天圣十年 明道元年

定难军节度使、西平王赵德明死,子元昊立。元昊晓浮屠学,通蕃、汉文字。夺甘州。复举兵攻拔西凉府。宋以元昊为定难军节度使、西平王。元昊阴为叛计。契丹册元昊为夏国王。

1033 年 癸酉 宋明道二年

三月,宋刘太后卒(969 或 970—),仁宗始亲政。仁宗废郭后,范仲淹与权御史中丞孔道辅率诸御史争之,遭贬。

1034 年 甲戌 宋景祐元年

元昊攻掠宋境,俘环庆路都监齐宗矩。钱惟演卒(962—)。惟演字希圣,临安人,钱俶子。与杨亿、刘筠等为西昆派诗人。诏宋祁等同刊修《广韵韵略》,仍命丁度等祥定。赐陈州、扬州学田。以后各州立学多赐学田,并赐《九经 》。始置崇政殿说书,以贾昌朝、杨安国为之,日以二人侍讲。苏舜钦、石介等中进士,赐《中庸》篇。欧阳修为馆阁校勘。诏修《崇文总目》。石介作《怪说》等抨击时文、佛、老。胡瑗在苏州教授生徒。

1035 年 乙亥 宋景祐二年

李迪为吕夷简排挤罢相。王曾相。范仲淹知苏州,入天章阁待制,旋权知开封府,在苏州时聘请胡瑗为州学教授。元昊并沙州曹氏。

1036年　丙子　宋景祐三年

范仲淹言事切直,为宰相吕夷简所恨,乃以“朋党”之名贬职饶州;余靖、尹洙、欧阳修等亦牵连被贬。赐河南府新修太室书院名为嵩阳书院。许诸州立学。

1037年　丁丑　宋景祐四年

吕夷简罢相。置天章阁侍讲,以贾昌朝、杨安国为之。冯元卒(975—),精《易》学,有《太玄音训》。元昊既悉有夏、银、绥、静、宥、灵、盐、会、胜、甘、凉、瓜、沙、肃、洪、定、威、怀、龙,皆即旧堡镇号州,仍居兴州,阻河、依贺兰山为固。

1038年　戊寅　宋景祐五年　宝元元年

诏戒百官朋党。初,吕夷简逐范仲淹等,既逾年,夷简亦罢相。由是朋党之论兴,士人多为仲淹鸣不平。于是内降札子:“今中外臣僚屡有称范仲淹者,事涉朋党,宜戒谕之。”

1039年　己卯　宋宝元二年

正月,西夏军攻金明寨,擒都监李士彬,进围延州。范雍召大将刘平、石元孙赴援。兵败,二将被俘死。西夏军以大雪解围撤走,围城凡七日。吕夷简再相。以夏竦为陕西经略安抚使,韩琦、范仲淹为副使。鄜州判官种世衡在延州东北二百里筑青涧城。叶清臣判国子监。

1040年　庚辰　宋宝元三年　康定元年

许中外臣庶上封章议朝政得失。自范仲淹贬,禁中外越职言事。知越州范仲淹复天章阁待制、知永兴军。复以范仲淹兼知延州。范仲淹分州兵属六将,各将三千人,分部教之,量贼众寡,使更出御敌,敌无敢犯,既而诸路皆取法。范仲淹遇张载,劝其读《中庸》等儒家经典。

1041年　辛巳　宋康定二年　庆历元年

朝廷许范仲淹请,鄜延路暂不出兵。二月,韩琦闻西夏谋攻渭州,至镇戎军,尽发其兵,派任福统之迎战,败于好水川,福与先锋桑怿等战死。四月,降韩、范官,以韩琦知秦州,范仲淹知耀州。五月,改范仲淹知庆州。是年秋,西夏军陷丰州,掠麟、府间。十月,分陕西为秦凤、泾原、环庆、鄜延四路,各设马步军都部署、经略安抚沿边招讨使,以韩琦、王沿、范仲淹、庞籍分任之。翰林学士王尧臣等上新修《崇文总目》六十卷,所藏书凡三万六百六十九卷。

1042年　壬午　宋庆历二年

辽遣萧特末、刘六符使宋,索晋阳及瓦桥关以南十县地。宋以富弼为回谢国信使。宋许增岁币银、绢各十万。闰九月,宋泾原副都部署葛怀敏战西夏军,在定川寨败殁。西夏军进至渭州,屠掠居民而去。聂冠卿知贡举,王安石、吕公著、陈襄等中进士。

1043年 癸未 宋庆历三年

西夏以久战疲困,与宋议和。吕夷简罢相,次年卒(979—1044)。召韩琦、范仲淹入京为枢密副使。旋以范仲淹参知政事。仁宗既擢任范仲淹、韩琦、富弼等,每进见,必以太平责之,数令条奏当世之务。范仲淹建议十事,以谋革新。沂州军卒王伦率众叛乱;张海、郭邈山等在商山起事;光化军卒邵兴起事。伦等不久均败。唐和尚于湖南蓝山起事,至庆历七年败。国子监请立四门学,以士庶人子弟为生员,以广招延之路,从之。以南京府学为国子监。

1044年 甲申 宋庆历四年

太学建成,诏下取湖州胡瑗教法为例。从宋祁、欧阳修等议,令州县皆立学。士须学习三百日,乃听预秋试。秋试分三场:先策,次论,次诗赋,通考为去取,而罢贴经墨义。夏竦诬富弼使石介撰诏草,谋废立。富弼、范仲淹恐惧,请出按边。遂以范仲淹为陕西、河东路宣抚使,富弼为河北宣抚使。欧阳修亦出为河北都转运使。旋又命参知政事贾昌朝领农田,范仲淹领刑法,事有利害,急以条上。宋夏和议成,宋册元昊为夏国主,岁"赐"银绢茶二十五万五千。宋置榷场,与夏互市。毕昇(?—约1051)于庆历年间发明活字印刷术。

1045年 乙酉 宋庆历五年

范仲淹以"朋党"罢参政,出知邠州。富弼出知郓州。韩琦疏言不当罢范仲淹、富弼,不报。旋出知扬州。欧阳修疏言指杜、韩、范,富"朋党专权"不符事实,不报。旋被诬,贬知滁州。知制诰余靖、知潞州尹洙因故被贬。罢宰相兼枢密使之制。移范仲淹知邓州。石介卒(1005—)。诏罢范仲淹前所更改者。

1046年 丙戌 宋庆历六年

张方平同知贡举,上疏抨击太学体。刘敞、刘彝等中进士。范仲淹作《岳阳楼记》。

1047年 丁亥 宋庆历七年

召夏竦为枢密使,以文彦博为参知政事,高若讷为枢密副使。夏竦欲陷害富弼,谓石介未死,先为富弼通契丹未成,继往登、莱结众谋叛,欲兴大狱。提点刑狱吕居简力为辨明,始得无事。贝州军卒王则于冬至日据城叛,历时两月多方平。尹洙卒(1001—)。洙字师鲁，河南人。

1048年 戊子 宋庆历八年

文彦博、明镐破贝州，王则被俘。宋用范祥变解盐法，实行钞盐制度，使商人入钱，给以盐钞，于产地领盐，听其销售。苏舜钦卒(1008—)。舜钦字子美，梓州铜山人。

1049年 己丑 宋仁宗皇祐元年

裁陕西兵三万五千余人，年省缗钱二百四十五万。广源州“蛮”侬智高起兵，称南天国，扰邕州。赵师民等权同贡举。吕大防、孙觉、范纯仁等中进士。

1050年 庚寅 宋皇祐二年

西夏攻辽边境，兵败，乃遣使赴辽求和。程颐作《上仁宗皇帝书》。范仲淹上李觏《明堂图议》，李觏以此试太学助教。

1051年 辛卯 宋皇祐三年

宋分淮南为东西两路。庞籍相。孙复兼南京国子监说书。

1052年 壬辰 宋皇祐四年

侬智高破邕州，称大南国仁惠皇帝，年号启立。宋以余靖为广南西路安抚使、知贵州。孙沔为湖南、江西路安抚使，又加广南东西路安抚使。复以宰相庞籍荐，用狄青为将。范仲淹卒(989—)。仲淹字希文，苏州人。

1053年 癸巳 宋皇祐五年

宋狄青夜度昆仑关，大破侬智高，收复邕州。侬智高走大理，不知所终。柳永约卒于本年(约987—)。永字耆卿，福建崇安人。改科考法。诸科举人，终场问大义十道。曾公亮、蔡襄同知贡举，王开祖、吕陶等中进士。

1054年 甲午 宋皇祐六年 至和元年

欧阳修母丧服满入京，仁宗命判吏部流内铨，未几，被排挤去职。仁宗命其主撰《唐书》。

1055年 乙未 宋至和二年

宋封孔子四十七世孙孔宗愿为衍圣公。衍圣公始此。韩琦言：“州县生民之苦，无重于里正衙前。”一度罢里正衙前。以文彦博、富弼为宰相。晏殊卒(991—)。殊字同叔，抚州临川人。殊善知人，孔道辅、范仲淹皆出其门。

1056年 丙申 宋嘉祐元年

宋仁宗病甚，宰相文彦博、富弼等排除宦官干扰，留宿禁中，每日至寝殿见帝,病愈始止。狄青以得军心,引起流言,罢枢密使,出判陈州。以天章阁侍讲胡瑗管勾太学。

1057年 丁酉 宋嘉祐二年

欧阳修知贡举,裁抑太学体文风。程颢、张载、苏轼、苏辙、曾巩、朱光庭、吕大钧等中进士。前宰相杜衍卒(987—)。衍字世昌,山阴人,为庆历新政的支持者。狄青卒(1008—)。青字汉臣,汾州西河人。学者孙复卒(992—)。复字明复,晋州平阳人。诏改贡举法:"自今间岁贡举。进士、诸科,悉解旧额之半;又别置明经科。"

1058年 戊戌 宋嘉祐三年

韩琦为宰相,宋庠、田况为枢密使,张昪为枢密副使,包拯为御史中丞。欧阳修代包拯知开封府。度支判官王安石上万言书,主张变法。命翰林学士韩绛等同三司详定省减冗费。定制科等第授官之法,从此骤显者少。参知政事王尧臣卒(1003—)。尧臣字伯庸,虞城人,曾编《崇文总目》。

1059年 己亥 宋嘉祐四年

宋废榷茶,行通商法。园户向官府纳租钱,可售茶。商人向园户买茶,向官府纳税。遣官赴各路"均田",旋即中辍。胡瑗卒(993—)。瑗字翼之,泰州海陵(今江苏姜堰)人。李觏卒(1009—)。觏字泰伯,南城(今属江西)人。置馆阁编定书籍官。初,秘阁校理吴及言:"近年用内臣监馆书库,借出书籍,亡失已多。"又,"简编脱略,书史补写不精,非国家崇尚儒学之意",乃命蔡抗等分昭文、史馆、集贤院、秘阁书而编定之。刘挚、丰稷、朱长文等中进士。

1060年 庚子 宋嘉祐五年

分京西为南北两路。欧阳修、宋祁等修《新唐书》成。梅尧臣卒(1002—)。尧臣字圣俞,宣城人。礼部贡院请增江、浙、福建、川、广诸州军解额,凡一百三十五人,从之。

1061年 辛丑 宋嘉祐六年

宋宰相富弼以母丧去位。迁韩琦为首相,曾公亮相,张昪为枢密使。欧阳修为参知政事。宋祁卒(998—)。以司马光知谏院,以王安石知制诰。诏三馆、秘阁校《宋》、《齐》、《梁》、《陈》、《后魏》、《后周》、《北齐》七史书,有不完者访求之。三馆、秘阁上所写黄本书六千四百九十六卷,补白本书二千九百五十四卷。仍诏两制详阅所献遗书,择可取者,令编校官复校,写充定本。黄履、孔文仲等中进士。

1062年 壬寅 宋嘉祐七年

宋改江西盐法。时盐质劣价高,私贩众多,常与吏卒冲突。乃减盐价,令漕船运盐。裁汰陕西老弱有病之厢禁军。包拯卒(999—)。拯字希仁,合肥人。仁宗以侄宗实为皇子,改名曙。

1063年　癸卯　宋嘉祐八年

范镇知贡举,王安石、司马光同知贡举。范祖禹、龚原、沈括等中进士。三月,宋仁宗卒(1010—)。四月,嗣子曙即位,是为英宗。旋以病,皇太后曹氏权垂帘听政。前宰相庞籍卒(988—)。籍字醇之,单州成武人。

二、征引文献目录

B

《白居易诗集校注》,白居易著,谢思炜校注,北京:中华书局,2006年版。

《白鹿洞书院古志五种》,李梦阳等编,北京:中华书局,1995年版。

《北窗炙輠录》,施德操,北京:中华书局,1985年版。

《北宋文化史述论》,陈植锷,北京:中国社会科学出版社,1992年版。

C

《蔡襄集》,蔡襄,上海:上海古籍出版社,1996年版。

《沧浪诗话校释》,严羽著,郭绍虞校释,北京:人民文学出版社,1961年版。

《陈亮集》,陈亮,北京:中华书局,1987年版。

《春秋繁露义证》,董仲舒著,苏舆义证,北京:中华书局,1992年版。

《春秋集传纂例》,《影印文渊阁四库全书》第146册,陆淳,台北:台湾商务印书馆,1983年版。

《春秋权衡》,《影印文渊阁四库全书》第147册,刘敞,台北:台湾商务印书馆,1983年版。

《徂徕石先生文集》,石介,北京:中华书局,1984年版。

D

《道书辑校十种》,蒙文通辑,成都:巴蜀书社,2001年版。

《邓广铭治史丛稿》,邓广铭,北京:北京大学出版社,1997年版。

《董仲舒学说内在理路探析》,张实龙,杭州:浙江大学出版社,2007年版。

《杜诗详注》,杜甫著,仇兆鳌注,北京:中华书局,1979年版。

E

《二程集》,程颢等,北京:中华书局,1981 年版。

F

《范仲淹全集》,范仲淹,南京:凤凰出版社,2004 年版。

G

《公是集》,《丛书集成初编》第 1899-1906 册,刘敞,北京:中华书局,1985 年版。

《古灵集》,《影印文渊阁四库全书》第 1093 册,陈襄,台北:台湾商务印书馆,1983 年版。

《顾亭林诗文集》,顾炎武,北京:中华书局,1983 年版。

《贵耳集》,张端义,北京:中华书局,1985 年版。

《癸巳论语解》,《影印文渊阁四库全书》第 199 册,张栻,台北:台湾商务印书馆,1983 年版。

《国史大纲》,钱穆,北京:商务印书馆,1996 年版。

H

《寒柳堂集》,陈寅恪,北京:三联书店,2001 年版。

《韩昌黎文集注释》,韩愈著,阎琦校注,西安:三秦出版社,2004 年版。

《汉书》,班固撰,颜师古注,北京:中华书局,1962 年版。

《汉宋易学解读》,余敦康,北京:华夏出版社,2006 年版。

《浩然斋雅谈》,周密,沈阳:辽宁教育出版社,2000 年版。

《河东先生集》,《四部丛刊初编》第 134 册,柳开,上海:商务印书馆,1926 年版。

《河南穆公集》,《四部丛刊初编》第 134 册,穆修,上海:商务印书馆,1926 年版。

《鹤林玉露》,罗大经,北京:中华书局,1983 年版。

《洪范口义》,《影印文渊阁四库全书》第 54 册,胡瑗,台北:台湾商务印书馆,1983 年版。

《后村先生大全集》,《四部丛刊初编》第 211-216 册,刘克庄:上海书店,1989 年版。

《黄帝内经集注》,张志聪集注,杭州:浙江古籍出版社,2002 年版。

《黄氏日抄》,《影印文渊阁四库全书》第707–708册,黄震,台北:台湾商务印书馆,1983年版。

《皇宋中兴两朝圣政》,《续修四库全书》史部第348册,留正,上海:上海古籍出版社,2002年版。

《黄宗羲全集》,黄宗羲,杭州:浙江古籍出版社,2005年版。

《挥麈录》,王明清,上海:上海书店出版社,2009年版。

J

《嵇康集校注》,嵇康著,戴明扬校注,北京:人民文学出版社,1962年版。

《江西诗社宗派研究》,龚鹏程,台北:文史哲出版社,1983年版。

《金明馆丛稿二编》,陈寅恪,北京:生活·读书·新知三联书店,2001年版。

《经学历史》,皮锡瑞,北京:中华书局,2008年版。

《经学通论》,皮锡瑞,北京:中华书局,1954年版。

《经义考》,朱彝尊,北京:中华书局,1998年版。

《旧五代史》,薛居正,北京:中华书局,1976年版。

《郡斋读书志校证》,晁公武撰,孙猛校证,上海:上海古籍出版社,1990年版。

K

《困学纪闻》,王应麟,上海:上海古籍出版社,2008年版。

L

《老子注译及评介》,陈鼓应,北京:中华书局,1984年版。

《冷斋夜话·风月堂夜话·环溪诗话》,惠洪、朱弁、吴沆,北京:中华书局,1988年版。

《李白集校注》,李白著,瞿蜕园等校注,上海:上海古籍出版社,1980年版。

《李觏集》,李觏,北京:中华书局,1981年版。

《历史学的理论和实际》,贝奈戴托·克罗齐著,傅任敢译,北京:商务印书馆,1982年版。

《李文公集》,《四部丛刊初编》第119册,李翱,上海:上海书店,1989年版。

《梁溪漫志》,费衮,西安:三秦出版社,2004年版。

《两宋史研究汇编》,刘子健,台北:联经出版事业公司,1987年版。

《列子集释》,杨伯峻,北京:中华书局,1979年版。

《临川先生文集》,王安石,北京:中华书局,1959 年版。

《刘氏春秋传》,《影印文渊阁四库全书》第 147 册,刘敞,台北:台湾商务印书馆,1983 年版。

《刘氏春秋意林》,《影印文渊阁四库全书》第 147 册,刘敞,台北:台湾商务印书馆,1983 年版。

《刘熙载集》,刘熙载,上海:华东师范大学出版社,1993 年版。

《刘禹锡集》,刘禹锡,北京:中华书局,1990 年版。

《柳宗元集》,柳宗元,北京:中华书局,1979 年版。

《隆平集》,《影印文渊阁四库全书》371 册,(旧题)曾巩,台北:台湾商务印书馆,1983 年版。

《陆九渊集》,陆九渊,北京:中华书局,1980 年版。

《栾城集》,苏辙,上海:上海古籍出版社,1987 年版。

《论士衡史》,余英时,上海:上海文艺出版社,1999 年版。

《罗隐集》,罗隐,北京:中华书局,1983 年版。

《吕和叔文集》,《四部丛刊初编》集部 119 册,吕温,上海:上海书店,1989 年版。

M

《梅溪先生文集》,《四部丛刊初编》第 184–185 册,王十朋,上海:商务印书馆,1926 年版。

《梅尧臣集编年校注》,梅尧臣著,朱东润编年校注,上海:上海古籍出版社,2006 年版。

《美学三书》,李泽厚,天津:天津社会科学院出版社,2003 年版。

《梦溪笔谈》,沈括,上海:上海书店出版社,2009 年版。

《渑水燕谈录　归田录》,王辟之,北京:中华书局,1981 年版。

O

《瓯北诗话》,赵翼,北京:人民文学出版社,1963 年版。

《欧阳修全集》,欧阳修,北京:中华书局,2001 年版。

Q

《潜虚述义》,《丛书集成初编》第 697 册,司马光,北京:中华书局,1985 年版。

《潜研堂集》,钱大昕,上海:上海古籍出版社,2009 年版。

《秦观集编年校注》,周义敢等校注,北京:人民文学出版社,2001 年年版。

《全宋诗》,傅璇琮主编,北京:北京大学出版社,1991-1998 年版。

R

《日知录集释》,顾炎武著,黄汝成集释,上海:上海古籍出版社,2006 年版。

《容台别集》,《四库全书存目丛书》171 册,董其昌,济南:齐鲁书社,1997 年版。

《容斋随笔》,洪迈,北京:中华书局,2005 年版。

《儒林公议》,田况,北京:中华书局,1985 年版。

S

《三朝名臣言行录》,《四部丛刊初编》第 49-50 册,朱熹,上海:上海书店,1989 年版。

《三苏全书》,苏洵等著,曾枣庄等主编,北京:语文出版社,2001 年版。

《尚书今古文注疏》,孙星衍,北京:中华书局,2004 年版。

《邵氏闻见后录》,邵博,北京:中华书局,1983 年版。

《邵氏闻见录》,邵伯温,北京:中华书局,1983 年版。

《邵雍集》,邵雍,北京:中华书局,2010 年版。

《生命理想与文化类型——方东美新儒学论著辑要》,方东美,北京:中国广播电视出版社,1992 年版。

《生生之德》,方东美,台北:黎明文化事业公司,1979 年版。

《诗本义》,《影印文渊阁四库全书》第 70 册,欧阳修,台北:台湾商务印书馆,1983 年版。

《诗词散论》,缪钺,西安:陕西师范大学出版社,2008 年版。

《诗人玉屑》,魏庆之,北京:中华书局,2007 年版。

《十三经注疏》,阮元,北京:中华书局影印本,1980 年版。

《石林诗话》,《丛书集成初编》第 2551 册,叶梦得,北京:中华书局,1991 年版。

《史华慈论中国》,许纪霖等,北京:新星出版社,2006 年版。

《史记》,司马迁,北京:中华书局,1982 年版。

《史通通释》,刘知几著,浦起龙通释,上海:上海古籍出版社,2009 年版。

《史学方法与历史解释》,康乐、彭明辉,北京:中国大百科全书出版社,2005年版。

《说苑校证》,刘向撰,向宗鲁校证,北京:中华书局,1987年版。

《斯文:唐宋思想的转型》,包弼德著,刘宁译,南京:江苏人民出版社 ,2001年版。

《四朝闻见录》,叶绍翁,北京:中华书局,1989年版。

《四库全书总目》,永瑢等,北京:中华书局,1965年版。

《四书章句集注》,朱熹,北京:中华书局,1983年版。

《宋稗类钞》,潘永因,北京:书目文献出版社,1985年版。

《宋朝事实类苑》,江少虞,上海:上海古籍出版社,1981年版。

《宋朝诸臣奏议》,赵汝愚,上海:上海古籍出版社,1999年版。

《宋大事记讲义》,《影印文渊阁四库全书》第686册,吕中,台北:台湾商务印书馆,1983年版。

《宋代经学之研究》,汪惠敏,台北:师大书苑有限公司,1989年版。

《宋会要辑稿》,徐松辑,北京:中华书局,1957年版。

《宋景文公笔记》,《丛书集成初编》第280册,宋祁,北京:中华书局,1985年版。

《宋论》,王夫之,北京:中华书局,1964年版。

《宋明理学概述》,钱穆,台北:学生书局,1984年版。

《宋明理学与政治文化》,余英时,长春:吉林出版集团有限公司,2008年版。

《宋诗话全编》,吴文治主编,南京:江苏古籍出版社,1998年版。

《宋诗纪事》,厉鹗辑,上海:上海古籍出版社,2008年版。

《宋诗选注》,钱钟书,北京:三联书店,2002年版。

《宋史》,脱脱等,北京:中华书局,1985年版。

《宋史纪事本末》,陈邦瞻,北京:中华书局,1977年版。

《宋元学案》,黄宗羲,北京:中华书局,1986年版。

《嵩山文集》,《四部丛刊续编》集部第59-60册,晁说之,上海:上海书店,1985年版。

《苏轼词编年校注》,邹同庆、王宗堂,北京:中华书局,2007年版。

《苏轼诗集合注》,苏轼著,冯应榴辑注,上海:上海古籍出版社,2001年版。

《苏轼文集》,苏轼,北京:中华书局,1986年版。

《苏舜钦集》,苏舜钦,上海:上海古籍出版社,1981年版。

《苏魏公文集》,苏颂,北京:中华书局,1988年版。

《隋唐制度渊源略论稿·唐代政治史述论稿》,陈寅恪,北京:三联书店,2001年版。

《孙明复小集》,《影印文渊阁四库全书》第1090册,孙复,台北:台湾商务印书馆,1983年版。

T

《太平广记》,李昉等,北京:中华书局,1961年版。

《谈艺录》,钱钟书,北京:三联书店,2008年版。

《唐代思潮》,龚鹏程,北京:商务印书馆,2007年版。

《唐六典》,李林甫等,北京:中华书局,1992年版。

《唐学与唐诗:中晚唐诗风的一种文化考察》,查屏球,北京:商务印书馆,2000年版。

《陶山集》,《丛书集成初编》第1930–1931册,陆佃,北京:中华书局,1985年版。

W

《晚清七十年》,唐德刚,香港:远流出版公司,1998年版。

《王安石全集》,王安石,上海:上海古籍出版社,1999年版。

《王弼集校释》,王弼著,楼宇烈校释,北京:中华书局,1980年版。

《王黄州小畜集》,《四部丛刊初编》第133册,王禹偁,上海:商务印书馆,1926年版。

《王水照自选集》,王水照,上海:上海教育出版社,2000年版。

《韦庄集笺注》,韦庄著,聂安福笺注,上海:上海古籍出版社,2002年版。

《渭南文集》,《影印文渊阁四库全书》第1163册,陆游,台北:台湾商务印书馆,1983年版。

《温国文正司马公文集》,《四部丛刊初编》第138–139册,司马光,上海:上海书店,1989年版。

《文赋集释》,陆机著,张少康集释,北京:人民文学出版社,2002年版。

《文镜秘府论校注》,弘法大师撰,王利器校注,北京:中国社会科学出版社,

1983 年版。

《文献通考》,马端临,北京:中华书局,1986 年版。

《文选》,萧统编,李善注,上海:上海古籍出版社,1986 年版。

《五灯会元》,普济,北京:中华书局,1984 年版。

X

《习学记言序目》,叶适,北京:中华书局,1977 年版。

《咸平集》,《影印文渊阁四库全书》第 1085 册,田锡,台北:台湾商务印书馆,1983 年版。

《新唐书》,欧阳修、宋祁,北京:中华书局,1975 年版。

《新五代史》,欧阳修,北京:中华书局,1974 年版。

《续资治通鉴长编》,李焘,北京:中华书局,2004 年版。

《荀子集解》,王先谦,上海:上海书店,1986 年版。

Y

《燕翼诒谋录》,王栐,北京:中华书局,1981 年版。

《杨万里集笺校》,杨万里撰,辛更儒笺校,北京:中华书局,2007 年版。

《易说》,《丛书集成初编》第 391 册,司马光,北京:中华书局,1985 年版。

《饮冰室合集》,梁启超,北京:中华书局,1989 年版。

《隐居通议》,《影印文渊阁四库全书》第 866 册,刘埙,台北:台湾商务印书馆,1983 年版。

《瀛奎律髓汇评》,方回,上海:上海古籍出版社,1986 年版。

《原始文化——神话、哲学、宗教、语言、艺术和习俗发展之研究》,爱德华·泰勒著,连树声译,桂林:广西师范大学出版社,2005 年版。

《韵语阳秋》,《丛书集成初编》第 2553–2554 册,葛立方,北京:中华书局,1985 年版。

Z

《曾巩集》,曾巩,北京:中华书局,1984 年版。

《增订文心雕龙校注》,黄叔琳等,北京:中华书局,2000 年版。

《张载集》,张载,北京:中华书局,1978 年版。

《张之洞诗文集》,张之洞,上海:上海古籍出版社,2008 年版。

《贞观政要集校》,吴兢撰,谢保成集校,北京:中华书局,2003 年版。

《直斋书录解题》,陈振孙,上海:上海古籍出版社,1987年版。

《止斋先生文集》,《四部丛刊初编》第183册,陈傅良,上海:商务印书馆,1926年版。

《中国古代思想史论》,李泽厚,北京:人民出版社,1985年版。

《中国古代文学理论体系:方法论》,刘明今,上海:复旦大学出版社,2000年版。

《中国近三百年学术史》,钱穆,北京:商务印书馆,1997年版。

《中国通史》,吕思勉,上海:上海古籍出版社,2009年版。

《中国文化史》,柳诒徵,北京:东方出版社,1988年版。

《中国文学批评通史:宋金元卷》,顾易生等,上海:上海古籍出版社,1996年版。

《中国现代学术经典·钱宾四卷》,钱穆,石家庄:河北教育出版社,1999年版。

《中国小说史略》,鲁迅,上海:上海古籍出版社,1998年版。

《中国学术思想史论丛》,钱穆,合肥:安徽教育出版社,2004年版。

《中国转向内在》,刘子健著,赵冬梅译,南京:江苏人民出版社,2002年版。

《周敦颐集》,周敦颐,北京:中华书局,2009年版。

《周官新义》,《丛书集成初编》第869-870册,王安石,上海:商务印书馆,1937年版。

《周易口义》,《影印文渊阁四库全书》第8册,胡瑗,台北:台湾商务印书馆,1983年版。

《朱熹集》,朱熹,成都:四川教育出版社,1996年版。

《朱熹研究》,束景南,北京:人民出版社,2008年版。

《朱子大传》,束景南,福州:福建教育出版社,1992年版。

《朱子语类》,黎靖德,北京:中华书局,1986年版。

《庄子今注今译》,陈鼓应,北京:中华书局,1983年版。

《资治通鉴》,司马光,北京:中华书局,1956年版。

《自由秩序原理》,哈耶克著,邓正来译,北京:三联书店,1997年版。

三、参考文献目录

(一)著作

《北宋中期儒学复兴运动》,刘复生,台北:文津出版社,1991年版。

《插图本中国古代思想史》,朱大渭,南宁:广西人民出版社,2006年版。

《程颢程颐理学思想研究》,潘富恩、徐余庆,上海:复旦大学出版社,1988年版。

《程颢程颐评传》,卢连章,南京:南京大学出版社,2001年版。

《春秋学史》,赵伯雄,济南:山东教育出版社,2004年版。

《第二届宋代文学国际研讨会论文集》,莫砺锋编,南京:江苏教育出版社,2003年版。

《二程兄弟的新儒学》,葛瑞汉著,程德祥等译,郑州:大象出版社,2000年版。

《经术与性理——北宋儒学转型考论》,吴国武,北京:学苑出版社,2009年版。

《科举理学化:均田制崩溃以来的君民整合》,吴铮强,上海:上海辞书出版社,2008年版。

《旷世大儒——二程》,徐洪兴,石家庄:河北人民出版社,2000年版。

《理学的产生及其历史命运 》,范立舟,西安:陕西人民出版社, 2001年版。

《理学纲要》,吕思勉,南京:江苏文艺出版社,2008年版。

《历史上的理学》,包弼德著,王昌伟译,杭州:浙江大学出版社,2010年版。

《两宋道学命运的历史考察》,关长龙,上海:学林出版社,2001年版。

《两宋历史文化概论》,张其凡,广州:广东人民出版社,2002年版。

《两宋孟学研究》,周淑萍,北京:人民出版社,2007年版。

《两宋文化史》,杨渭生,杭州:浙江大学出版社,2008年版。

《两宋文化史研究》,杨渭生等,杭州:杭州大学出版社,1998年版。

《内圣外王的贯通:北宋易学的现代阐释》,余敦康,上海:学林出版社,1997年版。

《欧阳修纪年录》,刘德清,上海:上海古籍出版社,2006年版。

《气本与神话:张载哲学述论》,杨立华,北京:北京大学出版社,2008年版。

《日本学者研究中国史论著选译》,北京:中华书局,1992 年版。

《邵雍评传》,唐明邦,南京:南京大学出版社,1998 年版。

《诗经学史》,洪湛侯,北京:中华书局,2002 年版。

《士大夫政治演生史稿》,阎步克,北京:北京大学出版社,1996 年版。

《思想的转型——理学发生过程研究》,徐洪兴,上海:上海人民出版社,1996 年版。

《思想史研究课堂讲录》,葛兆光,北京:三联书店,2005 年版。

《宋初百年文学复兴的历程》,张兴武,北京:中华书局,2009 年版。

《宋初诗派研究》,郝广霖,济南:齐鲁书社,2008 年版。

《宋初政治探研》,张其凡,广州:暨南大学出版社,1995 年版。

《宋代<春秋>学与宋型文化》,李建军,北京:中国社会科学出版社,2008 年版。

《宋代教育》,袁征,广州:广东教育出版社,1991 年版。

《宋代科举》,贾志扬,台北:东大图书公司,1995 年版。

《宋代尚书学案》,蔡根祥,台北:花木兰文化出版社,2006 年版。

《宋代社会研究》,朱瑞熙,郑州:中州书画社,1983 年版。

《宋代思想史论》,田浩,北京:社会科学文献出版社,2003 年版。

《宋代台谏制度研究》,虞云国,上海:上海书店出版社,2009 年版。

《宋代文化新观察》,杨渭生,保定:河北大学出版社,2008 年版。

《宋代文学史》,孙望、常国武主编,北京:人民文学出版社,1996 年版。

《宋代文学思想史》,张毅,北京:中华书局,2006 年版。

《宋代文学探讨集》,祝尚书,郑州:大象出版社,2007 年版。

《宋代文学通论》,王水照,开封:河南大学出版社,1997 年版。

《宋代疑经研究》,杨新勋,北京:中华书局 2007 年版。

《宋代政治文化史论》,张邦炜,北京:人民出版社,2005 年版。

《宋金元文论选》,陶秋英,北京:人民文学出版社,1984 年版。

《宋明经学史》,章权才,广州:广东人民出版社,1999 年版。

《宋儒与佛教》,蒋义斌,台北:东大图书公司,1997 年版。

《宋型文化与宋代美学精神》,刘方,成都:巴蜀书社,2004 年版。

《宋学的发展与演变》,漆侠,石家庄:河北人民出版社,2002 年版。

《宋学与宋代文学观念》，李春青，北京：北京师范大学出版社，2001年版。

《苏辙<诗集传>新探》，李冬梅，成都：四川大学出版社，2006年版。

《唐代后期儒学》，张跃，上海：上海人民出版社，1994年版。

《唐宋词社会文化学研究》，沈松勤，杭州：浙江大学出版社，2000年版。

《唐宋士风与词风研究》，张再林，北京：人民文学出版社，2005年版。

《王安石评传》，张祥浩、魏福明，南京：南京大学出版社，2006年版。

《文化：中国与世界》第一辑，北京：三联书店，1987年版。

《文化守望》，冯天瑜，武汉：武汉大学出版社，2006年版。

《文史传统与文化重建》，余英时，北京：三联书店，2004年版。

《虚气相即：张载哲学体系及其定位》，丁为祥，北京：人民出版社，2000年版。

《易学哲学史》，朱伯昆，北京：昆仑出版社，2005年版。

《意大利文艺复兴时期的文化》，雅各布·布克哈特，北京：商务印书馆，1979年版。

《张载评传》，龚杰，南京：南京大学出版社，1996年版。

《中国辨伪学史》，杨绪敏，天津：天津人民出版社，1999年版。

《中国古代本体思想史稿》，方光华，北京：中国社会科学出版社，2005年版。

《中国教育制度通史》第三卷，乔卫平，济南：山东教育出版社，2000年版。

《中国近世思想史研究》，陈来，北京：商务印书馆，2003年版。

《中国理学》，潘富恩、徐洪兴，上海：东方出版中心，2002年版。

《中国儒学史·宋元卷》，韩钟文，广州：广东教育出版社，1998年版。

《中国思想史》，葛兆光，上海：复旦大学出版社，2001年版。

《中国思想史论集》，徐复观，上海：上海书店出版社，2004年版。

《中国文化史》，冯天瑜等，北京：高等教育出版社，2007年版。

《周予同经学史论著选集》，周予同，上海：上海人民出版社，1983年版。

《走出汉学——宋代经典辨疑思潮研究》，杨世文，成都：四川大学出版社，2008年版。

《祖宗之法：北宋前期政治述略》，邓小南，北京：三联书店，2006年版。

(二)论文

《北宋党争与儒学复兴运动的演化》，刘复生，《社会科学研究》1999年第6

期。

《范仲淹与北宋士风的演变》，诸葛忆兵,《中国人民大学学报》2006 年第 5 期。

《范仲淹与宋代儒学的复兴》,李存山,《哲学研究》2003 年第 10 期。

《范仲淹与宋学之勃兴》,杨渭生,《浙江大学学报》社科版 1999 年第 1 期。

《理学发生原因及创始人问题的再考察》，范立舟,《暨南学报》2003 年第 5 期。

《略论范仲淹与理学思潮产生的关系》，郎国华、范立舟,《广东社会科学》2003 年第 6 期。

《论北宋政治变革时期的文化》,李华瑞,《文献》1999 年第 2 期。

《论韩愈的道统观及宋儒对他的超越》,何俊,《孔子研究》2000 年第 2 期。

《论宋初百年士风的演进》,马茂军,《华南师范大学学报》(社科版),2004 年第 4 期。

《论宋学的产生和衰落》,何忠礼,《福建论坛》人文社科版,2001 年第 5 期。

《论宋学兴起的文化背景》，朱汉民,《湖南大学学报》(社科版),1999 年第 1 期。

《庆历新政人士和北宋散文的发展》,洪本健,《江海学刊》2001 年第 6 期。

《庆历新政与熙宁变法》,李存山,《中州学刊》2004 年第 1 期。

《“庆历易学”发微》,杨亚利,《周易研究》2004 年第 4 期。

《试论北宋儒学的演进与韩愈地位的变化》,杨国安,《中州学刊》2002 年第 5 期。

《四书升格运动与宋代四书学的兴起——汉学向宋学转型的经典诠释历程》,束景南、王晓华,《历史研究》2007 年第 5 期。

《宋初百年文道传统的缺失与修复》,张兴武,《文学遗产》2006 年第 5 期。

《宋代文化的繁荣及其原因》,鲁尧贤,《安庆师范学院学报》1994 年第 2 期。

《宋代文化的生成背景及其特点》,姚兆余,《甘肃社会科学》2001 年第 1 期。

《谈谈有关宋学研究的几个问题》,邓广铭,《社会科学阵线》1985 年第 2 期。

《由礼转理抑或以礼合理：唐宋思想转型的一个视角》，何俊,《北京大学学报》(哲社版)2007 年第 6 期。

(三)博士(后)论文

《北宋经筵与宋学的兴起》,姜鹏,复旦大学,2006 年。

《道学运动与早期永嘉学派》,陆敏珍,浙江大学,2008 年。

《江西宗派研究》,伍晓蔓,四川大学,2004 年。

《欧阳修经学思想研究》,曾建林,浙江大学,2007 年。

《庆历士风与文学》,李强,华东师范大学,2005 年。

《苏辙的<春秋>学与<诗经>学》,刘茜,浙江大学,2007 年。

《文以载道》,朱刚,复旦大学,1996 年。

致 谢

三年读博生涯,最让我铭记于心的,莫过于导师束景南先生的言传身教。束先生学识的渊博,对学术的沉潜执着,不近名利的淡泊情怀,在当今的社会,显得弥足珍贵。能有机会投师束先生门下,亲耳聆听先生的教诲,真是我一生的幸运。特别是在论文的撰写阶段,从选题的确定到论文的最后定稿,这期间不知花费了先生多少宝贵时间,每看到先生为我的论文所做的一处处文字改动,真是感到心生惭愧,自愧不能像先生那样有着对学术的执着与定力,不能高水平地完成选定的课题,以致让先生为之一改再改,耗费心血。

古籍所的严谨治学风气,在各位导师们身上有着最明显的体现。无论是张涌泉老师的敦煌学讲课,还是王云路老师的中古文字学课堂研讨,都让人感受到一种学术的熏陶,让人想起如沐春风的古语。崔富章老师、龚延明老师、方建新老师、祖慧老师,他们治学上的一丝不苟,也同样予我以治学的启迪。我还要感谢资料室的秦佳慧老师与办公室的陈叶老师,她们的热心帮助使我受益良多。

我还要特别感谢我在徐州师范大学攻读硕士时的导师杨绪敏先生，是他指引我走进学术的殿堂，无论是先生治学上的严谨朴实还是生活上对我的关心照顾,都让我深深体会到师恩的博大德泽。

师友同门,平时生活的点点滴滴,也同样让人难以忘怀。赵晓斌博士,同门又兼室友,且是在浙大本硕一直读来,不论是学校及所里的轶闻往事,还是其他如计算机或专业课程方面的帮助,都有让我茅塞顿开的受益。此外还有刘雄、赵玉强、赵文源、郝永、雷鸣、徐栋、熊伟、尹成波等诸位博士,或于学术上质疑问难,或于生活上热情帮助，西子湖畔的足迹，浙西山水的游踪，都是我三年求学生活里意想不到的收获。

最后，还要感谢我的家人：我的父亲赵廷敬，一辈子与黄土地打交道，在我就要完成学业的时候，突然去世，来不及分享我的快乐，去世前还在为我的工作操心，每念及此，都让我有椎心之痛；我的妻子李秀兰女士，在我读博期间，她在教书的同时还要照看两个孩子，大小事务代我分担，才使我能够安享这一次难得的充电机会；此外还有母亲和一双儿女，他们的亲情和支持，使我的求学与人生充满快乐与希望。

赵端广

2010 年 6 月

硕 士 篇 SHUO SHI PIAN

明清之际士人心态研究

2013年4月18日，滨湖区教育研究发展中心吴伟昌副主任、胡埭中心小学孙国宏副校长、赵博士夫人李秀兰老师等一行拜访江苏师范大学导师杨绪敏（左三）教授。

专家评点

这是一篇选题视角新颖、立意高远、思路开阔,富于思考灵性的优秀学位论文;同时史实充分,论证有力。其一,就选题而言,选择明清之际士人心态研究,力图揭示中国封建社会晚期世风与士风之变化,而士风之变则是时代历史大变局之先声,我认为作者独具只眼,颇有卓见。对这一特定的巨变时代之士人心态进行研究,可以获得深刻的历史思考,不仅可以理解具体时代之文化,而且可以提炼出历史演变的某种规律性认识,甚至可以为当下文化与士风状况找到某种历史联系。其二,这是一个综合性的有很大难度的研究项目,因为深入的士风研究,往往涉及那个时代的政治大局、文化风尚,特别是哲学思想、宗教信仰和学术、文学、艺术诸方面。近年来,心态史研究渐成热点,但文学、思想史界涉猎者多,而历史学界关注者少。不过,文、哲角度切入灵性有余,而欠厚实庄重。本文则一反其弊,无论在材料收罗、应用,还是在分析、归纳、立论诸方面,借鉴其长,有思想,又增其实证,显出史学研究的特点。其三,本文除实证之外,注意学习、应用新的史学理论与方法,有开拓、有深度。其四,作者思路明晰,文笔清新、简练。总之,我认为这是一篇优秀的学位论文。

扬州大学社会发展学院副院长、教授、博士生导师　王永平

2006年5月16日

内容提要

明清之际，是中国历史上一个天翻地覆、影响深远的年代。士人心态的变化反映出时代的剧变。

在明末，由于统治的松动，社会的发展，士人有了更为广阔的空间，敢于追求自主、自适，对私欲、私利的追求有了正面的论说，他们冲破官方程朱理学的束缚，张扬自我，求真重情。特别是王学左派的李贽，其“异端”言说，流布天下。多方面的因素，使当时中国的社会出现了许多新的因素和萌芽。但物欲的横流，也由于政治的日益腐败，党争加剧，阉党横行，官蠹民困，导致了农民起义的爆发，内乱又加剧外患，内外交攻之下，明王朝土崩瓦解。代之而起的清王朝，惩于明亡表象，对士人的控制变本加厉，明末如昙花一现的活跃气氛再也难觅踪影，士人的心态又重陷绝望与悲哀之中。

明清易代，对于当时的士人是一个巨大的震撼。家国之难，一齐涌至。除了一部分士人转向新朝，表示认同外，还有许多人坚守民族气节，以传承民族文化、整理故国学术为己志。明亡后许多思想家对明亡的原因进行了种种探讨，专制腐朽的皇权也成了他们批判的对象，采取封建、置相等途径以分权、限权的主张见于当时许多人的著作。作为社会精英阶层的士人，其压抑的心态也反映出明清时期政治的高压与专制的现实。不能突破这一专制的藩篱，他们的主张仍有许多局限性，如对皇权终不能弃之不顾，另起炉灶，但他们的探索却不是无果之花，终在清末迎来了知音。

明清之际士人的心态，前后两端形成巨大的反差，明末的绚丽多姿与入清后的渐趋死寂荒凉，适成对照。明清之交的巨变，其对后日的影响，也只有以今天宽广的视野，中西不同文明进程的对比，才能看出个中奥妙。敏感的士人，其种种苦闷彷徨，纵恣狂放，实在是社会发展进程中寻求突破的前兆，是人类迈向文明之路的黎明前乍现的天光。

关键词：心态　士人　明清史

绪 论

第一节　选题的目的和意义

明清之际[①]，是中国古代历史上一个有着特殊意义和内涵的时期。当时及后世用"天崩地解"、"天崩地裂"等语言来形容这一时期的急剧变化，一点也不过分。时代的大变动，体现于政治、经济、文化、世风、士俗等各方面，对中国的近代史产生了甚为深远的影响。

晚明时期，思想文化领域出现了一股求新、求变的趋势。士子们已不满于官方定为一尊、不容置疑的程朱理学的束缚，呈现出一种反思及觉醒的心态。阳明学说及其后的王学左派，尤其是李贽的异端思想，深深震撼了当时的社会，引起了不少士林精英的共鸣。而与此对照的是，朱元璋以一介布衣所建立的大明王朝，权力又设计得如此集中。皇权与公论，或者说皇权与士人，在晚明的对立也空前绝后。晚明几朝，要么是皇帝怠政或刚愎自用，要么是宦官专权，鱼水和谐的君臣关系及春风融融的政治气象已难觅踪影。号称勤政的崇祯皇帝虽然在处置魏忠贤的阉党时轻而易举，但面对外廷士人，却不知所措，最后落得众叛亲离，吊死煤山。

明廷君臣的离心，正好被满洲政权利用。外患引发内乱，内乱加剧外患。一个涣散的王朝逐步被征服，使身为少数民族的统治者产生了一种幻觉，盲目地相信武力和高压。结果是前朝高度集权的弊端不但没有减缓，反而变本加厉。延至晚清，被皇权的淫威奴化和僵化了的民族再去应付数千年未有之局的列强入侵，中

①明清之际，其时间界定不一，本文所包括的范围大致从明朝嘉靖、万历年间到清朝康熙年间（即公元16世纪中叶至18世纪中叶）。

国的现代化之路就可想而知有多么艰难与曲折了。

作为明清鼎革中介的农民起义军，在处理士大夫的问题上恰恰又重蹈崇祯帝覆辙。没有了社会精英阶层的支持，其结果也就可想而知。

士大夫的合作与否，可以说决定了当时政权的成败。而士人群体，却又无法凝成合力。士人的地位，自从战国的黄金时代以后，到了明清，可以说被压抑到了极点。思想和制度的戕害，让士人们丧失活力，萎靡不振。晚明士人的觉醒，实在是一难得的局面。崇祯帝的勤政，结果恰恰是群臣的"怠工"。糜烂的政局，背后凸显的是士人阶层及公论面对皇权的无力。清朝统治者入主之后的反思，却倒果为因，皇权收得更紧。安内与攘外、夷与夏，重重的乱丝纠缠在一起，构成了一个让人困惑的年代。在这大变动之中，士人的心态[①]，尽管微妙、复杂而多变，但又有其共性。渴求解脱而不得，面对乱局而无能，天下兴亡的重压，让这一时代成为思想者的时代。滴血痛楚凝成珍珠，沧桑巨变换来感悟，这又是不幸中之万幸。这些宝贵的思想资源，于今天的人们仍有其价值。

刘梦溪先生曾评论中国两千多年来的学术流变有三个历史分际点最值得注意，即晚周、晚明与晚清，都具有天崩地解、社会转型、传统价值发生危机、新思潮汹涌竞变的特征，而明清之际文化裂变的深度和烈度，丝毫不亚于另外两个时期，单就学术思想的嬗变而言，还有其他时期不可比拟之处："明清易代既是我国社会历史的转捩点，也是理解华夏学术思想嬗变的一个枢纽。陈寅恪标举的'我民族独立之精神，自由之思想'，在明清之际表现得最见力度，而这也就是中华学术思想的精华和走向的现代的方向。"[②]对明清之际士人心态的分析，有助于我们了解那个时代，了解那个社会，了解华夏学术思想的曲折变化的轨迹。

从与清政权的合作态度上，可以把当时的士人大致分为遗民和"贰臣"。虽然以此标准划分太过简单，而二者的区别也难以涵盖个人的具体背景。遗民身上体现的民族气节，入仕士人所遭遇的舆论氛围及内心的道德自律的折磨，以及他们对自身处境的体验和反思，既有时代的因素，也有历史的渊源。各个不同群体的心态同样地反映了士人在那样天翻地覆的巨变中所烙下的时代印记。士人所处

①法国心态史学的研究对象主要是历史上社会群体在社会生活中所共有的观念和意识，以及这种观念和意识与当时现实物质环境之间的关系，本文于此有所借鉴。

②转引自章太炎著、陈平原编《中国现代学术经典·章太炎卷》总序，北教育出版社，1996年，第62页。

的具体环境,如科举对心智的戕害,皇权对士人阶层的压抑,士人由得君行道向内心自适及由雅趋俗的调整,以及他们对时代变迁的反应,有助于我们了解士人这一整体在当时社会的地位及对时代进程的影响。

王夫之在《宋论》中曾引述过一句话:“语有之曰:得士者昌”(见《宋论·太祖》篇),可见自古以来人们对人才的重要性都有清醒的认识。但在实践中却往往南辕北辙,不知珍惜。从东西文明的发展史都可发现,一个社会的发展,首先应是知识阶层的解放或觉醒,然后是整个社会的全面发展。而中国的近代历史,跟西方相比,恰恰输在了专制制度对这一阶层的愈来愈紧的束缚。万马齐喑的局面,导致的是灵气的丧失,活力的萎缩。精神上的侏儒,必然要招致落后挨打。从明清之际的士人所处的社会环境及其不同反应,我们能够感知他们对种种束缚心智自由的时局与制度的反抗和挣扎。

在我们当今创建和谐社会、提倡创新思维的新时代,如何从既往的历史中吸取经验与教训,也是一个很重要的课题。古时的士人,其遭逢际遇与时变世运,于今天的知识分子与国家和社会的关系,仍然有着可资借鉴之处。明清之际的士人前后迥异的生存环境,还有当时急剧变化的社会,以及那变革与动荡交织的时代之深层原因,都有许多值得今天的人们反思的地方。知识阶层心态的活跃程度,人才成长环境的宽松与否,都是一个社会和谐程度及凝聚力大小的主要标志。明清之际士人心态的起伏变化,还有伴随而来的社会的繁华与衰败气象,背后之因果联系,及其深层的制度渊源,皆堪为今日改革创建之借鉴。

第二节 研究现状

关于明清士人的研究,早期的著作多着重于学术史、思想史方面,如梁启超的《中国近三百年学术史》(东方出版社,1996),钱穆的《中国近三百年学术史》(商务印书馆,1997),在论述学术演变时涉及了士人及其背景。钱穆写于抗战时期的《国史大纲》(商务印书馆,1996),虽是一部通史,亦对士人于不同时期的作用作了概括。他认为中国古代史上士人阶层的活动可分四期:第一期从春秋末下逮战国,因自由讲学之风的兴盛及游士的崛起,加速了古代封建统治阶层的崩溃,促成了秦汉以下大一统之局的开始,也奠定了士为四民之首的基础;第二期为两汉,创设了此下文治政府的传统;第三期为魏晋南北朝下迄隋唐的八百年间,形成了以士族门第为特征的士人的贵族时期;宋以下为士阶层活动的第四期,借由科举或进而出仕,或退而为师。明清两朝士人不同的时代环境,书中亦有分别论述。谢国桢的《明清之际党社运动考》(中华书局,1982)和《明末清初的学风》(人民出版社,1982),分别从党社的兴衰及学风的变化中探讨明清之际士人的动向。侯外庐主编的《中国思想通史》(人民出版社,1956),则从思想史的角度对明清时期时的思想家及其背景作了阐述。陈寅恪的《柳如是别传》(三联书店,2001),除了为柳如是洗刷所蒙受的污蔑之词,还原一代才女的真实面目,也再现了明清之交的血雨腥风及无数仁人志士顽强抗清的史实,对当时的士子作了较为公允的评判,能够从历史环境及特定心理作贴近事实的分析,给历史人物以“了解之同情”。余英时的《士与中国文化》(上海人民出版社,2003),除了从中国历史的不同时期对士人作了具体分析外,还对明清之际的士人商业观念的变化作了独到的论述。

对于士人更具体更入微的研究,兴起于二十世纪八十年代以后,人们从文学、思想、时代背景、地域环境、士习、心态等诸多细微层面考察时代变迁对士人的影响。赵园的《明清之际士大夫研究》(北京大学出版社,1999),对明清之际士人的话题,诸如“戾气”、生死、节义、遗民等,一一剖析,点出了这一特殊时期的士人的经历和体验。特别是有关明人“戾气”的评点,让人惊竦于暴政给社会、给士人带来的杀气与酷虐。周明初的《晚明士人心态及文学个案》(东方出版社,1997),研究了晚明时期士人心态的变化及其心理趋向,那就是力求道统与政统合一的理想人格的解体,自我的觉醒和个性的张扬。个案分析了徐渭、李贽、汤显祖和袁宏道四人的心态。夏咸淳的《情与理的碰撞:明代士林心史》(河北大学出版社,2001),对明代士人前、中、后期的不同发展历程作了概述,分析了后期士人心态由重理向重情、由雅趋俗、由一统向多元的转变,及由此而带来的思想文化的繁荣。周志文的《晚明学术与知识分子论丛》(台北大安出版社,1999),是一组论文集,分析了晚明学术与知识分子观念的变化。左东岭的《王学与中晚明士人心态》(人民文学出版社,2000),则重点研究了中晚明士人心态与阳明学说尤其是左派王学的关系。谢正光的《清初诗文与士人交游考》(南京大学出版社,2001),对清初士人的诗文创作及交游,作了一些个案研究。吴存存的《明清社会性爱风气》(人民文学出版社,2000),对当时社会的大环境及士人世风的变化作了细微的分析。何宗美的《明末清初文人结社研究》(南开大学出版社,2003),从结社集会的角度,对明清之际的士人活动作了研究。冯天瑜、谢贵安所著的《解构专制》(湖北人民出版社,2003),则从“新民本观”的角度考察了明清之际的人们对专制制度的批判,“新民本”观点产生的背景及其内容。

此外还有一些论文,如张玉兴的《明末清初“九义士”评议》(《社会科学辑刊》1994 年第 2 期),吴承学、李光摩的《晚明心态与晚明习气》(《文学遗产》1997 年第6 期)、黄河的《略论明清之际社会思潮的的发展》(《华侨大学学报》2001 年第 1 期),王于飞的《从<临春阁>到<秣陵春>——吴梅村与清初士人心态的变迁》(《浙江学刊》2001 年第 2 期),杜春媚的《从归庄看明遗民多样性的生存选择》(《清史研究》2001 年第 4 期),杨泽君的《明遗民心态:张岱个案分析》(《史学月刊》2002 年第 4 期)、徐茂明的《士绅的坚守与权变:清代苏州潘氏家族的家风与心态研究》(《史学月刊》2003 年第 10 期),关爱和的《南山集案与清代士人的心路历程——以戴名世、方苞为例》(《史学月刊》2003 年第 12 期),孙立的《屈大均的逃禅与明遗民的思想困境》(《中山大学学报》2003 年第 5 期),商传的《竟陵派与晚明时代》(《历史研究》2004 年第 1 期),葛兆光的《“唐宋”抑或“宋明”》(《历史研究》2004 年第 1 期),孔定芳的《明清易代与明遗民的心理氛围》(《历史档案》2004 年第 4 期)和《清初的经世致用思潮与明遗民的诉求》(《人文杂志》2004 年第 5 期),亢学军的《明中期士人心态之形成——以何良俊为例》(《常熟高专学报》2004 年第 3 期)、向燕南的《晚明士人自我意识的张扬与历史评论》(《史学月刊》2005 年第 4 期)也对之作了不同角度的分析,在此就不一一列举。

另外,关于心理史学诸流派与理论,近年来也多有译介与应用,为史学范围的拓展又开一径,如法国勒高夫等著的《新史学》(上海译文出版社,1989)、彭卫的《历史的心镜——心态史学》(河南人民出版社,1992)、胡波的《历史心理学》(广东高等教育出版社,1993)、罗凤礼的《历史与心理》(中央编译出版社,1998)、吕一民的《法国心态史学述评》(《史学理论研究》1992 年第 3 期)、周兵的《心理与心态——论西方心理历史学两大流派》(《复旦学报》2001 年第六期)等。《史学月刊》还有不定期的“心理史学研究”专栏,推动了心理史学的研究与发展。特别是心态史学,以其标举的“自下而上的历史”这一特点,使历史人物和群体在微观和宏观上综合起来,丰富了历史研究的途径。

第三节 本文的创新之处及篇章结构

本文拟从具体时代背景之下士人的普遍心态及不同群体对特定环境的反应

入手，考察明末清初之际，士人与时局的互动和影响，探索明末专制的君权与士人阶层的乖隔，由此造成的朝廷凝聚力的涣散，以及高度集权的专制政体对华夏民族发展进程的迟滞与阻碍，并借此探讨入清之后士林精英的反思所触及的制度、文化之弊。

在分析当时士人心态的共同趋向及其时代背景的基础上，探讨明清之际的巨变对士人心态的冲击(如有为的心境与无能的变局、个性自适与河决鱼烂的政局、夷夏之争与名节之痛的困扰等吊诡现象之后的深层原因)，考察不同的士人群体的反应，及其背后的现实物质环境。忠义、遗民为气节所激，置生死于度外，那一腔忠忱义胆，令人今日读之犹起敬意；而入仕的"贰臣"，其对大明王朝的失望，对异族统治的无奈，自身深受的内心的煎熬，也让人叹息于那时代的不幸与重压。本文拟从士人心态与社会背景这一角度，审视明清的变局及入清后的统治者对汉族士人的笼络与控制，以及士人作为整体与时代和社会的关系。

晚明的时代，由于受社会各方面因素的影响，诸如思想、文化、经济等等，其内部酝酿着某种前所未有的变化，也表现于社会生活的各方面。晚明社会的许多因子，竟于今人有似曾相识之感，在中国近代化的曲折反复的道路上，晚明的种种话题，竟一再被人拾起。身处此时的人们，虽然感觉到了时代的非同寻常，但因身在此山中，难识庐山真面目。我们以今日的视野，对之作古今中西的对比，才渐渐明了当时的种种之新，已远非时代所能容纳。应该说士人这一阶层，在这时已经有所觉醒，本来他们在皇权高压的束缚下，备受压抑，突然之间的大变动，又让他们以家破国亡的代价，从血腥残酷的事实中惊醒过来，反思和批判的矛头直指君主专制这一根源。但他们由于受时代环境的局限，加之传统观念的束缚，反思专制的同时，又对有所松动的个性解放的苗头，也误作亡国之因，加之清廷思想文化控制的加强，这些宝贵的思想火花，便倏尔消失了。

本文试图从士人对明清之际这一巨变的不同心态和反应入手，对这一在中华民族发展史上有重大影响的时期作一纵览，以探讨那纷纭事相背后的深层原因，并借以求索这一变局于后日的影响。在已有研究的基础上，综合明清之际士人的作品，探索其心态的共性及其背后时代的因素，于微观中透视那宏大背景，透过士人于时局变动中的种种反应，剖析其喜怒哀乐之所由来的深层原因，以期从具体的人事中观察那让人困惑的年代。

对于这一主题，虽然前贤已有所探讨，可资借鉴，但自知才学所限，尤其是准确理解古籍所要求的古文字功底及古典常识的不足，加之现代学术与古典学术之间的割裂所造成的后学的浅陋，窥知古人之隐衷深义，谈何容易，误读妄解，在所难免。加之选题不无过大之嫌，兼跨文史，并涉及心理学、社会学等方面的知识，要求作者能够从细微的角度来把握宏观的背景，且具高屋建瓴之识，如此难度，自己深知不是合适人选，只有勉为其难，做这力不从心的放胆尝试。[①]

本文的结构安排大致如下：第一章绪论，是本文选题的学术价值论述。第二章研究那个特殊的年代，也即士人所处的时代背景，以及对他们的思与行的影响。第三章对晚明士人的心态及背景略作分析，试图从中找出当时时代的新与变，以及士人的种种不同表现，晚明人士的心态研究已有很多论述，故本章亦多有借鉴。第四章探讨作为明遗民及入仕"贰臣"的整体心态，特别是忠义之士及遗民义无反顾的选择背后的价值取向、人格追求和感悟反思，他们对保存故国历史及文献的努力与付出，他们对亡国、亡天下的辨析，对传承华夏文明的自觉的责任担当，以及时代和环境的局限；还有入仕的士人，面对出世与入世的困惑和复杂心态，他们身为"贰臣"的尴尬和负罪感，从而解读士人身受的重重压抑和枷锁，及专制社会中人才成长的艰难环境。第五章从总体上分析士人在这一时代的处境，他们处在皇权的挤压与民众的隔膜这一夹缝中不能独立有为的历史及现实原因。第六章以西方同时期相似阶层的人士的心态和环境作为参照，于东西对比中更好地理解明清之际这一时段对中国以后进程的意义所在。最后，在以上各章分别论述的基础上，试图作一总体把握，以解析明清之际士人所处时代的特殊之处。

①傅璇琮先生曾在罗宗强所著《玄学与魏晋士人心态》一书序中写道："士人心态的研究，实在是一个综合的工程，它在许多方面已突破文学的范围，它牵涉到当时的政局、哲学、社会思潮，牵涉到士人本身的许多方面，如他们各自不同的政治和经济地位，他们生活的环境，所受的教养，以及更为特殊的一些心理因素等等。它不但要求研究者有较高的理论素质，还要求有较强的审美感受能力，能够从政局、社会思潮的迅变和剧变中敏锐地把握士人心态的走向起伏，并从这些心态变化所引起的艺术情趣中去细腻地辨认其审美风尚的性质与价值。"（南开大学出版社，2003年）

第一章 明清之际的时代背景

明清之际,中国的历史真可谓风云激荡,变幻莫测。饱受专制皇权压抑的士人刚刚体验到一点个性张扬的气氛,却又面临家破国亡甚至连故国衣冠都不复保存的大劫。晚明士人在经历了阉祸、党争、边患、内乱的重重乱局之后,只能无奈地眼看大厦倾塌。农民起义军的兴起与败亡,清朝政权的建立,南明政权的渐次覆亡,这一多变的时代,构成了明清之际士人活动的大背景。

第一节 晚明社会的变化

晚明的一段风景,在中国的历史上有着异样的色彩。探讨明清之际的士人于乱局中的种种作为,可以看出他们所受的晚明的影响。他们在思想上的继承,在世俗士风上的熏染,那种独立特行、个性张扬的人格,以及全面深刻的反思,晚明风气实有先导之功。

一、晚明社会风气的变迁

随着国家承平日久,人口的增加,商品贸易的发展,社会的物质基础有了保障,社会风尚也在悄悄地发生着变化。特别是明代对教育的重视,出版、印刷行业的发展,交通往来的便利,为时尚的流行又提供了助力。在上至帝王、下至平民的晚明社会里,弥漫着一股享乐之风。

尤其是江南地区,经济的发展一直领先于其他地区。市场的繁荣,城市的发展,人民生活水平的提高,使得社会风气也悄悄地发生了变化。安贫乐道、尊卑有序等价值观念转而被追求享受、炫耀奢华所取代,日用饮食、服饰起居等方面的违禁逾制已属司空见惯。有着无孔不入的威力的商业之风,对传统的威权等级社会的冲击,真如蚁穴溃堤,势不可挡。

社会风气的变迁,大致表现于以下几方面:

一是消费观念发生变化,不再以节俭为美德,而是竞相夸奢,炫奇耀富。

当一个朝代从建国之初的百业凋敝中缓慢恢复过来,人民的生活水平提高之后,讲求生活的舒适自在情理之中。一般而言,奢侈的生活时尚总是从统治阶层开始,然后上行下效,成为风气。嘉靖皇帝的沉湎修道,万历皇帝的贪财嗜利,以及大小官僚的贪图享乐之风,对民间的影响,可想而知。

何良俊在《四友斋丛说》里曾举请客这一活动的前后变化来说明世风的转移:

余小时见人家请客,只是果五色肴五品而已。惟大宾或新亲过门,则添虾、蟹、蚬、蛤三四物,亦岁中不一二次也。今寻常燕会,动辄必用十肴,且水陆毕陈,或觅远方珍品,求以相胜。前有一士夫请赵循斋,杀鹅三十余头,遂至形于奏牍。近一士夫请袁泽门,闻肴品计百余样,鸽子、斑鸠之类皆有。[①]

不单饮食如此,其他诸如服饰、器皿、乘舆、房舍等方面,也都是攀比求胜,以奢华为时尚。

二是等级观念的松动。

明朝建立之初,朱元璋在加强皇权的同时,为保证统治的稳定,对衣食住行各方面都作了严格的规定,地位不同,各有等差。但随着生活水平的提高,物质财富的积累,在达官贵人的带头之下,违禁逾制成为普遍现象。

顾其元的《客座赘语》里记述了南京地区的风俗变化:"嘉靖十年以前,富厚之家,多谨礼法,居室不敢淫,饮食不敢过。后遂肆然无忌。服饰器用,宫室车马,僭拟不可言。"[②]

"服舍违式,本朝律禁甚明,《大明令》所著最为严备。今法久就弛,士大夫间有议及申明,不以为迂,则群起而姗之矣,可为太息。"[③]遵循原来的等级制度竟然被看作迂腐,由此亦可见社会风俗的改变对权威旧制的冲击力!

中国社会传统宗法关系的秩序,随着商业之风的影响也受到冲击,上下、长幼、尊卑等观念变得淡薄起来。

三是名节观念的淡漠。

①何良俊:《四友斋丛说》卷三十四,中华书局,1959年,第314页。

② 顾其元:《客座赘语》卷五"建业风俗记"条引王丹丘语,中华书局,1987年,第170页。

③ 顾其元:《客座赘语》卷九"服饰"条,中华书局,1987年,第293页。

传统的士农工商排序中,商人被认为是重利轻义的小人,士大夫不屑与之交往,朝廷对之重重限制,但在晚明社会里,这一观念也有所松动。商人冒险求富、正当谋利的观点渐渐被人们认可,而与此同时,社会上求富求利的风气也开始公然流行。

随首市场的发展,金钱的影响愈益重要。对于金钱财富的追逐自然而然地引起许多原有观念的改变。比如婚姻,古代的婚姻讲究门当户对,看重阀阅品第,但随着世风的影响,"今世流品,可谓混淆之极,婚娶之家,惟论财势耳。有起自奴隶,骤得富贵,无不结姻高门,缔眷华胄者"①。

不惟婚姻,人们的忠贞节操等观念也悄悄变化。《三言》、《二拍》及《金瓶梅》等反映当时现实的作品里对贞节观念的淡漠,李贽、谭元春等在文章中赞扬卓文君私奔相如为善择佳偶,李贽为五代时期的冯道翻案,这些表明在天理与人欲的天平上,人心的砝码在慢慢地向后者倾斜。

社会风气的变化,正说明了人心的转移,当传统被时尚取代,某种新的因素也便孕育其中。如果说有资本主义萌芽,这种根植于商业求利之风的时尚,才能真正产生资本主义的幼苗②。晚明的种种社会时尚,近人看去不无熟悉之感,其原因也许在此。只是晚明的社会,虽然酝酿着某些变革的因子,但集权的帝王之治,此时也是如日中天,要想突破,谈何容易。

二、晚明士人思想的活跃

朱元璋以一介布衣建立的明朝,其专权程度远远超出前代。大肆诛杀功臣,废除丞相制度,废除行省制度,除了这些集权措施外,更是实行严密的思想控制。程朱理学定于一尊,一切以朱子语录为准绳,使读书人的心灵不得越雷池一步。在承接蒙元荒怠之弊的国初,这剂猛药也许有效,但长远看去,就弊大于利了。

程朱理学虽有维护纲常秩序之用,但也有赖统治者的自律及素质。到了嘉靖、万历年间,由于社会变迁及世风转移,再加上君主的荒政、怠政,人们的思想已大不同于明初,特别是王阳明心学的盛行,使死板的官方教条再也不能束缚人

①谢肇淛:《五杂俎》卷十四,中央书店,1935年,第262页。

②关于明末资本主义萌芽的有无,人们已大致趋于一致,在此不复多论。哈耶克在其《致命的自负》一书中,曾说到资本主义(也即欧洲文明)的扩张和起源得益于政治上的无政府状态,商业贸易的发展超越了政府的控制,为商业服务的网络成长壮大,资本主义也便逐步发展;而中国的这种因素,却被强大的国家的力量所窒息。

们的心灵:“宗守仁者曰姚江之学,别立宗旨,显与朱子背驰,门徒遍天下,流传逾百年,其教大行,其弊滋甚。嘉隆而后,笃信程、朱,不迁异说者,无复几人矣。”[①]

王阳明心学的流行,自有其时代背景。程朱理学僵化之后失去吸引力,是其一,而在统治者的高压政策松懈之后,皇权和士人群体之间关系的冷漠造成了士人的爱身胜于爱国,广大士子设法争夺话语权,追求自我空间,则是其内在主因。余英时先生曾分析阳明学说的流行,是因为王阳明撇开了得君行道的上行路线,不再寄希望于专制的皇权,而是融入民间,与朱子反复向皇帝陈说“正心、诚意”不同,他为当时的许多儒家知识分子找到了一条既新鲜又安全的思想出路,即变专制君主的“天下之是非一出于朝廷”而为“良知只是个是非之心”,人人具有,把决定是非之权暗中从朝廷夺还给每一个人。即此而言,致良知教又含有深刻的抵抗专制的意义,这也是它能广泛流传的一个重要外缘。[②]

刘梦溪先生在评论陈寅恪的家学渊源时认为义宁之学之所以具有独立不依和截断众流的精神意向,原因就是他们倾向于王学,而“王学在中国传统思想的框架里面,不仅有独立性的内涵,而且有反叛性的品格”[③]。

王艮从王学发展而来的泰州学派,以其“百姓日用即道”的简洁,肯定了普通百姓的日常生活无异于圣人之道,有助于打破尊卑秩序,树立个人的价值尊严。泰州学派再经何心隐、罗汝芳发展到李贽,那种冲决一切藩篱的思想,当时被称为“异端之尤”,良非无因。

李贽的思想无疑对传统观念具有极大的颠覆性,他对当世道学先生满口仁义道德的虚伪进行无情的揭露,他那不以孔子之是非为是非的观点,在当时可谓惊世骇俗。但令人诧异的是,虽然李贽被以异端的罪名下狱致死,他的书籍却流传更远,赢得了更多的读者:“卓吾书盛行,咳唾间非卓吾不欢,几案间非卓吾不适,朝廷虽禁毁之,而士大夫则相与重锓,且流传于日本。”[④]

李贽的思想除了发扬王艮的“百姓日用即道”,认为“穿衣吃饭,即是人伦物理,除了穿衣吃饭,无伦物矣”[⑤],还进一步为人类的正常欲望辩护,提出私欲是

①《明史·儒林传》卷二百八十二,中华书局,1974 年,第 7222 页。

②余英时:《中国思想传统及其现代变迁》,广西师范大学出版社,2004 年,第 225 页。

③刘梦溪:《学术思想与人物》,河北教育出版社,2004 年,第 163 页。

④吴虞:《明李卓吾别传》,见《吴虞文录》,黄山书社,2008 年,第 58 页。

⑤李贽:《焚书》卷一《答邓石阳书》,见《李贽文集》第一卷,社会科学文献出版社,2000 年,第 4 页。

人类生存的本源："夫私者人之心也。人必有私而后其心乃见，若无私则无心矣。如服田者，私有秋之获而后治田必力；居家者，私积仓之获而后治家必力；为学者私进取之获而后举业之治也必力……此自然之理，必至之符，非可以架空而臆说也。"①

可谓石破天惊，无怪乎当时能引起那么大的反响。可以说王阳明与李卓吾是促成晚明风气丕变的两个关键人物。与李贽同时或稍后的许多士林精英，如焦竑、陶望龄、汤显祖、公安三袁、谭元春等，都深受其影响。即便后来抨击李贽甚力的顾炎武、黄宗羲、王夫之等人，他们的恣情议论里也有李贽的影子。

汤显祖、冯梦龙等人在其作品中更是宣扬情的地位，以对抗"存天理、灭人欲"的理学，期望通过扬情而贬理来反抗那"灭才情而尊吏法"②的时代。汤显祖的《牡丹亭》，冯梦龙的《情史》，都是以情抗理的赞歌。

对个人权利的追求在社会上开始有了立足点，理论上一旦打开缺口，人们的行为就走得更远。"明哲保身"胜过了"舍身求仁"，个性自适，个性张扬，蔚为一时风气，挑战传统的礼节秩序和观念，以新奇怪异为时尚，蔑视道学守节之教，无怪乎人们有时径直把晚明时期与文艺复兴时期相比，只要看一看《三言》、《二拍》与《十日谈》这些各自的流行文艺作品，其反映出的相似的行为时尚和心态趋势，便可窥知大概。

晚明社会的种种现象，其放浪自由的表象后面，有着思想解脱的因子。只是这种解脱，虽然肯定了人类欲望的正当性，有着觉醒的心态，却突破不了政权的高压，并不能由此路径去全面争取人的解放，像欧洲的文艺复兴及启蒙运动那样，挣脱宗教、政权的重重束缚，逐步进入现代社会。晚明的人们虽然认识到了自身欲望的合理性，但政治、经济上的权力仍然有限，皇权笼罩在他们头上的终极障碍仍难逾越，他们只能把这种难得的松动发挥到极至，以至于滑入了奢靡享

①李贽：《藏书》卷三十二《德业儒臣后论》，见《李贽文集》第三卷，社会科学文献出版社，2000年，第626页。有趣的是，康德在其《批判哲学的批判》中有一段话与此异曲同工："这种无情的名利争逐，这种渴望占有和权力的贪婪欲望，没有他们，人类的一切优秀的自然才能将永远沉睡，得不到发展。人希望谐和，大自然知道什么对种族更有利，他发展不谐和。"他的说法更为直白，也更有理论高度。从中也许能窥出东西方启蒙的不同路径。马克思也曾说到："正是人的恶劣的情欲——贪欲和权势欲成了历史发展的杠杆。"

②《汤显祖诗文集·青莲阁记》，上海古籍出版社，1982年，第1113页。

乐、纵情恣睢的泥潭,而真正的权利意识及自主心态却没有取得突破,虽放开了手脚却仍禁锢着心灵,一旦动乱来临,和平的环境不再,这种私欲的宣扬只能导致亿万民众成为一盘散沙,没法形成合力,面对内忧外患束手无策,种种繁华也就成了过眼云烟。但不能否认的是,这段晚明社会精神上的活跃与自由,为入清后的士人的反思,提供了丰腴的土壤。

第二节　明清之际的政权变更

明清之际的时局,充满变数,而最终的结果,却出人意外。满洲以数十万之众,竟一统中国;如疾风暴雨的农民起义军,又如此不堪一击;南明诸帝,个个竟如秋风中的落叶,依次飘零。以华夏正统、文明开化自居,幅员辽阔、亿万之众的中国却沦于"夷虏"之手,亡国、亡天下的耻辱重重地压在原大明臣民的心头,个中原因的探讨也就成了后来士人说不尽的话题。

一、甲申之变及明室灭亡

明清之际的甲申变局,对当时中国的政治、经济、文化诸多方面而言,都是非同寻常。甲申一年,北京两易其主,乙酉夏天,刚成立不到一年的福王政权又告消亡,后来陆续成立的其他南明政权也都以失败告终。

公元 1644 年,也即农历甲申年,中国的土地上同时并存有四个政权:大明、大顺、大清还有大西。这年的三月十九日,北京城破,明王朝走上了覆亡之路;一个月后的山海关之战,李自成农民军败于吴三桂及其引来的清军,走上了命运的下坡路,被迫退出京畿;张献忠的嗜杀,注定了其政权的短命;只有清朝政权,入关之后稳扎稳打,坐住了江山,显示出勃勃生机。

甲申元旦这天,据载"是日昼暝,自寅至申,阴翳始散,终无日光,人人忧危"[①]。相信天命的人们后来认为这是上天亡明的预兆。上天似乎有意与明朝为难,天灾、疾疫接踵而至,大旱、水灾、蝗灾、民乱此起彼伏,崇祯帝一朝,几乎没有过安宁[②]。

即便如此,天灾并不足以构成亡国之因,政府的果断应变反倒能树立其权威,显示其本来的职能所在。说到底,"人祸"才是其根本原因。今天的人们早已普

①李清:《三垣笔记》,中华书局,1982 年,第 214 页。

② 据魏德斐《洪业》所引资料,1620 年至 1660 年间欧洲市场爆发了经济危机,中国从海上贸易中得到的白银锐减,从而导致了明末日益恶化的通货膨胀,粮价暴涨;气候上相当于被称为"路易十四小冰河时代"的初期,中国北方农作物生长季节比正常年份缩短了两个星期。

遍认同陈寅恪先生在论述明亡原因时曾说到的“非天也，人也”[①]的论断。

人的因素如此复杂，纷纭头绪纠缠在一起，理清楚它谈何容易。

关于甲申年间明亡的教训总结，已有很多，见仁见智，各有道理。明亡的原因，《明史》把它上推至万历皇帝朱翊钧，虽有道理，但也不无替崇祯帝推脱的成分。崇祯帝以忧劳勤苦之身，落得国破家亡结局，总让人心里难以承受。一个符合传统道德标准的“好人”，怎能与亡国之君相提并论？但如要破解明亡这一难题，又绕不开崇祯帝这个关键人物。从中我们可以窥知当时皇权与士人、与社会的错综复杂的关系，社会凝聚力的解体原因，集权体制的利弊得失。

李清在《三垣笔记》里记有清朝对崇祯帝的评价：

清世祖顺治十四年，谕工部曰：“朕念明崇祯帝孜孜求治，身殉社稷。若不急为阐扬，恐千载之下，竟与失德亡国者同类并观，朕用是特制碑文一道，以昭悯恻。尔部即遵谕勒碑，立崇祯帝陵前，以垂不朽。”又于所谥怀宗端皇帝上加谥数字，以扬盛美。又尝登上陵，失声而泣，呼曰：“大哥大哥，我与若皆有君无臣。”上为后代所惓怀如此，况其臣民乎！[②]

“有君无臣”一句真说到了崇祯帝的痛处，但这也恰恰是明清帝制刻意设计的结果。崇祯帝刚愎自用，崇祯朝大臣人人自危，崇祯一人忧勤却换来群臣的“怠工”，处在一种社会体制使其不得不然的位置，其悲剧的根源也即在此。

福王在南京即位，当时的南明还占有富庶的江南半壁河山，却不到一年就成了清兵的阶下囚。当时南明所拥有的兵力、财力、人力不可谓不多，但由于对农民军存有成见，不能及时调整策略，分不清危险所在，一味地幻想着依靠清兵除掉“流寇”，然后坐享其成，殊不知这正好给清兵以从容的时机各个击破，且让清廷有了代明朝君主报仇的借口，占据了名正言顺的优势。更为致命的是，南明小朝廷大敌当前仍不能团结一致，朝臣们内部势若水火，争斗不休，它的灭亡也就不足为奇了。

至于后来的鲁王、唐王、桂王政权，无一能摆脱这种内讧不休的痼疾，虽有民心的

①陈寅恪：《柳如是别传》，三联书店，2001 年，第 1143 页。陈寅恪先生此处曾感叹于明季人谋之不臧：“呜呼！建州入关，明之忠臣烈士，杀身殉国者多矣。甚至北里名媛，南曲才娃，亦有心悬海外之云，（指延平王。）目断月中之树，（指永历帝。）预闻复楚亡秦之事者。然终无救于明室之覆灭，岂天意之难回，抑人谋之不臧也？君子曰，非天也，人也！”

②李清：《三垣笔记》，中华书局，1982 年，第 90 页。

思念故国，但没有坚强的领导核心，四分五裂，清兵未到，败局已定。

同样，甲申年对于李自成农民军而言，也是转折点。农民军的失败，除了在战略决策上的失误，如没有建立稳固的后方，对吴三桂的叛变反应迟缓，进入北京后的追求享受和斗志涣散等等，最主要的致命伤还在于对待官僚士绅的错误政策，把大部分的士绅阶层都推向了对手那里，否则也不会一蹶不振，一战定输赢。没有了社会精英阶层的支持，又有精明的对手步步紧逼，虽然其兴也勃焉，只能其亡也忽焉。

二、满洲入关及清初之政

满洲入关前的烧杀掳掠，入关后的剃发易服，种种不得民心的行为，却未能妨碍它一统天下。后人回顾明亡清兴的现实，总感觉有种种吊诡之处。但不可否认的是，清初入关前后的策略，对待官宦阶层的态度，要比明朝和农民军都道高一筹。与其说是满人夺得明朝天下，不如说是明朝政权的无能与腐败自毁长城，才让当时关外的满洲乘乱混一了中国。

“恸哭六军俱缟素，冲冠一怒为红颜”①，吴三桂借师报仇，愿为前导，有备而来的清军坐收渔人之利，一举击溃李自成农民军，并宣称“义师为尔复君父仇，非杀尔百姓，今所诛者惟闯贼”②，顺利进入北京。

山海关获胜后，多尔衮告谕诸将：“此次出师，所以除暴救民，灭流寇以安天下也。今入关西征，勿杀无辜，勿掠财物，勿焚庐舍。不如约者罪之。”③进入北京后又整饬军纪，严惩违犯者，以笼络人心。

为了表明清廷天下不是取自明朝而是得自“闯贼”，多尔衮下令军民为崇祯帝皇帝服丧三天，然后以礼下葬。

对于原来的明朝及曾在大顺朝为官的旧官员，多尔衮下令一体录用，已入“逆案”官员，如冯铨等，也征召录用。明朝的国家机构，他几乎全盘接收。

耐人寻味的是，清初的许多正确决策，都是那些降顺的汉人所出。如顺治元年(1644)四月，多尔衮接受范文程建议，急速入关，与农民军争夺明室天下；又接受范文程、洪承畴等人建议，以仁义之师的面目讨伐“寇贼”，一改以往以抢劫财

①《吴伟业全集·圆圆曲》，上海古籍出版社，1990 年，第 78 页。尽管史学界对吴三桂叛变的原因仍有争议，但不可否认的是在历史进程中偶然事件的巨大作用。

②《清史稿》卷二百三十二《范文程传》，中华书局，1977 年，第 9352 页。

③《世祖章皇帝实录》卷四，中华书局，1985 年，第 55 页。

货为目的的野蛮行径。

这些举动，让清朝的统治迅速稳固下来，为它后来的发展准备了良好的开端。

虽然当时以多尔衮为实际核心的满洲贵族在很多事件上能够听从汉族谋臣的意见，但一到事关满族地位、名利等事务时，又固执己见，不肯让步通融，最典型的莫过于剃发易服一事。

入关之初，清统治者照例像在东北的原有做法一样，要求归顺者循满俗改变发式和服装，遭到强烈抵制，因政权立足未稳，便没再坚持。到了南明灭亡后的顺治二年(1645)六月，自以为大局已定的清政权重申剃发令，要求所有军民，限定时日，全部剃发，否则军法从事。顺治三年(1646)十月，清政府又告戒臣下："有为剃发、衣冠、圈地、投充、逃人牵连，五事具疏者，一概治罪，本不许封进。"①这些倒行逆施的举措从此引发了各地绵延不绝的抗清斗争。

在对待汉族士人上，清政权也始终充满矛盾。一方面要利用汉族士人为其效力，来稳固自己的统治；另一方面又不愿放权太多，总是多方防范。清初的"科场案"、"哭庙案"、"奏销案"、"通海案"、"庄廷鑨明史案"，其打击的矛头都针对汉族士绅，尤其是江南活跃而不安分的士人，这与明初朱元璋的打击江南士人，何其相似。

"卧榻之侧，岂容他人酣睡？"在专制社会里，最高权力是不容许任何人染指的，愈往后专权程度愈烈，尤其在思想领域，更是以愚民政策、高压手段来制造万马齐喑的局面。清朝一反明代士人可以干预乡里事务的习惯，顺治十七年(1660)，朝廷下旨严禁结社订盟。晚明社会里文人结社会友，左右舆论甚至影响政治走向的风气便失去了存在的基础。

这种思想文化领域的严密控制，恰好与明末的状况形成对比②。

清初政权的保守心态，对权力的牢牢掌控，对高压统治的依赖，说明它已完全继承了中国延传久远的秦汉之制的衣钵，王朝更替的使命完成了。

---

①《世祖章皇帝实录》卷二十八，中华书局，1985年，第237页。

②清朝不惟对结社会盟严加禁止，即是上书言事这一古老的政治传统也不允许。清代文字狱档案里就有不少因上书获罪的例子。战国秦汉时期屡见上书言事的记述，明太祖也曾鼓励百姓上书。汉武帝时还以此发现不少人才："上自初即位，招选天下文学才智之士，待以不次之位。四方士多上书言得失，自炫鬻者以千数，上简拔其俊异者宠用之。"(《资治通鉴》卷十七)。即此一点亦可见皇权之愈到后来愈益妄自尊大的趋势，士人言论空间日益萎缩。

第二章
晚明士人心态

晚明士人处于一个异常活跃的社会环境，他们的心态呈现出一种多元化的态势：既有传统的以弘扬道义为己任的儒家"理想主义者"，也有逢迎权势不惜泯灭人格的逐利之徒，还有摆脱世俗只求内心愉悦的洒脱放诞之士。泥沙俱下的大潮，带来了新生的因子，也伴随着混乱与渣滓。

第一节 果敢勇毅的担当心态

自从科举考试成为读书士子们主要的仕进途径之后，儒家达则兼济天下的教诲便成了许多有志之士的准则。宋、明两代的士人，在政治上就比较有所作为。他们身上体现出一种以天下为己任的胸怀和不避嫌怨、敢于承担、积极进取的心态。

一、有胆有识的作为者

明代中后期，随着王阳明心学的影响，士人的主体意识凸显，不再以循规蹈矩的理学教条为圭臬，与明初那种在高压下朝不保夕、小心翼翼的心态有了很大的不同。

中国古代的读书人，虽然在专制制度下有趋向奴化的一面，且集权愈专愈明显，但另一方面，独立不羁、敢作敢为的传统也源远流长，鲁仲连的救人危难功成不受赏，陶渊明的不肯为五斗米而折腰，李太白的不肯摧眉折腰事权贵，都是后世仁人志士景仰的楷模。即便是入仕的高官显宦，如东晋的谢安、北宋的王安石，有时也要待机而动，不屑做毫无气节的权奴。

这种独立特行的风气，在明末表现于各个方面。许多在朝的士人，其立身行事，也呈现出果敢勇毅、积极进取的有为心态。

张居正就是一个显著的例子。他“勇敢任事,豪杰自许”[1],在首辅任上大刀阔斧,力行改革,综核名实,使国库充盈,国家富强,尽管死后下场悲惨,落了个“工于谋国、拙于谋身”的评价,但他的功劳,当时及后世人们都给予了充分的肯定。

他的遭遇,从某种意义上恰恰是古代士人在专制皇权制度下的悲剧缩影。内忧外患,需要有人去消除,但权力的赋予,又处处掣肘,最后不惜以兔死狗烹的手段对付功臣。

宋代名臣范仲淹曾有“先天下之忧而忧,后天下之乐而乐”的表白,这也同样是后世许多有志之士的胸怀。梅国桢,这位曾对平定宁夏哱拜之乱起了决定性作用的巡抚,因事后功大赏薄,钱谦益曾为之鸣不平,而他当初却是主动请缨,不辞危险,奔赴疆场。

明末在辽东战场上,曾先后有两位杰出的军事人才,熊廷弼与袁崇焕,他们都是进士出身,却都有胆有识,能果断地收拾残局,力挽狂澜,阻挡了满洲的凌厉攻势。

万历四十七年(1619),杨镐在辽东丧师兵败之后,熊廷弼被任命为兵部右侍郎兼右佥都御史,代镐经略。“廷弼之初抵辽也,令佥事韩原善往抚沈阳,惮不肯行。继命佥事阎鸣泰,至虎皮驿恸哭而返。廷弼乃躬自巡历,自虎皮驿抵沈阳,复乘雪夜赴抚顺。总兵贺世贤以近敌沮之,廷弼曰:‘冰雪满地,敌不料我来。’鼓吹入。时兵燹后,数百里无人迹,廷弼祭诸死事者而哭之。遂耀兵奉集,相度形势而还。所至招流移,缮守具,分置士马,由是人心复固。”[2]熊廷弼在危难时刻,深入边境,布置井然,不计自身安危,何等的胆识胸怀,但结果呢,良谋不用,反而因朝中的党争而成了牺牲品,落得个传首九边的下场。

袁崇焕,“为人慷慨负胆略,好谈兵。遇老校退卒,辄与论塞上事,晓其厄塞情形,以边才自许”[3]。广宁失守后,他单骑出关,察看山海关内外的形势,并主动请缨守关。与熊廷弼一样,他也是主张采用以守为正的策略,稳扎稳打,渐图恢复,且逐渐见效,而多疑的崇祯帝却因为满洲的反间计而自毁长城,于崇祯三年(1630)八月磔崇焕于市。

这些勇于担当的士人,其相似的悲剧结局,个中隐含的是更深层次的矛盾,

①《明史》卷二百一十三,中华书局,1974年,第5643页。

②《明史》卷二百五十九,中华书局,1974年,第6693页。

③同②,第6707页。

那就是专制的皇权，对于权力的贪婪，已到了利令智昏的地步，不许他人稍有染指，哪怕是有利于自己的统治。太阿独持，决不授人，最后社稷倾覆，连带把亿万苍生也带进天崩地裂的大灾难之中。

二、晚明士风的刚健之气

中国的传统文化，自从战国以降，受越收越紧的集权专制制度的制约，阴柔之风渐长，阳刚之气渐消，体现于士人身上，则是独立自主的倾向越来越少，对政权、对外力的依附性增强，奴性的心态突出。但这种奴性，在明末的社会里，因经济大潮的冲击，王学"异端"的传布，慢慢消融；人心深处的本体意识、自主精神渐渐觉醒，开始以一种自信的、独立的、多元的、求新的眼光看待世界，士人身上敢作敢为、无所畏惧的阳刚之气，也开始抬头。

这种难得的刚健之气，在李贽身上特别明显。因而，晚明士风，以及整个思想界，都可见他的影子。李贽除了其为人行事极具个性不随流俗外，更在思想上离经叛道，有敢为天下先的勇气，也即他所自许的有莫大的胆识："若出词为经，落笔惊人，我有二十分识，二十分才，二十分胆。呜呼！足矣，我安得不快乎！"①

历来就有人争议，说李贽到底是不是儒家的信徒，他的观点是不是真的在维护儒家信念。如果抛开墨守成规的死板的儒家教条的小范围，从维护社会的长久之治的角度看，实则他有为后世立则垂范的大功。儒家有民本传统，有仁政诉求，李贽的观点，从这一角度而言，是符合儒家根本要义的，也就是说他的观点更符合大多数的社会成员，是"经"而非"权"，不是仅仅为了统治者一己之私的愚民、骗民说教。他的观点更符合未来的发展趋势，只不过他太过超前，在他所处的时代太过激进了。

当时儒家的教义，实际上经过漫长的专制社会的曲解与改造，在统治者一方看来已成了他们的愚人工具，成了统治者的遮羞布，就连他们自己都不当真，在义与利、天理与人欲的选择上，他们把后者当作天经地义的归宿，却偏偏要求治下的臣民去实践前者，好当顺从的羔羊、奴隶。李贽正是把这层窗户纸给捅破了，以其毫无遮掩的真实让统治者不安。

反过来再看当时东林蒙难的诸君子，自身清廉正直，家无余财，而为了理想政治的追求献出身家性命，应该说，这种理想主义的追求，求之于少数人则可，施

---

①李贽：《焚书》卷四，见《李贽文集》第一卷，社会科学出版社，2000年，第146页。

之于众人则难，甚至是不切实际。当李贽把求私求利作为众人追求的目标提出时，他至少抛弃了长久以来人们心照不宣的虚伪，也说出了某些儒家信徒的痛处，也难怪他两方面受敌，“唯我独私”的统治者自然不满，而正统的道学之流跟他更势不两立，弹劾他的御史张问达便属于比较正直的东林人士。这种符合众意的见解，也只有在大众的意见有了正当的表达基础，有了一定的社会地位后，才有可能立足。

李贽的出现，当然不是横空出世，自有其身后的时代背景，诸如商业之风的熏染，社会变动对传统观念的冲击，普通民众的价值取向对士人阶层思想的影响等等。李贽的影响，相较于上层社会，在下层民众中倒更有市场。他死后以他的名义所写、所评点的书籍，在社会上广为流传，也可见明末社会与传统的变与异。

东林人士，同样体现了刚健有为的一面。作为一个被加上去的“东林党”，实则并无这样的组织，他们不过是一群有着共同理念的正直人士，不甘世风日渐沦替，欲拯世救民，有所作为而已。其中很多人在朝不畏权贵，不随时流，有着独立特行的骨气。顾宪成在张居正得病，百官纷纷为他斋醮时，听说有同官把他列名其中，急忙削去自己的名字，不肯附和那位权倾一时的首辅，后来又因为不附执政大臣而退隐林下。东林书院成立后，之所以能有一股左右天下舆论的力量，也跟当时的士人正气未消、士风刚健有密切关系。《明儒学案》里有一段记载，可以察出当时士人舆论势力之一斑：“娄江（王锡爵）谓先生（顾宪成）曰：近有怪事知之否？先生曰：何也？曰：内阁所是，外论必以为非；内阁所非，外论必以为是。先生曰：外间亦有怪事。娄江曰：何也？曰：外论所是，内阁必以为非；外论所非，内阁必以为是。”①在野的士人，隐然可以以舆论与政府抗衡，处此情形下的内阁，其行事自不能不有所顾忌了。明代士气之盛，曾屡屡为后人称赏，赖有这股士气，虽有帝王荒政于上，群情犹能匡正于下，成其三百年基业，入清后的情形，就远不能与之相比了。

第二节　身殉名节的求仁心态

如果说勇于承担者是有理想的现实主义者，那么为儒家信念而殉身的仁人志士则是执着的理想主义者，他们认定了所选择的信仰，坚定实行，毫不动摇，苦

①黄宗羲：《明儒学案》卷五十八，见《黄宗羲全集》第八册，浙江古籍出版社，1992年，第730页。

心劳身,义无反顾,直至献出身家性命而后已。

一、舍生求仁的义无反顾

在晚明社会,追逐利欲之风弥漫于整个朝野,相比于高压之下的小心翼翼,此时的人们沉溺于享乐的世界,作为士人,很多人一旦登上仕途,四书五经的讲义也便成了敲门砖,种种仁义道德的约束也烟消云散。但不可否认的是,还有一些深受儒家思想熏陶的士人,他们笃信理想,坚守信念,不惜以一己的微薄之躯抗击世风的浊流,维护着传统道德的藩篱。

他们大多是饱学之士,接受儒家经典的思想,并且真诚地相信,忠实地践履,以维护圣贤之道、拯救世风衰弊为己任,他们不仅反对阉党小人,对于流行的王学及其流弊也深恶痛绝,力图恢复程朱理学的正宗主流地位。以顾宪成、高攀龙为首的东林书院的同仁及其追随者便是一群这样的道义担当者。

东林书院成立以后,他们的讲学、议政、品评人物,恪守儒家正统,"慨然以整齐天下为任"[①],在朝以耿直敢言著称,不怕触犯权贵甚至皇帝;在野以宏道自勉,砥砺操行,不甘逐流随俗,一切以儒家理想为依归。顾宪成曾经说过一段话,从中可看出他们的志节操守:"官辇毂,志不在君父;官封疆,志不在民生;居水边林下,志不在世道,君子无取焉。"[②]

他们奉行儒家修身齐家的准则,对己注重自我修养,行事遵从传统道德信条。但在当时的社会,上至帝王,下至平民,一派空前的"天下熙熙,皆为利来;天下攘攘,皆为利往"的局面,人们的行为、时尚、心态都已不是传统所能束缚,他们评论朝政,裁量人物,欲挽狂澜于既倒,其追求注定将是悲剧结局。正如黄宗羲所谓:"一堂师友,冷风热血,洗涤乾坤,无智之徒,窃窃然从而议之,可悲也夫!"[③]

特别是在阉党横行的天启一朝,魏忠贤一手遮天,手下群凶肆虐,以东林人士为主的诸君子,不计个人安危,挺身而出,企图挽救时局于危乱之中,不异于以羊饲虎,以卵击石,但他们硬是前赴后继,临危不惧,成为乱世里正义与道德的化身。今天我们也许会有愚忠的惋惜与叹息,但不容否认的是他们当时为理想献身的那种自觉与从容,那种求仁得仁的无憾选择,自有其可钦可敬之处。

左光斗,任御史时不畏豪恶,出理屯田时兴修水利,在北方开种稻的先例,在

①.《明史》卷二百四十三,中华书局,1974 年,第 6298 页。

②《明史》卷二百三十一,中华书局,1974 年,第 6032 页。

③黄宗羲:《明儒学案》卷五十八,见《黄宗羲全集》第八册,浙江古籍出版社,1992 年,第 727 页。

杨涟弹劾魏忠贤时,他参与其谋,后终被阉党迫害而死。当他还在狱中时,他的门生史可法设法到牢房看望,当时左光斗已是被折磨得"面额焦烂不可辨,左膝以下,筋骨尽脱矣",史可法抱住他呜咽失声,左光斗目已不可开,听出了声音,"乃奋臂以指拨眦,目光如矩,怒曰:'庸奴,此何地也,而汝来前。国家之事,糜烂至此,老夫已矣。汝复轻身而昧大义,天下事谁可支拄者,不速去,无俟奸人构陷,吾今即扑杀汝。'因摸地上刑械,作投击势,史噤不敢发声,趋而出。后常流涕述其事以语人曰:'吾师肺肝,皆铁石所铸造也。'"①身处绝境,想到的仍是国家的未来,报国忠心,昭然可鉴。

杨涟也是其中很特出的一例。他在做知县时,被推举为廉吏第一,光宗死后,他与左光斗一起,据理力争,迫使李选侍移宫,在魏忠贤羽翼已丰时,首先上疏弹劾魏忠贤的二十四罪,终至身死囹圄。他在狱中曾写下绝笔书,自我表白:"但愿国家强固,圣德刚明,海内长享太平之福,涟即身无完肉,尸供蛆蚁,原所甘心,不敢言求仁得仁,终不作一怨尤字也。"②在被拷掠追赃、严刑毒打后,杨涟大声对前来看望的家人说:"汝辈归,好生服事太奶奶,分付各位相公不要读书。"③

作为读书出身的人却要求后辈不要读书,个中的含义实在太复杂、太让人寻味了。不读圣贤书,就不会有如此的维护圣贤的动机,既已走上此路,始知是条不归路。这也是当时士人的悲剧根源,事已不可为而不得不为之,因为不为之又违背圣训,注定的结局,无法逃脱的悲剧,恰恰显示出这种集权结构的腐朽没落以及儒家教导在当时的苍白无力,反映的是大传统与小传统的脱离④。而这些仁人君子的胆识胸怀,他们面对邪恶无所畏惧的正义凛然,也从另一个侧面显示出中华文明悠久的凝聚力和厚重的内涵。

二、古老文明的沉重积淀

儒家思想,这时已经和专制制度紧密地结合在一起。孔、孟、程、朱的思想,在其出现之初,都是以在野的身分,以批判者的姿态出现,是有其生命力的。如孔子的"志士仁人,无求生以害仁,有杀身以成仁"(《论语·卫灵公》),"求仁而得

①《方苞集》卷九《左忠毅公逸事》,上海古籍出版社,1983年,第237-238页。

②转引自周明初《晚明士人心态及文学个案》,东方出版社,1999年,第132页。

③同②,第134页。

④根据美国人类学家雷德斐的大传统与小传统的划分,大传统(great tradition)属于上层知识阶级的文化,即精英文化;小传统(little tradition)属于没受过教育的一般人民,也即通俗文化。

仁,又何怨?”(《论语·述而》)他追求的是献身于更大范围的秩序的理想,在当时是积极的、有意义的行为,比起对无道杀伐的盲从有其正义的一面,但到了后世的求仁,更多的却是对皇权以及维护皇权的“纲常”的盲从。庸儒如明熹宗,杨涟还盼望着“圣德刚明”,如果不是明熹宗早死,真不知这些忠臣义士的冤屈何时才能昭雪。

崇祯帝上台,借着皇权的“龙威”,可以说是轻而易举地除去了魏忠贤,也难怪后来的崇祯帝刚愎自用,举措乖方。他不知道他的权力是双刃剑,善用者可以上下同心,同仇敌忾,不善用者将众叛亲离,四面楚歌。畸形的权力,更是蒙蔽了一个人的正常判断,使其思维畸形。为防范大权旁落,以致疑心人人都是结党营私,崇祯帝的多疑跟他的老祖宗朱元璋一样,是皇权的畸形倾斜造成的必然。

儒家的忠君爱国思想,尽管包含着有益于国家团结稳定的因素,经过千余年的官方改造,已不再有容纳与创新的开阔胸怀,已成为十足的奴性枷锁。正如学者秦晖所分析的那样:

任何奉行强制原则的“主义”“信仰”或“意识形态”都会面临如下悖论:如果信仰能够成为强制的理由,则被强制者不仅无从判断强制者的“信仰”是合理的还是荒唐的,是可实现的还是“空想”的,甚至也将无从判断强制者是否真有信仰,从而为全无信仰只有一己之私滥行强制者迫害虔诚信仰者创造了最佳条件。①

真诚的信仰换来的是被利用、被抛弃,这就是当时士人的真实处境。这也是为什么明朝灭亡后许多人反复思索的困惑所在,偌大的国家却形不成合力,原有的凝聚力已不复有效。

章太炎就曾说过:中国有宋以后,有退化而无进化,善亦愈退,恶亦愈退。有几个难得的真诚信仰者,结果也被社会自身的悲剧大环境给吞没了,最后只剩下如《金瓶梅》里的世界,全不见光明与希望的踪影。

鲁迅先生所比喻的“酱缸”、“铁屋子”,用于明末的时代也很贴切,在这里,先行者如李贽也好,真诚信仰者如东林死难诸君子也好,其结局都无一例外的悲惨,到了最后,“忽啦啦大厦倾”,亡国、亡天下的悲剧一起袭来。

应该说,中国古老的文明,历经战国的创造性发展,汉、唐的繁荣后,从宋代

①秦晖:《问题与主义》,长春出版社,1999年,第111页。

始就现出内敛的倾向，到了明代，已呈现出一种迟滞的景象，政治上的雍容和谐，文化上的才情迸发，宗教上的自由宽容，军事上的豪迈慷慨都褪色了，有的只是对权力的贪婪与阴谋，防内的心态取代了开拓的精神，士人身受制度与官方道德教条的双重束缚，心灵的禁锢，远过前代。跻身于上层社会的士人，避灾远祸的心态要远过于积极进取的心态。

从文明的发展史来看，中华文明的早期，因有利的自然环境及当时的未开化状态，加之人口的有限，处处现出进取的生机、思想的多元、政治的宽容、冒险的精神、一统的理想，各方面都显得早熟与发达，促成了中国古代文明的高度发展；到了宋代之后，随着蛮荒之地的渐次开发，可居住地范围的有限，人口的快速繁衍，外部“边疆”的消失，外拓转为内敛，内部的争斗成了文明的主调，不同于西方文明有海洋冒险的经历，在人事上可以抛开血缘因素，强调合作与独立，中国文明在人事的处理上总摆不脱以血缘、家族为中心的家国天下的大共同体的影响，不能形成近代西方文明那种较为客观理性的思维路径。

晚明的时代是一个说不完的话题，既有新的因素，又有旧的幽灵，新的挣扎求变，旧的负隅顽抗，最后还是旧的拖住新的，传统的力量仍然根深蒂固。尽管晚明的社会上上下下一派萎靡颓废的“烂熟”让人窒息，但同时那又是一个士的言论特别活跃的时期。这究竟是文明的缓慢迟滞还是社会的有所进步？是制度的些许保障还是君主的故示宽大？也许见仁见智，各有慧眼。

第三节　注重自我的自适心态

理学桎梏的衰落反映在士人身上就是自适观念的盛行。由于社会提供了更多的选择，读书人的出路也不再仅限于科举一途，隐士、山人等政权体制外的成员大量涌现，读书入仕、得君行道的传统虽仍有市场，但自适自娱、不事王侯的自在生活也吸引了相当多的士子。

一、自适自娱心态的盛行

自适观念的蔚为风气，在于社会的繁荣发展给人们的自我发展提供了多种机会，政权的控制力相对削弱。商业的行为，从某种意义上讲，本身就是开放与革新的产物，是对封闭与保守的专权社会的一种挑战。中国的秦汉之制，排斥商业，实非无因。

晚明士人的狂傲放纵与隐逸自适，都迈越前代，比魏晋的风流还要更广泛、更有社会基础。魏晋士人中追求自由与自适的，基本上是上层社会中有着一定门阀地位和经济保障的名士，与大众的距离较远，没有形成晚明这么大的声势。

本来得君行道是人读书求学的一种原动力，"学而优则仕"也是孔子先师的主张，要这些士人拒绝入仕也不是很容易，士人选择脱离体制"自谋出路"是有其原因的，一是入仕之途不易，二是其他机会的出现，有了别的可以自我实现的途径。

先看第一个原因。在明中叶以后，即使是嘉靖、万历诸帝，勤政有为的时间都如昙花一现，很快滑入怠政荒淫的享乐之中，更不用说昏聩如天启、刚愎如崇祯帝，政治的腐败，传统道德教条的虚伪，官方价值观念的不能笼络人心，都让士子们失望。不甘沉没而只好寄情于外物的放纵之举、狂狷之言，实在是别有怀抱。袁中郎曾在《顾升伯太使别序》中对这种环境作过描述：

古今豪杰未有忘情功名者，唯当不可用之时而求用，与值可以用之时而不能用，其无才等也。夫士当其可用，则为龙为蛇，为锋为颖；当其不可用之时，则陆沉众中，宁晦勿耀，宁与庸夫同其庸，不与智士同其杰……干将伍于铅刀，楩梓昏于邓林，骐骥惑于皮毛，凤凰迷于冠鸟。吾与之正言则嗔，而诡言则喜，其知足以知天下之假气魄、伪节义，而不能别天下之真丈夫。汉唐宋末季，所谓贤人君子者，其目大抵若是也。其势不至于伪士满朝，腐儒误国不已，豪杰之士，孰肯乐为之用者？夫豪杰非不乐用者也，唯夫欲尽其用而不可得，故不乐也。①

猎取功名的政治之路如此狭窄险恶，而此时原有的道德信条又开始松懈解体，社会呈现出多样化的选择，士人治国平天下的理想也就让位于独善其身的狂狷、自适心态。

在钱谦益所撰的《列朝诗集小传》里，有许多诗人名士，他们或是科场不得志，或是不屑委身官场，就选择一种放纵的行为，表面上看潇洒自在，无拘无束，其实他们中许多人的内心深处仍然有掩盖不住的悲哀，不过是以这种极端的表现来发泄而已。他们游山玩水，征歌选伎，诗酒风流，率意而为，有着纵情狂放的姿态，而深藏的却是无奈与失意，是借酒浇愁的悲怀。

张献翼，字幼于，年十六即以诗才受人激赏，晚年曾与王百谷争名不胜，颓然自放："与所厚善者张生孝资，相与点检故籍，刺取古人越礼任诞之事，排日分类，

①阿英：《晚明二十家小品》，河北人民出版社，1989年，第162页。

仿而行之。或紫衣挟妓，或徒跣行乞，邀游于通邑大都，两人自为俦侣，或歌或哭……孝资生日，乞生祭于幼于，孝资为尸，幼于率子弟衰麻环哭，上食设奠，孝资坐而飨之，翌日行卒哭礼，设妓乐，哭罢痛饮，谓之收泪。自是率以为常”[①]。

顾祖辰，字子武，长洲人，“老屋三间，破榻竹几，庭中古树一株，杂花数本，间作小诗及画，不以示人，自娱而已。临顿为陆鲁望故里，其中多名蓝萧寺，风日晴美，步屧过从，僧徒好事者，扫地折花以候其至，至必留连移日，亦终不就人一饭也”[②]。

破瓢道人吴孺子，兰溪人，“癖好山水，遇一水一石有奇致，坐对累日不肯去。性最巧，所规制，必精绝。搜抉珍怪，陵断溪绝壑，以必致为快。游雁荡绝粮，取啖芦菔，四十日不返。逾天台石梁，采万岁藤，屡犯虎豹，制为曲机，可凭而寐，以数缣市一大瓢，摩挲鑢錫，暗室发光。过荆溪，盗发其箧，怒而碎之，抱而泣者累日，王元美作《破瓢道人歌》。所至僦居僧寺，自炊一铜灶，饭不足，则哺糜，日买两钱菜，又以干叶为齑羹，语人曰：‘免我低眉向人，觉饱逾粱肉耳。’……树兰百本，花时闭室以护香气，有索看者，窗中捉鼻作儿女声拒之”[③]。又善画，别人求之却不可得，善于鉴赏古器及其款识，遇俗人却说“我不识一字”，京口陈从训曾赠他“僻意少人会，好怀多自怜”二语，自认为最得己志趣。

孔子就说过，“不得中行而与之，必也狂狷乎！”[④]狂狷者多是以沉缅于自己的小天地来逃避无可奈何的大环境，借纵情于外物来发泄内心的郁闷。当然，爱好的形成，有时也正是他们自得其乐的选择，正可看出当时宽松的社会环境。

“埋没英雄芳草地，耗磨岁序夕阳天。”[⑤]钱谦益的这两句诗可以作为晚明士人狂放心态的注脚。

但不管如何，晚明士人虽有其志不得伸的苦衷，总有可以尽情发泄的机会，环境也相对宽容，所以他们才狂得起来，无所拘束。清代的龚自珍就说到这一点：“俗士耳食，徒见明中叶气运不振，以为衰世无足留意，其实尔时优伶之见闻，商

①钱谦益：《列朝诗集小传》，上海古籍出版社，1983年，第453页。

②同①，第488页。

③同①，第512-513页。

④杨伯峻：《论语译注》，中华书局，1980年，第141页。

⑤钱谦益：《牧斋初学集·秋夕燕誉堂话旧事有感》，上海古籍出版社，1985年，第667页。

贾之习气，有后世士大夫所必不能攀跻者。”[①]民国时期周作人对之也有评论：“明朝人即使别无足取，他们的狂至少总是值得佩服的，这一种狂到现今就一点儿都不存留了”[②]。

除了消遣自适、狂傲放纵外，名士的诗文书画还可以作为谋生之道，这对他们而言有时可是至关重要的。有了经济的自立，不事王侯才有可能。陈继儒（字仲醇）不惟自己以隐士的身分活得自在，甚至依靠编书、卖书还能接济众多的穷困儒生：“而仲醇又能延招吴越间穷儒老宿隐约饥寒者，使之寻章摘句，族分部居，刺取其琐言僻事，荟蕞成书，流传远迩。”[③]

二、开放与多元的萌芽

容忍这么多的狂士存在，即这一点就足以说明晚明社会的某种开放与多元。不再是万马齐喑，不再是理学独尊，有传播思想异端的市场，上禁而下可不从，这就是新现象，是前所未有的变化。

晚明另一个很明显的特点是普通民众力量的显现以及反映普通人意见的公论影响的加大。相对而言，即政权在舆论导向上的削弱。

夏允彝在评说文学流派时曾说起明朝文章贵贱之权的下移：“唐宋之时，文章贵贱之贵贱操之在上，其权在贤公卿；其起也以多延奖，其合也或贽文以献，挟笔舌权而随其后，殆有如战国纵横士之为者。至国朝而操之在下，其权在能自立；其起也以同声相引重，其成也以悬书示人而人莫之能非。”[④]文章贵贱之权之所以下移，是因为有一个拥有广大普通读者的市场，这也跟印刷业的发展有关，刻于明代的小说《蔬果争奇》跋语中就说道：“今之雕印，佳本如云，不胜其观，诚为书斋添香，茶肆添闲。佳人出游，手捧绣像，于舟车中如拱璧。”[⑤]

明代万历年间许多地方爆发的反抗矿监滥立名目的斗争，多是由普通劳动者组成，自发兴起，这也许跟都市里市民社会的壮大、教育的发展、书籍的普及不无关系。

明朝开国之君朱元璋在《大诰》里对平民上书言事的鼓励，弘治以后官员会

①《龚自珍全集》，上海古籍出版社，1999 年，第 200 页。

②《周作人文选·陶庵梦忆序》，广州出版社，1995 年，第 474 页。

③钱谦益：《列朝诗集小传》，上海古籍出版社，1983 年，第 637 页。

④转引自郭英德、过常宝《中国古代文学史》，四川人民出版社，2003 年，第 373 页。

⑤同④，第 371 页。

推制度的实行，明代中后期印刷出版行业的繁荣及由此带动的思想传播的便捷，这一切都促进了被称为公论的大众舆论的兴起。天启年间被阉党迫害致死的缪昌期就主张"愚夫愚妇"之论是合乎天下万世的公论：

夫天下之论，不过是非两端而已。一是一非，一非一是，谓之异，不谓之公。一是皆是，一非皆非，谓之同，不谓之公。公论者，出于人心之自然，而一似有不得不然。故有天子不能夺之公卿大夫，公卿大夫不能夺之愚夫愚妇者。夫愚夫愚妇何与于天下事？而唯其无与于天下之事，故其待之也虚，见之也明，率然窍于臆，薄于喉而冲于口，卒以定天下之是非。①

先于缪昌期的李贽也有过重视寻常百姓言论的看法："唯是街谈巷议，俚言野语，至鄙至俗，极浅极近，上人所不道，君子所不乐闻者，而舜独好察之。以故民隐无不闻，情伪无不烛，民之所好，民之所恶，皆晓然洞彻，是民之中，所谓善也。夫善言即在乎迩言之中，则迩言安可以不察乎？……夫唯以迩言为善，则凡非迩者必不善。何者？以其非民之中，非民情之所欲，故以为不善，故以为恶耳。"②

迩言，即浅近之言，农夫农妇的寻常话语。李贽是借《中庸》里孔子的话"舜其大知也与，舜好问而好察迩言"，来强调民情舆论的重要性。公论在社会生活中崭露头角，表明此时已绽现了近代社会的初曙，人们的思维已从牢不可破的君权独大中走出，迈向自觉自立的近世的门槛。

结社集会的流行，在晚明也是很普遍的现象。文人士子，以研习诗文为名结社会友，品评人物，议论时事，形成了很大的舆论影响，甚至可以左右朝局，这在之前是不可想象的。其中最有影响的要数复社，其人数之多，范围之广，影响之巨，简直可以和后世的政党相提并论。

除了思想上的控制有所松动，社会上商业之风的冲击也对人们的观念产生着巨大的影响。重视商业成了许多人的共识，后来黄宗羲的工商皆本的思想就是对晚明士人重商观点的总结。

这一时期的人们，其行事举止也带有开阔包容的眼光。如对待西方天主教的传入，能够以一种接纳的态度，探讨其中的义理，对于西方人的历法，也能够择善而从，加以采用，红夷大炮更是赶紧应用于战场。

①缪昌期：《从野堂存稿》卷二《公论国之元气》，见《续修四库全书》集部别集类第1373册，上海古籍出版社，2002年，第391-392页。

②李贽：《道古录》卷下，见《李贽文集》第七卷，社会科学文献出版社，2000年，第369页。

第四节 阿附权势的谄佞心态

阿附权势,唯利是从,不计名声及道德律条,这种人格的泯灭现象可以说无代无之。阉党的横行,在明代有过几次特别严重的时期。但晚明时期魏忠贤擅权时那种类似集体疯狂的阉党之祸,士人的参与之广、为害之劣、无耻之尤,在历史上也是罕见的。也许那是只有处于转型期的社会才有的现象。

晚明社会有某种转型期的特征,尽管后来因改朝换代而被强行终止。经济上、思想上、文化上都有新的因素萌发,且新与旧同时存在。旧的道德观念仍然是官方钦定的权威,只不过效力大不如前;新的因子潜滋暗长,且日益深入人心。作为平民百姓,可以不理会什么观念之争,求生求利本来就是民间的哲学。而作为士人,社会的精英,他们的选择就很不一样。弘道是他们的职分所在,"道"的迷失会造成人心的迷失,让人无所适从,随波逐流。

明朝建立伊始,朱元璋就对思想的控制特别强化。程朱理学的官方化,廷杖、诏狱、特务手段等对士的尊严的公然摧折,造成的后果,一方面好像士气很正,规谏直臣为正义不惜流血牺牲,无所畏惧,但另一方面,循规蹈矩、恭谨顺从的奴性士风也成为普遍现象。一旦这种高压的控制出现松动,奴性就会变成毫无原则的嗜欲逐利,无耻之风也就蔓延开来。

当满足私欲、利欲成为整个社会竞相追逐的目标,道德信条失去了往日的威力,而社会上又没有制衡机制时,社会也就处于危险之中。明末的皇权独大,政治的制衡远未形成,魏忠贤的阉党恰于此时崛起,其破坏力也就分外明显。

人皆有私欲之心,由于外部的制约,才不至于无限膨胀。一旦结合为小团体,势力增大,社会上的无耻之徒就会物以类聚,无所顾忌。当魏忠贤势力还刚处于上升期,被东林人士所裁抑,正需要朝臣中有人帮忙时,一些被东林所排斥的庸劣无耻之徒便找上门去,最先勾结魏忠贤的是顾秉谦、魏广微、霍维华等阴险奸佞之人。顾秉谦、魏广微借助魏忠贤的势力进入内阁后,处处秉承魏忠贤的意图,驯顺如奴仆。

崔呈秀,在任御史巡按淮、扬时,贪污受贿,赃私狼籍,还朝后,高攀龙、赵南星揭发他的劣迹,拟议谴戍,他连夜赶到魏忠贤的住所,叩头乞哀,并求为养子,以后便与魏忠贤勾结在一起,排挤善类,迭兴大狱。他自己则嗜利弥甚,许多想投奔魏忠贤的朝士便先拜在他的门下以求进。他曾在一篇颂扬魏忠贤的上疏中公然写道:“臣非行媚中官者,目前千讥万骂,臣固甘之”,以致疏出之后引起朝野轰笑。[①]

曹钦程,任吴江知县时“赃污狼籍”,被劾贬秩,后来他看到汪文言得势,便去谄附,等到汪文言势败,他又排挤汪文言,通过其座师冯铨的引介成了魏忠贤的“十狗”之一。他的无耻,连其同党都感到过分,后来魏忠贤“责以败群,削其籍”,他临别时还在魏忠贤面前表白“忠心”:“君臣之义已绝,父子之恩难忘”。魏忠贤伏诛后,他被定为逆案首等,定为死罪,关在狱中,时间一长,他的家人不再给他送饭,他就“掠他囚余食,日醉饱”,李自成进北京后,他又首先破狱出降。[②]

魏忠贤势力增大,许多与东林党作对的官员,见势便纷纷投靠。一时间,魏忠贤的爪牙遍天下, 许多朝中大臣甘愿做这个向来为士林所不齿的宦官的义子义孙:“外廷文臣则崔呈秀、田吉、吴淳夫、李夔龙、倪文焕主谋议,号‘五虎’。武臣则田尔耕、许显纯、孙云鹤、杨寰、崔应元主杀僇,号‘五彪’。又吏部尚书周应秋、太仆少卿曹钦程等,号‘十狗’。又有‘十孩儿’、‘四十孙’之号。而为呈秀辈门下者,又不可数计。自内阁、六部至四方总督、巡抚,遍置死党。”[③]

魏忠贤本人,史载“少无赖,与群恶少博,不胜,为所苦,恚而自宫”,“忠贤故骙无他长,其党日夜教之,客氏为内主,群凶煽虐,以是毒痡海内”。[④] 观其在崇祯上台后的作为,可看出他智谋平平,他的得势与狂妄,毋宁说是一帮无耻士人为了争权夺势,倾陷东林人士而互相利用的结果。魏忠贤气焰嚣张时,许多士人的所作所为毫无人格可言,为了一己之私,可以无所不用其极,操守、人格统统抛之脑后。这一方面是因阉党势力过大,另一方面也跟从众逐流的奴性心态有关。称魏忠贤为“厂臣”,建生祠,称“九千岁”,上封号,颂功德,这些谄媚举动竟然都出自“读书明理”的士人之手,从这一点即可看出所谓“道学”的衰落,道德说教与行为方式的分裂,社会规范与传统价值的危机与嬗变。这种信仰危机,也许只有转型期的社会才能表现得如此淋漓尽致。

①《明史》卷三百〇六,中华书局,1974 年,第 7849 页。
②同①,第 7857 页。
③《明史》卷三百〇五,中华书局,1974 年,第 7821–7822 页。
④同③,第 7824 页.

第三章
清初士人心态

不同于明末的活跃气氛，清初的士人因动乱和易代而多了沉重与反思。血腥的现实，无力的痛感，让他们少了轻盈愉悦，取义、成仁、负疚、悔过成了一时的共同心曲。身处局中却无缘看清真面的苦恼，折磨着这一时代士人的心灵，他们的反思既是当时一代人的智慧的结晶，也留有时代环境无法逾越的局限。

第一节　忠义之士及遗民

明清易代，因其时士人深受名教忠君思想及“夷夏”观念的影响，殉国(君)而死、抗战而死者甚众，以遗民自居，布衣蔬食，不忘故国者更多。虽然不无“愚忠”，但当日的选择，他们却是义无反顾。在这些观念的背后，我们可以窥视当时的社会背景及其渊源所自。由此亦可看出，中华文明的巨大凝聚力和顽强的生命力，还有那些以文化传承为己任的自觉担当者的不屈精神。

当时的士人，其生存环境与升平年代相比，要远为凶险严酷，那动辄得祸的处境，让许多人的心情都变得压抑与沉重。不与官方合作的士人，在朝廷的严酷镇压与威逼利诱下，在周围民众的不理解或敌意下，在物质与精神双重匮乏的境遇下，其艰险有时超出常人想象之外，他们的不屈精神由此也更为凸显，他们的思索，在如此异常的逼迫中，有时更能迸发出罕见的深刻与高度。

国破家亡，单是这一点就足以让这些敏感的心灵深陷于悲愤之中。“无限河山泪，谁言天地宽”①，“海水有门分上下，江山无地限华夷”②，“故乡不可宿，飘然

①夏完淳：《夏内史集》卷五《别云间》，见《丛书集成新编》第68册，台北新文丰出版公司，1985年，第492页。

②转引自钱仲联主编：《清诗纪事》之陈恭尹《崖门吊古》，江苏古籍出版社，1987年，第894页。

去其宇”[①]，“龙蛇四海归无所，寒食年年怆客心”[②]，巨大的悲痛感，无时无刻不伴随着他们。

忠义之士与遗民，其眷恋故国、不事新朝的心态应该说没有太大的区别，不同之处仅在死亡方式的差别上而已。此处强行分开，为的是尊重以往的叙述传统，便于从时间上来把握。

一、忠义之士的心态分析

忠义之士，此处取其狭义的概念，即那些为国捐躯的人们。其范围，又缩小到士人这一阶层，尽管当时节烈故事的众多主角遍及各个阶层。忠义之士在鼎革之际的大量涌现，除了他们报效国家、留名青史的动机之外，更多的还是对异族入侵，国土沦陷，生灵涂炭的不忍与愤激，即所谓“匹夫有责”的责任感。

忠义之士又可分为两类，其一是主动选择一死来报答君王或社稷者，其二是抗敌而死难者。

(一)殉国而死者

在明朝覆亡的过程中，有许多读书人选择了死亡，尽管后人讥讽他们是“无事袖手谈心性，临危一死报君王”[③]，但在当时的环境下，他们的选择是多么的无可奈何。

甲申年三月，北京被农民军攻破后，有一部分文臣武将便以死报国，其中文臣有二十一人，自大学士范景文、户部尚书倪元璐、左都御史李邦华以下直至兵部主事金铉，《明史》皆立传褒扬。

左都御史李邦华，在李自成攻陷北京后自缢于文天祥祠前，死前留有绝命诗：“堂堂丈夫兮圣贤为徒，忠孝大节兮誓死靡渝，临危授命兮吾无愧吾”[④]，很能代表当时士人殉国而死的心态：效法前贤，为国尽忠，留名青史，无愧于心。

范景文，北直隶吴桥人，任地方官时，“以名节自励，苞苴无敢及其门”，他曾在一疏中呼吁朝廷：“天地人才，当为天地惜之。朝廷名器，当为朝廷守之。天下万世是非公论，当与天下万世共之。”[⑤] 在魏忠贤当权时，他虽身为乡党，却不受笼

①《顾亭林诗文集》，中华书局，1983 年，第 294 页。

②《屈大均全集》，人民文学出版社，1996 年，第 872 页。

③颜元：《四存编·存学编》卷一，香港大东图书公司，1978 年，第 56 页。

④《明史》卷二百六十五，中华书局，1974 年，第 6846 页。

⑤同④，第 6834 页。

络，最终引病去职。他虽不是东林人士，但在黄道周因论杨嗣昌夺情被谪时，他上疏论救，被崇祯帝又一次贬为庶民。后在崇祯十七年(1644)二月入阁，但时事已不可为，城破自杀。他在练兵、战守上，颇有干才，但终不被采纳。他第一次自缢时被家人救起，曾赋诗二首，中有“谁言信国非男子，延息移时何所为！”[①]当时他还以为皇帝已经南迁。他的决然一死，固然有求仁之志，但亦可看出他对朝廷的失望和身为臣子的无奈。

倪元璐，浙江上虞人，曾因温体仁排挤而去职，崇祯十六年(1643)拜为户部尚书。他善于奖掖后进，文章气节名重天下，但崇祯一朝，他基本上未得重用，最后却以殉国被天下惜之。

李邦华，江西吉水人。魏忠贤当权时他被列为东林党的重要人物，因此而谪戍岭南，但总算逃过一死。在都城危急时，他曾建议太子南迁南京，但未能施行。钱谦益曾评论他“三莞戎政，大有建白，惜不得申其志”。死前曾题诗：“人生自古谁无死，留取丹心照汗青。今日骑箕上天去，儿孙百代仰芳名。”[②]

这些自尽的文臣，大部分都曾因抵牾当权者或皇帝本人而被撤职或谪戍，最后的关头才被委以重任。国家的衰亡，应该说他们并不负主要责任，但他们却以死国难、殉社稷为己志，有的甚至阖家殉难。兵部郎中成德，有一子才六岁，也被他扑杀，然后才自尽。覆巢之下无完卵，话虽如此，但在他们所依附的王朝里，他们自己却无能为力，有才无处用，只好眼睁睁看着它的倾塌，“共负凌烟万丈才，诸君怀抱未曾开。请缨欲继终军志，沉水空遭屈子哀”。[③]他们的悲剧，也是国家的悲剧，是专制皇权下士人无可奈何的命运缩影。一死扬名，这种名声，又是古代士人多么无奈的尴尬与不幸。

刘宗周，山阴人。他是明末大儒，在南明灭亡、故乡沦陷后绝食而死。在崇祯一朝，他屡起屡罢，终因论救姜埰、熊开元下狱事忤旨被贬为民，以讲学至终。

刘宗周在崇祯元年(1628)被召为顺天府尹，第二年九月抵京，曾上一疏，规劝皇帝为政不要太过于追求眼前小利，应培植元气，树立仁义的根本，被崇祯帝目为迂阔，而其实是正中皇帝的要害：

且陛下所以劳心焦思于上者，以未得贤人君子用之也。而所嘉予而委任者，

①计六奇：《明季北略》，中华书局，1984年，第504页。

②同①，第509页。

③同①，第548页。

率奔走集事之人;以摘发为精明,以告讦为正直,以便给为才谞,又安所得贤者而用之。得其人矣,求之太备,或以短而废长;责之太苛,或因过而成误。且陛下所擘画,动出诸臣意表,不免有自用之心。臣下救过不给,谗谄者因而间之,猜忌之端遂从此起。夫恃一人之聪明,而使臣下不得尽其忠,则耳目有时壅;凭一人之英断,而使诸大夫国人不得衷其是,则意见有时移。方且为内降,为留中,何以追喜起之盛乎?①

这种"宸衷独断"的弊端,恰恰道出了崇祯帝举措乖张的根源。任一人之智力,权力过分集中,当然其咎不能仅归于崇祯,这是他老祖宗朱元璋的设计。但崇祯帝的阅历、见识哪能与乃祖相比,这太阿宝剑他已无力独持,其结果只能自斫。

刘宗周的忠言,心高气傲的皇帝当然听不进去,刘宗周自己也很倔强,不合就走。他在当时的环境下,严守着传统的儒家准则,对许多人、事提出严厉的批评,以致后来在南明小朝廷上仍然孤立无援,很快又返家闲住。他的很多主张,虽然能直指根源,却苦于不协世情,权变不足,其实这也正反映了儒家传统的缺陷所在,即已落后于人心世道的变迁。余英时评论王阳明学说能够变得君行道为移风易俗,这既是王学的新处,恰也道出了正统道学的短处。

刘宗周的自尽方式,选择了绝食,选择了与乡土共存亡,因为故乡沦陷了,而且又是异族入侵,作为儒学大师的他,更有不得不死的义务,他从容地以二十三天的漫长死亡之旅,来捍卫自己的人格、尊严、名誉和信念。

(二)抗清死难者

在清军的南下过程中,当时的福王政权由于对形势的错误估计,认敌为友,结果导致清军遇到很少的抵抗,很多人还打着为君父复仇的旗号投降清军。但到后来,由于清廷错误的政策,特别是剃发易服这一严重伤害汉族人士民族自尊心政策的强制推行,清军遇到了非常顽强的抵抗,与顺利占领北京形成鲜明的对比。从南明弘光政权的覆亡直至永历政权的结束,中间经历了将近二十年的时间,其间有很多人因为抗清而死,他们以顽强的意志,苦苦支撑着一片残局,只是由于力量的分散,加之内讧,形不成合力,最终被清廷各个击破。

史可法,在明末的政坛上是一个不可多得的廉吏,指挥御敌也很有方略,能得兵士的效力。在扬州抗清死难后,曾被誉为抗清的民族英雄,但他的见识、谋略

①《明史》卷二百六十五,中华书局,1974年,第6575-6576页。

实在说不上高明。在清军入主北京后，他没能正确地判断形势，以致坐失良机；在南明政权建立过程中，他没能果断决策成立一个强有力的抗敌政权。他的优柔寡断，不敢作为，从长远的观点来看，也有必然性，它反映了在皇权紧缚之下士人无所作为的现实。在崇祯一朝，因军事被杀的尚书、督抚等高官的人数之多可谓史无前例，史可法在南明的不敢作为实在是惩于前车之鉴，可以说是皇权的淫威断送了它自我拯救的后路。

陈子龙，字卧子，被时人誉为才子，在南明弘光时曾上疏表达自己的不满："中兴之主，莫不身先士卒，故能光复旧物。陛下入国门再旬矣，人情泄沓，无异升平之时，清歌漏舟之中，痛饮焚屋之下，臣诚不知所终矣！其始皆起于姑息一二武臣，以至凡百政令皆因循尊养，臣甚为之寒心也。"[①]即便如此，他仍在南明弘光政权灭亡后，积极图谋恢复，终因事泄被捕，乘间投河而死。

夏完淳，这位死时仅十七岁的少年，幼有神童之誉，十五岁就随父亲夏允彝、师傅陈子龙举义抗清，曾作有《精卫》一诗，表达自己如精卫填海，知其不可为而为之的心境："北风荡天地，有鸟鸣空林。志长羽翼短，衔石随浮沉。崇山日以高，沧海日以深。愧非补天匹，延颈振哀音。辛苦徒自力，慷慨谁为心？滔滔东逝波，劳劳成古今。"[②]同时期的顾炎武也有一首同名诗[③]，同样表达了矢志不悔的决心，这种心态，也许可代表一时仁人志士的共同选择。

在明亡之际，有许多人抱着一死的决心，只求问心无愧。时局的变化，很多时候远远超出了他们的控制，他们既无法掌控朝政，又无力聚起民众，事到临头，只有一死了之。如永历小朝廷的大臣何腾蛟、瞿式耜，都是在兵败之后，坐待空城，只等一死。他们的求死求名，实在伴随了无尽的失望与悲哀，也惟有一死，才能让他们解脱这种紧缚在读书人身上的无奈与负疚感。这种让人压抑与无望的精神枷锁，从一个侧面显示了专制皇权在高度强化之后对士人心灵的伤害与禁锢。到处是一派凄凉哀伤的气氛，人人自危，何由谈功业与盛世！

---

①计六奇：《明季南略》，中华书局，1984年，第93页。

②夏完淳：《夏内史集》卷三，见《丛书集成新编》第68册，台北新文丰出版公司，1985年，第489页。

③顾炎武《精卫》诗："万事有不平，尔何空自苦？长将一寸身，衔木到终古。我愿平东海，身沉心不改。大海无平期，我心无绝时。呜呼！君不见西山衔木众鸟多，鹊来燕去自成窠！"

二、遗民心态分析

遗民的出现，多发生于改朝换代之际，但明清之交的遗民数量之大，恐怕史无前例。这一现象，除了入主的统治者为异族这一原因外，还与明朝推行的程朱理学的影响不无关系。在夷夏之变的大环境下，作为读书人，受不了被异族统治的屈辱，但又无力反抗，只有选择隐逸避世的不合作态度。

与宋亡后出现大量遗民一样，明亡后的遗民数量庞大且分布广泛。但明遗民的影响要远大于宋遗民。这不仅是因为清初统治者有意以明朝正统的合法继承人的面目自诩，还因为清初的统治者将大量明朝官员揽为己用，而他们又与遗民有着千丝万缕的联系，从而使遗民与统治者之间有着某种的互动关系。这样就使得清初的遗民显得更为复杂，其心态也表现得各不相同。

一方面，他们对清廷的野蛮统治行径深为仇恨，并且总是想伺机复仇，恢复汉族人的统治，这表现为清初遗民大多有着抗清经历，失败或成功无望后才做起遗民；另一方面，这些遗民对被推翻的明王朝也有着程度不同的痛苦回忆，他们对明朝的宦官专权、党争、诏狱以及皇帝的暴戾专制之害也深为痛恨，对之进行了无情的批判。跟现政权不合作，对原政权不满意，他们便寄希望于将来，总结明亡的教训，设计未来的理想政治，以学术为故国招魂，以保存斯文为己志，这是清初遗民留下的最为宝贵的财富。

以顾炎武、黄宗羲、王夫之为代表的众多清初遗民，展现了清初学术最为光辉的成就，他们在学术、思想上的造诣，使得清初成为后人引以为豪的一个时代。但不可否认的是，那也是一个令士人彷徨无依、充满痛苦和愧恨的时代。

遗民既已以夷夏大防、君臣之义自律，以死社稷为荣，幸而逃于一死，他们也以这不死、后死为耻辱。金廷韶自号其庐曰“耻庐”，因自视为是“不忠不孝靦颜天地一大罪人，良可耻也”，彭士望自号所居为“耻躬堂”。[①]在明清易代之后，遗民具有负罪感，成了一时风气。

对自身出处的严格自律，对文化传承的自觉责任，构成了那一时士人的艰难而又不懈的追求。

在清初的环境中，由于统治者的滥杀和株连，还有告讦邀功的无耻之徒的陷害，许多抱道忤时的士人面临着非常严酷的社会环境，很多人不得不远走他乡以避难远祸。顾炎武为了逃避家乡仇家的迫害，干脆就变卖家产漂泊四方，黄宗羲

①转引自赵园《明清之际士大夫研究》，北京大学出版社，1999年，第39页。

因抗清活动直到晚年才能返乡著述，王夫之在参加南明政权后只好终其余生躲避于偏远的山区，徐州的阎尔梅为避难也流亡他乡几十年，并多次入狱，还有一些人为了避害遁入空门，如方以智、屈大均，而朱之瑜则流亡日本，终老海外。

在这样严峻的环境下，遗民的生存条件之艰难可想而知，其中有许多人还是从锦衣玉食的富贵家境中走出，与亡国后的布衣蔬食更形成强烈反差，但他们无怨无悔，甘心于自己的选择，“虽九死而不悔”。这种对理想的不懈追求、对道义的献身精神、对历史及后世的责任心可以说是中国古代士人的一种非常突出而又源远流长的传统。以天下为己任，拯济天下苍生的胸怀，使中国的士人思想跟西方普遍的以个人为中心的理念有着明显不同。但这种无私的心态和传统又未尝不是东方在私产和个人自由等制度上落后于西方的一个表现。

跟清廷坚决不合作，并不表示自己的无所作为。他们积极弘扬学术文化，整理故国历史文献，以便为将来的复兴做好准备。最典型的如黄宗羲的《明夷待访录》，他的种种设想，都是想让后起的贤君明王能有所借鉴，以便成就“三代之治”，从而实现继往开来的目的。顾炎武在《与杨雪臣》书中也曾写到自己著述的目的：“意在拨乱涤污，法古用夏，启多闻于来学，待一治于后王。”[①]王夫之在《读通鉴论》中说：“士生礼崩乐圮之世，而处僻远之乡，珍重遗文以须求旧之代，不于其身，必于其徒，非有爽也。”[②]

他们的有待中就包含了一种信心，一种对自己民族文化的自信，一种存亡继绝的精神寄托。这也许如明代吕坤所说的是“道统”对“治统”的“终极”自信：“故天地间，惟理与势为最尊，虽然，理又尊之尊也。庙堂之上言理，则天子不得以势相夺，即相夺焉，而理则常伸于天下万世。故势者，帝王之权也；理者，圣人之权也。帝王无圣人之理，则其权有时而屈。然则理也者，又势之所恃以为存亡者也。以莫大之权无僭窃之禁，此儒者之所不辞而敢于任斯道之南面也。”[③]

出于维护学术传统不坠的信念，他们除了研究儒家经典外，还以修史作传、表彰明季忠烈为己任。张岱在人不能堪的艰苦环境下坚持撰写《石匮书》；万斯同遵从乃师黄宗羲教诲，始终以布衣身份参修《明史》，既坚守己志，又完成修史夙

①顾炎武：《顾亭林诗文集》，中华书局，1983年，第139页。

②王夫之：《船山遗书·宋论》“太宗”条，北京出版社，1999年，第3370页。

③吕坤：《呻吟语》卷一，学苑出版社，1993年，第79页。

愿；全祖望继承黄宗羲、黄百家父子遗志，终于续完《宋元学案》，又多方搜集史料，撰写了大量的明季忠臣烈士的事迹；谈迁在四壁萧索、极端艰难的条件下，撰写《国榷》，成稿后不幸被盗，又重新撰述，终告成功。他们以微薄之力，不肯放弃，坚信文明的一点火种只要能坚守延传，就终有发扬光大的一天。

第二节　“贰臣”

在中国的王朝社会里，“贰臣”也许是最尴尬的，名誉上斯文扫地，心理上内疚自责，出力不一定讨好，新主却总是提防和怀疑，“竟一钱不值何须说”①。风云际会的时代，随着“胜者王侯败者贼”的政治洗牌，士人的选择也陷阱密布，稍有不慎，便一失足而成千古恨。在纲常名教的束缚下，有很多“失足”的士人生活在这种阴影下。

在清军南下的过程中，虽然有一部分明朝官员坚决抵抗直至身死，但也有很多人选择了投降或合作，这些人尽管在乾隆时都被打入“贰臣”之列，名誉上遭到诋毁，但他们的功过是非，并不是一个“贰臣”所能概括的，他们也各有复杂的经历和心态，很多时候，他们身上反倒更能体现出人性的真实与多样。

清朝的崛起，除了正确的军事决策外，还跟其不拘一格的用人策略密切相关。明朝之亡，实在是亡于用人不当，有才不用，信任阉宦和小人，使正直之士不能立于朝廷，从而使朝政败坏，社稷倾覆。而清朝之所以崛起，是因其在用人上正好跟明朝形成鲜明对比。明朝直至灭亡都是党争不断，东林党、阉党、逆案、顺案纠缠不清，有数的人才几经折腾元气大伤。而清朝则来者不拒，阉党的冯铨，东林的钱谦益，顺案中的陈名夏，还有进北京后对原明官员的一体录用，与明政权、李自成政权的做法可谓有霄壤之别，这也是它为什么能以区区十几万之众反而能打败广土众民的原明王朝的主要原因。

在明朝那里，对士人的摧残折辱起到了替清政权为渊驱鱼的效果。是明朝的用人政策把自己的栋梁之才拱手送给了对手。如在清朝统一南方过程中起了重

①吴伟业：《吴梅村全集》，上海古籍出版社，1990年，第585页。出自《贺新郎·病中有感》，全词是：万事催华发。论龚生，天年竟夭，高名难没。吾病难将医药治，耿耿胸中热血。待洒向，西风残月。剖却心肝今置地，问华佗，解我肠千结。追往恨，倍凄咽。　故人慷慨多奇节。为当年、沉吟不断，草间偷活。艾炙眉头瓜喷鼻，今日须难诀绝。早患苦、重来千叠。脱屣妻孥非易事，竟一钱不值何须说！人世事，几完缺？

要作用的洪承畴,本来是明朝对付农民军的一个难得的干才,在被派往辽东战场后,坚持稳重的作战方针,却被崇祯帝催促求战,结果全军覆没。他此时的结局,在明朝一方,是必死无疑。在他之前已有许多先例,身为大将,丧师失地,如果回去必为一死,要不就在阵前殉国,报答君王。而崇祯帝的刻薄寡恩,无疑会让洪承畴在求死时犹豫反思。据说清廷使用了美人计终让洪承畴投顺,但有一点不可否认,那就是人求生本能的正当合理性。汉朝的李陵投降匈奴,司马迁还为他辩解鸣屈,因为李陵遭遇了远大于自己兵力的敌兵,没有胜利的希望。而专制的帝王可不管这些,在他们眼里,战不能胜就只有死路一条。从这一角度看,我们与其去责备"贰臣",还不如去责备那些不知珍惜人才的帝王的暴虐。

钱谦益就是一个很能说明当时士人处境的代表。深受晚明个性张扬风气熏染的钱谦益,曾自许为东山安石,久有入阁拜相的夙愿,但在明朝却因党争一再被迫赋闲在家,还曾被温体仁陷害。在南明小朝廷里,因为拥立新君一事又被疏远,始终未得重用。清军渡江后曾迎降新朝,投降后又对新主不满,不足半载便归家闲居。这是明显违背"从一而终"的臣子节操的行为,后来号称"文治武功"不让前人的乾隆一再下发谕旨,将其作品毁版清缴,将其人列入贰臣传,并特意申明打入乙编。

其实从钱谦益的身上正可看出当时士人对于专制政权的一种自主和觉醒心态。他们不再迷信愚忠的说教,有了自己的判断和价值观。道德的枷锁在他们身上已呈现瓦解之势,他们对自我的关注催发了个性的张扬,避灾远祸的心态胜过了忠君报国的热忱,名节观念淡漠了,自主自适、乱中求生的本能占据了上风。当然,这种对传统的叛逆也要付出沉重的代价,晚年的钱谦益就一直处于内心的煎熬和愧疚之中,虽然他暗中从事反清的活动,以弥补降清的污点,但人言的可畏,自我的谴责,使他陷入了无尽的矛盾与尴尬之中。他自己有"苦恨孤臣一死迟"[①]的悔恨,阎尔梅也曾有诗《钱牧斋招饮池亭谈及国变事痛哭,作此志之,时同严武、伯熊》,谈及钱谦益的晚年心境:

绛云楼外凿山池,剪烛春宵念昔时。
鼎甲高题神庙榜,先朝列刻党人碑。
邵侯无奈称瓜叟,沈令何言答妓师。

---

①钱谦益《后秋兴之十二》第四首,转引自钱仲联主编《清诗纪事》,江苏古籍出版社,1987年,第1340页。

大节当年轻错过，闲中提起不胜悲。[①]

钱谦益自己在《投笔集》中也有一诗，颇能表现其晚年心境：

海角崖山一线斜，从今也不属中华。

更无鱼腹捐躯地，况有龙涎泛海槎。

望断关河非汉帜，吹残日月是胡笳。

姮娥老大无归处，独倚银轮哭桂花。[②]

此处以月中之桂喻桂王，永历帝被害，南明彻底断送了希望，而他的亡国痛、降清耻也将永无终了之日。

诗文与钱谦益齐名的吴伟业也有类似的愧恨心态。他在明亡后被迫仕清，仅在北京做了一年多的国子监祭酒就辞职南归，但余生就被愧疚感折磨，一再在诗文中流露："浮生所欠只一死"(《过淮阴有感》)，"忍死偷生廿余载，而今罪孽怎消除？受恩欠债应填补，总比鸿毛也不如。"(《临终诗四首》)[③]

愧恨心态当然只是其一个方面，这些投顺清朝的士人，也尽量利用手中的权力，做出一些利国利民的事情，对于稳定局势，安抚百姓，减少战乱的灾难，也有不可抹杀的贡献。

那些在职的官员，有时也利用职务的便利，尽力帮助或营救身陷困境中的遗民或抗清人士。阎尔梅就曾数次蒙当时在朝为官的陈名夏的帮助才免于一死；钱谦益因黄毓耆案被逮南京，据陈寅恪考证，洪承畴就曾施以援手。这种举动，固然有朋友义气的成分，但也不排除赎罪自宽的心理动因。

周亮工的《书影》一书中，曾引述过一个寓言故事："昔有鹦鹉飞集陀山，乃山中大火，鹦鹉遥见，入水濡羽，飞而洒之。天神言：'尔虽有志意，何足云也？'对曰：'尝侨居是山，不忍见耳！'天神嘉感，即为灭火。"[④]这虽然讲的是他人救己的心情，也未尝没有他自己的寓意，在乱世之中，只能求尽己意而已。周亮工自己在福

①阎尔梅著，王汝涛、蔡生印编注：《白耷山人诗集编年注》，中国文联出版社，2000年，第458-459页。

②转引自钱仲联主编《清诗纪事》，江苏古籍出版社，1987年，第1341页。

③吴伟业：《吴梅村全集》，上海古籍出版社，1990年，第398、531页。

④周亮工：《书影》，上海古籍出版社，1981年，第44页。他曾有一诗《空隐和尚俗腊》亦能见其心境："生天良不易，选佛亦难成。但说慈悲力，能销战伐声。病犹甘败寺，老益贱虚名。一笑桃花开，春风第几庚？"

建等地任上，也能够为民兴利除害办实事，而结果却一再被人诬陷，几至于死。他的遭遇也是清初“贰臣”们面临的一个普遍现象，即清廷对他们的不得不用而又心存疑忌的现实。处于这夹缝之中，“贰臣”们心境之哀怨矛盾也就可想而知。

第三节 应举者

不但那些投顺的官员有愧疚心态，就连那些因种种原因曾经应清廷科举考试的读书人也有这种愧疚感，这就不能不让人感叹当时士人所受的严酷窒息的时代环境了。遗民的存在毕竟是在较为特殊的情况下才出现的，其心态也有其特殊性，从数量更为庞大的应举者身上，我们能更好地考察明清易代对士人的影响变迁。

王朝新造时，正是改弦更张，需求人才之时，唐、宋立国之初都变尚武为重文，但自明太祖以来，统治者以酷虐待士人，人才只是帝王统治的工具，为王者师友的古训早已不传。清朝立国之初，虽然一方面收用大批前明官吏，但对之提防猜忌，并非真正放手，无非是打着招贤的旗号来减缓民族矛盾，稳定其统治基础。对于科举考试，当时很多读书人就心存疑虑，有的干脆拒绝，有的不得已一出，也是迫于形势，免受迫害，甚至在参加之后，又悔疚不已。

侯方域是一个很有代表性的例子。他在明末曾被称为“复社四公子”之一，以豪侠自许，慷慨论天下事，诗酒风流，又因为拒绝阮大铖的请托而在南明受到迫害，他被逮时正值清兵渡江，这才免于灾祸。

顺治八年(1651)，侯方域参加河南乡试，结果只中了副榜。他归家之后，于次年撰有《壮悔堂记》一文，后来又将自己的文集命名为《壮悔堂文集》，这篇文章虽然没有明示与应试之举有什么关系，但其悔之由来自可从中窥见。关于侯方域的应举是否被迫，曾有一些争议文章，但从此文及后来他与吴伟业的《与吴骏公书》来看，侯方域在应试之前，未尝没有一中巍科施展才华之愿，而事实让他看到的却是另一面：倾轧凶险，布满仕途。他本被举为第一，主司者却听信蜚语中伤置诸副榜，他的失望，不仅仅是对举业的失望，还有对清廷的失望，怨化作悔。此前他曾为平定山东榆园农民起义军向当时负责军事指挥的清朝地方大员张存仁献“五抚五剿”之策，且颇得效果，而他家的世交兼业师宋权此时也在清朝为官，在应试之前他应该是有自己的抱负的。他的悔，与曾被他讥讽过的钱谦益的愧悔可谓殊途同归，因为他们在晚明都享有很高的时誉，而贸然一出却大失所望，徒损盛名。

在《与吴骏公书》中，他曾这样劝阻吴伟业的出仕："昔狄梁公仕周，耶律楚材仕元，其一时君相，皆推心腹而听信之，然后坚忍委蛇，仅能建竖，两人心迹亦良苦矣！今不识当路之待学士果遂如两人否？其不必者一也。即使果如两人矣，而一时附风云、辅日月，何患无人？学士，前代之遗老也，譬有东邻之寡，见西家财业浩大，孤弱颠连，自负能为之综理，愿入其室而一试焉，其后子仰母慈，奴婢秉主威，果如所操信，则西家之健妇也，顾其若东邻何？其不必者二也。"[①]这种不见信任同时又于节行有亏的处境，是侯方域自己的亲身体验，后来吴伟业被迫出仕，结局又果如侯方域所言，吴伟业暮年曾感慨系之："死生总负侯瀛诺，欲滴椒浆泪满樽。"[②]

随着时间的推移，清廷统治的稳固，读书应举这一途径渐渐又回归正常，读书人淡化了夷夏之辩，但清朝统治者却不时地折杀士人的士气，如顺治十四年(1657)的"科场案"。江南科场案的处置尤为苛酷，除了两主考十八房考全定为死罪之外，连应试的考生也多受牵连，以至复试时都带枷镣进行。考生吴汉槎当时就是其中一员。他幼时即有聪慧之誉，自负才气，不甘此侮辱，在复试时不写一字，结果被发配到宁古塔，受尽折磨。还有江南"怪才"金圣叹，在顺治十八年(1661)以哭庙形式与当地的贪黩县令抗争，却被问成重辟，牵连而死者多达七十余人。

为了显示清廷的右文尊儒，同时也为了拉拢、网罗那些遗民故老，康熙十八年(1679)，朝廷特开博学鸿词科，考中的予以翰林名义，使之参修《明史》，虽然有五十余人以此登第，如潘耒、朱彝尊等，但在当时有名的大儒如顾炎武、黄宗羲等均拒绝应征。在康熙一朝，清廷的文化政策还算高明，但文字的开放已远逊明季。及至雍正继位，文字狱的大网就开始紧收了。

清朝读书人动辄得咎，处境之危，心态之压抑，前所未有，以至于后来人人噤若寒蝉，士人也一改晚明的开放与纵恣，变得委琐奴性。吴敬梓的《儒林外史》对此可谓穷形尽相，科举制度约束下的士子，其可笑、可悲、可悯的举动，正是这高压统治下的必然结果！"避席畏闻文字狱，著书都为稻粱谋"[③]，人才的禁锢，对于一个国家的损伤与危害，于清末得到了惨痛的验证。

---

①《侯方域散文选集》，百花文艺出版社，2002 年，第 153 页。

②吴伟业：《吴梅村全集·怀古兼吊侯朝宗》，上海古籍出版社，1990 年，第 428 页。

③《龚自珍全集·咏史》，上海古籍出版社，1999 年，第 471 页。

第四节 其他士人

清初士人,除了以上所述,还有一部分,他们或生于明,或生于清,登第于清朝,仕宦于清朝,没有遗民之志,也无"贰臣"之憾,可算作"芸芸众生",更为普遍,也更加不易界定,各色人等俱存,姑举其大略,稍加分析。

随着清王朝的统治趋于稳定,士人的心态也悄悄地发生着变化。他们不像那些亲身经历反清斗争的人那样对清廷统治无法接受,而是承认现实,进而在朝廷中求职做官,与之合作。清廷在文化政策上,并不像元代那样实行极端的排斥办法,而是一袭前明旧例,科举一如既往地成为士子仕进的途径。

他们虽已接受清朝的统治,但由于清廷的歧视、镇压措施,他们并不能像晚明那样有自由的文化环境,很多场合仍然有着强烈的压抑感。有清一代的士人都有一种抑郁感,不独清初,但清初最为明显。那种历史兴亡的感慨,沧桑巨变的痛心,以及无法摆脱的伤感气氛,在清初的诗文里可谓比比皆是。

唐甄(1630—1704),在清初曾应举考中举人,后来通过吏部考试,在山西长子县当过十个月知县,因与上司意见不合被革职,终其一生,都在困厄与穷愁中度过。他的《潜书》,真实地写出了清初的社会民生状况,也真实地反映了当时许多士人的心境。

他曾描写清朝康熙年间的民生状况:"清兴五十余年矣。四海之内,日益穷困,农空,工空,市空,仕空。谷贱而艰于食,布帛贱而艰于衣,舟转市集而货折赀,居官者去官而无以为家,是四空也。金钱,所以通有无也。中产之家,尝旬日不睹一金,不见缗钱。无以通之,故农民冻馁,百货皆死,丰年如凶。良贾无算,行于都市,列肆焜耀,冠服华膴;入其家室,朝则熄无烟,寒则蜷体不申。吴中之民,多鬻男女于远方,男之美者为优,恶者为奴,女之美者为妾,恶者为婢,遍满海内矣。困穷如是,虽年谷屡丰,而无生之乐。由是风俗日偷,礼义绝灭,小民攘利而不避刑,士大夫殉财而不知耻。谄媚谄淫,相习成风,道德不如优偶,文学不如博弈,人心陷溺,不知所底。"①所谓的盛世,竟如此困穷,他的不满与怀疑可见于字里行间。

如果说唐甄代表了沉沦下层的士人的话,王士禛(1634—1711)则可以代表那些运气亨通的士人。王士禛,顺治年间考中进士,后官至刑部尚书。尽管明亡时

①唐甄:《潜书注》,四川人民出版社,1984年,第332页。

他只有十岁，但遗民故老及时代变迁的影响还是挥抹不去，只不过变为一种感伤和哀愁，用一种淡化的形式来抒写时代的氛围。从外部的激情转为情绪内在的回转，政治的禁忌使士人不能再激情慷慨，“汉唐气象”不见了，他们心中感情的寄托都是那些残垣废垒、寒潮秋雨。王士禛的《秋柳》之所以在当时广为传诵，引来许多人唱和，实因为它打动了人们的心灵：

秋来何处最销魂？残照西风白下门。

他日差池春燕影，只今憔悴晚烟痕。

愁生陌上黄骢曲，梦远江南乌夜村。

莫听临风三弄笛，玉关哀怨总难论。①

朱彝尊(1629—1709)，曾自言“老去填词，一半是、空中传恨”②，他这恨，既包含故国之思，也寓有怀才不遇。他在词《百字令·自题画像》中这样描述其晚年心态：

菰芦深处，叹斯人枯槁，岂非穷士？剩有虚名身后策，小技文章而已。四十无闻。一丘欲卧，漂泊今如此。田园何在？白头乱发垂耳。

空自南走羊城，西穷雁塞，更东浮淄水。一刺怀中磨灭尽，回首风尘燕市。草屩捞虾，短衣射虎，足了平生事。滔滔天下，不知知己谁是？③

离开权力中心的无所寄托，还有其内心的焦躁不安与失落感最终驱使他于康熙十八年(1679)出去应博学鸿词科考试，后授翰林院检讨。朱彝尊的经历有其象征意义，一方面政权对士人的控制不遗余力，另一方面士人对权力的追逐也无时无之。追求不到的苦恼，不甘束缚的痛苦，构成了士人与政治的两难处境。

不独汉族士子如此，有些身为统治阶层的满族士子，也好像被感染了一样，内心充满感伤。比如纳兰性德(1655—1685)，他是满洲正黄旗人，身为大学士明珠之子，按说应该志得意满，意气风发，而他却是个敏感而多情的诗人。他是康熙十五年(1676)进士，又是康熙御前侍卫，他却视之为累赘，不时流露出伤感及哀怨之音。他曾在一首赠友人的词中流露出其内心的孤独落寞之感：

德也狂生耳！偶然间、缁尘京国，乌衣门第。有酒惟浇赵州土，谁会成生此意？

①王士禛《秋柳》组诗四之一，转引自钱仲联主编《清诗纪事》，江苏古籍出版社，1987年，第2022页。

②《朱彝尊选集》，上海古籍出版社，1991年，第313页。

③同②，第303页。

不信道、遂成知己。青眼高歌俱未老,向尊前,拭尽英雄泪。君不见,月如水。

共君此夜须沉醉。且由他、娥眉谣诼,古今同忌。身世悠悠何足问,冷笑置之而已!寻思起、从头翻悔。一日心期千劫在,后身缘、恐结他生里。然诺重,君须记![1]

这种不分阶层的感伤情调,有其背后的深层原因。本来还残存有原始部落民主遗俗的满洲,入关之后急速地集权专制化,甚至比原来的明朝还要变本加厉。严厉的控制,特别是思想上的控制,使人心的压抑达到空前,重压之下的哀鸣,成为此时士人的共同心声。

相比于明朝,清朝人心之不振,士风之沦替,在乾隆时期已表现出来,为此方苞曾在上疏《请矫除积习兴起人才札子》中说道:"士大夫敦尚气节,东汉以后,惟前明为盛……臣窃见本朝敬礼大臣,优恤庶官,远过于前明;而公卿大臣抗节效忠者,寥寥可数;士大夫之气习风声,则远不逮也。"他还举了自己游历四方所亲见的事实为证:"臣少游四方,所至辄问守土之吏之为民利病者。无何而大病于民者,已列荐章矣;民所爱戴者,多因事罢黜矣。"[2]清廷并非不知道正邪之分,不过,既然他们所要的是奴才,是为自己搜刮民脂民膏的爪牙,气节、正直之类的考虑也就可置而不问了。殊不知,这种以士人作奴才对待的结果,遗毒之烈,让整个社会都为之遭殃。清季士林、官场风俗之腐败,千奇百怪,早已成为人们的笑谈。究其根源,独裁帝王对士人的"戮心"之政可谓"功不可没"。

①纳兰性德著、张秉戌编著:《纳兰性德词新释辑评》,中国书店,2001年,第206页。

②《方苞集》,上海古籍出版社,1983年,第557页。

第四章 “漂浮”的士人

在科举制度下，读书人起着上下沟通的桥梁作用。随着门阀世家的式微，起自寒微的士人阶层渐渐在朝廷取得地位。但随着皇权的膨胀，统治者也对士人阶层打压分化，使其依赖性日益增强。对权力的依附使得士人的心态“奴性”明显，缺乏了雄才霸略的阳刚之气，从而也失去了凝聚社会底层民众的刚健活力，在社会上成了上不着天、下不着地的“悬空一族”。

第一节　士人与皇权

士人跟皇权的关系，宋朝之后，可以说就一直走下坡路。科举考试制度一方面削弱、消亡了世家大族的影响，促进了社会的平等化趋向，但另一方面也使得皇权的制衡因素大为减少，起自寒微的士子虽能平步青云，实现社会地位的上升，而他们相对于日益尊崇的皇权，却越来越依附，古人那种平交天子、为帝王师的观念，可以说已经越去越远。

一、士人日趋奴化的现实

得君行道，兼济天下，这是中国古代士人最大的向往。同样，作为帝王，只有知人善用，才有可能使政治清明，国家富强。汉唐盛世之所以能创造出中国历史上的奇迹，归根结底都是因为统治者能够重用人才，都有广泛的人才队伍做支撑。汉武帝的用人，早就被历史学家所称颂。班固在《汉书》中曾写道：“上方欲用文武，求之如弗及，始以蒲轮迎枚生，见主父而叹息，群士慕向，异人并出。卜式拔于刍牧，弘羊擢于贾竖，卫青奋于奴仆，日磾出于降虏，斯亦曩时版筑饭牛之朋已。汉之得人，于兹为盛……是以兴功造业，制度遗文，后世莫及。”[1]至于唐太宗，更是识人

①《汉书》卷五十八《公孙弘卜式兒宽传》，中华书局，1962 年，第 2633-2634 页。

用人的高手，用人唯贤，不避仇敌，才能在开国之初便创造出贞观之治的局面。

而明清时期，帝王对士人则是猜忌多于信任，防范重于使用。朱元璋建立明朝之初，对读书人就是两手政策，一方面利用他们的才智，一方面又大肆杀戮，以致元末遗留的才学之士几为之一空，如高启、张羽、杨基等，都因种种原因被杀。还有明成祖时对方孝孺等人的株连，其手段之残暴可谓空前。不尊重读书人，没有惜才容才的胸怀，也从一个侧面反映了君权的恶性膨胀程度。

南北朝时，士大夫依赖门阀存身，即便皇帝也不能奈何。南朝刘宋时纪僧真曾对孝武帝埋怨：“士大夫故非天子所命。”[①]士人有独立的地位，皇权在独尊上的程度就受限制。“王与马，共天下”，这句话背后显示世家大族的社会地位几与帝王抗衡。唐代科举渐兴，但此时世家大族仍有相当的势力，他们凭借着地方有时就能跟中央政权对峙。这种情形在宋朝以后就很少再现，因为随着科举制度的完善，读书士子们只有依附于中央政权，不再有独立作为的空间。

当然这一现象也有其好处，它使得社会成员的上下流动更为公平，不再像以前门阀士族垄断上层社会，使得“上品无寒门，下品无势族”[②]。况且出身寒微的读书人也能给统治阶层带来新鲜血液，由于他们熟悉普通民众的疾苦，有拯济天下的志向，所以宋代的士人就很有一股济世的热忱，范仲淹、王安石都是其中的杰出代表。

即便明代的相权被肢解，士人又多被疏远，很多人还是兢兢业业，尽力而为，以实现其济世的抱负。万历帝的怠政使曹署为空，而国家机器仍能照样运转，其中不无士人的这种精神在起作用。

黄宗羲曾分析中国的历史，有两个转折点，“夫古今之变，至秦而一尽，至元而又一尽，经此二尽之后，古圣王之所恻隐爱人而经营者荡然无具”[③]。秦以武力扫平天下，抛弃了周人政治中尚文、尚德的理念，专以严刑峻法为治；元的灭宋，更是崇尚武力、威权的极至，以前政治中对士人的敬重也被铲除殆尽。明代更在制度上尊崇皇权，贬抑士人，甚至连隐逸都不容许存在。“宰相既罢，天子更无与为礼者矣。遂谓百官之设，所以事我，能事我者我贤之，不能事我者我否之。”[④]

①《南史》卷三十六，中华书局，1975年，第943页。

②《晋书》卷四十五，中华书局，1974年，第1274页。

③《黄宗羲全集》第一册，浙江人民出版社，1985年，第7页。

④同③，第8页。

明代的诏狱、廷杖(出自元代)、厂卫制度,无不是对传统的士大夫尊严的折辱。赵园在其《明清之际士大夫研究》一书中,对贯穿有明一代的"戾气"的探讨,可谓洞幽烛微,别具只眼。君王暴戾于其上,臣子强项于其下,这种对着干的气势,哪有和衷共济的踪影,其结果只能是最后的两败俱伤。

吕留良就曾分析过这种置君臣于主奴的政治:"自秦人无道,上下猜忌,为尊君卑臣之礼,而君臣师友之谊不可复见,渐且出宦官、宫妾之下矣。宋时君臣犹存古意,自兹以后复蹈秦辙,礼数悬绝,情意隔疏。""自三代以后,以诈力取天下,以法术治天下,一切于人欲上修饰补苴。君臣之间,皆以驾驭术数为事,尊卑悬绝,情意隔离"。①

傅山也曾对士人的奴性进行解剖:"不拘甚事,只不要奴,奴了,随他巧妙雕钻,为狗为鼠已耳。"他还赞许历史上李白的行为:"李太白对皇帝只如对常人,作官只如作秀才,才成得狂者。"②

颜元在其《重征举》一文中,认为古代的征聘制度,还存有君王对臣下的敬礼之意,而科举兴起,仅从过程上看便成了对士子的挫辱,虽不无偏激,但也大是实情:"近自唐、宋,试之以诗,弄之以文,上辄曰选士,曰较士,曰恩额,曰赐第;士则曰赴考,曰赴科,曰赴选。县而府,府而京,举而乡,乡而会;其间问先,察貌,索结,登年,巡视,搜检,解衣,跣足,而名而应,挫辱不可殚言。呜呼!奴之也,盗之也?"③

李贽早在晚明就对这种奴性加以分析,他的见地更让人耳目一新:"至于奴之一字,但为人使而不足以使人者,咸谓之奴。世间曷尝有使人之人哉!为君者,汉唯有孝高、孝文、孝武、孝宣耳,余尽奴也。"④没有自己的独立见解,不能摆脱依傍,即便贵为帝王,也仍然是奴才一个,不要说那些被控制于妇人、阉寺、强臣之手的傀儡,就是那些颐指气使的凛凛不可侵犯的暴君、强主,他们也不是被权势所奴使,须臾离不开权力的威势吗?一旦权势不再,人心离散,他们就不知所措,其结局更悲惨。远者不说,即以崇祯帝为例,当他走马灯一般更换阁僚大臣,

①吕留良:《四书讲义》卷六,见《四库禁毁书丛刊》经部第1册,北京出版社,2000年,第535页。

②傅山:《霜红龛集》卷三十八《杂记》三、卷三十六《杂记》一,见《续修四库全书》集部别集类第1395册,上海古籍出版社,2002年,第706、692页。

③颜元:《四存编·存治编》,香港大东图书公司,1978年,第124页。

④《李贽文集》第一册《焚书》卷四,社会科学文献出版社,2000年,第178页。

对进谏、失地的臣子大开杀戒的时候，与他仓皇吊死煤山之际，他的对权力的依靠与奴附，与下面小臣对权力的奴性表现，岂不如出一辙？由此亦可看出，奴性形成于一种不平衡的权势落差，正如司马迁评论财富的影响时所说，“凡编户之民，富相什则卑下之，伯则畏惮之，千则役，万则仆，物之理也。”[①]财富的悬殊有此现象，权力的悬殊更是同理，没有平等地位的保证，就永远存在着奴性的温床。而权力愈加集中，奴性的出现愈加必然。

沈德符《万历野获编》里曾记述了一则万历君臣的会面故事：“今上（万历皇帝）渊默岁久，自庚寅元旦召吴门（申时行）、新安（许国）、太仓（王锡爵）、山阴（王家屏）入对以后，又二十五年而为乙卯之四月，以张差闯宫一事，召方德清（从哲）、吴崇仁（道南）二相入内商榷。方唯叩首唯唯，不能措他语，吴则噤不能出声。及上怒，御史刘光复越次进言，厉声命拿下，群阉哄聚殴之。事出仓促，崇仁惊怖，宛转僵仆，乃至便液并下。上回宫，数隶扶之出，如一土木偶，数日而视听始复。盖崇仁自登第后，尚未觐穆若之容，一旦备位政本，不觉失措至此。”[②]内阁大臣见到皇帝竟然吓成如此模样，帝王与民情的距离就更可想而知了。

唐甄在其《潜书》中也说道：“是故人君之患，莫大于自尊，自尊则无臣，无臣则无民，无民则为独夫。”[③]君主无限膨胀的权欲，导致了臣下地位的日益卑下，“为上易骄，为下易谀；君日益尊，臣日益卑。是以人君之贱视其臣民，如犬马虫蚁之不类于我，贤人退，治道远矣”[④]。

明代宦官的专权，其实正是士人不得信任、君臣隔膜的结果。宦官有权，读书人就不惜趋颜附势为之鹰犬，从中亦可发现士人奴性心态之一斑。以暴驱众，其后果就是众人的唯唯，尽管也有少数人的逆暴挺立。明朝的士人，一方面士气很盛，另一方面又多无特操之人，追求享受，私欲泛滥，恐怕跟此政治基调有关。

对于这种上下隔绝的政治痼疾，明亡后的人们进行了批判和反思。君臣师友论，以相权制衡君权论等，种种设计不一而足。

二、对明亡原因的思索及制度层面的反思

明朝灭亡，让多少士子为之椎心泣血，反思不已。偌大的一个王朝，何以就如

①《史记·货殖列传》，中华书局，1959 年，第 3274 页。

②沈德符：《万历野获编》卷一“召对”条，中华书局，1959 年，第 25 页。

③唐甄：《潜书注》，四川人民出版社，1984 年，第 353 页。

④同③，第 211 页。

此不堪一击，竟败亡于一个小小的"蛮夷"之手？比起宋覆亡时元兵的强大，明之亡，实是亡于自己，亡于内讧，亡于王朝内部的种种弊端，亡于某种深层次的人治之外的制度原因。入清后的士人对此做出了各自不同的分析和补救之论。

总结起来，大致集中于这么几个方面：政治的腐败与民心的丧失；党争的蔓延及用人的失误；学风、世风的萎靡腐烂和私欲的泛滥；政治体制和结构的弊端。特别是在制度方面，他们的思索可谓超越前人。世风的衰颓及民心的离散，这本就是每一个败亡王朝的通病，而明朝之亡，却偏偏亡于号称勤政的"好皇帝"崇祯帝之手，这一事实，促使当时的思想者开始了更为深入的探讨。

刺激与反应的同比对应，是行为科学研究中经常出现的现象。在人类历史的发展过程中，历史事件与人们对之的反应，同样有一个同比例的联系。崇祯帝以勤政而亡，他的刚愎自用，他对文官集团所表露出的疑心，他对宦官的先弃后用，无不显示着这个体制的弊端：皇帝与文官集团隔阂，皇权的排他性与应付乱局所需要的合力相矛盾。对于帝王过分集中的权力，当时有不少人提出了质疑。

唐甄在《抑尊》中便分析君权的过度尊崇："人君之尊，如在天上，与帝同体。公卿大臣，罕得进见；变色失容，不敢仰视；跪拜应对，不得比于严家之仆隶。于斯之时，虽有善鸣者，不得闻于九天；虽有善烛者，不得照于九渊。臣日益疏，智日益蔽，伊尹、傅说不能诲，龙逢、比干不能谏，而国亡矣。"①

吕留良则提出应重回古代君臣师友的较平等关系："君臣以义合，合则为君臣，不合则可去，与朋友之伦同道，非父子兄弟比也。"②

从个人与国家的关系层面，他们也有所反思。对于一姓之君的无条件服从，也让人怀疑起来。顾炎武曾有"亡国"与"亡天下"之辩，他的"家国"与"天下"的区别，已有着对一姓之私的"王国"的超越，在某种意义上蕴涵着"万民的天下"这一愈益清晰的论述。

君权的膨胀必然导致臣民的权利受压抑，而虐政的结果又导致内乱与外寇。受到压抑的士人一旦遇到天下分崩、国破家亡的遭遇，总要回过头去挖这灾祸的根源，于是少了禁忌的人们设想用种种主张去制服这"祸根"，分权的主张便见于

①唐甄：《潜书注》，四川人民出版社，1984年，第212–213页。

②吕留良：《四书讲义》卷三十七，见《四库禁毁书丛刊》经部第1册，北京出版社，2000年，第756页。

当时许多思索者的文字。封建说、置相说、学校议政说,还有为私正名的理论,实际上都是想从经济、伦理等领域来破除君权独大以及家天下的集权之弊。

封建与否的争论是当时广为探讨的一个话题,有人赞成,也有人反对。黄宗羲持较为积极的支持观点:“自三代以后,乱天下者无如夷狄矣,遂以为五德沴眚之运。然以余观之,则是废封建之罪也。秦未有天下,夷狄之为患于中国也,不过侵盗而已……今以天下之大,使虏一入盗边,则征发之不暇,赋税之无度。战国之时,六国边于匈奴。当是时,秦之志在灭六国,燕、赵之志在拒秦,而以余力支匈奴。当是时,未闻秦调兵食于外,燕加赋于境内,赵乞师于与国也,则一国之足以自支一国亦明矣。乃以天下守一隅而不足者,势使之然也。”①封建的实质就是分天子之权,这在当时是不可能实现的设想,故在其定稿《明夷待访录》中,没有了《封建》,只保留了折中的方案《方镇》,以方镇坐镇边境,专为抵御外敌。

王夫之也有分权的设想:“天子之令不行于郡,州牧刺史之令不行于县,郡守之令不行于民,此之谓一统。”② “今欲宰制之,莫若分兵民而专其治,散列藩辅而制其用。” ③

顾炎武在《日知录》中也指出专权的危害:“人君之于天下,不能以独治也。独治之而刑繁矣,众治之而刑措矣。” ④他的设想是寓封建于郡县之中,县令由本地人担任,让县令成为可以传之子孙的官职,这样一旦有事,则人自为战,地自为守,不致乱端一开,天下瓦解。

对于宰相制度废除的失策,明亡之后也有很多人提及。但不论这些设想是多么有见地,清王朝最终都不可能采纳,相反,这些谈论最高权力机构当否的言论都成了违禁的东西,更不用说去设想否定帝王的存在这种“大不敬”的无君论了。唐甄在《潜书·室语》中曾发出惊世骇俗的“自秦以来,凡为帝王者皆贼也”这样的论断,但他的答案也仍然是寄希望于尧舜之君,希望他们有仁慈之心。中国没能萌生类似西方民主分权之类的思想,大一统的统治形态恐怕是其“终极”病根。没有制衡,权力的过度倾斜,使人们的心理跳不出这“如来佛”的掌心。

中国历史上士人的黄金时代总是出现于王纲解纽的乱局之中, 单单这一事

①《黄宗羲全集》第一册,浙江人民出版社,1985 年,第 419 页。

②王夫之:《船山全书》第十册《读通鉴论》,岳麓书社,1988 年,第 600 页。

③王夫之:《船山全书》第十二册《黄书》,岳麓书社,1988 年,第 508 页。

④顾炎武著、黄汝成集释:《日知录集释》卷六,花山文艺出版社,1990 年,第 287 页。

实就足以令人深思。集权专制之下,个人的发展没有一个良好的环境,有的只是压抑与扭曲,结果人愈众,力愈散,窝里斗的最后结果便是对武力与权谋的崇拜,文治的盛景不再。有明一朝,右文者莫如建文,拨乱反正,改正乃祖的暴虐,而具象征意味的是,朱棣却又以暴力夺走了皇权。有清一朝,文治莫如康熙,而康熙帝对臣下采用分而治之的手腕,使之互相争斗,自己从中驾驭,虽然权谋的运用炉火纯青,但缺乏汉唐盛世时君臣和谐的信任与坦诚,甚至连继承人是谁都不敢公布,以致给后人留下继位之谜。清朝的秘密立储制被人们视为一大进步,实则它更是一种无奈,一种连自己的儿子都不信任的集权之弊的尴尬体现。成者王侯败者贼,为了目的不择手段,结果往往是阴谋家胜出,这恰如哈耶克评述极权体制时所分析的那样,往往是"最坏者当权",其实这正是权力脱离理智约束的必然结果。过分的权力,伴随的只能是空前的阴谋。在权谋文化盛行的社会里,没有人才成长的宽松环境,它使人心僵化麻木,整个社会也就丧失了活力。中国文明的发展,愈到最后,愈是窒息个人的发展,个中原委,明清之际的士人已从多方面有所触及。

第二节　士人与民众

士人不得志于君王,而同样尴尬的是,士人也脱离了他们所赖以为根基的广大民众。由于科举考试的束缚,愚忠观念的洗脑,士人的活动空间非常狭窄,其思维与行为竟至于麻木与可笑,与底层的"草野之民"相比,缺乏生机和活力,也游离于草根阶层,不能发挥其凝聚力与领导功能,在民众的心目中,也就有了"百无一用是书生"、"秀才造反,十年不成"等诸多类似的不恭之辞。

一、士与民的分野

明清时期,士人在制度上对皇权的依附使其渐渐失去了独立的地位,又因程朱理学的窒息,他们在思想上也失去了自主和活力,不能与民间的"草根阶层"融为一体,从而也使社会的聚合能力下降,一遇到变乱的局面,便茫然失措,甚至上下离心。对许多重大事件的反应,往往是朝廷与百姓互为对立。这种上下的乖隔,愈显传统"家国天下"体制的衰败与滞后。

制度上的制约,应该说是主要原因。即以地方政权的设置言,汉代郡守犹可自辟僚属,而宋之后,地方守令却是"言莅事而事权不在于郡县,言兴利而利权不在于郡县,言治兵而兵权不在于郡县,尚何以复论其富国裕民之道哉!"①明清时期，由三司到巡抚，又有总督，层层牵制，权力分散，处处受制，虽有利于帝王的统治，但降低了地方政权临事应变的能力。

除了政治制度的制约，文化制度也同样扼杀其活力，惟以工具待之。在宋朝的科举考试中，策论被提到突出的地位，这有利于考察学子们对现实的关注程度及其学以致用的能力。而朱元璋的明朝，设计的对程朱书义的模仿与代圣贤立言的八股程式，却使读书仅成为敲门砖而已，不读历史，不晓元典，经史子集一无所知，却自以为是在代圣贤立言。不学无术，唯利禄是谋，是中举的士人；死读经书，闭塞于窗外的现实世界，除“之乎者也”外五谷不分、四体不勤的是不得意的士人。

明末清初兴起的“实学”思潮，实际上就很有针对性。很多有识之士，已认识到这种官方学说的空疏，欲纠之以天文、地理、水利、医术、兵、农、钱、谷等务实有用的学问，只可惜随后清朝统治者的高压政策，又驱使士人重回故纸堆中。

对比西方文明，人们现在已认识到传统中国儒家的哲学思维模式属于内在超越型的，遵循的是“内圣外王”之道，由修身齐家到治国平天下，而治平一面，由于士人权力的越发萎缩就没有了着落，仅剩下的修身养性工夫，随着被边缘化，也易流于清谈与空虚。

所学非所用，所言非所行，老死于章句却自认是斯文所在，殊不知在老百姓的眼中却成为笑柄，这样的读书人再加上愚忠观念，无怪乎受到民众的嘲笑。从历史源头上考察，儒家(也包括其他各家)是由服务于君王的“巫史”之流演变而来的，其作用的发挥，只有在具体的事务中才能体现，其事功的一面正是其依托所在，而后世儒学的演变，随着意识形态化之后，远离了事功，仅托之空言，空疏就在所难免。仅以忠而言，受尽酷刑尽忠而死的杨涟曾对前来看望的家人说：“汝辈归，好生服事太奶奶，分付各位相公不要读书。”这里的不读书的吩咐，分明有看破“圣贤”书中愚忠说教的反思，也反衬出不读书之人不会如此愚忠的现实。读书而生愚，正如孟子所谓“尽信书不如无书”，乡野草民反而有大智大勇，不致囿于成见。

这“愚”，正是统治者故意而为。读书人动辄得祸，视野只能愈益狭窄，层层罗网，把他们的活力戕害殆尽。诗人吴伟业甚至有祸患源自读书的悲愤：“生男聪明

①顾炎武著、黄汝成集释：《日知录集释》卷九《守令》，花山文艺出版社，1990 年，第 418 页。

慎勿喜，仓颉夜哭良有以。受患只从读书始，君不见，吴季子！”[①]士人之读书，在出发的起点，即已被迫走上了僻径，古代的六艺如礼、乐、射、御、书、数，当时还有很大的实用性，而到了“平时袖手谈心性，临难一死报君王”的明末，或是“避席畏闻文字狱，著书都为稻粱谋”的清代，读书人已与现实生活隔了一层，知识的无用，知识者对现实的无能为力，使其整合社会资源的能力也就大为下降，士人在制度化的桎梏下与普通民众也就愈益疏远。这也正是帝王创制时故意的安排，否则，士人凝聚起民众，就容易造他的反、革他的命了。

遗民诗人阎尔梅诗集中的《满兵入淮淮人犹有歌舞迎婚者》诗，很有寓意：

奁减妆台笥减衣，东风暑雨湿灯帏。

单于亦解人间会，传令银桥让鹊飞。[②]

诗作于清顺治二年(1645)夏天，当时清兵正从淮河流域向南推进，明朝官兵不溃即降，而老百姓照样婚嫁不误。作为坚决抗清的诗人，虽有见识有谋略，但无兵无权可奈何。普通百姓与诗人，心态已是截然两样，欲求抗清成功，从何谈起！

二、对待“流寇”、“民变”的态度

司马迁在《史记》里对刘邦、项羽见到秦始皇后的反应都有类似的记载：“大丈夫当如此也”[③]，“彼可取而代也”[④]。司马迁的骨子里也有一股桀骜不驯的英雄气质，有着战国以来的士的独立不羁的精神，所以他对秦末农民大起义才叙述得有声有色。陈胜以一介布衣得列于世家之中，与王侯比肩，且位于同时人之首，凸显其“王侯将相，宁有种乎”的豪迈，这在后世的史家著作里是不可想象的。

随着帝王之尊的无限膨胀，“忠”的分量压过了“义”，“忠义”成了统治者束缚臣下的锁链，而自己反不受约束，下层人民的反抗更是被剥夺了正义的理由，“寇贼”之称，不绝于史书。

作为中间层的士人，其对民变的态度渐渐转向，愚忠之下，从“不平则鸣”[⑤]的同情变成了敌视，可资利用的力量不能顺势引导，社会资源因对立无谓地耗费，

①《吴梅村全集》卷十《悲歌赠吴季子》，上海古籍出版社，1990年，第257页。

②阎尔梅著、王汝涛等编著：《白耷山人诗集编年注》，中国文联出版社，2002年，第85页。

③《史记·高祖本纪》，中华书局，1959年，第344页。

④《史记·项羽本纪》，中华书局，1959年，第296页。

⑤韩愈著、马其昶校注：《韩昌黎文集校注·送孟东野序》，上海古籍出版社，1986年，第233页。虽然韩愈在此是表达其文学观点，但他对身受不平者的同情应无疑义。

这不能不说是专制集权之制的大弊。

在明末清初的文集里，不乏对农民起义充满偏见的议论。

“自二千年以来，时际易命，盗贼杀其半，帝王杀其半。百姓之死于兵者，不可胜道矣，可不哀乎！”①唐甄虽然在这里以“贼”对待农民起义军，但他对帝王也同样没有好感。

史可法在督师江北时，阎尔梅曾劝他联络江淮、山东等地的义军，共谋抗清大业，但史可法囿于成见，不予采纳，结果是他自己无兵无权难敌清军，而义军也如乌合之众，不堪一击，而当时的形势是清军在这一带兵力空虚，一个大好机会白白流失；在四镇之一的高杰被降清的许定国杀害后，高杰妻邢氏曾提出让史可法认其子为义子以收拾高部，史可法因高是“流贼”出身，坚决拒绝，丧失了自己掌握一支部队的良机。史可法是当时及后世被广为褒扬的正面人物，但他鄙视这些“盗贼”之流或者说因观念的束缚造成了其行事缺乏权变，只知守成，不能开创。

顾诚在其《南明史》中多次分析，南明的失败，与主持其事的许多核心成员，包括许多被后世颂扬的人物如何腾蛟、瞿式耜等，对来附的农民起义军持有偏见不无关系，他们对起义军排挤打击，而不是开诚布公，真心合作，以致很多抗清武装各自为战，甚至内讧不断，终被清军各个击破。

当然，与此相对，也有一部分士人因经历国破家亡而有了新的见解。傅山曾有一段议论：“理不足胜理，无理胜理。故理不足以平天下，而无理始足以平天下。当桀、纣为君之时，君子者，忍而君之理也。汤、武则最无理者，敢有南巢、牧野之快。而匹夫匹妇之怨为之舒，故必无理而后理。”②在同一篇文章中，他还对陈胜、吴广的反抗暴秦给予赞扬。这种对暴力的颂扬，在当时是不多见的。

明亡后，人们才从亡国亡天下的惨痛教训中醒悟，王夫之就曾分析，如果农民军获胜，建立天下，即不致有亡天下之虞，最多是易姓改号。

屈大均有《读陈胜传》一诗，也表现出一种较为超群的眼光：

闾左称雄日，渔阳谪戍人。

王侯宁有种？竿木足亡秦。

①唐甄：《潜书注》，四川人民出版社，1984年，第521页。

② 傅山：《杂著录·圣人为恶篇》，转引自魏宗禹著《傅山评传》，南京大学出版社，1995年，第315页。

大义呼豪杰，先声仗鬼神。

驱除功第一，汉将可谁伦？①

但在当初农民军兴起时，这种观念是无人苟同的。南明小朝廷还为投降过农民军的大臣设立“顺案”，与阉党同视。与道德论的连篇累牍的文献相比，关于最高权力的探讨，后世的士人大多只能归之于“天命”、“天意”一类虚无的外物，没有理性、智慧置喙的机会。“彼可取而代也”的豪言也只能发之于“草民”之口。读书人失去了原始的胆气，而草根阶层也失去了汲取更广泛智慧的渠道，社会的融合能力、应变能力都大为逊色了。这与西方启蒙时期分权、制宪、民主等各种变革思想的活跃、人心的解放、社会活力的迸发，也形成鲜明的对照。

①《屈大均全集》第一册《翁山诗外》卷六，人民文学出版社，1996年，第364页。

第五章
同时期的西方人士心态

明清之际，中国发生了天翻地覆的变化，影响深远；远在西方的欧洲，其同时期的变化可谓有过之而无不及，政治、经济、文化、宗教等领域都经历了大变革，以至出现了一个崭新的社会，并终将影响到遥远的东方。明清变局，对中国未来有直接的影响，欧洲的变局，对中国未来的影响甚至还要深远。比较二者相似社会阶层的心态状况，以及各自不同的发展路径，也许能更好地了解明清之际社会变革的意义。

第一节　文艺复兴时期的西方人士心态

文艺复兴是指十四至十六世纪的欧洲，主要是在意大利，兴起的一股文化和思想发展的潮流。它借助于以人为本位的人文主义思想去反对以神为本位的宗教思想，主张思想自由和个性解放，肯定人是世界的中心，并孕育了资本主义的萌芽。它在时间上与中国的明朝大体对应，虽然比晚明的时段略早，但因二者有许多相似性，拿来比较还是很有意义的。

一、思想渊源与时代背景

西方文明有着独特的发展历程，它以希腊、希伯来、罗马文明为源头，在一开始就带有明显的个性。

首先是它的地理环境。希腊诸岛散布于爱琴海周围，古罗马也以地中海为中心向外拓展，这种海洋文明与以农业为主的大陆型文明在社会结构上就有很大的不同，它更加重视个体的独立与自由，更加注重冒险精神，在社会组织上，它的血缘因素较淡。

再者就是城市在文明进程中的独特作用。西方的城市，其人员构成与东方的城市大不相同，它不像大陆的城市往往由政治中心演变而来，其人员一般是工匠、艺人和商人。希腊城邦都有很强的独立性，是真正的小国寡民，因为规模小，它便于实行直接民主的公民政治。公民的集体治权构成了城邦政治的核心。

希腊的文化遗产对于日后欧洲文明的发展可以说影响深远，特别是以下的两点："希腊是世界上第一个公民能参与国事的国家。这样的民主政治以自由和平等为条件，言论自由使批评和涌现新思想成为可能。把实在的事物抽象化，提出种种似乎不可能实现的幻想，这是希腊文明的特点。希腊的思想摆脱了过去以神话解释说明未知事物的方法，力求用已知事物和逻辑推理解释未知的事物；希腊人因而成为后来西方发展的实验科学的创始者。"①

罗马文化中重视法律的思想成为西方文明的又一重要组成部分。

西方文明中的私有产权制度，也与中国"家天下"的所有权制度不同。在希腊、罗马时代，即强调私有产权的重要。越到后来，法律的规定就越明晰，保障越规范。个人财产有保证，为其他诸如信用、契约、个人自由、权利和义务等提供了基础。这一制度甚至被称作西方文明的基石。

十一世纪末至十三世纪末，罗马教皇伙同西欧各国的封建主和城市商人打着"解放圣地"的名义对中东地区进行了八次远征，史称"十字军东征"。虽然这是充满血腥的侵略，但它重振了西欧与地中海东部之间的海路，促进了商业技术的发展，导致了城市和城市各阶级的兴起，刺激了工业生产，积累了投资资本，并通过新的金融和财政技术来运用这种资本。随着经济的发展，逐步兴起了许多民族国家。民族国家之间的争雄和交战激发了经济的扩张和技术的创新，资本主义和民族主义的相互影响刺激了学术、科学和发明。②

在意大利，商业比较发展，有些城市国家，如威尼斯，其经济实力甚至曾经称雄于欧洲。财富的积累，逐渐破坏了原有的秩序，人们的思想随着与外部世界交往的扩大而不断拓展。瑞士历史学家雅各布·布克哈特曾这样描述文艺复兴："在中世纪，人类意识的两方面——内心自省和外界观察都一样———一直是在共同的纱幕之下，处于睡眠或者半醒状态。这层纱幕是由信仰、幻想和幼稚的偏见织成的，透过它向外看，世界和历史都罩上了一层奇怪的色彩。人类只是作为一个种族、民族、党派、宗族或社团的一员——只是通过某些一般的范畴而意识到自

①德尼兹·加亚尔等著、蔡鸿滨等译：《欧洲史》，海南出版社，2000 年，第 91 页。

②本段内容参考了费正清著《美国和中国》(张理京译，世界知识出版社，2000 年)第 135 页的论述。

己。在意大利,这层纱幕是最先烟消云散;对于国家和这个世界上的一切事物作客观的处理和考虑成为可能的了,同时,主观方面也相应地强调表现了它自己;人成了精神的个体,并且也这样来认识自己。”①

“发现世界和发现人”,这是布克哈特概括文艺复兴的名言。

值得注意的是,当时意大利四分五裂的政治现实也为文艺复兴提供了宽松的社会环境。哈耶克在其《致命的自负》一书中,曾引用巴什勒的论述说明资本主义(也即欧洲文明)的初始扩张和起源得益于政治上的无政府状态。②新的思想及行为方式总是对旧有制度起着破坏、颠覆的作用,所以它就寻找薄弱的地方为突破口。当时的意大利城市国家林立,统治者为了本地的发展争相兴办教育,延揽人才,并为在其他地方不受欢迎的人提供保护,这样的环境为文艺的繁荣、科学的发展、思想的创新提供了有益的土壤。

二、行为时尚与心态

人的觉醒是这一时代的主题。在新的知识背景下,人们开始运用新的观点看待周围的事物,对自己的欲望、需求不再一味压抑,开始了对上帝和宗教的疏远。在文艺复兴时期,人们思想上的束缚主要来自宗教神学,突破的对象是神学的禁欲主义教条。

弗兰齐斯特·彼特拉克(1304—1374)是继但丁之后的又一位佛罗伦萨著名诗人和人文主义学者,他曾大声疾呼:“凡人要关怀凡间的事物”,“我自己是凡人,我只要求凡人的幸福。”③

与明末社会出现的普遍的道德堕落一样,文艺复兴时期也出现了“道德解放”的世风。造成这种现象的原因有几方面,一是政治上的不安定,再就是当时意大利财富的增加,这也是最主要的原因。财富的积累破坏了修道者的理想,不论男女,日渐憎恶以前生活在贫穷与恐惧中所产生的道德观念,他们及时行乐,无所顾忌,日益接受伊壁鸠鲁的哲学,认为生活就应尽情享受,所有的享受除非证明有罪,否则皆是无害。④

---

①雅各布·布克哈特:《意大利文艺复兴时期的文化》,商务印书馆,1979年,第125页。

②哈耶克:《致命的自负》,中国社会科学出版社,2000年,第33页。

③王秋荣、陈伯通:《西方文学思潮概观》,海峡文艺出版社,1988年,第23页。

④本段及以下三段参考了威尔·杜兰特《文艺复兴》(东方出版社,2003年)第722-725页和第737-738页的论述。

不再相信道德律是来自上帝的人愈来愈多。一旦《圣经》上的戒律被认为是人自创出来的，道德律就失去了令人畏惧的力量，每个人只要自己认为合适就去做，不管传统的约束。人们不再希望做一个好人，而是怎样成为强者。

由于知识和道德的解放，文艺复兴时期产生了一类特殊的人物，这类人具有知识和道德上的勇气。他们思想敏捷，头脑机警，行动果敢，能言善辩，多才多艺，容易接受新知识，易于感受美的事物，渴求名望。他们具有一种不顾一切的个人主义精神，致力于发展个人的全部潜能；态度高傲，蔑视传统、道德、禁忌、教皇乃至上帝。在城市，他也许是一群乱党的首领；在国家，他也许是一支军队的统帅；在教会，他可能集数职于一身，并利用他的财富攫取权力。在艺术方面，他不再像中古时代集体工厂的工匠一样，默默无闻地与他人一起工作，他在他的工作中表现其个性，在他所绘的画上签上自己的名字，甚至有时候在他所刻的雕像上刻上自己的名字，就像米开朗琪罗在《圣母怀抱基督尸体之哀戚雕像》上所做的那样。

他的目标是成功地表现其个性，甚至为了目的不择手段。他精力充沛，个性坚强，意志集中，接受古罗马的美德观念：要有男子气概，但又加上技能和智力。他自负，坚毅，又不无同情心。他对女性美、自然美、艺术美等一切美的追求成为文艺复兴产生的主因之一，他以审美的观念代替了道德观念。

在文艺复兴时期，涌现了一大批被称为“巨人”的文艺巨匠，早期的有但丁、彼特拉克、薄伽丘，鼎盛期有达·芬奇、米开朗琪罗、拉斐尔、马基雅弗利等，他们都受到过良好的教育，出身于官吏或商人家庭，属于社会的精英分子。他们以天才的成就，显示了人的尊严与光辉，影响着文学、美术、建筑、哲学、教育、科学等各个方面，使从十五世纪起的二三百年出现了恩格斯所说的“人类从来没有经历过的最伟大的、进步的变革”[①]。

文艺复兴时期所出现的人的觉醒心态，与晚明有许多相似之处。当时被称为是天才涌现的年代，精英阶层的创造活力被激发出来，他们在许多领域取得了突破。后来虽然由于战乱等原因，意大利的这种发展势头未能维持，却转移到了西欧诸国，并继续发扬光大，又进而出现宗教改革和启蒙运动。而晚明的人心觉醒，却没有这么幸运的环境，大一统的政局下，一旦改朝换代，皇权紧收，士人的权利

① 恩格斯著、于光远等编译：《自然辩证法》，人民出版社，1984 年，第 6 页。

便没了保证。

第二节　启蒙运动时期的西方人士心态

启蒙运动时期,欧洲才真正进入理性的时代。十七、十八世纪遍及全欧远至北美的启蒙运动,从理论上彻底摆脱了神学的羁绊,封建权威也一并被粉碎,思想自由、个性发展迎来了更为宽阔的空间,与中国在清朝统治下的停滞相比,西欧诸国已大步迈进近代社会。理性之光使人们没有了认识的障碍,人自身的解放终于得以完成。

一、时代背景

文艺复兴为人们的心灵打开了一扇窗户,透进了智慧的亮光,但那时宗教的势力仍然根深蒂固,人的解放还任重道远。十六世纪与文艺复兴的同时还发生了宗教改革运动,由马丁·路德(1483—1546)在德意志对教会的发难所引发的这场运动,其影响更广,触及社会的各个阶层,对人们的思想冲击远大于前者。进入十七世纪,思想界沿着宗教改革的先导,继续对神学的权威发起挑战。

号称"近代哲学之父"的笛卡儿(1596—1650),通过对"上帝的存在"问题的讨论,使思想界逐步摆脱神学的束缚,进入了理性世界。笛卡儿倡导的对一切见解用怀疑的态度重新加以证明的方法,他的"我思故我在"的名言,为思想解放打开了闸门,神学的根基逐渐动摇了。如果说文艺复兴时期人们还只是以感性的态度对宗教进行抵制,那么在启蒙运动时期人们已能从理论的高度去认清宗教的实质。

启蒙运动的鼎盛出现于十八世纪的法国,孟德斯鸠、伏尔泰、狄德罗、卢梭等一大批杰出的思想家,以他们手中的笔,向人们宣扬自由、平等、民主、博爱的理念,批判神学的愚昧与黑暗。他们比十七世纪的思想家更加关注现实生活,显出更强的批判精神。在德国,是德意志古典哲学的繁荣;在英国,是建立在经验主义基础上的自由主义的理论和实践;在荷兰,在俄罗斯,在美国,启蒙运动的影响都深入人心,极大地改变了人们的精神面貌。

"启蒙运动就是人类脱离自己所加之于自己的不成熟状态。不成熟状态就是不经别人的引导,就对运用自己的理智无能为力。当其原因不在于缺乏理智,而在于不经别人的引导就缺乏勇气与决心去加以运用时,那么这种不成熟状态就是自己所加之于自己的了。要有勇气运用你自己的理智!这就是启蒙运动的口号。"这是康德在《答复这个问题:"什么是启蒙运动?"》一文中对启蒙运动所做的最好的说明。①

摆脱了那种朦胧的、盲目的认识阶段，人类从此对自己的理性能够运用自如，宗教、政权、习俗都不能再拥有神圣不可动摇的地位，一切都要受到理性的检验。

十六至十八世纪，西欧各国之间的战争接连不断，争夺霸权，争夺殖民地，互相结成不同的联盟。这些不同的国家，为了各自的利益，总是竭力在政治上维持一种均衡状态，避免出现一国称霸的局面。各国的激烈竞争促进了科学与技术的发展，也对变革和创新起了推动作用。

商业革命、产业革命和思想变革相互推动，使人们的日常生活也比以前大为改观，生活条件和生活质量都有了提高。科学技术的发展也越来越快，新产品、新知识的普及，都为人们摆脱愚昧和迷信提供了物质保证。

二、理性的心态

启蒙运动使人们敢于运用自己的理性去怀疑一切权威。在理性的觉醒中，自然、社会都现出了新的面貌。这与同时期的中国形成了明显的对比。中国的天人合一观念，为皇权的合法性提供了理论依据，政治权威与道德权威合二为一，怀疑天意、怀疑皇权的合理性在中国的明清之际也是显得障碍重重。而欧洲的思想界，在启蒙运动中，已挣脱了重重枷锁。其后东西方的发展，也就判然分明了。

怀疑一切的勇气，对自我、对理性的自信，对社会制度的改革设想与实践，对大自然认识的飞跃，这些都是理性心态的表现。

笛卡儿的“于无疑处生疑”的方法，把怀疑作为求知的前提：“如果我想要在科学上建立起某种坚定可靠、经久不变的东西的话，我就非在我有生之日认真地把我历来信以为真的一切见解统统清除出去，再从根本上重新开始不可。”②这种用怀疑的态度审视一切再重新加以证明的方法，为西方现代哲学、现代科学的发展从认识论上提供了动力。怀疑是一种勇气，也是一种智慧，它显示了人们追求独立自主的心态和愿望。

敢于运用自己的理智去观察世界，点亮理性之光，这是启蒙运动的原意。人的认识脱离了宗教、信仰而独立，以理性的态度对待一切，文艺复兴时期开始的人的觉醒至此才真正完成，人类的理性终于“使他能认识到自己是人”③。

由于人们的理性自觉，以往束缚人的社会制度的种种不合理之处，如等级的

①康德著、何兆武译：《历史理性批判文集》，商务印书馆，1990年，第22页。

③笛卡儿：《第一哲学沉思录》，商务印书馆，1986年，第3页。

③《马克思恩格斯全集》第二卷，人民出版社，1957年，第167页。

区别，财产的分配不公，封建特权，还有政教合一对人们思想的禁锢，都失去了存在的依据。人们从历史的经验与教训中，对各种过分集权的弊端进行了公开的讨论，对其危害有了清醒的认识。后来英国历史学家阿克顿勋爵(1834—1902)所说的“权力腐蚀人，绝对的权力则绝对地腐蚀人”的名言，可谓一语中的。人们探索出许多对权力加以制约的途径，诸如三权分立，投票选举，言论自由，政党政治，还有其他许多保障个人权利的制度的建立，都与这一时期人们的理性觉醒有关。

对于大自然的认识，由于实验科学的进展，启蒙运动时期更是硕果累累。实验科学成了人类从神学迷信中走出的有效武器，人们借助于自然科学的进步，反过来又能更好地认识人类社会和自身。

启蒙是人类发展过程中的必由之路，人只有理性地认识自身，才能更快地前进。也可以说，这一过程是没有终点的。经过了启蒙运动洗礼的欧洲，摆脱了懵懂状态，在各方面都跃进到一个新局面，人们有了更为成熟、理智、清醒的心态，这比起专制制度束缚下的中国，情形是多么的不同。当时的中国，处于清朝统治之下，士人的心态已是谨小慎微，疑忌重重。动辄得咎的社会，何谈创造与发展。波普尔在其《开放社会及其敌人》一书中曾论述开放社会与封闭社会的区别：“一个原始社会或‘封闭’社会的神秘态度的特征之一是，它存在于一种拥有恒久不变的禁忌，拥有被当作如日东升或季节循环，或类似于自然界的明显规律一样不可避免的律法和习俗的巫术圈子之中。而只有在这种神秘的‘封闭社会’已确实瓦解之后，才能发展起来一种关于‘自然’与‘社会’二者之间的差异的理性认识。”① 明清时期，中国应该说是类似于一种半封闭的社会，一种关于最高权力的神秘禁忌仍然存在，谁也不能触犯它的权威，在此情形下，士人的觉醒就很有限度，它不像西欧诸国，因列国争雄，反倒能保护创新的萌芽，以便更快发展。中西对照，我们才能发现明清之际士人们的探索与困惑新在何处，痛在何处。“必须永远有公开运用自己理性的自由，并且惟有它才能带来人类的启蒙。”②康德对启蒙运动的本质有着犀利的洞察(他特意在“公开”两字下面加了着重号)。这一点正是中国走向近代之路时所最缺乏的东西，也是明清之际士人痛苦困惑的根源所在。

①波普尔著、郑一明等译：《开放社会及其敌人》，中国社会科学出版社，1999年，第119页。

②康德：《历史理性批判文集》，商务印书馆，1990年，第24页。据译者所注，此处公开应用自己理性的自由指的是言论自由，针对的是当时普鲁士控制言论的书报检查等专制制度。

第六章
结 语

明清之际士人的遭遇，其心态的复杂多样，都有其背后的深层原因。明清之际的变局，很多人都认为对中国日后的发展影响深远。也许可以这么说，百年来中国的曲折历程，坎坷磨难，与这一变局也有着“春日酿成秋日雨”[①]的递进关系。

钱穆在其《国史大纲》中曾深慨于有清一朝士大夫气节之斫丧及其可怕后果：“明儒尚承两宋遗绪，王室专制于上，而士大夫抗争弥缝于下，君臣常若水火，而世途犹赖有所匡系。故明之亡而民间之学术气节，尚足照耀光辉于前古。清人又严加摧抑，宋、明七百年士人书院民间自由讲学之风遂熸。于是士大夫怵于焚坑之酷，上之为训诂、考据，自藏于故纸堆中以避祸，下之为八股、小楷，惟利禄是趋。于是政府与民间所赖以沟贯之桥梁遂腐断，所赖以流通之血脉遂枯绝。”[②]

---

①见柳如是词《金明池·咏寒柳》：“有怅寒潮，无情残照，正是萧萧南浦。更吹起，霜条孤影；还记得，旧时飞絮。况晚来，烟浪斜阳，见行客，特地腰瘦如舞。总一种凄凉，十分憔悴，尚有燕台佳句。　春日酿成秋日雨，念畴昔风流，暗伤如许。纵饶有，绕堤画舸，冷落尽，水云犹故。忆从前，一点风流，几隔着重帘，眉儿愁苦。特约个梅魂，黄昏月淡，与伊深怜低语。”此词深得陈寅恪先生激赏。其中蕴涵的种种前因后果的必致之理，与王国维评论《红楼梦》时所说的叔本华的三种悲剧观，特别是第三种（由于剧中之人物之位置及关系而不得不然者，非必有蛇蝎之性质与意外之变故，但由普通之人物，普通之境遇，遇之而不得不如是也。彼等明知其害，交施之而交受之，各加以力而各不任其咎。处在此种境遇，身受其酷，无所逃避，而又无不平可鸣，可谓天下之至惨也），正可以之洞察近世中国愈变愈乱之世局。明清以还的专制政体，愈陷愈深，直令亿万斯民无所逃其酷毒，百般挣扎，寻求解脱，反至一南辕北辙之境，再看陈寅恪先生所感，真有“后人复哀后人”之叹。

②钱穆：《国史大纲》引论，商务印书馆，1996年，第27-28页。

"中国士大夫立身处世之纲领节目,久已在长期部族统治之猜防压制、诱协愚弄下变色。油滑、贪污、不负责任,久成满清末年官场乃至儒林之风气。一旦政体更革,名为'民主',实则全须士大夫从政者良心自负责任,而中国士大夫无此素养。既昧心祸国,又以'民权'之说诿罪卸责。此其病乃深中于士大夫之良心,固非睡狮之喻所得拟也。"①

对于中国在十七世纪以后落后于西方的原因,众说纷纭,各有侧重,但政治上的高压政策对士人思想的禁锢无疑是一个至关重要的因素。哲学家方东美曾有评论:"总之,中国学术失坠(哲学为尤甚)之原因,乃在历代均以政治统御文化,钳制思想自由,苟有专心致志之思想家,不为利禄所诱惑,便为淫威所慑伏。中国大患在无动机纯粹用心专一之学者。除少数特立独行者外,均不敢以高超文化理想统御政治。旷观国史,历代相沿,只有实际政治,特少理想政治,可胜叹哉!"②方东美还曾论述清代文化之不彰的恶果:"近三百年来,满清异族统治,从康熙、雍正而乾隆,屡兴文字狱,处心积虑打击汉人的志气,贬抑中国文化精神。终于,道咸而后,食其恶果。与西方一接触,立刻溃不成军。……国家无教育,则中兴无人才;文化无理想,则民族乏生机。有志者曷见乎此?"③

顾炎武在《日知录》中也曾论及人才不振的制度渊源:"宋叶适言:法令日繁,治具日密,禁防束缚,至不可动,而人之智虑自不能出于绳约之内,故人材亦以不振。今与人稍谈及度外之事,辄摇首而不敢为。夫以汉之能尽人材,陈汤犹扼腕于文墨吏,而况于今日乎?宜乎豪杰之士无以自奋,而同归于庸懦也。"④

日本学者内藤湖南(1866—1934)认为中国的近代化始自宋代,因为那时就已有了较为公平的科举制度选拔机制, 还有一些学人认为中国的近代史起于明季,因为明末的社会有了明显的近代社会的因子,但是清朝的统治打断或延缓了这一进程。杜维明先生就认为满洲入主中原是对中国文化自宋明以来发展的一种压抑:宋明时代儒家知识分子的风骨精神在满洲统治的清代无法体现,知识分子边缘化的情况十分明显,戴震、章学诚,甚至以后龚自珍、魏源等人,不仅仅是担心文字狱,而是压根儿就没有发言权。后来那些真正从事改革的儒者,如曾国

①钱穆:《国史大纲》引论,商务印书馆,1996 年,第 30 页。

②转引自杜维明《儒家传统的现代转化》,中国广播电视出版社,1992 年,第 603 页。

③方东美:《生生之美》,北京大学出版社,2009 年,第 342 页。

④顾炎武著、黄汝成集释:《日知录集释》,花山文艺出版社,1990 年,第 399 页。

藩等,基本上都是地方的努力,没有全国力量的调动,故而不能像日本面临现代化压力时全面调动举国之力,有儒家伦理渗透的各个阶层的社会资源的配合。①

从历史断面上看,明末清初的诸多社会现象确实让人有不胜惊讶之感,许多与今日社会似曾相识的特征不能不让人思索,在我们迈向现代化的过程中,还可从中汲取有益的经验或教训,特别是知识者阶层在社会中的地位和作用,其整合社会的能力和政权体制的关系等。

明末,因政权的统治松动,或者毋宁说是士人在社会中权力的上升,社会上原来禁锢人心的思想渐渐发生变化,人们对自我权利的注重,对私心、人欲的正面述说,都反映了时代的大趋势,放在人类发展的长河中,也即是人类解放的大趋势。阳明学说,李贽的"异端"言论,之所以广布流传,自有其合乎情理之处。即使到了明亡以后,王学成了众矢之的,人人喊打,但许多观念还是深入人心,成为共识。顾炎武曾被称为清代学术的开山祖师,他对心学基本上持排斥的态度,但他在《郡县论》中仍肯定了私欲的合理处:"天下之人各怀其家,各私其私,其常情也。为天子为百姓之心,必不如其自为。此在三代以上已然矣。圣人者因而用之,用天下之私,以成一人之公而天下治……故天下之私,天子之公也。"②他把"公"、"私"分为两途,以"众私"成就"大公",无疑是对皇权"家天下"的反击,有着为私人领域扩权的意图;他的"天下兴亡,匹夫有责"的呼吁,也有对专制皇权的批判及移权于众民的企图。他还对历来统治者宣扬的"公而忘私"观念予以批驳:

自天下为家,各亲其亲,各子其子,而人之有私,固情之所不能免矣。故先王弗为之禁。非为弗禁,且从而恤之。建国亲侯,胙土命氏,画井分田,合天下之私以成天下之公,此所以为王政也。至于当官之训,则曰以公灭私……此义不明久矣,世之君子必曰有公而无私,此后代之美言,非先王之至训矣。③

明末虽乍现人的觉醒的曙光,但仍被重重的专制体制所束缚,没有丝毫制度的保证,一旦乱局兴起,便付之东流。加之又是外族入侵,文化、种族诸因素错综交织,这种晚明气象更是被看作亡国之因,扫除殆尽。

清初士人在总结明亡教训时,其眼光之犀利,立论之宏博,跟明末的思想活

①杜维明:《东亚价值与多元现代性》,中国社会科学出版社,2001年,第80-83页。

②《顾亭林诗文集》,中华书局,1983年,第14页。

③顾炎武著、徐文珊点校:《原抄本日知录》卷三,台北明伦出版社,1970年,第68页。转引自余英时著《中国思想传统及其现代变迁》(广西师范大学出版社,2004年),第233页。

跃有必然的联系，但限于清廷愈收愈紧的高压政策，很多问题仅到了外围便止住了，不能进一步地深入，如黄宗羲的《明夷待访录》，其前身《留书》比之语气更激烈，更有批判锋芒，但最终却不能传世，只有残稿留下；从唐甄的《潜书》也可看出其前期与晚年心态的变化。最高权力构成的不容理性探讨，皇权对权力的独占性与排他性，是明清时期士人的理性心态不能正常成长的根源。笼罩在士人头上的专制制度，是他们挣不脱的罗网，清朝士人普遍的凄凉哀感，如鲁迅评论《红楼梦》时所说，“悲凉之雾，遍被华林”（《中国小说史略》），正是这一社会背景的具体表现。如果换一个角度来看，晚清的变局，实在是中国社会更生的有益助力，是改变这种如死水一潭般体制的难得契机。

明清之际，虽只有很短的时间段，但前后两端，士人所处的社会环境已发生了巨大的变化。晚明时期呈现出的开放与宽容的气象，多元化的萌芽，于人才的成长非常难得，明末清初出现的众多硕学鸿儒，都是在这种环境中浸润成长的。众多明遗民之所以不忘前朝，内里也有对当时相对宽松的社会政治环境的怀念。而到了清初，政权的控制越收越紧，士人的空间越变越窄，封闭与猜忌代替了开放与宽容，保守、顽固竟成了士林的主流心态，谨小慎微，明哲保身，其根源在于帝王“一言堂”上的“独唱”。万马齐喑的结果，便是龚自珍所说的“左无才相，右无才史，阃无才将，庠序无才士，陇无才民，廛无才工，衢无才商，抑巷无才偷，市无才驵，薮泽无才盗，则非但鲜君子也，抑小人甚鲜”[①]的世界。这种变化于后日的影响，又岂是一个“朝代更迭”所能概括！

明清之际的许多现象，只有以今天宽广的视野，将中西不同的文明进程进行对比，才能看出个中的玄机。知识者阶层的种种纵恣狂放、苦闷彷徨，实在是人类寻求变革突破的前兆，是迈向文明之路的黎明前乍现的天光。

①《龚自珍全集·乙丙之际箸议第九》，上海古籍出版社，1999年，第6页。

附录

参考文献

1.章太炎著、陈平原编:《中国现代学术经典·章太炎卷》,北京:中华书局,1959年。

2.顾其元著:《客座赘语》,南京:中央书店,1935年。

3.弗·奥·哈耶克著:《致命的自负》,北京:中华书局,1974年。

4.余英时著:《中国思想传统及其现代变迁》,石家庄:河北教育出版社,2004年。

5.李贽著、张建业主编:《李贽文集》,上海:上海古籍出版社,1982年。

6.李清著:《三垣笔记》,南京:江苏人民出版社,2003年。

7.陈寅恪著:《柳如是别传》,上海:上海古籍出版社,1990年。

8.赵尔巽等撰:《清史稿》,北京:中华书局,1985年。

9.司马光等撰:《资治通鉴》,杭州:浙江人民出版社,1985年。

10.方苞著:《方苞集》,北京:东方出版社,1997年。

11.秦晖著:《问题与主义》,石家庄:河北人民出版社,1989年。

12.钱谦益著:《列朝诗集小传》,北京:中华书局,1980年。

13.钱谦益著:《初学集》,上海:上海古籍出版社,1999年。

14.周作人著:《周作人文选》,成都:四川人民出版社,2003年。

15.缪昌期著:《从野堂存稿》,丛书集成新编第68册,台北:新文丰出版公司,1985年。

16.钱仲联主编:《清诗纪事》,北京:中华书局,1983年。

17.屈大均著:《屈大均全集》,北京:中华书局,1984年。

18.计六奇著:《明季南略》,香港:大东图书公司,1978年。

19.赵园著:《明清之际士大夫研究》,北京:北京出版社,1997年。

20.吕坤著:《呻吟语》,北京:中国文联出版社,2002年。

21.周亮工著:《书影》,天津:百花文艺出版社,2002年。

22.唐甄著:《潜书注》,上海:上海古籍出版社,1991年。

23.纳兰性德著、张秉戌编著:《纳兰性德词新释辑评》,北京:中华书局,1962年。

24.李延寿撰:《南史》,北京:中华书局,1974年。

25.吕留良著:《四书讲义》,上海:上海古籍出版社,2002年。

26.司马迁著:《史记》,北京:中华书局,1959年。

27.顾炎武著、黄汝成集释:《日知录集释》,长沙:岳麓书社,1988年。

28.韩愈著、马其昶校注:《韩昌黎文集校注》,南京:南京大学出版社,1995年。

29.德尼兹·加亚尔等著、蔡鸿滨等译:《欧洲史》,北京:世界知识出版社,2000年。

30.雅克布·布克哈特著:《意大利文艺复兴时期的文化》,福州:海峡文艺出版社,1988年。

31.威尔·杜兰特著:《文艺复兴》,北京:人民出版社,1984年。

32.康德著、何兆武译:《历史理性批判文集》,北京:商务印书馆,1986年。

33.马克思、恩格斯著:《马克思恩格斯全集》,北京:中国社会科学出版社,1999年。

34.钱穆著:《国史大纲》,北京:中国广播电视出版社,1992年。

35.杜维明著:《东亚价值与多元现代性》,北京:中国青年出版社,1997年。

36.吴兢编著:《贞观政要》,北京:中华书局,1962年。

37.谈迁著:《国榷》,武汉:湖北人民出版社,2003年。

38.弗·奥·哈耶克著:《通往奴役之路》,上海:上海外语教育出版社,2003年。

39.杨共乐、杨俊民著:《璀璨的古希腊罗马文明》,北京:三联书店,2003年。

40.余英时著:《士与中国文化》,上海:上海文艺出版社,1999年。

论 文 篇 LUN WEN PIAN

- 论晚清学界宗师俞樾的学术成就及影响
- “史华慈问题”——中国思想史上的那块天花板
- 为什么要重视“史华慈”问题

2009 年 4 月 11 日，赵瑞广博士摄于浙江绍兴

论晚清学界宗师俞樾的学术成就及影响

内容摘要：被誉为晚清"一代宗师"的俞樾以重振乾嘉考据之风为己任，毕生致力于经学、诸子的研究，勇于探新，敢于驳谬，取得了卓越的成就。但他是一个思想上保守、政治上反动的学者。我们评论他，既要指出并批判其思想上的保守性、政治上的反动性，同时又要充分肯定其在学术上的成就和贡献。

关键词：俞樾　博大精深　《春在堂全书》

十九世纪中叶，随着西学的不断传入，学术界出现了"人人争言西学"的风气。以乾嘉时期盛行的考据学为正统的学术研究，开始日趋衰落，今文经学开始复活。这一时期，被誉为"一代宗师"的俞樾以重振乾嘉考据之风为己任，毕生致力于经学、诸子的研究，勇于探新，敢于驳谬，取得了卓越的成就。梁启超在《清代学术概论》中称他是"为正统派死守最后之壁垒"者。对这位晚清一代宗师的评价，历来贬多褒少，究其原因，主要因为他与清王朝一批权臣显贵过从甚密，且对太平天国革命及其他反清斗争抱着敌视的态度。今天实事求是地评价他，总结他在学术上的成就及治学方法，是非常必要的。

一

俞樾(1821—1906)，字荫甫，号曲园。道光元年(1821)出生在浙江德清县一个不太富足的知识分子家庭，祖父俞廷镳一生"砥学砺行"，但在科场上颇不得意，直到七十岁才应乡试得中，因年迈之故，只得副榜贡生，著有《四书评本》一书[①]。父亲俞鸿渐勤于读书，善书画，"于学无不通"，成年后家境衰落，靠设馆授徒来维

①俞樾：《宾萌集》卷五，见《续修四库全书》集部第1551册，上海古籍出版社，2002年。

持全家生活[①]。嘉庆二十一年(1816)中举,后屡试不第,曾在湖南怀庆充当巡抚康兰皋的幕僚,著有《印雪轩文集》二卷、《诗集》十六卷等。

俞樾自幼聪颖,六岁起,母亲姚氏亲自给他讲授《论语》、《孟子》、《大学》、《中庸》等,他多能成诵。童时的启蒙教育对他的一生影响很大,他在晚年曾感叹地说:"中年以后博览古今书籍……清夜不寐,偶一寻绎,其了然在心目间,背讽犹得十之六七者,皆童时所诵习也。"[②]在学习上,俞樾不满足于死记硬背,常常自己动笔习作。九岁时曾"剪纸为书册之形,自为书而自注之"[③],"斐然有著述之志"[④]。他十岁起受业于表亲戴贻仲,十五岁随父就读于常州教馆,已粗通群经大义。十六岁入县学,十七岁应乡试得中,为副榜贡生。后在新安县汪村做过五年的童子师。二十四岁中举。道光三十年(1850)应礼部复试,中一等第一名。当时的复试阅卷官中有曾国藩,复试诗题为"淡烟疏雨落花天",俞樾所作首句为"花落春仍在",曾国藩一见大为欣赏,称赞他"咏落花而无衰飒意"[⑤],并向阅卷诸官作了推荐,于是取为第一名,赐进士出身,钦点翰林院庶吉士。这是俞樾受知于曾国藩的开始。为铭记曾国藩的知遇之恩,俞樾遂取这句诗的"春在"二字,作为自己的堂名,并以之命名自己的著作总集,称作《春在堂全书》。咸丰二年(1852),被授于翰林院编修,在翰林数年中,他博览古今书籍,自称"兰台之藏,龙威之秘,涉猎所及不为不广矣"[⑥],为日后从事研究工作打下了坚实的基础。咸丰五年(1855),入国史馆,但时间很短就被简放河南学政,两年后因发生割裂试题事件,被御史曹登庸弹劾,本应加重惩处,因曾国藩极力保奏,称他素有心疾,才免于处刑,被革职还乡。他的八年官场生涯至此结束,从此他摆脱了官场事务的纠缠,"无衣冠襁褓之苦,无簿书填委之劳"[⑦],得以潜心于学术的研究。

①俞樾:《宾萌集》卷五,见《续修四库全书》集部第1551册,上海古籍出版社,2002年。

②俞樾:《春在堂杂文》卷二,见《续修四库全书》集部第1550-15511册,上海古籍出版社,2002年。

③俞樾:《春在堂全书录要》序,光绪九年重订本。

④俞樾:《春在堂随笔》卷四,光绪九年重订本。

⑤缪荃孙:《艺风堂文续集》二"俞先生行状",民国三年刻本。

⑥同②。

⑦俞樾:《春在堂杂文续》卷三,见《续修四库全书》集部第1550-1551册,上海古籍出版社,2002年。

咸丰八年(1858),三十八岁的俞樾自京师返回江南,后在苏州马医科巷购地建宅,屋旁余地成曲尺形,叠石凿池,栽种花木,题名“曲园”。在此“闭户发箧,取童时所读诸经复诵习之,于是始窃有撰述之志”[①]。这一年夏季,他还拜读了王念孙父子的《读书杂志》、《经传释词》、《广雅疏证》、《经义述闻》等著作,从而产生研治经学,继承王氏之学的愿望,开始了《群经平议》和《诸子平议》的著述。

咸丰十年(1860),太平军第二次攻破清兵“江南大营”,并连克常州、无锡、苏州等地。俞樾被迫开始了五年之久的“流离迁徙,靡有定居”的生活。在此期间,他曾回到家乡操办过几个月的团练,后经海路辗转至天津,在此渡过了三年艰辛的客居生活。在靠借贷为生、借书研读的艰苦条件下,他“杜门息辙”,矢志著述,终于撰成了三十五卷的《群经平议》。

太平天国革命失败后,俞樾自津返苏,在江苏巡抚李鸿章的推荐下,出任苏州紫阳书院教习。以后还主讲过上海求志、德清清溪、归安龙湖等书院。后又接受浙江巡抚马新贻的聘请,出任杭州诂经精舍的山长,为两浙培养了大批人才。缪荃孙称:时“两浙知名之士承闻训迪,蔚为通材者不可胜数”[②]。此时俞樾还兼做浙江书局的总办。同治八年(1869)春,他联络江宁、苏州、武昌、杭州四大书局,决定会刻二十四史。他亲自起草“会刻全史章程”,并利用自己的名望与有关各省督抚函商以求支持。经过三四年的通力合作,全史会刻而成。浙江书局除完成两唐及宋史的刻印任务外,还精刻了22种子书。这在刚罹兵燹,典籍大量散失的情况下,起了保存和传播典籍的作用。俞樾经营诂经精舍长达31年之久,直到光绪二十四年(1898)他才辞去了山长一职,闲居苏州。光绪二十九年(1903),在浙江地方官的奏请下,光绪下令恢复其翰林院编修的职务,并有“早入翰林,殚心著述,启迪后进,人望允浮”的上谕[③],但他终因年迈不能应诏。光绪三十二年(1907)12月23日,俞樾病逝,葬于杭州西湖三台山东麓,终年86岁。为表彰他的学术成就,光绪帝特地诏令将其列入《国史·儒林传》。

二

俞樾一生在学术上的成就,可用“博大精深”四个字加以概括。他最精于治经,同时又在诸子、史学的研究和诗词小说的创作方面有相当的造诣,表现出他

①俞樾:《群经平议序录》,见《续修四库全书》经部第178册,上海古籍出版社,2002年。

②缪荃孙:《艺风堂文续集》二“俞先生行状”,民国三年刻本。

③俞樾:《春在堂全书·曲园自述诗》,光绪九年重订本。

多方面的才能。

在经学研究方面，他花的气力最大，取得的成就也最突出。他一生著述等身，其中有一半是有关经学的。他自称“著书垂五百卷，说经者居其半”[①]，“少年精力为举业所耗，通籍后又居馆职，习诗赋，至中岁以后始退而研经”[②]。他治经以高邮王氏父子为宗师，主要着眼于三个方面的研究：一曰正句读，二曰审字义，三曰通古文假借。他说：“得此三者以治经，则思过半矣。”[③]他认为治经要抓住三个要点，一义理，二名物，三训诂。三者之中以义理为重，然而要明义理必先辨名物、通训诂。他说：“义理于何寄？而寄之于名物训诂而已。名物之不辨，训诂之不明，而曰吾已得其义理，此可以谈空空核元元而非所以治经也。”[④]

他在治学上不拘守一家之说，善于博采众善。他说：“余治经不专主一家之学，意在博采众说，择善而从。”[⑤]他的学生章太炎称他：“为学无常师，左右采获，深疾守家法违实录者。”[⑥]在治经中，他推崇汉儒旧说，认为“唐宋以后儒者不能通晓古言，譬犹生于楚者不能齐言也。其不能推明古制，譬犹北人不信南方有万石之舟，南人不信北方有千人之帐也。何者?其去之也愈远，其求之者愈难。是故唐宋以后儒者于训诂名物虽亦有所发明，终不若两汉经师之足据也”[⑦]。然而他不迷信汉儒旧说，也不拘泥于一家之说。比如他在《诗经》的研究上就明确指出：“诗之一经则发抒乎性情，音节纯乎天籁，此何必拘拘于齐、鲁、韩之异同，毛、郑、孔之得失，汉学、宋学之门户哉？”[⑧]他在研究《周易》等经传时也能“自出新意，不主先

---

①俞樾：《春在堂诗编》卷二十二，见《续修四库全书》集部第 1550-1551 册，上海古籍出版社，2002 年。

②俞樾：《群经平议序录》，见《续修四库全书》集部第 178 册，上海古籍出版社，2002 年。

③同②。

④俞樾：《春在堂杂文续》卷三，见《续修四库全书》集部第 1550-1551 册，上海古籍出版社，2002 年。

⑤俞樾：《春在堂杂文续》卷四，见《续修四库全书》集部第 1550-1551 册，上海古籍出版社，2002 年。

⑥章太炎：《太炎文录初编》二“俞先生传”，中华书局，1998 年。

⑦俞樾：《春在堂杂文》卷一，见《续修四库全书》集部第 1550-1551 册，上海古籍出版社，2002 年。

⑧俞樾：《春在堂杂文续》卷二，见《续修四库全书》集部第 1550-1551 册，上海古籍出版社，2002 年。

儒旧说”[①]。他作《九族考》时指出：“九族之说，《尚书》今古文家异论，余不取古文家说，而谓今文家说亦未尽善。”因此他“别为此考，颇似秩然”。[②]这种不拘门户之见，不迷信古人，实事求是的治学态度，无论在当时还是在现在都是难能可贵的。时人称他“无驾空以立说，自寻途而析理”[③]，又称他“议必持平经与子，纂能合杂汉兼唐”[④]。

对于前人旧说中的错误，他敢于大胆怀疑并订正。他自称“先儒旧说或有未安，辄以己意有所辨订”[⑤]。连他最推崇的王念孙父子的著作也不放过，他说，“自唐以来典籍散失，古意不尽有征，王氏所说得者大半，而千虑一失亦或有之”[⑥]。他的许多著作大都是在考订先儒著作的基础上撰写而成的。由于他坚持实事求是的治学精神，其学术观点往往有着独到的见地。

俞樾在经学方面的代表作是《群经平议》，他作此书基本采用王引之作《经义述闻》的方法，从正句读、审字意、通古文假借三方面入手，来阐明经文之本意，订正讹文及前人之误释，被人们视作“析疑振滞”之作[⑦]，“说经家以为指南”[⑧]。他还用治经的同样方法来研究诸子，他认为“圣人之道具在于经，而周秦诸子亦各有所得”[⑨]，从而写下了他的另一部代表作《诸子平议》。这部书仿效王念孙的《读书杂志》，采用边校勘边注释的方法，对诸子各书进行整理和研究。两部《平议》的撰成，在国内外学术界引起人们的瞩目。时人称其“真近来闳制，有此书数十卷，不复知有干户侯”[⑩]。日本学者楠本孚嘉称：“书来海外皆争购，名在寰中已

①《清史稿·儒林传》卷四百八十二，中华书局，1998年。

②俞樾：《春在堂全书录要·九族考》，光绪九年重订本。

③俞樾：《春在堂全书·袖中书》，光绪九年重订本。

④俞樾：《东梅投桃集·楠本孚嘉诗》，光绪十七年刻本。

⑤俞樾：《春在堂全书·春在堂尺牍》，光绪九年重订本。

⑥俞樾：《春在堂全书》“第一楼丛书”之四《春秋名字解诂补义序》，光绪九年重订本。

⑦同①。

⑧杨冒浚：《春在堂诗编序》，见《续修四库全书》，见《续修四库全书》集部第1550-1551册，上海古籍出版社，2002年。

⑨同⑤。

⑩同③。

遍扬"[1],足见这两部书影响之大。

俞樾在治经、子的同时,还注意研究古书中特殊的语法修辞习惯,写出了他的另一部代表作《古书疑义举例》。在这部书中,他以九经、诸子为例,揭示古人说话、行文、用字的规律,指出了后人因不明此规律而误读、妄改古书的现象,为后人阅读先秦两汉的古藉提供了极大的方便。这部书既是一部学术性著作,又是阅读古书入门的读物,很为后来学者所称道。梁启超曾评价说:"以极严正之训诂家法贯穴群书而会通者,则王引之《经传释词》、俞樾之《古书疑义举例》最精凿。"[2]

俞樾在史学研究上也有一定的造诣。他没有史学专著,有关史学的文章零散地保存在他的《湖楼笔谈》、《宾萌集》等文集中。他对史学的研究主要着眼于史籍的校勘、史实考辨以及对历史人物、历史事件的评论上。在史评方面,他往往敢发世人所未敢发。比如对秦始皇的评价,历来贬多褒少,历代保守的人们更是把他不遵古制视作大逆不道,而俞樾认为:"三皇异世,不相袭乱;五帝殊时,不相沿乐。是以董子曰:'继治世者其道同,继乱世者其道异。'秦人继大乱之后,其道固不能无异矣……世易时移,变法易矣,譬之若良医,病万变药亦万变,病万变而药不变,向之寿民,今为殇子矣。"他赞扬秦始皇是"因时变法者,贤主也"[3]。这无疑是一种进步的观点。他还能辩证地而不是孤立地去分析问题。比如在评价钜鹿之战时,他认为刘邦之所以顺利攻占关中,主要得力于项羽在钜鹿之战中对秦军的牵制。他说:"微项羽则赵旦夕破, 而章邯以胜军还救秦, 沛公十万之众可坐缚矣。"[4]但在某些问题的认识上,他又不免陷入唯心主义的泥沼。他在分析历史上几个朝代的兴衰原因时得出这样的结论:"有阴谋者必有阴祸","天下之事得之光明乃可以久,得之暧昧终必失之"。他举例说:"自古以阴谋胜人者莫如越勾践,勾践虽能灭吴,而数十年之后子孙竟亡于楚",而"汉高祖取天下于秦项之乱,其事近正,故传四百余年绝而复续。"[5]

俞樾是一个兴趣广博的学者,他在诗词创作上也表现了非凡的才能,他的诗词作品大都保存在《春在堂诗编》、《春在堂词录》以及《曲园自述诗》中,有数千首

①俞樾:《东梅投桃集·川口嚣诗》,光绪十七年刻本。

②梁启超:《清代学术概论》卷十四,上海古籍出版社,1998 年。

③俞樾:《宾萌集》卷一,见《续修四库全书》集部第 1550-1551 册,上海古籍出版社,2002 年。

④俞樾:《春在堂全书·东瀛诗记录》,光绪九年重订本。

⑤同③。

之多。这些诗词大多是记实之作，记录了作者在不同时期内生活、思想、交友等各方面的情况，从侧面反映了一些重大历史事件，如太平天国革命、义和团运动、戊戌变法等，因此不仅具有一定的文学价值，而且具有较高的史料价值。当然其中也不乏对权贵们的吹捧之作和对农民战争的诬蔑之词。光绪八年(1882)秋，日本学者岸田国华仰慕俞樾在诗词方面的名望，携其国人所著诗集百数十家，特来中国请其选定。俞樾耗时五个月，选得诗五千余首，合为四十卷，又补遗四卷，题为《东瀛诗选》，成为日本近代第一部诗歌总集。

此外俞樾在杂文、笔记小说的写作上也有一定的成就。他留有《春在堂杂文》、《春在堂随笔》和《宾萌集》等几十万字的作品，其中有书序、寿序、家传以及杂记和随笔等。时人称这些作品"其论切当而不浮，其说精微而不腐，其释详明而不烦，其论正大而不诡"①。俞樾六十岁时自觉"学问之道，日就荒芜，著述之事行将废辍"，但欲罢而不能止，于是仿纪昀《阅微草堂笔记》的体例，将平日所见所闻及友人提供的奇奇怪怪之事汇集成编，为《右台仙馆笔记》16卷。其中一些篇目"以晋人之清谈写宋人之名理，劝善惩恶"②。一些篇目描摩民俗风物、世态人情，部分地反映了清代劳动人民的生活状况和当时的社会情况。但大多数作品是作者的消遣游戏之作，所记狐鬼怪异故事，无甚意义。其中宣扬因果报应、地狱轮回等唯心思想的内容是需要加以批判的。

俞樾的全部著述几乎都收入了《春在堂全书》，多达近五百卷，著述之富为近代所罕见。咸丰皇帝对俞樾曾有过"人颇聪明，写作俱佳"的评价③。曾国藩也曾有过这样的评论："拼命作官者李少荃(鸿章)也，拼命著书者俞荫甫也"④，生动地刻画了他的一文一武两大弟子的为人，表现了俞樾在著述上勤奋忘我的精神和坚韧不拔的毅力。俞樾著作弘富，除了他主观上的勤奋外，他自己还从客观上归结出三条原因：一是无钱。他称："余郭无一亩之田，家无一岁之储，笔砚耕耨，岁食其入，仅足而无余，以故目不能识秤星，手不能按算珠，终日终年一编而已。"二是无官。他认为"凡居是官，必有是官之事……出则仆仆风尘，寒暑无闲，归而车满其门，履满其户。既罢去而吏抱文书至高等身，尚何暇治其他邪？"而自己失官后，

①王凯泰：《宾萌集序》，见《续修四库全书》集部第1550-1551册，上海古籍出版社，2002年。

②缪荃孙：《艺风堂文续集》二"俞先生行状"，民国三年刻本。

③同②。

④俞樾：《东梅投桃集·盐谷时敏文》，光绪十七年刻本。

再无官场琐事缠身，因此得以专心著述。三是无能，因“不材之木，因无所用之”，故能“闭一室而坐，无过问者”。[①]他所说的“无钱”“无能”二条是假，但得力于“无官”却是真的。俞樾对自己在学术上的成就是深以为自豪的。他曾在杭州西湖孤山之阳凿一石室，将刊行过的全部著作收藏于此，取古人“藏之于名山”的雅意。后来他又在杭州寓所右台仙馆中埋藏书稿，封之高三尺，立石题名曰“书冢”，并作诗道：“竟积简编三尺厚，纷纷摹印遍苏杭。落落赏言问谁某，徒命纸价市中高。”[②]自豪之情，溢于言表。

俞樾的学术成就，不仅在国内有很大的影响，而且在远东一些国家，尤其在日本也颇具影响。光绪十年(1884)，日本东京大藏省官学生井上陈政仰慕他的大名，渡海而来，拜其为师，受业于其门下。这对异国师徒后来竟保持联系达十余年之久。当时日本的驻华参赞田边竟将俞樾在杭州所住俞楼画图而归，在日本仿建俞楼[③]。日本学者川口嵩在给俞樾祝寿的诗中称他为“一代名流众所师，东瀛我辈久宗之”[④]。向荣称他“声名藉甚海西东，圆扇家家欲画翁”[⑤]，足见他在日本学术界以及民间的影响。

三

俞樾在治学上效法乾嘉学派，但他与乾嘉学者却有着很大的不同。乾嘉学者大多是脱离社会现实，单纯为考据而考据，对于时事政治、国计民生不闻不问，而俞樾却是一个带有浓厚政治色彩的学者。他自科举入仕起就与曾国藩、李鸿章等清王朝的权臣显贵结下了不解之缘。由于曾国藩的举荐，他才得以进入翰林，对此他终身不忘，称：“追念微名所自，每饭不敢忘也。”[⑥]以后又每每得到曾氏的荫庇，更是使他感恩不尽。曾国藩对这位得意门生也颇为推崇，称他：“硕学宏文，雁

---

①俞樾：《春在堂杂文续》卷二，见《续修四库全书》集部第 1550-1551 册，上海古籍出版社，2002 年。

②俞樾：《春在堂诗编》卷二十三，见《续修四库全书》集部第 1550-1551 册，上海古籍出版社，2002 年。

③俞樾：《春在堂诗编》卷十，见《续修四库全书》集部第 1550-1551 册，上海古籍出版社，2002 年。

④俞樾：《东梅投桃集·川口嵩诗》，光绪十七年刻本。

⑤俞樾：《东梅投桃集·向荣诗》，光绪十七年刻本。

⑥俞樾：《春在堂随笔》卷一，光绪九年重订本。

行服、郑，抗手潘、张，自足照耀百世。”[①]每每邀他从游，并保持密切的书信往来。当曾国藩自两江总督任上迁往京畿重地时，俞樾便觉“大树之将移，便觉孤根之难托”[②]。曾国藩死后，他更是悲不自胜，称“吾师丰功骏烈，旋乾转坤”，“木坏山颓，吾将安仰？”[③]他与李鸿章的结识则是通过曾氏的介绍，由于两人同出曾氏门下，且有同年之谊，因此关系也非同寻常。俞樾失官后入主紫阳书院，便是由于李氏的举荐。他终生把与权贵的交往视作一种荣耀，自称：“自惟江湖散人获与名世大贤有一日之雅，终身荣之。”[④]并把与达官贵人来往的书信分别收集在《春在堂尺牍》和《袖中书》中。

在对待太平天国农民革命的态度上，他与曾、李二人完全相同。当这场革命把咸丰皇帝搞得坐卧不安之际，他积极为统治者打气鼓劲。在一次考差中，他旁引历史上“文王之羑里鸣琴，孔于之匡邑被围，弦歌不辍”的例子，力劝咸丰要像古代圣人那样“不戁不竦，遇变如常”[⑤]。在他的诗文中，他诬蔑太平军是“封狐雄虺”、“凿齿之徒”[⑥]，为“从古未有之剧寇”[⑦]。对曾国藩统兵攻占太平天国首都天京，他表示了由衷的高兴。他说：“金陵为贼增巢蹙穴之所，一举而空之，若倾沧海而沃爝炭”，认为这是“天下笃佑我圣清”，“以消百六阳久之厄运。”[⑧]对曾、李二人在镇压农民战争中表现出的反革命才能，他更是佩服得五体投地。他有诗颂扬曾国藩是“武达文通孰与伦，十年威望满乾坤。汾阳身系安危重，潞国官兼将相尊”[⑨]。又有诗称颂李鸿章是“才兼将相空流辈，手定东南答圣明。青史千秋谁伯仲？远追诸葛近文成”[⑩]。他还曾专为与农民军血战到底的安徽凤台知县写过墓志铭，以表

①俞樾：《春在堂全书·袖中书》卷二，光绪九年重订本。

②俞樾：《春在堂全书·春在堂尺牍》，光绪九年重订本。

③同②。

④俞樾：《春在堂杂文》卷二，见《续修四库全书》集部第1550-1551册，上海古籍出版社，2002年。

⑤缪荃孙：《艺风堂文续集》二“俞先生行状”，民国三年刻本。

⑥俞樾：《宾萌集》卷五，见《续修四库全书》集部第1550-1551册，上海古籍出版社，2002年。

⑦俞樾：《春在堂杂文续》卷二，见《续修四库全书》集部第1550-1551册，上海古籍出版社，2002年。

⑧同④。

⑨俞樾：《春在堂诗编》卷六，见《续修四库全书》集部第1550-1551册，上海古籍出版社，2002年。

⑩同⑨。

彰他“赴义如归”的精神[①],并且曾亲自在家组织培训过团练以对付太平军。对于其他各种企图动摇清王朝统治的反清革命活动,他同样深恶痛绝。他与其高足章太炎断绝师生关系一事就足以说明他与革命是水火不相容的。光绪二十七年(1901)八月,章太炎赴苏州东吴大学任教,顺便拜见其师。当俞樾得知章太炎参加了反清革命活动后,断然宣布把章太炎革出教门,并称章太炎“不忠不孝,非人类也。小子鸣鼓而攻之可也”[②]。

对鸦片战争以后西方文化在中国的传播,俞樾是持敌视态度的。他称:“自从西学兴,舍道求之器。士习光化学,童写俄、英字,异学既风行,邪说乃日炽。分可君父忘,嫌不男女避。三纲行且沦,六经固当废。”[③]他认为西学的传播将会废弃封建的伦理纲常,动摇传统的儒家思想的统治地位。在这种守旧思想的支配下,他埋头于经学的研究,企图通过振救濒于衰亡边缘的经学,来达到抵制西学、拯救世运的目的。他说:“伏思乾隆间文治武功,震铄千古,而士大夫亦皆钻研朴学,实事求是,无虚浮之习。数十年来,老成凋谢,后生小子又厌实学而喜空谈,而海内亦适多故,群盗如毛,至今未静。意者学业之盛衰关乎世运欤?方今中兴伊始,在位之大人君子,宜如何振起之欤?”[④]时人把他和李鸿章相提并论,称“合肥勋业俞楼学,天下英雄此两人”[⑤],足见俞樾在维护清王朝统治方面所处的特殊地位。

俞樾是一个思想上保守、政治上反动、学术上卓有建树的学者。我们评论他,既要指出并批判其思想上的保守性、政治上的反动性,同时又要充分肯定其在学术上的成就和贡献,这样才不会失之于偏颇。在处理这个问题时,他的学生章太炎做得很好,在政治上,章太炎对他毫不迁就和妥协,而在学术上却充分肯定他的成就和贡献。

(该文发表于《江南水乡文汇》,中国艺术出版社,2007 年)

---

①俞樾:《春在堂杂文续》卷四,见《续修四库全书》集部第 1550–1551 册,上海古籍出版社,2002 年。

②《章太炎文钞·谢本师》卷五,中华书局,1915 年。

③俞樾:《春在堂诗编》卷二十三,见《续修四库全书》集部第 1550–1551 册,上海古籍出版社,2002 年。

④俞樾:《春在堂全书·春在堂尺牍》,光绪九年重订本。

⑤俞樾:《东梅投桃诗·谷铁臣祷诗》,光绪十七年刻本。

"史华慈问题"
——中国思想史上的那块天花板

《中国政治思想的深层结构》,是《史华慈论中国》这本书里的一篇短文,它提出的问题引人深思:

在中国历史中,有一思想特质似乎贯穿它的发展,我们或许可以称之为"典范",但我更愿称之为"深层结构"。我并不是指它是儒家所特有的,而应该说是先秦许多思想家(像墨家、法家、道家等)所共有的特质。为什么我会对此感兴趣呢?因为有一个恼人的问题总是不断出现:为什么中国历史上始终不曾出现过一个与此深层结构相异的替代品?

史华慈这里所说的"深层结构",实际上就是指中国历史上至高无上的皇权,在中国思想史上,正如史氏所言,从没有人敢于给它设计另一套替代品,从而避免这个类似西方政教合一的高度集权的体制给中国带来的负面后果。

对于李约瑟的那个著名问题,有些人可能还聊以自慰,我们历史上毕竟有过技术领先的时候;而对于史华慈的这个问题,关于最高权力的探讨,还真让我们无言以对。在中国漫长的发展史上,它实际上成了我们文化的一个软肋,一块中国思想史上不可逾越的天花板。我们的先人从来没有古希腊时代那种城邦民主的尝试,也没有古罗马共和制的权力架构。虽然老子有过小国寡民的设想,但那是历来的主流思想家根本不屑于考虑的。

怎样对权力进行制衡,特别是对最高权力进行制衡,以防止其带来的巨大弊端,一直是中国古代士人们的一块心病。儒家思想家所开出的医方,也只有对皇帝进行道德的教育,用正心诚意来格君心之非,以道德的游丝来矫正君权的出轨。但历史证明,道德的作用在现实的利欲面前所占的砝码太轻,权力的列车一旦发动，只有相应的权力才能让它停下来，而道德，则有点像没赶上火车的旅客，只有落得在旁边自怨自艾的份儿。

史华慈自己给出的解答是中国的传统士人惯于把这个深层结构的替代想成是“乱”，故不敢去改变它，维护社会秩序的考虑超过了一切，所以不敢质疑或挑战这个深层结构。

当然，史华慈所说的大致不差，怕乱可以说是点中要害。但除此而外，还有没有别的因素呢？

战国时期可以说是中国思想的奠基期，因为战国的纷乱，各派的思想家大都设想着一个大一统的天下格局。这其中，墨家的思想里有尚贤、尚同的观点，特别是其中的一句话，还让许多人产生了无限遐想：“是故选天下之贤可者，立以为天子。”（《墨子·尚同上》）殊不知，墨子说这句话是有前提的，那只是在上古之时，“天下之所以乱者，生于无政长”。这如同儒家所津津乐道的尧舜禹禅让一样，是不可能施之于他们当时的时代的。而且墨家的“尚同”，是要思想和舆论的高度一致，不容异议，如果真的实行，也不见得比秦始皇高明到哪儿。西汉时，虽然武帝列儒学为独尊，但儒学也只是政权的装潢，关于终极权力的话题还是不容讨论的。公羊学家符节令眭弘在昭帝年间，上书请汉室学尧舜禅国让贤因而被诛（《资治通鉴》卷二十三“昭帝元凤三年”），就生动地讲解了皇帝对于儒家思想活学活用的底线。

自从日本的内藤湖南提出唐宋转型论以后，许多人接受了他的观点，认为中国从宋朝起便进入了近世，就像西方从中世纪变到了近代一样。但中国的宋朝真的那么开明吗？宋朝虽然以思想的创造和政治的宽松著称，而且也出现了中国空前绝后的文化成就，陈寅恪先生就认为赵宋一朝的文化达到了顶峰，按之史实，也确属事实，但宋朝实际上在加强君主集权方面比唐朝进了一步：宰相之权削弱，朝堂上“异论相搅”，中央与地方的关系采取强干弱枝的政策。而结果呢，一旦金人兵临开封城下，掳走皇帝，偌大的帝国立刻变得六神无主，竟然组织不起有效的抵抗。

政治和思想的双重枷锁，使得士子们的阳刚之气被阉割，中国从宋朝以后，连曹操式的“奸雄”亦不可得。其实曹操这个“奸雄”，也是宋代才开始臭名昭著的。横槊赋诗、慷慨激昂的曹操，无尽的雄杰气概，在后世人眼里成了只知阴损犯坏的小丑形象，单单这一点，亦可看出中国文化审美心态的前后巨变。理学重道德的修养固然不错,其对于中国社会日后的发展贡献,也不容忽略,但不能否认,理学所倡导的偏重道德轻视事功的倾向,还有它那过分的内省自律,正好为专制帝王起到了为渊驱鱼的效果。读书人的大丈夫气概日渐消亡,英雄豪杰只有在草莽中孕育,从梁山里诞生。宋、明两次亡于外族,无疑与宋代以来主流思想的自宫与内敛不无干系。明人钱谦益有句诗,曾深得陈寅恪先生激赏:"埋没英雄芳草地,耗磨岁序夕阳天。"(《初学集·秋夕燕誉堂话旧事有感》)钱氏此诗的感慨针对的是明朝廷满洲战事的失策、自身的不遇,其实也何尝不概括了当时士人的苦闷。以钱谦益而论,自负的廊庙之才,东山之志,却在诡谲世局的播弄之下成了后人嘲笑的丑角。天地不仁,以万物为刍狗;制度不仁,以百姓为刍狗。士人的不幸,背后是社会的不幸。明代晚期的一派繁华,一眨眼间便成了梦呓,歌台楼榭转首间成了荒原瓦砾,谁又是罪魁祸首?这种权力结构,造成的是无人能逃覆巢之卵的悲剧。如果严格比对西方的近代,也许只有在民国肇建以后赢来的思想解禁局面,方可相互比照。

也许我们应该问的是,为什么西方出现了民主共和制度?史华慈也曾说过,西方文化的一个伟大贡献是宪政民主。它的起源又在何处?散处海岛,航海殖民,贸易四方,重视契约,合伙经营,个人冒险精神等等,或许可以解释它的城邦民主制的形成原因。张光直在《中国青铜时代》中曾论证了西方文明是与其他大陆型文明很不相同的一个另类。其他文明的城市、国家产生的过程中,政治程序(而非技术、贸易程序)都是主要的动力;而现代的西方文明从苏美尔文明起,历经巴比伦、希腊、罗马直至今日,从一开始,就显示出一种从文化底层突破出来的某些异质。这种文明产生的财富的累积和集中的程序,主要不是政治程序而是技术、贸易程序,这可以在两河流域的考古学和古代史的研究中得以证实。西方文明在世界文明发展史上是一个另类,它是以商业文明为根基的。宋代也是中国历史上少见的一个比较重视商业的王朝,从一开始就立下商业税则方面的良好规范。这也许是它比较独特的朝代性格的一个渊源。商业文明,相对比较注重个体思维,包括真善美的观念,都是从这一基础发展而来的。

中国人注重群体思维,仁义礼智信,忠孝观念等等,反映的都是这种族群性格,加之中国古代的国家形成大都是变家为国,家族性格便延续在国家结构的诸层面,思想当然不能例外。春秋战国时期,诸侯争雄,有了思想的大繁荣。但以诸子的思想底色,恰如史华慈所言,要找个"圣帝神王"的家长制的"替代品"还真是很难。

朱熹的新儒学，虽在天理的层面为中国人找到了思想的终极关怀所在，心灵的归宿有了着落，但入世的一面，仍然混沌，格致正诚并不能必然达到修齐治平。因为现实政治很残酷，帝王的所作所为往往是跟儒家的主张对着干，简直就是各走各的道。所以余英时才认为明代的阳明后学放弃了得君行道的上行路线而改为移风易俗的下行路线。

由于君权的取得靠的是血腥的暴力，君权的讨论越到后来越成为禁忌，读书人自己是不敢做这毁家灭族的勾当的，最多也就是做个军师，出个谋划个策还可以，挑头是不行的。气数、天运、王命等话语，反映的是人们对这个权力的畏惧与谨慎，也反映了人们对自身所处环境的迷惘。这种观念，在接触到西方的三权分立思想之前，是占据主流的。权力的怪圈跳不出来，自身的权益都无从谈起，怎么能谈得上进入近代的启蒙时代！

中国到底宋代以后走出了中世纪吗？“发现世界和发现人”，这一文艺复兴时期的主题，在中国并没有出现。虽然宋代士子从范仲淹的时代开始就高扬了一种“以天下为己任”的政治主体意识，士大夫对于政治的参与热情高涨，但他们心中还是严守着一把尺子，那就是忠孝的观念。宋代《春秋》学首先兴起，原因就是其“尊王攘夷”的观念合乎了潮流，外抗夷狄，内树君权。树立皇帝的权威，当然要压一压读书人独立特行的自由散漫之风，任何对于皇帝的不忠或不敬，都被他们自觉地消弭于无形。相对于魏晋六朝或隋唐士人的个性张扬，宋代士子个体的“我”已淡化了许多，他们放大的是“我们”，是作为国家、社稷层面的集体中的一员。固然物质的助力不容忽视，但谁能否认，那种个人心智的解放，恰恰是西方步入近代最重要的标志。新儒家的尊德性也好，道问学也好，都没有办法破除笼罩在他们头上的终极权力的魔咒。天理束缚不了皇帝，只能来束缚自己。它给士子们带来的也只有心灵的安慰，从而用以抚平外部世界所造成的精神痛苦。刘子健先生所著的《中国转向内在》，认为从南宋起士人在精神上转向内在，可谓一语中的。

明清之际，许多人称之为中国的启蒙时期，特别是以顾炎武、黄宗羲、王夫之为代表的思想家们，人们往往把他们与西方文艺复兴或启蒙运动时期的思想家相提并论，但他们的政治设计，都有一个“明君”的位子悬在上面，仍摆脱不了“圣君贤相”的格局，不过是想多一些约束罢了。

制度背后也对应着关于人性的不同主张。中国古代有性善、性恶的争论，最后还是孟子的观点占了上风。而西方近代的制度设计,基本上依据的都是人性恶这个前提,对人对物都要事先防范。民主制度可以说针对的就是人性之"恶"及其与权力的结合而形成的苛政。三权分立也好,两院制也好,根子上还是因为不相信人,所以才要制衡,才要先小人后君子。实际上细观中国的人性善主张,也是有特定范围的,它基本是对上层统治者而言的。君子当然是好人,皇帝更是代表了天下,是为天下人谋福祉,不好也不行。对于下层的小人,也是要防的,不然还要刑罚何用。古代的士人,对于自我,受孟子的影响,相信性善的还是主流。宋代的党争,特别是王安石与司马光,恐怕没有谁不自认为是君子,不自以为正义在握,而结果却遗祸更烈。明朝李贽曾就王安石变法的后果做过一个评论:

公但知小人之能误国,不知君子之尤能误国也。小人误国犹可解救,若君子而误国,则末之何矣。何也?彼盖自以为君子而本心无愧也。故其胆益壮而志益决,孰能止之?如朱夫子亦犹是矣。故余每云贪官之害小,而清官之害大;贪官之害但及于百姓,清官之害并及于儿孙。余每每细查之,百不失一也。(《焚书》卷五《党籍碑》条)

这一论断,是很深刻的。没有权力的制约,君子也好,小人也好,当政之后都会做出贻害无穷的举动。如果自以为是君子,认识不到自身的缺陷,又盲目自信,其结果便是,播下龙种,收获的却是跳蚤,如清末一些顽固的保守派官僚,个人道德上修身自律,以清流自居,盲目仇外仇变,殊不知他们自己已陷入了孔子"毋意、毋必、毋固、毋我"所警告的泥潭。思想的僵化,认识的狭隘,导致的是不顾后果的意气用事。曾国藩这位晚清少见的儒学能臣,虽被誉为大清国的柱石,却一直被排斥在清廷的核心决策层之外,在为清廷内外弥缝之余,就曾发出过这样的感慨:"不晓事则挟私固谬,秉公亦谬,小人固谬,君子亦谬。"(《曾文正公书札》卷二十四《复郭筠仙中丞》)

性善观之所以流行,跟统治者自以为是群体利益的代表,跟这自古沿传的群体思维应该有着关系。家长的暴虐,好多不都自以为是在为了子女好吗?

家天下体制里产生的皇权,在"溥天之下,莫非王土;率土之滨,莫非王臣"的权力范围内,是不会让异端出现的,特别是危及自己存亡的事情,更会把它消灭在萌芽状态,不给予成长的机会。值得注意的是,乱世往往是中国思想史的黄金时代。元明之际,刘基写了寓言集《郁离子》,其中《楚人养狙》一文,以笔者浅见,或许是对这一"深层结构"最有冲击力的文字:

楚有养狙以为生者，楚人谓之狙公。旦日，必部分众狙于庭，使老狙率以之山中，求草木之实，赋十一以自奉。或不给，则加鞭棰焉。群狙皆畏苦之，弗之违也。一日，有小狙谓众狙曰：“山之果，公所树与？”曰：“否也，天生也。”曰：“非公不得而取与？”曰：“否，皆得而取也。”曰：“然则吾何假于彼而为之役乎？”言未既，众狙皆寤。其夕，相与伺狙公之寝，破栅毁柙，取其积，相携而入于林中，不复归。狙公卒馁而死。郁离子曰：“世有以术使民而无道揆者，其如狙公乎？惟其昏而未觉也，一旦有开之，其术穷矣。”

也许中国历史上有过不少类似刘基这样“无君无父”的思想，但都被扼杀了，销毁了，留下来的，多是“顺民”言论。

“二战”时期，身历中国抗战的史迪威曾对中国士兵有过评价：一贯吃苦耐劳的中国人，如果有先进的装备和新的思想的训练，他们可以成为世界上最优秀的士兵。事实上，他也按这个观点去做了，真的在印度训练出一支让日本人于缅北战场吃尽苦头的中国远征军。无独有偶，美国著名汉学家费正清也说过，中国人之所以落后是由于缺乏动机而非缺乏能力，是由于社会条件而并非由于其天生才智。

中国受限于自己的外部环境，突破不了这社会条件的束缚，究其根源，这一思想史上的“深层结构”实在是难逃其咎。不管是鲁迅的“铁屋子”也好，柏杨的“酱缸”也好，都与这一结构有着直接的关系。如何认识它，解答它，还真不是三言两语所能道尽。柯林武德说过，一切历史都是思想史，以此而论，能解答好这个问题，对于古代中国，对于现代中国，好多的困惑和疑虑，也许都可迎刃而解。

（该文发表于《读书》2009 年第 7 期）

为什么要重视“史华慈问题”

拙文《“史华慈问题”——中国思想史上的那块天花板》发表后，先后有高王凌先生和任锋先生撰文指正，读后受益良多，但总觉意犹未尽，再聊抒几点浅见，以就教于方家。

“最高权力”的构成

史华慈自承对东方专制传统有过持久关注，探讨“史华慈问题”，皇权专制必然是一个绕不开的核心话题。

纵观人类的发展历程，有一个悖论一直存在着：人类的每一次进步，反而成了人类自己进一步发展的禁锢和障碍。事物的联系本是纷纭复杂的，但人类窥知一隅，却认作全局。以偏概全，故步自封，已有的成就反而阻挡了后来的发展。“知识的狂妄”，其根源也正在此。当然，我们也可以说每一个进步都为后一个进步提供了借鉴。但突破成规的时候总是有限的，更多的是成规在起作用的时候。所谓的创造性思维，很多时候无非就是排除自己脑海中已存的顽固性成见而已。这也许就是有人反对向幼儿过早进行知识输灌的原因，一旦幼童脑海中有了太多的定向思维，他们反而折断了想象的翅膀，丧失了童真的自由和更好地开发大脑潜能的机会。

在人类社会的制度演进史上，我们也面临这样一个困境：当人类突破了原始洪荒的蒙昧阶段后，那种原始的自由状态就结束了，人类个体为了整体的生存就不得不让渡一部分个体的权力，于是就有了权力的集中与英雄崇拜；但一旦这种权力的让渡成为常态，在个人私欲的驱使下，掌权者就有了不断扩大权力的冲动，于是这种权力的不平等状态便会成为社会成员谋求个体权力的羁绊。

如何祛除权力之魅，也就成为人类走出“中世纪”的必由之路。如果说西方的近代主要表现为祛除神权之魅，那么中国的近代就是必须祛除皇权或集权之魅。

皇权占据了中国传统社会的最高点，“史华慈问题” 的指向也正是这一结点的权力结构的复杂性。它不仅仅是权力或暴力的构成，在权力的结构之下，还有许多隐性的结构并存着，它又随着中国的历史变更而不断变化，融入我们文化的各个层面。

《易传》上有一句话：“天地之大德曰生，圣人之大宝曰位，何以守位曰仁，何以聚人曰财。理财正辞，禁民为非曰义。”

这一段话精辟地概括出古代威权社会的结构特征。威权社会的存在，是人类历史绕不开的一个门槛，是人类文明发展的一个必经阶段。只不过，在中国古代，中国威权社会又碰巧遇到了另一个人类文明的成果——“大一统”。两相结合，互相利用，逐步发展出有中国特色的威权社会体制，这就是中国大一统的皇权体制。这一帝制形态存在了两千多年，许多特征渗透于社会的方方面面，成就了我们今日行为的“集体无意识”，也成了困扰我们的说不尽的话题。

渐趋僵化的“大一统”和倾斜的中央之国

“大一统”的观念，是中国古代历史上一个有趣的现象，它既成就了中国古代社会的种种辉煌，使得“秦皇汉武”的荣耀至今仍不时被人提起，同时也与皇权紧密结合进而禁锢了中国传统社会的活力，成了中国自身发展的一道枷锁。

本来，“大一统”的产生有它的正当性。《公羊传·隐公元年》云：“何言乎王正月，大一统也。”徐彦疏为：“王者受命，制正月以统天下，令万物无不一一奉之以为始，故言大一统也。”初民无序的社会总会逐渐走向有序，由国家的力量制定诸如历法、文字、度量衡等统一标准对于人们的交往无疑是有好处的。更何况，古代的华夏社会始终总面临所谓“夷狄”的侵扰威胁，大一统的提出，也顺应了抵御外侮的需要。

贾谊在《论治安疏》中曾说：“令海内之势如身之使臂，臂之使指，莫不制从，诸侯之君不敢有异心，辐辏并进而归命天子。”这种势能，当然能产生“指向哪里就打向哪里”的效果，但问题也随之而来，一旦打跑了对敌，对内呢，更是权威的无远弗届。大一统的观念一旦与专制皇权结合，就必然要求对国土之内的人民实行思想与精神的一统，于是“异端”、“左道”便成了它堂而皇之的打击利器。试想，处处千篇一律的思想同质化，结果一定是社会的僵化和自闭，于是，发展到后来，它就变成一道禁锢整个民族的“紧箍咒”。大一统格局下的专制后果,也早已为古人所道出:“为人易骄,为人易谀;君日益尊,臣日益卑。是以人君之贱视其臣民,如犬马虫蚁之不类于我,贤人退,治道远矣。”(唐甄:《潜书》)

中国古代从秦汉时期渐渐成形的皇权体制,随着历史的进展,其权力构成的重心不断上移,以致明清时期已成为畸形的倾斜态势,直至帝制后期出现“万马齐喑究可哀”的局面。

这种权力的倾斜,至少体现于三个方面:

其一是在中央与地方的关系上,地方权力逐渐消弱。汉唐两代,还有一定的地方自主权,宋代呢,朱熹曾有过评论:“兵也收了,财也没了,赏罚刑政一切收了,州郡逐日就困弱。靖康之役,虏骑所过,莫不溃散。”(《朱子语类》卷一百二十八)这种“强干弱枝”的政策,越到后来越是加强。

其二是在国家与民众的关系上,表现为个人的权益越来越无保障。这一点仅仅从对待隐士的态度上即可看出,在先秦时代,夷、齐之行是被褒扬传颂的“道德楷模”之一,张良为巩固刘盈的太子之位还特意向吕后建议去请“商山四皓”出场,归隐山林成了中国古代士人最后的精神寄托。而到了帝国后期,朱元璋就明令宣称:“寰中士大夫不为君用,是自外其教者,诛其身而没其家,不为之过。”(《大诰二篇·苏州人才》)

其三是体现于传统文化的整体气象上,越来越“阴”,越来越“狠”,权谋文化也好,潜规则也好,整个社会都是那种“劣币逐良币”的结果出现。如何谋权,也就成了中国文化的一个持续关注点,因此,权谋的盛行,盲目地崇拜权势,成王败寇的思想,都是这种权力格局造就的必然结果。但这种权力结构的过分倾斜,也使处在权力顶点的统治者力不从心,那种如影随形的不安全感,从他们自称“孤家寡人”来看还真是“实录”。在这一权力布局中,没有赢家,只有输家。它是一种畸形的社会,一种只着眼于生存而忽略了质量的体制构成。这一体制,缺少了地方的活力,也缺少了社会的缓冲地带,没有平衡力量,很容易造成覆巢之下无完卵的悲剧,其结果是连皇帝自己也说“愿生生世世勿生帝王家”。

与秦汉“大一统”的体制相对应,我们古代历史上还有一个周代的“封建诸侯”体制。它的优点也不能一概抹杀。除了它那绵延八百载的超长寿命可做证明外,它的文治、德治理念也曾让儒家仙师孔子一直念念不忘,甚至他还坚信后世的人仍将遵守此道而行。从政治体制的格局上看,这种有分有合的安排还真是充满了智慧,虽不能媲美古希腊的城邦民主制度,但对于中国的文化发展也是影响深远。如此复杂地处理好统一与自治的关系的政治智慧,可以说暗合了西方联邦体制的某些特点。但遗憾的是它未能找出中央与地方的权力平衡点,以致诸侯割据,王权虚无,出现后来战国时代的无序。而且在治国理念上,它的依靠血缘关系的世袭制,也隐含着后世统治者滑入腐朽堕落之途的必然性。如何避免它的“私天下”之弊,实现儒家“天下为公”的理想,在“家天下”的大语境中,自然便没有太多后文。

兼采中西,弥纶古今

在关于西化还是中化的争论中,好像有一个不言而喻的假设,一谈到民主自由之类的概念就一定是西方的,一谈到专制独裁一类的概念就一定是东方的,一旦赞同了前者就成了西化,一旦肯定传统就一定是赞成传统体制。这其实已经有一种过敏的反应隐藏其中,以反常为正常了。对待中西之争我们还缺少一种正常的心态,正像身处病中的人有点讳疾忌医一样。中国的传统里面也有不少有益的人文资源,在对权力的架构设想中也有过很多的尝试与运作;西方的文化必然也有可供我们借鉴的东西,如果能使我们的社会更健康地发展,有选择的汲取就必不可少。

徐复观在其《中国知识分子的历史性格及其历史的命运》一书中曾说:中国文化,应由与西方文化的接触而开一新局面;中国的历史,应由与西方的接触而得一新生命。代表西方文化的民主与科学,一方面可以把中国文化精神从主观状态中迎接出来,使道德客观化而为法治,使动机具体化而为能力;并以可视的可量的知识,补不可视不可量的道德文化所缺少的一面。另一方面则由科学民主提供给我们新的生活条件与方法,使我们可以解决二千年久悬不决的问题。

我们之所以关注“史华慈问题”,并非是褒贬中西,而是秉持这样的观点:要真正发扬中国的传统文化,就必须要认清我们自己的短处,看清我们自己文化的缺陷,这样才能真正做到知彼知己,吸收外来文化,正如传统儒家借鉴佛学而发展为新儒家一样。一味排斥外来文化只能是固步自封,只有为我所用,补己不足,才能使传统文化真正延续下来并且不断发展壮大。至于对中国传统文化的内涵,时至今日,我们仍不能说有全面的了解。更何况,面对社会上种种精神领域的乱象,今日的西方文化也显出了迷惘和困惑,史华慈认为西方现代性的核心是一种“浮士德冲力”(Faustian Spirit),一种不惜一切代价追求知识的无限欲望,一种全方位开发人的潜在能量，用以无止境地控制、主宰包括自然界和人类社会在内的整个外在世界，从而几乎完全忽视了人类内心世界的调控，特别是精神、道德品质的提升，因此出现的主体（心灵）和物质的二元对立问题，一直得不到解决。而处在东西思潮裹挟中的中国社会，在思想领域的乱象，更有甚于西方：一方面是现代社会的转型仍未完成，一方面是后现代的种种问题又接踵而至。我们离不开自己的传统，但又不了解自己的传统，在西方思潮的震撼激荡下，近代国人失去了对传统文化应有的尊重与耐心，弃之如敝屣，必欲割断而后快。结果，根基没有了，来自西方的“德先生”、“赛先生”也找不到嫁接之物，成了人人可用的标签，全不管里面的内容真假。整个社会只能一步步地走向分裂与动荡，只能在跌跌撞撞中寻找现代化的途径，其过程之曲折，结果之苦涩，已让国人吃尽了苦楚。所幸的是，我们开始回归理性与常识，如何兼采中西，弥纶古今，结束“道术为天下裂”的局面，正成为今日思想文化领域之“一大事因缘”。

（该遗作发表于《读书》2013 年第 3 期）

感 言

2013 年的 3 月 12 日，教育局教研中心吴伟昌副主任，我所在的无锡市胡埭中心小学丁霞玲副书记和戴坤荣老师陪同我一起赶了近四个小时的路，终于走进了浙大西溪校区，拜见了瑞广的导师束景南教授。

束教授听到滨湖区教育局要把瑞广的论文出版成书的消息时，露出了温和、慈祥的笑容，并对其论文的学术价值给予了很高的评价。

这是瑞广此生最大的心愿，也是他最后留在这世上唯一的愿望！为此，教育局钱江局长一直惦挂在心。年前，钱局长就曾亲自来看望我，并与我说了此事。这不，2013 年的这个春天才开始不久，吴主任就已经在着手此事了。

从杭州回来的那天，蒙蒙细雨里，几树桃花欣然绽放，娇艳欲滴，瑟瑟可爱。

我知道，瑞广最爱春天，可能他已获悉这个喜讯了吧！要不，这雨里的春天怎会如此清美？

另外，瑞广的《为什么要重视“史华慈问题”》一文在今年《读书》杂志的第 3 期上发表了，他一定会欣慰的，一定会的！

最后，我把网友藻青山农为瑞广写的挽联录下，以寄我心：

熔铸文史，汇通儒佛，传世评点欠四种，只消孔庙一哭，人瑞不寿；

绍承孙吴，比埒牧恬，平生播迁安七边，何堪小吏再辱，李广难封。

赵瑞广之妻　李秀兰

写毕于 2013 年 3 月 24 日晚

后 记

缘于教育局委托教研中心吴伟昌副主任整理已故教师赵瑞广的书稿一事，上周我随吴主任以及我校的李秀兰老师(赵博士的家属)去往江苏师范大学(原徐州师范大学)，专程拜访赵博士当年的硕士生导师杨绪敏教授。

到达徐师大附近已是下午时分，明显感到了徐州比无锡的气温要低好几度，一行人匆匆吃了点快餐，就与杨教授约好在他家见面。想象之中的杨教授应该是比较年长的，而且因为资历那么深，肯定是比较严肃的。等我们到达其家属楼时，才知道杨教授已经在楼下等了二十分钟，才知道这是一位精神矍铄并富有亲和力的长者，让我第一次感受到了他的平易近人。

谈话交流的主题自然是从教授夫妇俩问起李老师家庭、工作的近况开始。他们亲切、父母般地关心询问李老师："现在两个孩子情况怎么样？""现在住在哪？有没有考虑房子了？"……教授再次回忆起了当年赵博士在徐师大求学时的情形，乃至后来巧遇滨湖区教育系统引进博士生人才时，将赵博士介绍推荐给自己的学生钱江局长的经过。杨教授夫妇俩鼓励李老师要勇敢地面对生活，好好照顾好孩子，相信日子总会一天比一天更好……

吴主任说明了来意：想麻烦杨教授找到当年赵博士毕业学术论文的鉴定材料，以及能在百忙之中为这次整理的书稿写序。杨教授刚接了另一名当年毕业学生书稿写序的要求，而且近阶段事务确实比较忙，但是夫妇俩当即表示："你们滨湖区都那么用心，那样关心重视人才，何况这也是我的学生的事情呢，肯定写好！"坐在一旁的我，原先虽然不曾认识杨教授，也未曾谋面赵博士，更不知道杨教授与钱局长也是师生关系，但是从教授夫妇俩对李老师的嘘寒问暖中，从他们热泪盈眶的眼神里，我又感受到了他们师生之间那种淳朴、真实的情义……

初次谈话是在愉快的氛围中结束的。让我们更感动的是，杨教授夫妇早就帮我们联系好了住宿和晚餐地点，并且让人打招呼将住宿费等打折，随后陪我们步行至酒店办好相关手续。在那里，又有一位教授昔日的学生早早开车等候着，已经联系安排好陪我们去感受一下徐州的云龙湖风景区。每一个安排细节，都让我感受到他们两位教授就是真正的“师者”。

返程的途中，从吴主任那里了解到，为了帮助赵博士完成书稿的出版夙愿，钱局长已经几次联系赵博士当年就读的相关高校，并委托吴主任、唐建英校长帮助其家属李秀兰老师一同完成资料的整理、搜集等后续工作。

的确，这些年来，在新一轮城市形态布局调整的过程中，滨湖教育历经变化，充分展示了“省义务教育均衡发展先进区”的风采。“十二五”期间，滨湖区教育局在区委、区政府的领导下，全力打造滨湖特色的教育品牌事业，高水平推进教育高位均衡发展。在一系列的推进举措中，教育局领导尤为重视内涵发展、人才引进与培养工作，广泛引进高学历教育人才，深化“名师工程”建设，充分发挥学校引育人才的主体作用，推动了全区教师结构的优化，拓展了全区教师的来源渠道，从而在全区层面整体提升了区域教师队伍建设水平。

让我们认真学习《赵瑞广博士文存》书稿，并用心体会书稿出版的价值与意义，从中汲取莫大的精神力量，为办出全国一流、人民满意的滨湖教育而不懈努力！

无锡市胡埭中心小学副校长 孙国宏

记于 2013 年 4 月 23 日